COLLECTION
TERRES LITTÉRAIRES

SOUS LA DIRECTION DE XAVIER DAMAS

Français

LIVRE UNIQUE

2^{de}

Xavier Damas
agrégé de lettres modernes
lycée Gaston Bachelard (Chelles, 77)

Nathalie Havot
certifiée de lettres modernes
lycée Jules Verne (Château-Thierry, 02)

Liliane Martinet
agrégée de lettres modernes
lycée Camille Claudel (Troyes, 10)

Priscille Michel
agrégée de lettres modernes
lycée Gaston Bachelard (Chelles, 77)

HATIER

AVANT-PROPOS

La notion de séquence est désormais au cœur de l'enseignement du français au lycée. Notre pratique d'enseignants nous a montré qu'utiliser un seul ouvrage alliant textes, outils d'analyse et méthodologie des travaux d'écriture offrirait de nombreux atouts aux élèves comme aux professeurs de français : une première partie rassemblant des corpus de textes et d'images correspondant aux objets d'étude de la classe de Seconde, une deuxième partie définissant les outils d'analyse indispensables à la compréhension des documents, une troisième partie permettant l'acquisition des méthodes à mettre en œuvre lors des activités écrites et orales du lycée.

● Une anthologie riche et diversifiée

D'Homère à la littérature contemporaine, les textes et les images de la première partie ont pour but d'offrir un grand choix d'époques, de genres et de registres classés suivant les principes de cohérence de l'histoire littéraire et culturelle, conformément aux exigences des objets d'étude « Le théâtre : genres et registres » et « Le récit ». Si l'accent a été mis sur le récit et le théâtre, les deux genres principalement étudiés en Seconde, les séquences accordent une grande place à la littérature d'idées et la poésie, pôles indispensables à la compréhension de « Convaincre, démontrer, persuader » et « L'éloge et le blâme ».

Quant aux XIXe et au XXe siècles, même s'ils constituent l'ossature du programme de Seconde, ils n'excluent en rien le recours fréquent à des textes de toutes les époques : les mises en perspective proposées permettent d'aborder tous les siècles et de combiner l'histoire littéraire avec « Le travail de l'écriture » sans négliger aucune de ses facettes, en particulier les spécificités de la littérature contemporaine, pivot de l'objet « Écrire, publier, lire aujourd'hui ».

● Des questionnaires adaptés

L'objectif premier reste la compréhension des textes : les questionnaires analytiques suivent une progression qui prend en compte le contexte, le sens littéral, les principaux procédés stylistiques et les différentes interprétations des œuvres. Très fournis, ils n'excluent pas la possibilité d'aborder d'autres points d'étude. L'essentiel est de percevoir et d'apprécier leur richesse grâce à des relevés précis.

Conception maquette : Anne-Marie Roederer et Frédéric Jély
Réalisation : Hatier
Illustration page 31 : Pierre-Emmanuel Dequest
Iconographie : Édith Garraud / Hatier Illustration
Relecture, corrections : Yves Tissier
Chronologies en pages de garde : Hugues Piolet

© HATIER - Paris, 2006   ISBN : 2-218-74981-5

Toute représentation, traduction, adaptation ou reproduction, même partielle, par tous procédés, en tous pays, faite sans autorisation préalable est illicite et exposerait le contrevenant à des poursuites judiciaires. Réf. : loi du 11 mars 1957, alinéas 2 et 3 de l'article 41. Une représentation ou reproduction sans autorisation de l'éditeur ou du Centre Français d'Exploitation du droit de Copie (20, rue des Grands-Augustins, 75 006 Paris) constituerait une contrefaçon sanction-

● Des textes aux méthodes

Des pages de navigation permettent, à l'ouverture de chaque séquence de la partie I, de faire le lien avec les outils grammaticaux et stylistiques définis dans la partie II.

La partie II définit sous forme de fiches, et approfondit, par des exercices adaptés, les outils indispensables à l'étude des textes et des images. Un vaste choix d'époques et d'auteurs permet d'asseoir les notions développées dans les exercices : étude des genres, des registres, des figures de style…

La troisième partie, plus axée sur la maîtrise des travaux d'écriture et des activités orales du lycée (paragraphe argumentatif, dissertation, exposé…), pose les exigences, les applique directement et méthodiquement, puis les affine dans des séries d'exercices progressifs en lien avec les textes de la partie I et d'autres textes, qui constituent autant d'ouvertures culturelles supplémentaires. Un chapitre complet est consacré à l'oral, élément essentiel de l'apprentissage du français.

Les trois parties sont en constante interaction : les liens sont nombreux entre les questionnaires de la partie I, les notions et les exercices de la partie II, et les méthodes de la partie III.

● La place des images

L'image occupe une place essentielle dans notre ouvrage. Systématiquement et chronologiquement intégrée aux corpus de la partie I, étudiée dans sa composition et dans ses principes esthétiques dans la partie II, utilisée à part entière dans les exercices et les corpus de la partie III, elle s'affirme comme un moyen privilégié d'acquérir des notions et des méthodes. Tableaux, affiches de films, dessins… sont autant de moyens diversifiés pour accompagner ou éclairer les textes, en associant l'esthétique de l'image au plaisir du texte.

● Autour du paragraphe argumentatif

S'agissant d'un manuel de Seconde, nous avons veillé à proposer une sensibilisation aux épreuves du baccalauréat mais avec le souci d'une progression adaptée mettant au cœur des exigences la compréhension des textes, la rédaction du paragraphe argumentatif et l'organisation de la réflexion. Ces bases méthodologiques sont exploitées de façon à ouvrir sur le commentaire, la dissertation, l'écriture d'invention et l'exposé oral, à partir d'exercices adaptés à ce niveau d'apprentissage. Outre les capacités d'analyse, notre manuel privilégie également la réflexion sur des corpus afin de développer les capacités de synthèse des élèves.

Nous souhaitons que ce livre unique de français, *Terres littéraires* accompagne heureusement élèves et professeurs tout au long de l'année de Seconde, pilier essentiel de l'enseignement du français et de toutes les disciplines qui nécessitent l'analyse de documents, ainsi que l'acquisition d'un bagage culturel solide.

Xavier Damas

Les objets d'étude au programme de Seconde

- Le théâtre : genres et registres
- Le récit : le roman ou la nouvelle
- Un mouvement littéraire et culturel au XIXe ou au XXe siècle
- L'éloge et le blâme
- Convaincre, démontrer, persuader
- Le travail de l'écriture
- Écrire, publier, lire aujourd'hui

PARTIE I
Lectures

Chapitre 1
La tragédie des origines à nos jours

SÉQUENCE 1 — Sophocle, d'hier à aujourd'hui

- Texte 1 — Sophocle, *Antigone* 20
- Texte 2 — J. Anouilh, *Antigone* 22
- Texte 3 — Sophocle, *Œdipe roi* 24
- Texte 4 — J. Cocteau, *La Machine infernale* 26
- Texte 5 — H. Bauchau, *Œdipe sur la route* 28
- Images — Photographies de théâtres grecs 30
- Synthèse — La tragédie grecque 31

EXERCICES D'APPROFONDISSEMENT

1. La terreur et la pitié (Médée) : Euripide, *Médée* ; P. Corneille, *Médée* ; E. Delacroix, *Médée furieuse* 32
2. La reprise des mythes tragiques au XXe siècle 33
3. Tragédie et registre tragique 33
4. Eschyle, *Les Euménides* 33

SÉQUENCE 2 — La tragédie classique : l'exemple de *Phèdre* de Racine

- Texte 1 — J. Racine, *Phèdre* (I, 1) 35
- Texte 2 — J. Racine, *Phèdre* (I, 3) 37
- Texte 3 — J. Racine, *Phèdre* (IV, 3) 39
- Images — Photographies de mise en scène de *Phèdre* 40
- Texte 4 — J. Racine, *Phèdre* (V, 6) 41
- Synthèse — La tragédie classique 43

EXERCICES D'APPROFONDISSEMENT

1. J. Racine, *Britannicus* 44
2. P. Corneille, *Rodogune* 44

SÉQUENCE 3 — La remise en cause de la tragédie classique

- Texte 1 — F. von Schiller, *Les Brigands* 46
- Texte 2 — V. Hugo, *Ruy Blas* 48
- Image — D. Lange, *Une ouvrière itinérante avec ses enfants à Nipomo en Californie* 50
- Texte 3 — J.-P. Sartre, *Huis clos* 51
- Texte 4 — S. Beckett, *Fin de partie* 53
- Texte 5 — S. Kane, *4.48 Psychose* 55
- Synthèse — Du modèle de la tragédie classique à sa subversion 57

SOMMAIRE

EXERCICES D'APPROFONDISSEMENT
- **1** V. Hugo, *Ruy Blas* 58
- **2** Définir le drame romantique 58
- **3** E. Ionesco, *Les Chaises* 59
- **4** Interview d'E. Bond 59

Chapitre 2
La comédie des origines à nos jours

SÉQUENCE 4 — Des types antiques aux types classiques : de Plaute à Molière

- *Texte* **1** Plaute, *L'Aululaire (La Comédie de la marmite)* 62
- *Texte* **2** Molière, *L'Avare* 63
- *Texte* **3** Térence, *Les Adelphes* 65
- *Texte* **4** Molière, *Le Malade imaginaire* 67
- *Image* Préparatifs d'une représentation théâtrale (mosaïque romaine) 69
- **SYNTHÈSE** Les types comiques, de Plaute à Molière 70

EXERCICES D'APPROFONDISSEMENT
- **1** Aristophane, *Les Guêpes* 71
- **2** Molière, *Les Fourberies de Scapin* 71
- **3** P. Corneille, *L'Illusion comique* ; Plaute, *Miles gloriosus*... 72

SÉQUENCE 5 — La comédie chez Molière

- *Texte* **1** Molière, *L'École des femmes* 74
- *Texte* **2** Molière, *Dom Juan* 76
- *Image* J. Steen, *Comme les vieux chantent, les petits gazouillent* 77
- *Texte* **3** Molière, *Le Misanthrope* 78
- *Texte* **4** Molière, *Le Tartuffe* 80
- **SYNTHÈSE** La comédie de mœurs chez Molière 82

EXERCICES D'APPROFONDISSEMENT
- **1** Molière, *L'Avare* et *Les Fourberies de Scapin* 83
- **2** Molière, *George Dandin* 83
- **3** Molière, *Les Femmes savantes* 84
- **4** Molière, *Dom Juan* 84

SÉQUENCE 6 — La comédie aux XVIIIe et XIXe siècles

- *Texte* **1** Marivaux, *Le Jeu de l'amour et du hasard* 86
- *Texte* **2** C. Goldoni, *Les Rustres* 88
- *Texte* **3** Beaumarchais, *Le Mariage de Figaro* 90
- *Texte* **4** A. de Musset, *Les Caprices de Marianne* 92
- *Image* Décor des *Caprices de Marianne* (dessin) 94
- **SYNTHÈSE** La comédie sociale et psychologique aux XVIIIe et XIXe siècles 95

EXERCICES D'APPROFONDISSEMENT
- **1** Marivaux, *L'Épreuve* 96
- **2** Beaumarchais, *Le Mariage de Figaro* 96
- **3** C. Goldoni, *La Locandiera* 96
- **4** A. de Musset, *Les Caprices de Marianne* 97

SÉQUENCE 7 — La comédie au XXᵉ siècle

- *Texte 1* A. Jarry, *Ubu roi* 99
- *Texte 2* G. Feydeau, *Mais n'te promène donc pas toute nue* 101
- *Texte 3* S. Beckett, *En attendant Godot* 103
- *Texte 4* E. Ionesco, *Rhinocéros* 105
- *Image* R. Topor, *Rire panique* 107
- *Texte 5* T. Bernhard, *Dramuscules*, « Le Mois de Marie » 108
- **SYNTHÈSE** La comédie, du vaudeville à l'absurde 110

EXERCICES D'APPROFONDISSEMENT

1. Le vaudeville à la Feydeau 111
2. E. Ionesco, *La Leçon* 111
3. La comédie aujourd'hui 111

Chapitre 3
Le récit, de l'épopée à la nouvelle

SÉQUENCE 8 — De l'épopée au roman

- *Texte 1* Homère, *Odyssée* 114
- *Texte 2* Virgile, *Énéide* 116
- *Texte 3* *Le Roman d'Énéas* 117
- *Texte 4* Chrétien de Troyes, *Yvain ou le Chevalier au lion* 118
- *Texte 5* F. Rabelais, *Pantagruel* 119
- *Image* S. Dali, illustration pour *Les Songes drolatiques de Pantagruel* 121
- *Texte 6* Voltaire, *Candide* 122
- *Texte 7* L.-F. Céline, *Voyage au bout de la nuit* 123
- **SYNTHÈSE** De l'épopée au roman : de l'Antiquité au XXᵉ siècle 124

EXERCICES D'APPROFONDISSEMENT

1. Chrétien de Troyes, *Lancelot ou le Chevalier de la charrette* 125
2. L'Arioste, *Roland furieux* 125
3. Participer en classe 125
4. M. Cervantès, *Don Quichotte* 126
5. G. Flaubert, *Salammbô* 126

SÉQUENCE 9 — La sensibilité romanesque

- *Texte 1* Mᵐᵉ de La Fayette, *La Princesse de Clèves* 128
- *Texte 2* Abbé Prévost, *Manon Lescaut* 130
- *Image* J.-B. Greuze, *Les Plaintes de l'Horloge* 132
- *Texte 3* H. de Balzac, *Le Lys dans la vallée* 133
- *Texte 4* Stendhal, *La Chartreuse de Parme* 135
- *Texte 5* M. Proust, *Du côté de chez Swann* 136
- *Texte 6* V. Woolf, *Mrs Dalloway* 137
- **SYNTHÈSE** Du roman précieux au roman d'auto-analyse 139

SOMMAIRE

EXERCICES D'APPROFONDISSEMENT

1. C. de Laclos, *Les Liaisons dangereuses* 140
2. G. Flaubert, *L'Éducation sentimentale* 140
3. M. Proust, *La Prisonnière* 141
4. J. Joyce, *Ulysse* 141

SÉQUENCE 10 — Le roman français depuis 1945 : un monde désenchanté

- *Texte* 1 A. Camus, *La Peste* 143
- *Texte* 2 A. Robbe-Grillet, *La Jalousie* 144
- *Texte* 3 G. Perec, *Un homme qui dort* 146
- *Texte* 4 A. Cohen, *Belle du Seigneur* 147
- *Texte* 5 P. Modiano, *Villa triste* 149
- *Image* É. Rohmer, *Les Nuits de la pleine lune* 151
- *Texte* 6 M. Kundera, *L'Ignorance* 152
- **SYNTHÈSE** Le roman français depuis 1945 : la fin des illusions 154

EXERCICES D'APPROFONDISSEMENT

1. F. Mauriac, *Thérèse Desqueyroux* 155
2. A. Camus, *L'Étranger* 155
3. B. Vian, *L'Écume des jours* 156
4. E. Jelinek, *Les Exclus* 156

SÉQUENCE 11 — La nouvelle

- *Texte* 1 E. T. A. Hoffmann, « Une histoire de fantôme » (nouvelle intégrale) 158
- *Texte* 2 A. Tchekhov, « Polinka » (nouvelle intégrale) 162
- *Image* H. Cartier-Bresson, *Marseille* 167
- *Texte* 3 M. Yourcenar, « Phèdre ou le désespoir » (nouvelle intégrale) 168
- **SYNTHÈSE** La nouvelle 171

EXERCICES D'APPROFONDISSEMENT

1. Boccace, *Décaméron* 172
2. Barbey d'Aurevilly, « Le Bonheur dans le crime » 172
3. A. Gavalda, « I. I. G. » 173
4. A. Christie, « Mort sur le Nil » 173

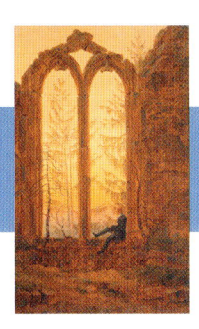

Chapitre 4 — Le romantisme

SÉQUENCE 12 — Le récit romantique : l'expression du « mal du siècle »

- *Texte* 1 J. W. von Goethe, *Les Souffrances du jeune Werther* 176
- *Texte* 2 J.-J. Rousseau, *Les Rêveries du promeneur solitaire* 178
- *Texte* 3 F.-R. de Chateaubriand, *René* 179
- *Texte* 4 Senancour, *Oberman* 181
- *Image* C. D. Friedrich, *Femme à l'aube* 183
- *Texte* 5 A. de Musset, *La Confession d'un enfant du siècle* 184
- **SYNTHÈSE** Le « mal du siècle », malaise d'une génération 186

EXERCICES D'APPROFONDISSEMENT

1. Novalis, *Henri d'Ofterdingen* 187
2. G. Sand, *Indiana* 187
3. B. Constant, *Adolphe* 188
4. T. Gautier, *Mademoiselle de Maupin* 188

SÉQUENCE 13 — Le drame romantique : un théâtre en liberté

Texte 1 W. Shakespeare, *L'Histoire d'Henry IV* 190
Texte 2 V. Hugo, *Préface de Cromwell* 192
Texte 3 V. Hugo, *Hernani* 193
Texte 4 A. de Musset, *Lorenzaccio* 195
Image A. Mucha, affiche de *Lorenzaccio* 196
Texte 5 A. de Vigny, *Chatterton* 197
SYNTHÈSE Le drame romantique 199

EXERCICES D'APPROFONDISSEMENT

1. V. Hugo, *Ruy Blas* 200
2. W. Shakespeare, *Hamlet* 200
3. A. Dumas, *Antony* 201
4. Du classicisme au romantisme 201
5. V. Hugo, *Hernani* 201

SÉQUENCE 14 — La poésie romantique : du lyrisme à l'engagement

Texte 1 A. de Musset, *Poésies nouvelles*, « Nuit d'août » 203
Texte 2 A. Bertrand, *Gaspard de la nuit*, « La Chanson du masque » 205
Texte 3 G. de Nerval, *Les Chimères*, « Vers dorés » 207
Image V. Hugo, *Château fort sur une colline* 208
Texte 4 A. de Lamartine, *Recueillements poétiques*, « Épître à Félix Guillemardet » 209
Texte 5 V. Hugo, *Les Rayons et les Ombres*, « Fonction du poète » 211
Texte 6 V. Hugo, *Les Châtiments*, « Chanson » 213
SYNTHÈSE Romantisme et poésie 215

EXERCICES D'APPROFONDISSEMENT

1. A. de Lamartine, *Méditations poétiques*, « Le Lac » 216
2. M. Desbordes-Valmore, *Les Pleurs*, « L'Attente » 216
3. V. Hugo, *Les Contemplations*, « Les Luttes et les Rêves » 216
4. E. Delacroix, *Scène des massacres de Scio* ; V. Hugo, *Les Orientales*, « L'Enfant » 217

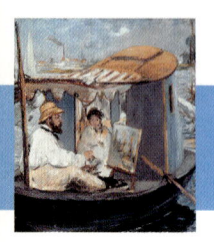

Chapitre 5 — Du réalisme au naturalisme

SÉQUENCE 15 — Le réalisme dans le roman du XIXᵉ siècle

Texte 1 Stendhal, *Le Rouge et le Noir* 220
Texte 2 C. Dickens, *Oliver Twist* 222
Texte 3 G. Flaubert, *Madame Bovary* 224
Texte 4 G. de Maupassant, *Une vie* 226
Texte 5 G. de Maupassant, *Bel-Ami* 228
Images G. Courbet, *Les Cribleuses de blé* ; G. Caillebotte, *Les Raboteurs de parquet* 230
SYNTHÈSE Le réalisme dans le récit du XIXᵉ siècle 231

SOMMAIRE

EXERCICES D'APPROFONDISSEMENT

1 G. de Maupassant, *Contes de la bécasse*, « Aux champs » 232
2 E. et J. de Goncourt, *Germinie Lacerteux* 232
3 É. Zola, *Lettres de Paris* 232

SÉQUENCE 16 — La description naturaliste : un miroir de la réalité

Texte 1 J. et E. de Goncourt, *Renée Mauperin* 234
Texte 2 É. Zola, *La Curée* 236
Texte 3 É. Zola, *L'Assommoir* 237
Texte 4 É. Zola, *Le Ventre de Paris* 239
Texte 5 É. Zola, *La Joie de vivre* 240
Image É. Manet, *L'Automne* 241
SYNTHÈSE La description naturaliste : du réel à sa métaphorisation 242

EXERCICES D'APPROFONDISSEMENT

1 É. Zola, *Germinal* ; *La Bête humaine* 243
2 G. de Maupassant, *Une vie* 243
3 Un contre-portrait naturaliste 244
4 G. de Maupassant, *Pierre et Jean* 244
5 É. Zola, *L'Assommoir* ; plans de Paris 244

SÉQUENCE 17 — *L'Œuvre* de Zola, un roman expérimental

Texte 1 É. Zola, *Le Roman expérimental* 247
Texte 2 É. Zola, *L'Œuvre* (chap. III) 248
Texte 3 É. Zola, *L'Œuvre* (chap. VIII) 249
Image J.-B. Jongkind, *La Seine et Notre-Dame de Paris* 251
Texte 4 É. Zola, *Carnets d'enquête* : notes pour *L'Œuvre* 252
Texte 5 É. Zola, *L'Œuvre* (chap. X) 253
Texte 6 É. Zola, *L'Œuvre* (chap. XII) 255
SYNTHÈSE Le naturalisme, un mouvement littéraire marqué par les sciences 257

EXERCICES D'APPROFONDISSEMENT

La généalogie des *Rougon-Macquart* : notes de Zola ; arbre généalogique des *Rougon-Macquart* 258

Chapitre 6 — Le surréalisme

SÉQUENCE 18 — La naissance du surréalisme

Texte 1 A. Breton et P. Soupault, *Les Champs magnétiques*, « L'éternité » 262
Texte 2 R. Desnos, *Corps et biens*, « Rrose Sélavy, etc. », « L'asile ami », « La colombe de l'arche » 264
Texte 3 A. Breton, *Manifeste du surréalisme* 266
Image M. Ernst, *Au rendez-vous des amis* 267
Texte 4 A. Breton, *Manifeste du surréalisme* 268
SYNTHÈSE Le groupe surréaliste : principes et manifestes 270

EXERCICES D'APPROFONDISSEMENT

1 Le groupe surréaliste (deux *Cadavres exquis*) 271
2 L. Aragon, *Feu de joie*, « Pur jeudi » ; *Le Mouvement perpétuel*, « L'illusion de la désillusion » 272

SÉQUENCE 19 — L'engagement des surréalistes

- *Texte* 1 Lautréamont, *Chants de Maldoror* 274
- *Texte* 2 R. Char, *Fureur et mystère*, « Chant du refus » et « La Liberté » 276
- *Texte* 3 P. Eluard, *Poésie et vérité*, « Liberté » 278
- *Image* F. Léger, composition pour « Liberté » 280
- **SYNTHÈSE** Surréalisme et engagement 281

EXERCICES D'APPROFONDISSEMENT

V. Hugo, *Les Contemplations*, « Melancholia » ; J. Prévert, *Fatras*,
« La complainte du fusillé » ; L. Aragon, *Le Roman inachevé* ; *L'Affiche rouge* 282

SÉQUENCE 20 — Le surréalisme : entre tradition et modernité

- *Texte* 1 G. Apollinaire, *Poèmes à Lou* 285
- *Texte* 2 P. Eluard, *Capitale de la douleur*, « La courbe de tes yeux... » 286
- *Texte* 3 A. Breton, *Clair de terre*, « L'Union libre » 287
- *Texte* 4 M. Leiris, *Haut Mal*, « Hymne » 290
- *Image* R. Magritte, *La Magie noire* 292
- **SYNTHÈSE** La poésie surréaliste, entre tradition et modernité 293

EXERCICES D'APPROFONDISSEMENT

1. P. de Ronsard, *Le Second Livre des Amours* ;
   P. Eluard, *Cours naturel*, « Portrait » 294
2. T. Tzara, *L'Homme approximatif* 294
3. Recherche lexicale 295
4. L'originalité de l'image surréaliste :
   L'Âge d'or, film de L. Buñuel ;
   Brassaï, *Sculptures involontaires* 295

Chapitre 7
Argumenter : le thème de la femme

SÉQUENCE 21 — L'éducation des femmes : un débat moderne

- *Image* P. Mazuy, Affiche du film *Saint-Cyr* 298
- *Texte* 1 J.-J. Rousseau, *Émile ou De l'éducation* 299
- *Texte* 2 Colette, *La Maison de Claudine* 301
- *Texte* 3 S. de Beauvoir, *Mémoires d'une jeune fille rangée* 302
- *Texte* 4 M. Bâ, *Une si longue lettre* 304
- **SYNTHÈSE** L'éducation des filles : différents genres pour un même débat, du XVIe au XXe siècle 306

EXERCICES D'APPROFONDISSEMENT

1. L. Labé, *Débat de folie et d'amour*,
   « Épître dédicatoire » 307
2. Fénelon, *Traité de l'éducation des filles* 307
3. C. de Laclos, *Des femmes
   et de leur éducation* 307
4. M. Perrot, *Guide républicain*, « Mixité » ... 308

SOMMAIRE

SÉQUENCE 22 — La place de la femme : écrits féministes du XVIIIᵉ au XXIᵉ siècle

Texte 1 O. de Gouges, *Déclaration des Droits de la Femme et de la Citoyenne* 310
Texte 2 S. de Beauvoir, *Le Deuxième Sexe* ; M. Yourcenar, *Les Yeux ouverts* 312
Texte 3 G. Halimi, *La Cause des femmes* 314
Images Affiche du collectif Guerrilla Girls ; J.-A.-D. Ingres, *La Grande Odalisque* 316
Texte 4 É. Badinter, *Fausse Route* 317
SYNTHÈSE Le féminisme 319

EXERCICES D'APPROFONDISSEMENT
1. D. Diderot, *Supplément au voyage de Bougainville* 320
2. V. Hugo, *Les Contemplations*, « Melancholia » ; *Les Misérables* 320
3. M. Vargas Llosa, *Le Paradis - un peu plus loin* 321

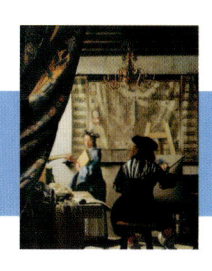

Chapitre 8
Portraits : l'éloge et le blâme

SÉQUENCE 23 — Portraits à travers les âges

Texte 1 M. Scève, « Blason du sourcil » ; L. S. Senghor, *Poèmes perdus* 324
Texte 2 P. Scarron, *Recueil de quelques vers burlesques* 326
Images Q. Metsys, *Vieille femme grotesque* ; Léonard de Vinci, *Tête grotesque* 327
Texte 3 J. de La Bruyère, *Les Caractères*, « Arrias » et « Pamphile » 328
Texte 4 H. de Balzac, *La Cousine Bette* 330
SYNTHÈSE L'art du portrait 332

EXERCICES D'APPROFONDISSEMENT
Portrait d'un personnage historique, Louis XIV :
H. Rigaud, *Louis XIV, roi de France* ;
Fénelon, *Lettre à Louis XIV* ;
Montesquieu, *Lettres persanes* ; Voltaire, *Le Siècle de Louis XIV* 333

SÉQUENCE 24 — Portraits de femmes dans le sonnet à la Renaissance

Texte 1 J. du Bellay, *Les Regrets* 336
Image F. Clouet, *Élisabeth d'Autriche* 338
Texte 2 P. de Ronsard, *Les Amours*, « Comme on voit sur la branche... » 339
Texte 3 P. de Ronsard, *Sonnets pour Hélène*, « Quand vous serez bien vieille... »
L. Aragon, *Les Yeux d'Elsa*, « Cantique à Elsa » 340
SYNTHÈSE La Renaissance, berceau du sonnet 342

EXERCICES D'APPROFONDISSEMENT
1. Pétrarque, *Canzionere* 343
2. L. Labé, « Quand j'aperçois ton blond chef » 343
3. J. Auvray, *Le Banquet des Muses*, « À une laide amoureuse de l'auteur » 343

SÉQUENCE 25 — Portraits symbolistes

Texte 1 C. Baudelaire, *Les Fleurs du mal*, « La Beauté » et « Hymne à la Beauté » 345
Texte 2 P. Verlaine, *Poèmes saturniens*, « Mon rêve familier » 347
Texte 3 S. Mallarmé, « Tristesse d'été » 348
Texte 4 A. Rimbaud, « La Maline » 349
Image F. von Stuck, *Le Péché* ; F. Khnopff, *Des caresses* 350
SYNTHÈSE Le symbolisme 351

EXERCICES D'APPROFONDISSEMENT

1 G. Apollinaire, *Il y a*, « Per te praesentit aruspex » 352
2 B.-H. Lévy, « Éloge du béton » 352
3 Molière, *Dom Juan* ; C. Baudelaire, *Le Spleen de Paris* ; G. de Maupassant, *Une partie de campagne* 352

Chapitre 9
Écrire, publier, lire aujourd'hui

SÉQUENCE 26 — L'écrivain à l'œuvre

Texte 1 Extrait du guide de la maison de Pierre Loti à Rochefort 356
Images Photographie de la maison de Pierre Loti 358
Texte 2 J. Gracq, *En lisant en écrivant* et *Au château d'Argol* 359
Texte 3 M. Duras, *L'Amant* 361
Texte 4 L. Adler, *Marguerite Duras* 362
Texte 5 Interview d'Anna Gavalda 363
SYNTHÈSE L'image de l'écrivain 365

EXERCICES D'APPROFONDISSEMENT

1 L'écrivain et son image 366
2 Illustrer une couverture 366
3 Étudier la première de couverture d'un livre 367
4 Rédiger une quatrième de couverture 367

SÉQUENCE 27 — Les prix littéraires

Texte 1 *Libération*, article sur J. Échenoz 369
Texte 2 *Libération*, article sur J.-C. Rufin 371
Texte 3 *L'Express*, articles sur P. Quignard 372
Texte 4 P. Quignard, *Les Ombres errantes*, *Dernier royaume I* 373
Texte 5 I. Kertész, *Être sans destin* 375
Texte 6 Article sur H. Pinter 377
SYNTHÈSE Les prix littéraires 379

EXERCICES D'APPROFONDISSEMENT

1 D'autres prix littéraires 380
2 Des prix, des auteurs et des éditeurs 380
3 Le prix Goncourt des lycéens 380
4 L'Académie française 380
5 L'Académie Goncourt 380
6 Le rôle du prix Nobel 381
7 Le prix Nobel 2005 381

PARTIE II
Outils d'analyse

Chapitre 1 — Les outils de l'analyse stylistique

FICHE 1 Le vocabulaire 385
EXERCICES D'APPLICATION :
G. de Maupassant ; J. Racine ; H. de Balzac 386

FICHE 2 Les outils grammaticaux 387
EXERCICES D'APPLICATION :
F.-R. de Chateaubriand ; Molière ;
J.-P. Sartre ; N. Huston ; B. Stoker ;
C. Baudelaire 390

FICHE 3 Les figures de rhétorique 392
EXERCICES D'APPLICATION :
V. Hugo ; P. Valéry 395

Chapitre 2 — L'analyse de l'image

FICHE 1 L'image fixe 397
EXERCICES D'APPLICATION :
H. Rigaud ; A. F. van der Meulen ;
R. Depardon ; Le Caravage ;
Affiche d'Amnesty International ; Charb 399

FICHE 2 L'image mobile 402
EXERCICES D'APPLICATION :
É. Rohmer ; I. Bergman ;
A. Hitchcock ; S. Kubrick ; T. Burton 404

Chapitre 3 — Les formes de discours

FICHE 1 Le discours narratif 409
EXERCICES D'APPLICATION :
H. de Balzac ; G. Sand ; Eschyle 410

FICHE 2 Le discours descriptif 411
EXERCICES D'APPLICATION : J.-W. von Goethe ;
G. Perec ; H. de Balzac ; L.-F. Céline 412

FICHE 3 Le discours argumentatif 413
EXERCICES D'APPLICATION :
V. Hugo ; E. Ionesco ; J.-C. Guillebaud 414

FICHE 4 Le discours explicatif 415
EXERCICES D'APPLICATION : A. Breton ;
M.-P. Schmitt et A. Viala ; « Guide bleu » *Norvège* ;
J.-P. Sartre ; Voltaire ; E. Ionesco 416

Chapitre 4 — Les registres littéraires

FICHE 1 Le registre comique 419
EXERCICES D'APPLICATION : F. Rabelais ; Molière ;
Montesquieu ; Voltaire ; J. Prévert ; P. Gelluck 420

FICHE 2 Le registre tragique
et le registre pathétique 422
EXERCICES D'APPLICATION : É. Zola ; R. Radiguet ;
P. Corneille ; A. Malraux ; A. Camus 423

FICHE 3 Le registre lyrique
et le registre élégiaque 425
EXERCICES D'APPLICATION : P. de Ronsard ;
F.-R. de Chateaubriand ; A. de Lamartine ;
P. Claudel ; G. Apollinaire 426

FICHE 4 Le registre épique 428
EXERCICES D'APPLICATION : Lautréamont ;
Le Rāmāyana ; Homère ; *La Chanson de Roland* 429

| FICHE 5 | **Le registre fantastique** 431

EXERCICES D'APPLICATION :
E. T. A. Hoffmann ;
T. Gautier ; P. Mérimée ; S. Le Fanu 432

| FICHE 6 | **Le registre polémique
et le registre délibératif** 434

EXERCICES D'APPLICATION :
Guerrilla Girls ; M. Landrot ; A. Ferenczi ;
Voltaire ; P. Georges ; J. Racine 435

| FICHE 7 | **Le registre épidictique** 437

EXERCICES D'APPLICATION :
D. Rondeau ; P. Verlaine ;
V. Hugo ; A. Jacquard 438

| FICHE 8 | **Le registre didactique** 440

EXERCICES D'APPLICATION :
É. Zola ; *Le Roman de Thèbes* ;
J. de La Fontaine 441

Chapitre 5
Les notions propres au récit

| FICHE 1 | **Le narrateur et la focalisation** 443

EXERCICES D'APPLICATION :
Stendhal ; É. Zola ; G. de Maupassant ;
I. Svevo ; Stendhal ; G. Flaubert ;
M. Kundera ; E. Triolet 444

| FICHE 2 | **Le cadre spatio-temporel
et le schéma actantiel** 446

EXERCICES D'APPLICATION :
É. Zola ; A. Dumas ; S. de Beauvoir ;
G. de Maupassant ; P. Loti ;
La Chanson de Roland 447

| FICHE 3 | **La structure du récit** 449

EXERCICES D'APPLICATION :
Affiche du film *Saint-Cyr* ; J. Renard ;
P. Besson ; A. Ferney ; Apulée ; F. Kafka 450

| FICHE 4 | **Le temps de la fiction
et le temps de la narration** 452

EXERCICES D'APPLICATION :
G. de Maupassant ; H. de Balzac ;
V. Hugo ; D. Diderot ; D. Franck 453

| FICHE 5 | **Les discours rapportés** 455

EXERCICES D'APPLICATION :
G. Flaubert ; M. Duras ; É. Zola ;
G. de Maupassant ; C. Simon ; F. Uhlman 456

Chapitre 6
Les notions propres au théâtre

| FICHE 1 | **La parole théâtrale** 459

EXERCICES D'APPLICATION : Térence ; J. Tardieu ;
Beaumarchais ; V. Hugo ; P. Corneille 460

| FICHE 2 | **Le geste et le jeu au théâtre** 462

EXERCICES D'APPLICATION :
W. Shakespeare ; M. Pagnol ; E. Roblès ;
S. Beckett 463

| FICHE 3 | **L'espace théâtral** 465

EXERCICES D'APPLICATION : J.-P. Sartre ; J. Genet ;
A. de Musset ; B. Brecht ; J. Racine 466

Chapitre 7
Les notions propres à la poésie

| FICHE 1 | **Le vers et la strophe** 469

EXERCICES D'APPLICATION :
G. de Nerval ; P. Verlaine ; A. de Musset ;
J. du Bellay ; A. Rimbaud ;
Y. Bonnefoy ; J. Racine 471

| FICHE 2 | **Les formes poétiques** 473

EXERCICES D'APPLICATION : G. Apollinaire ;
P. Louÿs ; C. Baudelaire ; P. Reverdy 475

Chapitre 8
Les notions propres à la littérature d'idées

| FICHE 1 | **Les genres de la littérature d'idées** 477

EXERCICES D'APPLICATION : É. Badinter ;
Voltaire ; J. Onimus ; J.-P. Sartre 478

| FICHE 2 | **Circuit argumentatif
et progression du raisonnement** 479

EXERCICES D'APPLICATION : J. Gracq ; Alain ;
E. Gianini Belotti ; E. Ionesco ; É. Zola 480

| FICHE 3 | **Convaincre, démontrer et persuader** 482

EXERCICES D'APPLICATION : G. Halimi ;
J.-J. Rousseau ; D. Pennac ; A. Débarède 483

PARTIE III
Méthodes

Chapitre 1
L'écriture d'invention

FICHE MÉTHODE 1 Transposer 488
EXERCICES D'ENTRAÎNEMENT 490

FICHE MÉTHODE 2 Réécrire 492
EXERCICES D'ENTRAÎNEMENT 494

FICHE MÉTHODE 3 Inventer et argumenter 496
EXERCICES D'ENTRAÎNEMENT 498

Chapitre 2
Le paragraphe argumentatif

FICHE MÉTHODE 1 Répondre à une question d'analyse sur un texte ou un corpus 502
EXERCICES D'ENTRAÎNEMENT 504

FICHE MÉTHODE 2 Utiliser des exemples 506
EXERCICES D'ENTRAÎNEMENT 508

FICHE MÉTHODE 3 Élaborer un paragraphe argumentatif 510
EXERCICES D'ENTRAÎNEMENT 512

Chapitre 3
De la lecture analytique au commentaire

FICHE MÉTHODE 1 Se poser des questions sur le texte à commenter 516
EXERCICES D'ENTRAÎNEMENT 519

FICHE MÉTHODE 2 Définir un projet de lecture et monter un plan d'analyse 520
EXERCICES D'ENTRAÎNEMENT 522

FICHE MÉTHODE 3 Rédiger le commentaire 524
EXERCICES D'ENTRAÎNEMENT 526

Chapitre 4
De la lecture d'un corpus à la dissertation

FICHE MÉTHODE 1 Traiter un sujet de réflexion à partir d'un corpus 530
EXERCICES D'ENTRAÎNEMENT 533

FICHE MÉTHODE 2 Élaborer un plan de dissertation 534
EXERCICES D'ENTRAÎNEMENT 536

FICHE MÉTHODE 3 Rédiger une introduction, une conclusion et des paragraphes argumentatifs de dissertation 538
EXERCICES D'ENTRAÎNEMENT 541

Chapitre 5
Participer en classe

FICHE MÉTHODE 1 Préparer un exposé 544
EXERCICES D'ENTRAÎNEMENT 546

FICHE MÉTHODE 2 Présenter un texte à l'oral 547
EXERCICES D'ENTRAÎNEMENT 549

ANNEXES

Repères historiques 550
Notices biographiques 560
Glossaire 569
Index des auteurs et des œuvres 572

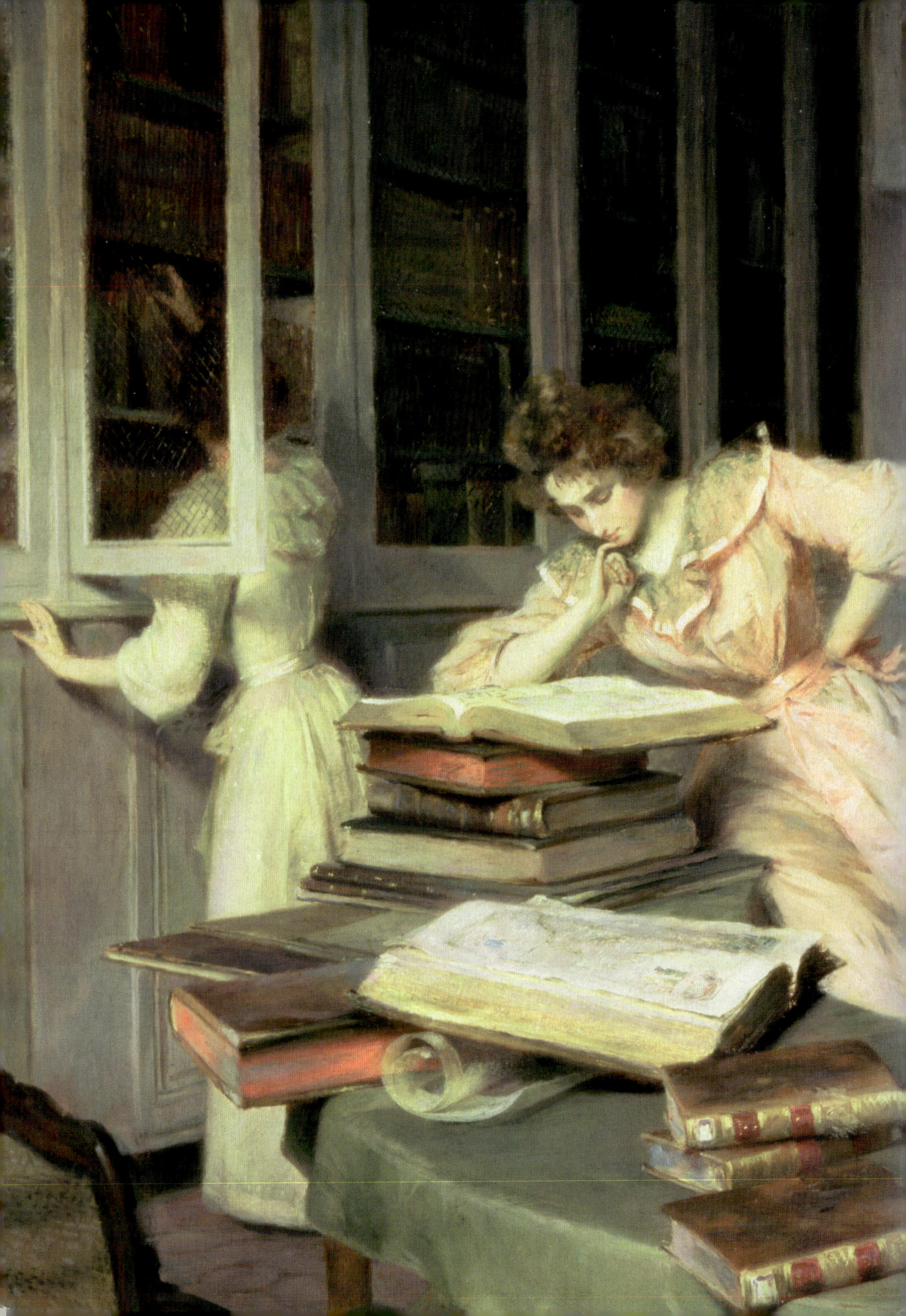

PARTIE I

Lectures

18 *Chapitre* **1**
La tragédie des origines à nos jours

60 *Chapitre* **2**
La comédie des origines à nos jours

112 *Chapitre* **3**
Le récit, de l'épopée à la nouvelle

174 *Chapitre* **4**
Le romantisme

218 *Chapitre* **5**
Du réalisme au naturalisme

260 *Chapitre* **6**
Le surréalisme

296 *Chapitre* **7**
Argumenter : le thème de la femme

322 *Chapitre* **8**
Portraits : l'éloge et le blâme

354 *Chapitre* **9**
Écrire, publier, lire aujourd'hui

Chapitre 1
La tragédie des origines à nos jours

19 SÉQUENCE 1
Sophocle, d'hier à aujourd'hui

34 SÉQUENCE 2
La tragédie classique : l'exemple de *Phèdre* de Racine

45 SÉQUENCE 3
La remise en cause de la tragédie classique

Pages 16-17 : ÉDOUARD GELHAY (1856-1939) *Une jeune femme élégante dans une bibliothèque* (XIXe siècle, détail), huile sur toile (Londres, Waterhouse and Dodd).

Page 18 : Scène de théâtre, peinture murale romaine (Ier siècle après J.-C.) provenant d'Herculanum (copie d'une peinture grecque du IVe siècle avant J.-C. : détail (Naples, Museo nazionale Archeologico).

SÉQUENCE 1

Sophocle, d'hier à aujourd'hui

Objectif — **Définir les caractéristiques de la tragédie dont Sophocle a été l'initiateur.**

Au Vᵉ siècle avant J.-C., la Grèce invente la démocratie et s'illustre dans la tragédie, genre représenté par Eschyle, Sophocle, puis Euripide.
Sophocle a su faire évoluer la tragédie dans ses aspects formels et scéniques, ainsi que dans ses thèmes. Au XXᵉ siècle, en France, Anouilh et Cocteau s'inspireront à leur tour des mythes de ces tragédies antiques.

CORPUS DE LA SÉQUENCE

- *Texte* **1** — Sophocle, ***Antigone*** (441 avant J.-C.)
- *Texte* **2** — J. Anouilh, ***Antigone*** (1944)
- *Texte* **3** — Sophocle, ***Œdipe roi*** (430 avant J.-C.)
- *Texte* **4** — J. Cocteau, ***La Machine infernale*** (1934)
- *Texte* **5** — H. Bauchau, ***Œdipe sur la route*** (1990)
- *Images* — **Photographies de théâtres grecs** (Syracuse et Épidaure)

Notions de la séquence	Liens avec la partie II
Les caractéristiques thématiques et formelles de la tragédie grecque	▶ p. 422 : LE REGISTRE TRAGIQUE ET LE REGISTRE PATHÉTIQUE ▶ p. 465 : L'ESPACE THÉÂTRAL
Analyse de photographies de théâtres grecs	▶ p. 397 : L'IMAGE FIXE
Réécriture et intertextualité : • adaptation de tragédies de Sophocle au XXᵉ siècle • définition du mythe littéraire	
	Liens avec la partie III
Analyse d'un corpus de bac : le mythe de Médée (*exercice 1*)	▶ p. 530 : TRAITER UN SUJET DE RÉFLEXION À PARTIR D'UN CORPUS
Raisonnement à développer par les textes de la séquence (*exercices 3 et 4*)	

Antigone de Sophocle, mise en scène de Otomar Krejca, avec Muriel Mayette et Catherine Sauval (Paris, Comédie-Française, 1992).

Texte 1

Sophocle
Antigone (441 avant J.-C.)

Biographie p. 567

La tragédie Antigone *a grandement contribué à la gloire de Sophocle. Antigone, fille d'Œdipe et de Jocaste, dépend de son oncle Créon, devenu roi de Thèbes. Mais elle s'affirme dès le prologue[1] comme une héroïne tragique en défendant haut et fort sa résistance au pouvoir royal. La scène se passe à Thèbes, devant le palais des Labdacides, famille maudite d'Antigone qui tire son nom de Labdacée, grand-père d'Œdipe.*

1   ANTIGONE. – Chère Ismène, ma sœur, toi qui partages mon sort, de tous les maux qu'Œdipe nous a laissés en héritage, m'en citeras-tu un seul dont Zeus veuille nous tenir quittes avant la fin de nos jours ? Jusqu'ici, en fait de chagrins, de malédictions, d'affronts, de mépris, je ne vois pas que rien nous ait
5   été épargné, à toi aussi bien qu'à moi. Et qu'est-ce que cette proclamation que le régent[2], dit-on, adresse au peuple ? N'en as-tu pas eu vent ? Ne sens-tu pas la haine, pas à pas, qui s'approche de ceux que nous aimons ?

ISMÈNE. – Nos bien-aimés, Antigone ? Non, je n'ai rien appris à leur sujet qui puisse adoucir ou aigrir encore ma peine. Hier, la perte de nos deux
10 frères, tombés sous les coups l'un de l'autre ; cette nuit, la retraite de l'armée argienne[3] : je n'en sais pas davantage, et je ne me trouve ni moins ni plus malheureuse.

1. Entrée en matière dans le domaine théâtral.
2. Désigne ici Créon.
3. D'Argos, ville du Péloponnèse (sud de la Grèce).

ANTIGONE. — J'en étais sûre, et je t'ai donné rendez-vous hors du palais pour te parler sans témoins.

ISMÈNE. — Que se passe-t-il ? Je vois bien que tu médites quelque chose.

ANTIGONE. — La sépulture due à nos deux frères, Créon ne prétend-il pas l'accorder à l'un et en spolier l'autre ? On dit qu'il a enseveli Étéocle selon le rite, afin de lui assurer auprès des morts un accueil honorable, et c'était son devoir ; mais le malheureux Polynice, il défend par édit qu'on l'enterre et qu'on le pleure : il faut l'abandonner sans larmes, sans tombe, pâture de choix pour les oiseaux carnassiers ! Oui, telles seraient les décisions que Créon le juste nous signifie à toi et à moi, oui, à moi ! Il viendra tout à l'heure les proclamer afin que nul n'en ignore ! Il y attache la plus grande importance et tout contrevenant est condamné à être lapidé[4] par le peuple. Les choses en sont là, et bientôt tu devras montrer si tu es fidèle à ta race ou si ton cœur a dégénéré.

ISMÈNE. — Mais, ma pauvre amie, si les choses en sont là, que je m'en mêle ou non, à quoi cela nous avancera-t-il ?

ANTIGONE. — Vois si tu veux prendre ta part de risques dans ce que je vais faire.

ISMÈNE. — Quelle aventure veux-tu donc courir ? Quel est ton projet ?

ANTIGONE. — Je veux, de mes mains, enlever le corps. M'y aideras-tu ?

ISMÈNE. — Quoi ! tu songes à l'ensevelir ? Mais c'est violer l'édit !

ANTIGONE. — Polynice est mon frère ; il est aussi le tien, quand tu l'oublierais. On ne me verra pas le renier, moi.

ISMÈNE. — Mais, folle ! et la défense de Créon ? […]

ANTIGONE. — Je sais qu'ils sont contents de moi, ceux que d'abord je dois servir.

ISMÈNE. — Si toutefois tu réussis ; mais tu vises l'impossible.

4. Tué à coups de pierres.

Début du prologue, traduction de R. Pignarre, © Flammarion, 1999.

Questions DE LECTURE ANALYTIQUE

1. Dans quelle réplique Ismène expose-t-elle la situation des Labdacides ? En quoi leur destinée est-elle tragique ?
   ▶ PARTIE II, p. 422 : LE REGISTRE TRAGIQUE

2. Quel champ lexical et quelle modalité de phrase font entrer le spectateur dans un univers tragique, dès le début du prologue ? Les retrouve-t-on par la suite ?
   ▶ p. 387 : LES OUTILS GRAMMATICAUX

3. *Mais c'est violer l'édit* (l. 32) : de quel édit s'agit-il ? Pourquoi Ismène adresse-t-elle des reproches à Antigone ?

4. Quel ton et quelles formules montrent la détermination d'Antigone ?

5. Ismène se laisse-t-elle convaincre par l'argumentation de sa sœur ? Justifiez en précisant les modalités de phrase employées par ce personnage.
   ▶ p. 413 : LE DISCOURS ARGUMENTATIF

6. **Question de synthèse :** le personnage tragique est souvent défini par sa démesure (*hybris* en grec : caractère d'un personnage dont le comportement insensé lui vaut la condamnation des dieux). Antigone correspond-elle à ce modèle ? Justifiez.

Jean Anouilh
Antigone (1944)

En 1944, sous l'occupation de la France par l'armée allemande, Anouilh reprend à Sophocle l'image mythique d'Antigone révoltée mais c'est à Euripide qu'il emprunte l'idée d'un prologue-personnage exposant les tenants et les aboutissants de l'action.

1   *Un décor neutre. Trois portes semblables. Au lever du rideau, tous les personnages sont en scène. Ils bavardent, tricotent, jouent aux cartes.*
    Le Prologue se détache et s'avance.

Le Prologue

5   Voilà. Ces personnages vont vous jouer l'histoire d'Antigone. Antigone, c'est la petite maigre qui est assise là-bas, et qui ne dit rien. Elle regarde droit devant elle. Elle pense. Elle pense qu'elle va être Antigone tout à l'heure, qu'elle va surgir soudain de la maigre jeune fille noiraude et renfermée que personne ne prenait au sérieux dans la famille et se dresser seule en face du monde, seule
10 en face de Créon, son oncle, qui est le roi. Elle pense qu'elle va mourir, qu'elle est jeune et qu'elle aussi, elle aurait bien aimé vivre. Mais il n'y a rien à faire. Elle s'appelle Antigone et il va falloir qu'elle joue son rôle jusqu'au bout… Et, depuis que ce rideau s'est levé, elle sent qu'elle s'éloigne à une vitesse vertigineuse de sa sœur Ismène, qui bavarde et rit avec un jeune homme, de nous
15 tous, qui sommes là bien tranquilles à la regarder, de nous qui n'avons pas à mourir ce soir.
    Le jeune homme avec qui parle la blonde, la belle, l'heureuse Ismène, c'est Hémon, le fils de Créon. Il est le fiancé d'Antigone. Tout le portait vers Ismène : son goût de la danse et des jeux, son goût du bonheur et de la réussite, sa sensua-
20 lité aussi, car Ismène est bien plus belle qu'Antigone, et puis un soir, un soir de bal où il n'avait dansé qu'avec Ismène, un soir où Ismène avait été éblouissante dans sa nouvelle robe, il a été trouver Antigone qui rêvait dans un coin, comme en ce moment, ses bras entourant ses genoux, et il lui a demandé d'être sa femme. Personne n'a jamais compris pourquoi. Antigone a levé sans étonnement ses
25 yeux graves sur lui et elle lui a dit « oui » avec un petit sourire triste… L'orchestre attaquait une nouvelle danse, Ismène riait aux éclats, là-bas, au milieu des autres garçons, et voilà, maintenant, lui, il allait être le mari d'Antigone. Il ne savait pas qu'il ne devait jamais exister de mari d'Antigone sur cette terre et que ce titre princier lui donnait seulement le droit de mourir.
30 Cet homme robuste, aux cheveux blancs, qui médite là, près de son page, c'est Créon. C'est le roi. Il a des rides, il est fatigué. Il joue au jeu difficile de conduire les hommes. Avant, du temps d'Œdipe, quand il n'était que le premier personnage de la cour, il aimait la musique, les belles reliures, les longues flâneries chez les petits antiquaires de Thèbes. Mais Œdipe et ses fils sont morts. Il a laissé ses
35 livres, ses objets, il a retroussé ses manches, et il a pris leur place.

Quelquefois, le soir, il est fatigué, et il se demande s'il n'est pas vain de conduire les hommes. Si cela n'est pas un office sordide qu'on doit laisser à d'autres, plus frustes... Et puis, au matin, des problèmes précis se posent, qu'il faut résoudre, et il se lève, tranquille, comme un ouvrier au seuil de sa journée.

Début du prologue, © La Table Ronde.

ANDRÉ BARSACQ (1903-1973), maquette de décor pour *Antigone* de Jean Anouilh, mise en scène d'André Barsacq au Théâtre de l'Atelier en 1944 (Paris, BnF).

Questions DE LECTURE ANALYTIQUE

1. À la lumière des didascalies initiales, définissez la fonction du prologue.
➤ **PARTIE II, p. 462** : LE GESTE ET LE JEU AU THÉÂTRE

2. *Ces personnages vont vous jouer l'histoire d'Antigone* (l. 5) : quels sens donnez-vous à cette formule qui ouvre le prologue ?

3. Repérez les différentes étapes de cette tirade. À partir de quelle étape l'action est-elle lancée par le prologue ?
➤ **p. 459** : LA PAROLE THÉÂTRALE

4. Sur quelles caractéristiques des personnages le prologue s'attarde-t-il ? Correspondent-elles à l'image que vous vous faites des héros tragiques ? Expliquez.
➤ **p. 422** : LE REGISTRE TRAGIQUE

D'UN TEXTE À L'AUTRE ➤ TEXTES 1 et 2

Comparez le Créon évoqué par Antigone dans le texte 1 ➤ **p. 20** et celui que présente ici le prologue : Anouilh respecte-t-il le modèle grec ?

Œdipe de Sophocle, mise en scène de Sotigui Kouyate, avec Élodie Chanut, Sotigui Kouyate et Ester Marty Kouyate (Paris, Théâtre des Bouffes du Nord, 2003).

Texte 3

SOPHOCLE
Œdipe roi (430 avant J.-C.)

Biographie p. 567

Œdipe, père d'Antigone, est l'instrument d'une malédiction qui l'a conduit à tuer son père Laïos, roi de Thèbes, puis à épouser sa mère Jocaste et à prendre le pouvoir. Averti par le devin Tirésias sur son double crime, il se punit lui-même en se crevant les yeux. Le dénouement[1] nous présente les adieux d'Œdipe à ses filles, que leur oncle Créon a fait venir.

ŒDIPE

1 Ah ! béni sois-tu ! Ainsi tu les as fait venir ! Veuille le Ciel t'en récompenser, en veillant sur ton destin plus favorablement que sur le mien ! (*Tâtonnant dans la direction de ses filles*) Mes enfants ! où donc êtes-vous ? Venez, approchez vers mes mains, ces mains fraternelles à qui vous devez de
5 voir en cet état les yeux dont s'éclairait autrefois le visage de votre père, de celui qui, sans rien voir et sans rien savoir, vous a fait naître (oh ! quelle révélation !) du sillon même où j'avais germé ! Sur vous aussi je pleure... ah ! je n'ai plus de regard pour vous voir, mais je songe à l'amertume de la vie qu'il vous faudra vivre, telle que les gens vous la feront désormais ! À quelles assemblées
10 civiques, à quelles festivités pourrez-vous aller, sans rentrer à la maison tout en larmes, au lieu d'assister au spectacle ? Et quand vous serez en saison de vous marier, quel sera donc... oui, qui voudra se risquer, mes enfants, à prendre en

1. *Exodos* en grec : sortie du chœur (ensemble des danseurs et des chanteurs qui commentent l'action jouée sur scène).

charge de telles hontes ? Elles ont ravagé le destin de mes parents, elles ravageront aussi le vôtre. Pas une horreur n'y manque… Votre père a tué son père ; le sillon maternel d'où il était issu, il l'a lui-même labouré, et il vous a eues de celle-là même dont il est né. Telles sont les hontes dont on vous accablera. Qui donc, alors, vous épousera ? Personne n'y consentira, mes enfants ! C'est trop clair : vous dessécher et dépérir sans épousailles, voilà ce qui vous attend.

Eh bien, Créon, vois : tu restes seul pour leur servir de père, tout est fini pour moi comme pour leur mère. Ne les abandonne pas, dénuées de tout, sans mari, sans famille, errantes, ne les fais pas descendre au degré de misère où je suis ! Prends pitié d'elles, en les voyant si jeunes, privées de tout soutien, sauf celui que tu leur accorderas. En signe de consentement, généreux ami, touche-moi de ta main…

Et vous, mes enfants, si vous étiez déjà d'âge à comprendre, j'aurais tant de recommandations à vous laisser ! Pour l'instant, priez seulement le Ciel pour obtenir, où que l'occasion vous permette de vivre, une existence meilleure que celle du père dont vous êtes nées !

CRÉON

C'est assez répandre de larmes : allons,
rentre dans le palais.

ŒDIPE

Il me faut obéir, mais c'est amer ! […]

CRÉON

Ne prétends pas toujours être le maître,
car ce que ta maîtrise t'a pu valoir
ne t'aura pas suivi toute ta vie !

Créon guide lentement Œdipe pour le faire rentrer au palais, suivi des filles. Ils ne disparaissent qu'au moment où s'achève le chant final.

Exodos, vers 1478-1517 et 1522-1523,
traduction de V.-H. Debidour, © Les Belles Lettres, 1976.

Questions DE LECTURE ANALYTIQUE

1. Identifiez les différents destinataires des propos d'Œdipe : constatez-vous des différences de ton dans sa tirade ? Expliquez.
   ▶ PARTIE II, p. 459 : LA PAROLE THÉÂTRALE

2. Aux lignes 7 et 15, que désigne métaphoriquement le *sillon* ? Quels champs lexicaux sont associés à cette métaphore ?
   ▶ p. 392 : LES FIGURES DE RHÉTORIQUE

3. Quels registres propres à la tragédie repérez-vous dans les répliques d'Œdipe ? Quelles modalités de phrase et quels termes s'y rattachent ?
   ▶ p. 418 : LES REGISTRES LITTÉRAIRES
   ▶ p. 387 : LES OUTILS GRAMMATICAUX

4. Quel destin tragique est réservé aux filles d'Œdipe ? Quelles sont les expressions qui soulignent la malédiction familiale ?

5. En quoi la stichomythie* des lignes 29-30 et 32-34 met-elle en évidence le nouveau statut de Créon ?

6. **Question de synthèse** : quels passages du dialogue font référence à l'*hybris* d'Œdipe ▶ question 6, p. 21 ?

Texte 4

Jean Cocteau
La Machine infernale (1934)

Biographie p. 562

À la même époque que Giraudoux, et dix ans avant Sartre et Anouilh, Cocteau reprend les mythes tragiques de la Grèce antique. En témoigne le dénouement de La Machine infernale *qui s'inspire de la tragédie* Œdipe roi *de Sophocle tout en la parodiant.*
Tirésias, le devin aveugle qui a révélé à Œdipe qu'il devait découvrir le meurtrier impuni de Laïos, apparaît dans la scène finale de la pièce, aux côtés du fils maudit, Œdipe.

1   *Tirésias l'empoigne par le bras et lui met la main sur la bouche… Car Jocaste paraît dans la porte. Jocaste morte, blanche, belle, les yeux clos. Sa longue écharpe enroulée autour du cou.* [...]

Œdipe. – Femme ! ne me touche pas…

5   Jocaste. – Ta femme est morte pendue, Œdipe. Je suis ta mère. C'est ta mère qui vient à ton aide… Comment ferais-tu rien que pour descendre seul cet escalier, mon pauvre petit ?

Œdipe. – Ma mère !

Jocaste. – Oui, mon enfant, mon petit enfant… Les choses qui paraissent
10   abominables aux humains, si tu savais, de l'endroit où j'habite, si tu savais comme elles ont peu d'importance.

Œdipe. – Je suis encore sur la terre.

Jocaste. – À peine…

Créon. – Il parle avec des fantômes, il a le délire, la fièvre, je n'autoriserai pas
15   cette petite…

Tirésias. – Ils sont sous bonne garde.

Créon. – Antigone ! Antigone ! je t'appelle…

Antigone. – Je ne veux pas rester chez mon oncle ! Je ne veux pas, je ne veux pas rester à la maison. Petit
20   père, petit père, ne me quitte pas ! Je te conduirai, je te dirigerai…

Créon. – Nature ingrate.

Œdipe. – Impossible, Antigone. Tu dois être sage… je ne peux pas t'emmener.

25   Antigone. – Si ! si !

Œdipe. – Tu abandonnerais Ismène ?

Jean Cocteau (1889-1963), dessin pour *La Machine infernale* (Paris, Bibliothèque Littéraire Jacques Doucet).

ANTIGONE. – Elle doit rester auprès d'Étéocle et de Polynice. Emmène-moi, je t'en supplie ! Je t'en supplie ! Ne me laisse pas seule ! Ne me laisse pas chez mon oncle ! Ne me laisse pas à la maison.

30 JOCASTE. – La petite est si fière. Elle s'imagine être ton guide. Il faut le lui laisser croire. Emmène-la. Je me charge de tout.

ŒDIPE. – Oh !… (*Il porte la main à sa tête.*)

JOCASTE. – Tu as mal ?

ŒDIPE. – Oui, dans la tête et dans la nuque et dans les bras… C'est atroce.

35 JOCASTE. – Je te panserai à la fontaine.

ŒDIPE, *abandonné*. – Mère…

JOCASTE. – Crois-tu ! cette méchante écharpe et cette affreuse broche ! L'avais-je assez prédit.

CRÉON. – C'est im-pos-si-ble. Je ne laisserai pas un fou sortir en liberté avec
40 Antigone. J'ai le devoir…

TIRÉSIAS. – Le devoir ! Ils ne t'appartiennent plus ; ils ne relèvent plus de ta puissance.

CRÉON. – Et à qui appartiendraient-ils ?

TIRÉSIAS. – Au peuple, aux poètes, aux cœurs purs.

45 JOCASTE. – En route ! Empoigne ma robe solidement… n'aie pas peur…

(*Ils se mettent en route.*)

ANTIGONE. – Viens, petit père… partons vite…

Acte IV, extrait de la scène finale, © Grasset.

Questions DE LECTURE ANALYTIQUE

1. Rappelez les liens familiaux entre les différents personnages en vous appuyant sur les répliques significatives.
2. Sur quel ton Œdipe et Jocaste se parlent-ils ? Que confirment leurs propos ?
3. Quelle modalité de phrase caractérise le discours d'Antigone ? Le personnage est-il semblable aux Antigone de Sophocle ▶ TEXTE 1, p. 20 et d'Anouilh ▶ TEXTE 2, p. 22 ?
   ▶ PARTIE II, p. 387 : LES OUTILS GRAMMATICAUX
4. Quel est le niveau de langue des personnages ? Est-il propre à la tragédie ?
5. **Question de synthèse** : en quoi le personnage d'Œdipe finit-il par ressembler au devin Tirésias ? Son *hybris* est-elle encore manifeste ici ▶ question 6, p. 21 ?

Henry Bauchau
Œdipe sur la route (1990)

Biographie p. 560

Henry Bauchau est l'auteur de divers récits reprenant les mythes de l'Antiquité. Son roman Œdipe sur la route *s'ouvre sur un Œdipe tragique décidé à quitter Thèbes, ville maudite où il a épousé sa mère après avoir tué son propre père* ▶ TEXTES 3 et 4, p. 24-26. *C'est le début d'une errance rendue sensible au lecteur par le développement narratif.*

1 Les blessures des yeux d'Œdipe, qui ont saigné si longtemps, se cicatrisent. On ne voit plus couler sur ses joues ces larmes noires qui inspirent de l'effroi comme si elles provenaient de votre propre sang. L'incroyable désordre, qui a régné au palais après la mort de Jocaste, s'efface. Créon a rétabli les usages et
5 le cérémonial mais chacun à Thèbes sent persister une dangereuse et secrète fêlure.

Œdipe met longtemps, près d'un an, à comprendre. Si ses fils[1] s'agitent et se querellent, si parfois une rumeur de détresse s'élève sourdement de la ville, Créon, qui détient le pouvoir, est patient, encore patient. Il sait qu'un jour
10 Œdipe n'en pourra plus d'attendre. D'attendre quoi ?

Œdipe, cette nuit-là, ne voit plus en rêve, au-dessus de Corinthe[2], la grande mouette blanche[3] dont l'image lui a permis jusqu'ici de supporter l'interminable écoulement des heures. Un aigle[3]
15 plane dans son ciel dont il masque ou dévoile les astres. D'un mouvement superbe, il plonge vers le sol. Quand il en est proche, il bat des ailes à grand bruit pour terroriser sa proie. Œdipe est cette proie. Il bondit, il échappe aux serres de
20 l'aigle. Toutes ses forces en alerte, il s'éveille, prêt au combat.

À l'aube, Antigone entre dans la salle, malgré la défense de ses frères et l'opposition du garde. Elle dit : « Père, tu m'appelles, tu n'en as pas le droit. »
25 Depuis le drame il ne parle plus, elle est surprise, interdite, de l'entendre répondre : « J'en ai le droit, mais je n'appelle personne. » Elle interroge du regard le garde. Il fait signe qu'Œdipe n'a pas appelé. Elle sort.

Œdipe et Antigone, gravure sur cuivre (1830) d'après une peinture de Adolf Henning (1809-1900), 36 × 24 cm (Berlin, Coll. Archiv f. Kunst & Geschichte).

1. Étéocle et Polynice, qui vont s'entretuer pour la conquête du trône de Thèbes.
2. Ville du sud de la Grèce.
3. Chez les Grecs et les Romains, les oiseaux étaient observés pour la lecture des présages.
4. La salle du trône.

Elle revient quelques heures plus tard : « Père, tu m'appelles. Tu m'appelles sans cesse dans ton cœur. » Elle ne pleure pas, il pense qu'elle sait se tenir. « Je partirai demain à l'aube. Tu me conduiras, avec Ismène, à la porte du Nord. – Pour aller où ? » Il hurle d'une voix terrible : « Nulle part ! N'importe où, hors de Thèbes ! » Il s'apaise, il lui fait signe de partir, mieux vaut d'ailleurs ne rien ajouter car déjà le garde a disparu. Il est allé prévenir Créon ou les deux frères qui, à cette heure, se surveillent sauvagement dans la grande salle[4].
Le lendemain, on peut voir que les soldats ont bien fait leur travail et que les habitants ont été prévenus. La ville est déserte, toutes les portes et les volets sont clos.

Incipit, © Actes Sud.

Questions DE LECTURE ANALYTIQUE

1. Relevez et classez tous les éléments qui rappellent les événements qui se sont déroulés juste avant le début du récit. Aidez-vous des textes 3 et 4 p. 24-26.
2. Dans quel registre le lecteur est-il plongé dès le premier paragraphe ? grâce à quels termes en particulier ?
   ▶ PARTIE II, p. 418 : LES REGISTRES LITTÉRAIRES
3. Expliquez la signification du rêve d'Œdipe. En quoi confirme-t-elle le registre identifié dans la réponse précédente ?
4. Que permet de comprendre le dialogue ? Quelles informations donne-t-il et quelles relations entre les personnages met-il en évidence ?
5. Relevez les indications temporelles. En quoi sont-elles très différentes du temps théâtral ? Quelle utilisation du temps le récit permet-il ?
   ▶ p. 446 : LE CADRE SPATIO-TEMPOREL ET LE SCHÉMA ACTANTIEL

D'UN TEXTE À L'AUTRE ▶ TEXTES 3, 4 et 5
À la lumière des textes étudiés et d'un dictionnaire de la mythologie, résumez le mythe d'Œdipe dans un tableau en respectant l'enchaînement des épisodes de cette histoire.

ÉPISODE	PERSONNAGES	RÉSUMÉ	CARACTÉRISTIQUES TRAGIQUES

Analyse d'images

Photographies de théâtres grecs

Théâtre antique d'Épidaure, en Grèce, construit par l'architecte Polyclète le Jeune (IVe siècle avant J.-C.).

Amphithéâtre de Syracuse, en Sicile (IIIe siècle avant J.-C.). À l'époque, l'île était sous domination grecque.

Questions

1. Quels éléments identifient ces lieux comme des espaces théâtraux ?
2. Quelle importance le site géographique a-t-il eu dans la construction de ces deux théâtres ?
3. Choisissez l'un de ces clichés et nommez les différentes parties du théâtre grec en vous aidant de la synthèse ci-contre.

SYNTHÈSE

La tragédie grecque

● La guerre de Troie inspira l'*Iliade*, épopée d'Homère, puis *Les Troyennes*, tragédie d'Euripide. La tragédie succède en effet à l'**épopée** ➤ p. 113, mais est antérieure à la **comédie** ➤ p. 60.

1 Les origines de la tragédie

● La tragédie, à son origine, est une **cérémonie religieuse et civique**. Elle se déroule dans des théâtres (étymologiquement, lieu d'où l'on regarde avec gradins (= *theatron* ❶), bâtis selon le plan suivant :
– l'*orchestra* ❷ : espace du chœur (danses et chants) ;
– l'*autel* du dieu Dionysos (ou *thymélé*) ❸ ;
– le *parodos* ❹ : lieu de passage du chœur ;
– le *proskénion* ❺ : espace des acteurs (parole et action) ;
– la *skéné* ❻ : support des décors ; baraque des acteurs.

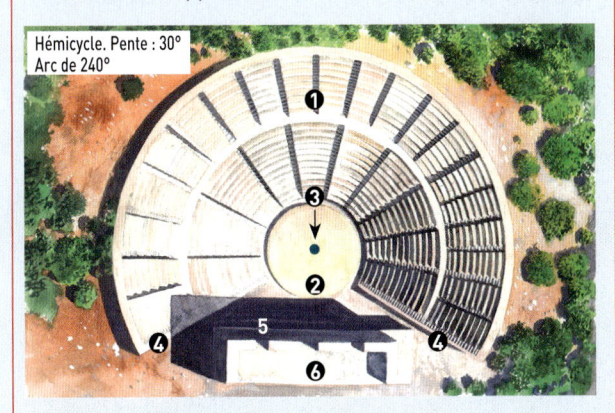

Hémicycle. Pente : 30°
Arc de 240°

● Cette origine religieuse et le registre tragique définissent le **genre** de la tragédie : les héros, mêlés à des intrigues nouées par les dieux, sont impuissants, souffrant de la **fatalité** qui pèse sur eux : Antigone ➤ **TEXTES 1 et 2, p. 20-22** ; Œdipe ➤ **TEXTES 3 et 4, p. 24-26** ; Phèdre ➤ **SÉQUENCE 2, p. 34**.
Contrairement au héros comique, le héros tragique est **d'ascendance noble** et **mythique**.

2 L'âge d'or de la tragédie grecque

● **Le Ve siècle avant J.-C.** marque l'apogée de **la démocratie athénienne**, avec l'avènement de **Périclès** (461-429 avant J.-C.). Chaque année, les meilleurs auteurs participent aux **dionysies**, les concours de tragédie. Chaque auteur y affirme sa spécificité.

– **Eschyle** (525-456 avant J.-C.) fait intervenir les dieux dans les affaires humaines.
– **Sophocle** (496-406 avant J.-C.) affirme l'autonomie des hommes face aux dieux. La dimension **politique et civique** devient essentielle (*cf.* commentaires du chœur).
– **Euripide** (480-406 avant J.-C.) relativise le rôle des dieux, qui abandonnent les hommes à leurs passions.

● Dès le Ve siècle, on construit des théâtres en pierre dans le bassin méditerranéen (**Ségeste**, en Sicile ; **Épidaure**, en Grèce ➤ **ANALYSE D'IMAGE, p. 30**).

3 La tragédie : un genre codifié

● Au IVe siècle avant J.-C., dans sa *Poétique*, le philosophe **Aristote** fait l'éloge de l'*Œdipe* de Sophocle et définit la tragédie, composée de parties dialoguées et de chants :
– le **prologue** : exposition incarnée par un personnage extérieur (chez Euripide) ou intégrée dans le dialogue de deux personnages (Sophocle ➤ **TEXTE 1, p. 20**) ;
– le *parodos* : partie chantée par le chœur ;
– des *épisodoï* (de trois à cinq) entrecoupés de *stasima* (chants du chœur) ;
– l'*exodos* (sortie du chœur ➤ **TEXTE 3, p. 24**).

● La **catharsis** : selon Aristote, la tragédie doit susciter **terreur et pitié**. Les spectateurs s'identifient aux héros tragiques et deviennent de meilleurs citoyens grâce à la *catharsis*, phénomène de purification (apaisement des passions) propre à la tragédie.

4 Une histoire ancienne mais continue

● La tragédie, après les Grecs, continue à évoluer :
– à **Rome, Sénèque** (Ier siècle) reprend les grands mythes grecs (Hercule, Médée ➤ **EXERCICE 1, p. 32**) ;
– en France, au XVIIe siècle, **Corneille et Racine** s'inspirent à leur tour des Anciens. Les règles de la tragédie sont énoncées dans l'*Art poétique* de Boileau ➤ **SYNTHÈSE, p. 43** ;
– au XXe siècle, **Gide, Cocteau, Anouilh, Sartre, Giraudoux** reprennent et parodient dans un contexte moderne les personnages et les thèmes de la tragédie grecque, en jouant sur les anachronismes : Antigone ➤ **TEXTE 2, p. 22** ; Œdipe ➤ **TEXTE 4, p. 26**. Ces tragédies grecques ont aussi été adaptées dans des romans (ex. : Bauchau ➤ **TEXTE 5, p. 28**).

➤ **BIOGRAPHIES DES AUTEURS p. 560**

EXERCICES D'APPROFONDISSEMENT

1 LECTURE D'UN CORPUS
La terreur et la pitié (Médée)

Texte A
1. En quels termes et grâce à quel temps verbal Médée montre-t-elle sa détermination ?
2. Quelles antithèses permettent d'insister sur l'horreur de la situation ?
   ▸ PARTIE II, p. 392 : LES FIGURES DE RHÉTORIQUE

Texte B
1. Quels termes traduisent l'hésitation de Médée ?
2. Quels vers constituent presque une traduction des vers d'Euripide (texte A) ?

Document C
1. Comment le peintre a-t-il utilisé la lumière sur le visage de Médée ? Qu'a-t-il ainsi symbolisé ?
2. Quelle figure géométrique les personnages réunis forment-ils ? Sur quoi cette composition permet-elle d'insister ?

LECTURE D'UN CORPUS
En partant de la définition du terme « mythe » et en utilisant des exemples tirés des trois documents, vous montrerez dans un développement rédigé que Médée, d'abord grecque, est devenue un véritable mythe littéraire.
▸ PARTIE III, p. 530 : TRAITER UN SUJET DE RÉFLEXION À PARTIR D'UN CORPUS

Texte A

Trompée par son époux Jason, Médée vient de se venger en tuant sa rivale Créuse. Elle décide brutalement de tuer les enfants qu'elle a eus de Jason.

MÉDÉE

1 Mes amies, ma décision est prise : sans perdre un instant
tuer mes enfants et fuir de ce pays.
Je n'entends pas, par mes délais, les livrer
aux coups d'une main ennemie.
5 De toute façon ils sont condamnés. Puisqu'il en est ainsi,
c'est moi qui vais les tuer, moi qui leur ai donné la vie.
Arme-toi donc, mon cœur. À quoi bon hésiter
pour accomplir l'acte terrible, inéluctable ?
Allons, ma main, mon audacieuse main, prends le couteau,
10 allons vers la barrière qui ouvre sur la vie maudite,
ne faiblis pas, oublie que ces enfants
sont ton bien le plus cher, que tu les mis au monde.
Oublie-les pour un court instant.
Tu pleureras ensuite. Tu les tues et cependant
15 tu les aimes. Ah ! pauvre femme que je suis !

EURIPIDE, *Médée*, fin du 5ᵉ épisode (431 avant J.-C.),
traduction de M. Delcourt-Curvers,
© Gallimard, coll. « Bibliothèque de la Pléiade », 1962.

Texte B

Seule, Médée songe au crime qu'elle s'apprête à commettre dans un monologue délibératif caractéristique de la tragédie française du XVIIᵉ siècle
▸ TEXTE 3, p. 39.

MÉDÉE

1 Cessez dorénavant, pensers[1] irrésolus,
D'épargner des enfants que je ne verrai plus.
Chers fruits de mon amour, si je vous ai fait naître,
Ce n'est pas seulement pour caresser un traître :
5 Il me prive de vous, et je l'en vais priver.
Mais ma pitié renaît, et revient me braver ;
Je n'exécute rien, et mon âme éperdue
Entre deux passions demeure suspendue.
N'en délibérons[2] plus, mon bras en résoudra.
10 Je vous perds, mes enfants, mais Jason vous perdra ;
Il ne vous verra plus… Créon sort tout en rage ;
Allons à son trépas[3] joindre ce triste ouvrage.

PIERRE CORNEILLE, *Médée*, Acte V, scène 2,
vers 1347-1358 (1635).

1. Pensées.
2. Doutons.
3. Sa mort.

Chapitre 1 • La tragédie des origines à nos jours SÉQUENCE 1

Document C

Durant de nombreuses années, ce tableau a occupé Delacroix, qui a vu en Médée l'un des mythes les plus fascinants de la culture occidentale.

Eugène Delacroix (1798-1863), *Médée furieuse* (1862), Huile sur toile, 1,20 x 0,84 m (Paris, musée du Louvre).

2 La reprise des mythes tragiques au XXᵉ siècle

Recherchez des titres de pièces de théâtre du XXᵉ siècle reprenant des mythes grecs. À l'aide d'un dictionnaire, expliquez ce qui, dans ces titres, rappelle l'Antiquité grecque.

3 DISSERTATION
Tragédie et registre tragique

La métaphore de « la machine infernale » inventée par Cocteau ▶ TEXTE 4, p. 26 peut-elle s'appliquer à l'ensemble des personnages tragiques de la séquence ? Relevez et classez tous les éléments présents dans les textes de la séquence qui pourraient valider ou contredire l'expression employée par Cocteau.

4 Les hommes et les dieux

1. Qui représente le coryphée dans cette scène ? Quelles sont ses fonctions ?
2. Le héros a-t-il le pouvoir de s'opposer à la volonté des dieux ? Justifiez.
3. Dans un paragraphe rédigé, comparez le rôle des dieux chez Eschyle et chez Sophocle ▶ TEXTES 1 et 3, p. 20-24.
   ▶ p. 500 : LE PARAGRAPHE ARGUMENTATIF

Après avoir tué sa mère Clytemnestre parce qu'elle avait comploté pour tuer son mari Agamemnon, Oreste comparaît devant Athéna et Apollon pour répondre du meurtre.
Athéna se tourne vers les Érynies (déesses de la vengeance).

1   ATHÉNA. – La parole est à vous ; je déclare le débat ouvert : à l'accusateur, parlant le premier, de nous instruire d'abord exactement des faits.

5   LE CORYPHÉE. – Si nous sommes nombreuses, nous saurons parler bref. À chaque question donne réponse nette. Et, d'abord, dis-moi, n'as-tu pas tué ta mère ?

    ORESTE. – Je l'ai tuée ; cela, je ne le nierai pas.

10 LE CORYPHÉE. – Sur trois manches, en voilà une déjà gagnée.

    ORESTE. – Je ne suis pas à terre : ne te vante donc pas.

    LE CORYPHÉE. – Il te faut pourtant dire
15 comment tu l'as tuée.

    ORESTE. – Mon bras, tirant le fer, lui a tranché la gorge.

    LE CORYPHÉE. – Mais qui t'avait poussé ? quels conseils suivais-tu ?

20 ORESTE. – Les oracles du dieu aujourd'hui mon témoin.

Eschyle, *Les Euménides* (458 avant J.-C), traduction de P. Mazon, *in Tragédies*, © Gallimard, coll. « Folio », 1982.

▶ BIOGRAPHIES DES AUTEURS p. 560

SÉQUENCE 2 — La tragédie classique : l'exemple de *Phèdre* de Racine

Objectif

Comprendre que Racine, lecteur assidu du théâtre antique, a donné toute sa noblesse à la tragédie classique et en a fait un modèle de langue et de composition.

EN 1677, LES REPRÉSENTATIONS de *Phèdre* portent Racine au sommet de sa gloire. Le genre de la tragédie, héritage des mythes et des thèmes du théâtre antique, obéit à des règles et à des codes qu'a définis le poète Boileau dans son *Art poétique* en 1674.

La structure de *Phèdre*, son sujet et son style répondent à l'idéal classique : équilibre de la composition, subtilité de la langue, présence terrifiante de la fatalité.

CORPUS DE LA SÉQUENCE

Extraits de *Phèdre* de JEAN RACINE (1677) :

- *Texte* **1** — ACTE I, scène 1
- *Texte* **2** — ACTE I, scène 3
- *Texte* **3** — ACTE IV, scène 3
- *Images* — Photographies de mises en scène de *Phèdre*
- *Texte* **4** — ACTE V, scène 6

Notions de la séquence	Liens avec la partie II
La composition d'une tragédie classique, de l'exposition au dénouement (ensemble des extraits de *Phèdre*)	▶ p. 458 : LES NOTIONS PROPRES AU THÉÂTRE LES REGISTRES : ▶ p. 425 : LYRIQUE ▶ p. 422 : TRAGIQUE ET PATHÉTIQUE ▶ p. 434 : DÉLIBÉRATIF
Analyse de photographies de mises en scène de *Phèdre*	▶ p. 397 : L'IMAGE FIXE
Les règles de la doctrine classique (extrait de *L'Art poétique* de Boileau : synthèse)	▶ p. 476 : LES NOTIONS PROPRES À LA LITTÉRATURE D'IDÉES ▶ p. 468 : LES NOTIONS PROPRES À LA POÉSIE
	Liens avec la partie III
Rédaction d'un paragraphe de commentaire (*à partir du texte 4*)	▶ p. 524 : RÉDIGER LE COMMENTAIRE

Jean Racine
Phèdre, Acte I, scène 1 (1677)

Biographie p. 566

Acteurs
Thésée, fils d'Égée, roi d'Athènes.
Phèdre, femme de Thésée,
fille de Minos et de Pasiphaé.
Hippolyte, fils de Thésée et d'Antiope,
reine des Amazones.
Aricie, princesse du sang royal d'Athènes.
Œnone, nourrice et confidente de Phèdre.
Théramène, gouverneur d'Hippolyte.
Ismène, confidente d'Aricie.
Panope, femme de la suite de Phèdre.
Gardes.

La scène est à Trézène, ville du Péloponnèse.

HIPPOLYTE [...]
1 Depuis plus de six mois éloigné de mon père,
   J'ignore le destin d'une tête si chère ;
   J'ignore jusqu'aux lieux qui le peuvent cacher.

THÉRAMÈNE
   Et dans quels lieux, Seigneur, l'allez-vous donc chercher ?
5 Déjà, pour satisfaire à votre juste crainte,
   J'ai couru les deux mers que sépare Corinthe[1].
   J'ai demandé Thésée aux peuples de ces bords
   Où l'on voit l'Achéron[2] se perdre chez les morts.
   J'ai visité l'Élide[3], et, laissant le Ténare[4],
10 Passé jusqu'à la mer qui vit tomber Icare.
   Sur quel espoir nouveau, dans quels heureux climats
   Croyez-vous découvrir la trace de ses pas ?
   Qui sait même, qui sait si le roi votre père
   Veut que de son absence on sache le mystère ?
15 Et si, lorsqu'avec vous nous tremblons pour ses jours,
   Tranquille, et nous cachant de nouvelles amours,
   Ce héros n'attend point qu'une amante abusée[5]...

HIPPOLYTE
   Cher Théramène, arrête, et respecte Thésée.
   De ses jeunes erreurs désormais revenu,
20 Par un indigne obstacle il n'est point retenu ;
   Et fixant de ses vœux l'inconstance fatale,
   Phèdre depuis longtemps ne craint plus de rivale.
   Enfin en le cherchant je suivrai mon devoir,
   Et je fuirai ces lieux que je n'ose plus voir.

Phèdre de Jean Racine, mise en scène de Jacques Weber, avec Niels Arestrup et François Feroleto (Théâtre de Nice, 2002).

1. La mer Égée et la mer Ionienne, séparées par l'isthme de Corinthe.
2. Fleuve des Enfers.
3. Région à l'ouest du Péloponnèse.
4. Cap au sud du Péloponnèse.
5. Femme trompée.

Théramène

25 Hé ! depuis quand, Seigneur, craignez-vous la présence
De ces paisibles lieux, si chers à votre enfance,
Et dont je vous ai vu préférer le séjour
Au tumulte pompeux d'Athène⁶ et de la cour ?
Quel péril, ou plutôt quel chagrin vous en chasse ?

Hippolyte

30 Cet heureux temps n'est plus. Tout a changé de face
Depuis que sur ces bords les dieux ont envoyé
La fille de Minos et de Pasiphaé.

Théramène

J'entends. De vos douleurs la cause m'est connue,
Phèdre ici vous chagrine, et blesse votre vue.
35 Dangereuse marâtre⁷, à peine elle vous vit
Que votre exil d'abord signala son crédit.
Mais sa haine sur vous autrefois attachée,
Ou s'est évanouie, ou bien s'est relâchée.
Et d'ailleurs, quels périls peut vous faire courir
40 Une femme mourante et qui cherche à mourir ?
Phèdre, atteinte d'un mal qu'elle s'obstine à taire,
Lasse enfin d'elle-même et du jour qui l'éclaire,
Peut-elle contre vous former quelques desseins⁸ ?

Vers 5-47.

6. Licence poétique*.
7. Belle-mère (le terme n'est pas péjoratif au XVIIᵉ siècle).
8. Projets.

Questions DE LECTURE ANALYTIQUE

1. Comment comprenez-vous le terme *acteurs* au début de la liste des personnages ?
2. Quelles informations cette présentation initiale fournit-elle ? Observez l'ordre de la liste ; précisez identités, relations, etc.
Quels sont en particulier les liens entre les personnages Phèdre et Hippolyte ? Justifiez.
3. Recopiez et complétez ce tableau, puis commentez les relations entre les personnages de la scène :

LISTE DES PERSONNAGES...	TERMES OU EXPRESSIONS DÉSIGNANT CES PERSONNAGES
...présents sur scène	
...absents (mais dont on parle)	

4. Repérez dans le texte tous les éléments spatio-temporels. Quelles sont leurs fonctions ?
5. Que s'apprête à faire Hippolyte ? Quel est l'intérêt de cette action dans une scène d'exposition ?
➤ PARTIE II, p. 459 : LA PAROLE THÉÂTRALE
6. Quelle est l'étymologie de *fatal* (v. 21) ? Relevez les mots appartenant au même champ lexical ; à quel registre appartient-il ? Que signifie sa présence dans la scène d'exposition ?
➤ p. 418 : LES REGISTRES LITTÉRAIRES
7. **Question de synthèse** : rédigez un paragraphe présentant les procédés et les fonctions de la scène d'exposition chez Racine, d'après le modèle de *Phèdre*, sans omettre la question de la double énonciation.
➤ PARTIE III, p. 500 : LE PARAGRAPHE ARGUMENTATIF
➤ p. 459 : LA PAROLE THÉÂTRALE

Jean Racine
Phèdre, Acte I, scène 3 (1677)

Biographie p. 566

La fin de la scène 3 de l'acte I clôt l'exposition de la pièce. La première apparition, tardive, de l'héroïne éponyme*, pourtant connue du spectateur depuis la scène première, suscite un effet d'attente ▶ TEXTE 1, vers 41. *Mais Phèdre hésite encore à révéler ce qui la tourmente.*

PHÈDRE
1   Quand tu sauras mon crime, et le sort qui m'accable,
     Je n'en mourrai pas moins, j'en mourrai plus coupable.

ŒNONE
     Madame, au nom des pleurs que pour vous j'ai versés
     Par vos faibles genoux que je tiens embrassés,
5   Délivrez mon esprit de ce funeste doute.

PHÈDRE
     Tu le veux. Lève-toi.

ŒNONE
                          Parlez : je vous écoute.

PHÈDRE
     Ciel ! que lui vais-je dire ? Et par où commencer ?

ŒNONE
     Par de vaines frayeurs cessez de m'offenser.

PHÈDRE
     Ô haine de Vénus ! Ô fatale colère !
10   Dans quels égarements l'amour jeta ma mère !

ŒNONE
     Oublions-les, Madame. Et qu'à tout l'avenir
     Un silence éternel cache ce souvenir.

PHÈDRE
     Ariane, ma sœur, de quel amour blessée,
     Vous mourûtes aux bords où vous fûtes laissée !

ŒNONE
15   Que faites-vous, Madame ? Et quel mortel ennui
     Contre tout votre sang vous anime aujourd'hui ?

PHÈDRE
     Puisque Vénus le veut, de ce sang déplorable
     Je péris la dernière, et la plus misérable.

ŒNONE
     Aimez-vous ?

PHÈDRE
                  De l'amour j'ai toutes les fureurs.

Ci-contre : *Phèdre* de Jean Racine, mise en scène de Luc Bondy, avec Valérie Dreville (Paris, Théâtre de l'Odéon, 1998).

Œnone
20 Pour qui ?

Phèdre
　　　　　Tu vas ouïr le comble des horreurs.
J'aime… À ce nom fatal, je tremble, je frissonne.
J'aime…

Œnone
　　　Qui ?

Phèdre
　　　　　Tu connais ce fils de l'Amazone,
Ce prince si longtemps par moi-même opprimé.

Œnone
Hippolyte ! Grands dieux !

Phèdre
　　　　　　C'est toi qui l'as nommé.

Œnone
25 Juste ciel ! tout mon sang dans mes veines se glace.
Ô désespoir ! ô crime ! ô déplorable race !
Voyage infortuné ! Rivage malheureux,
Fallait-il approcher de tes bords dangereux ?

Phèdre
Mon mal vient de plus loin. À peine au fils d'Égée[1]
30 Sous les lois de l'hymen[2], je m'étais engagée,
Mon repos, mon bonheur semblait être affermi ;
Athènes me montra mon superbe[3] ennemi.
Je le vis, je rougis, je pâlis à sa vue ;
Un trouble s'éleva dans mon âme éperdue ;
35 Mes yeux ne voyaient plus, je ne pouvais parler ;
Je sentis tout mon corps et transir et brûler ;
Je reconnus Vénus et ses feux redoutables[4],
D'un sang qu'elle poursuit, tourments inévitables.

　　　　　　　　　　　　　　　　Vers 241-278.

---

1. Thésée.
2. Les lois du mariage.
3. Fier.
4. Ses désirs redoutables (métaphore traditionnelle du feu de l'amour).

Questions DE LECTURE ANALYTIQUE

1. Quels moyens lexicaux et grammaticaux Œnone utilise-t-elle pour faire avouer à Phèdre qu'elle aime Hippolyte ? En quoi est-elle un vrai personnage, et pas seulement un écho de Phèdre ?
▶ PARTIE II, p. 387 : LES OUTILS GRAMMATICAUX

2. Relisez les vers 21-23 : comment l'héroïne avoue-t-elle ? Comment sa confession progresse-t-elle ? (Aidez-vous du volume des répliques.)

3. Par quels moyens Racine rend-il le dialogue vivant et dynamique ?

4. Relevez la référence mythologique employée par Phèdre. Dans quel vers apparaît-elle ? Quelle est sa fonction ?

5. Relevez et expliquez la figure de style employée au vers 33. Quelle image donne-t-elle de l'amour ? Relevez toutes les autres figures de la dernière réplique qui vont dans le même sens.
▶ p. 392 : LES FIGURES DE RHÉTORIQUE

6. **Question de synthèse** : en quoi Phèdre apparaît-elle ici comme une héroïne tragique ?

Texte 3

JEAN RACINE
Phèdre, Acte IV, scène 3 (1677)

Biographie p. 566

Ci-contre : *Phèdre* de JEAN RACINE, mise en scène de Patrice Chéreau, avec Pascal Greggory (Paris, Théâtre de l'Odéon, 2003).

Phèdre croit que son époux, Thésée, est mort. Sous l'influence d'Œnone, Phèdre a avoué son amour à Hippolyte, comptant sur une union politique et amoureuse avec cet héritier possible du trône. Mais le prince est épris d'Aricie, princesse issue d'une famille ennemie.
Au retour de Thésée, Œnone veut sauver Phèdre et accuse Hippolyte de tentative de viol sur sa belle-mère. Thésée est si horrifié qu'il n'écoute pas les arguments de son fils, et la « machine infernale » se précipite ▶ SÉQUENCE 1, p. 26.

THÉSÉE, *seul*.
1. Misérable, tu cours à ta perte infaillible.
   Neptune, par le fleuve aux dieux mêmes terrible,
   M'a donné sa parole, et va l'exécuter.
   Un dieu vengeur te suit, tu ne peux l'éviter.
5. Je t'aimais. Et je sens que malgré ton offense,
   Mes entrailles pour toi se troublent par avance.
   Mais à te condamner tu m'as trop engagé.
   Jamais père en effet fut-il plus outragé ?
   Justes dieux, qui voyez la douleur qui m'accable,
10. Ai-je pu mettre au jour un enfant si coupable ?

   Vers 1157-1166.

Questions DE LECTURE ANALYTIQUE

1. Quelle est la forme de réplique utilisée ici ?
   a. À qui s'adresse-t-elle ?
   b. Est-ce courant pour la forme de réplique adoptée ? Justifiez.
   ▶ PARTIE II, p. 459 : LA PAROLE THÉÂTRALE
2. Quels sont les différents sentiments éprouvés par Thésée ? Citez précisément.
3. Relevez tous les éléments appartenant au champ lexical de la fatalité. Quel est l'instrument de celle-ci ? Quel est l'effet produit ?
4. **Question de synthèse :** quelle image Thésée donne-t-il de lui-même dans cette scène ? Suscite-t-il l'adhésion du spectateur ?

Analyse D'IMAGES

Photographies de mises en scène de *Phèdre*

Document A
Sarah Bernhardt dans *Phèdre* de Jean Racine à la Comédie-Française en 1874 (Paris, BnF).

Document B
Phèdre de Jean Racine, mise en scène de Jean-Marc Villégier, avec Natacha Amal et Geneviève Esménard (Théâtre national de Strasbourg, 1992).

Questions

1. Observez ces photographies et comparez tous les éléments contribuant à rendre l'atmosphère tragique : costumes, décor, gestuelle, éclairage…
2. Sur chaque cliché, comparez l'attitude de Phèdre et celle de son interlocuteur.
3. Les costumes appartiennent-ils à l'époque antique dans les deux cas ? Que pensez-vous de ces choix de mise en scène ?
4. Associez le document B au texte qui lui correspond dans la séquence. Justifiez.
5. **Question de synthèse :** quelle image est le plus conforme au registre tragique ? Pourquoi ?
   ▶ PARTIE II, p. 422 : LE REGISTRE TRAGIQUE

Texte 4

JEAN RACINE
Phèdre, Acte V, scène 6 (1677)

Biographie p. 566

Chassé par son père, Hippolyte quitte le palais avec l'intention d'épouser Aricie. Folle de jalousie, Phèdre renonce à le disculper. Cet extrait est l'une des étapes du dénouement qui, comme l'exposition, se déroule en trois scènes : Thésée rapporte la mort d'Œnone, qui s'est jetée dans la mer (V, 5) ; Théramène raconte la mort d'Hippolyte (V, 6, ci-dessous) tandis que la mort de Phèdre, par empoisonnement, a lieu sur scène (V, 7).

THÉRAMÈNE [...]

1. L'onde approche, se brise, et vomit à nos yeux,
Parmi des flots d'écume, un monstre furieux.
Son front large est armé de cornes menaçantes,
Tout son corps est couvert d'écailles jaunissantes,
5. Indomptable taureau, dragon impétueux,
Sa croupe se recourbe en replis tortueux.
Ses longs mugissements font trembler le rivage.
Le ciel avec horreur voit ce monstre sauvage,
La terre s'en émeut, l'air en est infecté,
10. Le flot qui l'apporta recule épouvanté.
Tout fuit, et sans s'armer d'un courage inutile,
Dans le temple voisin chacun cherche un asile.
Hippolyte lui seul, digne fils d'un héros,
Arrête ses coursiers, saisit ses javelots,
15. Pousse au monstre, et d'un dard[1] lancé d'une main sûre,
Il lui fait dans le flanc une large blessure.
De rage et de douleur le monstre bondissant
Vient aux pieds des chevaux tomber en mugissant,
Se roule, et leur présente une gueule enflammée,
20. Qui les couvre de feu, de sang et de fumée.
La frayeur les emporte, et sourds à cette fois,
Ils ne connaissent plus ni le frein ni la voix.
En efforts impuissants leur maître se consume,
Ils rougissent le mors[2] d'une sanglante écume.
25. On dit qu'on a vu même, en ce désordre affreux,
Un dieu qui d'aiguillons pressait leur flanc poudreux.
À travers des rochers la peur les précipite.
L'essieu crie et se rompt. L'intrépide Hippolyte
Voit voler en éclats tout son char fracassé.
30. Dans les rênes lui-même il tombe embarrassé.
Excusez ma douleur. Cette image cruelle
Sera pour moi de pleurs une source éternelle.

1. Une lance.
2. Pièce de métal placée dans la bouche d'un cheval et attachée à la bride.

J'ai vu, Seigneur, j'ai vu votre malheureux fils
Traîné par les chevaux que sa main a nourris.
35 Il veut les rappeler, et sa voix les effraie ;
Ils courent. Tout son corps n'est bientôt qu'une plaie.
De nos cris douloureux la plaine retentit.
Leur fougue impétueuse³ enfin se ralentit.
Ils s'arrêtent non loin de ces tombeaux antiques
40 Où des rois ses aïeux⁴ sont les froides reliques⁵.
J'y cours en soupirant, et sa garde me suit.
De son généreux sang la trace nous conduit.
Les rochers en sont teints ; les ronces dégouttantes⁶
Portent de ses cheveux les dépouilles sanglantes.
45 J'arrive, je l'appelle, et me tendant la main,
Il ouvre un œil mourant qu'il referme soudain.
Le ciel, dit-il, m'arrache une innocente vie.
Prends soin après ma mort de la triste Aricie.
Cher ami, si mon père un jour désabusé
50 Plaint le malheur d'un fils faussement accusé,
Pour apaiser mon sang et mon ombre plaintive,
Dis-lui qu'avec douceur il traite sa captive,
Qu'il lui rende... À ce mot ce héros expiré⁷
N'a laissé dans mes bras qu'un corps défiguré,
55 Triste objet, où des dieux triomphe la colère,
Et que méconnaîtrait l'œil même de son père.

Vers 1515-1570.

3. Indomptable.
4. Ses ancêtres.
5. Restes, ossements.
6. Trempées.
7. Mort.

Questions DE LECTURE ANALYTIQUE

I. L'art du récit vivant ou de l'hypotypose*

1. Étudiez le cadre spatio-temporel. Relève-t-il de l'esthétique classique ?

2. Relevez les éléments du discours narratif.
▶ PARTIE II, p. 409 : LE DISCOURS NARRATIF

II. Un récit pathétique

1. Étudiez les sentiments de Théramène ▶ TEXTE 1, p. 35. Quel est le registre de son discours ? Expliquez.
▶ p. 418 : LES REGISTRES LITTÉRAIRES

2. Quel type de discours rapporté est utilisé aux vers 47-53 ? Quel est l'effet produit ?
▶ p. 455 : LES DISCOURS RAPPORTÉS

3. Quels sentiments cette scène suscite-t-elle chez le spectateur ?

III. Un destin tragique ?

1. Vers 13-29 : relevez, dans ce passage, les caractéristiques héroïques d'Hippolyte.

2. Vers 28-32 : à partir de l'effet produit par l'emploi du participe passé *embarrassé*, donnez le double sens de l'expression *image cruelle*.

COMMENTAIRE

Rédigez au choix l'une des parties de ce commentaire.
▶ PARTIE III, p. 524 : RÉDIGER LE COMMENTAIRE

SYNTHÈSE

La tragédie classique

1 Les règles

Boileau, s'inspirant d'Aristote, fixe les codes de la tragédie dans son *Art poétique* :
- La tragédie doit inspirer **terreur et pitié** aux spectateurs ➤ SYNTHÈSE, p. 31 :

> Si d'un beau mouvement l'agréable fureur
> Souvent ne nous remplit d'une douce terreur,
> Ou n'excite en notre âme une pitié charmante,
> En vain vous étalez une scène savante.
> Chant III, v. 17-20.

- **L'exposition doit être claire et rapide** :

> Que dès les premiers vers, l'action préparée
> Sans peine du sujet aplanisse l'entrée.
> Chant III, v. 27-28.

- Elle respecte la **règle des trois unités** :
– un seul **lieu** ;
– un seul **jour** ;
– une intrigue centrée sur une **action** principale.
- Deux autres règles y sont associées :
– la **vraisemblance** (ce qui différencie le style classique du baroque) :

> Jamais au spectateur n'offrez rien d'incroyable :
> Le vrai peut quelque fois n'être pas vraisemblable.
> Chant III, v. 47-48.

– la **bienséance** (respect des convenances) :

> Mais il est des objets que l'art judicieux
> Doit offrir à l'oreille et reculer des yeux.
> Chant III, v. 53-54.

- Bienséance et vraisemblance obligent parfois le dramaturge à **raconter** un épisode qu'il ne peut pas montrer :

> Ce qu'on ne doit point voir, qu'un récit nous l'expose.
> Chant III, v. 51.

EX. : récit de Théramène (*Phèdre*, Acte V, scène 6) ➤ TEXTE 4, p. 41.
- Un bon dénouement repose sur un **coup de théâtre** :

> Que le trouble, toujours croissant de scène en scène,
> À son comble arrivé se débrouille sans peine
> L'esprit ne se sent point plus vivement frappé
> Que lorsqu'en un sujet d'intrigue enveloppé,
> D'un secret tout à coup la vérité connue
> Change tout, donne à tout une face imprévue.
> Chant III, v. 55-60.

École française, *Portrait de Madame Champmeslé* (XVIIᵉ siècle), célèbre actrice de tragédie (1642-1698), huile sur toile (Paris, Comédie-Française).

2 Caractéristiques thématiques et formelles

- Les personnages sont **nobles** ➤ TEXTE 2, p. 37, d'où :
– un **niveau de langue** soutenu ;
– un **sujet élevé** (enjeu politique, problèmes d'ordre religieux…) ;
– l'utilisation du vers noble : l'**alexandrin**.
- La tragédie classique française est composée de **cinq actes** :
– le premier acte ou acte d'**exposition** ;
– l'acte II développant l'**action** ;
– **le nœud de l'intrigue**, au milieu de la pièce (généralement l'ensemble de l'acte III) ;
– l'acte IV développant les **conséquences du nœud** ;
– le dernier acte ou acte du **dénouement**.
L'acte IV comporte une **péripétie**, c'est-à-dire un événement souvent brutal qui précipite le dénouement.

3 L'évolution du théâtre sous Louis XIV

- Sous Louis XIV, le théâtre prend son essor et acquiert un **statut officiel**. Le roi protège et entretient des auteurs comme Racine, qui devient **historiographe** (chroniqueur des grandes heures du royaume).
- Des théâtres sont construits et des troupes italiennes sont invitées à Paris pour jouer la comédie.
- En 1680, la **Comédie-Française** est fondée : elle regroupe une **troupe de comédiens** pensionnés et fait représenter des œuvres qui, au fur et à mesure des programmations, constituent le patrimoine théâtral français. La profession d'homme de théâtre et d'acteur, longtemps dénigrée, commence à être reconnue.

➤ BIOGRAPHIES DES AUTEURS p. 560

EXERCICES D'APPROFONDISSEMENT

1 La scène d'exposition

1. À l'aide d'un dictionnaire, expliquez qui sont les héros de cette tragédie.
2. Quelles informations sont données au spectateur dans ce début d'exposition ? Quel vers souligne clairement le procédé de la double énonciation ?
   ▶ PARTIE II, p. 459 : LA PAROLE THÉÂTRALE
3. Les registres propres à la tragédie sont-ils présents ? Justifiez.
   ▶ p. 418 : LES REGISTRES LITTÉRAIRES

La scène se déroule à Rome, dans une chambre du palais.

ALBINE
1 Quoi ! tandis que Néron s'abandonne au sommeil
   Faut-il que vous veniez attendre son réveil ?
   Qu'errant dans le palais, sans suite et sans escorte,
   La mère de César veille seule à sa porte ?
5 Madame, retournez dans votre appartement.

AGRIPPINE
   Albine, il ne faut pas s'éloigner un moment.
   Je veux l'attendre ici : les chagrins qu'il me cause
   M'occuperont assez tout le temps qu'il repose.
   Tout ce que j'ai prédit n'est que trop assuré
10 Contre Britannicus Néron s'est déclaré.
   L'impatient Néron cesse de se contraindre
   Las de se faire aimer, il veut se faire craindre.
   Britannicus le gêne, Albine, et chaque jour
   Je sens que je deviens importune à mon tour.

ALBINE
15 Quoi ? vous à qui Néron doit le jour qu'il respire,
   Qui l'avez appelé de si loin à l'empire ?
   Vous qui, déshéritant le fils de Claudius,
   Avez nommé César l'heureux Domitius ?
   Tout lui parle, Madame, en faveur d'Agrippine :
20 Il vous doit son amour.

JEAN RACINE, *Britannicus*,
Acte I, scène 1, vers 1-20 (1669).

2 Le dénouement

1. Étudiez la présence et le rôle des dieux.
2. En quoi le rôle de Laonice se rapproche-t-il de celui d'Œnone dans *Phèdre* ?
3. Dans la réplique d'Antiochus, quelles expressions et quelle figure de style renforcent le registre tragique ?
   ▶ p. 392 : LES FIGURES DE RHÉTORIQUE

CLÉOPÂTRE[1]
1 Je maudirais les dieux s'ils me rendaient le jour.
   Qu'on m'emporte d'ici : je me meurs, Laonice[2],
   Si tu veux m'obliger, par un dernier service,
   Après les vains efforts de mes inimitiés,
5 Sauve-moi de l'affront de tomber à leurs pieds.

(Elle s'en va, Laonice l'aide à marcher.)

ORONTE[3]
   Dans les justes rigueurs d'un sort si déplorable,
   Seigneur, le juste ciel vous est bien favorable ;
   Il vous a préservé, sur le point de périr,
10 Du danger le plus grand que vous puissiez courir,
   Et par un digne effet de ses faveurs puissantes,
   La coupable est punie et vos mains innocentes.

ANTIOCHUS[4]
   Oronte, je ne sais, dans son funeste sort,
   Qui m'afflige le plus, ou sa vie, ou sa mort.
15 L'une et l'autre a pour moi des malheurs sans exemples :
   Plaignez mon infortune. Et vous allez au temple
   Y changer l'allégresse[5] en un deuil sans pareil,
   La pompe nuptiale[6] en funèbre appareil,
   Et nous verrons après, par d'autres sacrifices,
20 Si les dieux voudront être à nos vœux plus propices.

PIERRE CORNEILLE, *Rodogune*,
Acte V, scène 4, vers 1644-1662 (1645).

1. Reine de Syrie, qui a fait assassiner son premier mari et l'un de ses fils, accusant Rodogune, l'héroïne éponyme et future épouse d'Antiochus, de ce crime.
2. Confidente de Cléopâtre. 3. Ambassadeur de Phraates, roi des Parthes, ennemis de Cléopâtre. 4. Fils de Cléopâtre. 5. La joie. 6. L'éclat, la beauté du mariage.

▶ BIOGRAPHIES DES AUTEURS p. 560

SÉQUENCE 3

La remise en cause de la tragédie classique

Objectif — **Montrer les transformations de la tragédie classique au XVIIIe siècle, sa disparition en tant que genre et sa survivance sous d'autres formes.**

Au XVIIIe siècle, la tragédie est encore vivace, avec le succès des pièces de Voltaire, mais commence à tomber en désuétude, minée par l'avènement du drame romantique au XIXe siècle.
Au XXe siècle, elle connaît un regain d'intérêt mais sous d'autres formes que le modèle classique, déjà lointain.

CORPUS DE LA SÉQUENCE

Texte **1** F. von Schiller, *Les Brigands* (1781)
Texte **2** V. Hugo, *Ruy Blas* (1838)
Image D. Lange, *Une ouvrière itinérante avec ses enfants à Nipomo en Californie* (1936)
Texte **3** J.-P. Sartre, *Huis clos* (1943)
Texte **4** S. Beckett, *Fin de partie* (1957)
Texte **5** S. Kane, *4.48 Psychose* (2000)

Notions de la séquence	Liens avec la partie II
Les règles classiques : respect, écart, subversion	▶ p. 465 : L'ESPACE THÉÂTRAL
Les caractéristiques du personnage tragique	LES REGISTRES : ▶ p. 419 : COMIQUE ▶ p. 422 : TRAGIQUE ET PATHÉTIQUE
Les genres héritiers de la tragédie : le drame romantique (*texte 2*) ; le théâtre des années de guerre (*texte 3*) ; le théâtre de l'absurde (*texte 4*) ; le théâtre contemporain (*texte 5*)	
Analyse d'une photographie	▶ p. 397 : L'IMAGE FIXE
	Liens avec la partie III
Entraînement à l'écriture d'invention : – rédaction d'un monologue tragique (*à partir de la photographie*) – changement de registre (*à partir du texte 5*)	▶ p. 496 : INVENTER ET ARGUMENTER ▶ p. 492 : RÉÉCRIRE
Entraînement à la dissertation : rédaction de deux paragraphes argumentatifs enchaînés (*exercice 2*)	▶ p. 538 : RÉDIGER DES PARAGRAPHES ARGUMENTATIFS DE DISSERTATION
Entraînement à la rédaction du commentaire (*texte 4*) : – transitions – conclusion	▶ p. 524 : RÉDIGER LE COMMENTAIRE

Caspar David Friedrich (1774-1840), scène finale des *Brigands* de Friedrich von Schiller (1799), dessin, 20,5 x 26,2 cm (Allemagne, Greifswald, Museum der Stadt).

Texte 1

Friedrich von Schiller
Les Brigands (1781)

Biographie p. 567

Histoire dramatique initialement écrite sans volonté de représentation, Les Brigands, *pièce du dramaturge allemand Schiller, est finalement montée avec succès sous l'appellation de « tragédie ». Le héros, Karl, fils du comte de Moor, a trahi sa classe sociale en devenant le chef d'une horde de brigands, déshonorant alors sa fiancée, Amalia von Edelreich. La scène finale confronte Karl, qui a triomphé de son frère ennemi et vu mourir son père, à Amalia, qui voit échapper toute possibilité de le faire revenir dans le droit chemin.*

1   KARL (*se dégageant de l'étreinte d'Amalia*). – C'en est fini. Je voulais revenir en arrière et retourner à mon père, mais le Dieu du Ciel a parlé. Cela ne doit pas être. (*Froidement.*) Insensé que je suis, pourquoi avais-je cette intention ? Un si grand pécheur[1] ne peut plus revenir en arrière, j'aurais dû le savoir depuis
5   longtemps. Sois calme, je t'en prie, sois calme ! Les choses vont bien ainsi. Je ne l'ai pas voulu quand il m'a recherché, maintenant que je le recherche, c'est lui qui ne veut pas. Quoi de plus juste ? Ne roule pas ainsi des yeux. Il est vrai qu'il n'a pas besoin de moi. N'a-t-il pas des masses de créatures ? Il peut si facilement se passer d'une seule – et c'est moi qui suis cette seule créature.
10   Venez, camarades.

1. Être coupable, qui a fauté, péché.

AMALIA (*le retenant de force*). — Arrête, arrête ! Un seul coup, un coup mortel ! un nouvel abandon ! Tire l'épée et prends pitié de moi.

KARL. — La pitié s'est réfugiée chez les ours, je ne te tuerai pas.

AMALIA (*embrassant ses genoux*). — Oh ! pour l'amour de Dieu, miséricorde ! Je ne recherche plus l'amour, je sais bien que là-haut nos astres ennemis fuient l'un devant l'autre. Je ne demande que la mort. Abandonnée, abandonnée ! Comprends-tu l'épouvante que cela comporte, abandonnée ? Je ne puis le supporter. Tu vois bien que pas une femme ne pourrait le supporter. Je ne demande que la mort. Vois, ma main tremble. Je n'ai pas le courage de porter le coup moi-même. L'éclat de cette lame me fait peur. Pour toi, cela est si facile, si facile. Tu es passé maître en l'art de tuer. Tire l'épée, et rends-moi heureuse.

KARL. — As-tu la prétention d'être seule heureuse ? Va-t'en. Je ne suis pas un tueur de femmes.

AMALIA. — Ah ! égorgeur ! Tu ne sais tuer que les heureux, tu passes à côté de ceux qui sont las de la vie. (*Se traînant vers les brigands.*) Ayez donc pitié de moi, vous, disciples de ce bourreau. On lit dans vos regards altérés de sang une compassion qui console les malheureux. Votre maître n'est qu'un lâche vantard.

KARL. — Femme, que dis-tu ?
(*Les brigands détournent les yeux.*)

AMALIA. — Pas un seul ami, pas un seul ami parmi ces hommes ! (*Se relevant.*) Eh bien, Didon[2], apprends-moi comment on meurt !
(*Elle veut sortir, un brigand la couche en joue.*)

KARL. — Arrête ! Oserais-tu ? La bien-aimée de Moor ne doit mourir que de ses mains.
(*Il la tue.*)

Traduction de R. Dhaleine, © Aubier-Flammarion, 1968.

2. Reine de Carthage dans l'*Énéide* de Virgile ▶ p. 116, qui s'est suicidée quand Énée l'a abandonnée.

Questions DE LECTURE ANALYTIQUE

1. Que désire Amalia ? Comment Karl finit-il par exaucer son vœu ?
2. Quel geste condamne la règle classique de bienséance ▶ SÉQUENCE 2, SYNTHÈSE, p. 43 ?
3. Quels propos d'Amalia rappellent la condition de brigand de Karl ? À quel champ lexical appartiennent-ils ?
4. Quelles modalités de phrase caractérisent les propos de Karl, puis ceux d'Amalia ? Quel registre donnent-elles aux répliques ?
   ▶ PARTIE II, p. 387 : LES OUTILS GRAMMATICAUX
   ▶ p. 418 : LES REGISTRES LITTÉRAIRES
5. Quelle est la fonction commune de la référence au *Dieu du Ciel* (l. 2) chez Karl et de la mention de *Didon* (l. 33) chez Amalia ?
6. **Question de synthèse :** malgré le non-respect de la bienséance, comment Schiller préserve-t-il la dimension tragique de ses personnages ?

Texte 2

Victor Hugo
Ruy Blas (1838)

Biographie p. 564

Victor Hugo est le premier auteur à avoir remis en question les règles classiques, en créant le drame romantique.
Ruy Blas, laquais de don Salluste, est victime du chantage de son maître, qui lui a fait endosser une autre identité afin de ridiculiser la reine d'Espagne. Au dénouement, après avoir tué don Salluste, il tente de demander pardon à la reine, dont il est tombé amoureux et qu'il vient de sauver du déshonneur.

1   *Ruy Blas fait quelques pas en chancelant vers la reine immobile et glacée, puis il tombe à deux genoux, l'œil fixé à terre, comme s'il n'osait lever les yeux jusqu'à elle.*
[...]
Ruy Blas
Ayez pitié de moi, mon Dieu ! Mon cœur se rompt !
La Reine
Que voulez-vous ?
Ruy Blas, *joignant les mains.*
            Que vous me pardonniez, madame !
La Reine
5   Jamais.
Ruy Blas
      Jamais !
Il se lève et marche lentement vers la table.
            Bien sûr ?
La Reine
            Non. Jamais !
Ruy Blas
Il prend la fiole posée sur la table, la porte à ses lèvres et la vide d'un trait.
            Triste flamme,
Éteins-toi !
La Reine, *se levant et courant à lui.*
      Que fait-il ?
Ruy Blas, *posant la fiole.*
            Rien. Mes maux sont finis.
Rien. Vous me maudissez, et moi je vous bénis.
Voilà tout.
La Reine, *éperdue.*
      Don César !
Ruy Blas.
            Quand je pense, pauvre ange,
Que vous m'avez aimé !

LA REINE.
                    Quel est ce philtre étrange ?
10 Qu'avez-vous fait ? Dis-moi ! Réponds-moi ! Parle-moi !
César ! Je te pardonne et t'aime, et je te croi[1] !
RUY BLAS.
Je m'appelle Ruy Blas.
LA REINE, *l'entourant de ses bras.*
                    Ruy Blas, je vous pardonne !
Mais qu'avez-vous fait là ? Parle, je te l'ordonne !
Ce n'est pas du poison, cette affreuse liqueur ?
15 Dis ?
RUY BLAS
        Si ! C'est du poison. Mais j'ai la joie au cœur.
Tenant la reine embrassée et levant les yeux au ciel.
Permettez, ô mon Dieu, justice souveraine,
Que ce pauvre laquais bénisse cette reine,
Car elle a consolé mon cœur crucifié,
20 Vivant, par son amour, mourant, par sa pitié !
LA REINE.
Du poison ! Dieu ! C'est moi qui l'ai tué ! – Je t'aime !
Si j'avais pardonné ?…
RUY BLAS, *défaillant.*
                        J'aurais agi de même.
Sa voix s'éteint. La reine le soutient dans ses bras.
Je ne pouvais plus vivre. Adieu !
Montrant la porte.
                                    Fuyez d'ici !
25 – Tout restera secret. – Je meurs.
Il tombe.
LA REINE, *se jetant sur son corps.*
                                    Ruy Blas !
RUY BLAS, *qui allait mourir, se réveille à son nom prononcé par la reine.*
                                    Merci !

Acte V, scène 4 (extrait).

1. Le mot est orthographié ainsi (au lieu de « je crois ») pour la rime.

Questions DE LECTURE ANALYTIQUE

1. Quels termes Ruy Blas utilise-t-il pour s'adresser à la Reine ? Quels sentiments mêlés exprime-t-il ?
2. La Reine est-elle la seule destinataire du discours de Ruy Blas ? Justifiez.
3. Par quelles réactions contrastées la Reine passe-t-elle ? Quel rôle les didascalies jouent-elles ?
   ➤ PARTIE II, p. 462 : LE GESTE ET LE JEU AU THÉÂTRE
4. Quel acte de Ruy Blas entre en contradiction avec la bienséance ➤ SYNTHÈSE, p. 43 ?
5. Malgré sa condition de laquais, quels propos et quelle attitude font de Ruy Blas un être noble ?
6. **Question de synthèse** : montrez que cette pièce ne respecte pas le modèle de la tragédie classique ➤ SYNTHÈSE, p. 43.

Analyse d'Image

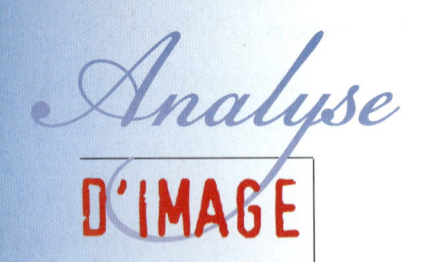

Dorothy Lange (1895-1965)
Une ouvrière itinérante avec ses enfants à Nipomo en Californie (1936)

The Granger Collection N.Y.C.

Dorothy Lange est la photographe américaine de la Grande Dépression, crise économique qui toucha les États-Unis puis le monde dans les années 1930. Elle prit de nombreux clichés représentant les migrants américains poussés vers la Californie par un espoir de vie meilleure... qui sera vite déçu.

Questions

1. Quels éléments descriptifs font de ces personnages des figures tragiques ? Observez en particulier le regard de la mère : qu'exprime-t-il ?
   ▶ PARTIE II, p. 411 : LE DISCOURS DESCRIPTIF
2. Quel cadrage, quelle lumière la photographe a-t-elle utilisés ? dans quel but ?
   ▶ p. 397 : L'IMAGE FIXE
3. Pourquoi ne peut-on réduire ces clichés à de simples photographies émouvantes, pathétiques ?
   ▶ p. 422 : LE REGISTRE PATHÉTIQUE

ÉCRITURE D'INVENTION
Imaginez l'itinéraire mouvementé de cette famille sous la forme d'un monologue tragique illustrant le désespoir de la femme photographiée.
▶ p. 459 : LA PAROLE THÉÂTRALE
▶ PARTIE III, p. 486 : L'ÉCRITURE D'INVENTION

Jean-Paul Sartre
Huis clos (1943)

Biographie p. 567

Ses pièces permettaient à Sartre de mettre en scène ses idées philosophiques. Huis clos, *pièce jouée pendant l'occupation allemande, met en scène trois personnages contraints, comme l'indique le titre, de partager pour l'éternité le même espace restreint. Leur difficulté à cohabiter s'amorce déjà dans cette longue scène où le spectateur entendra la fameuse réplique : « l'enfer, c'est les autres ».*

1   Inès. – Vous êtes très belle. Je voudrais avoir des fleurs pour vous souhaiter la bienvenue.

Estelle. – Des fleurs ? Oui. J'aimais beaucoup les fleurs. Elles se faneraient ici : il fait trop chaud. Bah ! L'essentiel, n'est-ce pas, c'est de conserver la
5   bonne humeur. Vous êtes…

Inès. – Oui, la semaine dernière. Et vous ?

Estelle. – Moi ? Hier. La cérémonie n'est pas achevée. (*Elle parle avec beaucoup de naturel, mais comme si elle voyait ce qu'elle décrit.*) Le vent dérange le voile de ma sœur. Elle fait ce qu'elle peut pour pleurer. Allons ! allons !
10   encore un effort. Voilà ! Deux larmes, deux petites larmes qui brillent sous le crêpe. Olga Jardet est très laide ce matin. Elle soutient ma sœur par le bras. Elle ne pleure pas à cause du rimmel et je dois dire qu'à sa place… C'était ma meilleure amie.

Inès. – Vous avez beaucoup souffert ?

15   Estelle. – Non. J'étais plutôt abrutie.

Inès. – Qu'est-ce que… ?

Estelle. – Une pneumonie. (*Même jeu que précédemment.*) Eh bien, ça y est, ils s'en vont. Bonjour ! Bonjour ! Que de poignées de main. Mon mari est malade de chagrin, il est resté à la maison. (*À Inès.*) Et vous ?

20   Inès. – Le gaz.

Estelle. – Et vous, monsieur ?

Garcin. – Douze balles dans la peau. (*Geste d'Estelle.*) Excusez-moi, je ne suis pas un mort de bonne compagnie.

Estelle. – Oh ! cher monsieur, si seulement vous vouliez bien ne pas user de
25   mots si crus. C'est… c'est choquant. Et finalement, qu'est-ce que ça veut dire ? Peut-être n'avons-nous jamais été si vivants. S'il faut absolument nommer cet… état de choses, je propose qu'on nous appelle des absents, ce sera plus correct. Vous êtes absent depuis longtemps ?

Garcin. – Depuis un mois, environ.

30   Estelle. – D'où êtes-vous ?

Garcin. – De Rio.

Estelle. – Moi, de Paris. Vous avez encore quelqu'un là-bas ?

GARCIN. – Ma femme. (*Même jeu qu'Estelle.*) Elle est venue à la caserne comme tous les jours ; on ne l'a pas laissée entrer. Elle regarde entre les barreaux de la grille. Elle ne sait pas encore que je suis absent, mais elle s'en doute. Elle s'en va, à présent. Elle est toute noire. Tant mieux, elle n'aura pas besoin de se changer. Elle ne pleure pas ; elle ne pleurait jamais. Il fait un beau soleil et elle est toute noire dans la rue déserte, avec ses grands yeux de victime. Ah ! elle m'agace.

Un silence. Garcin va s'asseoir sur le canapé du milieu et se met la tête dans les mains.

INÈS. – Estelle !

ESTELLE. – Monsieur, monsieur Garcin !

GARCIN. – Plaît-il ?

ESTELLE. – Vous êtes assis sur mon canapé.

GARCIN. – Pardon.

Il se lève.

ESTELLE. – Vous aviez l'air si absorbé.

GARCIN. – Je mets ma vie en ordre. (*Inès se met à rire.*) Ceux qui rient feraient aussi bien de m'imiter.

INÈS. – Elle est en ordre, ma vie. Tout à fait en ordre. Elle s'est mise en ordre d'elle-même, là-bas, je n'ai pas besoin de m'en préoccuper.

GARCIN. – Vraiment ? Et vous croyez que c'est si simple ! (*Il se passe la main sur le front.*) Quelle chaleur ! Vous permettez ?

Il va pour ôter son veston.

Début de la scène 5, © Gallimard.

Huis clos de JEAN-PAUL SARTRE, avec Michel Vitold, Tania Balachova et Michelle Alfa (Paris, Théâtre de la Potinière, 1946).

Questions DE LECTURE ANALYTIQUE

1. À quel moment le spectateur comprend-il que les personnages sont morts ? Est-ce explicite ?
2. Sur quel ton les trois personnages parlent-ils de leurs proches laissés ici-bas ? En quoi ce ton est-il inattendu ?
3. Mis à part les propos sur les proches, quelles sont les préoccupations d'Inès et d'Estelle ? Comment les caractérisez-vous ? Évoquent-elles l'image traditionnelle de l'au-delà ?
4. À quel moment la compagnie des autres s'affirme-t-elle comme un enfer ? Quel personnage lance les hostilités ?
5. Sur quoi les didascalies insistent-elles ? Pourquoi ?
▶ PARTIE II, p. 462 : LE GESTE ET LE JEU AU THÉÂTRE
6. **Question de synthèse** : montrez comment Sartre renouvelle ici le genre de la tragédie.

Texte 4

SAMUEL BECKETT
Fin de partie (1957)

Biographie p. 561

« Fini, c'est fini, ça va finir, ça va peut-être finir » : ainsi commence Fin de partie, *pièce de Beckett située dans un crépuscule de fin du monde. Hamm, aveugle et paralysé, et son homme à tout faire Clov sont enfermés dans une pièce où croupissent également les parents de Hamm, qui surgissent de temps à autre des poubelles où ils sont relégués. Clov regarde par la fenêtre, sous les ordres de Hamm : rien ne se profile à l'horizon.*

1   *Clov descend de l'escabeau, fait quelques pas vers la fenêtre à gauche, retourne prendre l'escabeau, l'installe sous la fenêtre à gauche, monte dessus, braque la lunette sur le dehors, regarde longuement. Il sursaute, baisse la lunette, l'examine, la braque de nouveau.*

5   CLOV. – Jamais vu une chose comme ça !

HAMM (*inquiet*). – Quoi ? Une voile ? Une nageoire ? Une fumée ?

CLOV (*regardant toujours*). – Le fanal est dans le canal.

HAMM (*soulagé*). – Pah ! Il l'était déjà.

CLOV (*de même*). – Il en restait un bout.

10   HAMM. – La base.

CLOV (*de même*). – Oui.

HAMM. – Et maintenant ?

CLOV (*de même*). – Plus rien.

HAMM. – Pas de mouettes ?

15   CLOV (*de même*). – Mouettes !

HAMM. – Et l'horizon ? Rien à l'horizon ?

CLOV (*baissant la lunette, se tournant vers Hamm, exaspéré*). – Mais que veux-tu qu'il y ait à l'horizon ?

Un temps.

20   HAMM. – Les flots, comment sont les flots ?

CLOV. – Les flots ? (*Il braque la lunette.*) Du plomb.

HAMM. – Et le soleil ?

CLOV (*regardant toujours*). – Néant.

HAMM. – Il devrait être en train de se coucher pourtant. Cherche bien.

25   CLOV (*ayant cherché*). – Je t'en fous.

HAMM. – Il fait donc nuit déjà ?

CLOV (*regardant toujours*). – Non.

HAMM. – Alors quoi ?

CLOV (*de même*). – Il fait gris. (*Baissant la lunette et se tournant vers Hamm, plus fort.*) Gris ! (*Un temps ; encore plus fort.*) GRRIS !

30   *Il descend de l'escabeau, s'approche de Hamm par derrière et lui parle à l'oreille.*

HAMM (*sursautant*). – Gris ! Tu as dit gris ?

CLOV. – Noir clair. Dans tout l'univers.

HAMM. – Tu vas fort. (*Un temps.*) Ne reste pas là, tu me fais peur.

Extrait, © Minuit.

Fin de partie de SAMUEL BECKETT, mise en scène de Charles Tordjman, avec Philippe Fretun (Nancy, La Manufacture, 1992).

Questions DE LECTURE ANALYTIQUE

I. Un univers clos et désespérant

1. Quelles sont les caractéristiques de l'univers observé par Clov à la fenêtre ? Quel champ lexical le décrit ?
2. Que soulignent les didascalies quant aux mouvements de Clov ?
   ▶ PARTIE II, p. 462 : LE GESTE ET LE JEU AU THÉÂTRE
3. Quelle information la réplique finale apporte-t-elle ?

II. Un dialogue vain

1. Étudiez les réactions successives de Hamm. Quelle psychologie ressort de ces réactions ?
2. Par quoi Hamm est-il rassuré ? Est-ce vraiment rassurant ?

III. Un serviteur original rompant avec la monotonie de cet univers

1. Sur quel ton Hamm parle-t-il à Clov ? Comment ce dernier réagit-il ?
2. Quelles sont les deux répliques particulièrement poétiques de Clov ? Quelle image donnent-elles du personnage ?

COMMENTAIRE

Rédigez :
– les transitions de parties : de I à II, et de II à III ;
– la conclusion du commentaire ; en ouverture, vous établirez un lien avec l'extrait d'*En attendant Godot* ▶ p. 103.

▶ PARTIE III, p. 524 : RÉDIGER LE COMMENTAIRE

Sarah Kane
4.48 Psychose (2000)

Biographie p. 564

Sarah Kane (1971-1999) s'est suicidée à Londres à l'âge de vingt-huit ans. 4.48 Psychose *est la dernière œuvre de cette dramaturge et metteur en scène anglaise. Il s'agit d'un long monologue halluciné, parfois ponctué d'un dialogue avec un médecin présent-absent, chargé de comprendre le malaise profond de ce personnage qui délire après avoir vraisemblablement pris une surdose de médicaments.*

1   Mes hanches sont trop fortes

J'ai horreur de mes organes génitaux

À 4 h 48
quand le désespoir fera sa visite
5   je me pendrai
au son du souffle de mon amour

Je ne veux pas mourir

Je me suis trouvée si déprimée par le fait d'être mortelle que j'ai décidé de me suicider

10   Je ne veux pas vivre

Je suis jalouse de mon amour qui dort et lui convoite son inconscience artificielle

Quand il s'éveillera il m'enviera ma nuit à penser sans dormir et ma parole que les médicaments ne brouillent pas

Je me suis résignée à la mort cette année

15   Il y en a qui parleront d'auto-complaisance
(ils ont bien de la chance de ne pas en connaître la vérité)

Il y en a qui reconnaîtront le simple effet de la souffrance

C'est là ce qui devient mon état normal

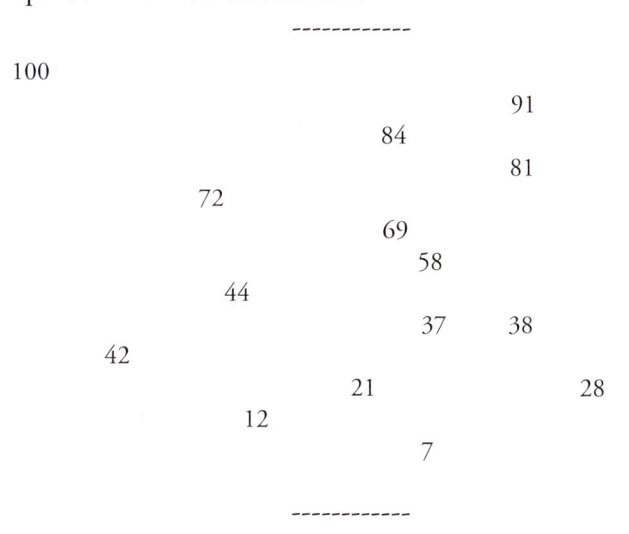

```
        100
                                    91
                        84
                                        81
            72
                            69
                                58
                    44
                                    37    38
                42
                                21            28
                            12
                                    7
```

Ce n'était pas pour longtemps, je n'étais pas là pour longtemps. Mais en buvant un café bien noir bien amer je la retrouve cette odeur d'hôpital dans un nuage de vieux tabac et quelque chose me touche à l'endroit où ça sanglote encore et une blessure vieille de deux ans s'ouvre comme un cadavre et une honte depuis longtemps enterrée clame infecte putréfaction[1] sa peine.

Une chambrée de visages inexpressifs qui ouvrent des yeux vides sur ma souffrance, si dépourvus de signification qu'il doit y avoir là une intention malveillante.

Dr Ci et Dr Ça et Dr C'estquoi qui fait juste un saut et pensait qu'il pourrait aussi bien passer pour en sortir une bien bonne. En feu dans un tunnel brûlant de consternation, mon humiliation est totale quand je tremble sans raison et trébuche sur les mots et n'ai rien à dire sur ma « maladie » qui d'ailleurs se résume à savoir qu'il n'y a absolument rien à faire puisque je vais mourir. Et je suis acculée[2] par la douce voix psychiatrique de la raison qui me dit qu'il y a une réalité objective où mon corps et mon esprit ne sont qu'un. Mais je n'y suis pas et n'y ai jamais été. Dr Ci l'écrit et Dr Ça s'essaie à un murmure compréhensif. Et me regardent, me jugent, flairent l'échec débilitant[3] qui me suinte des pores, l'emprise de mon désespoir et la panique dévorante qui m'inonde tandis que je fixe épouvantée le monde et me demande pourquoi ils sont tous là à me sourire et à me regarder tout en ayant secrètement connaissance de la honte qui me fait mal.

La honte la honte la honte.
Noie-toi dans ta putain de honte.

Extrait du début de la pièce,
traduction d'É. Pieiller © L'Arche éditeur.

1. Décomposition du corps.
2. Poussée à bout.
3. Déprimant.

Questions DE LECTURE ANALYTIQUE

1. Quels détails de la première moitié du texte permettent d'expliquer les pulsions du personnage ?
2. Quels paradoxes ponctuent le discours de ce personnage ? Que révèlent-ils de son état psychique ?
3. Quels groupes nominaux désignent l'équipe médicale ? Quelle image le personnage se fait-il de l'hôpital ?
4. Dans la suite de l'extrait, par quel champ lexical et quelle figure de style le personnage définit-il son état ? Quelle progression peut-on observer ?
▶ PARTIE II, p. 392 : LES FIGURES DE RHÉTORIQUE
5. Comment comprenez-vous l'intégration des nombres au beau milieu du monologue ?
6. Quels indices spatio-temporels éclairent la situation d'énonciation de ce monologue ?
▶ p. 387 : LES OUTILS GRAMMATICAUX
7. Comment comprenez-vous le titre de la pièce ? Vérifiez le sens du mot « psychose » dans le dictionnaire.

ÉCRITURE D'INVENTION
Transposez le registre de ce monologue de Sarah Kane :
– en remplaçant l'expérience de l'hôpital par un souvenir heureux ;
– en rédigeant un monologue serein qui reprendra la progression du texte, mais en inversant le lexique et la psychologie de l'énonciatrice.
▶ PARTIE III, p. 488 : TRANSPOSER
▶ p. 418 : LES REGISTRES LITTÉRAIRES

SYNTHÈSE

Du modèle de la tragédie classique à sa subversion

1 Au XVIIIe siècle, un modèle en crise

- **Voltaire** s'illustre dans des tragédies de facture classique (*Œdipe*, 1718), mais le goût de l'époque pour l'orientalisme supplante les mythes et l'histoire antiques.
- **Diderot** privilégie le registre pathétique dans le genre théâtral qu'il a créé, le **drame bourgeois**, constitué d'histoires familiales larmoyantes et moralisatrices : l'unité d'action et le réalisme caractérisent ces œuvres aux titres évocateurs comme *Le Fils naturel* ou *Le Père de famille*.
- La tragédie est fortement concurrencée par la **comédie**, en particulier avec Lesage, Marivaux et Beaumarchais ➤ CHAPITRE 2, p. 60.
- À la fin du siècle, l'Allemagne, après avoir suivi le classicisme français, adopte le modèle shakespearien ➤ p. 190, ouvrant la tragédie au mélange des registres et au non-respect des règles classiques (unités, bienséance... ➤ SYNTHÈSE p. 43) comme **Schiller** avec *Les Brigands* en 1781 ➤ TEXTE 1, p. 46.

2 Au XIXe siècle, un genre qui s'effondre

- Avec Musset, Vigny, Hugo et Dumas naît le **drame romantique**, créé sur le modèle du théâtre shakespearien ➤ CHAPITRE 4, p. 174. Le genre propose toujours aux spectateurs des héros nobles et valeureux, mais parfois issus du petit peuple ; ils gardent les caractéristiques des héros raciniens, comme le courage et la passion ➤ TEXTE 2, p. 48.
- Le découpage classique en cinq actes subsiste ; cependant, **les règles classiques volent en éclats** : changements de lieux, sauts dans le temps, goût du pathétique et du sensationnel qui va à l'encontre des règles de bienséance.
  EX. : Hugo fait mourir Ruy Blas sur scène ➤ TEXTE 2, p. 48.
- Le **rythme de l'alexandrin** sort du carcan traditionnel.
  ➤ PARTIE II, p. 469 : LE VERS ET LA STROPHE
- Musset utilise la **prose** dans *Lorenzaccio*.

3 Au XXe siècle, un genre qui renaît

De nouvelles expériences théâtrales se succèdent au XXe siècle.

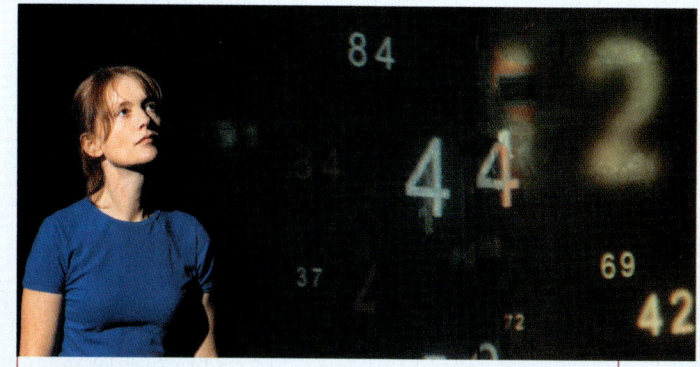

4.48 Psychose de SARAH KANE, mise en scène de Claude Regy, avec Isabelle Huppert (Paris, Théâtre des Bouffes du Nord, 2002).

- Le **mélange des registres** prévaut dans les pièces d'Anouilh ➤ p. 22, Cocteau ➤ p. 26, Giraudoux et Sartre entre 1930 et 1945 ➤ TEXTE 3, p. 51.
- Les sujets des tragédies et des mythes grecs sont repris par ces auteurs avec un esprit **parodique** ou **volontairement anachronique** : *Antigone* d'Anouilh ➤ p. 22 ; *La Guerre de Troie n'aura pas lieu* de Giraudoux (1935)...
- Le **théâtre de l'absurde**, avec Beckett et Ionesco, renouvelle le genre : le vide existentiel des personnages plonge les spectateurs dans des atmosphères grotesques et inquiétantes ➤ EXERCICE 3, p. 59 ; TEXTES 3 et 4, p. 103-105.

Au XXe siècle, le héros tragique devient paradoxal : les clochards de Beckett ➤ TEXTE 4, p. 53 ou les vieillards désespérés de Ionesco (*Les Chaises* ➤ EXERCICE 3, p. 59) sont loin des lignées aristocratiques de la tragédie traditionnelle.

- De nombreux auteurs contemporains montrent les dangers et la vacuité du monde actuel (Koltès, Sarah Kane ➤ TEXTE 5, p. 55, Bond ➤ EXERCICE 4, p. 59 ou Vinaver), mettant en scène l'**inquiétude d'un monde angoissant** qui aliène l'individu.
- Finalement, **le registre tragique survit au genre**. La tragédie codifiée disparaît mais ses thèmes, ses enjeux et son atmosphère pesante se glissent ailleurs : aussi bien au théâtre que dans les **genres narratifs** ou dans les autres expressions artistiques (cinéma, peinture, photographie : Dorothy Lange ➤ p. 50).

➤ p. 422 : LE REGISTRE TRAGIQUE

➤ BIOGRAPHIES DES AUTEURS p. 560

EXERCICES D'APPROFONDISSEMENT

1 Le drame romantique et les règles classiques

1. Comparez les <u>didascalies</u> ci-dessous et la liste des personnages avec celles d'une tragédie de Racine de votre choix. Que constatez-vous ?
▶ PARTIE II, p. 462 : LE GESTE ET LE JEU AU THÉÂTRE

2. Les personnages parlent de don César (Ruy Blas) et de sa fulgurante ascension sociale. Combien de temps s'est écoulé depuis le début de l'action ? Dans quel vers l'apprend-on ?
Cette précision respecte-t-elle les unités du théâtre classique ▶ SYNTHÈSE, p. 43 ?

Les grands du royaume d'Espagne parlent de Ruy Blas alias Don César, devenu en peu de temps un personnage influent.

1 *La salle dite salle de gouvernement, dans le palais du roi à Madrid. Au fond, une grande porte élevée au-dessus de quelques marches. Dans l'angle à gauche, un pan coupé fermé par une tapisserie de haute lice[1].*
5 *Dans l'angle opposé, une fenêtre. À droite, une table carrée, revêtue d'un tapis de velours vert, autour de laquelle sont rangés des tabourets pour huit ou dix personnes correspondant à autant de pupitres placés sur la table. Le côté de la table qui fait face aux spec-*
10 *tateurs est occupé par un grand fauteuil recouvert de drap d'or surmonté d'un dais[2] en drap d'or, aux armes d'Espagne, timbrées de la couronne royale. À côté de ce fauteuil, une chaise. Au moment où le rideau se lève, la junte du* Despacho universel
15 *(Conseil privé du roi) est au moment de prendre séance.*

Scène première. – Don Manuel Arias, *président de Castille ;* Don Pedro Velez de Guevarra, comte de Camporeal, *conseiller*
20 *de cape et d'épée de la* contaduria mayor *;* Don Fernando de Cordova y Aguilar, marquis de Priego, *même qualité ;* Antonio Ubilla, *écrivain* mayor[3] *des rentes ;* Montazgo, *conseiller de robe de la chambre des Indes[4] ;*
25 Covadenga, *secrétaire suprême des Îles[5]. Plusieurs autres conseillers. Les conseillers de robe vêtus de noir. Les autres en habit de cour. Camporeal a la croix de Calatrava[6] au manteau. Priego, la Toison d'or[6] au cou.*

30 *(Don Manuel Arias, président de Castille, et le comte de Camporeal causent à voix basse, et entre eux, sur le devant. Les autres conseillers font des groupes çà et là dans la salle.)*

Don Manuel Arias
Cette fortune-là cache quelque mystère.

Le Comte de Camporeal
35 Il a la Toison d'or. Le voilà secrétaire
Universel, ministre, et puis duc d'Olmedo !

Don Manuel Arias
En six mois !

Le Comte de Camporeal
      On le sert derrière le rideau.

Don Manuel Arias, *mystérieusement*
La reine !

Le Comte de Camporeal
      Au fait, le roi[7], malade et fou dans
           l'âme,
Vit dans le tombeau de sa première femme.
40 Il abdique, enfermé dans son Escurial[8],
Et la reine fait tout !

Victor Hugo, Ruy Blas,
début de l'acte III (1838).

1. La lice est la trame ; « haute lice » signifie que la tapisserie est finement tissée.
2. Une sorte de toit.
3. Greffier (preneur de notes au tribunal).
4. Indes occidentales : colonies américaines, futures régions d'Amérique latine.
5. Îles Baléares.
6. Ordres religieux et militaires espagnols.
7. Charles II, roi d'Espagne à la fin du XVIIe siècle.
8. Demeure royale et monacale au nord-est de Madrid.

2 RÉDACTION DE PARAGRAPHE ARGUMENTATIF
Définir le drame romantique

À partir de l'extrait ci-dessus de *Ruy Blas* et de l'extrait d'*Hernani* ▶ TEXTE 3 p. 193, définissez en quoi Hugo rompt avec le modèle classique (traitement de l'espace, caractéristiques des personnages…). Vous pouvez vous aider de la synthèse ▶ p. 43.
▶ PARTIE III, p. 500 : LE PARAGRAPHE ARGUMENTATIF

3 Le théâtre de l'absurde

1. Quelles expressions relèvent du registre tragique ?
➤ p. 422 : LE REGISTRE TRAGIQUE
2. La notion de sacrifice est-elle prise au sérieux ?
3. Pourquoi ce texte s'apparente-t-il aussi bien à la comédie qu'à la tragédie ?

Après une agitation morbide qui les a conduits à remplir de chaises une vaste salle censée accueillir un étrange orateur, un vieux et sa femme s'apprêtent à se suicider.

1 LE VIEUX. – […] Si j'ai été longtemps méconnu, mésestimé par mes contemporains, c'est qu'il en devait être ainsi. (*La Vieille sanglote.*) Qu'importe à présent tout cela, puis-
5 que je te laisse, à toi, mon cher Orateur et ami (*l'Orateur rejette une nouvelle demande d'autographe ; puis prend une pose indifférente, regarde de tous les côtés*)… le soin de faire rayonner sur la postérité, la lumière de mon esprit… Fais
10 donc connaître à l'Univers ma philosophie. Ne néglige pas non plus les détails, tantôt cocasses, tantôt douloureux ou attendrissants de ma vie privée, mes goûts, mon amusante gourmandise… raconte tout… parle de ma
15 compagne… (*la Vieille redouble de sanglots*)… de la façon dont elle préparait ses merveilleux petits pâtés turcs, de ses rillettes de lapin à la normandillette… parle du Berry, mon pays natal… Je compte sur toi, grand maître et
20 Orateur… quant à moi et à ma fidèle compagne, après de longues années de labeur pour le progrès de l'humanité pendant lesquelles nous fûmes les soldats de la juste cause, il ne nous reste plus qu'à nous retirer à l'instant,
25 afin de faire le sacrifice suprême que personne ne nous demande mais que nous accomplirons quand même…

EUGÈNE IONESCO, *Les Chaises* (extrait, 1952), © Gallimard.

4 La tragédie aujourd'hui

Même si Edward Bond parle ici du théâtre en général, à quel moment comprend-on que son œuvre est essentiellement tragique ?

D'UN TEXTE À L'AUTRE
À la lumière du texte de Sarah Kane ➤ TEXTE 5, p. 55, pensez-vous comme Bond que faire du théâtre aujourd'hui, c'est *mettre en jeu les grandes questions dans les petites choses* ? Rédigez un paragraphe structuré.
➤ p. 500 : LE PARAGRAPHE ARGUMENTATIF

1 Très souvent, quand on fait du théâtre, on peut utiliser de toutes petites choses ; cela peut changer les gens en leur faisant voir le monde différemment. C'est comme de redes-
5 siner une carte. Le théâtre, en fin de compte, s'empare d'énormes questions et il les ramène à des choses très simples : il peut dire « regardez cette tasse, c'est le monde ». Seul le théâtre peut faire cela.
10 La pensée conceptuelle est importante bien sûr, mais le théâtre a ce pouvoir spécial de réorganiser votre monde. Notre problème est que nous ne pouvons pas décrire notre problème. C'est aussi simple que ça. Si on pouvait
15 le décrire, on ne le résoudrait pas juste comme ça, mais on pourrait commencer. Notre culture ne nous donne pas de description de la réalité. Ceci signifie que, par le passé, toutes les vérités avaient la forme de mensonge.
20 C'était notre seul moyen de dire la vérité : nous avions besoin de ces mensonges. Mais le temps des mensonges est révolu.
Le monde devient tout petit. Et c'est pour cela que je veux travailler avec des jeunes gens,
25 parce que je m'inquiète de ce qui arrivera au monde dans cinquante, soixante ans.

EDWARD BOND, interview sur France Culture (extrait), traduction de J. Hankins (mars 2003).

➤ **BIOGRAPHIES DES AUTEURS p. 560**

Chapitre 2

La comédie des origines à nos jours

61	**SÉQUENCE 4**
	Des types antiques aux types classiques, de Plaute à Molière

73	**SÉQUENCE 5**
	La comédie chez Molière

85	**SÉQUENCE 6**
	La comédie aux XVIIIe et XIXe siècles

98	**SÉQUENCE 7**
	La comédie au XXe siècle

AUGUST MACKE (1887-1914), *Pierrot* : détail (1913), huile sur toile, 75 x 90 cm (Bielefeld, Kunsthalle).

SÉQUENCE 4 : Des types antiques aux types classiques, de Plaute à Molière

Objectif — Étudier les types antiques de la comédie et leur reprise par les auteurs classiques.

Au IIIe siècle avant J.-C., à Rome, Plaute s'assure un succès retentissant en reprenant les thèmes de l'auteur grec Ménandre. Il met en scène des situations quotidiennes et grotesques qui opposent des esclaves à leurs maîtres ; c'est l'origine de types comiques que reprendront au XVIIe siècle Molière et d'autres dramaturges : l'esclave fourbe, la servante rusée, le vieil avare...
Térence, au IIe siècle avant J.-C., compose des comédies autour des mêmes thèmes mais avec moins de succès.

CORPUS DE LA SÉQUENCE

- *Texte* **1** — Plaute, *L'Aululaire* (IIIe siècle avant J.-C.)
- *Texte* **2** — Molière, *L'Avare* (1668)
- *Texte* **3** — Térence, *Les Adelphes* (IIe siècle avant J.-C.)
- *Texte* **4** — Molière, *Le Malade imaginaire* (1673)
- *Image* — *Préparatifs d'une représentation théâtrale*, mosaïque de Pompéi (Ier siècle après J.-C.)

Notions de la séquence	Liens avec la partie II
Reprise de types de la comédie antique : le vieil avare (*textes 1 et 2*), le serviteur fourbe (*textes 1, 3 et 4*)	▶ p. 419 : LE REGISTRE COMIQUE
Situations comiques : opposition hommes-femmes (*textes 1 et 4*), maîtres-serviteurs (*textes 1, 3 et 4*), jeunes-vieux (*texte 3*)	▶ p. 459 : LA PAROLE THÉÂTRALE ▶ p. 462 : LE GESTE ET LE JEU AU THÉÂTRE
Analyse d'une mosaïque antique	▶ p. 397 : L'IMAGE FIXE
	Liens avec la partie III
Rapprochement de deux textes abordant le même type de personnage (*textes 1 et 2*)	▶ p. 530 : TRAITER UN SUJET DE RÉFLEXION À PARTIR D'UN CORPUS
Réponse développée à une question de synthèse sur un texte (*texte 3*)	▶ p. 502 : RÉPONDRE À UNE QUESTION D'ANALYSE SUR UN TEXTE

Plaute
L'Aululaire (*La Comédie de la marmite*)
(IIIᵉ siècle avant J.-C.)

Biographie p. 566

Le personnage-prologue, dieu lare[1] gardien de la maison d'Euclion, vient d'apprendre au spectateur qu'il est décidé à lui faire découvrir un trésor pour qu'il puisse marier sa fille… Mais Euclion est obsédé par sa marmite pleine d'or : ne serait-il pas entouré d'espions ? La vieille esclave Staphyla n'est pas à l'abri de ses soupçons.

1 Euclion. – Sors, te dis-je, allons, sors ! Il faudra bien, morbleu, que tu sortes d'ici, espionne, avec tes yeux qui furettent partout.

Staphyla. – Mais pourquoi battre une pauvre malheureuse ?

Euclion. – Tu l'as dit : pour que tu sois malheureuse, et pour que tu traînes une méchante vieillesse, digne de ta méchanceté.

Staphyla. – Mais pourquoi me pousser maintenant hors de la maison ?

Euclion. – Ai-je des comptes à te rendre, terre à aiguillons ? Allons, éloigne-toi de la porte ; plus loin s'il te plaît. Voyez-moi comme elle avance ! Sais-tu ce qui t'attend ? Morbleu, si je prends en main, tout à l'heure, un bâton ou un aiguillon, je te ferai allonger ce pas de tortue.

Staphyla (*à part*). – Puissent les dieux me déterminer à me pendre plutôt que de servir chez toi dans pareilles conditions !

Euclion. – Mais comme la coquine murmure entre ses dents ! Oui, vaurienne, je t'arracherai les yeux, pour t'empêcher d'épier tout ce que je fais. Allons, écarte-toi encore, encore, encore… Holà ; halte là ! Morbleu, si tu bouges de là seulement d'un travers de doigt ou de la largeur de l'ongle, ou si tu regardes en arrière avant que je t'en aie donné l'ordre, je te fais, tu m'entends, aussitôt mettre en croix, pour t'apprendre à obéir. (*À part.*) Non certes, jamais je n'ai vu pire coquine que cette vieille, et j'ai une peur terrible que, tapie en embuscade, elle ne me joue quelque tour sans que j'y prenne garde. Si elle venait à flairer l'endroit où mon or est caché ! C'est qu'elle a des yeux derrière la tête, la gueuse[2]. Maintenant je vais voir si mon or est bien comme je l'ai caché. Quels tourments et quelles misères il me donne, celui-là ! (*Il rentre dans la maison.*)

Statuettes grecques de Myrina : deux acteurs ambulants portant des masques de comédies (Iᵉʳ siècle avant J.-C.), terre, ht : 17 cm (Paris, musée du Louvre).

1. Les lares, esprits des ancêtres, protègent la maison.
2. Coquine.

STAPHYLA (*restée seule dans la rue*). – Non ma foi ! je n'arrive pas à m'imaginer, je ne saurais dire quelle mauvaise affaire est arrivée à mon maître, ni quelle
35 folie le tient : il ne fait que me maltraiter comme vous voyez, et souvent dix fois par jour il me met à la porte de la maison ! Je ne sais vraiment pas quelle rage le possède. Il passe toutes les nuits à veiller ; et le jour, il reste chez lui, du matin au soir, sans plus bouger qu'un savetier boiteux. Et je ne vois pas non plus comment cacher plus longtemps la honte de sa fille, dont l'accouchement
40 est maintenant tout proche... Le mieux pour moi, je pense, serait de me transformer en i majuscule, le cou serré dans un nœud coulant.

EUCLION (*à part*). – Enfin ! je sors à présent l'esprit plus dégagé : j'ai constaté que tout était intact là-dedans. (*À Staphyla.*) Rentre maintenant, et garde la maison.

45 STAPHYLA (*ironiquement*). – Vraiment oui ! garder la maison ? de peur qu'on ne l'emporte sans doute ? Qu'est-ce que les voleurs pourraient y gagner d'autre ? Elle n'est pleine que de vide, et de toiles d'araignées.

Acte I, scènes 1 et 2, vers 40-84,
traduction d'A. Ernout, © Les Belles Lettres, 1967.

Texte 2

MOLIÈRE
L'Avare (1668)

Biographie p. 565

Reprenant le type de l'avare hérité de Plaute, Molière met en scène Harpagon, vieux bourgeois obsédé par son argent. Celui-ci vient de s'apercevoir que la somme enterrée dans son jardin avait été dérobée. Le spectateur sait que l'auteur de ce vol est La Flèche, le valet de Cléante, fils d'Harpagon, mais le vieil homme ne sait à qui s'en prendre, comme en témoigne ce monologue de la fin de l'acte IV.

1 HARPAGON (*Il crie au voleur dès le jardin, et vient sans chapeau.*). – Au voleur ! au voleur ! à l'assassin ! au meurtrier ! Justice, juste ciel ! Je suis perdu, je suis assassiné ! On m'a coupé la gorge, on m'a dérobé mon argent ! Qui peut-ce être ? Qu'est-il devenu ? où est-il ? où se cache-t-il ? Que ferai-je pour le trouver ?
5 Où courir ? où ne pas courir ? N'est-il point là ? n'est-il point ici ? Qui est-ce ? Arrête ! (*Il se prend lui-même le bras.*) Rends-moi mon argent, coquin !... Ah ! c'est moi. Mon esprit est troublé, et j'ignore où je suis, qui je suis, et ce que je fais. Hélas ! mon pauvre argent, mon pauvre argent, mon cher ami, on m'a privé de toi ! Et, puisque tu m'es enlevé, j'ai perdu mon support, ma consolation,

L'Avare de MOLIÈRE, mise en scène de Pierre Franck, avec Michel Bouquet (Paris, Théâtre de l'Atelier, 1989).

1. Magistrats.
2. Tortures (encore utilisées à l'époque par la justice).

ma joie ; tout est fini pour moi, et je n'ai plus que faire au monde ! Sans toi, il m'est impossible de vivre. C'en est fait, je n'en puis plus, je me meurs, je suis mort, je suis enterré ! N'y a-t-il personne qui veuille me ressusciter en me rendant mon cher argent, ou en m'apprenant qui l'a pris ? Euh ! que dites-vous ? Ce n'est personne. Il faut, qui que ce soit qui ait fait le coup, qu'avec beaucoup de soin on ait épié l'heure ; et l'on a choisi justement le temps que je parlais à mon traître de fils. Sortons. Je veux aller quérir la justice et faire donner la question à toute ma maison : à servantes, à valets, à fils, à fille, et à moi aussi. Que de gens assemblés ! Je ne jette mes regards sur personne qui ne me donne des soupçons, et tout me semble mon voleur. Eh ! de quoi est-ce qu'on parle là ? de celui qui m'a dérobé ? Quel bruit fait-on là-haut ? Est-ce mon voleur qui y est ? De grâce, si l'on sait des nouvelles de mon voleur, je supplie que l'on m'en dise. N'est-il point caché là parmi vous ? Ils me regardent tous et se mettent à rire. Vous verrez qu'ils ont part, sans doute, au vol que l'on m'a fait. Allons, vite, des commissaires, des archers, des prévôts[1], des juges, des gênes[2], des potences et des bourreaux ! Je veux faire pendre tout le monde ; et, si je ne retrouve mon argent, je me pendrai moi-même après !

Acte IV, scène 7.

Questions D'UN TEXTE À L'AUTRE ▶ TEXTES 1 et 2

1. Quelle est la préoccupation des deux personnages principaux : Euclion et Harpagon ? En quoi correspondent-ils à la définition du monomane ? (Cherchez ce mot dans un dictionnaire.)

2. Lequel des deux monomanes semble le plus inquiet, le plus agité ? Grâce à quelle(s) modalité(s) de phrase le perçoit-on ?
   ▶ PARTIE II, p. 387 : LES OUTILS GRAMMATICAUX

3. Quelles sont les figures de style dominantes ? Que soulignent-elles ?
   ▶ p. 392 : LES FIGURES DE RHÉTORIQUE

4. Dans *L'Aululaire*, relevez la didascalie qui montre l'ironie de Staphyla. Sur quoi l'ironie présente dans la scène de Molière repose-t-elle ?
   ▶ p. 459 : LA PAROLE THÉÂTRALE
   ▶ p. 419 : LE REGISTRE COMIQUE

5. Mis à part le dialogue sur le trésor menacé, quelles indications sur les lieux et les autres personnages trouve-t-on dans le texte de Plaute ? Les retrouve-t-on chez Molière ?

6. **Question de synthèse :** vous rassemblerez et analyserez dans un paragraphe argumentatif tous les éléments qui font d'Euclion le modèle comique du personnage d'Harpagon.
   ▶ PARTIE III, p. 500 : LE PARAGRAPHE ARGUMENTATIF

LECTURE D'UN TEXTE DE THÉÂTRE
Vous lirez à deux le texte de Plaute de la façon la plus expressive possible en tenant compte de la ponctuation proposée et des traits psychologiques qui ressortent de la scène.

Texte 3

TÉRENCE
Les Adelphes (IIᵉ siècle avant J.-C.)

Biographie p. 568

La pièce Les Adelphes *traite d'un problème toujours d'actualité, quoique ayant Rome pour décor : un débat entre l'éducation à l'ancienne voulue par Déméa pour son fils et une nouvelle forme d'éducation héritée de la Grèce, prônée par son frère Mision.*
Le vieux Déméa vient d'apprendre que son fils Ctésiphon a pris part avec son neveu Eschine à l'enlèvement d'une joueuse de cithare. Il veut s'expliquer avec son frère Mision, père d'Eschine, mais l'esclave Syrus intercepte Déméa et se moque de lui.

1   DÉMÉA. – Mon frère me fait vraiment honte et dépit.

SYRUS. – Entre vous, Déméa, et ce n'est pas parce que tu es ici présent que je le dis, il y a trop, par trop de différence : toi, tu n'es d'un bout à l'autre que sagesse ; lui, un songe-creux. Vrai, tu aurais, toi, permis à ton fils d'agir ainsi ?

5   DÉMÉA. – Permis ? À lui ? Penses-tu que je n'aurais pas éventé la chose six longs mois avant qu'il eût rien entrepris ?

SYRUS. – C'est à moi que tu parles de ta vigilance !

DÉMÉA. – Qu'il reste seulement tel qu'il est aujourd'hui, voilà ce que je demande.

10 SYRUS. – On a les enfants qu'on veut avoir.

DÉMÉA. – Alors, lui, l'as-tu vu aujourd'hui ?

SYRUS. – Ton fils ? (*À part.*) Je vais l'envoyer de ce pas à la campagne. (*Haut.*) Il y a beau temps, je pense, qu'il est occupé à la campagne.

DÉMÉA. – Tu es bien sûr qu'il y est ?

15 SYRUS. – Eh ! quand c'est moi-même qui l'ai mis en route !

DÉMÉA. – C'est parfait. J'avais peur qu'il ne s'implante ici.

SYRUS. – …Et fort en colère.

DÉMÉA. – Pourquoi donc ?

Détail d'un cratère à calice provenant de Valenzano : scène de théâtre, maître et serviteur en voyage (380-370 avant J.-C.), céramique (Italie, Bari, Musée archéologique).

Syrus. – Il s'est pris de querelle avec son frère sur la place au sujet de cette musicienne.

Déméa. – Tu dis ? vraiment ?

Syrus. – Ah là ! Il n'a rien passé sous silence ! C'est au moment où on se trouvait compter l'argent que le garçon est survenu à l'improviste ; il s'est mis à crier : « Ô Eschine, toi commettre de pareils méfaits ! Te livrer à de tels actes indignes de notre famille ! »

Déméa. – Ho ! Ho ! Je pleure de joie !

Syrus. – « Ce n'est pas de l'argent que tu perds là, mais ta vie. »

Déméa. – Les dieux nous le gardent ! J'ai bon espoir ; il est semblable à ses ancêtres.

Syrus. – Ouais !

Déméa. – Syrus, il est plein de ces maximes-là !

Syrus. – Bah ! Il a eu à la maison de quoi s'instruire !

Déméa. – On fait de son mieux. Je ne lui passe rien, je lui donne de bonnes habitudes, enfin je l'engage à regarder, comme en un miroir, dans l'existence de chacun et à prendre sur autrui exemple pour soi-même : « Fais ceci… »

Syrus. – Fort bien !

Déméa. – « Évite cela… »

Syrus. – Judicieux !

Déméa. – « …Voilà qui est louable… »

Syrus. – C'est cela même !

Déméa. – « …Voilà qui est blâmable… »

Syrus. – Excellent !

Déméa. – Et puis encore…

Syrus. – Par Hercule, je n'ai pas en ce moment le loisir de t'écouter ; j'ai trouvé des poissons à mon idée ; je tiens à ne pas les laisser gâter.

Vers 391-421, traduction de J. Marouzeau,
© Les Belles Lettres, 1949.

Questions DE LECTURE ANALYTIQUE

1. Quelle idée Syrus semble-t-il avoir derrière la tête en interpelant Déméa ?
2. Sur quelle opposition la première réplique de Syrus repose-t-elle ? Quel débat permet-elle de relancer ?
3. Avec quelle information donnée à Déméa Syrus s'affirme-t-il comme un expert en dissimulation et en manipulation ? Expliquez la réplique concernée.
4. Quel enchaînement de répliques observe-t-on dans les vers 36-43, de *Fort bien !* à *Et puis encore…* ? Qu'apporte-t-il à la scène ?

▶ PARTIE II, p. 459 : LA PAROLE THÉÂTRALE

5. Quel rôle jouent les poissons évoqués à la fin de la scène ? Sont-ils de simples accessoires ?
6. **Question de synthèse** : quels sont le caractère et le langage propres à ces deux types comiques, le vieillard manipulé et l'esclave malin ? Répondez en prenant soin de varier l'insertion des citations dans un paragraphe argumentatif.

▶ PARTIE III, p. 500 : LE PARAGRAPHE ARGUMENTATIF

Texte 4

MOLIÈRE
Le Malade imaginaire (1673)

Biographie p. 565

Comme Harpagon, bien des personnages de Molière sont ridiculisés par leurs obsessions. Dans Le Malade imaginaire, *sa dernière comédie, Molière joue Argan, convaincu d'être gravement malade. Servante d'Argan, Toinette veut démasquer la conduite intéressée de son épouse, Béline, et se déguise en médecin pour parvenir à ses fins.*

1   TOINETTE. – Je suis médecin passager, qui vais de ville en ville, [...] ; et je voudrais, Monsieur, que vous eussiez toutes les maladies [...], que vous fussiez abandonné de tous les médecins, désespéré, à l'agonie, pour vous montrer l'excellence de mes remèdes, et l'envie que j'aurais de vous rendre service.

5   ARGAN. – Je vous suis obligé, Monsieur, des bontés que vous avez pour moi.

TOINETTE. – Donnez-moi votre pouls. Allons donc, que l'on batte comme il faut. Ahy, je vous ferai bien aller comme vous devez. Hoy, ce pouls-là fait l'impertinent : je vois bien que vous ne me connaissez pas encore. Qui est votre médecin ?

10 ARGAN. – Monsieur Purgon.

TOINETTE. – Cet homme-là n'est point écrit sur mes tablettes entre les grands médecins. De quoi dit-il que vous êtes malade ?

ARGAN. – Il dit que c'est du foie, et d'autres disent que c'est de la rate.

TOINETTE. – Ce sont tous des ignorants : c'est du poumon que vous êtes
15 malade.

ARGAN. – Du poumon ?

TOINETTE. – Oui. Que sentez-vous ?

ARGAN. – Je sens de temps en temps des douleurs de tête.

TOINETTE. – Justement, le poumon.

20 ARGAN. – Il me semble parfois que j'ai un voile devant les yeux.

TOINETTE. – Le poumon.

ARGAN. – J'ai quelquefois des maux de cœur.

TOINETTE. – Le poumon.

ARGAN. – Je sens parfois des lassitudes par tous les membres.

25 TOINETTE. – Le poumon.

ARGAN. – Et quelquefois il me prend des douleurs dans le ventre, comme si c'était des coliques.

TOINETTE. – Le poumon. Vous avez appétit à ce que vous mangez ?

ARGAN. – Oui, Monsieur.

30 TOINETTE. – Le poumon. Vous aimez à boire un peu de vin ?

ARGAN. – Oui, Monsieur.

TOINETTE. – Le poumon. Il vous prend un petit sommeil après le repas, et vous êtes bien aise de dormir ?

ARGAN. – Oui, Monsieur.

35 TOINETTE. – Le poumon, le poumon, vous dis-je. Que vous ordonne votre médecin pour votre nourriture ?

ARGAN. – Il m'ordonne du potage.

TOINETTE. – Ignorant.

ARGAN. – De la volaille.

40 TOINETTE. – Ignorant.

ARGAN. – Du veau.

TOINETTE. – Ignorant.

ARGAN. – Des bouillons.

TOINETTE. – Ignorant.

45 ARGAN. – Des œufs frais.

TOINETTE. – Ignorant.

ARGAN. – Et le soir de petits pruneaux pour lâcher le ventre.

TOINETTE. – Ignorant.

ARGAN. – Et surtout de boire mon vin fort trempé.

50 TOINETTE. – *Ignorantus, ignoranta, ignorantum*[1]. Il faut boire votre vin pur ; et pour épaissir votre sang, qui est trop subtil, il faut manger de bon gros bœuf, de bon gros porc, de bon fromage de Hollande, du gruau[2] et du riz, et des marrons et des oublies[3], pour coller et conglutiner[4]. Votre médecin est une bête. Je veux vous en envoyer un de ma main, et je viendrai vous voir de temps en 55 temps, tandis que je serai en cette ville.

Acte III, scène 10 (extrait).

1. Toinette cite le même participe latin décliné au masculin, au féminin et au neutre (exemple inventé de toutes pièces).
2. Bouillie de céréales.
3. Pâtisseries légères.
4. Mot inventé (néologisme) : agglomérer.

Questions DE LECTURE ANALYTIQUE

1. Quelle ambiance les premières répliques donnent-elles à la scène ?
2. Dans la réplique des lignes 1-4, en quoi les temps verbaux employés étonnent-ils dans la bouche d'une servante ?
3. Analysez le comique de mots dans cette scène ; quelle image donne-t-il d'Argan ?
   ▶ PARTIE II, p. 419 : LE REGISTRE COMIQUE
4. À quels indices voit-on que Toinette se laisse aller au plaisir du déguisement ?
5. Que pensez-vous des remèdes préconisés par Toinette ?
6. Qui prend le contrôle de la situation à la fin de l'extrait ? Justifiez.
7. **Question de synthèse :** dans un paragraphe rédigé, vous vous demanderez en quoi cette scène est satirique.
   ▶ p. 419 : LE REGISTRE COMIQUE

D'UN TEXTE À L'AUTRE ▶ TEXTES 3 et 4

Repérez les passages utilisant la stichomythie* dans les textes 3 et 4. Que mettent-ils en évidence chez les serviteurs ?

Analyse d'image

Chapitre **2** • La comédie des origines à nos jours SÉQUENCE **4**

Préparatifs d'une représentation théâtrale
(1ᵉʳ siècle après J.-C)

Mosaïque romaine provenant de la Maison du Poète Tragique à Pompéi (Naples, musée d'Archéologie nationale).

Questions

1. Quels éléments permettent d'identifier une troupe de comédiens ?
2. À quel endroit du théâtre ces personnages sont-ils placés ? Regardez en particulier les éléments décoratifs du second plan.
3. Quelle tonalité attribueriez-vous à cette œuvre : grave, mélancolique, enjouée… ? Justifiez votre réponse.
4. S'agit-il de comédiens comiques ou tragiques ? Sur quels éléments fondez-vous votre réponse ?

SYNTHÈSE

Les types comiques, de Plaute à Molière

1 La comédie humaine

• Sur le modèle de la **nouvelle comédie grecque** de Ménandre mise à la mode grâce aux invasions romaines en Orient, **Plaute et Térence** vont inventer un nouveau type de comédie à Rome : la *palliata* (comédie à sujet grec avec des comédiens portant le *pallium*, manteau grec).

• Les **comédiens** (toujours des hommes) sont chaussés de brodequins (bottines lacées, à la différence des acteurs de tragédie qui sont chaussés de cothurnes, souliers surélevés) et portent comme dans le théâtre grec des **masques identifiant les types comiques**. Ils parlent et marchent de façon très codifiée, conformément au type qu'ils incarnent.

EX. : il faut s'imaginer que le vieillard Euclion marche lentement, arbore quelques cheveux blancs encadrant une tonsure et parle d'une voix grave ▶ TEXTE 1, p. 62.

2 Les thèmes et les types comiques

• Les thèmes et les types mis en place par Plaute et Térence vont nourrir des générations d'auteurs, en particulier les auteurs comiques du XVIIe siècle comme **Molière**.

Plaute et les types théâtraux

• **Plaute** (254 ?-184 avant J.-C.), d'abord comédien, devient directeur de troupe et metteur en scène, à Rome, avec plus de cent pièces (des farces et des comédies). Son **théâtre, très populaire**, avec ses intrigues simples et ses jeux de mots, présente des types de personnages qui deviennent des **archétypes de la comédie** : le vieillard avare, l'esclave fourbe, le soldat vantard... ▶ EXERCICES 2 et 3, p. 71-72.

• Ces **personnages-types** sont destinés à figurer de manière symbolique un ensemble d'individus définis par le même trait de caractère, souvent un défaut ridicule du maître sur lequel un serviteur met l'accent, conformément au schéma comique institué par **Aristophane** en Grèce ▶ EXERCICE 1, p. 71. Cet auteur, qui connut un très grand succès de son vivant, n'hésita pas à aborder des sujets audacieux comme la grève sexuelle des femmes, opposées à la guerre, dans la pièce *Lisystrata*.

EX. 1 : le vieil avare Euclion de Plaute ▶ TEXTE 1, p. 62, ancêtre de l'Harpagon de Molière ▶ TEXTE 2, p. 63.

EX. 2 : le serviteur manipulateur, rusé et menteur, qui sert d'adjuvant à des jeunes gens malmenés par un vieillard exigeant et monomane :
– l'esclave Syrus se moquant de Déméa ▶ TEXTE 3, p. 65 ;
– Toinette se riant d'Harpagon ▶ TEXTE 4, p. 67.

Térence et l'évolution des thèmes comiques

• **Térence** (190 ?-159 avant J.-C.) emprunte ses sujets à la comédie grecque ; il s'intéresse surtout aux amours contrariées de jeunes hommes riches désirant épouser de jeunes filles pauvres qu'ils ont violées lors de soirées de beuveries, thèmes déjà présents chez Plaute. Le **rôle des parents**, le **réalisme social des milieux bourgeois** représentés et le **caractère moralisant** de ses comédies font souvent considérer le théâtre de Térence comme plus **psychologique** que celui de son prédécesseur ; c'est cet univers que l'on retrouve dans les comédies de Molière.

3 Les fonctions de la comédie

• La comédie a une **vertu morale depuis l'Antiquité** : *castigat ridendo mores* (« elle corrige les mœurs par le rire »). La comédie, de Plaute à Molière, propose donc d'**instruire par le rire**, en mettant en avant les défauts des hommes, et ce afin de leur permettre de les corriger. Mais le **divertissement** reste essentiel : Toinette suscite le rire, déguisée en médecin pour mieux ridiculiser son maître ▶ TEXTE 4, p. 67.

Préparatifs d'une représentation théâtrale (Ier siècle après J.-C.), mosaïque romaine provenant de la Maison du Poète Tragique à Pompéi, détail (Naples, musée d'Archéologie nationale).

▶ **BIOGRAPHIES DES AUTEURS p. 560**

EXERCICES D'APPROFONDISSEMENT

1 Maîtres et serviteurs dans la comédie antique

1. Quel champ lexical est associé au personnage dont les deux serviteurs se moquent ?
2. Quel est le trait de caractère de ce personnage ridiculisé ?
3. Quelle est la part du spectateur dans cette scène ? Comment est-il sollicité ?
4. Quelle est la définition du terme « monomane »
   ▶ QUESTION 1, p. 64 ? En quoi Philocléon en est-il un ?

Les serviteurs se moquent déjà de leurs maîtres dans la comédie grecque. C'est le cas en particulier dans Les Guêpes *d'Aristophane, comédie judiciaire s'ouvrant sur le dialogue de deux serviteurs ironisant sur le compte de leur maître Bdélycléon et de son père Philocléon.*

1 Nous avons un maître, celui-là qui dort là-haut, le grand qui est sur le toit. Il nous a chargés tous deux de garder son père qu'il a enfermé, pour l'empêcher de sortir. Car
5 ce père est atteint d'une maladie étrange, que personne au monde n'imaginerait ni ne soupçonnerait, s'il ne l'apprenait de nous. À preuve, devinez. (*Montrant du doigt un spectateur.*) Amynias, fils de Pronapès, dit là-bas que
10 c'est l'amour du jeu. – Il ne dit rien qui vaille. Non, par Zeus ; mais il conjecture la maladie d'après lui-même. – Non, mais « amour » est bien le premier mot du mal. – (*Montrant près de lui un autre spectateur.*) Voici Sosias qui dit
15 à Dercylos que c'est l'amour de la boisson. – Pas le moins du monde. Voyons, les braves gens seuls ont cette maladie-là. […] – C'est en vain que vous bavardez ; vous ne trouverez pas. Si vous tenez à savoir, taisez-vous alors :
20 je vais dire à présent la maladie du maître. Il a l'amour de l'Héliée¹, comme personne. Sa passion, c'est cela, être juge, et il geint s'il ne siège au premier rang.

ARISTOPHANE, *Les Guêpes*, vers 67-90
(422 avant J.-C), traduction d'H. van Daele,
© Les Belles Lettres, 2002.

1. Grand tribunal d'Athènes.

2 De la farce antique à la farce chez Molière

1. Montrez comment cette scène mêle comique de mots et comique de gestes.
   ▶ PARTIE II, p. 419 : LE REGISTRE COMIQUE
2. Analysez l'importance des didascalies dans les tirades de Scapin et expliquez pourquoi cette scène gagne à être jouée.
   ▶ p. 459 : LA PAROLE THÉÂTRALE
3. Relevez les éléments relevant de la farce*. À quoi sert-elle ?
4. Le soldat fanfaron (vantard) est un type comique : qui l'incarne ici ?
5. Comparez avec le *Miles gloriosus* de Plaute
   ▶ EXERCICE 3, p. 72.

Scapin, héritier des valets effrontés de la commedia dell'arte*, cherche à se venger de Géronte, le père de son maître : celui-ci s'est en effet servi de son nom pour faire des reproches à son fils.*

1 SCAPIN. – Cachez-vous : voici un spadassin¹ qui vous cherche. (*En contrefaisant sa voix.*) « Quoi ? jé n'aurai pas l'abantage dé tuer cé Geronte, et quelqu'un par charité né m'en-
5 seignera pas où il est ? » (*À Géronte de sa voix ordinaire.*) Ne branlez² pas. (*Reprenant son ton contrefait.*) « Cadédis³ ! jé lé trouberai, sé cachât-il au centre dé la terre. » (*À Géronte avec son ton naturel.*) Ne vous montrez pas. (*Tout le*
10 *langage gascon est supposé de celui qu'il contrefait, et le reste de lui.*) « Oh, l'homme au sac ! » Monsieur. « Jé té vaille⁴ un louis, et m'enseigne où put être Geronte. » Vous cherchez le seigneur Géronte ? « Oui, mordi ! jé lé cherche. »
15 Et pour quelle affaire, Monsieur ? « Pour quelle affaire ? » Oui. « Jé beux, cadédis, lé faire mourir sous les coups de vaton. » Oh ! Monsieur, les coups de bâton ne se donnent point à des gens comme lui, et ce n'est pas un homme à
20 être traité de la sorte. « Qui, cé fat dé Geronte, cé maraut, cé vélître ? » Le seigneur Géronte, Monsieur, n'est ni fat, ni maraud, ni bélître⁵, et vous devriez, s'il vous plaît, parler d'autre façon. « Comment, tu mé traites, à moi, avec cette
25 hautur ? » Je défends, comme je dois, un homme d'honneur qu'on offense. « Est-ce

EXERCICES D'APPROFONDISSEMENT

que tu es des amis dé cé Geronte ? » Oui, Monsieur, j'en suis. « Ah ! cadédis, tu es de ses amis, à la vonne hure⁶. » (*Il donne plu-* 30 *sieurs coups de bâton sur le sac.*) « Tiens ! Boilà cé que jé té vaille pour lui. » Ah, ah, ah ! ah Monsieur ! Ah, ah, Monsieur ! tout beau. Ah, doucement, ah, ah, ah ! « Va, porte-lui cela de ma part. Adiusias. » Ah ! diable soit 35 le Gascon. Ah ! (*En se plaignant et remuant le dos, comme s'il avait reçu les coups de bâton.*)

Molière, Les Fourberies de Scapin,
Acte III, scène 2 (extrait, 1671).

1. Tueur à gages. 2. Bougez. 3. Juron. 4. Donne.
5. Bon à rien. 6. À la bonne heure.

3 La comédie de caractère et sa postérité

1. Qu'a de ridicule la réplique de Pyrgopolinice à la fin du texte A ? Quel trait psychologique souligne-t-elle ?
2. Quels aspects du *Miles gloriosus* retrouve-t-on dans la scène de Corneille (texte B) ? Quel thème revient de façon évidente ?
3. Quel soldat fanfaron vous paraît le plus hyperbolique ? Pyrgopolinice ou Matamore ? Justifiez votre réponse.
   ▶ PARTIE II, p. 392 : LES FIGURES DE RHÉTORIQUE

Texte A

Le Miles gloriosus *met en scène le type du soldat fanfaron, Pyrgopolinice, flatté constamment par un parasite, Artotrogus.*

1 ARTOTROGUS. – Par Hercule, ce n'est pas nécessaire que tu me racontes tout cela, car je sais ta valeur. (*À part.*) C'est mon ventre qui me vaut toutes ces épreuves ; il faut que mes
5 oreilles absorbent tout, pour que mes dents ne me démangent pas, et il faut dire oui à tous ses mensonges. […]

PYRGOPOLINICE. – Est-ce que tu te rappelles ?...

ARTOTROGUS. – Je me souviens : cent cin-
10 quante en Cilicie, cent en Scytholatronie, trente Sardes, soixante Macédoniens : voilà les gens que tu as tués en un seul jour.

PYRGOPOLINICE. – Et le total de ces gens-là se monte à combien ?

15 ARTOTROGUS. – Sept mille.

PYRGOPOLINICE. – Ce doit faire cela ; tu connais bien le compte.

Plaute, Miles gloriosus (Le Soldat fanfaron),
vers 31-35 et 42-47, in Théâtre complet, tome 2,
traduction de P. Grimal,
© Gallimard, « Bibliothèque de la Pléiade ».

Texte B

CLINDOR
1 Quoi ! Monsieur, vous rêvez ! et cette âme hautaine
Après tant de beaux faits semble être encore en peine !
N'êtes-vous point lassé d'abattre des guerriers,
Soupirez-vous après quelques nouveaux lauriers ?

MATAMORE
5 Il est vrai que je rêve, et ne saurais résoudre
Lequel je dois des deux le premier mettre en poudre,
Du grand Sophi de Perse¹, ou bien du grand Mogor¹.

CLINDOR
Eh ! de grâce, Monsieur, laissez-les vivre encor !
Qu'ajouterait leur perte à votre renommée ?
10 Et puis quand auriez-vous rassemblé votre armée ?

MATAMORE
Mon armée ! ah poltron ! ah traître ! pour leur mort
Tu crois donc que ce bras ne soit pas assez fort !
Le seul bruit de mon nom renverse les murailles,
Défait les escadrons et gagne les batailles ;
15 Mon courage invaincu contre les empereurs
N'arme que la moitié de ses moindres fureurs ;
D'un seul commandement que je fais aux trois Parques²,
Je dépeuple l'État des plus heureux monarques.

Pierre Corneille, L'Illusion comique,
Acte II, scène 2 (extrait, 1636).

1. Souverains d'Orient. 2. Divinités antiques symbolisant la mort.

SÉQUENCE 5 — La comédie chez Molière

Objectif

Définir les caractéristiques de la comédie à l'époque classique, en particulier la façon dont Molière a repris la comédie latine pour critiquer les mœurs contemporaines.

MOLIÈRE (1622-1673) est le grand auteur de comédies du XVIIe siècle. Son succès s'explique par les nombreux types de comiques représentés dans ses œuvres. Reprenant les caractères et les situations des théâtres latin et italien, il développe un style original où le comique de langage frappe par ses audaces et ses subtilités.

CORPUS DE LA SÉQUENCE

- *Texte* **1** — MOLIÈRE, *L'École des femmes* (1662)
- *Texte* **2** — MOLIÈRE, *Dom Juan* (1665)
- *Image* — JAN STEEN, *Comme les vieux chantent, les petits gazouillent* (XVIIe siècle)
- *Texte* **3** — MOLIÈRE, *Le Misanthrope* (1666)
- *Texte* **4** — MOLIÈRE, *Le Tartuffe* (1669)

Notions de la séquence	Liens avec la partie II
Les formes de comique : – langage (*texte 1*) – caractère (*textes 2 et 3*) – situation (*texte 4*)	▶ p. 419 : LE REGISTRE COMIQUE ▶ p. 459 : LA PAROLE THÉÂTRALE ▶ p. 462 : LE GESTE ET LE JEU AU THÉÂTRE
Les figures de rhétorique propres à la comédie (*ensemble du corpus*)	▶ p. 392 : LES FIGURES DE RHÉTORIQUE
L'analyse d'un tableau (scène de genre hollandaise)	▶ p. 397 : L'IMAGE FIXE
	Liens avec la partie III
Entraînement au commentaire : rédiger un paragraphe (*questions de synthèse sur les textes*)	▶ p. 524 : RÉDIGER LE COMMENTAIRE

Texte 1

MOLIÈRE
L'École des femmes (1662)

Biographie p. 565

Arnolphe, célibataire bourgeois qui se fait appeler M. de la Souche, a adopté une enfant, Agnès, l'a enfermée et privée d'instruction afin de l'épouser. Mais elle est tombée amoureuse d'Horace, un jeune homme qui confie ses amours à Arnolphe sans savoir que celui qui l'écoute est aussi son rival. Arnolphe, de retour, met Agnès en difficulté.

Ci-contre :
C. Hastenburg
(connu entre 1650 et 1660),
Portrait d'une jeune fille (1651),
huile sur toile (Douai,
musée de la Chartreuse).

ARNOLPHE
1 Oui, c'est un grand plaisir que toutes ces tendresses,
Ces propos si gentils et ces douces caresses ;
Mais il faut le goûter en toute honnêteté,
Et qu'en se mariant le crime en soit ôté.

AGNÈS
5 N'est-ce plus un péché lorsque l'on se marie ?

ARNOLPHE
Non.

AGNÈS
      Mariez-moi donc promptement, je vous prie.

ARNOLPHE
Si vous le souhaitez, je le souhaite aussi,
Et pour vous marier on me revoit ici.

AGNÈS
Est-il possible ?

ARNOLPHE
      Oui.

AGNÈS
          Que vous me ferez aise !

ARNOLPHE
10 Oui, je ne doute point que l'hymen ne vous plaise.

AGNÈS
Vous nous voulez, nous deux…

ARNOLPHE
      Rien de plus assuré.

AGNÈS
Que, si cela se fait, je vous caresserai !

ARNOLPHE
Hé ! La chose sera de ma part réciproque.

AGNÈS
Je ne reconnais point, pour moi, quand on se moque.
15 Parlez-vous tout de bon ?

ARNOLPHE
                    Oui, vous le pourrez voir.

AGNÈS
Nous serons mariés ?

ARNOLPHE
                    Oui.

AGNÈS
                    Mais quand ?

ARNOLPHE
                    Dès ce soir.

AGNÈS, *riant*
Dès ce soir ?

ARNOLPHE
                    Dès ce soir. Cela vous fait donc rire ?

AGNÈS
Oui.

ARNOLPHE
     Vous voir bien contente est ce que je désire.

AGNÈS
Hélas ! que je vous ai grande obligation,
20 Et qu'avec lui j'aurai de satisfaction !

ARNOLPHE
Avec qui ?

AGNÈS.
           Avec…, là.

ARNOLPHE.
               Là… : là n'est pas mon compte.
À choisir un mari vous êtes un peu prompte.
C'est un autre, en un mot, que je vous tiens tout prêt.

Acte II, scène 5, vers 607-629.

Questions DE LECTURE ANALYTIQUE

1. Quel est le quiproquo ? Qu'a-t-il de particulièrement plaisant ?
  ▶ PARTIE II, p. 462 : LE GESTE ET LE JEU AU THÉÂTRE

2. Quelle est la fonction des passages de stichomythie* ?

3. Arnolphe et Agnès sont-ils tous deux aussi ridicules aux yeux du spectateur ?

4. Quelle image du mariage au XVIIe siècle Molière esquisse-t-il ici ?

5. **Question de synthèse** : dans un paragraphe argumentatif, montrez comment l'ingénuité d'Agnès est ici mise en évidence. Quelle évolution percevez-vous au fil du dialogue ?
  ▶ PARTIE III, p. 500 : LE PARAGRAPHE ARGUMENTATIF

Texte 2

MOLIÈRE
Dom Juan (1665)

Biographie p. 565

S'inspirant du Dom Juan *espagnol de Tirso de Molina (vers 1620), Molière reprend la figure du libertin. Au dernier acte, après avoir refusé de reprendre la femme qu'il a abandonnée et de se repentir de ses multiples péchés, le personnage semble avoir infléchi sa conduite, avant de révéler son jeu hypocrite. C'est à un nouveau combat contre les vices du temps que se livre Molière.*

DOM JUAN. – Il n'y a plus de honte maintenant à cela : l'hypocrisie est un vice à la mode, et tous les vices à la mode passent pour vertus. Le personnage d'homme de bien est le meilleur de tous les personnages qu'on puisse jouer aujourd'hui, et la profession d'hypocrite a de merveilleux avantages. C'est un art de qui l'imposture est toujours respectée ; et quoiqu'on la découvre, on n'ose rien dire contre elle. Tous les autres vices des hommes sont exposés à la censure, et chacun a la liberté de les attaquer hautement ; mais l'hypocrisie est un vice privilégié, qui, de sa main, ferme la bouche à tout le monde, et jouit en repos d'une impunité souveraine. On lie, à force de grimaces, une société étroite avec tous les gens du parti. Qui en choque un se les jette tous sur les bras ; et ceux que l'on sait même agir de bonne foi là-dessus, et que chacun connaît pour être véritablement touchés, ceux-là, dis-je, sont toujours les dupes des autres ; ils donnent hautement dans le panneau des grimaciers et appuient aveuglément les singes de leurs actions. Combien crois-tu que j'en connaisse qui, par ce stratagème, ont rhabillé adroitement les désordres de leur jeunesse, qui se sont fait un bouclier du manteau de la religion, et, sous cet habit respecté, ont la permission d'être les plus méchants hommes du monde ? On a beau savoir leurs intrigues[1] et les connaître pour ce qu'ils sont, ils ne laissent pas pour cela d'être en crédit parmi les gens ; et quelque baissement de tête, un soupir mortifié[2], et deux roulements d'yeux rajustent dans le monde tout ce qu'ils peuvent faire.

Acte V, scène 2 (extrait).

1. Manigances.
2. Qui exprime un profond regret.

Questions DE LECTURE ANALYTIQUE

1. De quelle forme de réplique s'agit-il ?
   ▶ PARTIE II, p. 459 : LA PAROLE THÉÂTRALE
2. Relevez tous les procédés grammaticaux de généralisation (temps, pronoms...) ; pourquoi Dom Juan les emploie-t-il ?
3. Quelles sont les expansions du nom *vice* ? Vous surprennent-elles ?
   ▶ p. 387 : LES OUTILS GRAMMATICAUX
4. Relevez et analysez les arguments utilisés par le libertin.
   ▶ p. 413 : LE DISCOURS ARGUMENTATIF
5. Repérez les figures marquant l'opposition. Quelle est leur fonction ?
   ▶ p. 392 : LES FIGURES DE RHÉTORIQUE
6. *C'est un art* (l. 4-5) : cherchez dans un dictionnaire les différents sens du mot « art » ; que constatez-vous ici ?
7. **Question de synthèse :** rédigez un paragraphe argumentatif dans lequel vous définirez le registre dominant du passage.
   ▶ PARTIE III, p. 500 : LE PARAGRAPHE ARGUMENTATIF
   ▶ p. 418 : LES REGISTRES LITTÉRAIRES

Analyse D'IMAGE

Chapitre **2** • La comédie des origines à nos jours SÉQUENCE **5**

Jan Steen (1626-1679)
Comme les vieux chantent, les petits gazouillent (XVIIᵉ siècle)

Le tableau du peintre hollandais Jan Steen est une scène de genre, c'est-à-dire une scène d'intérieur représentant une réalité de l'époque souvent porteuse d'une leçon, d'un message moral.

Huile sur toile (Montpellier, musée Fabre).

Questions

1. Énumérez tous les personnages qui apparaissent sur ce tableau : que font-ils ?
2. Déterminez les liens de parenté entre les différents membres de cette compagnie. Quels personnages paraissent isolés de l'ensemble ?
3. Commentez le titre du tableau ; est-il en accord avec ce qui est représenté ?
4. La peinture hollandaise du XVIIᵉ siècle est souvent moralisatrice. Dégagez la morale qu'a voulu ici transmettre l'artiste.
5. Pourquoi peut-on dire qu'à la façon de Molière dans ses comédies, le peintre Jan Steen a voulu rappeler à l'ordre ses contemporains tout en les faisant sourire (*castigat ridendo mores* ▶ p. 70) ?

Texte 3

MOLIÈRE
Le Misanthrope (1666)

Biographie p. 565

Le Misanthrope *s'ouvre sur un désaccord : Alceste reproche à son ami Philinte d'être hypocrite en société, incapable de se souvenir des gens dont il a pourtant fait grand éloge la veille. Le ton enflammé d'Alceste, scandalisé par les mondanités, est tempéré par le raisonnement de Philinte, esprit réaliste prêt à toutes les concessions.*

PHILINTE
1   Mais, sérieusement, que voulez-vous qu'on fasse ?

ALCESTE
    Je veux qu'on soit sincère, et qu'en homme d'honneur
    On ne lâche aucun mot qui ne parte du cœur.

PHILINTE
    Lorsqu'un homme vous vient embrasser avec joie,
5   Il faut bien le payer de la même monnoie[1],
    Répondre, comme on peut, à ses empressements,
    Et rendre offre pour offre, et serments pour serments.

ALCESTE
    Non, je ne puis souffrir cette lâche méthode
    Qu'affectent la plupart de vos gens à la mode ;
10 Et je ne hais rien tant que les contorsions
    De tous ces grands faiseurs de protestations,
    Ces affables donneurs d'embrassades frivoles,
    Ces obligeants diseurs d'inutiles paroles,
    Qui de civilités avec tous font combat,
15 Et traitent du même air l'honnête homme et le fat[2].
    Quel avantage a-t-on qu'un homme vous caresse,
    Vous jure amitié, foi, zèle, estime, tendresse,
    Et vous fasse de vous un éloge éclatant,
    Lorsqu'au premier faquin[3] il court en faire autant ?
20 Non, non, il n'est point d'âme un peu bien située
    Qui veuille d'une estime ainsi prostituée ;
    Et la plus glorieuse a des régals peu chers,
    Dès qu'on voit qu'on nous mêle avec tout l'univers :
    Sur quelque préférence une estime se fonde,
25 Et c'est n'estimer rien qu'estimer tout le monde.
    Puisque vous y donnez, dans ces vices du temps,
    Morbleu ! vous n'êtes pas pour être de mes gens ;

Le Misanthrope de MOLIÈRE, mise en scène de Jean-Marc Chotteau,
avec Jean-Marc Chotteau et Jean-Marie Balembois
(Théâtre de Mouscron, 2000).

Je refuse d'un cœur la vaste complaisance
Qui ne fait de mérite aucune différence ;
30 Je veux qu'on me distingue ; et pour le trancher net,
L'ami du genre humain n'est point du tout mon fait.

PHILINTE
Mais, quand on est du monde, il faut bien que l'on rende
Quelques dehors civils que l'usage demande.

ALCESTE
Non, vous dis-je, on devrait châtier, sans pitié,
35 Ce commerce honteux de semblants d'amitié.
Je veux que l'on soit homme, et qu'en toute rencontre
Le fond de notre cœur dans nos discours se montre,
Que ce soit lui qui parle, et que nos sentiments
Ne se masquent jamais sous de vains compliments.

PHILINTE
40 Il est bien des endroits où la pleine franchise
Deviendrait ridicule et serait peu permise ;
Et parfois, n'en déplaise à votre austère honneur,
Il est bon de cacher ce qu'on a dans le cœur.
Serait-il à propos et de la bienséance
45 De dire à mille gens tout ce que d'eux on pense ?
Et quand on a quelqu'un qu'on hait ou qui déplaît,
Lui doit-on déclarer la chose comme elle est ?

ALCESTE
Oui.

Acte I, scène 1, vers 34-81.

1. Mis pour monnaie, afin de respecter la rime.
2. Vaniteux, arrogant.
3. Prétentieux.

Questions DE LECTURE ANALYTIQUE

1. Dans quels vers Alceste formule-t-il les valeurs qui lui sont chères ? Sur quel ton les exprime-t-il, et dans quel but ?
2. Comment Philinte réagit-il à ces propos ? grâce à quelles modalités de phrase ?
   ▶ PARTIE II, p. 387 : LES OUTILS GRAMMATICAUX
3. Quels arguments Philinte oppose-t-il à Alceste ? Quelle vision du monde défend-il ?
   ▶ p. 413 : LE DISCOURS ARGUMENTATIF
4. Quel vocabulaire Alceste utilise-t-il pour décrire la société qu'il ne veut plus fréquenter ? Quels termes relèvent le plus du blâme ▶ p. 322 ?
5. **Question de synthèse** : au XVIIe siècle, l'idéal classique était celui de la mesure aussi bien dans les créations littéraires que dans les relations sociales. Lequel de ces deux personnages correspond le mieux à ce modèle ? Justifiez votre réponse.

Texte 4

MOLIÈRE
Le Tartuffe (1669)

Biographie p. 565

« Le devoir de la comédie étant de corriger les hommes en les divertissant, j'ai cru que, dans l'emploi où je me trouve, je n'avais rien de mieux à faire que d'attaquer par des peintures ridicules les vices de mon siècle » (premier placet[1] de Molière à Louis XIV). Religieux introduit dans la famille d'Orgon sous prétexte de surveiller les mœurs de la maîtresse de maison Elmire, Tartuffe souhaite en réalité la séduire, et c'est dans l'acte III que se manifeste le plus son hypocrisie, « vice » épinglé par l'auteur.

Le Tartuffe de MOLIÈRE, mise en scène de Marcel Bozonnet, avec Éric Génovèse et Florence Viala (Paris, Comédie-Française, 2005).

ELMIRE
1 La déclaration est tout à fait galante,
   Mais elle est, à vrai dire, un peu bien surprenante.
   Vous deviez, ce me semble, armer mieux votre sein[2],
   Et raisonner un peu sur un pareil dessein.
5 Un dévot[3] comme vous, et que partout on nomme…

TARTUFFE
   Ah ! pour être dévot, je n'en suis pas moins homme ;
   Et lorsqu'on vient à voir vos célestes appas[4],
   Un cœur se laisse prendre, et ne raisonne pas.
   Je sais qu'un tel discours de moi paraît étrange ;
10 Mais, Madame, après tout, je ne suis pas un ange ;
   Et si vous condamnez l'aveu que je vous fais,
   Vous devez vous en prendre à vos charmants attraits.
   Dès que j'en vis briller la splendeur plus qu'humaine,
   De mon intérieur vous fûtes souveraine ;
15 De vos regards divins l'ineffable[5] douceur
   Força la résistance où s'obstinait mon cœur ;
   Elle surmonta tout, jeûnes, prières, larmes,
   Et tourna tous mes vœux du côté de vos charmes.

1. Écrit de sollicitation.
2. Cœur.
3. Homme pieux, religieux.
4. Attraits, charmes.
5. Inexprimable.

Mes yeux et mes soupirs vous l'ont dit mille fois,
20 Et pour mieux m'expliquer j'emploie ici la voix.
Que si vous contemplez d'une âme un peu bénigne
Les tribulations de votre esclave indigne,
S'il faut que vos bontés veuillent me consoler
Et jusqu'à mon néant daignent se ravaler,
25 J'aurai toujours pour vous, ô suave merveille,
Une dévotion à nulle autre pareille.
Votre honneur avec moi ne court point de hasard,
Et n'a nulle disgrâce à craindre de ma part.
Tous ces galants de cour, dont les femmes sont folles,
30 Sont bruyants dans leurs faits et vains dans leurs paroles,
De leurs progrès sans cesse on les voit se targuer[6] ;
Ils n'ont point de faveurs qu'ils n'aillent divulguer,
Et leur langue indiscrète, en qui l'on se confie,
Déshonore l'autel où leur cœur sacrifie.
35 Mais les gens comme nous brûlent[7] d'un feu discret,
Avec qui pour toujours on est sûr du secret :
Le soin que nous prenons de notre renommée
Répond de toute chose à la personne aimée,
Et c'est en nous qu'on trouve, acceptant notre cœur,
40 De l'amour sans scandale et du plaisir sans peur.

ELMIRE
Je vous écoute dire, et votre rhétorique
En termes assez forts à mon âme s'explique.
N'appréhendez-vous point que je ne sois d'humeur
À dire à mon mari cette galante ardeur,
45 Et que le prompt avis d'un amour de la sorte
Ne pût bien altérer[8] l'amitié qu'il vous porte ?

Acte III, scène 3, vers 961-1006.

6. Se vanter.
7. Aiment.
8. Compromettre.

Questions DE LECTURE ANALYTIQUE

1. Dans les propos d'Elmire, quel terme placé à la rime souligne le comportement paradoxal de Tartuffe ? Quelle figure de style employée par Tartuffe résout apparemment le paradoxe ?
▶ PARTIE II, p. 392 : LES FIGURES DE RHÉTORIQUE

2. Le terme *rhétorique* (v. 41) qu'emploie Elmire pour désigner les propos de Tartuffe vous semble-t-il adapté ? Quels arguments Tartuffe emploie-t-il pour justifier son comportement auprès d'Elmire ?
▶ p. 413 : LE DISCOURS ARGUMENTATIF

3. Quelles catégories d'hommes oppose-t-il dans sa tirade ? Dans quel but opère-t-il cette classification ?
▶ p. 459 : LA PAROLE THÉÂTRALE

4. Quels mots emploie-t-il pour séduire Elmire ? De quelles figures de style s'agit-il ?

5. Grâce à quelles expressions peut-on percevoir l'ironie d'Elmire ?
▶ p. 419 : LE REGISTRE COMIQUE

6. **Question de synthèse** : en quoi cet extrait du *Tartuffe* confirme-t-il l'appellation de « faux dévot » attribuée au personnage de Tartuffe dans la distribution de la pièce ? Rédigez votre réponse dans un développement de plusieurs paragraphes reliés par des connecteurs logiques.
▶ PARTIE III, p. 524 : RÉDIGER LE COMMENTAIRE
▶ p. 413 : LE DISCOURS ARGUMENTATIF

SYNTHÈSE

La comédie de mœurs chez Molière

- Au fil de sa carrière, Molière observe de plus en plus la **société**, mais il le fait à sa manière, sans toujours respecter les **préceptes de Boileau** énoncés dans l'*Art poétique* (v. 378-384) :

> Étudiez la cour et connaissez la ville ;
> L'une et l'autre est toujours en modèles fertile.
> C'est par là que Molière, illustrant ses écrits,
> Peut-être de son art eût remporté le prix,
> Si, moins ami du peuple, en ses doctes peintures,
> Il n'eût point fait souvent grimacer ses figures,
> Quitté, pour le bouffon, l'agréable et le fin.

1 Le rôle du théâtre pour Molière

- Le **dramaturge**, tel le bouffon, représente la **sagesse** ; il peut dénoncer au roi les défauts de son régime et peut proclamer qu'il faut éradiquer les vices qui mettent la société en danger.
En 1644, Molière révèle ainsi son **rôle social** dans cette appréciation sur le fou Moron, personnage burlesque de *La Princesse d'Élide*, rédigée et représentée conjointement avec *Tartuffe* :

> La Princesse se plaît à ses bouffonneries ;
> Il s'en est fait aimer par cent plaisanteries ;
> Et peut, dans cet accès, dire et persuader
> Ce que d'autres que lui n'oseraient hasarder.

- Dès 1661 dans *L'École des maris*, Molière s'engage dans cette voie. Il entend lutter contre l'ennemi commun au roi et à la pensée humaniste : une religion forte qui réclame une **morale rigoureuse et fermée** aux évolutions. C'est pour cela que la **satire des mœurs** est souvent couplée, dans *Dom Juan* ou *Tartuffe* (1664-1665) ▶ TEXTES 2 et 4, p. 76 et 80, avec la satire politique.

2 La comédie de mœurs

- La comédie morale est une **peinture des mœurs** et une **satire des comportements sociaux ridicules** ; celle-ci a deux objectifs :
– d'un point de vue dramatique : **faire rire** le spectateur ;
– d'un point de vue moral : **purger le spectateur de ses passions** ▶ SÉQUENCE 1, SYNTHÈSE p. 31.

- Les **ridicules** qu'épingle Molière dressent un tableau peu flatteur de la société de son temps :
– des **bourgeois** qui prennent des allures de nobles comme Arnolphe dans *L'École des femmes* ▶ TEXTE 1, p. 74 ;
– une **société mondaine et hypocrite**, attachée aux apparences et dénoncée par Alceste dans *Le Misanthrope* ▶ TEXTE 3, p. 78, ou vantée par le libertin Dom Juan ▶ TEXTE 2, p. 76 ;
– de faux **religieux** qui abusent de leur pouvoir, comme dans *Tartuffe* ▶ TEXTE 4, p. 80.

- De nombreux **types comiques** sont utilisés pour ridiculiser ces catégories sociales :
– le bourgeois prétentieux devient un barbon abusé ▶ TEXTE 1, p. 74 ;
– le religieux ambitieux devient un dévot libidineux ▶ TEXTE 4, p. 80.

3 Le personnage du raisonneur

Cette satire n'exclut pas une **finesse d'analyse** incarnée par la figure du raisonneur.

- Le raisonneur est le personnage qui **dénonce les excès**, surtout l'hypocrisie, sans pour autant condamner la société à laquelle il appartient (voir *Tartuffe* ; *Le Misanthrope*). Il incarne des **valeurs** plutôt qu'un caractère. Son **ton** est **modéré**, il tente d'éclairer l'esprit des autres personnages, comme Philinte qui nuance les critiques d'Alceste contre l'hypocrisie mondaine ▶ TEXTE 3, p. 78. Chrysalde dans *L'École des femmes* (1662) ou Ariste dans *Les Femmes savantes* (1672) ▶ EXERCICE 3, p. 84 sont d'autres exemples de raisonneurs.

- Le raisonneur peut rappeler le chef du chœur antique ▶ SÉQUENCE 1, SYNTHÈSE p. 31. Tous deux relient le **monde de la scène** et **celui des spectateurs** en modérant ou en condamnant l'*hybris* (la démesure) du héros.

▶ BIOGRAPHIES DES AUTEURS p. 560

EXERCICES D'APPROFONDISSEMENT

1 Distributions comiques

1. À partir des listes de personnages ci-dessous, dressez l'arbre généalogique des familles en scène dans *L'Avare* et dans *Les Fourberies de Scapin*, sans oublier la place des valets.
2. Quelles caractéristiques des personnages montrent qu'il s'agit de deux distributions de comédies ?
3. Quels thèmes propres à la comédie identifiez-vous ?

Molière, *L'Avare* (1668)	Molière, *Les Fourberies de Scapin* (1671)
Harpagon, père de Cléante et d'Élise, et amoureux de Mariane ; Cléante, fils d'Harpagon, amant[1] de Mariane ; Élise, fille d'Harpagon, amante de Valère ; Valère, fils d'Anselme et amant d'Élise ; Mariane, amante de Cléante et aimée d'Harpagon ; Anselme, père de Valère et de Mariane ; Frosine, femme d'intrigue[2] ; Maître Simon, courtier[3] ; Maître Jacques, cuisinier et cocher d'Harpagon ; La Flèche, valet de Cléante ; Dame Claude, servante d'Harpagon ; La Merluche, laquais d'Harpagon ; Le Commissaire et son clerc. *La scène est à Paris.*	Argante, père d'Octave et de Zerbinette ; Géronte, père de Léandre et de Hyacinte ; Octave, fils d'Argante et amant de Hyacinte ; Léandre, fils de Géronte et amant de Zerbinette ; Zerbinette, une Égyptienne[4] et reconnue fille d'Argante et amante de Léandre ; Hyacinte, fille de Géronte et amante d'Octave ; Scapin, valet de Léandre et fourbe ; Sylvestre, valet d'Octave ; Nérine, nourrice de Hyacinte ; Carle, fourbe. *La scène est à Naples.* **1.** « Amoureux » au XVIIe siècle. **2.** Entremetteuse (fait le lien entre deux amants). **3.** Intermédiaire commercial. **4.** Bohémienne, c'est-à-dire des gens du voyage.

2 Le statut social des personnages

1. D'après l'extrait suivant, quelles raisons respectives ont poussé George Dandin et Angélique à se marier ?
2. Pourquoi le personnage parle-t-il de cette union comme d'une « alliance » ?
3. Quelle image donne-t-il de la société de cette époque ?
4. Pourquoi cette intrigue était-elle considérée comme vulgaire aux yeux de Boileau ➤ SYNTHÈSE, p. 82 ?

Le paysan George Dandin, dans le monologue qui ouvre la pièce, se plaint de la « sottise » qui l'a conduit à épouser une femme de la noblesse.

1 Ah ! qu'une femme demoiselle est une étrange affaire, et que mon mariage est une leçon bien parlante à tous les paysans qui veulent s'élever au-dessus de leur condition, et s'allier, comme
5 j'ai fait, à la maison d'un gentilhomme ! La noblesse de soi est bonne, c'est une chose considérable assurément ; mais elle est accompagnée de tant de mauvaises circonstances, qu'il est très bon de ne s'y point frotter. Je suis devenu là-
10 dessus savant à mes dépens, et connais le style des nobles lorsqu'ils nous font, nous autres, entrer dans leur famille. L'alliance qu'ils font est petite avec nos personnes : c'est notre bien seul qu'ils épousent, et j'aurais bien mieux fait, tout
15 riche que je suis, de m'allier en bonne et franche paysannerie, que de prendre une femme qui se tient au-dessus de moi, s'offense de porter mon nom, et pense qu'avec tout mon bien je n'ai pas assez acheté la qualité de son mari. George
20 Dandin, George Dandin, vous avez fait une sottise la plus grande du monde. Ma maison m'est effroyable maintenant, et je n'y rentre point sans y trouver quelque chagrin.

Molière, *George Dandin*, Acte I, scène 1 (1668).

EXERCICES D'APPROFONDISSEMENT

3 La fonction du raisonneur

1. Grâce à quelles répliques peut-on identifier le raisonneur ?
2. Quel mode verbal utilise-t-il et pourquoi ?
3. Quelle est l'attitude de Chrysale ? Pourquoi peut-on dire que cette scène relativise le rôle de modérateur du raisonneur ?

Ariste tente de faire comprendre à son frère Chrysale qu'il serait bon d'avoir l'accord de son épouse Philaminte avant de céder sa fille Henriette à Clitandre.

ARISTE
1 Mais, encore une fois, reprenons le discours.
Clitandre vous demande Henriette pour femme :
Voyez quelle réponse on doit faire à sa flamme.

CHRYSALE
Faut-il le demander ? J'y consens de bon cœur,
5 Et tiens son alliance à singulier honneur.

ARISTE
Vous savez que de bien il n'a pas l'abondance,
Que…

CHRYSALE
C'est un intérêt qui n'est pas d'importance :
Il est riche en vertu, cela vaut des trésors,
Et puis son père et moi n'étions qu'un en deux corps.

ARISTE
10 Parlons à votre femme, et voyons à la rendre
Favorable…

CHRYSALE
Il suffit : je l'accepte pour gendre.

ARISTE
Oui ; mais pour appuyer votre consentement,
Mon frère, il n'est pas mal d'avoir son agrément ;
Allons…

CHRYSALE
Vous moquez-vous ? Il n'est pas nécessaire :
15 Je réponds de ma femme, et prends sur moi l'affaire.

MOLIÈRE, *Les Femmes savantes*,
Acte II, scène 4, vers 398-412 (1672).

4 La critique sociale

1. Quel vice est ici visé par Molière ? grâce à quel champ lexical ?
2. Quelle figure de style caractérise le discours de Sganarelle ? Sur quoi permet-elle d'insister ?
   ➤ PARTIE II, p. 392 : LES FIGURES DE RHÉTORIQUE
3. Cherchez la définition de l'adjectif « édifiant ». Quels aspects de cette tirade font de *Dom Juan* une œuvre édifiante ?

Dans la scène d'exposition de Dom Juan, *Sganarelle n'a pas de mots assez forts pour définir son maître à son interlocuteur Gusman, lui aussi valet.*

1 SGANARELLE. – […] je t'apprends *inter nos*[1], que tu vois en Dom Juan, mon maître, le plus grand scélérat que la terre ait jamais porté, un enragé, un chien, un diable, un Turc, un 5 hérétique[2], qui ne croit ni Ciel, ni saint, ni Dieu, ni loup-garou[3], qui passe cette vie en véritable bête brute, en pourceau d'Épicure[4], en vrai Sardanapale[5], qui ferme l'oreille à toutes les remontrances chrétiennes qu'on lui peut faire, 10 et traite de billevesées tout ce que nous croyons. Tu me dis qu'il a épousé ta maîtresse : crois qu'il aurait plus fait pour sa passion, et qu'avec elle il aurait encore épousé toi, son chien et son chat. Un mariage ne lui coûte rien à contracter ; il 15 ne se sert point d'autres pièges pour attraper les belles, et c'est un épouseur à toutes mains[6]. Dame, damoiselle, bourgeoise, paysanne, il ne trouve rien de trop chaud ni de trop froid pour lui ; et si je te disais le nom de toutes celles qu'il 20 a épousées en divers lieux, ce serait un chapitre à durer jusques au soir.

MOLIÈRE, *Dom Juan*,
Acte I, scène 1 (extrait, 1665).

1. Entre nous (en latin).
2. Opposant aux croyances officielles.
3. Esprit diabolique.
4. Un porc disciple d'Épicure, philosophe grec souvent réduit à son éloge du plaisir.
5. Roi de l'Antiquité connu pour sa débauche.
6. Un homme prêt à promettre le mariage à n'importe quelle femme.

➤ BIOGRAPHIES DES AUTEURS p. 560

SÉQUENCE 6 — La comédie aux XVIIIe et XIXe siècles

Objectif

Étudier le renouveau de la comédie après Molière, la subtilité de ses analyses psychologiques et la complexité de ses intrigues.

Au XVIIIe siècle, la comédie devient un genre raffiné : elle s'éloigne de la farce et joue sur le déguisement et les subtilités du langage. Goldoni, en Italie, Marivaux et Beaumarchais, en France, en sont les grands représentants. Après la Révolution, elle se rapproche du drame avec les *Comédies et Proverbes* de Musset.

CORPUS DE LA SÉQUENCE

- *Texte 1* — MARIVAUX, *Le Jeu de l'amour et du hasard* (1730)
- *Texte 2* — C. GOLDONI, *Les Rustres* (1760)
- *Texte 3* — BEAUMARCHAIS, *Le Mariage de Figaro* (1784)
- *Texte 4* — A. DE MUSSET, *Les Caprices de Marianne* (1833)
- *Image* — **Dessin du décor des *Caprices de Marianne*** (Comédie-Française, 1851)

Notions de la séquence	Liens avec la partie II
Coup de théâtre et double jeu (*textes 2 et 3*)	▶ p. 419 : LE REGISTRE COMIQUE
	▶ p. 459 : LA PAROLE THÉÂTRALE
Cachette et travestissement (*textes 1 et 3*)	▶ p. 465 : L'ESPACE THÉÂTRAL
Scène d'exposition (*texte 4*)	▶ p. 459 : LA PAROLE THÉÂTRALE
Décor de scène (*texte 4 et document iconographique*)	▶ p. 397 : L'IMAGE FIXE
	Liens avec la partie III
Analyse d'un corpus (*textes 1 et 3*)	▶ p. 502 : RÉPONDRE À UNE QUESTION D'ANALYSE SUR UN CORPUS
De l'écriture théâtrale à l'écriture romanesque (*texte 4*)	▶ p. 488 : TRANSPOSER

Texte 1

MARIVAUX
Le Jeu de l'amour et du hasard (1730)

Biographie p. 565

La rédaction régulière de feuilles de journaux a fait de Marivaux un observateur attentif de la société mondaine de son temps. Dans Le Jeu de l'amour et du hasard, *Silvia prend la place de sa servante et confidente Lisette afin de tester les sentiments de son futur époux, choisi par son père. Mais elle ignore que le jeune homme a adopté le même stratagème en prenant le costume de son valet Arlequin. Une relation maître-valet propre à la comédie !*

LISETTE. – Pardi, Madame, je ne puis pas jouer deux rôles à la fois ; il faut que je paraisse ou la maîtresse, ou la suivante, que j'obéisse ou que j'ordonne.

SILVIA. – Fort bien ; mais puisqu'il n'y est plus, écoutez-moi comme votre maîtresse : vous voyez bien que cet homme-là ne me convient point.

LISETTE. – Vous n'avez pas eu le temps de l'examiner beaucoup.

SILVIA. – Êtes-vous folle avec votre examen ? Est-il nécessaire de le voir deux fois pour juger du peu de convenance ? En un mot je n'en veux point. Apparemment que mon père[1] n'approuve pas la répugnance qu'il me voit, car il me fuit, et ne me dit mot ; dans cette conjoncture, c'est à vous à me tirer tout doucement d'affaire, en témoignant adroitement à ce jeune homme que vous n'êtes pas dans le goût de l'épouser.

LISETTE. – Je ne saurais, Madame.

SILVIA. – Vous ne sauriez ! et qu'est-ce qui vous en empêche ?

LISETTE. – Monsieur Orgon me l'a défendu.

SILVIA. – Il vous l'a défendu ! Mais je ne reconnais point mon père à ce procédé-là.

LISETTE. – Positivement défendu.

SILVIA. – Eh bien, je vous charge de lui dire mes dégoûts, et de l'assurer qu'ils sont invincibles ; je ne saurais me persuader qu'après cela il veuille pousser les choses plus loin.

LISETTE. – Mais, Madame, le futur, qu'a-t-il donc de si désagréable, de si rebutant ?

SILVIA. – Il me déplaît vous dis-je, et votre peu de zèle aussi.

LISETTE. – Donnez-vous le temps de voir ce qu'il est, voilà tout ce qu'on vous demande.

SILVIA. – Je le hais assez sans prendre du temps pour le haïr davantage.

LISETTE. – Son valet qui fait l'important ne vous aurait-il point gâté l'esprit sur son compte ?

SILVIA. – Hum, la sotte ! son valet a bien affaire ici !

LISETTE. – C'est que je me méfie de lui, car il est raisonneur[2].

SILVIA. – Finissez vos portraits, on n'en a que faire ; j'ai soin que ce valet me parle peu, et dans le peu qu'il m'a dit, il ne m'a jamais rien dit que de très sage.

1. Le père de Silvia est au courant des deux stratagèmes (celui de Silvia et celui de son futur époux, Dorante).
2. Habile dans son argumentation et dans l'influence qu'il a sur les autres.

JEAN-ANTOINE WATTEAU (1684-1721), *Deux études d'une femme assise* (XVIIIᵉ siècle), papier beige, pierre noire, rehauts de blanc, sanguine, 24,9 x 19,2 cm (Paris, musée du Louvre).

LISETTE. – Je crois qu'il est homme à vous avoir conté des histoires maladroites, pour faire briller son bel esprit.

SILVIA. – Mon déguisement ne m'expose-t-il pas à m'entendre dire de jolies choses ! à qui en avez-vous ? d'où vous vient la manie d'imputer à ce garçon une répugnance à laquelle il n'a point de part ? car enfin, vous m'obligez à le justifier, il n'est pas question de le brouiller avec son maître, ni d'en faire un fourbe pour me faire moi une imbécile qui écoute ses histoires.

LISETTE. – Oh, Madame, dès que vous le défendez sur ce ton-là, et que cela va jusqu'à vous fâcher, je n'ai plus rien à dire.

SILVIA. – Dès que je vous le défends sur ce ton-là ! qu'est-ce que c'est que le ton dont vous dites cela vous-même ? Qu'entendez-vous par ce discours, que se passe-t-il dans votre esprit ?

Acte II, scène 7 (extrait).

Questions DE LECTURE ANALYTIQUE

1. En vous référant au chapeau du texte et au dialogue, dites à quel sujet de société la pièce fait allusion. Recherchez d'autres comédies (de Marivaux ou d'autres dramaturges) traitant ce sujet.
2. À quels indices perçoit-on, malgré les déguisements, que Silvia est la maîtresse et Lisette la servante ?
3. Quels éléments du dialogue indiquent que le faux prétendant de Silvia est un domestique et que son prétendu valet a les manières d'un maître ?
4. Quelle réplique de Lisette laisse entendre qu'elle a compris les sentiments de Silvia ? Expliquez-la.
5. Comment et dans quel but le ton de Silvia évolue-t-il au fil de la scène ? Commentez en particulier les deux dernières répliques.
6. **Question de synthèse :** cette scène de comédie est-elle de registre comique ? Expliquez. Lisez-la à haute voix pour vous en convaincre.
➤ PARTIE II, p. 419 : LE REGISTRE COMIQUE

Carlo Goldoni
Les Rustres (1760)

Biographie p. 563

Lucietta, fille du rustre[1] Lunardo, cherche à se venger de sa belle-mère Margarita qui s'acharne à lui interdire toute coquetterie. Le vieil homme, de son côté, reproche à sa femme ses dépenses vestimentaires pour un repas mondain qu'il vient d'organiser : une représentation comique de la bourgeoisie, caractéristique du théâtre de Goldoni.

1   LUNARDO, *à Margarita*. — Que se passe-t-il, madame ? Vous allez au bal ?

MARGARITA. — Et voilà ! C'est pas croyable ! Je ne m'habille qu'une fois par an et il ronchonne. Avez-vous peur, figurez-vous, que je vous ruine ?

5   LUNARDO. — Vous pouvez bien user une robe par semaine, moi, pour dire les choses comme elles sont, ça me laisse froid. Grâce au ciel, je ne suis pas de ces pleure-misère qui lésinent sur tout. Cent ducats, je les dépense volontiers mais pas pour de pareilles bouffonneries. Que penseraient les honnêtes gens qui vont venir ? Que vous êtes la poupée de France[2] ? Je ne veux pas qu'on se moque de moi.

10   LUCIETTA, *à part*. — Ma foi, je ne suis pas mécontente qu'elle se fasse attraper.

MARGARITA. — Comment croyez-vous que les autres seront habillées ? Elles mettront un soulier à un pied et un sabot à l'autre ?

LUNARDO. — Laissez-les venir à leur guise. Chez moi, ces extravagances n'ont pas cours, et ce n'est pas aujourd'hui qu'on va commencer. Je ne veux pas
15   qu'on se paye ma tête. Vous m'avez compris ?

LUCIETTA. — C'est vrai, père, je le lui ai dit moi aussi.

LUNARDO, *à Lucietta*. — Écoute-moi bien, ne prends pas exemple sur elle. Qu'est-ce que cet attirail ? Qu'est-ce que ces colifichets que tu as autour du cou ?

LUCIETTA. — Eh ! c'est rien, père. Une pacotille, une antiquaille.

20   LUNARDO. — Ôtez ces perles.

MARGARITA. — C'est vrai, M. Lunardo, je le lui ai dit moi aussi.

LUCIETTA. — Allons, père chéri, c'est carnaval[3].

LUNARDO. — Que voulez-vous dire ? Que vous êtes déguisée ? Je ne veux pas de ces enfantillages. Aujourd'hui, je reçois du monde ; si on vous voit, je ne veux
25   pas qu'on dise que ma fille est folle et que son père n'a pas de sens commun. Donnez-moi ces perles. (*Il fait le geste de les enlever, elle se défend.*) Qu'est-ce que ces affûtiaux ? Des manchettes[4], mademoiselle, des manchettes ? Qui vous a donné ces saletés ?

LUCIETTA. — C'est ma mère qui me les a données.

30   LUNARDO, *à Margarita*. — Folle que vous êtes ! La belle éducation que vous donnez à ma fille !

MARGARITA. — Si je ne fais pas ce qu'elle veut, elle dit que je la déteste, que je ne l'aime pas.

LUNARDO, *à Lucietta*. — Depuis quand ces fantaisies vous ont-elles prises ?

---

1. Individu peu raffiné, maladroit.
2. Poupée grandeur nature exposée dans un grand magasin vénitien pour montrer le bon goût français en matière de mode.
3. Bal masqué.
4. Manches de dentelle destinées à embellir une robe.

Ci-contre :
Pietro Longhi
(1702-1788),
Le Couturier
(XVIIIᵉ siècle),
huile sur toile
(Venise, Galleria
dell'Accademia).

35 Lucietta. — J'ai vu qu'elle s'était habillée, alors j'ai eu envie d'en faire autant.

Lunardo, *à Margarita*. — Vous entendez ? Voilà d'où vient le mau-
40 vais exemple.

Margarita. — Elle, elle est encore fille et moi je suis mariée.

Lunardo. — Les femmes mariées doivent donner le bon exemple
45 aux jeunes filles.

Margarita. — Moi, je ne me suis pas mariée, figurez-vous, pour que vos enfants me rendent folle.

Lunardo. — Et moi je ne vous ai
50 pas épousée, pour dire les choses comme elles sont, pour que vous déshonoriez ma maison.

Margarita. — Je vous fais honneur plus que vous ne méritez.

Lunardo, *à Margarita*. — Allons ! Allez tout de suite vous changer.

55 Margarita. — Plutôt crever que de vous faire ce plaisir !

Lunardo. — Eh bien, vous ne viendrez pas à table.

Margarita. — Je ne m'en soucie ni peu ni prou.

Lucietta. — Et moi, père, viendrai-je à table ?

Lunardo. — Enlevez-moi ces nippes.

60 Lucietta. — Oui, monsieur, si c'est tout ce que vous voulez, je vais les enlever. (*Elle ôte les perles et les manchettes.*) Regardez-moi ça : elle n'a même pas honte que je les porte.

Lunardo. — Vous voyez ? Ça se connaît qu'elle est bien élevée. Ah ! ma première épouse, la pauvre, c'était une femme comme il faut. Elle ne se mettait
65 pas un ruban sans me le dire et si je ne voulais pas, on n'en parlait plus, elle se le tenait pour dit. Bénie sois-tu là où tu es ! Quelle folie n'ai-je pas commise en me remariant !

Acte II, Scène 3 (extrait), traduction de N. Jonard, © Flammarion, GF, 1996.

Questions DE LECTURE ANALYTIQUE

1. Par quels termes Lunardo qualifie-t-il la parure de sa femme et de sa fille ? Qu'ont-ils de comique ?
2. Sur quel ton Margarita parle-t-elle à son mari ? Quel effet ses propos ont-ils sur lui ? Citez deux exemples significatifs.
3. Quels aspects du langage montrent bien que les personnages sont des rustres (*cf.* note 1) ?
4. Que souligne l'aparté de Lucietta au début du dialogue ? Comment se comporte-t-elle ensuite ? avec quelles conséquences sur le jeu de Margarita ?
▶ PARTIE II, p. 459 : LA PAROLE THÉÂTRALE
5. Sur quelle modalité de phrase la scène se clôt-elle ? Quelle signification lui donnez-vous ?
▶ p. 387 : LES OUTILS GRAMMATICAUX

Texte 3

BEAUMARCHAIS
Le Mariage de Figaro (1784)

Biographie p. 560

Dans Le Mariage de Figaro, *le valet Figaro a pour rival son maître, le comte Almaviva. Au début de cette « folle journée », qui doit être celle de son mariage, Figaro apprend de sa fiancée Suzanne que le Comte veut passer la nuit de noces avec elle. Fou de jalousie, Figaro met tout en œuvre pour l'en empêcher et se venger. Dans les scènes 7 et 8 de l'acte V, Figaro, caché, croit assister au rendez-vous secret de Suzanne et du Comte, et s'apprête à surprendre les coupables. Il ignore que la Comtesse, déguisée en Suzanne, veut en fait piéger son époux, tandis que Suzanne se venge de Figaro qui a douté de sa fidélité. Autant d'astuces et de rebondissements typiques de la comédie de l'époque.*

Francisco José de Goya (1746-1828), *La Maja et des Galants* (1777), huile sur toile, 275 x 190 cm (Madrid, musée du Prado).

FIGARO, SUZANNE, *dans l'obscurité.*

1 FIGARO *cherche à voir où vont le Comte et la Comtesse, qu'il prend pour Suzanne.* – Je n'entends plus rien ; ils sont entrés ; m'y voilà. (*D'un ton altéré.*) Vous autres époux maladroits, qui tenez des espions à gages, et tournez des mois entiers autour d'un soupçon sans l'asseoir, que ne m'imitez-vous ? Dès le pre-
5 mier jour je suis ma femme, et je l'écoute ; en un tour de main on est au fait : c'est charmant, plus de doutes ; on sait à quoi s'en tenir. (*Marchant vivement.*) Heureusement que je ne m'en soucie guère, et que sa trahison ne me fait plus rien du tout. Je les tiens donc enfin !

SUZANNE, *qui s'est avancée doucement dans l'obscurité.* – (*À part.*) Tu vas payer
10 tes beaux soupçons. (*Du ton de voix de la Comtesse.*) Qui va là ?

FIGARO, *extravagant.* – « Qui va là ? » Celui qui voudrait de bon cœur que la peste eût étouffé en naissant…

SUZANNE, *du ton de la Comtesse.* – Eh ! mais, c'est Figaro !

FIGARO *regarde, et dit vivement.* – Madame la Comtesse !

15 SUZANNE. – Parlez bas.

FIGARO, *vite.* – Ah ! Madame, que le ciel vous amène à propos ! Où croyez-vous qu'est Monseigneur ?

SUZANNE. – Que m'importe un ingrat ? Dis-moi…

FIGARO, *plus vite.* – Et Suzanne mon épousée, où croyez-vous qu'elle soit ?

20 SUZANNE. – Mais parlez bas !

FIGARO, *très vite.* – Cette Suzon qu'on croyait si vertueuse, qui faisait la réservée ! Ils sont enfermés là-dedans. Je vais appeler.

Suzanne, *lui fermant la bouche avec sa main, oublie de déguiser sa voix*. – N'appelez pas.

Figaro, *à part*. – Eh c'est Suzon ! God-dam !

Suzanne, *du ton de la Comtesse*. – Vous paraissez inquiet.

Figaro *à part*. – Traîtresse ! qui veut me surprendre !

Suzanne. – Il faut nous venger, Figaro.

Figaro. – En sentez-vous le vif désir ?

Suzanne. – Je ne serais donc pas de mon sexe ! Mais les hommes en ont cent moyens.

Figaro, *confidemment*. – Madame, il n'y a personne ici de trop. Celui des femmes… les vaut tous.

Suzanne, *à part*. – Comme je le souffletterais !

Figaro, *à part*. – Il serait bien gai qu'avant la noce !…

Suzanne. – Mais qu'est-ce qu'une telle vengeance, qu'un peu d'amour n'assaisonne pas ?

Figaro. – Partout où vous n'en voyez point, croyez que le respect dissimule.

Suzanne, *piquée*. – Je ne sais si vous le pensez de bonne foi, mais vous ne le dites pas de bonne grâce.

Figaro, *avec une chaleur comique, à genoux*. – Ah ! Madame, je vous adore. Examinez le temps, le lieu, les circonstances, et que le dépit supplée en vous aux grâces qui manquent à ma prière.

Suzanne, *à part*. – La main me brûle.

Figaro, *à part*. – Le cœur me bat.

Suzanne. – Mais, Monsieur, avez-vous songé ?…

Figaro. – Oui, Madame, oui, j'ai songé.

Suzanne. – … Que pour la colère et l'amour…

Figaro. – … Tout ce qui se diffère est perdu. Votre main, Madame ?

Suzanne, *de sa voix naturelle et lui donnant un soufflet*. – La voilà.

Acte V, scène 8 (extrait).

Questions DE LECTURE ANALYTIQUE

1. Analysez les didascalies et l'énonciation dans la première réplique : en quoi l'intérêt du spectateur est-il particulièrement suscité ?
   ➤ PARTIE II, p. 459 : LA PAROLE THÉÂTRALE
   ➤ p. 387 : LES OUTILS GRAMMATICAUX
2. Étudiez la stratégie de Suzanne : comment s'y prend-elle pour tendre son piège à Figaro ? Pourquoi se laisse-t-il prendre ?
3. Quelle place le comique de gestes occupe-t-il dans la scène ? Quels sont les jeux de scène ? avec quels effets sur le spectateur ?
   ➤ p. 419 : LE REGISTRE COMIQUE
4. Comment Beaumarchais donne-t-il rythme et vivacité au dialogue ?
5. En quoi cette scène relève-t-elle d'un dénouement de comédie ?

D'UN TEXTE À L'AUTRE ➤ TEXTES 1 et 3
Quelle est la part du déguisement dans la comédie au XVIIIe siècle ? Justifiez par des relevés précis.

Texte 4

ALFRED DE MUSSET
Les Caprices de Marianne (1833)

Biographie p. 565

L'action des Caprices de Marianne, *comédie oscillant entre comique et tragique, se situe à Naples au XVI*^{e} *siècle : Cœlio est amoureux de la belle Marianne, jeune femme mariée à Claudio, un notable plus âgé qu'elle. Cette pièce oppose Cœlio, modèle de l'amoureux transi, et Octave, cousin de Marianne, aux allures de débauché. La scène d'exposition* présente une entremetteuse, personnage typique de la comédie, Ciuta. Très vite se mettent en place les thèmes de Musset : mort et jalousie.*

Une rue devant la maison de Claudio.

MARIANNE, *sortant de chez elle un livre de messe à la main.*

CIUTA, *l'abordant.* — Ma belle dame, puis-je vous dire un mot ?

MARIANNE. — Que me voulez-vous ?

5 CIUTA. — Un jeune homme de cette ville est éperdument amoureux de vous ; depuis un mois entier, il cherche vainement l'occasion de vous l'apprendre ; son nom est Cœlio ; il est d'une noble famille et d'une figure distinguée.

MARIANNE. — En voilà assez. Dites à celui qui vous envoie qu'il perd son temps et sa peine et que s'il a l'audace de me faire entendre une seconde fois un pareil 10 langage j'en instruirai mon mari. *(Elle sort.)*

CŒLIO, *entrant.* — Eh bien ! Ciuta, qu'a-t-elle dit ?

CIUTA. — Plus dévote et plus orgueilleuse que jamais. Elle instruira son mari, dit-elle, si on la poursuit plus longtemps.

CŒLIO. — Ah ! malheureux que je suis, je n'ai plus qu'à mourir ! Ah ! la plus 15 cruelle de toutes les femmes ! Et que me conseilles-tu, Ciuta ? quelle ressource puis-je encore trouver ?

CIUTA. — Je vous conseille d'abord de sortir d'ici, car voici son mari qui la suit.

(Ils sortent. — Entrent Claudio et Tibia.)

CLAUDIO. — Es-tu mon fidèle serviteur, mon valet de 20 chambre dévoué ? Apprends que j'ai à me venger d'un outrage.

TIBIA. — Vous, Monsieur ?

CLAUDIO. — Moi-même, puisque ces impudentes guitares ne cessent de murmurer sous les fenêtres 25 de ma femme. Mais, patience ! tout n'est pas fini. — Écoute un peu de ce côté-ci : voilà du monde qui pourrait nous entendre. Tu m'iras chercher ce soir le spadassin que je t'ai dit.

TIBIA. — Pourquoi faire ?

30 CLAUDIO. — Je crois que Marianne a des amants.

TIBIA. — Vous croyez, Monsieur ?

Les Caprices de Marianne d'ALFRED DE MUSSET, mise en scène de Bernard Murat avec François Chaumette et Philippe Brizard (Paris, Théâtre du Montparnasse, 1989).

CLAUDIO. – Oui ; il y a autour de ma maison une odeur d'amants ; personne ne passe naturellement devant ma porte ; il y pleut des guitares et des entremetteuses.

TIBIA. – Est-ce que vous pouvez empêcher qu'on donne des sérénades à votre femme ?

CLAUDIO. – Non, mais je puis poster un homme derrière la poterne[1] et me débarrasser du premier qui entrera.

TIBIA. – Fi ! votre femme n'a pas d'amants. – C'est comme si vous disiez que j'ai des maîtresses.

CLAUDIO. – Pourquoi n'en aurais-tu pas, Tibia ? Tu es fort laid, mais tu as beaucoup d'esprit.

TIBIA. – J'en conviens, j'en conviens.

CLAUDIO. – Regarde, Tibia, tu en conviens toi-même ; il n'en faut plus douter, et mon déshonneur est public.

TIBIA. – Pourquoi public ?

CLAUDIO. – Je te dis qu'il est public.

TIBIA. – Mais, Monsieur, votre femme passe pour un dragon de vertu dans toute la ville ; elle ne voit personne, elle ne sort de chez elle que pour aller à la messe.

CLAUDIO. – Laisse-moi faire. – Je ne me sens pas de colère après tous les cadeaux qu'elle a reçus de moi. – Oui, Tibia, je machine en ce moment une épouvantable trame et me sens prêt à mourir de douleur.

TIBIA. – Oh ! que non.

CLAUDIO. – Quand je te dis quelque chose, tu me ferais plaisir de le croire. (*Ils sortent.*)

Acte I, scène 1.

1. Porte dérobée.

Questions DE LECTURE ANALYTIQUE

1. Que nous apprend cette scène d'exposition* sur l'intrigue et sur le personnage éponyme* ? Les informations données confirment-elles le titre ?
2. Quels personnages apparaissent d'emblée comme ridicules ? Justifiez.
3. En quoi le personnage de Cœlio se distingue-t-il des autres ? Quel registre identifiez-vous dans ses paroles ? Appuyez-vous sur les figures de style et le vocabulaire.
   ▶ PARTIE II, p. 418 : LES REGISTRES LITTÉRAIRES
   ▶ p. 392 : LES FIGURES DE RHÉTORIQUE
4. Quel rôle Ciuta joue-t-elle dans cette exposition ?
5. Quelles sont les attentes du lecteur ? Cette scène d'exposition annonce-t-elle un dénouement comique ou tragique ? Justifiez.

ÉCRITURE D'INVENTION
Réécrivez cette scène d'exposition sous la forme d'un *incipit* romanesque, en conservant tous les personnages, la teneur de leurs propos, leur psychologie, et en alternant les passages de discours direct et indirect.
   ▶ p. 455: LES DISCOURS RAPPORTÉS
   ▶ PARTIE III, p. 488 : TRANSPOSER

Analyse d'image

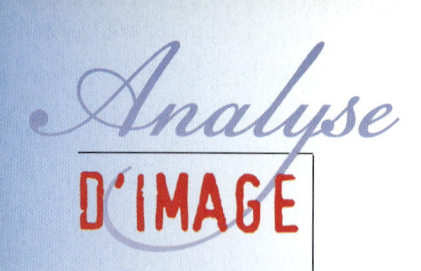

Décor
des *Caprices de Marianne* (1851)

Dessin de FRANÇOIS NOLAU (1804-1883) et AUGUSTE RUBÉ (1815-1899),
encre et crayon sur papier bleu (Paris, Bibliothèque de la Comédie-Française).

Questions

1. Quels éléments du dessin évoquent l'Italie ? Regardez en particulier le style des bâtiments.
2. Quelle atmosphère est suggérée par la présence des différents objets du premier plan ? Pouvez-vous leur associer un (des) personnage(s) du texte 4 ▶ p. 92 (aidez-vous aussi du paratexte) ?
3. Quels moyens l'artiste a-t-il utilisés pour souligner la profondeur du décor ?
4. S'agit-il d'un espace ouvert ou fermé ? Quel rapport cela peut-il avoir avec l'intrigue ?
5. En relisant la scène d'exposition de Musset, situez les personnages, puis imaginez leurs déplacements dans le décor.

SYNTHÈSE

La comédie sociale et psychologique aux XVIIIe et XIXe siècles

● D'abord proche de la **farce comique** introduite à Paris dès le XVIe siècle par les **Comédiens-Italiens**, la comédie aux XVIIIe et XIXe siècles doit aussi beaucoup à Molière ➤ **p. 73**.

1 Maîtres et valets

● Hérité du **théâtre latin** ➤ **p. 61**, revu par Molière, le dialogue entre maîtres et valets est un passage obligé (*topos*) de la comédie. Au XVIIIe siècle, il se voit développé de façon originale.

● Chez **Marivaux**, les valets gagnent en **audace** : une fois déguisés, ils prennent la place des maîtres pour mieux les contrer et se moquer d'eux. Le dialogue de Lisette et de Silvia dans *Le Jeu de l'amour et du hasard* (1730) révèle une servante impertinente ➤ **TEXTE 1, p. 86**.
L'échange des fonctions peut entraîner la tyrannie temporaire du valet sur son maître : c'est le sujet de *L'Île des esclaves* (1725).

● Chez **Beaumarchais**, loin d'être un simple farceur, le valet devient le rival sentimental du maître. Ainsi, Figaro, ancien adjuvant des amours du Comte Almaviva et de Rosine dans *Le Barbier de Séville* (1775), s'oppose à son maître dans *Le Mariage de Figaro* (1784) car celui-ci veut lui voler sa femme Suzanne dès leur nuit de noces ➤ **TEXTE 3, p. 90 et EXERCICE 2, p. 96**.
Cette rivalité complexe donne naissance à une série de **quiproquos** et de **travestissements** : **la comédie d'intrigue**.

2 Le monde de la bourgeoisie

● Alors que la tragédie est traditionnellement associée à l'aristocratie ➤ **CHAPITRE 1, p. 18**, la comédie est le monde de la **bourgeoisie** et du **petit peuple**. Elle met souvent en scène des bourgeois voulant se faire passer pour des nobles, mais ce désir tourne toujours au ridicule. Cette thématique se rencontre déjà chez Molière : un des personnages de *L'École des femmes*, Arnolphe, adopte un nom à particule, source de quiproquos : M. de la Souche ➤ **p. 74**.

● Dans *Les Rustres* de **Goldoni** (1760) ➤ **TEXTE 2, p. 88**, le bourgeois Lunardo exige de sa femme et de sa fille l'abandon de toute coquetterie : une bonne façon de cacher son avarice.

● Chez **Beaumarchais**, le peuple remet en question le pouvoir de la noblesse. Ainsi Figaro monologue-t-il dans *Le Mariage de Figaro* (V, 3) : « Noblesse, fortune, un rang, des places, tout cela rend si fier ! Qu'avez-vous fait pour tant de bien ? Vous vous êtes donné la peine de naître, et rien de plus. »

● Dès la scène d'exposition des *Caprices de Marianne* de **Musset** (1833) ➤ **TEXTE 4, p. 92**, le couple bourgeois de Marianne et de Claudio fait preuve en apparence d'une morale très rigoureuse inspirée des valeurs de l'aristocratie. Ce clin d'œil à la tragédie va de paire avec le retour de **personnages pleinement comiques** comme l'entremetteuse Ciuta.

3 Le badinage amoureux

● **Goldoni** mêle habilement **préoccupations amoureuses** et **considérations sociales** dans des pièces encore marquées par la mécanique farcesque : *La Locandiera* (1753) ➤ **EXERCICE 3, p. 96**, ou *Les Rustres* (1760) ➤ **TEXTE 2, p. 88**. Il s'exile en France, un pays friand de comédies.

● C'est **Marivaux** qui donne ses lettres de noblesse à la comédie du XVIIIe siècle grâce à ce que l'on a qualifié plus tard de « **marivaudage** » : un discours des cœurs qui donne lieu à de savantes intrigues où tout n'est que mensonge, trahison et travestissement… jusqu'au dénouement, où triomphent les vrais sentiments :
– dans *L'Épreuve* ➤ **EXERCICE 1, p. 96**, un amant tend un piège à sa maîtresse pour la tester ;
– dans *Le Jeu de l'amour et du hasard* (II, 12), une jeune femme se ment à elle-même jusqu'à découvrir la vérité de son amour pour un homme qui a pourtant l'apparence d'un valet : « Je vois clair dans mon cœur. »

● **Musset**, faisant du « marivaudage » son modèle, va jusqu'à mêler **registres tragique** et **comique** ➤ **TEXTE 4, p. 92 et EXERCICE 4, p. 97**. C'est avec lui que naît la **comédie romantique** ➤ **CHAPITRE 4, p. 174**.

➤ **BIOGRAPHIES DES AUTEURS p. 560**

EXERCICES D'APPROFONDISSEMENT

1 Le marivaudage

1. Justifiez le titre de la pièce à partir de l'extrait de la scène d'exposition.
2. Sachant que Frontin est le valet de Lucidor, analysez le ton qu'il adopte.

1 LUCIDOR. – Tu sais que je suis venu ici il y a près de deux mois pour y voir la terre que mon homme d'affaire m'a achetée ; j'ai trouvé dans le château une madame Argante, qui en
5 était comme la concierge, et qui est une petite bourgeoise de ce pays-ci. Cette bonne dame a une fille qui m'a charmé, et c'est pour elle que je veux te proposer.

FRONTIN, *riant*. – Pour cette fille que vous
10 aimez ? la confidence est gaillarde ! Nous serons donc trois ; vous traitez cette affaire-ci comme une partie de piquet[1].

LUCIDOR. – Écoute-moi donc, j'ai dessein de l'épouser moi-même.

15 FRONTIN. – Je vous entends bien, quand je l'aurai épousée.

LUCIDOR. – Me laisseras-tu dire ? Je te présenterai sur le pied d'un homme riche et mon ami, afin de voir si elle m'aimera assez pour
20 te refuser.

MARIVAUX, *L'Épreuve*, scène 1 (extrait, 1740).

1. Jeu de cartes.

2 L'affrontement maître-valet chez Beaumarchais

1. À l'aide de la synthèse ▶ p. 95 et du texte 2 ▶ p. 88, expliquez cette péripétie*. Est-elle comique ?
2. Comment comprenez-vous l'attitude de Figaro envers son maître ?
3. Quelle signification donnez-vous aux apartés sur lesquels la scène se termine ?
▶ PARTIE II, p. 459 : LA PAROLE THÉÂTRALE

D'UN TEXTE À L'AUTRE
Comparez les relations maître-valet dans *L'Épreuve* ▶ EXERCICE 1, et dans *Le Mariage de Figaro* ▶ TEXTE 3, p. 90. Quel texte vous semble le plus audacieux ?

Figaro, au plus fort de sa rivalité avec le Comte se montre préoccupé par une histoire d'argent qui l'oppose à une autre employée du château : Marceline.

1 LE COMTE. – Ainsi tu espères gagner ton procès contre Marceline ?

FIGARO. – Me feriez-vous un crime de refuser une vieille fille, quand Votre Excellence se
5 permet de nous souffler toutes les jeunes !

LE COMTE, *raillant*. – Au tribunal le Magistrat s'oublie, et ne voit plus que l'ordonnance.

FIGARO. – Indulgente aux grands, dure aux petits...

10 LE COMTE. – Crois-tu que je plaisante ?

FIGARO. – Eh ! qui le sait, Monseigneur ! *Tempo è galant' uomo*[1], dit l'Italien ; il dit toujours la vérité : c'est lui qui m'apprendra qui me veut du mal ou du bien.

15 LE COMTE, *à part*. – Je vois qu'on lui a tout dit, il épousera la duègne[2].

FIGARO, *à part*. – Il a joué au fin avec moi ; qu'a-t-il appris ?

BEAUMARCHAIS, *Le Mariage de Figaro*,
Acte III, scène 5 (extrait, 1784).

1. Le temps est un galant homme.
2. Terme péjoratif désignant une femme âgée, ici Marceline.

3 La mécanique amoureuse chez Goldoni

1. Quel est le statut de Fabrice ? Justifiez à la lumière des modalités de phrase employées.
▶ p. 387 : LES OUTILS GRAMMATICAUX
2. Quel est le malentendu ? Quelle fonction la dernière didascalie joue-t-elle ?
▶ p. 459 : LA PAROLE THÉÂTRALE
3. Comment imaginez-vous la suite de l'intrigue ? Justifiez.

ÉCRITURE D'INVENTION
Supprimez la troisième réplique de Fabrice (*Ce n'est rien, Madame...*, l. 12-14) et modifiez en conséquence tout le reste de la scène.
▶ PARTIE III, p. 486 : L'ÉCRITURE D'INVENTION

Chapitre 2 • La comédie des origines à nos jours **SÉQUENCE 6**

À Florence, Mirandoline tient une hôtellerie respectée. Tous les hommes, nobles ou bourgeois, s'y pressent, charmés par l'hôtesse.

MIRANDOLINE. – Allons, l'heure de la récréation est terminée. Je veux maintenant m'occuper de mes affaires. Avant que ce linge soit tout à fait sec, je veux le repasser. Holà, Fabrice !

FABRICE. – Madame.

MIRANDOLINE. – Rendez-moi service. Apportez-moi un fer chaud.

FABRICE, *gravement*. Oui, Madame. (*Il s'apprête à sortir.*)

MIRANDOLINE. – Excusez-moi de vous causer ce dérangement.

FABRICE. – Ce n'est rien, Madame. Tant que je mange votre pain, vous servir fait partie de mes obligations. (*Il s'apprête à sortir.*)

MIRANDOLINE. – Demeurez. Écoutez. Ces choses-là ne font pas partie de vos obligations ; mais je sais que vous les faites volontiers pour moi, et moi… suffit, je n'en dis pas plus.

FABRICE. – Moi, pour vous, j'irais décrocher la lune. Mais je vois que c'est peine perdue.

MIRANDOLINE. – Pourquoi perdue ? Me prendriez-vous pour une ingrate ?

FABRICE. – Les hommes pauvres ne sont pas dignes de vos bontés, car vous aimez trop la noblesse.

MIRANDOLINE. – Oh, pauvre fou ! Si je pouvais tout vous dire ! Courez donc chercher ce fer.

FABRICE. – Mais si j'ai vu, moi, de mes yeux vu…

MIRANDOLINE. – Allons, trêve de bavardage. Apportez-moi le fer.

FABRICE. – J'y vais, j'y vais. (*Il s'éloigne.*) Je suis à votre service mais plus pour longtemps.

MIRANDOLINE, *elle feint de se parler à elle-même mais pour être entendue*. – Ah ! les hommes, plus on leur veut du bien, plus ils en veulent.

CARLO GOLDONI, *La Locandiera* (*La Belle Hôtesse*), Acte III, scène 1 (extrait, 1753), traduction de N. Jonard, © Flammarion, GF, 1996.

4. Le mélange des registres dans la comédie romantique

1. Quel est le registre des propos de Marianne ? Justifiez en analysant les modalités de phrase et les figures de style.
   ▶ p. 418 : LES REGISTRES LITTÉRAIRES
   ▶ p. 387 : LES OUTILS GRAMMATICAUX
   ▶ p. 392 : LES FIGURES DE RHÉTORIQUE
2. Quel est l'effet produit par la réplique d'Octave avant son entrée à l'auberge ? Justifiez.
3. Le fait qu'Octave réclame du lacryma-christi vous semble-t-il anodin ? Expliquez.

Octave joue l'entremetteur entre Cœlio et Marianne ; il se heurte à la résistance implacable de la vertueuse Marianne ▶ TEXTE 4, p. 92.

OCTAVE. – Vous vous méprenez sur mon compte et sur celui de Cœlio.

MARIANNE. – Qu'est-ce après tout qu'une femme ? L'occupation d'un moment, une coupe fragile qui renferme une goutte de rosée, qu'on porte à ses lèvres et qu'on jette par-dessus son épaule. Une femme ! c'est une partie de plaisir ! Ne pourrait-on pas dire, quand on en rencontre une : voilà une belle nuit qui passe ? Et ne serait-ce pas un grand écolier en de telles matières que celui qui baisserait les yeux devant elle, qui se dirait tout bas : « voilà peut-être le bonheur d'une vie entière », et qui la laisserait passer ? (*Elle sort.*)

OCTAVE, *seul*. – Tra, tra, poum ! poum ! tra deri la la ! Quelle drôle de petite bonne femme ! ha ! ! holà ! (*Il frappe à une auberge.*) Apportez-moi ici, sous cette tonnelle, une bouteille de quelque chose.

LE GARÇON. – Ce qui vous plaira, excellence. Voulez-vous du lacryma-christi[1] ?

OCTAVE. – Soit, soit. Allez-vous-en un peu chercher dans les rues d'alentour le seigneur Cœlio, qui porte un manteau noir et des culottes plus noires encore. Vous lui direz qu'un de ses amis est là qui boit tout seul du lacryma-christi.

ALFRED DE MUSSET, *Les Caprices de Marianne*, Acte II, scène 1 (extrait, 1833).

1. Vin italien produit essentiellement sur les pentes du Vésuve, près de Naples.

SÉQUENCE 7 : La comédie au XXᵉ siècle

Objectif

Comprendre l'évolution de la comédie : des situations et des thèmes extrêmes du vaudeville au mélange des registres comique et tragique dans le théâtre de l'absurde.

Après un siècle de bouleversements politiques surtout favorables à la bourgeoisie, le **vaudeville** triomphe au tout début du XXᵉ siècle, avec **Feydeau**. Cette **comédie bourgeoise et satirique** nourrie d'adultères et de mensonges savoureux réactive les anciens procédés comiques : langage, situation, coups de théâtre, etc.

La comédie évolue au fil du XXᵉ siècle pour mêler registres comique et tragique dans des pièces étranges aux intrigues aussi comiques qu'inquiétantes : c'est la naissance dans les années 1950 du **théâtre de l'absurde** de **Beckett** et **Ionesco**.

CORPUS DE LA SÉQUENCE

- *Texte* **1**   A. Jarry, *Ubu roi* (1896)
- *Texte* **2**   G. Feydeau, *Mais n'te promène donc pas toute nue* (1911)
- *Texte* **3**   S. Beckett, *En attendant Godot* (1953)
- *Texte* **4**   E. Ionesco, *Rhinocéros* (1960)
- *Image*   Dessin de R. Topor, *Rire panique* (1986)
- *Texte* **5**   T. Bernhard, *Dramuscules*, « Le Mois de Marie » (1988)

Notions de la séquence	Liens avec la partie II
Les registres propres au vaudeville (*texte 2*) et au théâtre de l'absurde (*textes 3, 4 et exercice 2*)	LES REGISTRES : ▶ p. 419 : COMIQUE ▶ p. 422 : TRAGIQUE
Le renouvellement du langage théâtral dans le théâtre du XXᵉ siècle	▶ p. 459 : LA PAROLE THÉÂTRALE
Analyse d'un dessin en relation avec les textes 3 et 4	▶ p. 397 : L'IMAGE FIXE
	Liens avec la partie III
Sujets d'invention : transposition (*à partir du texte 1*) ; notes de mise en scène (*à partir du texte 4*) ; suite de scène (*texte 5*)	▶ p. 486 : L'ÉCRITURE D'INVENTION ▶ p. 488 : TRANSPOSER

ALFRED JARRY
Ubu roi (1896)

Biographie p. 564

Élaborée par des lycéens comme la caricature d'un de leurs professeurs, Ubu roi *est une farce défiant tous les codes connus jusqu'alors… Le Père Ubu, « capitaine de dragons, officier de confiance du roi Venceslas, décoré de l'Aigle rouge de Pologne et ancien roi d'Aragon », est avant tout soucieux de se nourrir et d'être riche. Sous l'impulsion de son épouse, il devient souverain de Pologne en massacrant le roi Venceslas. Mais il est menacé par le retour de Bougrelas, le fils de ce dernier.*

La salle du Conseil d'Ubu.

Père Ubu. – Messieurs, la séance est ouverte et tâchez de bien écouter et de vous tenir tranquilles. D'abord, nous allons faire le chapitre des finances, ensuite nous parlerons d'un petit système que j'ai imaginé pour faire venir le beau temps et conjurer la pluie.

Un conseiller. – Fort bien, monsieur Ubu.

Mère Ubu. – Quel sot homme !

Père Ubu. – Madame de ma merdre, garde à vous, car je ne souffrirai vos sottises. Je vous dirai donc, messieurs, que les finances vont passablement. […]

Le conseiller. – Et les nouveaux impôts, monsieur Ubu, vont-ils bien ?

Mère Ubu. – Point du tout. L'impôt sur les mariages n'a encore produit que onze sous, et encore le Père Ubu poursuit les gens partout pour les forcer à se marier.

Père Ubu. – Sabre à finances, corne de ma gidouille, madame la financière, j'ai des oneilles pour parler et vous une bouche pour m'entendre. (*Éclats de rire.*) Ou plutôt non ! Vous me faites tromper et vous êtes cause que je suis bête ! Mais, corne d'Ubu ! (*Un messager entre.*) Allons, bon, qu'a-t-il encore celui-là ? Va-t-en, sagouin[1], ou je te poche avec décollation[2] et torsion des jambes.

Mère Ubu. – Ah ! le voilà dehors, mais il y a une lettre.

Père Ubu. – Lis-la. Je crois que je perds l'esprit ou que je ne sais pas lire. Dépêche-toi, bouffresque, ce doit être de Bordure.

Mère Ubu. – Tout justement. Il dit que le czar[3] l'a accueilli très bien, qu'il va envahir tes États pour rétablir Bougrelas et que toi tu seras tué.

Père Ubu. – Ho ! ho ! J'ai peur ! J'ai peur ! Ha ! je pense mourir. Ô pauvre homme que je suis ! Que devenir, grand Dieu ? Ce méchant homme va me tuer. Saint Antoine et tous les saints, protégez-moi, je vous donnerai de la phynance et je brûlerai des cierges pour vous. Seigneur, que devenir ? (*Il pleure et sanglote.*)

Mère Ubu. – Il n'y a qu'un parti à prendre, Père Ubu.

Père Ubu. – Lequel, mon amour ?

Mère Ubu. – La guerre ! !

---
1. Malpropre.
2. Tête coupée.
3. Tsar (empereur russe).

Tous. – Vive Dieu ! Voilà qui est noble !

Père Ubu. – Oui, et je recevrai encore des coups.

Premier conseiller. – Courons, courons organiser l'armée.

Deuxième. – Et réunir les vivres.

Troisième. – Et préparer l'artillerie et les forteresses.

Quatrième. – Et prendre l'argent pour les troupes.

Père Ubu. – Ah ! non, par exemple ! Je vais te tuer, toi. Je ne veux pas donner d'argent. En voilà d'une autre ! J'étais payé pour faire la guerre et maintenant il faut la faire à mes dépens. Non, de par ma chandelle verte, faisons la guerre, puisque vous en êtes enragés, mais ne déboursons pas un sou.

Tous. – Vive la guerre !

Acte III, scène 7.

Ubu roi d'Alfred Jarry, mise en scène de Bernard Sobel, avec Denis Lavant (Festival d'Avignon, 2001).

Questions DE LECTURE ANALYTIQUE

1. Relevez les procédés relevant du comique de mots dans cette scène ; quel personnage en est avant tout l'origine ?
   ➤ PARTIE II, p. 419 : LE REGISTRE COMIQUE
2. Définissez la façon dont chaque personnage réagit aux propos des autres. Lequel a le dessus ?
3. Quels éléments du texte relèvent du burlesque ? Justifiez par des relevés précis.
   ➤ p. 419 : LE REGISTRE COMIQUE
4. Quelle situation évoquée relève de la tragédie ? Sur quel registre est-elle ici traitée ?
   ➤ p. 418 : LES REGISTRES LITTÉRAIRES
5. Quelle est la préoccupation finale d'Ubu ? À quel type comique fait-il songer ➤ SÉQUENCE 4, p. 61 ?
6. Question de synthèse : quel est l'effet finalement produit par ce texte ? pourquoi ?

ÉCRITURE D'INVENTION
Choisissez un extrait de tragédie dans le chapitre 1 ➤ p. 18. Vous le réécrirez avec les caractéristiques du burlesque, en imitant le comique de mots du texte de Jarry (inventions lexicales, réactions outrées...) et en veillant à toutes les transformations nécessaires.

➤ PARTIE III, p. 488 : TRANSPOSER

Georges Feydeau
Mais n'te promène donc pas toute nue (1911)

Biographie p. 562

Feydeau a connu un vif succès grâce à ses intrigues riches en rebondissements. En plongeant des bourgeois dans de folles aventures sentimentales et sexuelles, il caricature son époque. Dans sa pièce Mais n'te promène donc pas toute nue, *le député Ventroux est furieux contre sa femme Clarisse qui se montre volontiers en tenue légère, même devant l'adversaire politique de son mari, M. Hochepaix. Au dénouement, Clarisse, affolée à cause d'une piqûre de guêpe, attend le médecin. Apparaît le journaliste Romain de Jaival…*

1   CLARISSE. – Vous verrez, docteur !…

DE JAIVAL, *l'arrêtant.* – Mais pardon, Madame ! pardon ! je ne suis pas docteur !

CLARISSE, *derrière le canapé.* – Oui, oui, je sais ! vous n'avez pas le titre ! Ça n'a
5   aucune importance. Tenez, regardez !

Elle se retrousse.

DE JAIVAL, *face au public, se retournant à l'invite et sursautant d'ahurissement.* – Ah !

CLARISSE, *toujours retroussée, le corps courbé en avant, le bras droit appuyé sur le
10 dossier du canapé.* – Vous voyez ?

DE JAIVAL, *d'une voix rieuse et étonnée.* – Ah ! oui, Madame !… Ça, je vois !… Je vois !

CLARISSE. – Eh bien ?

DE JAIVAL, *ravi, au public.* – Tout à fait pittoresque ! Pimpant ! Quel chapeau
15 de chronique !

CLARISSE, *tournant la tête de son côté, mais sans changer de position.* – Comment ?

DE JAIVAL. – Vous permettez que je prenne quelques notes ?

CLARISSE. – Mais non, mais non, voyons !… Tenez, touchez !

20 DE JAIVAL. – Que je…

CLARISSE. – Touchez, quoi ? Rendez-vous compte !

DE JAIVAL, *de plus en plus surpris.* – Ah ?… Oui, Madame ! Oui. (*Il est face au public, et de la main gauche renversée, il palpe Clarisse du côté droit. À part.*) Très pittoresque !

25 CLARISSE. – Mais, pas là, Monsieur ! C'est l'autre côté !

DE JAIVAL, *transportant sa main de l'autre côté.* – Oh ! Pardon !

CLARISSE. – J'ai été piquée par une guêpe.

DE JAIVAL. – Là ? Oh !… quel aplomb !

CLARISSE. – L'aiguillon doit être sûrement resté.

30 DE JAIVAL. – Est-il possible !

CLARISSE. – Voyez donc !

DE JAIVAL, *se faisant à la situation.* – Ah ! que je ?... Oui, Madame, oui !

Il se fixe son monocle dans l'œil et s'accroupit.

CLARISSE. – Vous l'apercevez ?

35 DE JAIVAL. – Attendez ! Oui, oui ! Je le vois !

CLARISSE. – Ah ? Ah ?

DE JAIVAL. – Oui, oui ! même il dépasse tellement, que je crois qu'avec les ongles...

CLARISSE. – Oh ! essayez, docteur, essayez !

40 DE JAIVAL. – Oui, Madame, oui !

À ce moment, sort du cabinet de travail Hochepaix suivi de Ventroux.

HOCHEPAIX, *à la vue de la scène.* – Ah !

VENTROUX, *scandalisé.* – Oh !

Il se précipite sur Hochepaix et lui fait faire volte-face[1].

45 CLARISSE, *sans se troubler, ni changer de position.* – Dérangez pas ! Dérangez pas !

DE JAIVAL, *arrachant l'aiguillon, et se relevant.* – Tenez, Madame ! le voilà ! le voilà ! le mâtin[2] !

VENTROUX, *bondissant sur de Jaival et l'envoyant pirouetter.* – Ah ça ! Voulez-
50 vous, vous !

CLARISSE ET DE JAIVAL, *en même temps.* – Qu'est-ce qu'il y a ?

VENTROUX. – Tu fais voir ton derrière à un rédacteur du *Figaro* !

CLARISSE. – Du *Figaro* ! du *Figaro* !

VENTROUX, *furieux.* – Oui, monsieur Romain de Jaival, du *Figaro* !

55 CLARISSE, *passant pour marcher[3] sur de Jaival à croire qu'elle va l'attraper.*
– De Jaival ! Vous êtes monsieur de Jaival ! (*Changeant de ton et bien lent.*) Oh ! Monsieur ! que vous avez fait une chronique amusante, hier, dans votre journal ! (*À son mari.*) N'est-ce pas ?

Extrait de la scène finale.

1. Le fait se retourner rapidement.
2. Le chien !
3. Semblant marcher.

Questions DE LECTURE ANALYTIQUE

1. La situation mise en scène est-elle vraisemblable ? Justifiez en relevant les données des didascalies.
   ▶ PARTIE II, p. 459 : LA PAROLE THÉÂTRALE
2. Analysez le comportement du journaliste grâce aux didascalies et à ses répliques.
3. Ventroux est-il un personnage burlesque ? Observez ses répliques, son comportement. Que dire de son nom ?
   ▶ p. 419 : LE REGISTRE COMIQUE
4. Comment expliquez-vous le changement de ton de Clarisse à la fin de l'extrait ?
5. Expliquez ce qui fait de Clarisse un personnage profondément comique et ce qui la distingue des autres personnages.
6. **Question de synthèse** : quelles sont, d'après vous, les cibles exactes de cette satire ?
   ▶ p. 419 : LE REGISTRE COMIQUE

En Attendant Godot de Samuel Beckett, mise en scène de Patrice Kerbrat, avec Pierre Arditi, Marcel Maréchal, Robert Hirsch et Jean-Michel Dupuis (Paris, Théâtre du Rond-Point, 1996).

Samuel Beckett
En attendant Godot (1953)

Biographie p. 561

Prix Nobel de littérature en 1969, Beckett a publié des romans et des pièces relevant de l'absurde, qui doivent autant à la comédie qu'à la tragédie ➤ p. 53. En attendant Godot, pièce en deux actes, met en scène quatre personnages : deux vagabonds, Vladimir et Estragon, puis un maître et son « knouk », Pozzo et Lucky, rencontrés par hasard. Pas d'intrigue, dialogues banals, décor minimaliste, personnages flous ; on attend on ne sait quoi, qui n'arrivera jamais.

1   Vladimir. – Qu'est-ce que c'est, un knouk ?

Pozzo. – Vous n'êtes pas d'ici. Êtes-vous seulement du siècle ? Autrefois on avait des bouffons. Maintenant on a des knouks. Ceux qui peuvent se le permettre.

5   Vladimir. – Et vous le chassez à présent ? Un si vieux, un si fidèle serviteur ?

Estragon. – Fumier !

Pozzo de plus en plus agité.

Vladimir. – Après en avoir sucé la substance vous le jetez comme un... *(il cherche)* ...comme une peau de banane. Avouez que...

10 Pozzo *(gémissant, portant ses mains à sa tête)*. – Je n'en peux plus... plus supporter... ce qu'il fait... pouvez pas savoir... c'est affreux... faut qu'il s'en aille... *(il brandit les bras)*... je deviens fou... *(Il s'effondre, la tête dans les bras.)* Je n'en peux plus... peux plus...

Silence. Tous regardent Pozzo. Lucky tressaille.

15 Vladimir. – Il n'en peut plus.

ESTRAGON. – C'est affreux.

VLADIMIR. – Il devient fou.

ESTRAGON. – C'est dégoûtant.

VLADIMIR *(à Lucky)*. – Comment osez-vous ? C'est honteux ! Un si bon maître ! Le faire souffrir ainsi ! Après tant d'années ! Vraiment !

POZZO *(sanglotant)*. – Autrefois… il était gentil… il m'aidait… me distrayait… il me rendait meilleur… maintenant… il m'assassine…

ESTRAGON *(à Vladimir)*. – Est-ce qu'il veut le remplacer ?

VLADIMIR. – Comment ?

ESTRAGON. – Je n'ai pas compris s'il veut le remplacer ou s'il n'en veut plus après lui.

VLADIMIR. – Je ne crois pas.

ESTRAGON. – Comment ?

VLADIMIR. – Je ne sais pas.

ESTRAGON. – Faut lui demander.

POZZO *(calmé)*. – Messieurs, je ne sais pas ce qui m'est arrivé. Je vous demande pardon. Oubliez tout ça. *(De plus en plus maître de lui.)* Je ne sais plus très bien ce que j'ai dit, mais vous pouvez être sûrs qu'il n'y avait pas un mot de vrai là-dedans. *(Se redresse, se frappe la poitrine.)* Est-ce que j'ai l'air d'un homme qu'on fait souffrir, moi ? Voyons ! *(Il fouille dans ses poches.)* Qu'est-ce que j'ai fait de ma pipe ?

VLADIMIR. – Charmante soirée.

ESTRAGON. – Inoubliable.

VLADIMIR. – Et ce n'est pas fini.

ESTRAGON. – On dirait que non.

VLADIMIR. – Ça ne fait que commencer.

ESTRAGON. – C'est terrible.

VLADIMIR. – On se croirait au spectacle.

Extrait, © Minuit.

Questions DE LECTURE ANALYTIQUE

1. Quels comportements humains sont ici représentés ? En particulier, comment Vladimir et Estragon se comportent-ils à l'égard de Lucky ?
2. En quoi Pozzo se distingue-t-il des autres ? Pourquoi change-t-il d'attitude à la fin de l'extrait ?
3. Quelle partie de la scène semble en accord avec le titre de la pièce ? Commentez ce passage en vous appuyant sur les liens entre les répliques, le ton, les registres…
   ▶ PARTIE II, p. 418 : LES REGISTRES LITTÉRAIRES
4. Quelle vision des relations humaines nous est ici donnée, et en quoi le discours des personnages accentue-t-il cette vision ?
5. Repérez et expliquez tous les éléments qui relèvent de l'absurde.
6. **Question de synthèse** : cette comédie vous semble-t-elle optimiste ? Justifiez en rédigeant un paragraphe argumentatif dans lequel vous insérerez des exemples variés extraits du texte.
   ▶ PARTIE III, p. 500 : LE PARAGRAPHE ARGUMENTATIF

Rhinocéros d'Eugène Ionesco, mise en scène d'Emmanuel Demarcy Mota
(Paris, Théâtre de la Ville, 2004).

Texte 4

Eugène Ionesco
Rhinocéros (1960)

Biographie p. 564

« Le comique n'est comique que s'il est un peu effrayant » écrit Ionesco dans ses Notes et Contre-notes. Rhinocéros, *pièce créée en 1960, illustre bien cette formule : une ville paisible est bouleversée par la progression d'une étrange maladie, la rhinocérite. Aucun habitant n'échappera au fléau, tous se transformeront en bêtes, sauf un certain Bérenger. Ici Madame Bœuf, poursuivie par un rhinocéros, réalise qu'il s'agit de son mari et s'évanouit.*

1   *Le décor représente le « bureau d'une administration, ou d'une entreprise privée.*
    [...]
    Madame Bœuf, *revenant à elle.* – Mon pauvre chéri, je ne peux pas le laisser comme cela, mon pauvre chéri. (*On entend barrir.*) Il m'appelle. (*Tendrement :*) Il m'appelle.

5   Daisy. – Ça va mieux, madame Bœuf ?

    Dudard. – Elle reprend ses esprits.

    Botard, *à Mme Bœuf.* – Soyez assurée de l'appui de notre délégation. Voulez-vous devenir membre de notre comité ?

    Monsieur Papillon. – Il va encore y avoir du retard dans le travail.
10 Mademoiselle Daisy, le courrier !

    Daisy. – Il faut savoir d'abord comment nous allons pouvoir sortir d'ici.

    Monsieur Papillon. – C'est un problème. Par la fenêtre.

    Ils se dirigent tous vers la fenêtre, sauf Mme Bœuf, affalée sur sa chaise, et Botard qui restent au milieu du plateau.

15 Botard. – Je sais d'où cela vient.

    Daisy, *à la fenêtre.* – C'est trop haut.

    Bérenger. – Il faudrait peut-être appeler les pompiers, qu'ils viennent avec leurs échelles !

Monsieur Papillon. – Mademoiselle Daisy, allez dans mon bureau et téléphonez aux pompiers.

Monsieur Papillon fait mine de la suivre.
Daisy sort par le fond, on l'entendra décrocher l'appareil, dire : « Allô ! allô ! les pompiers ? » et un vague bruit de conversation téléphonique.

Madame Bœuf *se lève brusquement.* – Je ne peux pas le laisser comme cela, je ne peux pas le laisser comme cela !

Monsieur Papillon. – Si vous voulez divorcer… vous avez maintenant une bonne raison.

Dudard. – Ce sera certainement à ses torts.

Madame Bœuf. – Non ! le pauvre ! ce n'est pas le moment, je ne peux pas abandonner mon mari dans cet état.

Botard. – Vous êtes une brave femme.

Dudard, *à Mme Bœuf.* – Mais qu'allez-vous faire ?

En courant vers la gauche, Mme Bœuf se précipite vers le palier.

Bérenger. – Attention !

Madame Bœuf. – Je ne peux pas l'abandonner, je ne peux pas l'abandonner.

Dudard. – Retenez-la.

Madame Bœuf. – Je l'emmène à la maison !

Monsieur Papillon. – Qu'est-ce qu'elle veut faire ?

Madame Bœuf, *se préparant à sauter ; au bord du palier.* – Je viens mon chéri, je viens.

Acte II, tableau I (extrait), © Gallimard.

Questions DE LECTURE ANALYTIQUE

1. En quoi les noms des personnages sont-ils comiques ? Quel est le seul nom à peu près neutre ?
2. Quel effet l'enchaînement des répliques produit-il ? Les personnages dialoguent-ils vraiment ?
   ▶ PARTIE II, p. 459 : LA PAROLE THÉÂTRALE
3. Comment Ionesco rend-il la situation du couple Bœuf particulièrement ridicule ?
4. Quels détails font virer la scène vers le burlesque ?
   ▶ p. 419 : LE REGISTRE COMIQUE
5. Analysez la fonction des didascalies. Quelles répliques jouent également le rôle de didascalies ?
   ▶ p. 459 : LA PAROLE THÉÂTRALE

RÉDACTION DE PARAGRAPHE ARGUMENTATIF
Si l'on considère la transformation des citoyens de cette petite ville en rhinocéros comme une métaphore, quelle signification pourriez-vous donner à cette pièce, qui se termine par ces paroles de Bérenger : *Contre tout le monde, je me défendrai ! Je suis le dernier homme, je le resterai jusqu'au bout ! Je ne capitule pas !* ?
▶ p. 392 : LES FIGURES DE RHÉTORIQUE
▶ PARTIE III, p. 500 : LE PARAGRAPHE ARGUMENTATIF

ÉCRITURE D'INVENTION
Vous réalisez la mise en scène de cet extrait pour le club théâtre de votre lycée. Rédigez un texte pour expliquer comment vous allez vous y prendre, sachant que vous ne disposez que d'un budget modeste (décors, costumes, éclairages, trucages).
▶ p. 486 : L'ÉCRITURE D'INVENTION

Analyse d'image

Chapitre **2** • La comédie des origines à nos jours   SÉQUENCE **7**

Roland Topor (1938-1997)
Rire panique (1986)

Peinture (Collection particulière).

Questions

1. Justifiez l'emploi du titre.
2. Quel registre attribueriez-vous à ce dessin ? Justifiez.
   ▶ **PARTIE II, p. 418 :** LES REGISTRES LITTÉRAIRES
3. Quels éléments du visage accentuent le malaise du spectateur ?
4. Pourquoi le fond est-il neutre, à votre avis ?
5. **Question de synthèse :** quel rapport établissez-vous entre ce dessin et l'univers étrange des pièces de Beckett et d'Ionesco ? Rédigez votre réponse en vous fondant sur la lecture et l'analyse des textes 3 et 4 ▶ **p. 103 et 105**.

Texte 5

Thomas Bernhard
Dramuscules,
« Le Mois de Marie » (1988)

Biographie p. 561

Dramuscules *est un recueil de petites pièces en un acte (des drames minuscules) où l'auteur autrichien Thomas Bernhard a mis en scène des personnages aussi comiques qu'effrayants, ridicules et risibles par leur franc-parler paysan, et affreux par leurs préjugés et leur racisme qui éclate souvent au dénouement.*

1   *Parvis d'église haut-bavarois avec cimetière. Portail au centre. Grondement d'orgues pendant que les derniers fidèles quittent l'église dans leurs habits du dimanche et sortent par la droite et la gauche. Cloches quand les deux voisines sortent du portail.*

Première voisine *avec missel[1], à l'autre*
   Ils ont bien joué hein

Deuxième voisine *avec missel*
5   Ah oui bien
       ils jouent toujours bien
       maintenant qu'y a les jeunes
       ils jouent encore mieux
       Ce que j'aime l'entendre
10   l'Ave Maris Stella[2]
       Ah ben oui
       quand mon père le chantait
       et puis que ma mère chantait avec
       et puis que mon frère chantait avec
15   Mais il s'arrête pas le temps
       C'est comme ça
elle lève les yeux au ciel
les cloches se sont tues
       Je crois bien qu'y va pleuvoir
20   vous croyez pas
       qu'y va pleuvoir

Première voisine
       Si
elle lève les yeux au ciel
       ça f'ra pas d'mal
25   Fait bien trop sec
       Mais le Bon Dieu arrange toujours tout

Deuxième voisine
       Ça c'est ben vrai
       il a tout mis en place comme il faut
       Vous vous rappelez
30   quand mon père s'était cassé le pied

---

1. Livre de messe avec chants et prières.
2. Chant dédié à Marie : « Salut, étoile de la mer ».

Ci-contre :
Dramuscules,
« Le Mois de Marie »
de Thomas Bernhard,
mise en scène
de Muriel Mayette,
avec Muriel Mayette
et Catherine Ferran
(Paris, Studio Théâtre,
2005).

et qu'ils l'ont amené à l'hôpital des Bons Frères
ils ont tous dit
il marchera jamais
jamais de la vie
35 Et le professeur voulait lui couper le pied
vous vous rappelez

PREMIÈRE VOISINE
Ça oui

DEUXIÈME VOISINE
Qu'ils voulaient tout de suite lui couper le pied
Et puis après vingt ans qu'il a marché
40 Et mieux qu'avant

PREMIÈRE VOISINE
Qu'est-ce qui vous fait dire ça

DEUXIÈME VOISINE
Ah ben
ça me revient
parce qu'y a Monsieur Zorneder
45 qu'est encore en train de creuser une tombe
elle regarde en direction du fossoyeur qui creuse une tombe

PREMIÈRE VOISINE
Ah c'est vrai
c'est Monsieur Geissrathner qui est mort
si subitement
50 écrasé

DEUXIÈME VOISINE
La tête carrément

PREMIÈRE VOISINE
Toute la tête il a eu écrabouillée

Début (extrait), traduction de Cl. Porcell, © L'Arche, 1991.

Questions DE LECTURE ANALYTIQUE

1. Où la scène se déroule-t-elle ? Cet environnement est-il propice à la comédie ?
2. Relevez précisément les caractéristiques du langage des deux voisines ; à quelle forme de comique le spectateur a-t-il affaire ?
   ➤ PARTIE II, p. 419 : LE REGISTRE COMIQUE
3. Quelles précisions deviennent comiques dans les propos qu'elles échangent ?
4. L'échange des deux personnages va-t-il aboutir à une action, à une intrigue ? Quel est donc son intérêt ?

ÉCRITURE D'INVENTION
Imaginez une suite à ce début de dramuscule en tenant compte des informations du chapeau.
➤ PARTIE III, p. 486 : L'ÉCRITURE D'INVENTION

D'UN TEXTE À L'AUTRE ➤ TEXTES 3, 4 et 5
À la lumière de ces trois textes, pensez-vous qu'au XXe siècle le registre comique et le genre de la comédie puissent se confondre ?
➤ p. 500 : LE PARAGRAPHE ARGUMENTATIF

SYNTHÈSE

La comédie, du vaudeville à l'absurde

1 Le vaudeville

- Après les évolutions dues au drame romantique, la comédie trouve un souffle nouveau au tournant du XXᵉ siècle : le théâtre devient une activité mondaine très prisée des bourgeois, avec le **théâtre de boulevard**.
- La comédie résolument légère s'inspire de la **farce** traditionnelle, renouvelle la tradition de la **satire** qui s'applique désormais à la société bourgeoise contemporaine et à la vie conjugale : chez Feydeau, sujets triviaux, jeux de mots et jeux de scène sont au service d'une **intrigue au rythme soutenu** ➤ TEXTE 2, p. 101.
- *Ubu roi* d'Alfred **Jarry** (1896) ➤ TEXTE 1, p. 99 fait le lien entre la **comédie légère à la Feydeau** et l'**absurde d'après-guerre** : d'abord conçue comme une farce écrite par des lycéens, elle a pour héros un pantin cruel, le père Ubu et emploie le **mode burlesque** ➤ PARTIE II, p. 419 et ➤ EXERCICE 2, p. 111. La vraisemblance et la règle des unités sont rompues, avec une action qui « se passe nulle part, c'est-à-dire en Pologne ».
- Après-guerre, la modernité vient d'un théâtre qui fait d'abord scandale par l'invention de ses formes : c'est le **théâtre de l'absurde**, qui aborde indirectement les **aspects tragiques de l'Histoire récente** (guerres mondiales, camps de concentration…).

2 Le théâtre de l'absurde

Crise des formes dramatiques

- Le modèle classique n'existe plus que pour être subverti. Ainsi, la structure d'une pièce absurde comme *En attendant Godot* n'est constituée que de deux actes quasiment similaires : éternel recommencement, éternelle attente d'un personnage sans existence, sans progression de l'intrigue. Rien ne se passe vraiment dans ce théâtre qui se situe **entre tragique et comique.**

Crise du langage

- Le langage est au cœur de la réflexion des dramaturges : en effet, il n'est plus un vecteur de communication, mais une **manière d'occuper le silence** et la solitude chez Beckett ➤ TEXTE 3, p. 103, de dénoncer l'absence totale d'échange entre les individus chez Ionesco ➤ TEXTE 4, p. 105. La parole, dépourvue de sens, devient l'objet des pièces de théâtre.

Crise du sujet

- Par opposition à la dignité du héros tragique antique ou classique face à son destin, le « héros » des pièces d'Ionesco ou Beckett est victime du **pessimisme** des dramaturges. Alors que Bérenger résiste à la « rhinocérite » dans *Rhinocéros*, s'affirmant comme le dernier des humains, les **anti-héros** de Beckett sont des individus sans identité réelle et sans destin ➤ TEXTE 3, p. 103.

3 La comédie aujourd'hui

- Sérieusement concurrencée par la tragédie qui occupe aujourd'hui le devant de la scène, la comédie est tout de même vivace : elle manie souvent l'**humour noir** dans des mises en scène inquiétantes où **le comique devient grinçant**.
- Humoristes et dramaturges rendent compte des difficultés du monde actuel à la façon des femmes des *Dramuscules* de Thomas Bernhard ➤ TEXTE 5, p. 108. Amusantes et effrayantes, elles proposent au spectateur un miroir peu enviable du monde actuel.

➤ BIOGRAPHIES DES AUTEURS p. 560

Mais n'te promène donc pas toute nue de GEORGES FEYDEAU, mise en scène de Tilly, avec Valérie Mairesse et Alain Berlioux (Paris, Théâtre de la Porte Saint-Martin, 2004).

EXERCICES D'APPROFONDISSEMENT

1 Le vaudeville à la Feydeau

1. En quoi les titres de pièces ci-dessous confirment-ils le type de sujet traité dans le vaudeville ?
2. Relevez les deux titres qui évoquent des expressions familières en français. Complétez-les puis cherchez leur signification dans un dictionnaire. Quel genre d'intrigue laissent-ils attendre ?
3. Sélectionnez un titre et formulez les impressions qu'il provoque. Consultez ensuite le résumé de la pièce dans un *Dictionnaire des œuvres*. Confirme-t-il vos impressions ?
4. À votre tour, inventez trois titres qui relèveraient de l'univers du vaudeville.

Titres de quelques vaudevilles de Feydeau : *Monsieur Nounou* ; *Le Fil à la patte* ; *La Puce à l'oreille* ; *Tailleur pour dames* ; *On purge bébé* ; *Chat en poche* ; *Occupe-toi d'Amélie*.

2 Le théâtre de l'absurde

1. Relevez les informations que donnent les didascalies : qu'ont-elles d'absurde pour une bonne et pour un professeur ?
2. En quoi les relations entre les personnages renforcent-elles le caractère absurde de la pièce ?
3. Quelle attitude le professeur affiche-t-il à la fin de l'extrait ? Quelles répliques le prouvent ?
4. Quel type de comique est ici à l'œuvre ?
▶ PARTIE II, p. 419 : LE REGISTRE COMIQUE

Excédé par les questions et les réactions de son élève, le professeur la tue pour retrouver sa tranquillité ; il est alors rejoint par sa bonne, Marie.

1 *Marie s'approche, sévère, sans mot dire, voit le cadavre.* […]

LA BONNE. – Et c'est la quarantième fois, aujourd'hui !… Et tous les jours c'est la même
5 chose ! Tous les jours ! Vous n'avez pas honte, à votre âge… mais vous allez vous rendre malade ! Il ne vous restera plus d'élèves. Ça sera bien fait.

LE PROFESSEUR, *irrité*. – Ce n'est pas ma faute ! Elle ne voulait pas apprendre ! Elle était déso-
10 béissante. C'était une mauvaise élève ! Elle ne voulait pas apprendre !

LA BONNE. – Menteur !…

LE PROFESSEUR, *s'approche sournoisement de la Bonne, le couteau derrière son dos.* – Ça ne
15 vous regarde pas ! (*Il essaie de lui donner un formidable coup de couteau ; la Bonne lui saisit le poignet au vol, le lui tord ; le Professeur laisse tomber par terre son arme.*)… Pardon !

LA BONNE *gifle, par deux fois, avec bruit et force,*
20 *le Professeur qui tombe sur le plancher, sur son derrière ; il pleurniche.* – Petit assassin ! Salaud ! Petit dégoûtant ! Vous vouliez me faire ça à moi ? Je ne suis pas une de vos élèves, moi ! (*Elle le relève par le collet, ramasse la calotte*
25 *qu'elle lui met sur la tête ; il a peur d'être encore giflé et se protège du coude comme les enfants.*) Mettez ce couteau à sa place, allez ! (*Le Professeur va le mettre dans le tiroir du buffet, revient*). Et je vous avais bien averti, pourtant, tout
30 à l'heure encore : l'arithmétique mène à la philologie, et la philologie mène au crime…

LE PROFESSEUR. – Vous aviez dit : « au pire » !

LA BONNE. – C'est pareil.

LE PROFESSEUR. – J'avais mal compris. Je croyais
35 que « Pire » c'est une ville et que vous vouliez dire que la philologie menait à la ville de Pire…

LA BONNE. – Menteur ! Vieux renard ! Un savant comme vous ne se méprend pas sur le sens des mots. Faut pas me la faire.

EUGÈNE IONESCO, *La Leçon* (extrait),
© Gallimard (1954).

3 La comédie aujourd'hui
RÉDACTION DE PARAGRAPHE ARGUMENTATIF

1. Consultez au moins trois anthologies présentes au CDI de votre lycée. Utilisez leur sommaire et listez les auteurs comiques français et étrangers dont les œuvres ont été écrites entre 1960 et aujourd'hui.
2. Ces auteurs sont-ils nombreux ? Comment l'expliquez-vous ? Vous développerez votre opinion personnelle dans un paragraphe argumentatif s'appuyant sur votre recherche documentaire.
▶ PARTIE III, p. 500 : LE PARAGRAPHE ARGUMENTATIF

Chapitre 3

Le récit, de l'épopée à la nouvelle

113	**SÉQUENCE 8**
	De l'épopée au roman

127	**SÉQUENCE 9**
	La sensibilité romanesque

142	**SÉQUENCE 10**
	Le roman français depuis 1945 : un monde désenchanté

157	**SÉQUENCE 11**
	La nouvelle

Arnold Böcklin (1827-1901), *Odyssée et Calypso* (1883, détail), peinture à tempera et vernis sur bois, 1,04 x 1,50 m (Bâle, Kunstmuseum).

SÉQUENCE 8 — De l'épopée au roman

Objectif

Étudier l'évolution commune de l'épopée et du roman, de l'Antiquité à nos jours.

Les liens sont étroits entre ces deux genres littéraires qui ont une histoire commune. Si l'on définit l'épopée comme l'ancêtre du roman, on oublie souvent de rappeler la survivance du modèle épique dans les différentes phases de l'évolution du roman.

CORPUS DE LA SÉQUENCE

- *Texte* **1** — Homère, ***Odyssée*** (VIIIe siècle avant J.-C.)
- *Texte* **2** — Virgile, ***Énéide*** (Ier siècle avant J.-C.)
- *Texte* **3** — ***Le Roman d'Énéas*** (vers 1160)
- *Texte* **4** — Chrétien de Troyes, ***Yvain ou le Chevalier au lion*** (1177-1181)
- *Texte* **5** — F. Rabelais, ***Pantagruel*** (1532)
- *Image* — S. Dali, illustration pour les ***Songes drolatiques de Pantagruel*** (1957)
- *Texte* **6** — Voltaire, ***Candide*** (1759)
- *Texte* **7** — L.-F. Céline, ***Voyage au bout de la nuit*** (1932)

Notions de la séquence	Liens avec la partie II
Roman / épopée	▶ p. 442 : LES NOTIONS PROPRES AU RÉCIT ▶ p. 392 : LES FIGURES DE RHÉTORIQUE
L'épique et le merveilleux (*texte 4*)	▶ p. 428 : LE REGISTRE ÉPIQUE
Épopée (*textes 1, 2 et 3*) et comique : satire / parodie (*texte 5 et image*)	▶ p. 428 : LE REGISTRE ÉPIQUE ▶ p. 419 : LE REGISTRE COMIQUE
Personnage et action	▶ p. 446 : LE CADRE SPATIO-TEMPOREL ET LE SCHÉMA ACTANTIEL
Narrateur et personnages	▶ p. 443 : LE NARRATEUR ET LA FOCALISATION
Analyse d'un dessin illustratif	▶ p. 397 : L'IMAGE FIXE
	Liens avec la partie III
De l'épopée à sa réécriture (*textes 2 et 3*)	▶ p. 500 : LE PARAGRAPHE ARGUMENTATIF

Giorgio de Chirico (1888-1978), *Le Retour d'Ulysse* (1968),
huile sur toile, 60 x 80 cm (Rome, Ondazione Giorgio e Ida de Chirico).

Texte 1

Homère
Odyssée (VIIIᵉ siècle avant J.-C.)

Biographie p. 563

La nymphe Calypso, dont Ulysse, échoué sur son île, est devenu l'amant, doit congédier le héros, sur l'ordre de Zeus. Celui-ci reprend ses aventures maritimes sur un simple radeau. Mais une tempête le surprend : énième péripétie de son « odyssée » en Méditerranée, voyage périlleux qui est censé le ramener chez lui en Grèce, à l'issue de la guerre de Troie.

1   Dix-sept jours, il vogua sur les routes du large ; le dix-huitième enfin, les monts de Phéacie[1] et leurs bois apparurent : la terre était tout près, bombant son bouclier sur la brume des mers.
   Or, du pays des Noirs[2], remontait le Seigneur qui ébranle le sol[3]. Du haut
5 du mont Solyme[4], il découvrit le large : Ulysse apparaissait voguant sur son radeau. La colère du dieu redoubla dans son cœur, et, secouant la tête, il se dit à lui-même :
   Poséidon – Ah ! misère ! voilà, quand j'étais chez les Noirs, que les dieux, pour Ulysse, ont changé leurs décrets. Il est près de toucher aux rives phéaciennes,
10 où le destin l'enlève au comble des misères qui lui venaient dessus. Mais je dis qu'il me reste à lui jeter encore sa charge de malheurs !

1. Actuelle île de Corfou (ouest de la Grèce).
2. Afrique.
3. Périphrase désignant Poséidon, dieu de la mer.
4. Montagne du sud-ouest de l'Asie Mineure (côte occidentale de l'actuelle Turquie).

À peine avait-il dit que, prenant son trident et rassemblant les nues, il démontait la mer, et des vents de toute aire, déchaînait les rafales ; sous la brume, il noyait le rivage et les flots ; la nuit tombait du ciel ; ensemble s'abattaient l'Euros[5], et le Notos[5], et le Zéphyr[5] hurlant, et le Borée[5] qui naît dans l'azur et qui fait rouler la grande houle.

Ulysse alors, sentant ses genoux et son cœur se dérober, gémit en son âme vaillante :

Ulysse – Malheureux que je suis ! quel est ce dernier coup ? J'ai peur que Calypso ne m'ait dit que trop vrai !… Le comble de tourments que la mer, disait-elle, me réservait avant d'atteindre la patrie, le voici qui m'advient ! Ah ! de quelles nuées Zeus tend les champs du ciel ! il démonte la mer, où les vents de toute aire s'écrasent en bourrasques ! sur ma tête, voici la mort bien assurée !… Trois fois et quatre fois heureux les Danaens[6], qui jadis, en servant les Atrides[7], tombèrent dans la plaine de Troie ! Que j'aurais dû mourir, subir la destinée, le jour où, près du corps d'Achille, les Troyens faisaient pleuvoir sur moi le bronze de leurs piques ! J'eusse alors obtenu ma tombe ; l'Achaïe[8] aurait chanté ma gloire… Ah ! la mort pitoyable où me prend le destin !

À peine avait-il dit qu'en volute[9], un grand flot le frappait : choc terrible ! le radeau capota : Ulysse au loin tomba hors du plancher ; la barre échappa de ses mains, et la fureur des vents, confondus en bourrasque, cassant le mât en deux, emporta voile et vergue[10] au loin, en pleine mer. Lui-même, il demeura longtemps enseveli, sans pouvoir remonter sous l'assaut du grand flot et le poids des habits que lui avait donnés Calypso la divine. Enfin il émergea de la vague ; sa bouche rejetait l'âcre écume dont ruisselait sa tête. Mais, tout meurtri, il ne pensa qu'à son radeau : d'un élan dans les flots, il alla le reprendre, puis s'assit au milieu pour éviter la mort et laissa les grands flots l'entraîner çà et là au gré de leurs courants…

Extrait du chant V, « Le Radeau d'Ulysse »,
traduction de V. Bérard, © Armand Colin, 1931.

5. Vents.
6. Peuple grec.
7. Famille grecque (celle d'Agamemnon).
8. Région grecque.
9. Tourbillon.
10. Grande pièce de l'avant-mât supportant la voile.

Questions DE LECTURE ANALYTIQUE

1. Quelles sont les indications géographiques de cet extrait ? Sur quoi insistent-elles ?

2. Quel rôle le dieu Poséidon joue-t-il dans cette nouvelle aventure d'Ulysse ? Que permet de souligner son intervention au style direct ?
   ▶ PARTIE II, p. 455 : LES DISCOURS RAPPORTÉS

3. Quelle figure de style est utilisée au moment précis où la tempête est évoquée ? dans quel but ?
   ▶ p. 392 : LES FIGURES DE RHÉTORIQUE

4. Suivant quelle modalité de phrase Ulysse réagit-il à la tempête ? Est-ce une attitude héroïque ? À quel moment du texte son statut de héros semble-t-il évident ? Expliquez.
   ▶ p. 387 : LES OUTILS GRAMMATICAUX

5. Que rappellent les noms évoqués par Ulysse pendant la tempête ? Quelles indications fournissent-ils au lecteur ?

6. **Question de synthèse :** définissez le registre de ce texte en vous appuyant sur les réponses précédentes.
   ▶ p. 418 : LES REGISTRES LITTÉRAIRES

Texte 2

VIRGILE
Énéide (Iᵉʳ siècle avant J.-C.)

Biographie p. 568

L'Énéide retrace l'itinéraire mouvementé du Troyen Énée parti à la recherche d'une nouvelle terre à l'issue du saccage de Troie. L'épopée de Virgile s'achève sur le récit de son combat contre Turnus, chef du peuple des Rutules.

[Turnus] hésite ; Énée fait tournoyer le trait[1] fatal, ayant des yeux saisi l'occasion ; de loin, de tout son effort il l'élance. Jamais pierres jetées par machine de siège ne grondent avec cette puissance, jamais foudre ne fait tressaillir tels fracas. La pique vole à la manière d'un tourbillon noir, portant avec soi le sinistre trépas, elle fait éclater les bords de la cuirasse et l'orbe[2] du septuple bouclier, elle traverse le milieu de la cuisse avec un bruit strident. Turnus, le jarret ployé, tombe à terre, énorme. Les Rutules se dressent avec un cri de douleur, la montagne à l'entour mugit et de partout, au loin, les bois profonds rendent les voix. Lui, abattu, dans l'attitude d'un suppliant, levant les yeux, la main, pour une demande : « Cette fois, j'en ai fini et je ne demande pas de grâce, dit-il ; use de ta chance. Mais si la pensée d'un malheureux père peut te toucher – ce fut aussi l'état d'Anchise[3] ton père –, je t'en prie, aie pitié de la vieillesse de Daunus et veuille me rendre aux miens ou, si tu aimes mieux, mon corps spolié[4] de la lumière. Tu as été vainqueur, les hommes d'Ausonie[5] ont vu le vaincu tendre les mains, Lavinia est ton épouse ; dépose désormais ta haine. » Énée frémissant sous ses armes, s'arrêta, les yeux incertains et il retint son bras. À mesure qu'il tardait davantage, les paroles de Turnus avaient commencé à l'émouvoir quand, par malheur, apparut au sommet de l'épaule le baudrier[6] puis, sur le harnois[7], les clous étincelants, bien connus, de Pallas, le jeune Pallas que Turnus victorieux avait terrassé sous ses coups et dont il portait sur ses épaules le trophée ennemi. Après qu'il eut empli ses yeux de la vue de ces parures – elles ravivent en lui une douleur cruelle –, enflammé par les Furies[8], terrible en sa colère : « Toi qui te revêts de la dépouille des miens, quoi, tu pourrais maintenant te sauver de mes mains ? Dans ce coup, c'est Pallas qui t'immole[9], Pallas qui se paie de ton sang scélérat. » À ces mots, il lui enfonce son épée droit dans la poitrine, bouillant de rage.

Extrait du livre XII (inachevé), vers 919-952, traduction de J. Perret,
© Les Belles Lettres, 1980.

1. La lance.
2. La surface arrondie.
3. Anchise, père d'Énée.
4. Privé de lumière, donc mort.
5. Pays des Latins.
6. Bande de cuir permettant de porter une épée au côté.
7. Vêtement de combat.
8. Déesses de la vengeance.
9. Te sacrifie.

Questions DE LECTURE ANALYTIQUE

1. Quelles comparaisons sont associées à Énée ? Quelle image donnent-elles de lui ?
   ▶ PARTIE II, p. 392 : LES FIGURES DE RHÉTORIQUE
2. Étudiez l'emploi des temps verbaux ; commentez leur succession et leur valeur.
3. Quels éléments naturels sont évoqués pendant le combat ? Pourquoi le narrateur y fait-il appel ?
4. Quelle dimension les propos au style direct donnent-ils au combat ?
   ▶ p. 455 : LES DISCOURS RAPPORTÉS
5. Quand les dieux sont-ils évoqués ? Pourquoi sont-ils présents ?
6. **Question de synthèse** : à quel type de héros Énée s'apparente-t-il tout au long de cet extrait ?

Texte 3

Le Roman d'Énéas,
texte anonyme (vers 1160)

Au Moyen Âge, la tradition épique est très vivace. Sur le modèle de Virgile, un auteur anonyme s'emploie à raconter l'histoire d'Énée, qu'il appelle Énéas, et de sa descendance. Voici comment il raconte la mort de Turnus.

1   Énéas alors lui envoya sa lance ; il l'a jetée avec une très grande puissance, il lui perça le bouclier et le fendit. Elle le frappa au milieu de la cuisse si bien qu'il tomba à genoux, à la vue de ses gens et de ses barons qui poussèrent des cris tels que tous les bois en résonnèrent.

5   Énéas le vit agenouillé, il s'avança d'un pas ferme. Turnus le vit et s'effraya ; lorsqu'il se rendit compte qu'il ne pouvait plus continuer, il lui tendit les deux paumes et lui cria grâce : « Seigneur, fait-il, je me rends à toi, en présence de tes hommes et de ton peuple. Tous voient bien que tu m'as vaincu et conquis avec une grande puissance. Je n'ai aucune défense contre toi, Lavine est tienne,
10 je te l'accorde, avec elle je te laisse toute la terre ; jamais, à cause de moi, tu n'auras de guerre si tu me laisses m'en aller vivant ; je ne puis pas te demander plus, je suis ton homme, c'est à toi que je me rends. » Il prit alors son heaume[1] et le lui tendit. Énéas en éprouva une grande pitié. Turnus lui a laissé le heaume ; tandis qu'il le lui tendait, Énéas remarqua à son doigt l'anneau de Pallas[2]
15 qu'il lui prit lorsqu'il le tua. Tout son profond chagrin se renouvela lorsqu'il se souvint de Pallas ; tout coloré par la colère, il soupira et dit : « Tu m'as crié grâce, tu m'as tout laissé et tout abandonné, ce royaume avec la fille du roi. J'aurais eu pitié de toi, tu n'aurais perdu ni un membre, ni la vie, mais, par cet anneau, tu me rappelles Pallas que tu tuas ; tu m'as versé au cœur un profond
20 chagrin : Énéas ne te tuera point mais Pallas se venge de toi. » À ces mots, il sauta en avant, il le frappa immédiatement avec l'épée que forgea Vulcain[3] et il lui prit la tête : il a vengé Pallas. Turnus est mort, tous ont vu qu'Énéas avait gagné, alors éclata un tumulte étonnant.

Vers 9767-9818, traduction en français moderne de M. Thiry Stassin,
© Honoré Champion, 1985.

1. Casque du chevalier.
2. Ami d'Énéas.
3. Dieu romain des forgerons.

Questions — D'UN TEXTE À L'AUTRE ▶ TEXTES 2 et 3

1. Retrouvez les étapes communes aux deux textes en les découpant précisément ; les deux auteurs consacrent-ils autant de temps à chaque étape du combat ?

2. La précision descriptive est plus poussée dans l'un des deux textes : lequel ? grâce à quelles figures de style ?
   ▶ PARTIE II, p. 392 : LES FIGURES DE RHÉTORIQUE

3. Les propos au style direct font-ils appel au même registre dans les deux textes ?
   ▶ p. 455 : LES DISCOURS RAPPORTÉS

4. L'intervention et la mention des dieux sont caractéristiques du registre épique : quel texte insiste le plus sur cet aspect ?
   ▶ p. 428 : LE REGISTRE ÉPIQUE

5. **Question de synthèse :** dans plusieurs paragraphes rédigés et enchaînés, demandez-vous en quoi *Le Roman d'Énéas* est une réécriture de l'*Énéide* de Virgile.
   ▶ PARTIE III, p. 500 : LE PARAGRAPHE ARGUMENTATIF

Texte 4

Chrétien de Troyes
Yvain ou le Chevalier au lion (1177-1181)

Biographie p. 562

À la cour du roi Arthur, un chevalier de la Table ronde, Calogrenant, raconte l'histoire qui lui est arrivée alors qu'il était en quête d'aventure et cherchait une fontaine merveilleuse.

1 « Peut-être était-il tierce[1] passée et l'on pouvait approcher de midi lorsque j'aperçus l'arbre et la fontaine. Je sais bien, quant à l'arbre, que c'était le plus beau pin qui jamais eût grandi sur terre. À mon avis, jamais il n'eût plu assez fort pour qu'une seule goutte d'eau le traversât, mais dessus glissait la pluie tout
5 entière. À l'arbre je vis pendre le bassin : il était de l'or le plus fin qui ait encore jamais été à vendre en nulle foire. Quant à la fontaine, vous pouvez m'en croire, elle bouillonnait comme de l'eau chaude. La pierre était d'une
10 seule émeraude, évidée comme un vase, soutenue par quatre rubis plus flamboyants et plus vermeils[2] que n'est au
15 matin le soleil quand il paraît à l'orient ; sur ma conscience, je ne vous mens pas d'un seul mot.
20 Je décidai de voir le prodige[3] de la tempête et de l'orage et je fis là une folie : j'y aurais renoncé volontiers, si
25 j'avais pu, dès l'instant même où, avec l'eau du bassin, j'eus arrosé la pierre creusée. Mais j'en versai trop, je le crains ; car alors je vis dans le ciel de telles déchirures que de plus de quatorze points les éclairs me frap-
30 paient les yeux et les nuées[4], tout pêle-mêle, jetaient pluie, neige et grêle. La tempête était si terrible et si violente que cent fois je crus être tué par la foudre qui tombait autour de moi et par les arbres qui se brisaient. Sachez que grande fut ma frayeur, jusqu'à ce que le temps fût apaisé ! Mais Dieu me rassura vite car la tempête ne dura guère et tous les vents se calmè-
35 rent ; dès qu'il le voulut, ils n'osèrent souffler. Quand je vis le ciel clair et pur, tout joyeux je repris assurance. Car la joie, si du moins je sais ce que c'est, fait vite oublier grande peine. Dès que l'orage fut passé, je vis, réunis dans le pin, tant d'oiseaux, si l'on veut le croire, qu'il ne semblait y avoir ni branche ni feuille qui n'en fût toute couverte ; l'arbre n'en était que plus beau. Le doux

L'Histoire de Lancelot : Les Chevaliers de la Table ronde (Manuscrit du XIVᵉ siècle), vélin (Paris, BnF).

1. Neuf heures.
2. Rouges.
3. Événement surnaturel, miraculeux.
4. Les nuages.

chant des oiseaux formait un harmonieux concert ; chacun modulait un chant
différent, car jamais je n'entendis l'un chanter la mélodie de l'autre. Leur joie
me réjouit, et j'écoutai jusqu'à ce qu'ils eussent accompli leur office[5] à loisir :
jamais si belle fête n'enchanta mon oreille, et certes, je ne pense pas que nul
en jouisse s'il ne va écouter celle où je goûtai tant de plaisir que je croyais être
en extase. »

5. Leur tâche.

Extrait, traduction en français moderne de C. Buridant et J. Trotin, D. R.

Questions DE LECTURE ANALYTIQUE

1. Quelle est la classe grammaticale des déterminants employés à la ligne 2 : *J'aperçus l'arbre et la fontaine* ? Qu'indiquent-ils ?
   ▶ PARTIE II, p. 387 : LES OUTILS GRAMMATICAUX
2. Relevez le champ lexical qui permet de décrire la fontaine ; comment apparaît-elle avant même le prodige ?
3. Relevez les expressions qui décrivent la tempête. Quel registre est ici employé ?
   ▶ p. 418 : LES REGISTRES LITTÉRAIRES
4. Après la tempête (l. 37 à 45), sur quoi repose la deuxième description du lieu ? Quels procédés montrent qu'elle est merveilleuse* ?
5. **Question de synthèse** : à qui sont attribués les phénomènes relatés ? Comment ce texte associe-t-il étroitement religion et merveilleux* ?

Texte 5

FRANÇOIS RABELAIS
Pantagruel (1532)

Biographie p. 566

Premier roman de l'écrivain humaniste Rabelais, Pantagruel *est en fait l'histoire du fils de Gargantua (dont les aventures paraîtront en 1534). Pour se débarrasser du peuple des Dipsodes, le géant Pantagruel fait incendier le camp adverse, endormi après une beuverie. Une sévère envie d'uriner de Pantagruel n'arrange pas le sort de ses ennemis.*

Pendant ce temps-là Pantagruel commença à semer le sel qu'il avait dans sa barque, et comme ils dormaient la gueule grande ouverte, il leur remplit tout le gosier tant et si bien que ces pauvres hères[1] toussaient comme des renards, en criant : « Ah, Pantagruel, qu'est-ce que tu nous chauffes le tison ! »

Soudain, Pantagruel eut envie de pisser, à cause des potions que Panurge lui avait administrées, et il pissa au beau milieu du camp, tellement et si copieusement qu'il les noya tous, et il y eut un déluge incroyable jusqu'à dix lieues à la ronde. Et l'histoire rapporte que si la grande jument de son père s'était trouvée là et avait pissé de la même façon, il y aurait eu un déluge encore plus énorme que celui de Deucalion[2], car elle ne pissait jamais sans faire une rivière plus grande que le Rhône ou le Danube.

1. Individus de peu d'importance.
2. Personnage de la mythologie grecque qui échappa au déluge provoqué par Zeus.

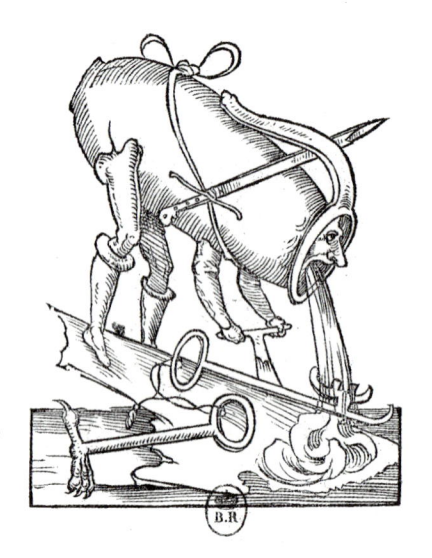

Illustration de François Desprez pour *Les Songes drolatiques de Pantagruel* de François Rabelais (1565) (Paris, BnF).

En voyant cela, ceux qui venaient de la ville disaient : « Ils sont tous exterminés ; voyez le sang dévaler. » Mais ils étaient abusés, s'imaginant que l'urine de Pantagruel était le sang de leurs ennemis, car ils ne voyaient rien, si ce n'est à la lueur du feu des tentes et un peu au clair de lune.

Les ennemis, à leur réveil, apercevant d'un côté le feu dans leur camp, de l'autre l'inondation et le déluge d'urine, ne savaient que dire ni que penser. Certains disaient que c'était la fin du monde et le Jugement dernier, qui doit être consommé par le feu, d'autres que c'étaient les dieux de la mer, Neptune, Protée, Triton et d'autres, qui les poursuivaient et que c'était donc de l'eau de mer, de l'eau salée.

Ô, qui pourra maintenant raconter comment se comporta Pantagruel contre trois cents géants ! Ô ma muse, ma Calliope[3], ma Thalie[4], inspire-moi tout de suite ! fais-moi retrouver mes esprits car voici le pont aux ânes[5] de la logique, voici le trébuchet[6], voici la difficulté de pouvoir raconter l'horrible bataille qui fut menée.

Comme j'aimerais tant avoir maintenant une bouteille du meilleur vin que n'ont jamais bu ceux qui liront une histoire aussi véridique.

Fin du chapitre XXVIII,
« Comment Pantagruel eut victoire bien étrangement des Dipsodes et des Géants ».

3. Muse de la poésie épique.
4. Muse de la comédie.
5. Passage difficile.
6. Endroit où l'on peut trébucher, tomber.

Questions DE LECTURE ANALYTIQUE

1. Quelle est l'origine du déluge ? Peut-on le définir comme un événement héroïque ? Pourquoi ?
2. Quelles figures de style décrivent le déluge ? Qu'ont-elles d'original (par rapport à la tempête de l'*Odyssée* par exemple ▶ TEXTE 1, p. 114) ? Justifiez.
   ▶ PARTIE II, p. 392 : LES FIGURES DE RHÉTORIQUE
3. Quelles interprétations opposées les deux camps donnent-ils du cataclysme ? Sur quels procédés jouent-elles ?
4. En quoi l'appel aux muses permet-il d'identifier le(s) registre(s) du texte ?
   ▶ p. 418 : LES REGISTRES LITTÉRAIRES
5. Quelle image l'écrivain donne-t-il de lui-même et de la littérature dans les dernières lignes ?

D'UN TEXTE À L'AUTRE ▶ TEXTES 1 à 5
Relevez trois procédés épiques et montrez les libertés que prend Rabelais avec l'épopée.
▶ p. 428 : LE REGISTRE ÉPIQUE

Analyse D'IMAGE

Chapitre **3** • Le récit, de l'épopée à la nouvelle   SÉQUENCE **8**

Salvador Dali (1904-1989)
Illustration pour *Les Songes drolatiques de Pantagruel* (1973)

Questions

1. Quels éléments renvoient explicitement au texte de Rabelais ▶ **TEXTE 5, p. 119** ?
2. Quels personnages sont présents sur cette gravure ? Grâce à quel élément sont-ils reliés ?
3. Quelles lignes animent ce dessin ? avec quel effet sur le spectateur ?
   ▶ **PARTIE II, p. 397** : L'IMAGE FIXE
4. Quels détails relèvent de la fantaisie, voire du rêve ?
5. Expliquez l'utilisation du néologisme* « drolatique ». Quelle relation établissez-vous entre ce qualificatif et l'épithète « surréaliste » souvent accolée à Dali ▶ **p. 270** ?
6. Quel registre attribuez-vous à cette image ? Justifiez.
   ▶ **p. 418** : LES REGISTRES LITTÉRAIRES

Texte 6

VOLTAIRE
Candide (1759)

Biographie p. 568

Candide, comme souvent dans les contes philosophiques de Voltaire, fait voyager le personnage principal. Cet apprentissage du monde permet au héros éponyme* de relativiser la théorie optimiste de son maître Pangloss qui soutient que tout est pour le mieux sur cette terre. Abordant les côtes portugaises, l'équipage est confronté à plusieurs catastrophes qui démentent ce système.

La moitié des passagers, affaiblis, expirants de ces angoisses inconcevables que le roulis d'un vaisseau porte dans les nerfs et dans toutes les humeurs du corps agitées en sens contraires, n'avait pas même la force de s'inquiéter du danger. L'autre moitié jetait des cris et faisait des prières ; les voiles étaient déchirées, les mâts brisés, le vaisseau entrouvert. Travaillait qui pouvait, personne ne s'entendait, personne ne commandait. L'anabaptiste[1] aidait un peu à la manœuvre ; il était sur le tillac[2] ; un matelot furieux le frappe rudement et l'étend sur les planches ; mais du coup qu'il lui donna il eut lui-même une si violente secousse qu'il tomba hors du vaisseau la tête la première. Il restait suspendu et accroché à une partie du mât rompue. Le bon Jacques court à son secours, l'aide à remonter, et de l'effort qu'il fit il est précipité dans la mer à la vue du matelot, qui le laissa périr sans daigner seulement le regarder. Candide approche, voit son bienfaiteur qui reparaît un moment et qui est englouti pour jamais. Il veut se jeter après lui dans la mer ; le philosophe Pangloss l'en empêche, en lui prouvant que la rade de Lisbonne avait été formée exprès pour que cet anabaptiste s'y noyât. Tandis qu'il le prouvait *a priori*, le vaisseau s'entrouvre, tout périt à la réserve de Pangloss, de Candide, et de ce brutal de matelot qui avait noyé le vertueux anabaptiste ; le coquin nagea heureusement jusqu'au rivage, où Pangloss et Candide furent portés sur une planche.

Quand ils furent revenus un peu à eux, ils marchèrent vers Lisbonne ; il leur restait quelque argent, avec lequel ils espéraient se sauver de la faim après avoir échappé à la tempête.

Chapitre V (extrait).

1. Membre d'une secte fondée au XVIe siècle, qui s'opposait fermement au baptême des enfants.
2. Pont supérieur d'un navire.

Questions DE LECTURE ANALYTIQUE

1. Dans le premier paragraphe, comment les actions s'enchaînent-elles pendant la tempête ? Quelle valeur le présent a-t-il ici ?
2. Quelles épithètes caractérisent les réactions des différents personnages ? Réagissent-ils de la même façon ?
   ▶ PARTIE II, p. 387 : LES OUTILS GRAMMATICAUX
3. Quelle interprétation Pangloss donne-t-il de la mort de l'anabaptiste ? Expliquez à l'aide du chapeau introductif du texte.
4. Les dieux apparaissent-ils dans ce texte ? Comment la religion est-elle évoquée ?
5. Relevez les détails réalistes du texte. Qu'ont-ils de surprenant ?
6. **Question de synthèse :** quels éléments font de ce texte un extrait significatif de conte philosophique ?

Texte 7

LOUIS-FERDINAND CÉLINE
Voyage au bout de la nuit (1932)

Biographie p. 561

Dans ce roman aux registres divers, le narrateur-personnage Bardamu se retrouve propulsé au milieu des combats de la Première Guerre mondiale. Il est le jouet d'une Histoire absurde dans laquelle il s'est engagé inconsidérément, comme l'indique cet extrait des premières pages du récit.

Ce colonel, c'était donc un monstre ! À présent, j'en étais assuré, pire qu'un chien, il n'imaginait pas son trépas[1] ! Je conçus en même temps qu'il devait y en avoir beaucoup des comme lui dans notre armée, des braves, et puis tout autant sans doute dans l'armée d'en face. Qui savait combien ? Un, deux, plusieurs millions peut-être en tout ? Dès lors ma frousse devint panique. Avec des êtres semblables, cette imbécillité infernale pouvait continuer indéfiniment… Pourquoi s'arrêteraient-ils ? Jamais je n'avais senti plus implacable la sentence des hommes et des choses.

Serais-je donc le seul lâche sur la terre ? pensais-je. Et avec quel effroi !... Perdu parmi deux millions de fous héroïques et déchaînés et armés jusqu'aux cheveux ? Avec casques, sans casques, sans chevaux, sur motos, hurlants, en autos, sifflants, tirailleurs, comploteurs, volants, à genoux, creusant, se défilant, caracolant dans les sentiers, pétaradant[2], enfermés sur la terre comme dans un cabanon, pour y tout détruire, Allemagne, France et Continents, tout ce qui respire, détruire, plus enragés que les chiens, adorant leur rage (ce que les chiens ne font pas), cent, mille fois plus enragés que mille chiens et tellement plus vicieux ! Nous étions jolis ! Décidément, je le concevais, je m'étais embarqué dans une croisade apocalyptique[3].

Extrait du début © Gallimard.

Otto Dix (1891-1969), *Guerre des tranchées* (1932), technique mixte sur bois, 212,5 x 100 cm (Stuttgart, Kunstmuseum Stuttgart).

1. Sa mort. 2. Faisant du bruit comme des pétards. 3. De fin du monde.

Questions DE LECTURE ANALYTIQUE

1. Quelles modalités de phrase trouve-t-on majoritairement dans cet extrait ? Qu'expriment-elles ?
   ▶ PARTIE II, p. 387 : LES OUTILS GRAMMATICAUX
2. Quels portraits Bardamu dresse-t-il de lui-même et des autres soldats ?
3. Quelle signification donnez-vous aux énumérations du second paragraphe ? Quel groupe nominal résume l'impression qu'elles provoquent ?
4. Quels registres Céline utilise-t-il pour évoquer la guerre ? avec quel effet sur le lecteur ?
   ▶ p. 418 : LES REGISTRES LITTÉRAIRES
5. **Question de synthèse** : expliquez l'effet que cette vision de la guerre a pu avoir sur de nombreux lecteurs de l'époque.

SYNTHÈSE

De l'épopée au roman : de l'Antiquité au XXᵉ siècle

• Issue des légendes grecques d'abord transmises oralement par des aèdes (poètes chanteurs), l'épopée est **la première forme de récit** ; elle est à l'origine du **registre épique** ➤ **p. 428,** que l'on retrouvera dans le roman.

1 L'épopée gréco-romaine

Le genre épique se retrouve dans de nombreuses civilisations. Rédigé en vers, il propose :
• un **récit fondateur de civilisation** : la Grèce avec l'*Iliade* et l'*Odyssée* d'Homère (VIIIᵉ siècle avant J.-C.) ➤ **TEXTE 1, p. 114**, ou Rome avec l'*Énéide* de Virgile (Iᵉʳ siècle avant J.-C.) ➤ **TEXTE 2, p. 116** ;
• des **héros** opposés aux **forces de la nature** ou à des **dieux implacables** (la tempête menaçant le radeau d'Ulysse ➤ **TEXTE 1, p. 114**) qu'ils affrontent vaillamment ;
• un **récit initiatique** : chaque étape du récit est une épreuve, une leçon valorisant le héros, comme Énée triomphant de son ennemi Turnus ➤ **TEXTE 2, p. 116**.

2 Le roman épique

• Même si le roman fait déjà son apparition à Rome avec **Pétrone** (*Satyricon*, Iᵉʳ siècle), il naît véritablement au XIIᵉ **siècle** en France avec la réécriture de l'*Énéide* (vers 1160) ➤ **TEXTE 3, p. 117**. Naissent aussi au XIIᵉ siècle les **romans courtois** de **Chrétien de Troyes,** qui mêlent aventures épiques ou merveilleuses de chevaliers et élans amoureux pour leur « dame » : *Yvain* ➤ **TEXTE 4, p. 118**, *Lancelot* ➤ **EXERCICE 1, p. 125**, écrits parallèlement entre 1177 et 1181. Mais ces textes sont encore écrits **en vers**, tel le grand roman anonyme créateur de l'alexandrin : *Le Roman d'Alexandre*.
• À la **Renaissance**, après de **grandes épopées en vers** encore marquées par le **merveilleux** (fées, monstres, magiciens…), comme le *Roland furieux* de l'Arioste en Italie (1516) ➤ **EXERCICE 2, p. 125**, apparaît en France le **roman moderne en prose** avec **Rabelais** qui relate les aventures de héros s'affirmant par l'éducation, le combat ou le voyage. Épiques, ces récits (*Pantagruel*, 1532 ; *Gargantua*, 1534 ; *Le Tiers Livre*, 1546…) usent pourtant du registre comique (l'ironie, la satire et le burlesque) ➤ **TEXTE 5, p. 119**.

3 Roman contre épopée

• En 1605, avec l'Espagnol **Cervantès,** le personnage de **Don Quichotte,** abusé par ses lectures chevaleresques, s'écarte de l'épopée. Le roman devient ironique vis-à-vis des récits passés et présente des héros soumis aux problèmes quotidiens : des **anti-héros** (Don Quichotte et Sancho Pança) ➤ **EXERCICE 4, p. 126**.
• Malgré la naissance du roman classique au XVIIᵉ siècle et du roman sensible au siècle des Lumières ➤ **SYNTHÈSE, p. 139**, le roman développe l'anti-héroïsme et le réalisme : le *Roman comique* de Scarron est un récit sur des comédiens ambulants (1651-1657) ; les contes philosophiques de Voltaire, au XVIIIᵉ siècle, se présentent sous la forme de courts romans initiatiques, tel *Candide* (1759) ➤ **TEXTE 6, p. 122**.

4 L'âge d'or du roman

• Romantisme ➤ **p. 174**, réalisme puis naturalisme ➤ **p. 218** transforment le roman en miroir d'une époque bouleversée politiquement. Le genre tourne le dos à l'épopée pour montrer l'évolution du monde, sauf le **roman historique** qui connaît un grand succès au XIXᵉ siècle (*Salammbô* de Flaubert, 1862 ➤ **EXERCICE 5, p. 126**). Un voyageur mélancolique (*René* de Chateaubriand, 1802 ➤ **p. 179**), une femme adultère vouée au suicide (*Madame Bovary* de Flaubert, 1857 ➤ **p. 224**) ou un brigand évadé du bagne (Jean Valjean dans *Les Misérables* de Hugo, 1862) deviennent des héros. Même dans un contexte guerrier – contexte épique par excellence – le « héros » observe au lieu d'agir, comme Fabrice (Stendhal, *La Chartreuse de Parme*, 1839) au moment de la bataille de Waterloo.
• Héritier des évolutions du XVIIIᵉ siècle, le roman est devenu **psychologique**, tendance encore forte au XXᵉ siècle malgré les tentatives de résurrection épique, ironique chez Céline (*Voyage au bout de la nuit*, 1932 ➤ **TEXTE 7, p. 123**), ou humaniste et engagée chez Malraux (*L'Espoir*, 1937).

➤ **BIOGRAPHIES DES AUTEURS p. 560**

EXERCICES D'APPROFONDISSEMENT

1 Le roman courtois

1. Sur quels aspects de l'itinéraire de Lancelot les remarques du vavasseur insistent-elles ?
2. Quelles motivations animent le chevalier ? En quoi sont-elles épiques ?
3. **Question de synthèse** : ce texte est-il initiatique ?
   ▶ PARTIE III, p. 500 : LE PARAGRAPHE ARGUMENTATIF

Le chevalier Lancelot, désireux de retrouver la reine Guenièvre enlevée à la cour du roi Arthur, rencontre un beau jour un vavasseur (petit noble) qui lui annonce un danger imminent.

J'ai l'impression que c'est pour la reine que vous êtes venu dans ce pays peuplé de gens déloyaux et pires que des Sarrasins[1].
– Je n'y suis pas venu pour autre chose, lui répondit le chevalier de la charrette. Je ne sais où ma dame est retenue prisonnière mais je ne songe qu'à lui porter secours et j'ai grand besoin de conseils. Conseillez-moi donc, si vous savez quelque chose.
– Sire, vous avez emprunté un chemin bien périlleux. La voie que vous suivez mène en effet tout droit au Pont-de-l'épée. Vous feriez bien de suivre mes conseils : si vous vouliez m'en croire, vous iriez au Pont-de-l'épée par un chemin plus sûr et je vous y ferais conduire. »
Mais le chevalier de la charrette qui recherchait le chemin le plus court, lui demanda :
« Ce chemin est-il aussi direct que celui que j'ai emprunté ?
– Non ; il est plus long, mais plus sûr.
– Cela m'importe peu. Parlez-moi plutôt de celui qui passe par ici car je suis déjà prêt à en affronter les embûches.
– Vraiment, sire, vous n'y gagnerez rien. Si vous suivez le chemin que je vous déconseille, vous arriverez demain à un passage qui vous sera très vite préjudiciable. Il s'appelle le Passage des Pierres. »

CHRÉTIEN DE TROYES, *Lancelot ou le Chevalier de la charrette* (extrait, 1177-1181), traduction en français moderne de J.-C. Aubailly, © Flammarion, GF, 2003.

1. Musulmans.

2 Épopée et merveilleux

1. Sur quel ton la fée déguisée parle-t-elle à Roger ? Pourquoi ?
2. À quelles valeurs fait-elle référence ? Pourquoi l'épisode avec Alcine ne peut-il être qu'une parenthèse pour un héros comme Roger ?
3. Quels sont ici les liens flagrants entre épopée et merveilleux* ?

Dans l'épopée Roland furieux, *le poète italien l'Arioste soumet plusieurs chevaliers, dont Roger, à la séduction de fées. Alors qu'il est tombé dans l'inaction, le héros est rappelé à l'ordre par la fée Mélissa.*

Sous la forme d'Atlant[1] lui apparaît
La fée (qui, on le sait, a emprunté
L'aspect de cette vénérable face
Que Roger révérait depuis toujours),
Avec ces yeux pleins d'ire[2] et de menace
Que, tout enfant déjà, il craignait tant,
Disant : « C'est donc cela le fruit que j'ai
De mes sueurs attendu par long délai ?

De moelle d'ours, autrefois, et de lion,
T'ai-je nourri dans tes tout premiers jours,
Et puis, enfant, par les antres[3] affreux,
T'ai-je entraîné à tuer les serpents,
À dégriffer les tigres, les panthères,
Tirer leurs crocs aux sangliers vivants,
Afin qu'après pareille discipline
Tu sois l'Atys[4] ou l'Adonis[5] d'Alcine ?

L'ARIOSTE, *Roland furieux*, Chant VII, strophes LVI et LVII (1516), traduction de M. Orcel, © Le Seuil, 2000.

1. Nom d'un magicien connu de Roger. 2. Colère. 3. Grottes. 4. Jeune dieu de la végétation aimé de Cybèle, déesse de la nature. 5. Beau chasseur aimé de la déesse Vénus.

3 Participer en classe

1. Lisez l'histoire de « Vénus et Adonis » dans *Les Métamorphoses* d'Ovide (livre X)
2. Présentez Ovide et sa place dans l'épopée antique.
3. Résumez cette histoire en insistant sur sa dimension épique.
   ▶ PARTIE III, p. 547 : PRÉSENTER UN TEXTE À L'ORAL

EXERCICES D'APPROFONDISSEMENT

4 Le roman moderne

1. Quels sont les attributs du soldat dépeint par Don Quichotte ? Sont-ils héroïques ?
2. Sur quels détails réalistes le personnage s'attarde-t-il ? Quelle fonction ont-ils ?

Afin d'occuper les soirées à l'auberge où il est descendu avec son compagnon Sancho, le chevalier don Quichotte dresse le tableau des peines endurées par les différents types d'homme.

Nous venons de considérer l'homme d'étude et ses misères. Voyons donc si le soldat est plus riche. Et nous constaterons que nul n'est plus pauvre dans le sein même de la pauvreté,
5 qu'il n'a pour subsister qu'une paie misérable, laquelle vient tard ou jamais, et ce qu'il peut marauder[1] de ses mains, au péril de sa vie et de sa conscience. Quelquefois il est si dénué qu'un pourpoint à crevés (c'est le cas de le
10 dire) lui sert de chemise et de parure ; et, en rase campagne, au cœur de l'hiver, pour se garantir des inclémences du ciel, il n'a que sa propre haleine ; et je suis bien certain qu'en dépit des lois naturelles, cette haleine, qui
15 sort d'un lieu vide, doit être froide…
Et pensez-vous qu'aux approches de la nuit il puisse compter se dédommager de toutes ces incommodités dans un bon lit ? Celui qui l'attend ne sera trop étroit que par sa faute,
20 car il peut bien le mesurer sur le sol en autant de pieds qu'il voudra, et s'y rouler à son aise sans crainte de s'entortiller dans ses draps.

MIGUEL CERVANTÈS, *Don Quichotte*,
chapitre XXXVIII (extrait, 1605),
traduction de F. de Miomandre, © Stock, 1945.

1. Voler.

5 Le roman épique au XIXᵉ siècle

1. Quelles sont les différentes étapes du déluge ? Que devient-il aux yeux du narrateur ?
2. Quelle signification donnez-vous à la présence des dieux ?
3. Quelles figures de style épiques identifiez-vous ?

➤ PARTIE II, p. 428 : LE REGISTRE ÉPIQUE

Dans le roman historique Salammbô, *la ville de Carthage, dirigée par Hamilcar et épuisée par la révolte de ses mercenaires commandés par le Libyen Mathô, est noyée sous un déluge qui affaiblit les rebelles.*

Les Carthaginois n'étaient pas rentrés dans leurs maisons que les nuages s'amoncelèrent plus épais ; ceux qui levaient la tête vers le colosse sentirent sur leur front de grosses
5 gouttes, et la pluie tomba.
Elle tomba toute la nuit, abondamment, à flots ; le tonnerre grondait ; c'était la voix de Moloch[1] ; il avait vaincu Tanit[2] ; – et, maintenant fécondée, elle ouvrait du haut du ciel
10 son vaste sein. Parfois on l'apercevait dans une éclaircie lumineuse étendue sur des coussins de nuages ; puis les ténèbres se refermaient comme si, trop lasse encore, elle voulait se rendormir ; les Carthaginois, – croyant tous
15 que l'eau est enfantée par la lune, – criaient pour faciliter son travail.
La pluie battait les terrasses et débordait par-dessus, formait des lacs dans les cours, des cascades sur les escaliers, des tourbillons au
20 coin des rues. Elle se versait en lourdes masses tièdes et en rayons pressés ; des angles de tous les édifices de gros jets écumeux sautaient ; contre les murs il y avait comme des nappes blanchâtres vaguement suspendues, et
25 les toits des temples, lavés, brillaient en noir à la lueur des éclairs. Par mille chemins des torrents descendaient de l'Acropole[3] ; des maisons s'écroulaient tout à coup ; et des poutrelles, des plâtras, des meubles passaient
30 dans les ruisseaux, qui couraient sur les dalles impétueusement[4].

GUSTAVE FLAUBERT, *Salammbô*, chapitre XIV,
« Le défilé de la hache » (extrait, 1862).

1. Dieu de Phénicie (actuel Liban) auquel on offrait des enfants en sacrifice.
2. Déesse carthaginoise de la fécondité dont le voile volé par Mathô a constitué le début des hostilités.
3. Hauteurs fortifiées de la ville.
4. Rapidement, sans que rien ne les retienne.

➤ BIOGRAPHIES DES AUTEURS p. 560

SÉQUENCE 9 — La sensibilité romanesque

Objectif

Montrer qu'à partir du XVIIᵉ siècle le roman s'émancipe de l'épopée.

LE ROMAN, au fil du temps, donne de plus en plus d'importance aux sentiments des personnages. Même si le modèle épique subsiste parfois dans le récit des aventures des personnages ▶ SÉQUENCE 8, p. 113, il est mis au second plan, la priorité étant donnée à la psychologie des héros.

CORPUS DE LA SÉQUENCE

- *Texte* **1** — Mᵐᵉ DE LA FAYETTE, *La Princesse de Clèves* (1678)
- *Texte* **2** — ABBÉ PRÉVOST, *Manon Lescaut* (1731)
- *Image* — J.-B. GREUZE, *Les Plaintes de l'Horloge* (1775)
- *Texte* **3** — H. DE BALZAC, *Le Lys dans la vallée* (1836)
- *Texte* **4** — STENDHAL, *La Chartreuse de Parme* (1839)
- *Texte* **5** — M. PROUST, *Du côté de chez Swann* (1913)
- *Texte* **6** — V. WOOLF, *Mrs Dalloway* (1925)

Notions de la séquence	Liens avec la partie II
L'expression de l'intériorité (*textes 1 à 6*) Du roman classique (*texte 1*) au roman d'auto-analyse (*texte 5*)	▶ p. 443 : LE NARRATEUR ET LA FOCALISATION
L'expression de la sensibilité (*textes 1 à 6*) Le roman sensible (*texte 2*), l'auto-analyse (*textes 5 et 6*), le monologue intérieur (*texte 6*)	LES REGISTRES : ▶ p. 425 : LYRIQUE ▶ p. 422 : PATHÉTIQUE
Psychologie d'un personnage (*textes 1, 3 et 4*) ou d'un narrateur-personnage (*textes 2, 5 et 6*) grâce à la narration et à la description	▶ p. 409 : LE DISCOURS NARRATIF ▶ p. 411 : LE DISCOURS DESCRIPTIF
Roman et argumentation (*texte 2*)	▶ p. 413 : LE DISCOURS ARGUMENTATIF ▶ p. 482 : CONVAINCRE, DÉMONTRER ET PERSUADER
Analyse d'un tableau : la peinture allégorique et sensible	▶ p. 397 : L'IMAGE FIXE
	Liens avec la partie III
Rédaction d'une lettre (*texte 1*)	▶ p. 488 : L'ÉCRITURE D'INVENTION
Réflexion sur les focalisations et le discours indirect libre (*ensemble du corpus*)	▶ p. 502 : RÉPONDRE À UNE QUESTION D'ANALYSE SUR UN CORPUS
Recherche sur le romantisme (*textes 3 et 4*)	▶ p. 544 : PRÉPARER UN EXPOSÉ

Mme DE LA FAYETTE
La Princesse de Clèves (1678)

Biographie p. 564

Le roman La Princesse de Clèves *est publié anonymement en 1678. L'héroïne est une jeune femme qui vit à la cour de Henri II. Alors qu'elle est mariée au prince de Clèves, elle rencontre le duc de Nemours : les deux jeunes gens tombent amoureux l'un de l'autre mais elle décide de rester fidèle à son mari. Elle lit un jour la lettre d'une amoureuse trompée, adressée à un homme qu'elle imagine à tort être le duc de Nemours.*

Mme de Clèves lut cette lettre et la relut plusieurs fois, sans savoir néanmoins ce qu'elle avait lu. Elle voyait seulement que M. de Nemours ne l'aimait pas comme elle l'avait pensé et qu'il en aimait d'autres qu'il trompait comme elle. Quelle vue et quelle connaissance pour une personne de son humeur[1], qui avait une passion violente, qui venait d'en donner des marques à un homme qu'elle jugeait indigne et à un autre qu'elle maltraitait pour l'amour de lui ! Jamais affliction n'a été si piquante et si vive : il lui semblait que ce qui faisait l'aigreur de cette affliction était ce qui s'était passé dans cette journée et que, si M. de Nemours n'eût point eu lieu de croire qu'elle l'aimait, elle ne se fût pas souciée qu'il en eût aimé une autre. Mais elle se trompait elle-même ; et ce mal, qu'elle trouvait si insupportable, était la jalousie avec toutes les horreurs dont elle peut être accompagnée. Elle voyait par cette lettre que M. de Nemours avait une galanterie depuis longtemps. Elle trouvait que celle qui avait écrit la lettre avait de l'esprit et du mérite ; elle lui paraissait digne d'être aimée ; elle lui trouvait plus de courage qu'elle ne s'en trouvait à elle-même et elle enviait la force qu'elle avait eue de cacher ses sentiments à M. de Nemours. Elle voyait, par la fin de la lettre, que cette personne se croyait aimée ; elle pensait que la discrétion que ce prince[2] lui avait fait paraître, et dont elle avait été si touchée, n'était peut-être que l'effet de la passion qu'il avait pour cette autre personne, à qui il craignait de déplaire. Enfin elle pensait tout ce qui pouvait augmenter son affliction et son désespoir. Quels retours ne fit-elle point sur elle-même ! quelles réflexions sur les conseils que sa mère lui avait donnés ! Combien se repentit-elle de ne s'être pas opiniâtrée[3] à se séparer du commerce[4] du monde, malgré M. de Clèves, ou de n'avoir pas suivi la pensée qu'elle avait eue de lui avouer l'inclination qu'elle avait pour M. de Nemours ! Elle trouvait qu'elle aurait mieux fait de la découvrir à un mari dont elle connaissait la bonté, et qui aurait eu intérêt à la cacher, que de la laisser voir à un homme qui en était indigne, qui la trompait, qui la sacrifiait peut-être et qui ne pensait à être aimé d'elle que par un sentiment d'orgueil et de vanité. Enfin, elle trouva que tous les maux qui lui pouvaient arriver, et toutes les extrémités où elle se pouvait porter, étaient moindres que d'avoir laissé voir à M. de Nemours qu'elle l'aimait et de connaître qu'il en aimait une autre. Tout ce qui la consolait était de penser au moins, qu'après cette connaissance, elle n'avait plus rien à craindre d'elle-même et qu'elle serait entièrement guérie de l'inclination qu'elle avait pour ce prince.

Tome deuxième, Deuxième Partie (extrait).

1. Tempérament.
2. M. de Nemours.
3. Obstinée.
4. Fréquentation.

Gérard Terborch (1617-1681), *Dame devant un lit recouvert d'un drapé rouge* (1660), huile sur bois, 39 x 27,5 cm (Dresde, Gemäldegalerie, Alte Meister).

Questions DE LECTURE ANALYTIQUE

1. Quelles sont les focalisations utilisées ? Justifiez et expliquez l'intérêt de ces différents points de vue.
   ➤ PARTIE II, p. 443 : LE NARRATEUR ET LA FOCALISATION

2. Qui sont les hommes désignés par les périphrases* *un homme qu'elle jugeait indigne* et *un autre qu'elle maltraitait pour l'amour de lui* (l. 5-6) ? Que révèlent-elles ?

3. Quel sentiment domine ? Relevez le champ lexical correspondant. À quel registre rattache-t-il le texte ?
   ➤ p. 418 : LES REGISTES LITTÉRAIRES

4. Étudiez la modalisation et le vocabulaire des sentiments. Que révèlent-ils de la psychologie de l'héroïne ?
   ➤ p. 413 : LE DISCOURS ARGUMENTATIF

ÉCRITURE D'INVENTION

Rédigez la lettre lue par Mme de Clèves. Vous utiliserez les informations données par le chapeau du texte et vous ferez particulièrement attention à la situation d'énonciation.
   ➤ p. 387 : LES OUTILS GRAMMATICAUX
   ➤ PARTIE III, p. 486 : L'ÉCRITURE D'INVENTION

Texte 2

Abbé Prévost
Manon Lescaut (1731)

Biographie p. 566

L'Histoire du chevalier des Grieux et de Manon Lescaut de l'abbé Prévost est en fait le tome VII des *Mémoires et Aventures d'un homme de qualité qui s'est retiré du monde (1728-1731)*. Il se présente comme le récit du chevalier des Grieux : sa rencontre avec Manon, leur coup de foudre, leur amour malgré des conditions financières très difficiles.
Manon vient de trouver une solution pour lui offrir une table « bien servie ».

Louis Léopold Boilly (1761-1845), *La Visite* (1789), huile sur toile, 45 x 55 cm (Saint-Omer, musée de l'Hôtel Sandelin).

1   Un jour que j'étais sorti l'après-midi, et que je l'avais avertie que je serais dehors plus longtemps qu'à l'ordinaire, je fus étonné qu'à mon retour on me fît attendre deux ou trois minutes à la porte. Nous n'étions servis que par une petite fille qui était à peu près de notre âge. Étant venue m'ouvrir, je lui
5   demandai pourquoi elle avait tardé si longtemps. Elle me répondit, d'un air embarrassé, qu'elle ne m'avait point entendu frapper. Je n'avais frappé qu'une fois ; je lui dis : mais, si vous ne m'avez pas entendu, pourquoi êtes-vous donc venue m'ouvrir ? Cette question la déconcerta si fort, que, n'ayant point assez de présence d'esprit pour y répondre, elle se mit à pleurer, en m'assurant que
10 ce n'était point sa faute, et que Madame lui avait défendu d'ouvrir la porte jusqu'à ce que M. de B… fût sorti par l'autre escalier, qui répondait au cabinet. Je demeurai si confus, que je n'eus point la force d'entrer dans l'appartement. Je pris le parti de descendre sous prétexte d'une affaire, et j'ordonnai à cet enfant de dire à sa maîtresse que je retournerais dans le moment, mais de ne pas faire
15 connaître qu'elle m'eût parlé de M. de B…
    Ma consternation fut si grande, que je versais des larmes en descendant l'escalier, sans savoir encore de quel sentiment elles partaient. J'entrai dans le premier café ; et m'y étant assis près d'une table, j'appuyai la tête sur mes deux mains, pour y développer ce qui se passait dans mon cœur. Je n'osais
20 rappeler ce que je venais d'entendre. Je voulais le considérer comme une illusion, et je fus prêt deux ou trois fois de retourner au logis, sans marquer que j'y eusse fait attention. Il me paraissait si impossible que Manon m'eût trahi, que je craignais de lui faire injure en la soupçonnant. Je l'adorais, cela était sûr ; je ne lui avais pas donné plus de preuves d'amour que je n'en avais reçu
25 d'elle ; pourquoi l'aurais-je accusée d'être moins sincère et moins constante[1]

1. Fidèle.

que moi ? Quelle raison aurait-elle eue de me tromper ? Il n'y avait que trois heures qu'elle m'avait accablé de ses plus tendres caresses et qu'elle avait reçu les miennes avec transport[2] ; je ne connaissais pas mieux mon cœur que le sien. Non, non, repris-je, il n'est pas possible que Manon me trahisse. Elle n'ignore pas que je ne vis que pour elle. Elle sait trop bien que je l'adore. Ce n'est pas là un sujet de me haïr.

Cependant la visite et la sortie furtive de M. de B… me causaient de l'embarras. Je rappelais aussi les petites acquisitions de Manon, qui me semblaient surpasser nos richesses présentes. Cela paraissait sentir les libéralités[3] d'un nouvel amant. Et cette confiance qu'elle m'avait marquée pour des ressources qui m'étaient inconnues ; j'avais peine à donner à tant d'énigmes un sens aussi favorable que mon cœur le souhaitait. D'un autre côté, je ne l'avais presque pas perdue de vue depuis que nous étions à Paris. Occupations, promenades, divertissements, nous avions toujours été l'un à côté de l'autre ; mon Dieu ! un instant de séparation nous aurait trop affligés. Il fallait nous dire sans cesse que nous nous aimions ; nous serions morts d'inquiétude sans cela. Je ne pouvais donc m'imaginer presque un seul moment où Manon pût s'être occupée d'un autre que moi. À la fin, je crus avoir trouvé le dénouement de ce mystère. M. de B…, dis-je en moi-même, est un homme qui fait de grosses affaires, et qui a de grandes relations ; les parents de Manon se seront servis de cet homme pour lui faire tenir quelque argent. Elle en a peut-être déjà reçu de lui ; il est venu aujourd'hui lui en apporter encore. Elle s'est fait sans doute un jeu de me le cacher, pour me surprendre agréablement. Peut-être m'en aurait-elle parlé si j'étais rentré à l'ordinaire, au lieu de venir ici m'affliger ; elle ne me le cachera pas du moins, lorsque je lui en parlerai moi-même.

Première partie (extrait).

2. Grande émotion.
3. Dépenses importantes.

Questions DE LECTURE ANALYTIQUE

1. Quelle est la fonction des indications temporelles de la première phrase ?
2. Étudiez les discours rapportés : en particulier, à quoi sert le discours indirect libre ?
   ▶ PARTIE II, p. 455 : LES DISCOURS RAPPORTÉS
3. Devant quelle alternative se trouve le narrateur ? Comment la résout-il ?
4. Dans le deuxième paragraphe, quelles modalités de phrase sont très utilisées par le narrateur ? Quel état d'esprit révèlent-elles ?
   ▶ p. 387 : LES OUTILS GRAMMATICAUX
5. Relevez, dans le troisième paragraphe, les connecteurs logiques et les expressions qui introduisent les différentes étapes de la réflexion du chevalier. Quelle stratégie argumentative utilise-t-il ?
   ▶ p. 413 : LE DISCOURS ARGUMENTATIF
6. Comment interprétez-vous l'emploi du futur dans la deuxième moitié de la dernière phrase : *elle ne me le cachera pas…* ? Où en est des Grieux dans sa volonté d'explication ?
7. **Question de synthèse** : en quoi l'attitude et les propos de des Grieux permettent-ils de comprendre l'appellation de « roman sensible » appliquée à *Manon Lescaut* ?

COMMENTAIRE

En vous aidant de vos réponses, rédigez un paragraphe où vous vous interrogerez sur la visée argumentative de des Grieux.
▶ p. 476 : LES NOTIONS PROPRES À LA LITTÉRATURE D'IDÉES
▶ PARTIE III, p. 500 : LE PARAGRAPHE ARGUMENTATIF

Analyse d'image

JEAN-BAPTISTE GREUZE (1725-1805)
Les Plaintes de l'Horloge (vers 1775)

Huile sur toile, 79 x 61 cm (Munich, Alte Pinakothek)+ détail.

Questions

1. Dans quel cadre le personnage est-il représenté ? À quelle classe sociale le décor permet-il de rattacher la jeune fille ?
2. Comment le choix du plan et la distribution de la lumière permettent-ils de concentrer toute l'attention sur le personnage ?
   ▶ PARTIE II, p. 397 : L'IMAGE FIXE
3. Observez le vêtement du personnage puis l'apparence du lit : quelle histoire semble alors se raconter ?
4. Que tient la jeune fille dans la main ? Quel autre objet placé sur la table permet de confirmer l'histoire ?
5. Le but de ce tableau est-il de blâmer ou de plaindre le personnage ? Pourquoi est-on proche du roman sensible ▶ SYNTHÈSE, p. 139 ?

Honoré de Balzac
Le Lys dans la vallée (1836)

Biographie p. 560

Le Lys dans la vallée *est le premier tome des* Scènes de la vie de province, *section de* La Comédie humaine, *titre de l'ensemble des récits de Balzac. Entre le jeune Félix et la comtesse Blanche de Mortsauf se tisse un amour impossible : les personnages ne peuvent communiquer librement, la présence de l'époux de la comtesse les conduisant à échanger de menus signes.*

Pendant le reste de ce mois, quand j'accourais par les jardins, je voyais parfois sa figure[1] collée aux vitres ; et quand j'entrais au salon, je la trouvais à son métier. Si je n'arrivais pas à l'heure convenue sans que jamais nous l'eussions indiquée, parfois sa forme blanche errait sur la terrasse ; et quand je l'y surprenais, elle me disait : – Je suis venue au-devant de vous. Ne faut-il pas avoir un peu de coquetterie pour le dernier enfant[2] ?

Les cruelles parties de trictrac[3] avaient été interrompues entre le comte et moi. Ses dernières acquisitions l'obligeaient à une foule de courses, de reconnaissances, de vérifications, de bornages[4] et d'arpentages[5] ; il était occupé d'ordres à donner, de travaux champêtres[6] qui voulaient l'œil du maître, et qui se décidaient entre sa femme et lui. Nous allâmes souvent, la comtesse et moi, le retrouver dans les nouveaux domaines avec ses deux enfants qui durant le chemin couraient après des insectes, des cerfs-volants, des couturières, et faisaient aussi leurs bouquets, ou, pour être exact, leurs bottes de fleurs. Se promener avec la femme qu'on aime, lui donner le bras, lui choisir son chemin ! ces joies illimitées suffisent à une vie. Le discours est alors si confiant ! Nous allions seuls, nous revenions avec le général, surnom de raillerie douce que nous donnions au comte quand il était de bonne humeur. Ces deux manières de faire la route nuançaient notre plaisir par des oppositions dont le secret n'est connu que des cœurs gênés dans leur union. Au retour, les mêmes félicités[7], un regard, un serrement de main, étaient entremêlés d'inquiétudes. La parole, si libre pendant l'aller, avait au retour de mystérieuses significations, quand l'un de nous trouvait, après quelque intervalle, une réponse à des interrogations insidieuses[8], ou qu'une discussion commencée se continuait sous ces formes énigmatiques auxquelles se prête si bien notre langue et que créent si ingénieusement les femmes. Qui n'a goûté le plaisir de s'entendre ainsi comme dans une sphère inconnue où les esprits se séparent de la foule et s'unissent en trompant les lois vulgaires ? Un jour j'eus un fol espoir promptement dissipé quand, à une demande du comte, qui voulait savoir de quoi nous parlions, Henriette[9] répondit par une phrase à double sens dont il se paya[10]. Cette innocente raillerie amusa Madeleine[11] et fit après coup rougir sa mère, qui m'apprit par un regard sévère qu'elle pouvait me retirer son âme comme elle m'avait naguère retiré sa main, voulant demeurer une irréprochable épouse. Mais cette union purement spirituelle a tant d'attraits que le lendemain nous recommençâmes.

Chapitre II, « Les premières amours » (extrait).

---

1. Visage de Blanche de Mortsauf.
2. La comtesse considère Félix comme son fils.
3. Jeu de dés.
4. Délimitations de terrain.
5. Mesures de superficie (en arpents).
6. Travaux des champs.
7. Joies.
8. Pleines de sous-entendus et d'indiscrétions.
9. Surnom de Blanche.
10. Se contenta.
11. Fille de la comtesse.

Camille Pissarro (1831-1903), *Louveciennes* : détail (XIXᵉ siècle), huile sur toile, 45,8 x 55,7 cm (Hampshire, Southampton City Art Gallery).

Questions DE LECTURE ANALYTIQUE

1. À quel temps le premier paragraphe est-il rédigé ? Quelle est sa valeur ?
2. Observez les phrases exclamatives (l. 14-16) et interrogatives (l. 26-28) : à qui s'adressent-elles ? Quel sentiment du narrateur expriment-elles ?
   ▶ PARTIE II, p. 387 : LES OUTILS GRAMMATICAUX
3. Comment l'*union* évoquée dans la dernière phrase est-elle présente dans tout le discours qui précède ?
4. Relevez les mots et expressions qui révèlent la complicité des deux personnages. Quel effet produisent-ils ?
5. Quel événement traduit la complexité de Madame de Mortsauf, son statut de femme adultère ? Quel oxymore permet de le montrer ?
   ▶ p. 392 : LES FIGURES DE RHÉTORIQUE
6. **Question de synthèse** : quelles données descriptives inscrivent cette scène dans le mouvement romantique ▶ SYNTHÈSE, « Le romantisme », p. 186 ?
   ▶ p. 411 : LE DISCOURS DESCRIPTIF

Texte 4

STENDHAL
La Chartreuse de Parme (1839)

Biographie p. 568

Dernier roman achevé de Stendhal, La Chartreuse de Parme *raconte l'histoire de Fabrice del Dongo, depuis sa naissance dans une famille milanaise jusqu'à sa mort comme archevêque de Parme. Parce qu'il a tué un homme en duel, il est emprisonné à la tour Farnèse. Il tombe alors amoureux de la fille de son geôlier, Clélia Conti.*

Il y avait lune ce jour-là, et au moment où Fabrice entrait dans sa prison, elle se levait majestueusement à l'horizon à droite, au-dessus de la chaîne des Alpes, vers Trévise. Il
5 n'était que huit heures et demie du soir, et à l'autre extrémité de l'horizon, au couchant, un brillant crépuscule rouge orangé dessinait parfaitement les contours du mont Viso et des autres pics des Alpes qui remontent de
10 Nice vers le mont Cenis et Turin ; sans songer autrement à son malheur, Fabrice fut ému et ravi par ce spectacle sublime. C'est donc dans ce monde ravissant que vit Clélia Conti ! avec son âme pensive et sérieuse, elle doit jouir de
15 cette vue plus qu'une autre ; on est ici comme dans des montagnes solitaires à cent lieues de Parme. Ce ne fut qu'après avoir passé plus de deux heures à la fenêtre, admirant cet horizon qui parlait à son âme, et souvent aussi arrêtant
20 sa vue sur le joli palais du gouverneur que Fabrice s'écria tout à coup : « Mais ceci est-il une prison ? est-ce là ce que j'ai tant redouté ? » Au lieu d'apercevoir à chaque pas des désagréments et des motifs d'aigreur, notre héros se laissait charmer par les douceurs de la prison.

Livre second, chapitre XVIII (extrait).

Ci-contre :
Château-fort, gravure de V. Foulquier pour *La Chartreuse de Parme* de Stendhal (Paris, BnF).

Questions DE LECTURE ANALYTIQUE

1. Comment la description du paysage se développe-t-elle ? Quels éléments sont mis en évidence, suivant quelle disposition ?
▶ PARTIE II, p. 411 : LE DISCOURS DESCRIPTIF

2. Relevez les indices temporels donnés par le narrateur. Quelle image romantique se dégage de ce tableau ▶ SYNTHÈSE, « Le romantisme », p. 186 ?

3. Étudiez la modalisation. Quelle est l'attitude de Fabrice devant le paysage ?
▶ p. 413 : LE DISCOURS ARGUMENTATIF

4. Fabrice se contente-t-il de sa propre vision ? À partir de quel moment cette vision évolue-t-elle ?

ORAL
Préparez un exposé oral de cinq minutes où vous vous demanderez en quoi les textes 3 et 4 de cette séquence peuvent être rattachés au mouvement romantique. Vous vous aiderez de la synthèse ▶ p. 186 et des conseils de préparation d'exposé.
▶ PARTIE III, p. 544 : PRÉPARER UN EXPOSÉ

Texte 5

MARCEL PROUST
Du côté de chez Swann (1913)

Biographie p. 566

Marcel Proust a écrit un roman en sept tomes, À la recherche du temps perdu *(1913-1927), où le narrateur-personnage oscille entre une auto-analyse poussée et une dissection minutieuse de la société à laquelle il appartient. Voici le début du premier livre, juste après que le narrateur a évoqué ses insomnies enfantines.*

Ma seule consolation, quand je montais me coucher, était que maman viendrait m'embrasser quand je serais dans mon lit. Mais ce bonsoir durait si peu de temps, elle redescendait si vite, que le moment où je l'entendais monter, puis où passait dans le couloir à double porte le bruit léger de sa robe de jardin en mousseline bleue, à laquelle pendaient de petits cordons de paille tressée, était pour moi un moment douloureux. Il annonçait celui qui allait le suivre, où elle m'aurait quitté, où elle serait redescendue. De sorte que ce bonsoir que j'aimais tant, j'en arrivais à souhaiter qu'il vînt le plus tard possible, à ce que se prolongeât le temps de répit où maman n'était pas encore venue. Quelquefois quand, après m'avoir embrassé, elle ouvrait la porte pour partir, je voulais la rappeler, lui dire « embrasse-moi une fois encore », mais je savais qu'aussitôt elle aurait son visage fâché, car la concession qu'elle faisait à ma tristesse et à mon agitation en montant m'embrasser, en m'apportant ce baiser de paix, agaçait mon père qui trouvait ces rites absurdes, et elle eût voulu tâcher de m'en faire perdre le besoin, l'habitude, bien loin de me laisser prendre celle de lui demander, quand elle était déjà sur le pas de la porte, un baiser de plus. Or la voir fâchée détruisait tout le calme qu'elle m'avait apporté un instant avant, quand elle avait penché vers mon lit sa figure aimante, et me l'avait tendue comme une hostie pour une communion de paix où mes lèvres puiseraient sa présence réelle et le pouvoir de m'endormir.

Première partie, « Combray », chapitre I (extrait).

Questions DE LECTURE ANALYTIQUE

1. Quel est le temps dominant ? Quelle est sa valeur ?
2. Quels sentiments paradoxaux* l'apparition de la mère suscite-t-elle ?
3. Quelle est la comparaison qui permet de donner de l'importance à la mère ? Quels autres éléments ont la même fonction ?
   ➤ PARTIE II, p. 392 : LES FIGURES DE RHÉTORIQUE
4. Relevez les connecteurs logiques. Ce texte est-il pour autant un texte argumentatif ? Expliquez.
   ➤ p. 413 : LE DISCOURS ARGUMENTATIF
5. **Question de synthèse** : quel registre littéraire attribueriez-vous à cette page ? Justifiez.
   ➤ p. 418 : LES REGISTRES LITTÉRAIRES

LECTURE D'UN CORPUS
Les textes 1 à 5 composent un corpus. Répondez aux questions suivantes.

a. Quelle est la focalisation dominante dans ces textes ? Quelle est sa fonction ?
   ➤ p. 443 : LE NARRATEUR ET LA FOCALISATION
b. Pourquoi le discours indirect libre est-il si fréquemment utilisé ?
   ➤ p. 455 : LES DISCOURS RAPPORTÉS
   ➤ PARTIE III, p. 502 : RÉPONDRE À UNE QUESTION D'ANALYSE SUR UN CORPUS

Virginia Woolf
Mrs Dalloway (1925)

Mrs Dalloway est le récit d'une journée à Londres. Préparant une soirée mondaine à son domicile, le personnage éponyme* s'affaire, courant dans les rues, songeant à sa réception, à son passé, à ses proches… Soudain animée d'une haine qui resurgit en elle, elle se réfugie chez le fleuriste pour apaiser son âme tourmentée.

[…] Il s'agissait bien d'un monstre qui fouissait au milieu des racines, comme si toute la panoplie du contentement n'était que du narcissisme[1] ! Cette haine ! C'est ridicule, ridicule ! s'écria-t-elle *in petto*[2] en poussant la porte battante de Mulberry's, le fleuriste.

Elle s'avançait, légère, grande, très droite, et fut aussitôt accueillie par Miss Pym, au visage petit et rond, dont les mains étaient toujours rouge vif, comme si elles avaient trempé dans l'eau froide avec les fleurs.

Des fleurs, il y en avait : des delphiniums[3], des pois de senteur, des branches entières de lilas ; et des œillets, des brassées d'œillets. Il y avait des roses ; il y avait des iris.

Oh oui – et elle inhalait la douce odeur de jardin, mêlée de terre, tout en restant à parler avec Miss Pym qui se devait de l'aider, et qui appréciait sa bonté, car elle avait montré de la bonté jadis ; beaucoup de bonté, mais elle faisait plus vieux, cette année, à la regarder tourner la tête de-ci, de-là au milieu des iris et des roses et des lilas qui se balançaient ; les yeux mi-clos, humant, après le tumulte de la rue, les odeurs délicieuses, la fraîcheur exquise. Puis elle ouvrit les yeux : qu'elles étaient fraîches, les roses, comme du linge tuyauté[4] tout propre, rentrant de la blanchisserie dans des corbeilles d'osier ; et sombres et soignés les œillets rouges qui redressaient la tête ; et tous les pois de senteur s'étalant dans leurs vases, veinés de violet, d'un blanc de neige, pâles – comme si c'était le soir, et que des jeunes filles en robe de mousseline étaient venues cueillir les pois de senteur et les roses à la fin de la superbe journée d'été, avec son ciel bleu nuit, ses delphiniums, ses œillets, ses arums[5] ; que c'était le moment où toutes les fleurs – les roses, les œillets, les iris, les lilas – luisent d'un doux éclat ; où chaque fleur semble brûler de ses propres feux, avec douceur, avec pureté, au milieu des massifs embrumés ; et comme elle aimait les papillons de nuit gris pâle qui tourbillonnaient en tous sens au-dessus de l'héliotrope[6], au-dessus des primevères du soir !

Et tout en allant avec Miss Pym d'un vase à l'autre, faisant son choix, ridicule, ridicule, se disait-elle, avec de moins en moins de véhémence, comme si cette beauté, cet air qui sentait bon, ces couleurs, et la sympathie, la confiance de Miss Pym, tout cela était une vague par laquelle elle se laissait envelopper, et qui venait submerger cette haine, ce monstre, tout submerger ; et la vague la soulevait, la soulevait, lorsque – oh, une détonation, là dehors, dans la rue !

« Oh mon Dieu, ces automobiles », dit Miss Pym, s'approchant de la vitrine pour regarder, et revenant avec un sourire d'excuse, les mains pleines de pois de senteur, comme si c'était de sa faute à elle, ces automobiles, ces pneus d'automobiles.

Extrait, traduction de M.-C. Pasquier,
© LGF, 1994.

---

1. Amour de soi, de sa propre personne.
2. En elle-même, dans son cœur.
3. Variété de plante herbacée.
4. Linge plissé en forme de tuyaux.
5. Plantes aux fleurs en forme de cornet.
6. Tournesol.

Francis Picabia (1879-1954), *Lunaris* (1928),
peinture, 110 x 95 cm (New York, Henry und Cheryl Welt).

Questions DE LECTURE ANALYTIQUE

1. Quelle est la focalisation adoptée ? Relevez les termes et les expressions qui le prouvent.
   ➤ **PARTIE II, p. 443 :** LE NARRATEUR ET LA FOCALISATION
2. À quels moments l'intériorité du personnage est-elle le plus perceptible ? grâce à quelle modalité de phrase ?
   ➤ **p. 387 :** LES OUTILS GRAMMATICAUX
3. Quelle est la forme de discours qui domine entre ces précisions d'ordre psychologique ? Que nous apprend-elle de l'héroïne ?
   ➤ **p. 408 :** LES FORMES DE DISCOURS
4. Que se passe-t-il dans le dernier paragraphe ? Que peut symboliser cet événement ?

5. **Question de synthèse :** définissez l'originalité et la sensibilité de ce monologue intérieur ➤ **SYNTHÈSE, p. 139**.

D'UN TEXTE À L'AUTRE
Comparez la description de la serre dans l'extrait de *La Curée* de Zola ➤ **p. 236** avec cet extrait de Virginia Woolf.
a. Quels sont les points communs observés dans l'emploi des figures de rhétorique et de l'ambiance évoquée ?
   ➤ **p. 392 :** LES FIGURES DE RHÉTORIQUE
b. Quelle évocation semble la plus audacieuse ?

SYNTHÈSE

Du roman précieux au roman d'auto-analyse

• Marqué par l'épopée jusqu'au XVIe siècle ▶ SYNTHÈSE, p. 124, le roman s'attache avant tout aux sentiments dès le XVIIe siècle. L'analyse psychologique devient essentielle au XXe siècle. Intrigue et aventures passent au second plan.

1 Du roman pastoral au roman classique

• **Le roman pastoral sous Louis XIII (1610-1643)** : l'aventure et l'Histoire deviennent un décor et l'intérêt se déplace vers l'**analyse des sentiments**.
EX. : *L'Astrée* d'H. d'Urfé (1632-1633, œuvre posthume*) ; les personnages sont des bergers et des bergères préoccupés d'amour.

• **Le roman précieux** analyse minutieusement les sentiments des personnages avec un **vocabulaire psychologique** précis.
EX. : *Clélie* de Mlle de Scudéry (1654-1660), roman en dix tomes qui décrit la passion amoureuse de façon métaphorique, dans la « Carte du Tendre ».
▶ PARTIE II, p. 392 : LES FIGURES DE RHÉTORIQUE

• **Le roman classique** devient la référence en matière de récit.
EX. : *La Princesse de Clèves* de Mme de La Fayette (1678) ▶ TEXTE 1, p. 128, roman caractéristique du classicisme. Les personnages sont nobles (la cour de Henri II), représentent la morale religieuse (une priorité sous Louis XIV) et l'idéal classique de l'**honnête homme**, mesuré dans son propos et son attitude. La psychologie des personnages allie préciosité (art de vivre et langage raffinés) et normes classiques, donnant naissance au **roman psychologique**.

2 Des sentiments aux idées

• **Le roman sensible** développe le goût des scènes passionnelles ou attendrissantes.
EX. : *Manon Lescaut* de l'abbé Prévost (1731) ▶ TEXTE 2, p. 130.

• **Le roman épistolaire*** multiplie les points de vue par l'échange des lettres.
EX. : Les *Lettres persanes* de Montesquieu (1721) ; Les *Liaisons dangereuses* de Laclos (1782) ▶ EXERCICE 1, p. 140.
Rousseau décrit précisément les mouvements du cœur étudiés comme des personnages.
EX. : *La Nouvelle Héloïse* de Rousseau (1761).

• **Le récit philosophique** innove avec les contes de Voltaire et le bouleversement de l'écriture romanesque apporté par Diderot (*Jacques le Fataliste*, 1765-1773).

3 L'affirmation du moi

• **Le « roman du moi »** : héritier du roman sensible, il prend son essor avec les **romantiques** ▶ CHAPITRE 4, p. 174.
EX. : *Indiana* de George Sand (1832).

• **Le roman réaliste** : les écrivains de **la génération suivante** s'écartent du romantisme pour le réalisme ▶ CHAPITRE 5, p. 218. L'intériorité reste la préoccupation majeure mais elle est relativisée au profit de la **peinture sociale**.
EX. : **Balzac** dans *Le Lys dans la vallée* (1836) ▶ TEXTE 3, p. 133 ou **Stendhal** dans *La Chartreuse de Parme* (1839) ▶ TEXTE 4, p. 135.

4 La révolution subjective

• **Le projet de Proust** : l'entreprise romanesque de Proust affirme l'univers du **moi**. *À la recherche du temps perdu* (1913-1927) est à la fois :
– un panorama de la société française de la Belle Époque ;
– une reconstruction subjective du monde dans la conscience d'un narrateur-personnage ▶ TEXTE 5, p. 136 et EXERCICE 3, p. 141.

• **Le roman d'auto-analyse** : dans toute l'Europe se développe le roman d'auto-analyse (appelé roman du flux de conscience ou du monologue intérieur), fondé sur la **sensibilité individuelle** et influencé par la **psychanalyse**. Le narrateur-personnage est saisi dans ses pensées les plus intimes.
EX. : Italo Svevo, *La Conscience de Zeno*, 1920 (Italie) ; Virginia Woolf, *Mrs Dalloway*, 1925 (Angleterre) ▶ TEXTE 6, p. 137 ; James Joyce, *Ulysse*, 1929 (Irlande) ▶ EXERCICE 4, p. 141 ; Robert Musil, *L'Homme sans qualités*, 1931-1933 (Autriche).

▶ **BIOGRAPHIES DES AUTEURS p. 560**

EXERCICES D'APPROFONDISSEMENT

1 Le roman épistolaire

1. Quels sont les sentiments exprimés par la présidente de Tourvel ? suivant quel champ lexical ?
2. Relevez les hyperboles : quel registre littéraire soulignent-elles ?
   ➤ PARTIE II, p. 392 : LES FIGURES DE RHÉTORIQUE
   ➤ p. 418 : LES REGISTRES LITTÉRAIRES
3. Quelles phrases et quelles métaphores montrent l'influence du roman sensible ?
   ➤ p. 392 : LES FIGURES DE RHÉTORIQUE

Roman libertin, Les Liaisons dangereuses *relatent par un échange de correspondance, essentiellement entre le vicomte de Valmont et la marquise de Merteuil, des stratagèmes destinés à tromper et à avilir ceux qui se laissent séduire. La présidente de Tourvel témoigne dans l'une de ses lettres de son émotion après avoir été trompée par Valmont.*

Le voile est déchiré, Madame, sur lequel était peinte l'illusion de mon bonheur. La funeste vérité m'éclaire, et ne me laisse voir qu'une mort assurée et prochaine, dont la route m'est
5 tracée entre la honte et le remords. Je la suivrai… je chérirai mes tourments s'ils abrègent mon existence. Je vous envoie la Lettre que j'ai reçue hier ; je n'y joindrai aucune réflexion, elle les porte avec elle. Ce n'est plus le temps de
10 se plaindre, il n'y a plus qu'à souffrir. Ce n'est pas de pitié que j'ai besoin, c'est de force.
Recevez, Madame, le seul adieu que je ferai, et exaucez ma dernière prière ; c'est de me laisser à mon sort, de m'oublier entièrement, de ne
15 plus me compter sur la terre. Il est un terme dans le malheur, où l'amitié même augmente nos souffrances et ne peut les guérir. Quand les blessures sont mortelles, tout secours devient inhumain. Tout autre sentiment m'est
20 étranger, que celui du désespoir. Rien ne peut plus me convenir, que la nuit profonde où je vais ensevelir ma honte. J'y pleurerai mes fautes, si je puis pleurer encore ! car, depuis hier, je n'ai pas versé une larme. Mon cœur
25 flétri n'en fournit plus.

Adieu, Madame. Ne me répondez point. J'ai fait le serment sur cette lettre cruelle de n'en plus recevoir aucune.

À Mme de Rosemonde, Paris, ce 27 novembre 17*
CHODERLOS DE LACLOS, *Les Liaisons dangereuses,*
lettre 143 (1782).

2 L'héritage

1. Quelle comparaison et quelles métaphores Frédéric utilise-t-il pour évoquer Mme Arnoux ?
   ➤ p. 392 : LES FIGURES DE RHÉTORIQUE
2. Relevez et analysez les procédés lexicaux et grammaticaux qui font de cette déclaration un texte lyrique.
   ➤ p. 425 : LE REGISTRE LYRIQUE
3. Relevez et expliquez les termes qui montrent que Frédéric analyse ses sentiments. Vous observerez en particulier les verbes employés.

L'Éducation sentimentale *est le récit de toute une génération sacrifiée par les bouleversements politiques de la Monarchie de Juillet (1830-1848). À la fin du roman, Frédéric se jette aux pieds de Mme Arnoux qu'il a passé des années à aimer alors qu'elle ne pouvait, vu son âge et sa situation sociale, n'être qu'une mère pour lui.*

« Votre personne, vos moindres mouvements me semblaient avoir dans le monde une importance extra-humaine. Mon cœur, comme de la poussière, se soulevait derrière vos pas. Vous
5 me faisiez l'effet d'un clair de lune par une nuit d'été, quand tout est parfums, ombres douces, blancheurs, infini ; et les délices de la chair et de l'âme étaient contenues pour moi dans votre nom, que je me répétais, en tâchant de le
10 baiser sur mes lèvres. Je n'imaginais rien au-delà. C'était Mme Arnoux telle que vous étiez, avec ses deux enfants, tendre, sérieuse, belle à éblouir, et si bonne ! Cette image-là effaçait toutes les autres. Est-ce que j'y pensais, seulement ! puisque j'avais
15 toujours au fond de moi-même la musique de votre voix et la splendeur de vos yeux ! »

GUSTAVE FLAUBERT, *L'Éducation sentimentale,*
Troisième partie, fin du chapitre VI (extrait, 1869).

3 Le roman d'analyse moderne

1. Qu'est-ce qui déclenche le souvenir ? Que permet-il de mettre en relation ?
2. Quels détails, quelles expressions indiquent que la narration est limitée à un individu subjectif ?
3. Comment Proust introduit-il la peinture sociale ?

ÉCRITURE D'INVENTION
Restituez au discours direct l'intégralité du dialogue opposant le narrateur-personnage et Albertine.
▶ p. 455 : LES DISCOURS RAPPORTÉS
▶ PARTIE III, p. 488 : L'ÉCRITURE D'INVENTION

*Cinquième tome d'*À la recherche du temps perdu, *La Prisonnière raconte les aléas de la relation du narrateur-personnage avec l'imprévisible Albertine dont le moindre mouvement, la moindre parole deviennent pour lui évocation et souvenir.*

Après le dîner, je dis à Albertine que j'avais envie de profiter de ce que j'étais levé pour aller voir des amis, Mme de Villeparisis, Mme de Guermantes, les Cambremer, je ne savais trop, ceux que je trouverais chez eux. Je tus seulement le nom de ceux chez qui je comptais aller, les Verdurin. Je lui demandai si elle ne voulait pas venir avec moi. Elle allégua¹ qu'elle n'avait pas de robe. « Et puis, je suis si mal coiffée. Est-ce que vous tenez à ce que je continue à garder cette coiffure ? » Et pour me dire adieu elle me tendit la main de cette façon brusque, le bras allongé, les épaules se redressant, qu'elle avait jadis sur la plage de Balbec, et qu'elle n'avait plus jamais eue depuis. Ce mouvement oublié refit du corps qu'il anima celui de cette Albertine qui me connaissait encore à peine. Il rendit à Albertine, cérémonieuse sous un air de brusquerie, sa nouveauté première, son inconnu, et jusqu'à son cadre².

MARCEL PROUST,
La Prisonnière (extrait, 1923).

1. Mit en avant, se justifia.
2. Le milieu dans lequel elle est apparue.

4 Le renouveau européen

1. Observez la syntaxe. Que remarquez-vous ? Quel effet est produit ?
   ▶ p. 387 : LES OUTILS GRAMMATICAUX
2. Qui s'exprime dans ce passage ? suivant quelle modalité de phrase ?
   ▶ p. 387 : LES OUTILS GRAMMATICAUX
3. Quel genre de relation le lecteur peut-il nouer avec ce type de narrateur ?
   ▶ p. 443 : LE NARRATEUR ET LA FOCALISATION

ÉCRITURE D'INVENTION
Suivant le modèle de Joyce ou de V. Woolf
▶ TEXTE 6, p. 137, mettez-vous dans la peau d'un narrateur-personnage d'aujourd'hui tourmenté par l'emploi du temps de sa journée. Vous insisterez sur le vocabulaire psychologique et sur tous les procédés stylistiques et grammaticaux propres au monologue intérieur ▶ SYNTHÈSE, p. 139.
▶ p. 486 : L'ÉCRITURE D'INVENTION

James Joyce a révolutionné le roman avec Ulysse, *très long récit d'une seule journée à Dublin, construit suivant la structure de l'*Odyssée *d'Homère* ▶ p. 114.

Compatissante une douce brise passa sur les têtes nues dans un soupir. Un soupir. Le petit garçon au bord de la tombe et tenant sa couronne à deux mains fixait tranquillement le grand trou sombre. M. Bloom vint se placer derrière la rassurante carrure du conservateur. Bien coupée, sa redingote. Les observe en se demandant peut-être quel sera le prochain. Bon, eh bien ce n'est qu'un long repos. Plus de sensations. C'est sur le moment que tu ressens. Doit être sacrément désagréable. Tu ne peux pas le croire d'abord. Doit être une erreur : pas toi. Voyez la maison en face. Attendez, il faut que je. Je n'ai pas encore. Puis plongée dans le noir la chambre mortuaire. C'est de la lumière que tu voudrais. Chuchotements autour de toi. Souhaitez-vous voir un prêtre ?

JAMES JOYCE, *Ulysse*, II (extrait, 1929),
traduction de J. Aubert, © Gallimard, 2004.

▶ BIOGRAPHIES DES AUTEURS p. 560

SÉQUENCE 10 — Le roman français depuis 1945 : un monde désenchanté

Objectif

Étudier l'évolution du roman depuis 1945.

Au sortir de la Seconde Guerre mondiale, le roman se modifie : tendant à s'éloigner du modèle épique et de l'engagement, il affirme la psychologie des personnages et se fait le témoin d'un monde de plus en plus désenchanté où la notion de héros est difficile à cerner.

CORPUS DE LA SÉQUENCE

- *Texte 1* — A. Camus, ***La Peste*** (1947)
- *Texte 2* — A. Robbe-Grillet, ***La Jalousie*** (1957)
- *Texte 3* — G. Perec, ***Un homme qui dort*** (1967)
- *Texte 4* — A. Cohen, ***Belle du Seigneur*** (1968)
- *Texte 5* — P. Modiano, ***Villa triste*** (1975)
- *Image* — É. Rohmer, *Les Nuits de la pleine lune* (1984)
- *Texte 6* — M. Kundera, ***L'Ignorance*** (2000)

Notions de la séquence	Liens avec la partie II
La description dans le récit (*texte 1*)	▶ p. 411 : LE DISCOURS DESCRIPTIF
Le portrait (*texte 2*)	
Narrateur, personnages et focalisations (*textes 2 à 4*)	▶ p. 443 : LE NARRATEUR ET LA FOCALISATION
Le statut particulier du narrateur-personnage (*textes 2 à 4*)	
Thématique du désenchantement (*textes 1 à 6*)	▶ p. 425 : LE REGISTRE LYRIQUE ET LE REGISTRE ÉLÉGIAQUE
Du roman engagé au roman nihiliste, en passant par le Nouveau Roman (*histoire littéraire*)	
Les propos et les pensées des personnages (*textes 2 à 6*)	▶ p. 455 : LES DISCOURS RAPPORTÉS
Analyse d'un photogramme	▶ p. 396 : L'ANALYSE DE L'IMAGE
	Liens avec la partie III
Exposé d'histoire littéraire sur le Nouveau Roman (*texte 2*)	▶ p. 544 : PRÉPARER UN EXPOSÉ
Changer de registre (*texte 3*)	▶ p. 488 : TRANSPOSER
Rédiger une lettre ou un monologue intérieur (*texte 4*)	▶ p. 486 : L'ÉCRITURE D'INVENTION
Faire dialoguer deux personnages (*à partir d'une image*)	▶ p. 496 : INVENTER ET ARGUMENTER
Rédiger un paragraphe argumentatif de dissertation (*texte 6*)	▶ p. 538 : RÉDIGER UNE INTRODUCTION, UNE CONCLUSION ET DES PARAGRAPHES ARGUMENTATIFS DE DISSERTATION

Texte 1

ALBERT CAMUS
La Peste (1947)

Biographie p. 561

Camus ouvre son roman de façon traditionnelle en décrivant le lieu de l'action : la ville d'Oran où va se développer la peste, événement funeste qui modifiera les relations entre les habitants.

Les curieux événements qui font le sujet de cette chronique[1] se sont produits en 194., à Oran[2]. De l'avis général, ils n'y étaient pas à leur place, sortant un peu de l'ordinaire. À première vue, Oran est, en effet, une ville ordinaire et rien de plus qu'une préfecture française de la côte algérienne[3].

La cité elle-même, on doit l'avouer, est laide. D'aspect tranquille, il faut quelque temps pour apercevoir ce qui la rend différente de tant d'autres villes commerçantes, sous toutes les latitudes. Comment faire imaginer, par exemple, une ville sans pigeons, sans arbres et sans jardins, où l'on ne rencontre ni battements d'ailes ni froissements de feuilles, un lieu neutre pour tout dire ? Le changement des saisons ne s'y lit que dans le ciel. Le printemps s'annonce seulement par la qualité de l'air ou par les corbeilles de fleurs que de petits vendeurs ramènent des banlieues ; c'est un printemps qu'on vend sur les marchés. Pendant l'été, le soleil incendie les maisons trop sèches et couvre les murs d'une cendre grise ; on ne peut plus vivre alors que dans l'ombre des volets clos. En automne, c'est, au contraire, un déluge de boue. Les beaux jours viennent seulement en hiver.

Une manière commode de faire la connaissance d'une ville est de chercher comment on y travaille, comment on y aime et comment on y meurt. Dans notre petite ville, est-ce l'effet du climat, tout cela se fait ensemble, du même air frénétique[4] et absent. C'est-à-dire qu'on s'y ennuie et qu'on s'y applique à prendre des habitudes. Nos concitoyens travaillent beaucoup, mais toujours pour s'enrichir. Ils s'intéressent surtout au commerce et ils s'occupent d'abord, selon leur expression, de faire des affaires. Naturellement, ils ont du goût aussi pour les joies simples, ils aiment les femmes, le cinéma et les bains de mer. Mais, très raisonnablement, ils réservent ces plaisirs pour le samedi soir et le dimanche, essayant, les autres jours de la semaine, de gagner beaucoup d'argent.

Incipit, © Gallimard.

1. Récit historiquement situé.
2. Grande ville algérienne de la côte méditerranéenne.
3. L'action se déroule au moment où l'Algérie est encore un territoire français constitué de trois départements, et non un pays indépendant.
4. Agité.

Questions DE LECTURE ANALYTIQUE

1. Quels adjectifs qualificatifs caractérisent la ville d'Oran ? Quel tableau en brossent-ils ?
   ▶ PARTIE II, p. 387 : LES OUTILS GRAMMATICAUX

2. Relevez les repères temporels : quelle image donnent-ils du rythme de cette ville ?
   ▶ p. 446 : LE CADRE SPATIO-TEMPOREL ET LE SCHÉMA ACTANTIEL

3. Qu'accentuent les négations et les structures exceptives (*ne... que*) du paragraphe 2 ?

4. Quelles sont les activités des habitants ? Quelle atmosphère donnent-elles à la ville ?

5. Grâce à quels pronoms la présence du narrateur se manifeste-t-elle ? Commentez l'énonciation de cet *incipit*.
   ▶ p. 387 : LES OUTILS GRAMMATICAUX

6. Sur quel contraste le premier paragraphe joue-t-il ? grâce à quelle antithèse ?
   ▶ p. 392 : LES FIGURES DE RHÉTORIQUE

7. **Question de synthèse** : la présentation d'une telle ville n'est-elle pas paradoxale* en ouverture de roman ?

Alain Robbe-Grillet
La Jalousie (1957)

Biographie p. 566

Robbe-Grillet crée un nouveau mode de récit descriptif avec un narrateur qui observe minutieusement le monde. Assistant à la décomposition de son couple, il épie les allées et venues de sa femme A…, vaguement occupée à des gestes quotidiens et à des dialogues avec un autre homme. Réalité ou fantasme ?

L'homme est toujours immobile, penché vers l'eau boueuse, sur le pont en rondins recouverts de terre. Il n'a pas bougé d'une ligne : accroupi, la tête baissée, les avant-bras s'appuyant sur les cuisses, les deux mains pendant entre les genoux écartés. Il a l'air de guetter quelque chose, au fond de la petite rivière – une bête, un reflet, un objet perdu.

Devant lui, dans la parcelle qui longe l'autre rive, plusieurs régimes[1] semblent mûrs pour la coupe, bien que la récolte n'ait pas encore commencé, dans ce secteur. Au bruit d'un camion qui change de vitesse, sur la grand-route, de l'autre côté de la maison, répond de ce côté-ci le grincement d'une crémone[2]. La première fenêtre de la chambre s'ouvre à deux battants.

Le buste de A… s'y encadre, ainsi que la taille et les hanches. Elle dit « Bonjour », du ton enjoué de quelqu'un qui, ayant bien dormi, se réveille l'esprit vide et dispos[3] – ou de quelqu'un qui préfère ne pas montrer ses préoccupations, arborant par principe toujours le même sourire.

Elle se retire aussitôt vers l'intérieur, pour reparaître un peu plus loin quelques secondes après – dix secondes peut-être, mais à une distance comprise entre deux et trois mètres, en tout cas – dans une nouvelle embrasure[4], à la place des jalousies[5] de la seconde fenêtre dont les quatre séries de lames viennent de s'effacer en arrière. Là elle s'attarde davantage, en profil perdu[6], tournée vers le pilier d'angle de la terrasse, qui soutient l'avancée du toit.

Elle ne peut apercevoir, de son poste d'observation, que la verte étendue des bananiers, le bord du plateau et, entre les deux, une bande de brousse inculte, hautes herbes jaunies parsemées d'arbres en petit nombre.

Sur le pilier lui-même, il n'y a rien à voir non plus, si ce n'est la peinture qui s'écaille et, de temps à autre, à intervalles imprévisibles et à des niveaux variés, un lézard gris-rose dont la présence intermittente résulte de déplacements si soudains que personne ne saurait dire d'où il est venu, ni où il est allé quand il n'est plus visible.

A… s'est effacée de nouveau. Pour la retrouver, le regard doit se placer dans l'axe de la première fenêtre : elle est devant la grosse commode, contre la

---

1. Régimes de bananes ; l'action se déroule vraisemblablement en Afrique, dans une ville coloniale.
2. Double verrou fermant une grande fenêtre.
3. Reposé, à l'aise.
4. Fenêtre.
5. Stores ; l'auteur joue sans cesse sur le double sens du terme (jalousie psychologique et jalousie matérielle).
6. Profil incomplet montrant plus le dos que la face d'un individu.

LÉONARDO CREMONINI (né en 1925), *Une chambre, la nuit* (1983),
aquarelle et pastel gras, 32 x 67cm (Italie, Montecatini, coll. Innocenti-Gentili).

35 cloison du fond. Elle entrouvre le tiroir supérieur et se penche vers la partie droite du meuble, où elle cherche longuement un objet qui lui échappe, fouillant à deux mains, déplaçant des paquets et des boîtes et revenant sans cesse au même point, à moins qu'elle ne se livre à un simple rangement de ses affaires.

Extrait du milieu du roman, © Minuit.

Questions DE LECTURE ANALYTIQUE

1. Qui sont les personnages présents ? Comment sont-ils désignés ? avec quel effet sur le lecteur ?
2. Quel est le temps verbal employé ? Quel effet a-t-il sur la façon de regarder ces personnages ?
3. Relevez les repères spatiaux ; quel rôle jouent-ils dans la perception du personnage de A... ?
   ▶ PARTIE II, p. 446 : LE CADRE SPATIO-TEMPOREL ET LE SCHÉMA ACTANTIEL
4. Quel est le décor planté ? Est-il perçu de façon objective ou subjective ? Justifiez.
5. La signification concrète du nom « jalousie » apparaissant dans cette page, quels indices pourraient aussi suggérer son sens psychologique ?

6. **Question de synthèse** : votre lecture du texte vous permet-elle de considérer le narrateur comme un véritable narrateur-personnage ?
   ▶ p. 443 : LE NARRATEUR ET LA FOCALISATION

ORAL

En utilisant la synthèse ▶ p. 154, la biographie ▶ p. 566 et une encyclopédie, vous déterminerez le rôle de l'essai *Pour un nouveau roman* d'Alain Robbe-Grillet. Sélectionnez une citation prouvant que ce texte est un manifeste*.
▶ PARTIE III, p. 544 : PRÉPARER UN EXPOSÉ

Texte 3

GEORGES PEREC
Un homme qui dort (1967)

Biographie p. 565

Connu pour sa création de l'OuLiPo[1] (laboratoire d'expériences littéraires originales comme la rédaction d'un roman entier sans la lettre « e » : La Disparition, 1969), Perec est aussi l'auteur de romans sur la condition de l'homme moderne dévoré par la consommation (Les Choses, 1965). Un Homme qui dort est le récit à la deuxième personne d'un personnage observé quotidiennement dans son détachement progressif du monde, comme en témoigne cet extrait du milieu du récit.

    Tu t'étends sur ta banquette étroite, mains croisées derrière la nuque, genoux haut. Tu fermes les yeux, tu les ouvres. Des filaments tordus dérivent lentement de haut en bas à la surface de ta cornée.

    Tu dénombres et organises les fissures, les écailles, les failles du plafond. Tu regardes ton visage dans ton miroir fêlé.

    Tu ne parles pas tout seul, pas encore. Tu ne hurles pas, surtout pas.

    L'indifférence n'a ni commencement ni fin : c'est un état immuable[2], un poids, une inertie que rien ne saurait ébranler. Des messages du monde extérieur parviennent encore sans doute à tes centres nerveux, mais nulle réponse globale, qui mettrait en jeu la totalité de l'organisme, ne semble pouvoir s'élaborer. Seuls demeurent des réflexes élémentaires : tu ne traverses pas quand le feu est au rouge, tu t'abrites du vent pour allumer ta cigarette, tu te couvres davantage les matins d'hiver, tu changes de polo, de chaussettes, de caleçon et de tricot de corps environ une fois par semaine et de draps un peu moins de deux fois par mois.

    L'indifférence dissout le langage, brouille les signes. Tu es patient, et tu n'attends pas, tu es libre et tu ne choisis pas, tu es disponible et rien ne te mobilise. Tu ne demandes rien, tu n'exiges rien, tu n'imposes rien. Tu entends sans jamais écouter, tu vois sans jamais regarder : les fissures des plafonds, les lames des parquets, le dessin des carrelages, les rides autour de tes yeux, les arbres, l'eau, les pierres, les voitures qui passent, les nuages qui dessinent dans le ciel des formes de nuages.

Extrait, © Denoël.

1. Ouvroir de Littérature Potentielle.
2. Qui ne change pas.

Questions DE LECTURE ANALYTIQUE

1. Relevez les verbes d'action : sont-ils majoritaires ? Que remarquez-vous cependant ?
2. Quelle est l'anaphore de ce texte ? Quel état psychologique permet-elle de souligner ?
   ➤ PARTIE II, p. 392 : LES FIGURES DE RHÉTORIQUE
3. À quelles sensations le personnage est-il soumis ? Quel champ lexical permet de les révéler ?
4. Relevez les énumérations ; à quoi font-elles référence ? Examinez en particulier l'ordre de la dernière énumération.
5. Considérez-vous ce personnage comme un héros ? Pourquoi ?
6. **Question de synthèse** : quel est le registre précis de cette page ? Justifiez.
   ➤ p. 418 : LES REGISTRES LITTÉRAIRES

ÉCRITURE D'INVENTION
Réécrivez cette page à la première personne pour en faire un texte essentiellement lyrique.
   ➤ p. 425 : LE REGISTRE LYRIQUE
   ➤ PARTIE III, p. 488 : TRANSPOSER

Tamara de Lempicka (1898-1980), *Femme au col de fourrure* (1925), huile sur toile, 100 x 75 cm (Collection privée).

Texte 4

Albert Cohen
Belle du Seigneur (1968)

Biographie p. 562

Belle du Seigneur est un vaste roman qui dissèque le sentiment amoureux : histoire d'amour entre une femme passionnée, Ariane, qui s'ennuie à Genève avec un mari distant et trop bourgeois, et Solal, bel amant rêvant d'une femme totalement offerte. Le récit décrit précisément tout le contexte de cette rencontre, raconte les moments intenses de la relation, puis la décomposition progressive d'une liaison qui, de fulgurante, devient morne et torturante. Dans le chapitre LXII, Ariane envoie une lettre à son amant qui en dit long sur la vie désenchantée de l'héroïne.

« Aimé, je me suis arrêtée un moment pour vous dessiner la Grande Ourse et la Petite Ourse sur la feuille ci-jointe, le point rouge étant l'étoile polaire. Gardez ce dessin, il vous servira pour vos prochains voyages en mission[1]. En sortant du restaurant, je suis allée dire à la réception de l'hôtel que je voulais visiter
5 un appartement censément pour renseigner une amie devant arriver bientôt à

1. Solal, comme l'époux d'Ariane, est diplomate en mission pour la SDN dont le siège est à Genève (Société des Nations, ancêtre de l'ONU).

147

Genève. Ils m'ont dit qu'ils n'ont pas d'appartements libres en ce moment, ce à quoi je m'attendais. Alors, astucieusement, je leur ai demandé si je ne pourrais pas jeter un coup d'œil sur l'appartement d'un client absent, dans l'espoir qu'ils me montreraient le vôtre. Hélas, ils ont refusé. Fin de mon astuce. J'ai été alors tentée d'entrer dans un cinéma mais c'était un film d'amour. Le héros est toujours tellement moins bien que vous et cela m'indigne que l'héroïne fasse tant de chichis[2] pour lui, et puis ils s'embrassent trop sur la bouche, ce qui m'agace. Ensuite, j'ai pris un taxi et je me suis fait conduire au Palais des Nations[3]. Je suis restée à regarder les fenêtres de votre bureau. Puis je suis allée dans le parc retrouver notre banc. Mais sur ce même banc deux amoureux dégoûtants s'embrassaient devant tout le monde. J'ai fui.

Ensuite errance morne dans des rues, plus sans vous que jamais et sac à main ballottant de tristesse. Achat d'un livre sur les soins de beauté et d'un autre sur la politique internationale pour n'être pas nulle. Ensuite ai pris le tram pour Annemasse, c'est une petite ville française tout près de Genève, mais en somme vous devez le savoir. J'ai oublié les deux livres dans le tram. Maintenant je vais vous dire pourquoi je suis allée à Annemasse ! C'est pour acheter une alliance ! Je n'ai jamais voulu en porter jusqu'à présent, mais maintenant j'en ai envie. Cela m'a plu de l'acheter en France, c'était plus secret, plus entre nous. Aimé, j'ai dit au bijoutier d'Annemasse que la célébration de mon mariage est fixée au 25 août !

À propos d'Annemasse, un souvenir de mon enfance me revient. Pardon, je vous l'ai déjà raconté un soir, excusez-moi. Autre souvenir qui me revient, d'adolescence, celui-là. Quand j'avais quinze ou seize ans, je cherchais des mots défendus dans le dictionnaire, par exemple étreinte, baiser, passion, et d'autres mots que je ne peux pas dire. Maintenant ce n'est plus nécessaire.

Chapitre LXII, « Jeudi 23 août, 9 heures du soir »,
© Gallimard.

2. Manières excessives.
3. Siège de la SDN ▶ note 1.

Questions DE LECTURE ANALYTIQUE

1. Reconstituez l'emploi du temps d'Ariane en insistant sur ses occupations et sur les lieux fréquentés ; comment sa journée est-elle organisée ? Quelle image cela donne-t-il du personnage ?

2. Relevez les répétitions d'adverbes et de verbes ; sur quels aspects de la personnalité d'Ariane permettent-ils d'insister ?
   ▶ PARTIE II, p. 387 : LES OUTILS GRAMMATICAUX

3. Relevez les termes par lesquels Ariane entre directement en communication avec son destinataire. Quels sentiments révèlent-ils ?
   ▶ p. 387 : LES OUTILS GRAMMATICAUX

4. Dans quelle partie de la lettre peut-on percevoir la passion d'Ariane ? grâce à quel événement et suivant quelle modalité de phrase ?
   ▶ p. 387: LES OUTILS GRAMMATICAUX

5. **Question de synthèse** : l'image de l'amour que propose Albert Cohen vous semble-t-elle heureuse ? Justifiez en vous fondant sur les réponses aux questions précédentes, dans un paragraphe argumentatif parfaitement rédigé.
   ▶ PARTIE III, p. 500 : LE PARAGRAPHE ARGUMENTATIF

ÉCRITURE D'INVENTION

Imaginez au choix :
– la réponse de Solal, l'amant d'Ariane, en tenant compte des informations du paratexte ;
– la réaction de l'époux d'Ariane qui parvient à intercepter la lettre de sa femme.
Dans l'un ou l'autre cas, votre production devra insister sur les sentiments du personnage et réagir à tous les éléments évoqués par Ariane.
   ▶ p. 486 : L'ÉCRITURE D'INVENTION

ALEX KATZ (né en 1927), *Ada avec un bonnet de bain* (1965),
huile sur toile, 152,4 x 182,9 cm (Hamilton N.Y., Paul J. Schupf Collection).

Texte 5

PATRICK MODIANO
Villa triste (1975)

Biographie p. 565

Déraciné, Victor, le narrateur-personnage de Villa triste, *tente d'échapper à une peur dont il ignore la vraie raison. Dans les années 1960, il se retrouve dans une petite ville française près de la Suisse où il fait la connaissance d'Yvonne, qui a gagné la coupe Holigant de l'élégance. C'est l'occasion pour lui de se laisser aller à ses vieux démons, comme le font tous les personnages de Modiano, hantés par un passé obscur.*

1   Cette coupe, où se trouve-t-elle maintenant ? Au fond de quel placard ? De quel débarras ? Les derniers temps, elle nous servait de cendrier. Le socle qui supportait la danseuse était muni en effet d'un rebord circulaire. Nous y écrasions nos cigarettes. Nous avons dû l'oublier dans la chambre d'hôtel et
5   je m'étonne, moi qui suis pourtant attaché aux objets, de ne pas l'avoir emportée.

Au début, pourtant, Yvonne paraissait y tenir. Elle l'avait placée bien en évidence sur le bureau du salon. C'était le début d'une carrière. Ensuite viendraient les Victoires et les Oscars. Plus tard elle en parlerait avec attendrissement devant les journalistes, car il ne faisait pour moi aucun doute qu'Yvonne deviendrait une vedette de cinéma. En attendant, nous avions épinglé dans la salle de bains le grand article de *L'Écho-Liberté*[1].

Nous passions des journées oisives. Nous nous levions assez tôt. Le matin, il y avait souvent une brume – ou plutôt une vapeur bleue qui nous délivrait des lois de la pesanteur. Nous étions légers, si légers… Quand nous descendions le boulevard Carabacel, nous touchions à peine le trottoir. Neuf heures. Le soleil allait bientôt dissiper cette brume subtile. Aucun client, encore, sur la plage du Sporting. Nous étions les seuls vivants avec l'un des garçons de bain, vêtu de blanc, qui disposait les transats et les parasols. Yvonne portait un maillot deux pièces de couleur opale[2] et je lui empruntais son peignoir. Elle se baignait. Je la regardais nager. Le chien lui aussi la suivait des yeux. Elle me faisait un signe de la main et me criait en riant de venir la rejoindre. Je me disais que tout cela était trop beau, et que demain une catastrophe allait survenir. Le 12 juillet 39, pensais-je, un type de mon genre, vêtu d'un peignoir de bain aux rayures rouges et vertes, regardait sa fiancée nager dans la piscine d'Éden-Roc. Il avait peur, comme moi, d'écouter la radio. Même ici au cap d'Antibes, il n'échapperait pas à la guerre… Dans sa tête se bousculaient des noms de refuges mais il n'aurait pas le temps de déserter[3]. Pendant quelques secondes une terreur inexplicable m'envahissait puis elle sortait de l'eau et venait s'allonger à côté de moi pour prendre un bain de soleil.

Chapitre IX (extrait), © Gallimard.

1. Journal local qui a publié les résultats de la coupe de l'élégance.
2. Bleu clair.
3. S'enfuir pour échapper à ses obligations militaires.

Questions DE LECTURE ANALYTIQUE

1. Comment la chronologie de l'histoire de la coupe est-elle organisée dans les deux premiers paragraphes ? Quel rôle les interrogations jouent-elles ?
   ▶ PARTIE II, p. 387 : LES OUTILS GRAMMATICAUX
2. Dans le deuxième paragraphe, grâce à quels procédés le narrateur manifeste-t-il son ironie ?
   ▶ p. 419 : LE REGISTRE COMIQUE
3. Caractérisez l'univers mis en place dans le troisième paragraphe.
4. À quels détails perçoit-on l'angoisse naissante de Victor ?
5. Question de synthèse : que révèle l'emploi de la première personne dans l'ensemble du texte ?

Analyse D'IMAGE

Chapitre **3** • Le récit, de l'épopée à la nouvelle   **SÉQUENCE 10**

Éric Rohmer (né en 1920)
Les Nuits de la pleine lune (1984)

En 1984, le cinéaste Rohmer réalise le dernier volet de sa série « Comédies et Proverbes », Les Nuits de la pleine lune, *avec les comédiens Pascale Ogier (personnage de Louise), Fabrice Luchini (son ami) et Tcheky Karyo (son concubin). Histoire psychologique d'une jeune femme prise entre une vie conjugale morne à Marne-la-Vallée, ville nouvellement construite, et un ami-amant journaliste à Paris, il traite de l'influence du cadre de vie (banlieue ou centre-ville) sur les sentiments et le comportement des individus.*

Questions

1. Comment l'image est-elle structurée ? Analysez en particulier le rôle du plan de la table dans la composition de l'image et la fonction des lignes verticales des colonnes reflétées dans le miroir.
   ➤ PARTIE II, p. 397 : L'IMAGE FIXE
2. Quelle place les personnages occupent-ils dans le plan du photogramme ? Sur quoi l'accent est-il mis ?
3. Quelles couleurs sont utilisées ? Quelle relation ont-elles avec l'état psychologique apparent des personnages ?

ÉCRITURE D'INVENTION
Rédigez le dialogue des deux personnages représentés en employant les registres adaptés à la thématique du désenchantement propre à ce film.
➤ p. 418 : LES REGISTRES LITTÉRAIRES
➤ PARTIE III, p. 486 : L'ÉCRITURE D'INVENTION

151

Jan Zrzavy (1890-1977), *Deux personnes assises à une table* (Prague, Narodni Galerie).

Texte 6

Milan Kundera
L'Ignorance (2000)

Biographie p. 564

D'origine tchèque, le romancier Milan Kundera a constamment été traduit en français ; il a maintenant adopté cette langue dans des récits où il aborde la difficulté de se sentir à l'aise dans son pays d'origine après de nombreuses années d'exil. Le début de L'Ignorance *présente Irena qui, vingt ans après son départ de Bohême, décide de rentrer à Prague, où l'attend une grosse déception.*

1. Région d'Europe centrale, située en République tchèque.
2. Vins réputés, avec une date de référence.

1   Elle a feuilleté ses anciens carnets d'adresses, s'arrêtant longuement sur des noms à demi oubliés ; puis elle a réservé un salon dans un restaurant. Sur une longue table appuyée au mur, à côté des assiettes de petits-fours, douze bouteilles attendent, rangées. En Bohême[1], on ne boit pas de bon vin et on n'a
5   pas l'habitude de garder d'anciens millésimes[2]. Elle a acheté ce vieux vin de bordeaux avec d'autant plus de plaisir : pour surprendre ses invitées, pour leur faire fête, pour regagner leur amitié.

Elle a failli tout gâcher. Gênées, ses amies observent les bouteilles jusqu'à ce que l'une d'elles, pleine d'assurance et fière de sa simplicité, proclame sa préférence pour la bière. Ragaillardies par ce franc-parler, les autres acquiescent[3] et la fervente de bière appelle le garçon.

Irena se reproche d'avoir commis une faute avec sa caisse de bordeaux ; d'avoir bêtement mis en lumière tout ce qui les sépare : sa longue absence du pays, ses habitudes d'étrangère, son aisance. Elle se le reproche d'autant plus qu'elle accorde une grande importance à cette rencontre : elle veut enfin comprendre si elle peut vivre ici, s'y sentir chez elle, y avoir des amis. C'est pourquoi elle ne veut pas se vexer de cette petite goujaterie[4], elle est même prête à y voir une franchise sympathique ; d'ailleurs, la bière à laquelle ses invitées ont manifesté leur fidélité n'est-elle pas le saint breuvage de la sincérité ? le philtre qui dissipe toute hypocrisie, toute comédie des bonnes manières ? qui n'incite ses amateurs qu'à uriner en toute innocence, qu'à grossir en toute candeur ? En effet, les femmes autour d'elle sont chaleureusement grosses, elle ne cessent de parler, débordent de bons conseils et font l'éloge de Gustaf[5] dont elles connaissent toutes l'existence.

Entre-temps le garçon apparaît dans la porte avec dix chopes d'un demi-litre de bière, cinq dans chaque main, grande performance athlétique provoquant des applaudissements et des rires. Elles lèvent les chopes et trinquent : « À la santé d'Irena ! À la santé de la fille retrouvée ! »

Irena boit une modeste gorgée de bière, se disant : Et si c'était Gustaf qui leur avait offert le vin ? L'auraient-elles refusé ? Bien sûr que non. En refusant le vin, c'est elle qu'elles ont refusée. Elle, telle qu'elle est revenue après tant d'années.

3. Approuvent.
4. Impolitesse, maladresse grossière.
5. Ami-amant d'Irena.

Chapitre X (extrait), © Gallimard.

Questions DE LECTURE ANALYTIQUE

1. Sur quelle mise en scène le premier paragraphe repose-t-il ? Analysez en particulier la gradation (l. 6-7) : sur quoi met-elle l'accent ?
   ▶ PARTIE II, p. 392 : LES FIGURES DE RHÉTORIQUE

2. Comparez la longueur et le rythme des premier et deuxième paragraphes : que traduit l'écart ? Sur quoi permet-il d'insister ?

3. Quelles formes de discours rapporté le narrateur utilise-t-il ici ? Laquelle caractérise Irena ?
   ▶ p. 455 : LES DISCOURS RAPPORTÉS

4. Quelles périphrases* désignent la bière ? Quel registre vient perturber le lyrisme des retrouvailles ?
   ▶ p. 425 : LE REGISTRE LYRIQUE

5. Comment l'attitude des amies d'Irena évolue-t-elle ? Quel terme résume leur attitude ?

6. Que permet l'intervention de Gustaf ? En quoi sa présence dans la conversation est-elle un tournant ?

DISSERTATION

Dans un développement de deux paragraphes reliés par un connecteur logique, vous montrerez que Kundera est original dans sa façon de traiter le thème lyrique, voire tragique, de l'exil. Chaque paragraphe proposera un argument accompagné de citations expliquées du texte.
▶ PARTIE III, p. 528 : DE LA LECTURE D'UN CORPUS À LA DISSERTATION

SYNTHÈSE

Le roman français depuis 1945 : la fin des illusions

• Après le traumatisme de la Seconde Guerre mondiale, il paraît impossible d'écrire comme avant 1939 : cette conception du philosophe allemand Adorno a un écho important en France, aussi bien dans le théâtre de l'absurde ▶ SÉQUENCE 7, p. 98, que dans des **romans aux thèmes et au style tout à fait novateurs**. Le récit, désormais éloigné de l'épopée, devient le lieu du **désenchantement**.

Affiche de *L'Étranger* d'après l'œuvre d'ALBERT CAMUS, film de Luchino Visconti (1967), avec Marcello Mastroianni et Anna Karina.

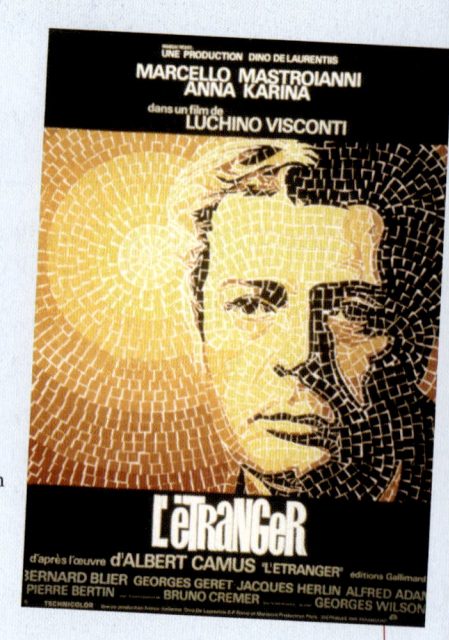

1 Les sursauts de l'engagement

• La guerre ne met pas fin à la lignée des **romans engagés** des années 1930 (comme *L'Espoir* de Malraux qui en 1937 a pris fait et cause pour les républicains espagnols). Sartre, dans sa trilogie *Les Chemins de la liberté* (1945-1949), croit encore aux combats d'idées et s'affirme « existentialiste », définissant l'existence comme une occasion continue d'affirmer sa liberté.

• Le pessimisme existait bien avant 1945 dans le roman français, comme en témoignent les récits de F. Mauriac marqués par des doutes profonds sur l'amour et l'honneur : *Thérèse Desqueyroux* ▶ EXERCICE 1, p. 155. Mais Camus ouvre directement son roman *La Peste* (1947) sur une vision morne et pessimiste : une tragédie incompréhensible s'abat sur une ville triste où même les enfants meurent ▶ TEXTE 1, p. 143. La contagion devient une métaphore de l'inquiétude du monde moderne, également perceptible dans la passivité du narrateur-personnage de *L'Étranger* (1957) ▶ EXERCICE 2, p. 155.

• Cette vision noire de l'existence cohabite cependant avec celle d'**écrivains fantaisistes**, comme Boris Vian qui développe une voie originale, mi-sensible, mi-comique dans son roman *L'Écume des jours* (1947) ▶ EXERCICE 3, p. 156.

2 Le refus de l'engagement

• Dans les années 1950, soucieux de se démarquer de la littérature engagée, Robbe-Grillet réunit autour de lui une « **école du regard** », c'est-à-dire un groupe de romanciers intéressés par la **description objective du monde**, comme dans *La Jalousie* ▶ TEXTE 2, p. 144. Mais cette vision n'est pas minutieuse et réaliste comme chez Balzac ; elle renvoie au langage, seule réalité digne d'intérêt, et témoigne des fantasmes du narrateur, voire de l'auteur.

• La rigueur objective du **Nouveau Roman** se heurte vite au plaisir subjectif de l'écriture qui continue à créer des métaphores comme dans le roman classique ou à s'intéresser à la psychologie (comme dans les récits de Nathalie Sarraute).

3 Le désenchantement

• Le roman ne rêve plus. Il devient un **récit de l'attente** où les héros se font rares, comme le personnage indifférent constamment interpellé par le narrateur dans *Un homme qui dort* de Perec ▶ TEXTE 3, p. 146, ou Victor qui ne peut plus croire au bonheur dans *Villa triste* de Modiano ▶ TEXTE 5, p. 149. L'amour n'échappe pas à ce désenchantement : il perd de sa passion, de son romantisme comme chez Cohen ▶ TEXTE 4, p. 147.

• **La fin des idéologies**, consécutive à la fin de la guerre froide et à la chute du mur de Berlin, accentue cette tendance jusqu'à tomber dans le **nihilisme** (contraire de l'humanisme : fait de ne plus croire en rien). Kundera appartient à cette génération d'écrivains qui n'idéalisent plus l'homme, créant des **personnages déboussolés** comme Irena dans *L'Ignorance* ▶ TEXTE 6, p. 152 : le lecteur du début du XXIe siècle est tombé dans ce que la romancière Nancy Huston appelle l'ère des « professeurs de désespoir ». Le prix Nobel de littérature attribué en 2004 à la romancière Elfriede Jelinek – connue pour son acharnement à maudire la société autrichienne – en est la preuve ▶ EXERCICE 4, p. 156.

▶ **BIOGRAPHIES DES AUTEURS** p. 560

EXERCICES D'APPROFONDISSEMENT

1 Le roman d'analyse avant 1945

1. Quel est le statut du narrateur ? Justifiez.
▶ PARTIE II, p. 443 : LE NARRATEUR ET LA FOCALISATION
2. Repérez les différentes façons de rapporter un discours dans ce passage. Quelle est la fonction de chacune d'entre elles ?
▶ p. 455 : LES DISCOURS RAPPORTÉS
3. Quelles sont les deux pulsions qui animent Thérèse ? Relevez les champs lexicaux qui les désignent.

ÉCRITURE D'INVENTION
Développez *la puissance forcenée* dont parle Thérèse en la décrivant précisément. Le personnage doit expliciter ce qui le hante en une dizaine de lignes.
▶ PARTIE III, p. 486 : L'ÉCRITURE D'INVENTION

Thérèse Desqueyroux comparaît au tribunal pour avoir tenté d'empoisonner son époux. Inspiré d'un fait divers, ce roman fait du lecteur le confident des soubresauts de conscience du personnage accusé.

1 Certes elle avait raison, cette petite fille, lorsqu'elle répétait à Thérèse, lycéenne raisonneuse et moqueuse : « Tu ne peux imaginer cette délivrance après l'aveu, après le pardon
5 – lorsque, la place nette, on peut recommencer sa vie sur nouveaux frais. » Il suffisait à Thérèse d'avoir résolu de tout dire pour déjà connaître, en effet, une sorte de desserrement délicieux : « Bernard saura tout ; je lui
10 dirai… »
Que lui dirait-elle ? Par quel aveu commencer ? Des paroles suffisent-elles à contenir cet enchaînement confus de désirs, de résolutions, d'actes imprévisibles ? Comment font-
15 ils, tous ceux qui connaissent leurs crimes ?…
« Moi, je ne connais pas mes crimes. Je n'ai pas voulu celui dont on me charge. Je ne sais pas ce que j'ai voulu. Je n'ai jamais su vers quoi tendait cette puissance forcenée en moi
20 et hors de moi : ce qu'elle détruisait sur sa route, j'en étais moi-même terrifiée… »

FRANÇOIS MAURIAC,
Thérèse Desqueyroux (extrait, 1927), © Grasset.

2 Le roman pessimiste

1. Quels aspects de la justice française sont ici évoqués ? Avec quels commentaires, quelles réactions du narrateur ?
2. Quels types de discours rapporté sont utilisés ? Sont-ils les mêmes pour le narrateur-personnage et pour le juge ? Pourquoi ?
▶ p. 455 : LES DISCOURS RAPPORTÉS
▶ p. 443 : LE NARRATEUR ET LA FOCALISATION
3. Qu'aurait-on pu attendre de l'intrigue à la lecture de la première phrase ? En quoi le déroulement du paragraphe est-il une surprise ?

Le narrateur-personnage de L'Étranger *a été impliqué dans une bagarre à l'issue de laquelle il a tué un homme ; le récit raconte les conséquences judiciaires de cet acte fou. Il reçoit la visite du juge d'instruction au début de la deuxième partie du roman.*

1 Tout de suite après mon arrestation, j'ai été interrogé plusieurs fois. Mais il s'agissait d'interrogatoires d'identité qui n'ont pas duré longtemps. La première fois au commissariat,
5 mon affaire semblait n'intéresser personne. Huit jours après, le juge d'instruction, au contraire, m'a regardé avec curiosité. Mais pour commencer, il m'a seulement demandé mon nom et mon adresse, ma profession, la
10 date et le lieu de ma naissance. Puis il a voulu savoir si j'avais choisi un avocat. J'ai reconnu que non et je l'ai questionné pour savoir s'il était absolument nécessaire d'en avoir un. « Pourquoi ? » a-t-il dit. J'ai répondu que je
15 trouvais mon affaire très simple. Il a souri en disant : « C'est un avis. Pourtant, la loi est là. Si vous ne choisissez pas d'avocat, nous en désignerons un d'office. » J'ai trouvé qu'il était très commode que la justice se chargeât de ces
20 détails. Je le lui ai dit. Il m'a approuvé et a conclu que la loi était bien faite.

ALBERT CAMUS,
L'Étranger (extrait, 1942) © Gallimard.

EXERCICES D'APPROFONDISSEMENT

3 La fantaisie romanesque

1. Que désigne le néologisme* *arrache-cœur* ? Confirmez cette définition grâce au contexte.
2. Quels détails peuvent sembler absurdes dans l'événement raconté ? En quoi sont-ils cependant poétiques ?
3. Quel registre est ici utilisé ? Commentez une phrase significative ainsi que l'emploi du nom *Jean-Sol Partre*.
▶ PARTIE II, p. 418 : LES REGISTRES LITTÉRAIRES

ÉCRITURE D'INVENTION
Imaginez en une dizaine de lignes les pensées qui s'emparent de Jean-Sol Partre au moment où Alise l'assassine.
▶ PARTIE III, p. 486 : L'ÉCRITURE D'INVENTION

Alise va trouver dans son café habituel l'écrivain Jean-Sol Partre pour lequel son compagnon se ruine, achetant le moindre livre qu'il publie.

Il déboutonna son col. Alise rassembla ses forces, et d'un geste résolu, elle planta l'arrache-cœur dans la poitrine de Partre. Il la regarda, il mourait très vite, et il eut un dernier regard
5 étonné en constatant que son cœur avait la forme d'un tétraèdre[1]. Alise devint très pâle, Jean-Sol Partre était mort maintenant et le thé refroidissait. Elle prit le manuscrit de *l'Encyclopédie* et le déchira. Un des garçons vint es-
10 suyer le sang et toute la cochonnerie que cela faisait avec l'encre du stylo sur la petite table rectangulaire. Elle paya le garçon, ouvrit les deux branches de l'arrache-cœur, et le cœur de Partre resta sur la table ; elle replia l'ins-
15 trument brillant et le remit dans son sac, puis elle sortit dans la rue, tenant la boîte d'allumettes que Partre gardait dans sa poche.

BORIS VIAN, *L'Écume des jours*,
chapitre LVI (extrait, 1947),
© Société Nouvelle des Éditions Pauvert, 1979,
© Librairie Arthème Fayard, 1999.

1. Figure géométrique à quatre faces (pyramide, par exemple).

4 Le roman nihiliste

1. À quelle contradiction le narrateur associe-t-il les artistes ? Cela les valorise-t-il ?
2. Quel rôle les références au monde sportif et à la bourgeoisie jouent-elles ? Sur quel registre sont-elles évoquées ?
▶ PARTIE II, p. 418 : LES REGISTRES LITTÉRAIRES
3. En quoi ce texte permet-il d'illustrer la définition du nihilisme donnée en synthèse ▶ p. 154 ?

Tout comme son compatriote Thomas Bernhard (décédé en 1989) ▶ p. 108, *la romancière autrichienne Elfriede Jelinek explore violemment les aspects dégradants de la société de son pays (consumérisme, racisme…).*

Autre lieu, autre scène : le café Sport. On s'y met en scène afin de voir quel artiste, quel intellectuel a investi les lieux. L'important est de participer, non de gagner. Comme dans
5 le sport, d'où le nom du café. Beaucoup ont déjà perdu leur confiance en l'art, bien qu'eux seuls et nul autre y aient été prédestinés. Ils font de l'art, car celui-ci ne leur rapporte rien, ainsi ils ne sont pas salis par l'argent. Toutefois
10 si l'art rapportait, ils se laisseraient volontiers salir. Jamais cependant ils n'iraient exercer quelque métier bourgeois comme solution de rechange, non faute d'en avoir un, mais parce qu'ils se feraient avoir par ces métiers-là, et
15 n'auraient plus de temps à consacrer à l'art. Impossible de se réaliser dans une forme esthétique si Monsieur votre Patron se réalise à vos dépens dans des voitures de sport et des villas. Que l'un d'eux fume des cigarettes un
20 cran au-dessus des gitanes maïs, aussitôt quelqu'un le tape.

ELFRIEDE JELINEK, *Les Exclus* (extrait, 1980),
traduction d'Y. Hoffmann et M. Litaize,
© Jacqueline Chambon, 1989.

▶ BIOGRAPHIES DES AUTEURS p. 560

SÉQUENCE 11 : La nouvelle

Objectif

Étudier la nouvelle dans sa thématique et ses caractéristiques propres.

La nouvelle est souvent définie comme un récit court avec une fin surprenante : cette image est loin de recouvrir tous les aspects d'un genre à part entière, distinct du roman, aussi bien dans son histoire que dans ses aspects thématiques et formels.

Corpus de la séquence

Texte 1 — E. T. A. Hoffmann, « **Une histoire de fantôme** » (nouvelle intégrale, 1814-1819)

Texte 2 — A. Tchekhov, « **Polinka** » (nouvelle intégrale, 1887)

Image — H. Cartier-Bresson, *Marseille* (1932)

Texte 3 — M. Yourcenar, « **Phèdre ou le Désespoir** » (nouvelle intégrale, 1936)

Notions de la séquence	Liens avec la partie II
Les spécificités du genre de la nouvelle (*textes 1 à 3*) *Incipit* et *explicit* de nouvelle (*exercices*)	LES NOTIONS PROPRES AU RÉCIT : ▶ p. 449 : LA STRUCTURE DU RÉCIT ▶ p. 446 : LE CADRE SPATIO-TEMPOREL ET LE SCHÉMA ACTANTIEL ▶ p. 409 : LE DISCOURS NARRATIF
Fantastique dans la nouvelle (*texte 1*)	▶ p. 431 : LE REGISTRE FANTASTIQUE
Réalisme et intimisme dans la nouvelle (*texte 2*)	▶ p. 425 : LE REGISTRE LYRIQUE
La parole dans la nouvelle	▶ p. 455 : LES DISCOURS RAPPORTÉS
Réécriture d'un mythe : *Phèdre* (*texte 3*)	▶ p. 392 : LES FIGURES DE RHÉTORIQUE
Analyse d'une photographie sociale	▶ p. 397 : L'IMAGE FIXE
	Liens avec la partie III
Changer de point de vue dans un récit (*à partir du texte 1*)	▶ p. 488 : TRANSPOSER
Rédiger une partie de commentaire (*texte 2*)	▶ p. 524 : RÉDIGER LE COMMENTAIRE
Rédiger une nouvelle à partir d'une photographie	▶ p. 486 : L'ÉCRITURE D'INVENTION
Comparer deux textes sur le même thème (*texte 3* et *Phèdre* de Racine en œuvre intégrale ▶ p. 34)	▶ p. 530 : TRAITER UN SUJET DE RÉFLEXION À PARTIR D'UN CORPUS

Texte 1

E. T. A. Hoffmann
« Une histoire de fantôme » (1814-1819)

Biographie p. 563

Hoffmann est un auteur romantique allemand dont les contes fantastiques ont été traduits dans l'Europe entière au XIXᵉ siècle. À mi-chemin entre le Märchen *(conte populaire allemand) et la nouvelle fantastique germanique ancrée dans les réalités du monde contemporain, il suit également la tradition du récit d'angoisse dont il devient le grand représentant : il fait constamment hésiter le lecteur entre une interprétation rationnelle et une explication surnaturelle des faits étranges relatés.*

Vous savez qu'il y a quelque temps, peu avant la dernière campagne, je fis un séjour sur les terres du colonel de P... C'était un homme jovial[1], et sa femme était le calme et l'insouciance mêmes.

Comme leur fils était aux armées, la famille ne se composait plus que des parents, de leurs deux filles et d'une vieille Française qui tentait de jouer les gouvernantes, bien que ces demoiselles eussent passé l'âge d'être gouvernées. L'aînée était une aimable créature, d'une vivacité débordante, non dépourvue d'esprit ; mais, de même qu'elle ne pouvait faire cinq pas sans y glisser au moins trois entrechats, sa conversation et tout son comportement procédaient par continuelles sautes d'humeur. Je l'ai vue, en moins de dix minutes, broder, lire, dessiner, chanter, danser. Elle pleurait un pauvre cousin tué au combat, et, au même instant, les yeux encore pleins de larmes, elle éclatait de rire parce que la vieille Française avait par mégarde renversé sa tabatière sur le petit chien qui éternuait aussitôt affreusement, tandis que la vieille se lamentait : *Ah, che fatalità !... ah, carino... poverino !...* Car elle ne s'adressait qu'en italien à ce chien, sous prétexte qu'il était natif de Padoue. La demoiselle était d'ailleurs la plus agréable des blondes et, avec tous ses caprices, elle avait tant de bonne grâce que, sans le chercher, elle exerçait sur tout le monde un charme irrésistible.

Sa cadette, prénommée Adelgunde, formait avec elle le plus singulier contraste. Les mots me manquent pour rendre la très étrange impression qu'elle fit sur moi à notre première rencontre. Représentez-vous une taille admirable, un visage ravissant. Mais joues et lèvres sont d'une pâleur de mort, les mouvements sont lents, silencieux, prudents. Qu'un mot, à peine murmuré, sorte de cette bouche entrouverte, dans le vaste salon, et l'on frissonne comme si l'on se trouvait en face d'un fantôme. Je surmontai vite ce malaise et, lorsque je parvins à faire parler cette jeune fille taciturne[2], je dus convenir que seule son apparence était spectrale : son étrangeté ne semblait pas exprimer son être véritable. Les quelques mots qu'elle prononça révélaient une grande délicatesse féminine, du bons sens et de l'aménité[3]. Aucune trace de tension excessive, bien que le sourire douloureux, les yeux noyés de larmes fissent supposer quelque mal physique, qui ne devait pas être sans troubler dangereusement son âme d'enfant. J'observai avec surprise que toute la famille, y compris la vieille Française, manifestait un peu d'inquiétude dès qu'on parlait à cette jeune fille : on tentait d'interrompre la conversation, ou de s'y mêler de la façon la plus saugrenue. Mais il y avait plus bizarre encore. À peine était-il huit heures du soir

1. De bonne compagnie, bon vivant.
2. Qui ne parle pas, renfermée.
3. Amabilité pleine de charme.

Ci-contre :
MATTHIJS MARIS
(1839-1917),
*La Mariée ou
La Novice prenant
le Voile* (vers 1887),
huile sur toile,
50 x 34,5 cm
(La Haye, Haags
Gemeentemuseum).

que la Française, puis la mère, la sœur, le père invitaient Adelgunde à se retirer dans sa chambre, comme on envoie les petits enfants au lit pour qu'ils ne se fatiguent pas trop. La Française l'accompagnait et ni l'une ni l'autre n'avaient le droit d'attendre le dîner, que l'on servait à neuf heures.

Mme de P..., qui avait remarqué ma surprise, dit un jour en passant, pour couper court à toute question, que sa fille était souvent malade et qu'en particulier le soir, vers neuf heures, elle avait des accès de fièvre : le médecin avait donc recommandé de lui faire prendre, dès cette heure-là, le repos nécessaire. Je sentais bien que les choses devaient être un peu plus compliquées, mais je ne devinais rien de précis. Je viens seulement d'apprendre, aujourd'hui même, l'effrayante réalité et de connaître l'événement qui a bouleversé la vie de cette famille heureuse.

Aldegunde avait été l'enfant la plus fraîche et la plus gaie que l'on pût voir. Pour son quatorzième anniversaire, on avait invité toutes ses compagnes de jeu. Assises en cercle dans les beaux bosquets du parc, elles s'amusent et rient, sans se soucier des ombres croissantes du soir ; la brise tiède de juillet augmente encore leur belle humeur. Dans la magie du crépuscule, elles se mettent à exécuter toutes sortes de danses bizarres, à mimer des elfes et je ne sais quelles subtiles créatures. « Attendez, s'écrie Adelgunde, lorsque la nuit est tout à fait tombée, je vais vous apparaître sous la forme de la Dame blanche, dont notre défunt jardinier nous parlait si souvent. Mais venez avec moi jusqu'au fond du parc, là-bas près du vieux mur. » Et s'enveloppant de son châle blanc, elle s'enfuit d'un pas léger sous la tonnelle, suivie de la bande des jeunes filles badinant et riant à qui mieux mieux. Mais à peine Adelgunde est-elle arrivée près de la vieille arche à demi effondrée, qu'elle se fige et reste là, les membres paralysés. L'horloge du château sonne neuf heures. « Ne voyez-vous rien ? crie Adelgunde, avec l'accent étouffé de l'épouvante, il y a quelqu'un... là, juste devant moi... Seigneur !... Cette femme tend la main vers moi... Ne voyez-vous donc rien ? » Ses compagnes ne voient absolument rien, mais toutes sont saisies de frayeur. Elles s'enfuient, sauf une, la plus courageuse, qui se précipite sur Adelgunde et veut la prendre à bras-le-corps. Mais à cet instant, celle-ci tombe à terre, blême[4] comme une morte.

Aux cris que poussent les jeunes filles, tout le monde accourt. On ramène Adelgunde au château. Elle finit par revenir à elle et raconte, tremblant de tous ses membres, qu'en approchant de l'arche, elle a vu, à deux pas devant

4. Pâle.

elle, une forme aérienne, comme enveloppée de brumes, tendre la main dans sa direction.

On attribua naturellement l'apparition aux illusions du jour déclinant. Durant la nuit, Adelgunde se remit si bien de sa terreur qu'on ne redouta aucune suite fâcheuse et qu'on crut l'affaire terminée. Mais il devait en aller bien autrement ! Le lendemain, dès que neuf heures sonnent, Adelgunde, horrifiée, se lève d'un bond, au milieu du salon, et crie : « La voilà !... Ne voyez-vous rien ?... Là, devant moi ! »

Bref, depuis ce soir fatal, sur le coup de neuf heures, Adelgunde affirmait que l'apparition se tenait devant elle et y restait quelques secondes. Pourtant personne en dehors d'elle ne voyait rien, personne n'éprouvait ce genre de malaise qui indique la présence toute proche d'un principe spirituel inconnu. On déclara donc qu'Adelgunde était folle, et la famille, par un regrettable égarement, se sentit honteuse de cet état où elle voyait la jeune fille. D'où le traitement singulier dont je parlai tout à l'heure. On n'épargna ni médecins ni remèdes capables, pensait-on, de la délivrer de son idée fixe – car c'est ainsi qu'on se plut à désigner la prétendue apparition – mais tout fut inutile. Adelgunde supplia en pleurant qu'on la laissât en paix, puisque le fantôme, qui n'avait en soi rien d'effrayant, ne lui faisait plus peur ; elle avouait cependant que, chaque soir, après son apparition, elle avait l'impression que son âme et ses moindres pensées, projetées au-dehors, flottaient autour d'elle, sans corps, et que cela la laissait malade, épuisée.

Le colonel fit enfin la connaissance d'un médecin fameux qui passait pour guérir les fous par une méthode très ingénieuse. Lorsque le colonel eut décrit l'état de la pauvre fille, ce docteur éclata de rire et déclara que rien n'était plus facile que de porter remède à ce genre de démence qui tenait simplement à un échauffement de l'imagination. L'idée du fantôme, disait-il, était si étroitement associée aux neuf coups de l'heure que l'esprit n'avait plus la force de les séparer ; il suffirait donc de les dissocier artificiellement. On y parviendrait aisément en trompant la jeune fille sur le temps et en laissant passer à son insu la neuvième heure du soir. Si alors le spectre ne se montrait pas, elle reconnaîtrait d'elle-même sa folie, et quelques fortifiants achèveraient la guérison.

On suivit ce funeste conseil. Une nuit, on retarda d'une heure toutes les montres du château et jusqu'à l'horloge du village, dont les coups sonnaient lourdement ; ainsi, dès son réveil, Adelgunde fut trompée d'une heure. Le soir vint. La petite famille était rassemblée, selon sa coutume, dans une pièce d'angle carrée, plaisamment décorée. Aucun étranger n'était présent. Madame de P... s'efforçait de raconter toutes sortes d'histoires amusantes ; le colonel se mit comme d'habitude, surtout quand il était de bonne humeur, à plaisanter la vieille Française, et Augusta (la fille aînée) en fit autant. On riait, on était plus gai que jamais... Mais voici que la pendule sonne huit heures – il était donc neuf heures – et Adelgunde, pâle comme une morte, retombe dans son fauteuil, ses aiguilles lui glissent des mains. Puis elle se relève, le visage torturé par l'épouvante, regarde fixement alentour la pièce déserte et murmure d'une voix sourde et caverneuse : « Que se passe-t-il ?... Une heure avant ?... Vous la voyez ? vous la voyez ?... Là, devant moi ! juste devant moi ! » Tous sursautent, saisis d'effroi, mais personne ne voit rien, et le colonel s'écrie : « Adelgunde, ressaisis-toi ! Ce n'est rien, c'est pure imagination, une illusion te trompe, nous

ne voyons rien du tout. Et si un fantôme se tenait vraiment juste devant toi, ne devrions-nous pas l'apercevoir aussi bien que toi ? Reprends-toi, Adelgunde !
– Seigneur ! soupire Adelgunde. Voulez-vous donc me rendre folle ? Regardez ! La voilà qui tend vers moi son bras blanc... elle me fait signe. » Et, comme privée de volonté, le regard toujours fixe, Adelgunde saisit derrière elle une petite assiette, qui se trouve par hasard sur la table, la tend en l'air devant elle, la lâche..., et l'assiette, comme portée par une main invisible, décrit lentement un cercle sous les yeux des assistants, puis vient se reposer sans bruit sur la table.

Madame de P... et Augusta s'étaient évanouies et furent bientôt en proie à une violente fièvre nerveuse. Le colonel se ressaisit de toutes ses forces, mais on vit bien à ses traits bouleversés les ravages que provoquait sur lui ce phénomène inexplicable. La vieille Française, tombée à genoux, le visage prosterné à terre, priait en silence : comme Adelgunde, elle ne souffrit ensuite d'aucune conséquence fâcheuse.

Madame de P... fut rapidement enlevée par la maladie. Augusta survécut, mais la mort eût été préférable à l'état où elle est restée. Elle qui était la jeunesse même et la joie, elle est en proie à une folie qui me paraît pire que toutes celles qu'a jamais provoquées une idée fixe. Elle s'imagine en effet être elle-même ce fantôme invisible et impalpable qui tourmentait sa sœur ; aussi fuit-elle la compagnie de ses semblables, ou du moins, lorsqu'elle n'est pas seule, évite-t-elle prudemment de parler ou de se mouvoir. À peine ose-t-elle respirer, car elle est persuadée que si elle trahissait de quelque façon sa présence, n'importe qui succomberait de frayeur. On lui ouvre la porte, on lui sert son repas, elle entre et sort furtivement, mange de même, etc. Y a-t-il pire état ?

Le colonel, désespéré, rallia l'armée pour de nouvelles campagnes. Il est tombé dans la victorieuse bataille de W...[5] Ce qui est fort étrange, c'est que depuis cette fatale soirée Adelgunde soit délivrée de son fantôme. Elle soigne fidèlement sa pauvre sœur, assistée par la vieille Française. À ce que Sylvester m'a dit aujourd'hui même, l'oncle de ces malheureuses demoiselles est arrivé ici pour consulter notre excellent R... sur le traitement que l'on pourrait peut-être appliquer à Augusta. Fasse le ciel que son improbable guérison soit possible !

Nouvelle intégrale, in *Les Frères de Saint-Sérapion*, volume II
texte français établi sous la direction d'A. Béguin et M. Laval, © Phébus, 1981.

5. La bataille de Waterloo.

Questions DE LECTURE ANALYTIQUE

1. Relevez les étapes de ce récit ; quelle part occupe la vision d'Adelgunde ? À quoi servent les étapes précédant et suivant la première apparition ?

2. Quelle image le narrateur donne-t-il d'Adelgunde avant la relation de l'événement mystérieux ? Quelle est la fonction de ce portrait ?

3. Comment la médecine est-elle considérée dans ce texte ? dans quel but ?

4. Grâce à quelle trouvaille narrative la raison scientifique est-elle mise en concurrence avec le surnaturel, conformément à la définition du registre fantastique ?

▶ PARTIE II, p. 431 : LE REGISTRE FANTASTIQUE

5. À quelle personne la nouvelle est-elle écrite ? dans quel but ? Commentez l'exclamation finale (formulation, registre...).

6. Quels sont les éléments de ce récit qui rappellent encore l'univers merveilleux du conte ?

ÉCRITURE D'INVENTION
Rédigez le récit de la première apparition du point de vue d'Adelgunde ; vous respecterez les données du texte d'Hoffmann (ordre des éléments, notations psychologiques, réactions des autres personnages...).

▶ PARTIE III, p. 488 : TRANSPOSER

Vladimir Egorovic Makovsky (1846-1920), *Le Choix des cadeaux de mariage* (1897-1898), huile sur toile, 40,5 x 54 cm (Russie, Kharkov Art Museum).

Texte 2

Anton Tchekhov
« Polinka » (1887)

Biographie p. 568

C'est sous un pseudonyme (Antocha Tchékhonté) que le futur dramaturge Tchekhov fait paraître quelques nouvelles dans le Journal de Pétersbourg. *Ces récits sont marqués par une grande méfiance vis-à-vis de la passion amoureuse, et parfois par une douce misogynie. Dans « Polinka », c'est la dure réalité sociale qui s'affirme avec une héroïne aveuglée par un amour qui lui fait oublier qu'elle n'est qu'une fille de couturière.*

1   Deux heures de l'après-midi. Aux *Nouveautés de Paris*, une mercerie[1] située dans un passage, la vente bat son plein. On perçoit le bourdonnement monotone des vendeurs pareil à celui que l'on entend à l'école quand, sur l'ordre du maître, tous les élèves apprennent leur leçon à voix haute. Et rien ne rompt
5   cette monotonie, ni le rire des dames, ni le claquement de la porte vitrée, ni les allées et venues des garçons de course.

1. Commerce de tissus et de broderies.

Debout au beau milieu du magasin, Polinka, la fille de Mme Andréïevna qui tient une maison de couture, une petite blonde maigriotte[2], cherche quelqu'un des yeux. Un commis[3] aux sourcils noirs accourt vers elle et lui demande en la regardant avec gravité :

« Vous désirez, mademoiselle ?

– C'est toujours M. Nicolaï qui s'occupe de moi », répond-elle.

Nicolaï, un bel homme brun, frisé, mis à la mode, une grosse épingle à sa cravate, a déjà dégagé un coin de son comptoir et allongé le cou ; il adresse un sourire à Polinka.

« Mes respects, mademoiselle ! lui crie-t-il d'une belle voix vigoureuse de baryton[4]. Je suis à vous !

– B'jour ! dit Polinka en s'approchant. Vous voyez, me revoilà. Je voudrais du passement[5].

– C'est pour quoi exactement ?

– Pour un soutien-gorge, pour un dos, bref pour faire un ensemble.

– Tout de suite. »

Nicolaï étale sous ses yeux plusieurs modèles de passements : elle choisit avec nonchalance et se met à marchander.

« Mais voyons ! un rouble ce n'est pas cher du tout ! assure le vendeur avec un sourire condescendant. C'est du passement français, du huit brins... Si vous le désirez, nous avons de l'ordinaire, du gros... Il coûte quarante-cinq kopeks[6] l'archine[7], mais ce n'est pas la même qualité ! Certes non !

– Il me faut aussi une longueur de jais[8] avec des boutons de passementerie, dit Polinka qui se penche au-dessus de la marchandise et soupire sans raison. Et auriez-vous des boutons de verre de cette couleur ?

– Oui. »

Polinka se penche encore plus sur le comptoir et demande à voix basse :

« Pourquoi donc êtes-vous parti si tôt jeudi dernier, Monsieur Nicolaï ?

– Hum ! C'est bizarre que vous vous en soyez aperçu, fait le vendeur avec un sourire moqueur. Vous étiez si occupée de monsieur l'étudiant que... c'est bizarre que vous vous en soyez aperçu ! »

Polinka pique un fard[9] et ne répond mot. Le vendeur, dont les doigts tremblent nerveusement, remet leurs couvercles à ses boîtes et les empile sans nécessité. Une minute s'écoule dans le silence.

« Il me faut aussi des dentelles de perle, fait Polinka en levant sur le vendeur un regard coupable.

– Desquelles ? Le tulle rebrodé, en noir et en couleur, est le plus à la mode.

– C'est combien ?

– En noir, il y en a à partir de quatre-vingts kopeks, en couleur c'est deux roubles et demi. Et je n'irai plus jamais chez vous, ajoute-t-il à voix basse.

– Pourquoi ?

– Pourquoi ? C'est bien simple. Vous devez le comprendre vous-même. Pourquoi me mettrais-je moi-même au supplice ? Drôle d'idée ! Croyez-vous qu'il me soit agréable de voir cet étudiant faire le joli cœur auprès de vous ? Je vois et je comprends tout. Il vous fait la cour pour de bon depuis cet automne, vous sortez avec lui presque tous les jours et, quand il vient en visite, vous le buvez des yeux, comme si c'était un ange. Vous êtes amoureuse de lui, d'après vous

---

2. Trop maigre.
3. Simple employé.
4. Voix grave.
5. Tissu plat pour broder.
6. Un centième de rouble (unité monétaire russe toujours en cours).
7. 0,71 m (unité de mesure russe).
8. Tissu noir.
9. Polinka rougit.

on ne fait pas mieux, alors parfait, à quoi bon discuter... »

Polinka ne répond pas, et, dans son embarras, promène son doigt sur le comptoir.

« Je vois parfaitement, continue le vendeur. Quelle raison aurais-je d'aller chez vous ? J'ai mon amour-propre. Tout le monde ne trouve pas agréable d'être la cinquième roue du carrosse. Que désirez-vous ?

— Maman m'a commandé beaucoup d'autres choses, mais j'ai oublié. Il me faut aussi une bordure de plumes.

— Comment ?

— Ce que vous avez de mieux, d'à la mode.

— La mode est à la plume d'oiseau. La couleur à la mode, si vous la désirez, c'est héliotrope ou canaque, autrement dit bordeaux mêlé de jaune. Nous avons un choix considérable. Et où mènera toute cette histoire, je ne le comprends absolument pas. Vous voilà amoureuse, mais comment ça finira-t-il ? »

Les pommettes de Nicolaï se colorent de taches rouges. Il pétrit entre ses doigts un ruban délicat, duveteux et continue à marmotter :

« Vous vous figurez qu'il vous épousera, hein ? Oh, là-dessus, cessez de vous faire des idées. Il est interdit aux étudiants de se marier, et vous croyez qu'il vient chez vous avec des intentions de mettre un point final honnête ? Jamais de la vie ! Comptez-y ! Ces bougres d'étudiants, ça ne vous considère pas comme des êtres humains... Ils ne fréquentent chez les marchands et les modistes que pour se moquer de leur ignorance et se soûler. Boire chez eux ou dans les maisons chic, ça leur fait honte, mais boire chez de petites gens sans culture, comme nous, ça, ça ne tire pas à conséquence, ils pourraient même marcher sur la tête ! Oui ! Alors quel plumage prenez-vous ? Et s'il vous fait la cour et joue les amoureux, on sait ce qu'il cherche... Quand il sera docteur ou avocat, il évoquera ses souvenirs : "Ah, j'avais autrefois, il dira, une petite blonde ! Où peut-elle bien être ?" Je parie que dès maintenant, dans sa bande d'étudiants, il se vante d'avoir une petite modiste[10] en vue. »

Polinka s'assied sur une chaise et regarde pensivement la pile de cartons blancs.

« Non, je ne prends pas de plumage ! dit-elle avec un soupir. Que Maman vienne choisir ce qu'elle veut, moi, je risque de me tromper. Donnez-moi six archines de frange[11] pour un diplomate, de celui à quarante kopeks l'archine. Et aussi, pour le même, donnez-moi des boutons en coco, avec un trou en travers... ils tiendront mieux... »

Nicolaï empaquette passementerie et boutons. Elle le regarde en face d'un air coupable et attend visiblement qu'il continue à parler, mais il observe un silence maussade et remet le plumage en place.

« Il ne faut pas que j'oublie de prendre des boutons pour une robe de chambre, dit-elle après un silence, en essuyant avec son mouchoir ses lèvres pâles.

— Desquels ?

— C'est pour une femme de négociant, alors donnez-moi quelque chose qui sorte de l'ordinaire...

— Oui, si c'est pour une femme de négociant, il faut quelque chose de coloré. Voilà ! C'est un mélange de bleu, de rouge et d'or, un coloris à la mode. C'est tout ce qu'il y a de voyant. Les clientes qui ont du goût prennent des noirs mats cerclés d'un petit filet brillant. Seulement je ne comprends pas. Vous ne pouvez pas réfléchir par vous-même ? Allons, où vous mèneront ces...

10. Créatrice ou vendeuse de chapeaux.
11. Tissu à broder.

promenades ? Ne le voyez-vous donc pas ?
– Je ne sais pas…, murmure Polinka, et elle se penche sur les boutons. Je ne comprends pas ce qui m'arrive, monsieur Nicolaï. »

105 Un vendeur d'âge mûr, porteur de favoris[12], et la face rayonnante de la galanterie la plus apprêtée[13], se glisse derrière Nicolaï qu'il serre contre le comptoir en glapissant :
« Ayez l'obligeance de vous avancer vers ce rayon,
110 madame. Nous avons trois sortes de corsages en jersey : simples, avec soutache[14] et avec garniture de perles ! Lequel désirez-vous ? »
Au même instant une grosse dame passe près de Polinka en disant d'une voix forte, presque une
115 voix de basse :
« Seulement, s'il vous plaît, qu'ils soient sans couture, tricotés et avec le plomb de la douane.
– Faites semblant d'examiner la marchandise, murmure Nicolaï en se penchant vers Polinka et
120 en esquissant un sourire contraint. Vous avez – Dieu vous protège ! – l'air pâle, malade, vous avez changé de visage. Il vous laissera, mademoiselle ! Et s'il vous épouse jamais, ce ne sera pas par amour, mais de faim, alléché par votre argent.
125 Il s'installera avec votre dot un bel intérieur, puis il aura honte de vous. Il ne vous laissera voir ni à ses invités ni à ses camarades, parce que vous êtes ignorante et il dira en parlant de vous : ma cruche. Est-ce que vous sauriez vous tenir dans une société de docteurs et d'avocats ? Pour eux, vous êtes une modiste, un être inculte !
130 – Monsieur Nicolaï ! crie-t-on de l'autre bout du magasin. Mademoiselle demande trois archines de ruban à picot[15]. Vous avez ça ? »
Nicolaï se détourne, se compose un visage et crie :
« Oui ! J'ai du ruban à picot, de l'ottoman[16] satiné et du satin moiré[17].
– À propos, que je ne l'oublie pas, Olga m'a dit de lui acheter un corset !
135 dit Polinka.
– Vous avez… les larmes aux yeux ! dit Nicolaï, effrayé. Pourquoi donc ? Allons aux corsets, je vous masquerai au public, autrement ce serait gênant. »
Avec un sourire contraint et un air trop dégagé il la mène rapidement au rayon des corsets et la cache derrière une pyramide de cartons…
140 « Vous voulez un corset comment ? » dit-il à haute voix et aussitôt murmure :
« Séchez vos yeux !
– Un… un quarante-huit ! Seulement, s'il vous plaît, elle l'a demandé doublé… avec des baleines véritables. Il faut que je vous parle, monsieur Nicolaï. Venez aujourd'hui !
145 – Me parler de quoi ? On n'a rien à se dire.
– Il n'y a que vous… qui m'aimiez, et, à part vous, je n'ai personne à qui parler.
– Et ce n'est ni du jonc ni de l'os, mais de la vraie baleine… Parler de quoi ?

Ci-contre :
Vladimir Egorovic Makovsky (1846-1920), *Le Choix des cadeaux de mariage*, détail (1897-1898). Huile sur toile, 40,5 × 54 cm (Russie, Kharkov Art Museum).

12. Touffes de barbe dans le prolongement des cheveux.
13. Étudiée.
14. Broderie.
15. Broderie en forme de dent.
16. Étoffe de soie.
17. Brillant.

On n'a rien à se dire… Car vous sortez avec lui aujourd'hui ? N'est-ce pas ?
– Je… oui.
150 – Alors, qu'avons-nous à nous dire ? Les discours n'y feront rien… Vous l'aimez ?
– Oui…, murmure-t-elle avec une hésitation, et de grosses larmes perlent de ses yeux.
– Qu'aurions-nous à nous dire ? marmotte Nicolaï qui hausse nerveusement
155 les épaules et pâlit. C'est inutile… Séchez vos yeux, voilà tout. Je… je ne veux rien… »
À ce moment-là un grand vendeur maigre s'approche de la pyramide de cartons en disant à sa cliente :
« Ne désirez-vous pas du bel élastique pour jarretière, qui n'arrête pas la circu-
160 lation, recommandé par les docteurs… »
Nicolaï cache Polinka et, pour tâcher de dissimuler le trouble de la jeune fille et le sien, grimace un sourire et dit à voix haute :
« Nous avons deux sortes de dentelles, mademoiselle ! En coton et en soie ! Les orientales, les bretonnes, les valenciennes, celles au crochet, l'étamine, c'est du
165 coton, mais les rococo, la soutache, le cambrai, c'est de la soie… Au nom du ciel, séchez vos yeux ! On vient ! »
Et, voyant que ses larmes coulent toujours, il continue encore plus fort :
« Dentelles espagnoles, rococo, à soutache, de Cambrai… Des bas de fil d'Écosse, de coton, de soie… »

Nouvelle intégrale, *in La Dame au petit chien et autres nouvelles*,
traduction de M. Durand et A. Parayre, © Gallimard, coll. « Folio », 1967-1971.

Questions DE LECTURE ANALYTIQUE

I. Une nouvelle réaliste
1. Dans les deux premiers paragraphes (avant le dialogue), quel milieu social est représenté ? Quelles indications sont fournies au sujet des personnages ?
2. Dans le dialogue et dans les parties narratives, quels détails et quels personnages permettent d'affirmer le réalisme du récit ?
3. Où retrouve-t-on les énumérations visibles dans les deux dernières répliques du commis ? Quelle fonction ont-elles ?

II. Un récit psychologique
1. À partir de quelle réplique le dialogue commercial de Polinka et de Nicolaï prend-il une autre tournure ? Cela était-il visible auparavant ?
2. À partir de quelle réplique un double dialogue se met-il en place ? Pourquoi cette façon de s'exprimer s'impose-t-elle ?
3. Comment l'attitude de Polinka évolue-t-elle ? à cause de quels propos de Nicolaï ?

III. Une scène dramatique
1. Quelle importance le lieu a-t-il dans la façon de parler et de se comporter des personnages ? Quels détails le prouvent ?
2. À la fin de la nouvelle, dès la ligne 157 (*À ce moment-là…*), relevez les phrases que l'on pourrait assimiler à des didascalies. Sur quoi mettent-elles l'accent ?
▶ PARTIE II, p. 459 : LA PAROLE THÉÂTRALE

COMMENTAIRE
Rédigez intégralement l'une des parties de ce plan de commentaire en veillant à l'emploi des connecteurs logiques et à la structure du paragraphe argumentatif.
▶ p. 413 : LE DISCOURS ARGUMENTATIF
▶ PARTIE III, p. 500 : LE PARAGRAPHE ARGUMENTATIF

Chapitre 3 • Le récit, de l'épopée à la nouvelle **SÉQUENCE 11**

Analyse D'IMAGE

HENRI CARTIER-BRESSON (1908-2004)
Marseille (1932)

Henri Cartier-Bresson est l'un des grands photographes du XXe siècle : il a parcouru le monde entier, devenant un observateur attentif des sociétés et un témoin essentiel des grands événements depuis 1945.

Questions

1. Comment les deux personnages sont-ils disposés ? Comment le photographe utilise-t-il les plans ?
2. Quels détails révèlent l'appartenance sociale de chaque personnage ? Est-ce le seul élément qui les différencie ?
3. Quelle figure géométrique l'ensemble de ces deux hommes forme-t-il ? avec quel effet sur la façon de les percevoir ?
4. À quelle forme de discours associez-vous avant tout ce cliché ? Expliquez.
   ▶ PARTIE II, p. 408 : LES FORMES DE DISCOURS

ÉCRITURE D'INVENTION
Vous rédigerez une nouvelle de deux pages mettant en relation les deux personnages de la phtographie. Libre dans son registre mais obligatoirement de thème social, ce récit respectera les principes essentiels de la nouvelle : économie de personnages, réalisme, intimisme et chute.
▶ SYNTHÈSE, p. 171.
▶ PARTIE III, p. 486 : L'ÉCRITURE D'INVENTION

Texte 3

MARGUERITE YOURCENAR
« Phèdre ou le Désespoir » (1936)

Biographie p. 568

« Produit d'une crise passionnelle, Feux se présente comme un recueil de poèmes d'amour, ou, si l'on préfère, comme une série de proses lyriques reliées entre elles par une certaine notion de l'amour », écrit Marguerite Yourcenar au début de la préface à la réédition de ce recueil en 1967. « Phèdre ou le Désespoir » est la première nouvelle, écrite en 1935.

Phèdre accomplit tout. Elle abandonne sa mère au taureau[1], sa sœur à la solitude[2] : ces formes d'amour ne l'intéressent pas. Elle quitte son pays comme on renonce à ses rêves ; elle renie sa famille comme on brocante ses souvenirs. Dans ce milieu où l'innocence est un crime, elle assiste avec dégoût à ce qu'elle finira par devenir. Son destin, vu du dehors, lui fait horreur : elle ne le connaît encore que sous forme d'inscriptions sur la muraille du Labyrinthe[3] : elle s'arrache par la fuite à son affreux futur. Elle épouse distraitement Thésée, comme sainte Marie l'Égyptienne[4] payait avec son corps le prix de son passage ; elle laisse s'enfoncer à l'Ouest dans un brouillard de fable les abattoirs géants de son espèce d'Amérique crétoise. Elle débarque, imprégnée de l'odeur du ranch et des poisons d'Haïti, sans se douter qu'elle porte avec soi la lèpre contractée sous un torride Tropique du cœur. Sa stupeur à la vue d'Hippolyte[5] est celle d'une voyageuse qui se trouve avoir rebroussé chemin sans le savoir : le profil de cet enfant lui rappelle Cnossos[6], et la hache à deux tranchants[7]. Elle le hait, elle l'élève ; il grandit contre elle, repoussé par sa haine, habitué de tout temps à se méfier des femmes, forcé dès le collège, dès les vacances du jour de l'An, à sauter les obstacles que dresse autour de lui l'inimitié d'une belle-mère. Elle est jalouse de ses flèches, c'est-à-dire de ses victimes, de ses compagnons, c'est-à-dire de sa solitude. Dans cette forêt vierge qui est le lieu d'Hippolyte, elle plante malgré soi les poteaux indicateurs du palais de Minos : elle trace à travers ces broussailles le chemin à sens unique de la Fatalité. À chaque instant, elle crée Hippolyte ; son amour est bien un inceste ; elle ne peut tuer ce garçon sans une espèce d'infanticide. Elle fabrique sa beauté, sa chasteté, ses faiblesses ; elle les extrait du fond d'elle-même ; elle isole de lui cette pureté détestable pour pouvoir la haïr sous la figure d'une fade vierge : elle forge de toutes pièces l'inexistante Aricie[8]. Elle se grise du goût de l'impossible, le seul alcool qui sert toujours de base à tous les mélanges du malheur. Dans le lit de Thésée, elle a l'amer plaisir de tromper en fait celui qu'elle aime, et en imagination celui qu'elle n'aime pas. Elle est mère : elle a des enfants comme elle aurait des remords. Entre ses draps moites de fiévreuse, elle se console à l'aide de chuchotements de confession qui remontent aux aveux de l'enfance balbutiés dans le cou de la nourrice ; elle tette son malheur ; elle devient enfin la misérable servante de Phèdre. Devant la froideur d'Hippolyte, elle imite le soleil quand il heurte un cristal : elle se change en spectre ; elle n'habite plus son corps que comme son propre enfer. Elle reconstruit au fond de soi-même un Labyrinthe où elle ne peut que se retrouver : le fil d'Ariane ne lui permet plus d'en sortir, puisqu'elle se l'embobine au cœur. Elle devient veuve ; elle peut

---

1. Référence à l'accouplement de Pasiphaé, mère de Phèdre, avec un taureau, qui donnera naissance au Minotaure (homme à tête de taureau).
2. Référence à l'abandon d'Ariane par Thésée sur l'île de Naxos, alors qu'elle venait, grâce à son fil, de le guider dans le Labyrinthe.
3. Où est enfermé son demi-frère le Minotaure.
4. Sainte de l'histoire chrétienne qui vécut seule dans le désert après s'être vouée à la prostitution.
5. Fils de Thésée et d'une Amazone.
6. Ville de Crète où se situe le Labyrinthe.
7. Allusion aux cultes sacrificiels sous le roi crétois Minos, père de Phèdre.
8. Princesse qu'Hippolyte aime d'un amour réciproque.

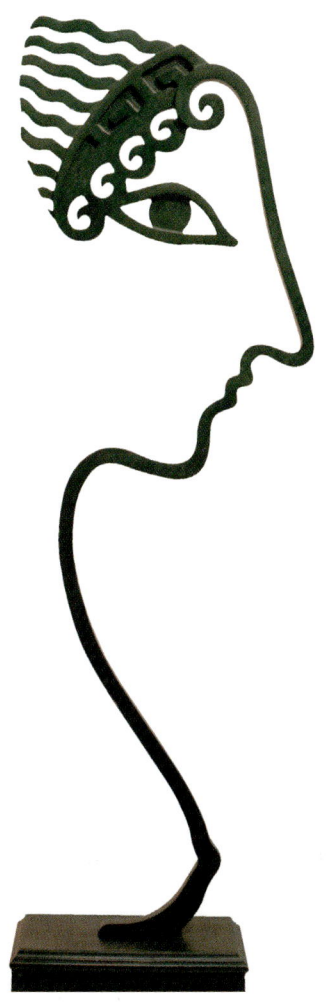

Roy Lichtenstein (1923-1997), *Tête archaïque VI* (1988), bronze patiné, ht : 1,485 m (Collection privée).

enfin pleurer sans qu'on lui demande pourquoi ; mais le noir messied[9] à cette figure sombre : elle en veut à son deuil de donner le change[10] sur sa douleur. Débarrassée de Thésée, elle porte son espérance comme une honteuse grossesse posthume[11]. Elle fait de la politique pour se distraire d'elle-même : elle accepte la Régence comme elle commencerait à se tricoter un châle. Le retour de Thésée se produit trop tard pour la ramener dans le monde de formules où se cantonne cet homme d'État ; elle n'y peut rentrer que par la fente d'un subterfuge[12] ; elle s'invente joie par joie le viol dont elle accuse Hippolyte, de sorte que son mensonge est pour elle un assouvissement. Elle dit vrai : elle a subi les pires outrages ; son imposture est une traduction. Elle prend du poison, puisqu'elle est mithridatisée[13] contre elle-même ; la disparition d'Hippolyte fait le vide autour d'elle ; aspirée par ce vide, elle s'engouffre dans la mort. Elle se confesse avant de mourir, pour avoir une dernière fois le plaisir de parler de son crime. Sans changer de lieu, elle rejoint le palais familial où la faute est une innocence. Poussée par la cohue[14] de ses ancêtres, elle glisse le long de ces corridors de métro, pleins d'une odeur de bête, où les rames fendent l'eau grasse du Styx[15], où les rails luisants ne proposent que le suicide ou

9. Ne convient pas.
10. Le deuil est un prétexte pour cacher sa vraie douleur.
11. Contractée après la mort de son mari.
12. Manigance, ruse.
13. Rendue insensible au poison par sa consommation régulière en petites doses.
14. Foule.
15. Fleuve entourant les Enfers.

le départ. Au fond des galeries de mine de sa Crète souterraine, elle finira bien par rencontrer le jeune homme défiguré par ses morsures de fauve, puisqu'elle a pour le rejoindre tous les détours de l'éternité. Elle ne l'a pas revu depuis la grande scène du troisième acte[16] ; c'est à cause de lui qu'elle est morte ; c'est à cause d'elle qu'il n'a pas vécu ; il ne lui doit que la mort ; elle lui doit les sursauts d'une inextinguible[17] agonie. Elle a le droit de le rendre responsable de son crime, de son immortalité suspecte sur les lèvres des poètes qui se serviront d'elle pour exprimer leurs aspirations à l'inceste, comme le chauffeur qui gît sur la route, le crâne fracassé, peut accuser l'arbre auquel il est allé se buter. Comme toute victime, il fut son bourreau. Des paroles définitives vont enfin sortir de ses lèvres que ne fait plus trembler l'espérance. Que dira-t-elle ? Sans doute merci.

Nouvelle intégrale, *in Feux,* © Gallimard, coll. « L'Imaginaire ».

16. Référence à la pièce de Racine.
17. Qu'on ne peut arrêter.

Questions DE LECTURE ANALYTIQUE

1. À quel temps verbal cette nouvelle est-elle écrite ? Quelle est sa valeur ?
2. Quel registre domine ici ? Comment est-il mis en évidence (vocabulaire, métaphores) ?
   ▶ PARTIE II, p. 418 : LES REGISTRES LITTÉRAIRES
   ▶ p. 392 : LES FIGURES DE RHÉTORIQUE
3. Le sous-titre « Le Désespoir » indique également la présence d'un autre registre : lequel ? Quels sont les procédés utilisés pour le souligner ?
4. Que signifie la proposition *il grandit contre elle* (l. 15) ? Quels sont ici les deux sens de la préposition *contre* ?
   ▶ p. 387 : LES OUTILS GRAMMATICAUX
5. Quelle est la figure de style la plus fréquente de ce texte ? Relevez deux exemples et commentez l'effet produit.
   ▶ p. 392 : LES FIGURES DE RHÉTORIQUE
6. Chez Racine, l'amour est souvent décrit comme une maladie ; qu'en est-il ici ?
7. Quelle interprétation donnez-vous à l'absence de paragraphes dans cette nouvelle ? Quel effet a-t-elle sur la perception du destin de Phèdre ?

D'UN TEXTE À L'AUTRE
1. Lisez la tragédie *Phèdre* de Racine (1677), étudiée dans le chapitre 1 de ce manuel ▶ p. 34, et retrouvez les événements communs à la pièce et à la nouvelle.
2. Complétez le tableau ci-dessous et commentez les apports de Marguerite Yourcenar.

	Les indices mythologiques	Ce qui vient de Racine	Ce qui vient du XXᵉ siècle
Lieux			
Personnages			
Événements			

SYNTHÈSE

La nouvelle

1 Naissance de la nouvelle

- Au XIIIe siècle, le **lai**, conte en vers, a déjà toutes les caractéristiques de la nouvelle :
– **brièveté narrative** opposée à l'ampleur du roman ;
– **peu de personnages**, resserrement sur une seule intrigue ;
– **thèmes lyriques** : amour et intimisme ;
– **fin surprenante** : la « chute ».

EX. : les *Lais* de Marie de France (fin du XIIe siècle) ; *Le Lai de l'ombre* de Jean Renart (XIIIe siècle) : histoire d'amour entre un chevalier et sa dame, qui se termine par une subtile déclaration amoureuse.

2 De la Renaissance au XVIIe siècle

- Au milieu du XIVe siècle, l'Italien **Boccace** écrit le *Décaméron* : sept femmes et trois hommes se réfugient dans une demeure pendant la peste de Florence. Dix jours durant, chacun raconte quotidiennement une histoire, ce qui donne un recueil de cent nouvelles marquées par les registres comique et tragique, et une galanterie abordant la sexualité. Le **réalisme** s'affirme comme une caractéristique essentielle de la nouvelle ➤ EXERCICE 1, p. 172.

- Au XVIe siècle en France, **Marguerite de Navarre** imite la structure du *Décaméron* dans l'*Heptaméron* (1559), ainsi appelé en raison de l'inachèvement de l'ouvrage : l'auteur est morte alors qu'elle en était à la septième journée de récits.

- Au XVIIe siècle, la nouvelle est courte et dramatiquement efficace.

EX. : *Les Nouvelles françaises* (1656) où Segrais, s'inspirant de Marguerite de Navarre, fait parler six dames pendant six jours sur des sujets sociaux et sentimentaux, avec les caractéristiques suivantes :
– cadre **réaliste** ;
– recherche d'un **vocabulaire précis** de l'analyse et des sentiments ;
– **dramatisation** : intrigue sociale ou sentimentale s'acheminant vers une chute ;
– volonté de **brièveté**.

3 Du XVIIIe au XIXe siècle

- Au XVIIIe siècle, le genre est concurrencé par le roman et le **conte philosophique** ➤ SÉQUENCE 9, p. 127. La brièveté des contes voltairiens se rapproche de la nouvelle, mais les nombreux personnages et le **recours à l'épique** ➤ p. 113 et au merveilleux* ne vont pas dans le sens de la nouvelle.

- C'est au XIXe siècle que la nouvelle renaît avec :
– la **nouvelle réaliste**.

EX. : les nouvelles de Tchekhov parues dans *Le Journal de Pétersbourg* ➤ TEXTE 2, p. 162. Maupassant a le souci de la représentation sociale dans le recueil *Mademoiselle Fifi* (1882) ;

– **la nouvelle fantastique** (souvent intitulée « conte ») avec un univers inquiétant qui mêle réalisme et manifestations étranges.

EX. : *Les Contes* d'Hoffmann (début du XIXe siècle) ➤ TEXTE 1, p. 158, *Les Nouvelles de Pétersbourg* de Gogol (1835), *Les Histoires extraordinaires* de Poe (1840-1845), les *Contes du jour et de la nuit* de Maupassant (1885)...

4 Au XXe siècle : un genre étranger

- Au XXe siècle, la nouvelle triomphe à l'étranger, en particulier avec les récits mi-psychologiques, mi-aventuriers de l'Anglais d'origine polonaise **Conrad**.

Mais de grands auteurs français se sont essayés à la nouvelle : Sartre avec *Le Mur* (1937) ; Marguerite Yourcenar avec *Feux* (1936) ➤ TEXTE 3, p. 168, et *Nouvelles orientales* (1938), deux recueils inspirés par les mythes et les contes.

- Le genre de la nouvelle est vivace depuis 1945 avec :
– les **textes fantastiques** de l'Italien **Buzzati** ou des Argentins **Borges** et **Cortazar** ;
– les **nouvelles de science-fiction** de l'Américain Bradbury (*Chroniques martiennes*, 1950).

- D'autres pays d'Europe sont aujourd'hui friands de nouvelles mais la France reste attachée au roman, avec parfois des exceptions : *Je voudrais que quelqu'un m'attende quelque part* d'Anna Gavalda (1999) ➤ EXERCICE 3, p. 173, recueil de nouvelles réalistes à grand succès.

➤ **BIOGRAPHIES DES AUTEURS p. 560**

EXERCICES D'APPROFONDISSEMENT

1 Aux origines de la nouvelle

1. Comment le lien se fait-il entre les histoires du recueil ? Quelle est la situation d'énonciation ?
   ▶ PARTIE II, p. 387 : LES OUTILS GRAMMATICAUX
2. Quelle est la fonction du deuxième paragraphe ?
3. Au début de la nouvelle racontée par Pampinea, quels détails relèvent du réalisme ?
4. Quels éléments et quelles tournures font penser au conte ?
5. Quel registre est sous-entendu dans la dernière phrase ?
   ▶ p. 418 : LES REGISTRES LITTÉRAIRES

2 L'*incipit* d'une nouvelle

1. Comment sont désignés les anciens patients du Dr Torty ? Quelle impression se dégage de ces dénominations ?
2. À quoi la médecine s'apparente-t-elle ? Dans quelle atmosphère le lecteur est-il plongé ?
3. Comment le narrateur se présente-t-il ? À quel type de nouvelle semble-t-on avoir affaire ?
   ▶ p. 443 : LE NARRATEUR ET LA FOCALISATION
4. À quel genre d'intrigue le lecteur doit-il s'attendre ? Utilisez un résumé de cette nouvelle dans un dictionnaire des œuvres pour vérifier votre hypothèse.

---

1 Une fois terminée la nouvelle de Neifile, qui fut très appréciée des dames, la reine donna l'ordre à Pampinea de se préparer à prendre la parole à son tour. Avec un visage joyeux,
5 celle-ci commença aussitôt :
— Très puissantes sont les forces d'Amour, mes charmantes amies, mais elles exposent les amants à de dures épreuves et à des dangers aussi innombrables qu'imprévus, comme on
10 peut s'en rendre compte par bien des histoires contées aujourd'hui et les jours précédents. Néanmoins, j'ai plaisir à vous le démontrer à nouveau, en vous faisant voir quelle fut l'audace d'un jeune amoureux.
15 Ischia est une île très proche de Naples, sur laquelle il y avait, entre autres, une jeune fille, jolie et enjouée, qui s'appelait Restituta. Fille d'un gentilhomme de l'île, nommé Marin Bolgaro, elle était aimée passionnément par un jeune
20 homme appelé Gianni, lequel était de Procida, île voisine d'Ischia, et cet amour était payé de retour. Non seulement son amoureux venait la voir à Ischia pendant le jour, mais souvent encore durant la nuit, n'ayant pas trouvé d'em-
25 barcation, il était allé plusieurs fois à la nage de Procida jusqu'à Ischia, afin de voir, à défaut d'autre chose, au moins les murs de sa maison.

BOCCACE, *Décaméron*, 5ᵉ journée, 6ᵉ nouvelle (extrait, vers 1350), traduction de M. Dozon, © LGF, 1994.

---

1 J'étais un des matins de l'automne dernier à me promener au Jardin des plantes, en compagnie du docteur Torty, certainement une de mes plus vieilles connaissances. Lorsque
5 je n'étais qu'un enfant, le docteur Torty exerçait la médecine dans la ville de V... ; mais après environ trente ans de cet agréable exercice, et *ses* malades étant morts, — ses *fermiers*[1] comme il les appelait, lesquels lui avaient
10 rapporté plus que bien des fermiers ne rapportent à leurs maîtres, sur les meilleures terres de Normandie, — il n'en avait pas repris d'autres ; et déjà sur l'âge et fou d'indépendance, comme un animal qui a toujours mar-
15 ché sur son bridon[2] et qui finit par le casser, il était venu s'engloutir dans Paris, — là même, dans le voisinage du Jardin des plantes, rue Cuvier, je crois, — ne faisant plus la médecine que pour son plaisir personnel, qui, d'ailleurs,
20 était grand à en faire, car il était médecin dans le sang et jusqu'aux ongles, et fort médecin, et grand observateur, en plus de bien d'autres cas que de cas simplement physiologiques[3] et pathologiques[4]...

BARBEY D'AUREVILLY, « Le Bonheur dans le crime », in *Les Diaboliques* (extrait, 1874).

1. Paysans cultivant une terre qui ne leur appartient pas.
2. Petite bride.
3. Liés aux organes.
4. Liés aux maladies.

3 L'*explicit* d'une nouvelle

1. À quel moment s'interrompt l'énumération des verbes d'action dont *elle* est le sujet ? Que signifie cette rupture ?
2. Pourquoi la phrase de la *jeune femme ravissante* est-elle rapportée au discours direct ?
   ▶ p. 455 : LES DISCOURS RAPPORTÉS
3. Sur quelle impression s'achève le récit ? Quel registre pourrait-on attribuer à cette nouvelle ?
   ▶ p. 418 : LES REGISTRES LITTÉRAIRES
4. Expliquez le titre.

ÉCRITURE D'INVENTION
Modifiez cet extrait de nouvelle en enlevant le sourire de la dernière partie et en poursuivant le récit sur une dizaine de lignes.
▶ PARTIE III, p. 492 : RÉÉCRIRE

Cette nouvelle d'Anna Gavalda relate l'attente impatiente d'une future mère, jusqu'au jour où elle apprend que le fœtus est mort. Or elle doit faire bonne figure lors d'un mariage.

1 Elle a jeté du riz aux mariés et elle a marché dans les allées au gravier bien ratissé avec une coupe de champagne à la main.
  Elle a froncé les sourcils quand elle a vu son
5 Petit Lord Fauntleroy[1] en train de boire du coca au goulot et s'est inquiétée des bouquets. Elle a échangé des mondanités puisque c'était l'endroit et le moment.
  Et l'autre est arrivée comme ça, de nulle
10 part, une jeune femme ravissante qu'elle ne connaissait pas, du côté du marié sûrement. Dans un geste d'une spontanéité totale, elle a posé ses mains bien à plat sur son ventre et elle a dit : « Je peux ?... On dit que ça porte
15 bonheur... »
  Qu'est-ce que tu voulais qu'elle fasse ? Elle a essayé de lui sourire, évidemment.

Anna Gavalda, « I.I.G. », in
Je voudrais que quelqu'un m'attende quelque part
(extrait, 1999) © Le Dilettante.

1. Façon dont la mère désigne son fils, en référence à un roman et à une série télévisée dont le héros était un bel enfant blond.

4 La nouvelle policière

1. Quel est le statut du narrateur ? Justifiez.
   ▶ p. 443 : LE NARRATEUR ET LA FOCALISATION
2. Comment le narrateur montre-t-il les relations entre les personnages ?
3. Sachant que c'est un début de nouvelle policière, à votre avis, que va-t-il arriver à lady Grayle ? Justifiez.

Voici le début d'une nouvelle policière d'Agatha Christie.

1 Lady Grayle était nerveuse. Dès l'instant où elle était montée sur le steamer *Fayoum*, elle s'était plainte : sa cabine ne lui plaisait pas. Elle pouvait supporter le soleil matinal mais
5 pas celui de l'après-midi. Sa nièce, Pamela Grayle, lui avait obligeamment cédé sa cabine différemment exposée. Lady Grayle avait accepté de mauvaise grâce.
  Elle se mit en colère contre son infirmière,
10 Miss Mac Naughton, qui lui avait donné une écharpe qu'elle n'aimait pas et qui avait emballé son petit oreiller. Elle invectiva son mari, sir George, qui venait de lui acheter un collier. Elle voulait du lapis-lazuli, pas du co-
15 rail et le traita d'imbécile.
  Sir George répondit d'un air navré :
  – Désolé, chère amie. Je vais aller changer le collier. J'ai encore le temps.
  Elle n'invectiva[1] pas Basile West, le secrétaire
20 de son mari, car personne ne pouvait le faire. Il avait un sourire désarmant. Ce fut l'interprète, personnage important et richement vêtu que rien ne troublait, qui supporta le poids de sa fureur. Elle avait aperçu quel-
25 qu'un assis sur le pont dans un fauteuil et, après avoir compris que c'était un passager, elle s'emporta violemment.

AGATHA CHRISTIE, incipit de « Mort sur le Nil »,
in Mr Parker Pyne (extrait, 1934),
© Librairie des Champs-Élysées, 1992.

1. Ne fit pas de reproches violents.

▶ BIOGRAPHIES DES AUTEURS p. 560

Chapitre 4

Le romantisme

175 SÉQUENCE **12**
Le récit romantique :
l'expression du « mal du siècle »

189 SÉQUENCE **13**
Le drame romantique :
un théâtre en liberté

202 SÉQUENCE **14**
La poésie romantique :
du lyrisme à l'engagement

Caspar David Friedrich (1774-1840),
Ruines du monastère de Oybin ou
Le Rêveur : détail (1835-40),
huile sur toile, 27 x 21 cm
(Saint Pétersbourg, musée de l'Hermitage).

SÉQUENCE **12** | # Le récit romantique : l'expression du « mal du siècle »

Objectif

Étudier les caractéristiques du « mal du siècle » dans les œuvres narratives du début du XIXe siècle.

Le « mal du siècle », sorte de mélancolie profonde qui affecta toute une génération, s'est exprimé dans des romans (épistolaires* ou autobiographiques) où l'action cède la place à l'analyse psychologique. Les héros romantiques, jeunes mais désenchantés, y dévoilent leur vie et leur personnalité complexe, dont ils sont plus les spectateurs que les acteurs.

CORPUS DE LA SÉQUENCE

- *Texte* **1** — J. W. von Goethe, *Les Souffrances du jeune Werther* (1774)
- *Texte* **2** — J.-J. Rousseau, *Les Rêveries du promeneur solitaire* (1776-1778)
- *Texte* **3** — F.-R. de Chateaubriand, *René* (1802)
- *Texte* **4** — Senancour, *Oberman* (1804)
- *Image* — C. D. Friedrich, *Femme à l'aube* (1810)
- *Texte* **5** — A. de Musset, *La Confession d'un enfant du siècle* (1836)

Notions de la séquence	Liens avec la partie II
La sensibilité romantique (*ensemble du corpus*)	LES REGISTRES : ▶ p. 425 : LYRIQUE ▶ p. 422 : TRAGIQUE ET PATHÉTIQUE
Genres (entre roman et autobiographie)	▶ p. 443 : LE NARRATEUR ET LA FOCALISATION ▶ p. 387 : LES OUTILS GRAMMATICAUX ▶ p. 409 : LE DISCOURS NARRATIF ▶ p. 411 : LE DISCOURS DESCRIPTIF
Analyse d'un tableau	▶ p. 397 : L'IMAGE FIXE
	Liens avec la partie III
Comparaison des narrateurs-personnages romantiques (*textes 1-3*) et de deux personnages chez Musset (*dans le roman, texte 5, et au théâtre*)	▶ p. 502 : RÉPONDRE À UNE QUESTION D'ANALYSE SUR UN CORPUS
Entraînement au commentaire (*texte 3*)	▶ p. 520 : DÉFINIR UN PROJET DE LECTURE ET MONTER UN PLAN D'ANALYSE
Rédiger une tirade polémique (*exercice 4*)	▶ p. 496 : INVENTER ET ARGUMENTER

John Varley (1778-1842), *Une vallée à Welsh* (1819), huile sur toile, 79,1 x 10,6 cm (Hampshire, Southampton City Art Gallery).

Texte 1

Johann Wolfgang von Goethe
Les Souffrances du jeune Werther (1774)

Biographie p. 563

Les Souffrances du jeune Werther, *roman épistolaire du poète allemand Goethe, connut un immense succès, au point que Werther devint un modèle pour toute une génération de lecteurs. Premier des héros romantiques, épris d'absolu et tourmenté, il est passionnément épris de Charlotte, fiancée puis épouse de son meilleur ami. Il finira par se suicider.*

Le 18 août.

1   Quelle fatalité a donc voulu que ce qui fait la félicité de l'homme devienne la source de sa misère ?
    Le sentiment si plein, si chaleureux, que mon cœur a de la vivante nature, ce sentiment qui m'inondait de tant de volupté, qui du monde qui m'entourait
5   me faisait un paradis, me devient maintenant un intolérable bourreau, un démon tourmenteur qui, où que j'aille, me poursuit. Quand autrefois, du haut des rochers, mes regards s'en allant par-delà la rivière, jusqu'aux lointaines collines, parcouraient la fertile vallée et voyaient, autour d'eux, tout germer, tout pousser ; quand je voyais ces montagnes, du pied jusqu'à la cime, revêtues
10 de grands arbres touffus, et ces vallées, dans leurs multiples détours, ombragées des plus aimables forêts, tandis que, doucement, la rivière glissait entre ses

deux haies murmurantes de roseaux et reflétait les gracieux nuages qu'au ciel lui amenait, en les berçant, la douce brise du soir ; lorsqu'ensuite j'entendais autour de moi les oiseaux animer la forêt, et que, par millions, des essaims de moucherons dansaient vaillamment dans le dernier et rouge rayon du soleil, et que, de son suprême et spasmodique[1] regard, l'astre délivrait, tirait de l'herbe où ils se cachaient les insectes bourdonnants et que, le bruissement de leurs élytres[2] et leur va-et-vient autour de moi attirant mon attention vers le sol, la mousse qui arrache sa nourriture au dur roc que je foulais[3], et les broussailles qui croissent le long de la pente aride et sablonneuse me révélaient l'ardente vie intérieure, la vie sacrée de la nature, comme je recevais tout cela en mon cœur enflammé, comme je me sentais, en cette débordante plénitude, presque devenir dieu, comme les magnifiques images du monde infini, toutes porteuses de vie, défilaient en mon âme ! D'énormes montagnes m'entouraient, des abîmes s'ouvraient devant moi, et des torrents s'y précipitaient, les rivières coulaient à mes pieds, forêts et monts retentissaient ; et je les voyais agir, créatrices, les unes sur les autres dans les profondeurs de la terre, toutes les forces insondables[4] ; et puis, par-dessus la terre et sous le ciel, pulluler les générations des diverses créatures. Et l'univers, tout l'univers peuplé de milliers d'espèces variées ! Et puis voici les hommes, réfugiés, nichés dans leurs petites maisons, et régnant, pensent-ils, sur le vaste monde ! Pauvre insensé, qui de tout fais si peu de cas, parce que tu es si petit ! – Des inaccessibles montagnes, en passant par le désert que nul pied n'a foulé, jusqu'à l'extrême limite de l'océan inconnu, l'esprit éternellement créateur souffle et se complaît en tout atome qui, entendant sa voix, participe à sa vie divine. – Ah ! que de fois ne me suis-je pas, alors, souhaité les ailes de la grue qui passait au-dessus de ma tête, afin de m'envoler vers les rivages de l'immense mer, afin de boire à la coupe écumante de l'infini ces vitales délices qui vous enflent le cœur, afin de sentir, ne fût-ce qu'un instant, dans mon faible sein, une goutte de la félicité de l'Être, en qui et par qui tout est engendré.

Livre 1, lettre du 18 août (extrait),
traduction de H. Buriot Darsiles, © Flammarion, GF, 1976.

1. Agité, tremblotant.
2. Ailes dures de certains insectes comme les hannetons.
3. Piétinais.
4. Profondément enfouies, impénétrables.

Questions DE LECTURE ANALYTIQUE

1. Quelle figure de style retrouve-t-on dans les deux premières phrases ? En quoi est-elle la marque d'une sensibilité à fleur de peau ?
   ▶ PARTIE II, p. 392 : LES FIGURES DE RHÉTORIQUE

2. Analysez la valeur des temps. À quel temps la modalité exclamative se rattache-t-elle dans l'extrait ?
   ▶ p. 452 : LE TEMPS DE LA FICTION ET LE TEMPS DE LA NARRATION
   ▶ p. 387 : LES OUTILS GRAMMATICAUX

3. Étudiez l'énonciation. Quelles conclusions en dégagez-vous ?
   ▶ p. 387 : LES OUTILS GRAMMATICAUX

4. Quelle place Werther accorde-t-il aux sensations ? Lesquelles dominent ici ?

5. À partir de l'analyse des métaphores et des rythmes, déterminez le registre dominant.
   ▶ p. 392 : LES FIGURES DE RHÉTORIQUE
   ▶ p. 418 : LES REGISTRES LITTÉRAIRES

Texte 2

JEAN-JACQUES ROUSSEAU
Les Rêveries du promeneur solitaire (1776-1778)

Biographie p. 567

Rousseau fait figure de précurseur du romantisme français. Amoureux de la nature et analyste du moi, il fait alterner récits de promenades, souvenirs et méditations dans ses Rêveries, *qui auront une grande influence sur la génération suivante. Dans cet extrait, où Rousseau évoque un séjour à l'île Saint-Pierre, en Suisse, à l'automne 1765, il emprunte à l'anglais l'adjectif « romantique ». À l'origine, celui-ci qualifie « des lieux, des paysages, qui rappellent à l'imagination les descriptions des poèmes et des romans »* (Dictionnaire de l'Académie, 1798).

1   Les rives du lac de Bienne[1] sont plus sauvages et romantiques que celles du lac de Genève, parce que les rochers et les bois y bordent l'eau de plus près ; mais elles ne sont pas moins riantes. S'il y a moins de culture de champs et de vignes, moins de villes et de maisons, il y aussi plus de verdure naturelle, plus
5   de prairies, d'asiles ombragés de bocages[2], des contrastes plus fréquents et des accidents[3] plus rapprochés. Comme il n'y a pas sur ces heureux bords de grandes routes commodes pour les voitures, le pays est peu fréquenté par les voyageurs ; mais qu'il est intéressant pour des contemplatifs solitaires qui aiment à s'enivrer à loisir des charmes de la nature, et à se recueillir dans un silence
10 que ne trouble aucun autre bruit que le cri des aigles, le ramage[4] entrecoupé de quelques oiseaux, et le roulement des torrents qui tombent de la montagne. Ce beau bassin d'une forme presque ronde enferme dans son milieu deux petites îles, l'une habitée et cultivée, d'environ une demi-lieue[5] de tour, l'autre plus petite, déserte et en friche, et qui sera détruite à la fin par les transports de
15 terre qu'on en ôte sans cesse pour réparer les dégâts que les vagues et les orages font à la grande. C'est ainsi que la substance du faible est toujours employée au profit du puissant.

Début de la *Cinquième Promenade*.

1. L'île Saint-Pierre se situe à l'ouest du lac de Bienne.
2. Champs clos par des haies.
3. Dénivellations, différences d'altitudes.
4. Chant.
5. Une lieue = 4 km.

Questions DE LECTURE ANALYTIQUE

1. Comment le narrateur justifie-t-il le choix des adjectifs dans la première phrase ? Expliquez le sens de l'adjectif *romantique* (l. 1). Correspond-il à celui de l'Académie (*cf.* chapeau introducteur) ?

2. En quoi la description du paysage illustre-t-elle et développe-t-elle ces deux adjectifs ?

3. Quel sentiment la contemplation du paysage inspire-t-elle au narrateur ? Analysez la modalisation de cette description.
➤ PARTIE II, p. 413 : LE DISCOURS ARGUMENTATIF

4. Commentez la valeur du temps et la figure de style des lignes 16-17. Le registre est-il le même que dans les lignes précédentes ? Justifiez.
➤ p. 392 : LES FIGURES DE RHÉTORIQUE
➤ p. 418 : LES REGISTRES LITTÉRAIRES

5. Question de synthèse : donnez votre propre définition de l'adjectif *romantique* en une seule phrase inspirée de ce texte.

Chapitre 4 • Le romantisme SÉQUENCE 12

Théodore Caruelle d'Aligny (1798-1871), *Jeune homme allongé dans les collines* (vers 1833-1835), huile sur papier, 21,6 x 45,2 cm (University of Cambridge, Fitzwilliam Museum).

Texte 3

FRANÇOIS-RENÉ DE CHATEAUBRIAND
René (1802)

Biographie p. 561

Personnage inspiré de la jeunesse tourmentée de Chateaubriand, René, jeune Français réfugié chez les Natchez (tribu indienne d'Amérique du Nord), raconte « l'histoire de son cœur ». Dès l'incipit, on lit : « Un penchant mélancolique l'entraînait au fond des bois ; il y passait seul des journées entières, et semblait sauvage parmi les sauvages. » Type même du héros romantique, René, assombri dès l'enfance par le deuil de ses parents, voyage en Europe, avant son départ pour l'Amérique.

1   On m'accuse d'avoir des goûts inconstants, de ne pouvoir jouir longtemps de la même chimère[1], d'être la proie d'une imagination qui se hâte d'arriver au fond de mes plaisirs, comme si elle était accablée de leur durée ; on m'accuse de passer toujours le but que je puis atteindre : hélas ! je cherche seulement un
5   bien inconnu, dont l'instinct me poursuit. Est-ce ma faute, si je trouve partout des bornes, si ce qui est fini n'a pour moi aucune valeur ? Cependant je sens que j'aime la monotonie des sentiments de la vie, et si j'avais encore la folie de croire au bonheur, je le chercherais dans l'habitude.

1. Rêve inaccessible, fantasme.

La solitude absolue, le spectacle de la nature, me plongèrent bientôt dans un état presque impossible à décrire. Sans parents, sans amis, pour ainsi dire, sur la terre, n'ayant point encore aimé, j'étais accablé d'une surabondance de vie. Quelquefois je rougissais subitement, et je sentais couler dans mon cœur comme des ruisseaux d'une lave ardente ; quelquefois je poussais des cris involontaires, et la nuit était également troublée de mes songes et de mes veilles. Il me manquait quelque chose pour remplir l'abîme de mon existence : je descendais dans la vallée, je m'élevais sur la montagne, appelant de toute la force de mes désirs l'idéal objet d'une flamme future ; je l'embrassais dans les vents ; je croyais l'entendre dans les gémissements du fleuve ; tout était ce fantôme imaginaire, et les astres dans les cieux, et le principe même de vie dans l'univers.

Toutefois cet état de calme et de trouble, d'indigence[2] et de richesse, n'était pas sans quelques charmes. Un jour je m'étais amusé à effeuiller une branche de saule sur un ruisseau, et à attacher une idée à chaque feuille que le courant entraînait. Un roi qui craint de perdre sa couronne par une révolution subite ne ressent pas des angoisses plus vives que les miennes, à chaque accident qui menaçait les débris de mon rameau. Ô faiblesse des mortels ! Ô enfance du cœur humain qui ne vieillit jamais ! Voilà donc à quel degré de puérilité[3] notre superbe raison peut descendre ! Et encore est-il vrai que bien des hommes attachent leur destinée à des choses d'aussi peu de valeur que mes feuilles de saule.

Extrait.

2. Pauvreté.
3. Comportement enfantin, immature.

Questions DE LECTURE ANALYTIQUE

1. Quelle est la fonction de l'interrogation dans le premier paragraphe ? Quelle figure de style présente dans la première phrase peut-on mettre en relation avec cette question ? Justifiez.
▶ PARTIE II, p. 387 : LES OUTILS GRAMMATICAUX
▶ p. 392 : LES FIGURES DE RHÉTORIQUE

2. Le présent a-t-il la même valeur dans tout le texte ? Expliquez.

3. Pourquoi René pense-t-il que son état est *impossible à décrire* ? Quels éléments du texte soulignent cette difficulté ?

4. Quel rôle la nature joue-t-elle ? Analysez sa description, ses relations avec le narrateur, et l'ensemble des détails qui créent une atmosphère romantique.
▶ p. 411 : LE DISCOURS DESCRIPTIF

5. Analysez l'anecdote de la feuille de saule (l. 21-30) : quel rôle la première phrase (l. 21-22) joue-t-elle ? Quelles figures de style rendent l'anecdote emblématique ?

6. En quoi cette page définit-elle le tempérament romantique ? Aidez-vous du lexique et des images poétiques.

D'UN TEXTE À L'AUTRE ▶ TEXTES 2 et 3
Relevez et analysez ce qui, dans l'expression et dans la sensibilité, fait de René et de Werther deux personnages similaires.
▶ PARTIE III, p. 502 : RÉPONDRE À UNE QUESTION D'ANALYSE SUR UN CORPUS

COMMENTAIRE
À l'aide des réponses 1-6, proposez un projet de lecture et intitulez les trois parties de commentaire du texte.
▶ p. 520 : DÉFINIR UN PROJET DE LECTURE ET MONTER UN PLAN D'ANALYSE

Texte 4

SENANCOUR
Oberman[1] (1804)

Biographie p. 567

Fortement influencé par Rousseau ▶ TEXTE 2, p. 178, *Senancour est l'auteur d'un roman épistolaire**, Oberman, *dont le héros livre au lecteur des méditations inspirées de la nature. Dans une lettre datée du 17 août et écrite à Fontainebleau, il analyse ce qu'on appela plus tard le « mal du siècle ». Ce roman, comme* René ▶ TEXTE 3, p. 179, *est imprégné de la vie de l'auteur, qui a lui-même séjourné à Fontainebleau et dans les Alpes suisses.*

Ci-contre : RICHARD PARKES BONINGTON (1802-1828), *Dans la forêt de Fontainebleau* (vers 1825), huile sur toile, 32,5 × 24 cm (Yale, États-Unis, Yale Center for British Art, Paul Mellon Collection).

Fontainebleau, 17 août.

1   Même ici, je n'aime que le soir. L'aurore me plaît un moment : je crois que je sentirais sa beauté, mais le jour qui va la suivre doit être si long ! J'ai bien une terre libre à parcourir ; mais elle n'est pas assez sauvage, assez imposante. Les formes en sont basses ; les roches petites et monotones ; la végétation n'y a
5   pas en général cette force, cette profusion qui m'est nécessaire ; on n'y entend bruire aucun torrent dans des profondeurs inaccessibles ; c'est une terre des plaines. Rien ne m'opprime ici, rien ne me satisfait. Je crois même que l'ennui augmente : c'est que je ne souffre pas assez. Je suis donc plus heureux ? Point du tout : souffrir ou être malheureux, ce n'est pas la même chose ; jouir ou être
10 heureux, ce n'est pas non plus une même chose.
    Ma situation est douce et je mène une triste vie. Je suis ici on ne peut mieux ; libre, tranquille, bien portant, sans affaires, indifférent sur l'avenir dont je n'attends rien, et perdant sans peine le passé dont je n'ai pas joui. Mais est en moi une inquiétude qui ne me quittera pas ; c'est un besoin que je ne connais
15 pas, qui me commande, qui m'absorbe, qui m'emporte au-delà des êtres périssables[2]… Vous vous trompez, et je m'y étais trompé moi-même : ce n'est pas le besoin d'aimer. Il y a une distance bien grande du vide de mon cœur à l'amour qu'il a tant désiré ; mais il y a l'infini entre ce que je suis et ce que j'ai besoin d'être. L'amour est immense, il n'est pas infini. Je ne veux point

1. Selon les éditions, Oberman s'orthographie avec un ou deux « n ».
2. Mortels.

20 jouir ; je veux espérer, je voudrais savoir ! Il me faut des illusions sans bornes³, qui s'éloignent pour me tromper toujours. Que m'importe ce qui peut finir ? L'heure qui arrivera dans soixante années est là près de moi. Je n'aime point ce qui se prépare, s'approche, arrive, et n'est plus. Je veux un bien, un rêve, une espérance enfin qui soit toujours devant moi, au-delà de moi, plus grande
25 que mon attente elle-même, plus grande que ce qui passe. Je voudrais être tout intelligence, et que l'ordre éternel du monde… Et, il y a trente ans, l'ordre était, et je n'étais point !

Accident⁴ éphémère et inutile, je n'existais pas, je n'existerai pas : je trouve avec étonnement mon idée plus vaste que mon être ; et, si je considère que ma
30 vie est ridicule à mes propres yeux, je me perds dans des ténèbres impénétrables. Plus heureux, sans doute, celui qui coupe du bois, qui fait du charbon, et qui prend de l'eau bénite quand le tonnerre gronde ! Il vit comme la brute. Non ; mais il chante en travaillant. Je ne connaîtrai point sa paix, et je passerai comme lui. Le temps aura fait couler sa vie ; l'agitation, l'inquiétude, les
35 fantômes d'une grandeur inconnue égarent et précipitent la mienne.

Lettre XVIII (extrait).

3. Sans limites.
4. Événement relevant uniquement du hasard.

Questions DE LECTURE ANALYTIQUE

1. À quels indices perçoit-on qu'il s'agit d'une lettre ? À quels autres genres littéraires ce texte pourrait-il s'apparenter ? Justifiez.

2. Des connecteurs logiques sont souvent repris dans les deux premiers paragraphes. Quels sont-ils ? Quelle est leur valeur ? Citez ensuite d'autres moyens utilisés dans le texte pour exprimer ce lien logique.
➤ PARTIE II, p. 413 : LE DISCOURS ARGUMENTATIF

3. Quel type de paysage attire le plus Oberman ? Celui de Fontainebleau le satisfait-il ? Pourquoi ? Vous répondrez à l'aide de la signification symbolique du nom « Oberman » et des figures de style.
➤ p. 392 : LES FIGURES DE RHÉTORIQUE

4. En quoi la proposition *je ne souffre pas assez* (l. 8) est-elle surprenante ? Expliquez le paradoxe.

5. Analysez les rythmes et les figures de style de la fin du texte (l. 28-35). Quels sentiments et quelle conception du temps soulignent-ils ?

6. En quoi consiste la quête d'Oberman ? Est-elle aisée ?

D'UN TEXTE À L'AUTRE ➤ TEXTES 3 et 4
Quels sont les points communs entre Oberman et René ? Justifiez par des références précises.

RECHERCHES
Recherchez des reproductions de tableaux de Caspar David Friedrich ➤ ANALYSE D'IMAGE, p. 183. Parmi ses œuvres picturales, choisissez-en une qui vous rappelle les goûts d'Oberman en matière de paysage et commentez-la.
➤ p. 397 : L'IMAGE FIXE

Analyse d'image

Caspar David Friedrich (1774-1840)
Femme à l'aube (1818)

Chapitre 4 • Le romantisme SÉQUENCE 12

Huile sur toile (Essen, Museum Folkwang).

Questions

1. Analysez les couleurs et les contrastes du tableau. Quelle atmosphère contribuent-ils à créer ?
2. Observez la composition, les lignes et la perspective : que remarquez-vous ?
   ▶ PARTIE II, p. 397 : L'IMAGE FIXE
3. Comment le personnage est-il situé par rapport au décor ?
4. Expliquez pourquoi ce tableau peut être vu comme une métaphore.
   ▶ p. 392 : LES FIGURES DE RHÉTORIQUE
5. **Question de synthèse** : relevez tous les éléments qui prouvent que ce tableau appartient au mouvement romantique.

Carolus-Duran (1838-1917), *Le Baiser* (1868),
huile sur toile, 92 x 91 cm (Lille, musée des Beaux-Arts).

Texte 5

Alfred de Musset
La Confession d'un enfant du siècle (1836)

Biographie p. 565

En 1835, Musset achève sa liaison orageuse avec la romancière George Sand. Au début de La Confession d'un enfant du siècle, *le narrateur analyse les causes du « sentiment de malaise inexprimable » qu'éprouve sa génération. Commence ensuite l'histoire d'Octave, personnage dont la vie rappelle celle de l'auteur : d'abord la déception sentimentale qui le conduit à se jeter dans l'alcoolisme et la débauche, puis sa rencontre avec Brigitte Pierson. Malgré son amour, il la tourmente par sa jalousie, et celle-ci se console finalement auprès d'un autre. À nouveau désespéré, Octave est d'abord tenté par le crime passionnel ; mais, dans l'explicit[1], il se résigne à la séparation.*

1 — Ne parlons plus du passé. C'est peu à peu que mes lettres seront plus rares, jusqu'au jour où elles cesseront. Je redescendrai ainsi la colline que j'ai gravie depuis un an. Il y aura là une grande tristesse et peut-être aussi quelque charme. Lorsqu'on s'arrête au cimetière devant une tombe fraîche et verdoyante où
5 sont gravés deux noms chéris, on éprouve une douleur pleine de mystère qui fait couler des larmes sans amertume ; c'est ainsi que je veux quelquefois me souvenir d'avoir été vivant.

La femme, à ces dernières paroles, se jeta sur un fauteuil et sanglota. Le jeune homme fondait en larmes ; mais il resta immobile et comme ne voulant
10 pas lui-même s'apercevoir de sa douleur. Lorsque les larmes eurent cessé, il s'approcha de son amie, lui prit la main et la baisa.

— Croyez-moi, dit-il ; être aimé de vous, quel que soit le nom que porte la place qu'on occupe dans votre cœur, cela donne de la force et du courage. N'en doutez jamais, ma Brigitte, nul ne vous comprendra mieux que moi ;
15 un autre vous aimera plus dignement, nul ne vous aimera plus profondément.

1. Fin du roman.

Un autre ménagera en vous des qualités que j'offense ; il vous entourera de son amour ; vous aurez un meilleur amant, vous n'aurez pas un meilleur frère. Donnez-moi la main et laissez rire le monde d'un mot sublime qu'il ne comprend pas : « Restons amis, et adieu pour jamais. » Quand nous nous sommes serrés pour la première fois dans les bras l'un de l'autre, il y avait déjà longtemps que quelque chose de nous savait que nous allions nous unir. Que cette part de nous-mêmes, qui s'est embrassée devant Dieu, ne sache pas que nous nous quittons sur terre ; qu'une misérable querelle[2] d'une heure ne délie pas notre éternel baiser !

Il tenait la main de la femme ; elle se leva, baignée encore de larmes, et, s'avançant devant la glace avec un sourire étrange, elle tira ses ciseaux et coupa sur sa tête une longue tresse de cheveux ; puis elle se regarda un instant, ainsi défigurée et privée d'une partie de sa plus belle parure, et la donna à son amant. L'horloge sonna de nouveau, il fut temps de descendre ; quand ils repassèrent sous les galeries, ils paraissaient aussi joyeux que lorsqu'ils y étaient arrivés.

– Voilà un beau soleil, dit le jeune homme.

– Et une belle journée, dit Brigitte, et que rien n'effacera là.

Elle frappa sur son cœur avec force ; ils pressèrent le pas et disparurent dans la foule. Une heure après, une chaise de poste passa sur une petite colline, derrière la barrière de Fontainebleau. Le jeune homme y était seul ; il regarda une dernière fois sa ville natale dans l'éloignement, et remercia Dieu d'avoir permis que, de trois êtres qui avaient souffert par sa faute, il ne restât qu'un malheureux.

Cinquième partie (extrait).

2. Dispute.

Questions DE LECTURE ANALYTIQUE

1. Brigitte et Octave expriment-ils leurs sentiments par les mêmes moyens ?
2. Quelles figures de style soulignent la singularité d'Octave ? Quel registre donnent-elles au texte ?
   ➤ PARTIE II, p. 392 : LES FIGURES DE RHÉTORIQUE
3. Cherchez la définition de « prédestination » ; repérez un passage du texte illustrant cette conception de l'amour.
4. Quelle image le héros a-t-il de l'amour ? Justifiez.
5. En quoi cette scène romanesque est-elle aussi théâtrale ? grâce à quel procédé essentiel ?
6. S'agit-il d'un dénouement heureux ? Justifiez en analysant les sentiments d'Octave en fin d'extrait, ainsi que les passages qui en proposent une explication.

D'UN TEXTE À L'AUTRE

Dans la scène 5 de l'acte II de la comédie *On ne badine pas avec l'amour* (Musset, 1834), Perdican déclare : « *Tous les hommes sont menteurs, inconstants, faux, bavards, hypocrites, orgueilleux et lâches, méprisables et sensuels ; toutes les femmes sont perfides, artificieuses, vaniteuses, curieuses et dépravées ; le monde n'est qu'un égout sans fond où les phoques les plus informes rampent et se tordent sur des montagnes de fange ; mais il y a au monde une chose sainte et sublime, c'est l'union de deux de ces êtres si imparfaits et si affreux.* »

Commentez le style et le registre de ce passage, puis comparez cette conception de l'amour à celle d'Octave.

➤ PARTIE III, p. 502 : RÉPONDRE À UNE QUESTION D'ANALYSE SUR UN CORPUS
➤ p. 418 : LES REGISTRES LITTÉRAIRES

SYNTHÈSE

Le « mal du siècle », malaise d'une génération

- **Madame de Staël** (*Corinne*, 1807) et **Chateaubriand** (*Atala*, 1801 ; *René*, 1802), les premiers écrivains romantiques français, créent un **nouveau genre de roman autobiographique**, marqué par le « mal du siècle ». Ce malaise, dû aux attentes déçues de la réalité, rappelle celui des romantiques allemands qui, tel Novalis dans son roman *Henri d'Ofterdingen* (1801) ➤ **EXERCICE 1, p. 187**, se sont souvent réfugiés dans l'évocation du Moyen Âge pour échapper à leurs contemporains.

1 Les origines du « mal du siècle »

- Le siècle des Lumières et le début du XIXe siècle connaissent de grands bouleversements politiques :
– la **Révolution française** signe la fin de l'Ancien Régime ;
– la **décapitation du roi** Louis XVI et la violence de la **Terreur** marquent les esprits ;
– de nombreux **aristocrates**, tels **Chateaubriand** ➤ **TEXTE 3, p. 179** ou **Senancour** ➤ **TEXTE 4, p. 181**, sont contraints à l'exil ;
– la **glorieuse épopée napoléonienne** s'achève avec la défaite de Waterloo en 1815. *Voilà ce qui se présentait à des enfants pleins de force et d'audace, fils de l'Empire et petits-fils de la Révolution [...]. Un sentiment de malaise inexprimable commença donc à fermenter dans tous les jeunes cœurs* : c'est ainsi que Musset analyse son époque, héritière de ce « chaos », dans *La Confession d'un enfant du siècle* (1836).

2 Un malaise moral

- Le héros romantique, animé par deux **idéaux** – **l'amour** et **l'art** – rejette une société qui privilégie **l'ordre** et les **valeurs matérielles**.

Les précurseurs

- Deux **romans épistolaires*** du XVIIIe siècle fascinèrent les romantiques : *La Nouvelle Héloïse*, de Rousseau, et *Les Souffrances du jeune Werther*, de Goethe ➤ **TEXTE 1, p. 176**. Dans ces œuvres, les personnages expriment leur **intimité** à travers des lettres.
- Dans ce sillage paraissent en France, à l'aube du XIXe siècle, des romans à la première personne où l'action cède la place à **l'introspection** :
– le nom du héros donne souvent son titre au roman : *René*, *Oberman*, *Indiana* ➤ **TEXTES 3 et 4, p. 179 et 181**, ➤ **EXERCICE 2, p. 187** ;
– le « moi », « haïssable » au XVIIe siècle pour Pascal, devient le sujet essentiel.
- Benjamin Constant résume ainsi les caractéristiques de ce nouveau genre : *J'ai voulu peindre [...] une des principales maladies de notre siècle, cette fatigue, cette incertitude, cette absence de force, cette analyse perpétuelle qui place une arrière-pensée à côté de tous les sentiments* (*Adolphe* ➤ **EXERCICE 3, p. 188**).

Des héros tourmentés

- Les héros romantiques se sentent déchirés entre :
– **exaltation**, « surabondance de vie » : Werther ➤ **TEXTE 1, p. 176** ou René ➤ **TEXTE 3, p. 179** ;
– **mélancolie**, nostalgie, ennui ➤ **TEXTE 4, p. 181**, déception ➤ **EXERCICE 3, p. 188**.

Quelles perspectives et quels refuges ?

- Les héros romantiques trouvent un exutoire dans :
– le **voyage** : René part en Amérique, Oberman séjourne dans les Alpes ;
– la **nature** : après Rousseau, Chateaubriand et Senancour y voient un espace de liberté et d'infini ;
– le **suicide** : la figure d'Hamlet, héros de Shakespeare, qui cherche le moyen d'échapper au mal de vivre, hante les artistes romantiques ➤ **SÉQUENCE 13, EXERCICE 2, p. 200** ;
– **l'amour** : tumultueux ou décevant, il est toujours tourmenté chez Musset ➤ **TEXTE 5, p. 184**, ou Gautier ➤ **EXERCICE 4, p. 188** ;
– **l'art** : loin de paralyser les artistes, ce mal de vivre suscite une ferveur créatrice dans toute l'Europe (en musique, Berlioz, Chopin, Beethoven... ; en peinture, Friedrich, Delacroix, Géricault...).

- L'échec des révolutions de 1830 et de 1848, le retour de la monarchie, puis le Second Empire scellent la fin de l'illusion politique et **la fracture entre les artistes et la société**. C'est la fin du mouvement romantique en France.

➤ **BIOGRAPHIES DES AUTEURS p. 560**

EXERCICES D'APPROFONDISSEMENT

1 Le romantisme allemand

1. Malgré l'absence de strophes et de rimes, quelles images permettent de décrire poétiquement la fleur ?
2. Par quels termes le retour à la réalité est-il rendu ? Quelle fonction les propos du père ont-ils ?

D'UN TEXTE À L'AUTRE
Quelle image vous faites-vous du héros romantique allemand ? Comparez ce texte avec *Werther*
► TEXTE 1, p. 176.

Le héros de Novalis, dans le roman Henri d'Ofterdingen *(1801), rêve à une fleur bleue pour laquelle il engagera un voyage l'éloignant des dures réalités quotidiennes.*

[...] il rêva d'aventures indescriptibles. Il en fut tiré par une nouvelle vision. Il se trouva couché sur une molle pelouse, au bord d'une source qui jaillissait et semblait se dissiper en l'air. Des rochers d'un bleu foncé, striés de veines de toutes couleurs, s'élevaient à quelque distance ; la clarté du jour qui l'entourait était plus limpide et plus douce que la lumière habituelle ; le ciel était d'azur sombre, absolument pur. Mais ce qui l'attira d'un charme irrésistible, c'était, au bord même de la source, une Fleur svelte[1], d'un bleu éthéré[2], qui le frôlait de ses larges pétales éclatants. Tout autour d'elle, d'innombrables fleurs de toutes nuances emplissaient l'air, de leurs senteurs les plus suaves. Lui, cependant, ne voyait que la Fleur bleue, et il la contempla longuement, avec une indicible tendresse [...] quand tout à coup la voix de sa mère l'éveilla : il se retrouva dans la chambre familiale que doraient déjà les rayons du matin. Il était trop enchanté pour prendre humeur de ce contretemps ; au contraire, il dit un aimable bonjour à sa maman et lui rendit son embrassement affectueux.

« Hé, dormeur ! s'écria le père, il y a beau temps que je suis assis là, en train de limer ! C'est à cause de toi qu'on ne m'a pas permis de cogner à coups de marteau ; ta mère voulait laisser dormir son fils chéri. Pour le déjeuner aussi, il a fallu que j'attende ! »

NOVALIS, *Henri d'Ofterdingen*, première partie : « L'Attente », chapitre I (extrait, 1801), traduction de M. Camus, © Aubier-Montaigne, 1988.

1. Une fleur légère. 2. D'un bleu rappelant la couleur du ciel.

2 Le « mal du siècle »

1. Quelles figures de style soulignent l'intensité du « mal du siècle » ?
► PARTIE II, p. 392 : LES FIGURES DE RHÉTORIQUE
2. Quelle est la modalité de phrase employée dans le passage qui donne l'explication des causes de ce *mal inconnu* ? Que signifie-t-elle ?
► p. 387 : LES OUTILS GRAMMATICAUX
3. Rapprochez cette phrase d'autres extraits des textes de la séquence et comparez-les.

Indiana Delmare, jeune femme mariée à un vieux colonel, se sent privée de liberté et s'ennuie, rêvant de grandes passions…

Aussi elle se mourait. Un mal inconnu dévorait sa jeunesse. Elle était sans force et sans sommeil. Les médecins lui cherchaient en vain une désorganisation apparente, il n'en existait pas ; toutes ses facultés s'appauvrissaient également, tous ses organes se lésaient[1] avec lenteur ; son cœur brûlait à petit feu, ses yeux s'éteignaient, son sang ne circulait plus que par crise et par fièvre. [...] Ce cœur silencieux et brisé appelait toujours à son insu un cœur jeune et généreux pour le ranimer. L'être qu'elle avait le plus aimé jusque-là, c'était Noun[2], la compagne enjouée et courageuse de ses ennuis ; et l'homme qui lui avait témoigné le plus de prédilection, c'était son flegmatique[3] cousin sir Ralph. Quels aliments pour la dévorante activité de ses pensées, qu'une pauvre fille ignorante et délaissée comme elle, et un Anglais passionné seulement pour la chasse du renard !

GEORGE SAND, *Indiana* (extrait, 1832).

1. Se détérioraient. 2. Sa servante créole. 3. Imperturbable.

EXERCICES D'APPROFONDISSEMENT

3 Les contradictions romantiques

1. Montrez, en vous fondant sur des éléments précis (types de verbes, temps...), comment le narrateur passe de la narration à l'introspection.
2. Dans quels passages les contradictions d'Adolphe s'expriment-elles ? Quelle figure de style les souligne ?
   ➤ PARTIE II, p. 392 : LES FIGURES DE RHÉTORIQUE
3. Comment l'intensité de la passion d'Ellénore est-elle exprimée ?
4. Quel est le registre dominant de ce texte ? Justifiez votre réponse.
   ➤ p. 418 : LES REGISTRES LITTÉRAIRES

Pour son roman Adolphe, *Benjamin Constant s'inspira de sa liaison avec Mme de Staël, femme de lettres engagée dans son siècle, qui introduisit la littérature allemande en France et contribua à l'essor du mouvement romantique.*
Le héros vit une relation orageuse avec Ellénore, la femme qu'il a séduite et pour laquelle il s'est battu.

[...] je fus blessé moi-même. Je ne puis décrire le mélange de trouble, de terreur, de reconnaissance et d'amour qui se peignit sur les traits d'Ellénore lorsqu'elle me revit après cet événement. [...] Elle m'assurait sans cesse qu'elle ne m'aurait pas survécu ; j'étais pénétré d'affection, j'étais déchiré de remords. J'aurais voulu trouver en moi de quoi récompenser un attachement si constant et si tendre ; j'appelais à mon aide les souvenirs, l'imagination, la raison même, le sentiment du devoir : efforts inutiles ! La difficulté de la situation, la certitude d'un avenir qui devait nous séparer, peut-être je ne sais quelle révolte contre un lien qu'il m'était impossible de briser, me dévoraient intérieurement. Je me reprochais l'ingratitude que je m'efforçais de lui cacher. Je m'affligeais quand elle paraissait douter d'un amour qui lui était si nécessaire ; je ne m'affligeais pas moins quand elle semblait y croire.

BENJAMIN CONSTANT, *Adolphe*, chapitre V (extrait, 1816).

4 Réel et idéal : maudits poètes !

1. Pourquoi le narrateur déclare-t-il qu'il *sort un peu du style épistolaire* (l. 20-21) ?
2. À qui s'adresse-t-il ? sur quel ton ? Analysez l'énonciation et la modalisation.
   ➤ p. 387 : LES OUTILS GRAMMATICAUX
   ➤ p. 413 : LE DISCOURS ARGUMENTATIF
3. Quels reproches le narrateur fait-il aux artistes ?

ÉCRITURE D'INVENTION
Un artiste répond à la tirade du narrateur de *Mademoiselle de Maupin* pour défendre son droit d'exprimer son idéal. Rédigez son discours en insistant sur les registres lyrique et polémique.
   ➤ p. 459 : LA PAROLE THÉÂTRALE
   ➤ p. 425 : LE REGISTRE LYRIQUE
   ➤ p. 434 : LE REGISTRE POLÉMIQUE
   ➤ PARTIE III, p. 496 : INVENTER ET ARGUMENTER

Le héros de Mademoiselle de Maupin *cherche la femme idéale, difficile à trouver dans la réalité...*

Poètes, peintres, sculpteurs, musiciens, pourquoi nous avez-vous menti ? Poètes, pourquoi nous avez-vous raconté vos rêves ? Peintres, pourquoi avez-vous fixé sur la toile ce fantôme insaisissable qui montait et descendait de votre cœur à votre tête avec les bouillons de votre sang, et nous avez-vous dit : Ceci est une femme ? Sculpteurs, pourquoi avez-vous tiré le marbre des profondeurs de Carrare pour lui faire exprimer éternellement, et aux yeux de tous, votre plus secret et plus fugitif désir ? Musiciens, pourquoi avez-vous écouté, pendant la nuit, le chant des étoiles et des fleurs, et l'avez-vous noté ? Pourquoi avez-vous fait de si belles chansons que la voix la plus douce qui nous dit : – Je t'aime ! – nous paraît rauque comme le grincement d'une scie ou le croassement d'un corbeau ? – Soyez maudits, imposteurs !... et puisse le feu du ciel brûler et détruire tous les tableaux, tous les poèmes, toutes les statues et toutes les partitions... Ouf ! voilà une tirade d'une longueur interminable, et qui sort un peu du style épistolaire. – Quelle tartine !

THÉOPHILE GAUTIER, *Mademoiselle de Maupin* (extrait, 1835-1836).

➤ BIOGRAPHIES DES AUTEURS p. 560

SÉQUENCE 13 — Le drame romantique : un théâtre en liberté

Objectif

Étudier le renouvellement des thèmes et des formes du théâtre à l'époque romantique.

À L'AUBE DU XIXe SIÈCLE, le genre théâtral vit une révolution. Les frontières entre la tragédie, qui s'essouffle, et la comédie, qui n'a cessé de se développer et de se transformer au siècle précédent, deviennent floues en raison de la naissance d'un genre mixte : le drame romantique.

CORPUS DE LA SÉQUENCE

- *Texte 1* — W. SHAKESPEARE, *L'Histoire d'Henry IV* (1598)
- *Texte 2* — V. HUGO, *Préface de Cromwell* (1827)
- *Texte 3* — V. HUGO, *Hernani* (1830)
- *Texte 4* — A. DE MUSSET, *Lorenzaccio* (1834)
- *Image* — A. MUCHA, **affiche de** *Lorenzaccio* (1896)
- *Texte 5* — A. DE VIGNY, *Chatterton* (1835)

Notions de la séquence	Liens avec la partie II
Le héros romantique dans l'Histoire	▶ p. 384 : LES OUTILS DE L'ANALYSE STYLISTIQUE
Les caractéristiques du drame romantique	▶ p. 458 : LES NOTIONS PROPRES AU THÉÂTRE
Le drame romantique	LES REGISTRES : ▶ p. 425 : LYRIQUE ▶ p. 419 : COMIQUE ▶ p. 422 : TRAGIQUE ET PATHÉTIQUE ▶ p. 437 : ÉPIDICTIQUE
Analyse d'une affiche de spectacle	▶ p. 397 : L'IMAGE FIXE
	Liens avec la partie III
Répondre aux questions sur un corpus	▶ p. 530 : TRAITER UN SUJET DE RÉFLEXION À PARTIR D'UN CORPUS
Réécrire une scène (*texte 5*, exercices 2 et 4)	▶ p. 486 : L'ÉCRITURE D'INVENTION
Écrire un paragraphe de commentaire (*textes 1, 2, 3*)	▶ p. 524 : RÉDIGER LE COMMENTAIRE

Texte 1

WILLIAM SHAKESPEARE,
L'Histoire d'Henry IV (1598)

Biographie p. 567

Dès 1823, avant Victor Hugo et la bataille d'Hernani ▶ TEXTE 3, p. 193, *Stendhal publie* Racine et Shakespeare *et fait l'éloge de l'œuvre de Shakespeare, dont la poésie dramatique est jugée plus naturelle et plus vivante que celle des tragédies classiques de Racine* ▶ SÉQUENCE 2, p. 34. *Cette liberté du drame anglais apparaît notamment dans* Henry IV, *pièce historique en deux parties de cinq actes, qui met en scène des événements du XVe siècle. Y alternent les scènes de révoltes et de combats, et des scènes comiques, où domine la figure bouffonne et très humaine de Jack Falstaff, proche du prince Hal, le futur Henry V. Henry Percy, dit Hotspur, est quant à lui l'ennemi du Prince, et Douglas est son allié.*

1   *Ils combattent.*
    Entre Falstaff.

    FALSTAFF
    Bien envoyé, Hal[1] ! Vas-y, Hal ! Sûr, ça ne va pas être un jeu d'enfant, je puis vous le dire.

5   *Entre Douglas. Il se bat avec Falstaff. Celui-ci tombe comme s'il était mort. Le Prince tue Percy.*

    HOTSPUR
    Ô Harry, tu viens de me voler ma jeunesse !
    J'endure mieux de perdre cette vie fragile
    Que les titres superbes[2] que tu gagnes sur moi ;
10 Ils blessent ma pensée plus que ton épée ma chair.
    Mais la pensée, esclave de la vie, et la vie, jouet du temps,
    Et le temps, qui prend mesure du monde entier,
    Doivent s'arrêter. Oh, je pourrais prophétiser
    N'était la main terreuse et froide de la mort
15 Qui pèse sur ma langue[3]. Non, Percy, tu es poussière
    Et pâture pour…

    LE PRINCE
    Pour les vers, brave Percy. Adieu, grand cœur !
    Ambition mal tissée, comme tu as rétréci !
    Dans le temps que ce corps contenait un esprit,
20 Un royaume pour lui n'était pas assez vaste ;
    Mais désormais deux pas de la terre la plus vile
    Lui sont une place suffisante. Cette terre qui te porte mort
    Ne porte pas vivant si vaillant gentilhomme.
    Si tu pouvais encore entendre mon hommage,
25 Je ne t'avouerais pas de dévotion si tendre.
    Mais que mes couleurs cachent ta face mutilée
    Et en ton nom à toi je me remercierai
    D'avoir bien observé ces rites de tendresse.
    Adieu, emporte avec toi cette louange au ciel !

---

1. Surnom du prince Henry (ou Harry).
2. Glorieux.
3. Si la mort ne m'empêchait de parler.

L'Histoire d'Henry IV de WILLIAM SHAKESPEARE, mise en scène d'Ariane Mnouchkine, avec Philippe Hottier dans le rôle de Falstaff (Paris, Théâtre du Soleil, 1984).

30 Pour ton infamie, qu'elle dorme avec toi dans la tombe,
    Et ne soit point rappelée dans ton épitaphe[4] !
    Il aperçoit Falstaff sur le sol.
    Quoi, vieille connaissance, tant de chair n'a donc pu
    Garder un peu de vie ? Mon pauvre Jack, adieu !
35 Je me serais plus aisément séparé d'un meilleur que toi.
    Oh, combien me pèserait que tu me sois ôté
    Si j'étais tant soit peu épris de vanité !
    La mort n'a point frappé cerf plus gras aujourd'hui,
    Si, dans le choc sanglant, de plus chers ont péri.
40 Je verrai que ton corps soit vidé tout à l'heure,
    Jusque-là, dans ton sang, près de Percy demeure.

    Il sort.
    Falstaff se relève.

    FALSTAFF
    Vidé ? Si tu me vides aujourd'hui, je veux bien que tu me sales et que tu me
45 manges demain.

    Première partie, Acte V, scène 4 (extrait),
    traduction de M. Grivelet, © Flammarion, 1983.

4. Inscription gravée sur une tombe, à la mémoire du défunt.

Questions DE LECTURE ANALYTIQUE

1. D'après le texte et le paratexte, quels sont les différents thèmes abordés par ce drame shakespearien ?
2. Quelles métaphores repérez-vous dans la réplique d'Hotspur ? Quel est l'effet produit ?
   ▶ PARTIE II, p. 392 : LES FIGURES DE RHÉTORIQUE
3. Déterminez le registre qui correspond aux personnages de Hotspur et du Prince : quel lien percevez-vous avec les textes de la séquence 8 ▶ p. 113 ?
   ▶ p. 418 : LES REGISTRES LITTÉRAIRES
4. Quel registre est attaché au personnage de Falstaff ? Justifiez.
5. Où la double énonciation apparaît-elle dans cette scène ? Pourquoi ?
   ▶ p. 459 : LA PAROLE THÉÂTRALE
6. De quel(s) genre(s) dramatique(s) classique(s) cette scène se rapproche-t-elle ? Justifiez.
7. **Question de synthèse** : montrez que dans cette scène on passe *de la comédie à la tragédie, du sublime au grotesque* (Hugo) ▶ TEXTE 2, p. 192. Rédigez un paragraphe argumentatif.
   ▶ PARTIE III, p. 500 : LE PARAGRAPHE ARGUMENTATIF

Texte 2

VICTOR HUGO
Préface de Cromwell (1827)

Biographie p. 564

La Préface de Cromwell *est un long texte théorique que Hugo a rédigé pour présenter sa pièce* Cromwell, *un drame historique situé dans l'Angleterre du XVIIᵉ siècle, jamais joué au théâtre en raison de sa longueur et de sa complexité. Dans cette préface, l'auteur lance une véritable déclaration de guerre contre le théâtre classique et exprime sa volonté de rompre enfin avec les modèles de Racine et Molière* ▶ SÉQUENCES 2, 3 et 5, p. 34, 45 et 73. *Une véritable révolution !*

L'unité de temps n'est pas plus solide que l'unité de lieu. L'action, encadrée de force dans les vingt-quatre heures, est aussi ridicule qu'encadrée dans le vestibule. Toute action a sa durée propre comme son lieu particulier. Verser la même dose de temps à tous les événements ! appliquer la même mesure sur tout ! on rirait d'un cordonnier qui voudrait mettre le même soulier à tous les pieds. […] l'unité d'action est la seule admise de tous parce qu'elle résulte d'un fait : l'œil ni l'esprit humain ne sauraient saisir plus d'un ensemble à la fois. […]

Si nous avions le droit de dire quel pourrait être, à notre gré, le style du drame, nous voudrions un vers libre, franc, loyal, osant tout dire sans pruderie[1], tout exprimer sans recherche ; passant d'une naturelle allure de la comédie à la tragédie, du sublime au grotesque […] ; sachant briser à propos et déplacer la césure[2] pour déguiser sa monotonie d'alexandrin ; plus ami de l'enjambement[3] qui l'allonge que de l'inversion qui l'embrouille ; fidèle de la rime, cette esclave reine, cette suprême grâce de notre poésie […] ; lyrique, épique, dramatique, selon le besoin ; pouvant parcourir toute la gamme poétique, aller de haut en bas, des idées les plus élevées aux plus vulgaires, des plus bouffonnes aux plus graves, des plus extérieures aux plus abstraites. […] L'idée, trempée dans le vers, prend soudain quelque chose de plus incisif[4] et de plus éclatant. C'est le fer qui devient acier.

Extraits.

1. Retenue, sens aigu de la morale.
2. Le milieu du vers.
3. Phrase qui se prolonge dans le vers suivant.
4. Marquant.

Questions DE LECTURE ANALYTIQUE

1. À l'aide des Repères historiques p. 556, rappelez dans quel contexte historique s'inscrit la rédaction de cette préface.
2. Quelles règles sont mises en cause par le texte ? D'où viennent-elles ?
3. Proposez une définition pour les adjectifs *sublime* et *grotesque* (l. 11).
4. Résumez les principes du drame mentionnés dans le deuxième paragraphe.
5. Au CDI, cherchez quel autre dramaturge romantique s'est disputé avec Hugo le titre d'inventeur du drame romantique.
6. **Question de synthèse** : prenez en note une définition du mot « manifeste » ; à l'aide des différentes figures de style et du lexique évaluatif, montrez que cette préface est le manifeste du drame romantique, en rédigeant votre réponse dans un paragraphe argumentatif.

▶ PARTIE II, p. 387 : LES OUTILS GRAMMATICAUX
▶ PARTIE III, p. 500 : LE PARAGRAPHE ARGUMENTATIF

D'UN TEXTE À L'AUTRE
Dans la partie I du manuel ▶ p. 16-381, cherchez un autre auteur ayant rédigé un manifeste* littéraire. Différenciez les époques et les contextes concernés.

Victor Hugo
Hernani (1830)

Hernani est un drame romantique célèbre pour la bataille qu'il provoqua dans le public. Dans cette pièce, le personnage d'Hernani est pris à la fois dans une intrigue sentimentale et dans le mouvement de l'Histoire, à l'heure de l'avènement du roi d'Espagne don Carlos, futur Charles Quint. L'exposition de la pièce présente doña Sol et ses trois prétendants, parmi lesquels Hernani.

HERNANI (*s'adressant à doña Sol*)
1   Il faut que vous sachiez quel nom, quel rang, quelle âme,
    Quel destin est caché dans le pâtre[1] Hernani.
    Vous vouliez d'un brigand, voulez-vous d'un banni ?

DON CARLOS, *ouvrant avec fracas la porte de l'armoire.*
    Quand aurez-vous fini de conter votre histoire ?
5   Croyez-vous donc qu'on soit à l'aise en cette armoire ?

Hernani recule étonné. Doña Sol pousse un cri et se réfugie dans ses bras, en fixant sur don Carlos des yeux effarés.

HERNANI, *la main sur la garde de son épée.*
    Quel est cet homme ?

DOÑA SOL
                        Ô ciel ! au secours !

HERNANI
                                                Taisez-vous,
    Doña Sol ! vous donnez l'éveil aux yeux jaloux.
10 Quand je suis près de vous, veuillez, quoi qu'il advienne,
    Ne réclamer jamais d'autre aide que la mienne.
    À Don Carlos. Que faisiez-vous là ?

DON CARLOS
                                Moi ? mais, à ce qu'il paraît,
    Je ne chevauchais pas à travers la forêt.

HERNANI
    Qui raille après l'affront s'expose à faire rire
15 Aussi son héritier !

DON CARLOS
                        Chacun son tour. – Messire,
    Parlons franc. Vous aimez madame et ses yeux noirs,
    Vous y venez mirer les vôtres tous les soirs,
    C'est fort bien. J'aime aussi madame, et veux connaître
    Qui j'ai vu tant de fois entrer par la fenêtre,
20 Tandis que je restais à la porte.

HERNANI
                                    En honneur,
    Je vous ferai sortir par où j'entre, Seigneur.

1. Berger.

Don Carlos
Nous verrons. J'offre donc mon amour à madame.
Partageons. Voulez-vous ? J'ai vu dans sa belle âme
Tant d'amour, de bonté, de tendres sentiments,
25 Que madame, à coup sûr, en a pour deux amants.
Or, ce soir, voulant mettre à fin mon entreprise,
Pris, je pense, pour vous, j'entre ici par surprise,
Je me cache, j'écoute, à ne vous celer[2] rien ;
Mais j'entendais très mal et j'étouffais très bien.
30 Et puis, je chiffonnais ma veste à la française.
Ma foi, je sors !

Hernani
            Ma dague[3] aussi n'est pas à l'aise,
Et veut sortir !

Don Carlos, *le saluant.*
            Monsieur, c'est comme il vous plaira.

Hernani, *tirant son épée.*
En garde !

Don Carlos tire son épée.
35 [...] *On entend des coups à la porte.*

Doña Sol
                        Ciel ! on frappe à la porte !

Les champions s'arrêtent. Entre Josefa par la petite porte et tout effarée.

Hernani, *à Josefa.*
Qui frappe ainsi ?

Josepha, *à Doña Sol.*
            Madame ! un coup inattendu !
C'est le duc[4] qui revient !

Acte I, scène 2, vers 168-208.

2. Cacher.
3. Épée.
4. Il s'agit de l'oncle de doña Sol, qui prétend l'épouser.

Questions DE LECTURE ANALYTIQUE

1. Documentez-vous sur la « bataille d'*Hernani* » : pourquoi a-t-on retenu le mot *bataille* à ce sujet ?
2. En quoi cette scène fait-elle partie de l'exposition ? Qu'apprend-on sur les personnages et leurs relations ? sur l'intrigue ?
3. Quels vers sont employés ici ? Comparez avec un extrait de Racine ▶ SÉQUENCE 2, p. 34.
   ▶ PARTIE II, p. 469 : LE VERS ET LA STROPHE
4. Quels éléments (vocabulaire, intrigue, jeux de scène...) relèvent de la comédie classique ▶ SYNTHÈSE p. 82 ? et de la tragédie classique ▶ SYNTHÈSE p. 43 ?
5. Combien de coups de théâtre ponctuent la scène ? Justifiez.
6. Question de synthèse : rédigez un paragraphe argumentatif où vous montrerez qu'Hugo a inventé un nouveau genre dramatique.
   ▶ PARTIE III, p. 500 : LE PARAGRAPHE ARGUMENTATIF

Texte 4

ALFRED DE MUSSET
Lorenzaccio (1834)

Biographie p. 565

À l'origine, Lorenzaccio *n'était pas une pièce destinée à être représentée. Sa création sur scène n'eut lieu qu'en 1896, bien après la mort de Musset. C'est l'actrice Sarah Bernhardt qui interpréta le rôle-titre* ▶ **ANALYSE D'IMAGE, p. 196.** *Ce drame met en scène la destinée tragique d'un jeune homme rêveur devenu débauché : Lorenzo. La Florence du XVIe siècle est alors sous les lois d'un tyran, son cousin Alexandre, duc de Médicis. Lorenzo rêve de tuer le prince, au nom de la liberté.*

1   LORENZO, *seul.* – De quel tigre a rêvé ma mère enceinte de moi ? Quand je pense que j'ai aimé les fleurs, les prairies et les sonnets de Pétrarque[1], le spectre de ma jeunesse se lève devant moi en frissonnant. Ô Dieu ! pourquoi ce seul mot : « À ce soir », fait-il pénétrer jusque dans mes os cette joie brûlante comme un fer rouge ?
5   De quelles entrailles fauves, de quels velus embrassements[2] suis-je donc sorti ? Que m'avait fait cet homme ? Quand je pose ma main là, sur mon cœur, et que je réfléchis, – qui donc m'entendra dire demain : « Je l'ai tué », sans me répondre : « Pourquoi l'as-tu tué ? » Cela est étrange. Il a fait du mal aux autres, mais il m'a fait du bien, du moins à sa manière. Si j'étais resté tranquille au fond de mes
10 solitudes de Cafaggiuolo[3], il ne serait pas venu m'y chercher, et moi, je suis venu le chercher à Florence. Pourquoi cela ? Le spectre de mon père[4] me conduisait-il, comme Oreste, vers un nouvel Égisthe[5] ? M'avait-il offensé alors ? Cela est étrange, et cependant pour cette action, j'ai tout quitté ; la seule pensée de ce meurtre a fait tomber en poussière les rêves de ma vie ; je n'ai plus été qu'une ruine, dès
15 que ce meurtre, comme un corbeau sinistre, s'est posé sur ma route et m'a appelé à lui. Que veut dire cela ? Tout à l'heure, en passant sur la place, j'ai entendu deux hommes parler d'une comète. Sont-ce bien les battements d'un cœur humain que je sens là, sous les os de ma poitrine ? Ah ! pourquoi cette idée me vient-elle si souvent depuis quelque temps ? – Suis-je le bras de Dieu ? Y a-t-il une nuée
20 au-dessus de ma tête[6] ? Quand j'entrerai dans cette chambre, et que je voudrai tirer mon épée du fourreau, j'ai peur de tirer l'épée flamboyante de l'archange[7], et de tomber en cendres sur ma proie. (*Il sort.*)

Acte IV, scène 3.

1. Poète italien du XIVe siècle.
2. Relations amoureuses entre bêtes.
3. Village proche de Florence.
4. Référence implicite à *Hamlet* de Shakespeare.
5. Oreste vengea son père Agamemnon en tuant Clytemnestre, sa mère, et son amant Égisthe.
6. Référence à la nuée qui guida les Hébreux dans le désert.
7. L'ange au glaive empêcha Adam et Ève de retourner au paradis.

Questions DE LECTURE ANALYTIQUE

1. Quel est le contexte politique et social de la rédaction de *Lorenzaccio* ? Quel sens pouvez-vous alors donner à cette réflexion sur le tyran ? Pour répondre, faites une recherche documentaire au CDI.
   ▶ **PARTIE III, p. 544 :** PRÉPARER UN EXPOSÉ
2. De quelle forme de réplique s'agit-il ? Justifiez son emploi ici.
   ▶ **PARTIE II, p. 459 :** LA PAROLE THÉÂTRALE
3. Étudiez la ponctuation. Que révèle-t-elle sur l'état d'esprit du personnage ?
4. Quelles oppositions pouvez-vous relever, notamment grâce aux temps verbaux ?
5. À quoi servent les différentes figures de style employées pour évoquer le destin du personnage ?
   ▶ **p. 392 :** LES FIGURES DE RHÉTORIQUE
6. Quels sont les registres dominants dans cette scène ?
   ▶ **p. 418 :** LES REGISTRES LITTÉRAIRES

Analyse d'image

ALFONS MUCHA (1860-1939)
Affiche de *Lorenzaccio* (1896)

Affiche de la création de la pièce au Théâtre de la Renaissance (Paris), avec Sarah Bernhardt dans le rôle de Lorenzaccio, lithographie, 208 x 77 cm.

Questions

1. Qui interprète le rôle de Lorenzaccio ? À quelle date ? Ces données sont-elles surprenantes ? Expliquez en vous aidant d'une recherche au CDI.
2. Documentez-vous sur Alfons Mucha et sur ce que l'on appelle le style « Art nouveau ». Recherchez-en les marques sur cette lithographie.
3. Quel est l'effet produit par le choix du format ? et par la gamme de couleurs ?
4. Que signifie, selon vous, la présence de l'animal monstrueux en haut de l'image ?
5. Décrivez la posture et le regard de Lorenzo : en quoi correspondent-ils au monologue du personnage ▶ TEXTE 4, p. 195 ?
6. À votre tour, imaginez les éléments nécessaires à la composition d'une affiche pour une nouvelle représentation de *Lorenzaccio*. Justifiez vos choix : comédien (ou comédienne), graphisme et texte.

Alfred de Vigny
Chatterton (1835)

Biographie p. 568

Dans cette pièce en trois actes, dont il reprendra le thème dans son roman Stello, *Vigny met en scène le poète anglais Chatterton, qui se suicida par le poison en 1770. Il veut, par là, écrire le drame du Poète et de l'Intelligence. Le jeune homme, que la société matérialiste de l'époque laisse vivre dans la misère, apprend dans le dénouement de la pièce qu'on a calomnié ses talents d'écrivain en le faisant passer pour un usurpateur ; il est désespéré…*

CHATTERTON, *seul, se promenant.*

Allez, mes bons amis[1]. – Il est bien étonnant que ma destinée change ainsi tout à coup. J'ai peine à m'y fier ; pourtant les apparences y sont. – Je tiens là ma fortune. – Qu'a voulu dire cet homme en parlant de mes ruses ? Ah ! toujours ce qu'ils disent tous. Ils ont deviné ce que je leur avouais moi-même, que je suis l'auteur de mon livre. Finesse grossière ! Je les reconnais là ! Que sera cette place ? quelque emploi de commis ? Tant mieux, cela est honorable ! Je pourrai vivre sans écrire les choses communes qui font vivre. – Le quaker[2] rentrera dans la paix de son âme que j'ai troublée, et elle ! Kitty Bell[3], je ne la tuerai pas, s'il est vrai que je l'eusse tuée. – Dois-je le croire ? J'en doute : ce que l'on renferme toujours ainsi est peu violent ; et, pour être si aimante, son âme est bien maternelle. N'importe, cela vaut mieux, et je ne la verrai plus. C'est convenu… autant eût valu me tuer. Un corps est aisé à cacher. – On ne le lui eût pas dit. Le quaker y eût veillé, il pense à tout. Et à présent, pourquoi vivre ? pour qui ?… – Pour qu'elle vive, c'est assez… Allons… arrêtez-vous, idées noires, ne revenez pas… Lisons ceci… (*Il lit le journal.*) « Chatterton n'est pas l'auteur de ses œuvres… Voilà qui est bien prouvé. – Ces poèmes admirables sont réellement d'un moine nommé Rowley, qui les avait traduits d'un autre moine du dixième siècle nommé Turgot… Cette imposture, pardonnable à un écolier, serait criminelle plus tard… Signé… Bale… » Bale ? Qu'est-ce que cela ? Que lui ai-je fait ? – De quel égout sort ce serpent ?

Quoi ! mon nom est étouffé ! ma gloire éteinte ! mon honneur perdu ! – Voilà le juge !… le bienfaiteur ! Voyons, qu'offre-t-il ? (*Il décachète la lettre, lit… et s'écrie avec indignation :*) Une place de premier valet de chambre dans sa maison !…

Ah ! pays damné ! terre du dédain ! sois maudite à jamais ! (*Prenant la fiole d'opium.*) Ô mon âme, je t'avais vendue[4] ! je te rachète avec ceci. (*Il boit l'opium.*) Skirner sera payé[5]. – Libre de tous ! égal à tous, à présent ! – Salut, première heure de repos que j'aie goûtée ! – Dernière heure de ma vie, aurore du jour éternel, salut ! – Adieu, humiliations, haines, sarcasmes, travaux dégradants, incertitudes, angoisses, misères, tortures du cœur, adieu ! Oh ! Quel bonheur, je vous dis adieu ! – Si l'on savait ! si l'on savait ce bonheur que j'ai… on n'hésiterait pas si longtemps ! (*Ici, après un instant de recueillement durant lequel son visage prend une expression de béatitude, il joint les mains et poursuit.*) Ô Mort, ange de délivrance, que ta paix est douce ! j'avais bien raison de

---

1. Ironique.
2. Désigne le père de Kitty Bell, le membre d'une secte fondée par un Anglais en 1647.
3. La jeune épouse de Lord Bell est éprise du poète, qui lui voue un amour réciproque.
4. Le poète a promis de vendre son livre pour rembourser ses dettes.
5. Dans le même but, il a vendu son cadavre à l'école de Chirurgie.

HENRY WALLIS (1830-1916), *La Mort de Chatterton* (vers 1856), huile sur toile (Birmingham Museums and Art Gallery).

35 t'adorer, mais je n'avais pas la force de te conquérir. – Je sais que tes pas seront lents et sûrs. Regarde-moi, ange sévère, leur ôter à tous la trace de mes pas sur la terre. (*Il jette au feu*
40 *tous ses papiers.*) Allez, nobles pensées écrites pour tous ces ingrats dédaigneux, purifiez-vous dans la flamme et remontez au ciel avec moi ! (*Il lève les yeux au ciel, et déchire lentement*
45 *ses poèmes, dans l'attitude grave et exaltée d'un homme qui fait un sacrifice solennel.*)

Acte III, scène 7.

Questions DE LECTURE ANALYTIQUE

1. En vous référant à la biographie de Vigny, dites quels thèmes romantiques sont récurrents dans son œuvre et quel rôle il joua dans l'histoire du drame romantique en France.
2. Relevez tous les indices (lexique, ponctuation…) qui révèlent le caractère et l'état d'esprit du personnage.
3. Repérez les différents moments de la réplique et dites à quels registres correspond chacun d'eux.
   ▶ PARTIE II, p. 418 : LES REGISTRES LITTÉRAIRES
4. Quelle image de la mort le texte propose-t-il ? Pour répondre, analysez la figure de style qui la caractérise (l. 33) et les antithèses finales.
   ▶ p. 392 : LES FIGURES DE RHÉTORIQUE
5. Cette scène correspond-elle aux règles classiques ? Expliquez.
6. Le dénouement est-il achevé dans cette scène ? Justifiez.

ÉCRITURE D'INVENTION

Écrivez la suite immédiate de cette scène en respectant le ton et le registre employés ici par Chatterton.
▶ PARTIE III, p. 486 : L'ÉCRITURE D'INVENTION

ANALYSE D'UN CORPUS

a. À la lumière du texte 2 ▶ p. 192, montrez que les extraits de *L'Histoire d'Henry IV* ▶ p. 190, d'*Hernani* p. 193, de *Lorenzaccio* ▶ p. 195 et de *Chatterton* ▶ p. 197 répondent aux principes énoncés par Hugo. Vous répondrez dans un paragraphe argumentatif où vous varierez l'insertion des citations.
▶ p. 500 : LE PARAGRAPHE ARGUMENTATIF

b. En vous appuyant sur la lecture des textes de la séquence et de celle qui est consacrée à Racine
▶ SÉQUENCE 2, p. 34, discutez cette affirmation d'un metteur en scène.
En matière de théâtre, je pense que l'on peut définir les Romantiques par le fait que ce sont des gens qui ont essayé de refaire Shakespeare. Chez Hugo, c'est très clair. Il suffit de relire la Préface de Cromwell. Hugo a tenté d'écrire des pièces contre Racine. (ANTOINE VITEZ, in *Magazine littéraire*, janvier 1985)
▶ p. 530 : TRAITER UN SUJET DE RÉFLEXION À PARTIR D'UN CORPUS

SYNTHÈSE

Le drame romantique

1 Repères

- Le **drame**, genre issu du **modèle shakespearien** ➤ TEXTE 1, p. 190, mêle les deux genres classiques, tragédie et comédie, en s'inscrivant dans le contexte de son époque. Le mot « drame » vient du grec *drama*, qui signifie « **action** ».
- Au XVIIIe siècle, **Diderot** crée le **drame bourgeois**, genre qui s'éloigne des codes classiques.
- Au **début du XIXe siècle**, le **théâtre romantique** s'inspire de la situation politique et du monde qui renaît des cendres de la **Révolution** de 1789.
De **nouveaux principes** dramatiques voient le jour, théorisés en 1827 par **Hugo** dans sa *Préface de Cromwell* ➤ TEXTE 2, p. 192.

2 Des thèmes nouveaux

L'Histoire

- C'est le monde contemporain et ses transformations récentes que le XIXe siècle veut représenter mais, du fait de la censure, **le passé est « ressuscité au profit du présent »** dans le drame historique (Hugo, préface de *Marie Tudor*).
EX. : dans *Ruy Blas*, l'Espagne s'écroule, à l'image de la noblesse française de l'époque ➤ EXERCICE 1, p. 200.

La politique et la place du peuple

- Cette présence forte de l'Histoire implique de choisir des **personnages de toutes conditions sociales**. Le peuple occupe une place essentielle, la liste des personnages s'allonge.
Les héros sont des méditatifs :
– ils veulent changer le cours de l'histoire ➤ TEXTES 3 et 4, p. 193 et 195 ;
– ils méditent sur **leur propre destinée** et sur l'avenir ➤ TEXTE 4, p. 195 et EXERCICE 2, p. 200.

L'amour

- Dans une société où **les anciennes valeurs se sont effondrées**, l'amour, moteur de la tragédie classique, fait son grand retour. Il n'est plus une maladie dévorante ➤ SÉQUENCE 2, p. 34 mais une **valeur positive** : les héros romantiques, Hernani ou Chatterton ➤ TEXTES 3 et 5, p. 193 et 197 sont grandis par l'amour, seul sentiment vrai dans un monde corrompu.

3 Des principes nouveaux…

La fin des trois unités

- Montrer l'Histoire implique de **rompre avec la doctrine classique des trois unités** : selon Hugo, une intrigue en un seul lieu et en une seule journée n'est plus vraisemblable ➤ TEXTE 2, p. 192. Le drame révolutionne donc les formes avec :
– une action qui dure parfois **plusieurs années** ;
– des **lieux multiples** ;
– des **sous-intrigues**, au service de l'intrigue principale.
EX. : *Hernani* combine histoire individuelle (l'amour d'Hernani pour doña Sol) et Histoire (le futur Charles Quint est lui aussi épris de doña Sol) ➤ TEXTE 3, p. 193.

Le mélange des registres

- Soucieux de **représenter la vie**, le drame, qui met en scène des personnages de **toutes les classes sociales**, mêle aussi les registres. Ainsi, le couple tragédie / comédie fusionne dans un genre qui va **« du sublime au grotesque »**, comme le préconise Hugo ➤ TEXTE 2, p. 192 :
– **des personnages grotesques côtoient des personnages héroïques**. EX. : Falstaff feint la mort sur le champ de bataille tandis que Hotspur et le Prince se battent pour le trône, l'un rendant hommage au courage de l'autre après l'avoir tué ➤ TEXTE 1, p. 190 ;
– des **héros ambigus apparaissent**. EX. : Ruy Blas, laquais devenu don César, puis premier ministre d'Espagne ➤ EXERCICE 1, p. 200 ;
– des **scènes de comédie** marquent des pauses dans la tension dramatique ➤ TEXTE 3, p. 193.

La révolution du vers

- Le drame romantique développe également un nouveau moyen d'expression : **l'alexandrin dit « romantique »**, qui s'affranchit de la forme classique (césure 6/6) grâce aux coupes et aux enjambements.
➤ PARTIE II, p. 469 : LE VERS ET LA STROPHE
Les répliques expriment alors plus librement les sentiments ardents, épiques ou lyriques des héros : le monologue de Chatterton ➤ TEXTE 5, p. 197.
- Désireux de rendre le drame plus distant encore du théâtre classique, Hugo et Musset rédigent des pièces en prose (EX. : *Lorenzaccio*).

➤ **BIOGRAPHIES DES AUTEURS p. 560**

EXERCICES D'APPROFONDISSEMENT

1 Le héros romantique

1. Pourquoi Ruy Blas emploie-t-il les pronoms *nous* et *vous* ?
2. Sur quelle figure de style la tirade s'ouvre-t-elle ? Sur quel ton le vers est-il prononcé ?
   ▶ PARTIE II, p. 392 : LES FIGURES DE RHÉTORIQUE
   ▶ p. 459 : LA PAROLE THÉÂTRALE
3. Par quels procédés (lexique, figures, temps…) Ruy Blas dénonce-t-il la dégradation de l'Espagne ?

Ancien valet, Ruy Blas est nommé Premier ministre ; il surprend les conseillers du roi…

RUY BLAS, *survenant.*

1 Bon appétit, messieurs !
Tous se retournent. Silence de surprise et d'inquiétude. Ruy Blas se couvre, croise les bras, et poursuit en les regardant en face.

— Ô ministres intègres !
Conseillers vertueux ! Voilà votre façon
De servir, serviteurs qui pillez la maison !
Donc vous n'avez pas honte et vous choisissez l'heure,
5 L'heure sombre où l'Espagne agonisante pleure !
Donc vous n'avez ici pas d'autres intérêts
Que remplir votre poche et vous enfuir après !
Soyez flétris, devant votre pays qui tombe,
Fossoyeurs[1] qui venez le voler dans sa tombe !
[…]
10 Nous avons sur la mer, où Dieu met ses colères,
Perdu trois cents vaisseaux, sans compter les galères.
Et vous osez !… — Messieurs, en vingt ans, songez-y,
Le peuple, — j'en ai fait le compte, et c'est ainsi ! —
Portant sa charge énorme et sous laquelle il ploie,
15 Pour vous, pour vos plaisirs, pour vos filles de joie,
Le peuple misérable, et qu'on pressure[2] encor,
A sué quatre cent trente millions d'or !
Et ce n'est pas assez ! et vous voulez, mes maîtres !… —
Ah ! j'ai honte pour vous !

VICTOR HUGO, *Ruy Blas*, Acte III, scène 2 (extrait, 1838).

1. Hommes qui enterrent les morts. 2. Exploite.

2 La destinée en question

1. De quel(s) texte(s) de la séquence peut-on rapprocher cette méditation ? Pourquoi ?
2. Montrez en quoi ce texte a pu être une source d'inspiration pour les romantiques français. Appuyez-vous sur les champs lexicaux et la ponctuation.

ÉCRITURE D'INVENTION
Imitez Hamlet en rédigeant dix lignes de méditation sur la société d'aujourd'hui. Vous choisirez un registre adapté dont vous emploierez toutes les marques.
▶ p. 418 : LES REGISTRES LITTÉRAIRES
▶ PARTIE III, p. 486 : L'ÉCRITURE D'INVENTION

Shakespeare met en scène Hamlet, qui se livre ici à une réflexion sur la destinée : le fameux « To be, or not to be »…

1 *Entre Hamlet.*
HAMLET. — Être ou ne pas être : telle est la question. Y a-t-il pour l'âme plus de noblesse à endurer les coups et les revers d'une injurieuse fortune,
5 ou à s'armer contre elle pour mettre frein à une marée de douleurs ? Mourir : dormir ; c'est tout. Calmer enfin, dit-on, dans le sommeil les affreux battements du cœur ; quelle conclusion des maux héréditaires serait plus dévotement[1] souhaitée ?
10 Mourir, dormir ; dormir… rêver peut-être. C'est là le hic[2] ! Car, échappés des liens charnels, si, dans ce sommeil du trépas, il nous vient des songes… halte-là ! Cette considération prolonge la calamité de la vie. Car, sinon, qui supporte-
15 rait du sort les soufflets[3] et les avanies[4], les torts de l'oppresseur, les outrages de l'orgueilleux, les affres[5] de l'amour dédaigné, les remises de la justice, l'insolence des gens officiels, les rebuffades[6] que les méritants rencontrent auprès des indi-
20 gnes, alors qu'un petit coup de pointe viendrait à bout de tout cela ?

WILLIAM SHAKESPEARE, *Hamlet*, Acte III, scène 1 (extrait, 1601), traduction d'A. Gide, in *Œuvres complètes*, tome 2, © Gallimard, « Bibliothèque de la Pléiade », 1959.

1. Très vivement souhaité, comme après les prières d'un dévot. 2. Difficulté. 3. Claques. 4. Affronts. 5. L'angoisse. 6. Refus méprisants.

3 L'amour romantique

1. Quelle est la modalité de phrase dominante ? Quelle signification lui donnez-vous ?
   ➤ p. 387 : LES OUTILS GRAMMATICAUX
2. Quels termes, quelles figures de style désignent ici l'amour ? Commentez-les.
   ➤ p. 392 : LES FIGURES DE RHÉTORIQUE
3. À quel moment percevez-vous une rupture dans la réplique ? Dans quel registre inscrit-elle les propos d'Antony ?
   ➤ p. 418 : LES REGISTRES LITTÉRAIRES

Le héros romantique est soumis à des passions tragiques qu'il exprime de façon vive et emportée, tel Antony, héros d'Alexandre Dumas, un bâtard qui n'a pu épouser la femme qu'il aime, Adèle.

ANTONY (*à Adèle*). – Je vous vis, je vous aimai ; le rêve de l'amour succéda à celui de l'ambition et de la science ; je me cramponnai à la vie, je me jetai dans l'avenir, pressé que j'étais d'oublier le passé… Je fus heureux… quelques jours… les seuls de ma vie !… Merci, ange ! car c'est à vous que je dois cet éclair de bonheur, que je n'eusse pas connu sans vous… C'est alors que le colonel d'Hervey… Malédiction !… Oh ! si vous saviez combien le malheur rend méchant ! combien de fois, en pensant à cet homme, je me suis endormi la main sur mon poignard !… et j'ai rêvé de Grève[1] et d'échafaud[2] !

ALEXANDRE DUMAS, *Antony*, Acte II, scène 5 (extrait, 1831).

1. Place de Grève, ancien nom de la place de l'Hôtel de Ville à Paris, lieu d'exécutions publiques.
2. Guillotine.

4 ÉCRITURE D'INVENTION
Du classicisme au romantisme

Transformez le texte 3 ➤ p. 193 en une scène de tragédie ➤ CHAPITRE 1, p. 18 ou de comédie classique ➤ CHAPITRE 2, p. 60, avec les modifications qui s'imposent.
➤ p. 488 : TRANSPOSER

5 La révolution des formes

1. Relevez les indications spatio-temporelles. Comparez-les avec les didascalies initiales d'actes d'une pièce de Molière ou Corneille. Que constatez-vous ?
   ➤ p. 459 : LA PAROLE THÉÂTRALE
2. Pensez-vous, comme Hugo, que vraisemblance et règle des trois unités sont incompatibles ? Justifiez votre réponse à l'aide d'exemples pris dans le chapitre 1 ➤ p. 18.
   ➤ p. 506 : UTILISER DES EXEMPLES

Acte troisième : LE VIEILLARD

Le château de Silva dans les montagnes d'Aragon.

La galerie des portraits de famille de Silva ; grande salle, dont ces portraits, entourés de riches bordures et surmontés de couronnes ducales et d'écussons dorés[1], font la décoration. Au fond une haute porte gothique. Entre chaque portrait une panoplie[2] complète, toutes ces armures de siècles différents. […]

Acte quatrième : LE TOMBEAU

Aix-la-Chapelle[3]

Les caveaux qui renferment le tombeau de Charlemagne à Aix-la-Chapelle. De grandes voûtes d'architecture lombarde. Gros piliers bas, pleins-cintres[4], chapiteaux[5] d'oiseaux et de fleurs. – À droite, le tombeau de Charlemagne avec une petite porte de bronze, basse et cintrée. Une seule lampe suspendue à une clef de voûte[6] en éclaire l'inscription : CAROLO MAGNO[7]. *– Il est nuit. On ne voit pas le fond du souterrain ; l'œil se perd dans les arcades, les escaliers et les piliers qui s'entrecroisent dans l'ombre.*

VICTOR HUGO, *Hernani*, didascalies initiales des actes III et IV (1830).

1. Blasons portant les armes d'une famille noble. 2. Ensemble d'armes de guerre présentées en trophée. 3. Ville de l'actuelle Allemagne, où se trouve le tombeau de Charlemagne. 4. Voûtes romanes en demi-cercle. 5. Ornements des piliers soutenant la voûte. 6. Pierre de la partie centrale d'une voûte ; elle assure l'équilibre. 7. Charlemagne, en latin.

➤ **BIOGRAPHIES DES AUTEURS p. 560**

SÉQUENCE 14 — La poésie romantique : du lyrisme à l'engagement

Objectif

Étudier les thèmes, les formes et les registres de la poésie romantique.

Au début du XIXe siècle, le genre poétique se fait l'écho de la sensibilité des artistes et des idées nouvelles. La poésie, entre intimisme et engagement, n'est plus seulement un chant lyrique ; elle est aussi l'occasion de réfléchir sur la place de l'écrivain dans la société.

CORPUS DE LA SÉQUENCE

Texte **1**   A. de Musset, *Poésies nouvelles*, « Nuit d'août » (1840)

Texte **2**   A. Bertrand, *Gaspard de la nuit*, « La chanson du masque » (1842)

Texte **3**   G. de Nerval, *Chimères*, « Vers dorés » (1854)

Image   V. Hugo, *Château fort sur une colline* (1847)

Texte **4**   A. de Lamartine, *Recueillements poétiques*, « Épître à Félix Guillemardet » (1839)

Texte **5**   V. Hugo, *Les Rayons et les Ombres*, « Fonction du poète » (1840)

Texte **6**   V. Hugo, *Les Châtiments*, « Chanson » (1853)

Notions de la séquence	Liens avec la partie II
Formes de la poésie romantique	▶ p. 473 : LES FORMES POÉTIQUES
Thèmes de la poésie romantique : – le lyrisme personnel (*textes 1 à 3*) ; – la nature (*texte 3*) ; – la fonction du poète (*textes 4, 5 et 6*)	LES REGISTRES : ▶ p. 425 : LYRIQUE ; ▶ p. 434 : POLÉMIQUE LES OUTILS DE L'ANALYSE STYLISTIQUE : ▶ p. 387 : LES OUTILS GRAMMATICAUX ▶ p. 392 : LES FIGURES DE RHÉTORIQUE
La poésie engagée (*textes 4 et 6*)	▶ p. 413 : LE DISCOURS ARGUMENTATIF ▶ p. 476 : LES NOTIONS PROPRES À LA LITTÉRATURE D'IDÉES
Analyse d'un dessin	▶ p. 397 : L'IMAGE FIXE
	Liens avec la partie III
Rédiger un paragraphe argumentatif (*textes 2, 3, 5 et 6*)	▶ p. 500 : LE PARAGRAPHE ARGUMENTATIF
De l'iconographie au texte (*analyse d'image*)	▶ p. 486 : L'ÉCRITURE D'INVENTION

Chapitre 4 • Le romantisme SÉQUENCE 14

EUGÈNE LAMI (1800-1890), *La Nuit d'octobre* (1883), aquarelle, gouache et crayon, 10 x 14,8 cm (Rueil-Malmaison, Musée national du Château).

Texte 1

ALFRED DE MUSSET
Poésies nouvelles (1840)

Biographie p. 565

Dès 1830, Musset s'affirme comme un grand poète romantique. Dans cette « hideuse époque », il privilégie une poésie d'inspiration lyrique car, selon lui, le poète « ne doit pas faire de politique ». C'est dans ses propres émotions, profondes et enflammées, qu'il puise les thèmes évoqués dans les « Nuits ». Ainsi, la « Nuit d'août » prend la forme d'un dialogue entre la Muse et le Poète : elle lui reproche de négliger l'inspiration au profit de l'amour. Voici sa réponse.

Nuit d'août

[...]

LE POÈTE

1 Puisque l'oiseau des bois voltige et chante encore
   Sur la branche où ses œufs sont brisés dans le nid ;
   Puisque la fleur des champs entr'ouverte à l'aurore,
   Voyant sur la pelouse une autre fleur éclore,
5 S'incline sans murmure et tombe avec la nuit,

Puisqu'au fond des forêts, sous les toits de verdure,
On entend le bois mort craquer dans le sentier,
Et puisqu'en traversant l'immortelle nature,
L'homme n'a su trouver de science qui dure,
10 Que de marcher toujours et toujours oublier ;

Puisque, jusqu'aux rochers, tout se change en poussière ;
Puisque tout meurt ce soir pour revivre demain ;
Puisque c'est un engrais que le meurtre et la guerre ;
Puisque sur une tombe on voit sortir de terre
15 Le brin d'herbe sacré qui nous donne le pain ;

Ô Muse ! que m'importe ou la mort ou la vie ?
J'aime, et je veux pâlir ; j'aime et je veux souffrir ;
J'aime, et pour un baiser je donne mon génie ;
J'aime, et je veux sentir sur ma joue amaigrie
20 Ruisseler une source impossible à tarir[1].

J'aime, et je veux chanter la joie et la paresse,
Ma folle expérience et mes soucis d'un jour,
Et je veux raconter et répéter sans cesse
Qu'après avoir juré de vivre sans maîtresse,
25 J'ai fait serment de vivre et de mourir d'amour.

Dépouille devant tous l'orgueil qui te dévore,
Cœur gonflé d'amertume et qui t'es cru fermé.
Aime, et tu renaîtras ; fais-toi fleur pour éclore.
Après avoir souffert, il faut souffrir encore ;
30 Il faut aimer sans cesse, après avoir aimé.

Extrait.

1. Assécher.

Questions DE LECTURE ANALYTIQUE

1. À quelle femme de renom est-il fait allusion dans ce poème ▶ SÉQUENCE 12, TEXTE 5, p. 184 ?
2. Quelle figure de style repérez-vous dans les trois premières strophes ? Quel est l'effet produit ?
   ▶ PARTIE II, p. 392 : LES FIGURES DE RHÉTORIQUE
3. Quelle est la fonction des apostrophes et des injonctions (à l'impératif) ?
4. Analysez l'expression du moi et des sentiments personnels dans le poème. Quel effet a-t-elle ?
5. Quelle relation pouvez-vous établir entre la progression des strophes et l'évolution des sentiments du poète ?

ÉCRITURE D'INVENTION
Imaginez en dix lignes la réponse de la Muse au Poète. Respectez le niveau de langue et le registre appropriés ; vous pourrez employer la prose.
▶ p. 418 : LES REGISTRES LITTÉRAIRES
▶ PARTIE III, p. 496 : INVENTER ET ARGUMENTER

Coviello en 1550, extrait du *Livre des masques et des bouffons*, d'après M. Sand, gravure (XIXᵉ siècle) (Venise, Maison Goldoni).

Trivellino en 1646, extrait du *Livre des masques et des bouffons*, d'après M. Sand, gravure (XIXᵉ siècle) (Venise, Maison Goldoni).

Texte 2

ALOYSIUS BERTRAND
Gaspard de la nuit (1842)

Biographie p. 561

Aloysius Bertrand, inventeur du poème en prose, resta méconnu de son vivant. Le sous-titre du recueil Gaspard de la nuit, *« Fantaisies à la manière de Rembrandt et de Callot », et la dédicace à Victor Hugo* ▶ ANALYSE D'IMAGE p. 208 *soulignent l'influence de l'art pictural sur une œuvre qui propose une série de tableaux étonnants où se mêlent le rêve et la mélancolie, chers aux romantiques.*

La Chanson du masque

> *Venise au visage de masque.*
> LORD BYRON

1   Ce n'est point avec le froc et le chapelet[1], c'est avec le tambour de basque[2] et l'habit de fou que j'entreprends, moi, la vie, ce pèlerinage à la mort !
   Notre troupe bruyante est accourue sur la place Saint-Marc[3], de l'hôtellerie du signor Arlecchino qui nous avait tous conviés à un régal de macaronis à l'huile
5 et de polenta[4] à l'ail.
   Marions nos mains, toi qui, monarque éphémère, ceins la couronne de papier doré, et vous, ses grotesques sujets, qui lui formez un cortège de vos manteaux de mille pièces, de vos barbes de filasse[5] et de vos épées de bois.

---

1. Habit et accessoire religieux.
2. Petit tambour garni de grelots.
3. Célèbre place de Venise.
4. Plat italien à base de semoule de maïs.
5. Matière textile brute pas encore filée.

Marions nos mains pour chanter et danser une ronde, oubliés de l'inquisiteur[6], à la splendeur magique des girandoles[7] de cette nuit rieuse comme le jour.

Chantons et dansons, nous qui sommes joyeux, tandis que ces mélancoliques descendent le canal sur le banc des gondoliers, et pleurent en voyant pleurer les étoiles.

Dansons et chantons, nous qui n'avons rien à perdre, et tandis que derrière le rideau où se dessine l'ennui de leurs fronts penchés, nos patriciens[8] jouent d'un coup de cartes palais et maîtresses !

Cinquième Livre : « Espagne et Italie »,
poème VII (publication posthume).

[6]. Magistrat du tribunal politique secret qui avait droit de vie et de mort sur les citoyens de Venise.
[7]. Guirlandes de lanternes.
[8]. Nobles.

Questions DE LECTURE ANALYTIQUE

1. Qui s'exprime à la première personne ? Justifiez en vous appuyant sur différents éléments du texte.
2. Observez les débuts de paragraphe : que remarquez-vous ? Comment l'expliquez-vous ?
3. Quel registre pouvez-vous identifier ? Quelle modalité de phrase présente dans tout le texte peut le confirmer ?
   ▶ PARTIE II, p. 418 : LES REGISTRES LITTÉRAIRES
   ▶ p. 387 : LES OUTILS GRAMMATICAUX
4. Quels détails donnent des connotations pittoresques au poème ? Justifiez en vous appuyant sur l'origine de l'adjectif « pittoresque ».
5. Étudiez les différentes antithèses du texte et commentez-les.
   ▶ p. 392 : LES FIGURES DE RHÉTORIQUE
6. **Question de synthèse** : dans un paragraphe argumentatif, montrez comment les éléments visuels font de ce poème un petit tableau et expliquez l'atmosphère ainsi créée.
   ▶ PARTIE III, p. 500 : LE PARAGRAPHE ARGUMENTATIF

PROLONGEMENTS

a. Voici les titres des poèmes en prose de la section « Espagne et Italie » du recueil *Gaspard de la nuit* :
– « La Cellule » ;
– « Les Muletiers » ;
– « Le Marquis d'Aroca » ;
– « Henriquez » ;
– « L'Alerte » ;
– « Padre Pugnaccio » ;
– « La Chanson du masque ».

Justifiez le titre de la section en commentant les titres des poèmes qui la composent : lesquels se rattachent aisément au titre général ? Lesquels sont plus problématiques ?

b. Le voyage en Espagne était un *topos* à l'époque romantique. À l'aide d'anthologies et de manuels scolaires du CDI, énumérez les auteurs romantiques et les œuvres qui se rattachent directement à ce pays.

GÉRARD DE NERVAL
Chimères (1854)

Biographie p. 565

« Vers dorés » est l'un des douze sonnets des *Chimères*, recueil fondé sur une interrogation philosophique : quel sens la vie humaine a-t-elle ? Quelle place a-t-elle dans l'ensemble de l'univers ? Le poète, chef de file du romantisme noir (romantisme du rêve et de la folie), est pris d'un vertige devant les manifestations de la Nature.

Vers dorés

Eh quoi ! tout est sensible.
PYTHAGORE

1   Homme, libre penseur ! te crois-tu seul pensant
    Dans ce monde où la vie éclate en toute chose ?
    Des forces que tu tiens ta liberté dispose,
    Mais de tous tes conseils l'univers est absent.

5   Respecte dans la bête un esprit agissant :
    Chaque fleur est une âme à la Nature éclose ;
    Un mystère d'amour dans le métal repose ;
    « Tout est sensible ! » Et tout sur ton être est puissant.

    Crains, dans le mur aveugle, un regard qui t'épie :
10 À la matière même un verbe est attaché...
    Ne la fais pas servir à quelque usage impie[1] !

    Souvent dans l'être obscur habite un Dieu caché ;
    Et comme un œil naissant couvert par ses paupières,
    Un pur esprit s'accroît sous l'écorce des pierres !

1. Contraire à la religion.

Questions DE LECTURE ANALYTIQUE

1. Cherchez dans un dictionnaire le sens complet (étymologie, significations...) du mot « chimère » : en quoi ce texte en est-il une ?
2. Résumez le thème abordé par chaque strophe puis reformulez en une phrase le thème global du poème.
3. Étudiez précisément la situation d'énonciation, en particulier la valeur des temps. À qui le poète s'adresse-t-il ?
   ▶ PARTIE II, p. 387 : LES OUTILS GRAMMATICAUX

4. Relevez les répétitions et les antithèses. Quel lien entre l'homme et la nature révèlent-elles ?
   ▶ p. 392 : LES FIGURES DE RHÉTORIQUE
5. Quels éléments du dernier vers (figures, sonorités...) contribuent à le rendre poétique ? En quoi cela s'accorde-t-il avec le thème du poème ?
6. **Question de synthèse** : quel est le statut du poète par rapport aux hommes et à la nature ? Répondez en rédigeant un paragraphe argumentatif.
   ▶ p. 500 : LE PARAGRAPHE ARGUMENTATIF

Analyse D'Image

Victor Hugo (1802-1885)
Château fort sur une colline (1847)

Plume et lavis, 17,3 x 14,3 cm (Luxembourg, Musée National d'Histoire et d'Art).

Questions

1. Décrivez, plan par plan, les éléments représentés. Quelles sont les lignes utilisées dans ce dessin ?
   ➤ PARTIE II, p. 397 : L'IMAGE FIXE
2. À quel genre visuel ce dessin appartient-il ? Quelle est son originalité ?
3. Quelle atmosphère se dégage de l'œuvre ? Pourquoi ?
4. **Question de synthèse** : à partir de vos réponses et du paratexte, montrez que cette œuvre est un exemple de « paysage état d'âme » ➤ SYNTHÈSE, p. 215.

ÉCRITURE D'INVENTION
Tel Musset ➤ **TEXTE 1, p. 203** ou Nerval ➤ **TEXTE 3, p. 207**, rédigez la méditation d'un poète face au paysage représenté. Vous respecterez l'effet produit par le dessin, en utilisant le lexique, les figures de style, la ponctuation et le(s) registre(s) adéquat(s).
➤ **p. 392** : LES FIGURES DE RHÉTORIQUE
➤ **p. 418** : LES REGISTRES LITTÉRAIRES
➤ **PARTIE III, p. 486** : L'ÉCRITURE D'INVENTION

Alphonse de Lamartine
Recueillements poétiques (1839)

Comme Victor Hugo ▶ **TEXTE 5, p. 211**, *Lamartine a su concilier sa vie d'écrivain et son engagement politique. Poète et romancier, il s'opposa à la peine de mort, réclama la liberté de la presse et l'abolition de l'esclavage, et devint député, ministre, puis chef du gouvernement provisoire en 1848. Ses* Recueillements poétiques, *mal accueillis par la critique, sont surtout connus pour un poème-lettre adressé à Félix Guillemardet, ami du peintre Delacroix.*

Épître* à Félix Guillemardet
Saint-Point, 15 septembre 1837.

1   Frère, le temps n'est plus où j'écoutais mon âme
    Se plaindre et soupirer comme une faible femme
    Qui de sa propre voix soi-même s'attendrit,
    Où par des chants de deuil ma lyre[1] intérieure
5   Allait multipliant, comme un écho qui pleure,
    Les angoisses d'un seul esprit.

    Dans l'être universel au lieu de me répandre,
    Pour tout sentir en lui, tout souffrir, tout comprendre,
    Je resserrais en moi l'univers amoindri ;
10 Dans l'égoïsme étroit d'une fausse pensée
    La douleur en moi seul, par l'orgueil condensée,
    Ne jetait à Dieu que mon cri.

    Ma personnalité remplissait la nature,
    On eût dit qu'avant elle aucune créature
15 N'avait vécu, souffert, aimé, perdu, gémi !
    Que j'étais à moi seul le mot du grand mystère,
    Et que toute pitié du ciel et de la terre
    Dût rayonner sur ma fourmi !

    [...]

    Jeune, j'ai partagé le délire et la faute,
20 J'ai crié ma misère, hélas ! à voix trop haute :
    Mon âme s'est brisée avec son propre cri !
    De l'univers sensible atome insaisissable,
    Devant le grand soleil j'ai mis mon grain de sable,
    Croyant mettre un monde à l'abri.

25 Puis mon cœur, insensible à ses propres misères,
    S'est élargi plus tard aux douleurs de mes frères ;
    Tous leurs maux ont coulé dans le lac de mes pleurs,
    Et, comme un grand linceul[2] que la pitié déroule,

---

1. Instrument de musique antique à cordes ; utilisée par Apollon, elle symbolise la poésie.

2. Pièce de toile dans laquelle on enroule un cadavre avant sa mise en terre.

L'âme d'un seul, ouverte aux plaintes de la foule,
30 A gémi toutes les douleurs.

[...]

Alors, par la vertu, la pitié m'a fait homme ;
J'ai conçu la douleur du nom dont on le nomme,
J'ai sué sa sueur et j'ai saigné son sang ;
Passé, présent, futur, ont frémi sur ma fibre
35 Comme vient retentir le moindre son qui vibre
Sur un métal retentissant.

Alors j'ai bien compris par quel divin mystère
Un seul cœur incarnait tous les maux de la terre,
Et comment, d'une croix jusqu'à l'éternité,
40 Du cri du Golgotha[3] la tristesse infinie
Avait pu contenir seule assez d'agonie
Pour exprimer l'humanité !

Extrait.

3. Colline de Jérusalem où le Christ a été crucifié.

GUSTAVE MOREAU (1826-1898), *Le Christ portant la croix* (XIXᵉ siècle), aquarelle et crayon, 8,3 x 13,2 cm (Paris, musée Gustave Moreau).

Questions DE LECTURE ANALYTIQUE

1. Qu'est-ce qu'une épître ? À quels indices voit-on qu'il s'agit bien de cette forme littéraire ?
2. Étudiez la progression du texte, en observant en particulier les repères temporels.
3. Dans la première strophe, sur quelles figures de style repose l'évocation de la poésie du passé ?
   ▶ p. 392 : LES FIGURES DE RHÉTORIQUE
4. Quelles raisons le poète donne-t-il pour expliquer son comportement passé ?
5. Quels effets de contraste frappent le lecteur de ce poème ? Comment sont-ils exprimés ?
6. Quels sentiments dominent dans le texte ? Quels en sont les registres ?
   ▶ p. 418 : LES REGISTRES LITTÉRAIRES
7. **Question de synthèse** : en vous aidant des réponses précédentes, montrez comment le poème évoque le passage de l'intimisme à l'engagement du poète romantique.

PROLONGEMENT

En 1837, quels événements politiques et sociaux ont pu conduire Lamartine à prendre la position exposée dans le poème ? Aidez-vous des Repères historiques p. 556 et des ressources du CDI.

Victor Hugo
Les Rayons et les Ombres (1840)

Les Rayons et les Ombres *portent la marque d'une réflexion sur la mission qui doit incomber à la poésie. Essentiellement lyrique, ce recueil comporte des appels à l'engagement* ▶ CHAPITRE 6, p. 260, *en particulier le poème « Fonction du poète », qui est une longue méditation sur le statut du poète, conformément aux derniers mots de la préface : « Savoir, penser, rêver. Tout est là ».*

Fonction du poète

[...]

1   Peuples ! écoutez le poète !
    Écoutez le rêveur sacré !
    Dans votre nuit, sans lui complète,
    Lui seul a le front éclairé !
5   Des temps futurs perçant les ombres,
    Lui seul distingue en leurs flancs sombres
    Le germe qui n'est pas éclos.
    Homme, il est doux comme une femme.
    Dieu parle à voix basse à son âme
10 Comme aux forêts et comme aux flots !
    C'est lui qui, malgré les épines,
    L'envie et la dérision,
    Marche, courbé dans vos ruines,
    Ramassant la tradition.
15 De la tradition féconde
    Sort tout ce qui couvre le monde,
    Tout ce que le ciel peut bénir.
    Toute idée, humaine ou divine,
    Qui prend le passé pour racine
20 A pour feuillage l'avenir.

    Il rayonne ! il jette sa flamme
    Sur l'éternelle vérité !
    Il la fait resplendir pour l'âme
    D'une merveilleuse clarté !
25 Il inonde de sa lumière
    Ville et désert, Louvre et chaumière,
    Et les plaines et les hauteurs !
    À tous d'en haut il la dévoile ;
    Car la poésie est l'étoile
30 Qui mène à Dieu rois et pasteurs !

Livre I (25 mars-1er avril 1839),
fin du poème.

Questions DE LECTURE ANALYTIQUE

1. À l'aide des Repères historiques p. 556, trouvez dans quel contexte politique et social s'inscrit la rédaction de ce poème.
2. Relevez toutes les figures de style qui caractérisent le poète. Quelle fonction lui donnent-elles ?
   ➤ PARTIE II, p. 392 : LES FIGURES DE RHÉTORIQUE
3. Commentez la syntaxe des deux premiers vers. Quels thèmes du poème annoncent-ils ?
4. Quels champs lexicaux dominent dans la dernière strophe ? Pourquoi ?
5. Quelle relation s'établit entre le présent, le passé et l'avenir ?
6. **Question de synthèse :** comme Hugo, rédigez un paragraphe dans lequel vous développerez la thèse selon laquelle au XXIe siècle, le poète doit encore s'engager.
   ➤ PARTIE III, p. 500 : LE PARAGRAPHE ARGUMENTATIF

JOHN MARTIN (1789-1854), *Le Dernier Homme* (1849), huile sur toile, 137,8 x 214 cm (Walker Art Gallery, National Museums Liverpool).

Jean Antoine Gros (1771-1835), *Bonaparte au pont d'Arcole, le 17 novembre 1796* (1796), huile sur toile, 73 x 59 cm (Paris, musée du Louvre).

Texte 6

Victor Hugo
Les Châtiments (1853)

Biographie p. 564

Après le coup d'État du futur Napoléon III, le 2 décembre 1851, Hugo, en exil à Jersey, ne cesse de critiquer le pouvoir autoritaire du nouvel Empereur. Dans Les Châtiments, *la satire prend des formes variées, de l'ironie à la polémique, du lyrisme à l'épopée, illustrant ainsi la variété des registres et des formes de la poésie romantique. « Chanson » célèbre d'abord Napoléon Bonaparte pour mieux se moquer ensuite de « Napoléon le Petit ».*

Chanson

1   Sa grandeur éblouit l'histoire.
    Quinze ans, il fut
    Le dieu que traînait la victoire
    Sur un affût[1] ;
5   L'Europe sous sa loi guerrière
    Se débattit. –
    Toi, son singe, marche derrière,
    Petit, petit.

1. Pièce de métal qui supporte le canon.

Napoléon dans la bataille,
Grave et serein,
Guidait à travers la mitraille
L'aigle d'airain².
Il entra sur le pont d'Arcole³,
Il en sortit. —
Voici de l'or, viens, pille et vole,
Petit, petit.

Berlin, Vienne étaient ses maîtresses ;
Il les forçait,
Leste, et prenant les forteresses
Par le corset ;
Il triompha de cent bastilles
Qu'il investit. —
Voici pour toi, voici des filles⁴,
Petit, petit.

Il passait les monts et les plaines,
Tenant en main,
La palme, la foudre et les rênes
Du genre humain ;
Il était ivre de sa gloire
Qui retentit. —
Voici du sang, accours, viens boire,
Petit, petit.

Quand il tomba, lâchant le monde,
L'immense mer
Ouvrit à sa chute profonde
Le gouffre amer⁵ ;
Il y plongea, sinistre archange,
Et s'engloutit. —
Toi, tu te noieras dans la fange,
Petit, petit.

VII, 6.

2. De bronze ; au sens figuré, implacable.
3. Victoire de Napoléon, qui enleva le pont aux Autrichiens le 17 novembre 1796.
4. Terme désignant les prostituées au XIXᵉ siècle.
5. Périphrase désignant le mer.

Sa majesté !!! Ou l'habit ne fait pas le moine !, caricature de Louis-Napoléon Bonaparte par Faustin (5 septembre 1870), gravure (Saint-Denis, musée d'Art et d'Histoire).

Questions DE LECTURE ANALYTIQUE

1. Pourquoi Victor Hugo écrit-il ce poème à Jersey ? Aidez-vous d'une biographie du poète.

2. Sur quelle antithèse repose le poème ? Quelles en sont les marques ?
▶ p. 392 : LES FIGURES DE RHÉTORIQUE

3. À l'aide du vocabulaire, dites quel est le registre dominant du texte.
▶ p. 418 : LES REGISTRES LITTÉRAIRES

4. Relevez et commentez tous les effets de rythme du poème. En quoi sont-ils significatifs ?
▶ p. 469 : LE VERS ET LA STROPHE

5. Question de synthèse : comment peut-on justifier le titre « Chanson » ? Répondez dans un paragraphe argumentatif en vous aidant des questions précédentes. Variez l'insertion des citations.
▶ PARTIE III, p. 500 : LE PARAGRAPHE ARGUMENTATIF

SYNTHÈSE

Romantisme et poésie

1 Les repères historiques

Des origines européennes

- À la fin du siècle des Lumières, des auteurs manifestent un intérêt pour la sensibilité, la nature, et pour un passé historique stimulant leur imagination. Parmi les plus connus :
– en **Angleterre**, Chatterton ▶ p. 197, Blake, puis Shelley et Byron ;
– en **Allemagne**, Goethe ▶ p. 176 et Novalis ▶ EXERCICE 1, p. 187, admirateurs de Shakespeare ▶ p. 190, puis Heine et Hölderlin ;
– en **France**, Diderot, Rousseau ▶ p. 178, Mme de Staël ▶ SÉQUENCE 12, EXERCICE 3, p. 188.

Histoire et littérature

- En quelques décennies, la France connaît une succession de bouleversements majeurs :
– la **Révolution de 1789** et son idéal républicain, « liberté, égalité, fraternité », débouchant sur la Terreur ;
– l'**épopée napoléonienne** et l'écroulement du rêve impérial en 1815 ;
– la **Restauration** et le retour des rois au pouvoir, entre 1815 et 1848 ;
– enfin, les **révolutions de 1830 et de 1848**, qui marquent la fin des illusions politiques de cette génération.
- Deux attitudes s'offrent alors à l'artiste, au poète :
– se couper de la société et de la politique pour se consacrer à une **œuvre intimiste** : Bertrand, Nerval, Musset ;
– **s'engager** dans les combats de l'époque, par l'écriture et l'action politique : Lamartine et Hugo.

2 Les thèmes de la poésie lyrique

Le moi intime

- Le **roman d'analyse** est un genre où l'expression des sentiments intimes a libre cours ▶ SÉQUENCE 12, p. 175.
- La forme **poétique** reprend les **mêmes thèmes** dans une forme appropriée aux épanchements lyriques :
– l'amour ▶ TEXTE 1, p. 203 ;
– la fuite du temps ▶ EXERCICE 2, p. 216 ;
– la destinée humaine ▶ TEXTES 1 et 3, p. 203 et 207 et EXERCICE 4, p. 217.

L'homme et la nature

- Le poète examine attentivement la nature, qui est à la fois :
– refuge ;
– espace de rêverie ;
– miroir des sentiments dans les « paysages états d'âme » : dessins de l'Anglais Blake et d'Hugo ▶ p. 208 ; textes 1 et 2 ▶ p. 203 et 205.

L'ailleurs, de l'exotisme au rêve

- **Déçu par la société**, le poète se réfugie dans l'imaginaire, les rêves **d'ailleurs** ▶ TEXTE 1, p. 203 et EXERCICE 4, p. 217 : passé lointain (Nerval) ; monde idéal ou fantastique (Bertrand, Nerval) ; **paysages exotiques** d'Italie, d'Espagne, d'Orient...
- Hugo et Delacroix dénoncent les méfaits de la guerre au moyen de l'exotisme ▶ EXERCICE 4, p. 217.

3 La libération des formes poétiques

- Les **formes fixes** perdurent (le sonnet, chez Nerval ▶ TEXTE 3, p. 207) ou renaissent (la chanson ▶ TEXTE 6, p. 213) ;
- L'**alexandrin** s'assouplit : le vers n'est plus figé, mais exprime les sentiments du poète par les ruptures dans le vers ▶ EXERCICE 2 p. 216.
- Aloysius Bertrand innove avec le **poème en prose** ▶ TEXTE 2, p. 205, forme que Baudelaire reprendra.
- Mais si les poètes romantiques jouent avec ces diverses formes poétiques, ils ne les révolutionnent pas, comme le feront plus tard les surréalistes ▶ CHAPITRE 6, p. 260 ; c'est dans l'**engagement** politique que leur liberté se manifeste.

4 Une poésie engagée

- Les bouleversements politiques mènent l'engagement ▶ TEXTES 4 et 6, p. 209 et 213. Le poète critique la société, dénonce les injustices. Victor Hugo, porte-parole de cette poésie, se présente comme un prophète éclairant le peuple ▶ TEXTE 5, p. 211.
- Loin d'être un simple ornement, la poésie s'affirme alors comme un **acte politique ou social** : Hugo, dans *Les Châtiments*, attaque ouvertement Napoléon III ▶ TEXTE 6, p. 213, alors qu'il est en exil.

▶ **BIOGRAPHIES DES AUTEURS p. 560**

EXERCICES D'APPROFONDISSEMENT

1 La méditation

1. Quel lien s'établit entre le poète et la nature ?
2. Quelle évolution perçoit-on entre ce poème et le texte 4 ▶ p. 209 ?
3. Quel registre domine ici ? Justifiez.
   ▶ p. 418 : LES REGISTRES LITTÉRAIRES

1 « Ô temps ! suspends ton vol, et vous, heures propices !
   Suspendez votre cours :
   Laissez-nous savourer les rapides délices
   Des plus beaux de nos jours !
5 « Assez de malheureux ici-bas vous implorent,
   Coulez, coulez pour eux ;
   Prenez avec leurs jours les soins qui les dévorent,
   Oubliez les heureux.
   […]
   Ô lac ! rochers muets ! grottes ! forêt obscure !
10 Vous, que le temps épargne ou qu'il peut rajeunir,
   Gardez de cette nuit, gardez, belle nature,
   Au moins le souvenir !

ALPHONSE DE LAMARTINE, *Méditations poétiques*, « Le Lac » (extrait, 1820).

2 Le moi lyrique

1. Quel est le thème du poème ?
2. Relevez toutes les marques du registre lyrique.
   ▶ PARTIE II, p. 465 : LE REGISTRE LYRIQUE
3. Relevez des vers où l'alexandrin est « libéré ».
   ▶ p. 469 : LE VERS ET LA STROPHE

1 Quand je ne te vois pas, le temps m'accable, et l'heure
   A je ne sais quel poids impossible à porter :
   Je sens languir mon cœur, qui cherche à me quitter ;
   Et ma tête se penche, et je souffre et je pleure.
5 Quand ta voix saisissante atteint mon souvenir,
   Je tressaille, j'écoute… et j'espère immobile ;
   Et l'on dirait que Dieu touche un roseau débile ;
   Et moi, tout moi répond : Dieu ! faites-le venir !
   Quand sur tes traits charmants j'arrête ma pensée,
10 Tous mes traits sont empreints de crainte et de bonheur ;
   J'ai froid dans mes cheveux ; ma vie est oppressée,
   Et ton nom, tout à coup, s'échappe de mon cœur.

MARCELINE DESBORDES-VALMORE, *Les Pleurs*, « L'Attente » (extrait, 1833).

3 Le statut du poète

1. Cherchez le sens du mot « contemplation ». Montrez que ce texte en est une.
2. Sur quelle métaphore filée l'extrait repose-t-il ? Analysez précisément comparé et comparant.
   ▶ p. 392 : LES FIGURES DE RHÉTORIQUE
3. Quel rôle le poète a-t-il ? De quel(s) texte(s) du corpus pouvez-vous rapprocher ce poème ?

1 Je lisais. Que lisais-je ? Oh ! le vieux livre austère,
   Le poème éternel ! – La Bible ? – Non, la terre.
   Platon, tous les matins, quand revit le ciel bleu,
   Lisait les vers d'Homère, et moi les fleurs de Dieu.
5 J'épèle les buissons, les brins d'herbe, les sources ;
   Et je n'ai pas besoin d'emporter dans mes courses
   Mon livre sous mon bras, car je l'ai sous mes pieds.
   Je m'en vais devant moi dans les lieux non frayés[1],
   Et j'étudie à fond le texte, et je me penche,
10 Cherchant à déchiffrer la corolle[2] et la branche.
   Donc, courbé, – c'est ainsi qu'en marchant je traduis
   La lumière en idée, en syllabes les bruits,
   – J'étais en train de lire un champ, page fleurie.

VICTOR HUGO, *Les Contemplations*, « Les Luttes et les Rêves », livre III, poème VIII, juillet 1833 (extrait, 1856).

1. Où nul n'est allé. 2. Ensemble des pétales d'une fleur.

Chapitre 4 • Le romantisme SÉQUENCE 14

4 L'ailleurs et l'engagement

1. Quels procédés communs le peintre et le poète emploient-ils pour susciter la pitié du destinataire ?
2. Quel registre est choisi par les artistes ?
   ▶ p. 418 : LES REGISTRES LITTÉRAIRES

ÉCRITURE D'INVENTION
Réécrivez en prose le poème, en employant les caractéristiques du registre épique.
▶ p. 428 : LE REGISTRE ÉPIQUE
▶ p. 488 : TRANSPOSER

Le peintre Delacroix et le poète Hugo se sont inspirés des massacres de 1822 sur l'île grecque de Scio[1], lors de la guerre d'indépendance contre l'envahisseur turc, l'un pour peindre un immense tableau, l'autre pour composer un poème dénonciateur.

EUGÈNE DELACROIX (1798-1863),
Scène des massacres de Scio : familles grecques attendant la mort ou l'esclavage (1824),
huile sur toile, 4,19 x 3,54 m
(Paris, musée du Louvre).

> – O horror ! horror ! horror !
> SHAKESPEARE, *Macbeth*.

1 Les Turcs ont passé là : tout est ruine et deuil.
   Chio, l'île des vins, n'est plus qu'un sombre écueil,
   Chio, qu'ombrageaient les charmilles[2],
   Chio, qui dans les flots reflétait ses grands bois,
5 Ses coteaux, ses palais, et le soir quelquefois
   Un chœur dansant de jeunes filles.

   Tout est désert : mais non, seul près des murs noircis,
   Un enfant aux yeux bleus, un enfant grec, assis,
   Courbait sa tête humiliée ;
10 Il avait pour asile, il avait pour appui
   Une blanche aubépine, une fleur, comme lui
   Dans le grand ravage oubliée.

   – Ah ! pauvre enfant, pieds nus sur les rocs anguleux !
   Hélas ! pour essuyer les pleurs de tes yeux bleus
15 Comme le ciel et comme l'onde,
   Pour que dans leur azur, de larmes orageux,
   Passe le vif éclair de la joie et des jeux,
   Pour relever la tête blonde,
   [...]
   Veux-tu, pour me sourire, un bel oiseau des bois,
20 Qui chante avec un chant plus doux que le hautbois,
   Plus éclatant que les cymbales ?
   Que veux-tu ? fleur, beau fruit ou l'oiseau merveilleux ?
   – Ami, dit l'enfant grec, dit l'enfant aux yeux bleus,
   Je veux de la poudre et des balles.

VICTOR HUGO, *Les Orientales*,
« L'Enfant » (extrait, 1829).

1. Appelée de nos jours Chios (Chio dans le poème).
2. Branchages apportant de l'ombre.

▶ BIOGRAPHIES DES AUTEURS p. 560

Chapitre 5
Du réalisme au naturalisme

219 **SÉQUENCE 15**
Le réalisme dans le roman du XIXᵉ siècle

233 **SÉQUENCE 16**
La description naturaliste : un miroir de la réalité

246 **SÉQUENCE 17**
L'Œuvre de Zola : un roman expérimental

Édouard Manet (1832-1883), *Claude Monet dans son atelier* : détail (1874), huile sur toile, 0,82 x 1m (Munich, Neue Pinakothek).

SÉQUENCE 15 — Le réalisme dans le roman du XIXe siècle

Objectif

Étudier l'originalité des romans réalistes dans leur manière de représenter la société de l'époque.

LA LITTÉRATURE RÉALISTE suit immédiatement la période romantique. Balzac et Stendhal brossent un tableau parfois peu reluisant de la société française de leur temps, bousculée par les changements constants de régimes politiques et par l'essor de la bourgeoisie, grande rivale de la noblesse. Gustave Flaubert s'emploie à décrire la vie provinciale ; à la fin du siècle, son fils spirituel Guy de Maupassant poursuit cette exploration en racontant le destin de personnages communs, souvent considérés comme des anti-héros.

CORPUS DE LA SÉQUENCE

- *Texte 1* — STENDHAL, *Le Rouge et le Noir* (1830)
- *Texte 2* — C. DICKENS, *Oliver Twist* (1838)
- *Texte 3* — G. FLAUBERT, *Madame Bovary* (1857)
- *Texte 4* — G. DE MAUPASSANT, *Une vie* (1883)
- *Texte 5* — G. DE MAUPASSANT, *Bel-Ami* (1885)
- *Images* — G. COURBET, *Les Cribleuses de blé* (1854) et G. CAILLEBOTTE, *Les Raboteurs de parquet* (1875)

Notions de la séquence	Liens avec la partie II
La représentation du réel dans le roman (*ensemble du corpus*)	▶ p. 446 : LE CADRE SPATIO-TEMPOREL ET LE SCHÉMA ACTANTIEL
Caractéristiques du récit réaliste	
Liens entre réalisme et naturalisme (*textes 3 et 4*)	▶ p. 409 : LE DISCOURS NARRATIF
Étude de tableaux réalistes (*G. Courbet et G. Caillebotte*)	▶ p. 397 : L'IMAGE FIXE

	Liens avec la partie III
Le commentaire littéraire : rédaction d'un paragraphe (*texte 4*)	▶ p. 524 : RÉDIGER LE COMMENTAIRE
Comparaison de textes (*textes 3 et 4 ; 1 et 5*)	▶ p. 528 : DE LA LECTURE D'UN CORPUS À LA DISSERTATION
Réflexion sur le réalisme (*à partir des textes 2 et 3, des tableaux et d'une citation de Zola*)	▶ p. 538 : RÉDIGER UNE INTRODUCTION, UNE CONCLUSION ET DES PARAGRAPHES ARGUMENTATIFS DE DISSERTATION

Eugène Lami (1800-1890), *Une famille parisienne au salon* (vers 1830), gravure (Paris, Bibliothèque des Arts décoratifs).

Texte 1

Stendhal
Le Rouge et le Noir (1830)

Biographie p. 568

Le Rouge et le Noir est l'histoire de l'ascension d'un jeune fils de bûcheron de Franche-Comté : après avoir mis en danger la vertu de Mme de Rênal qui l'employait comme précepteur de ses enfants (partie I du roman), il est envoyé à Paris comme secrétaire du marquis de La Mole et fait progressivement la conquête de sa fille Mathilde. Celle-ci revient de Provence et redécouvre Julien…

Julien était un dandy[1] maintenant, et comprenait l'art de vivre à Paris. Il fut d'une froideur parfaite envers Mlle de La Mole. Il parut n'avoir gardé aucun souvenir des temps où elle lui demandait si gaiement des détails sur sa manière de tomber de cheval.

Mlle de La Mole le trouva grandi et pâli. Sa taille, sa tournure n'avaient plus rien du provincial ; il n'en était pas ainsi de sa conversation : on y remarquait encore trop de sérieux, trop de positif. Malgré ces qualités raisonnables, grâce à son orgueil, elle n'avait rien de subalterne ; on sentait seulement qu'il regardait encore trop de choses comme importantes. Mais on voyait qu'il était homme à soutenir son dire.

1. Un élégant.

— Il manque de légèreté, mais non pas d'esprit, dit Mlle de La Mole à son père, en plaisantant avec lui sur la croix qu'il avait donnée à Julien. Mon frère vous l'a demandée pendant dix-huit mois, et c'est un La Mole !…

— Oui, mais Julien a de l'imprévu, c'est ce qui n'est jamais arrivé au La Mole dont vous me parlez.

On annonça M. le duc de Retz.

Mathilde se sentit saisie d'un bâillement irrésistible ; elle reconnaissait les antiques dorures et les anciens habitués du salon paternel. Elle se faisait une image parfaitement ennuyeuse de la vie qu'elle allait reprendre à Paris. Et cependant à Hyères elle regrettait Paris.

Et pourtant j'ai dix-neuf ans ! pensait-elle : c'est l'âge du bonheur, disent tous ces nigauds à tranches dorées². Elle regardait huit ou dix volumes de poésies nouvelles, accumulés, pendant le voyage de Provence, sur la console³ du salon. Elle avait le malheur d'avoir plus d'esprit que MM. de Croisenois, de Caylus, de Luz, et ses autres amis. Elle se figurait tout ce qu'ils allaient lui dire sur le beau ciel de la Provence, la poésie, le midi, etc., etc.

Ces yeux si beaux, où respirait l'ennui le plus profond, et, pis encore, le désespoir de trouver le plaisir, s'arrêtèrent sur Julien. Du moins, il n'était pas exactement comme un autre.

— Monsieur Sorel, dit-elle avec cette voix vive, brève, et qui n'a rien de féminin, qu'emploient les jeunes femmes de la haute classe, monsieur Sorel, venez-vous ce soir au bal de M. de Retz ?

— Mademoiselle, je n'ai pas eu l'honneur d'être présenté à M. le duc. (On eût dit que ces mots et ce titre écorchaient la bouche du provincial orgueilleux.)

— Il a chargé mon frère de vous amener avec lui ; et, si vous y étiez venu, vous m'auriez donné des détails sur la terre de Villequier⁴ ; il est question d'y aller au printemps. Je voudrais savoir si le château est logeable, et si les environs sont aussi jolis qu'on le dit. Il y a tant de réputations usurpées⁵ !

Julien ne répondait pas.

— Venez au bal avec mon frère, ajouta-t-elle d'un ton fort sec.

Partie II, chapitre VIII (extrait).

2. Périphrase péjorative désignant les livres.
3. Petite table.
4. En Normandie.
5. Empruntées, inventées.

Questions DE LECTURE ANALYTIQUE

1. Par qui Julien est-il observé dans les paragraphes 1 et 2 ? grâce à quelle focalisation ? Justifiez.
   ➤ **p. 443** : LE NARRATEUR ET LA FOCALISATION

2. Quelle est la fonction du dialogue entre Mathilde et son père ? Qu'ajoute-t-il au portrait des paragraphes 1 et 2 ?

3. Quelle image les propos et l'attitude de Mlle de La Mole donnent-ils de la noblesse française ? grâce à quel champ lexical ?

4. Sur quel ton le dialogue entre Mathilde et Julien est-il mené ? Quelles informations les propositions incises apportent-elles ?
   ➤ **p. 455** : LES DISCOURS RAPPORTÉS

5. Qui intervient dans les parenthèses des lignes 33-34 (On eût dit…) ? dans quel but ?

6. **Question de synthèse** : le sous-titre du roman de Stendhal est « Chronique de 1830 ». Cherchez la définition du mot « chronique » et déterminez si ce terme s'applique bien à cet extrait.

Charles Dickens
Oliver Twist (1838)

Biographie p. 562

Charles Dickens est un écrivain anglais qui connut dès l'âge de douze ans le travail en usine et la misère. Après s'être exercé au métier de journaliste, il se lança dans l'écriture romanesque. À vingt-cinq ans, il publie Oliver Twist, *l'histoire d'un orphelin victime d'injustices, qui trouve refuge au sein d'une troupe de voleurs. L'histoire se situe dans les bas-fonds de Londres, ce qui donne l'occasion à Dickens de livrer une vision très sombre des conditions sociales de l'époque.*

1   Au nombre des édifices publics d'une certaine ville, qu'il sera pour mainte raison plus prudent de s'abstenir de nommer, et à laquelle je me refuse à donner un nom imaginaire, s'en trouve un que possèdent en commun, depuis fort longtemps, la plupart des villes, petites ou grandes, à savoir : un asile ; et dans
5   cet asile naquit, un jour d'une année que je ne prendrai pas la peine de citer, étant donné que cela ne saurait avoir la moindre importance pour le lecteur, du moins au cours de cette première phase des événements, le fragment d'espèce humaine dont le nom est placé en tête du présent chapitre.
    Pendant une longue période à partir de l'instant où il fut introduit par le
10 chirurgien municipal dans notre monde de tristesse et de tourments, la question de savoir si l'enfant vivrait assez pour porter un nom quelconque resta l'objet de doutes considérables ; dans la négative, il est plus que probable que ce récit n'eût jamais été publié ; ou que, s'il l'avait été, ne comprenant que deux pages, il eût possédé l'inappréciable mérite d'être l'exemple le plus concis
15 et le plus véridique de l'art biographique de toutes les littératures de tous les temps et de tous les pays.
    Sans être enclin à prétendre que le fait de naître dans un asile constitue en soi l'événement le plus heureux et le plus enviable qui puisse échoir à un être humain, je tiens à affirmer que dans ce cas particulier c'était pour Olivier Twist
20 exactement ce qui pouvait lui arriver de mieux. Le fait est qu'on éprouva de sérieuses difficultés pour persuader Olivier d'assumer les fonctions respiratoires : c'est là une pratique bien ennuyeuse, mais que la coutume a rendue nécessaire à l'agrément de notre existence ; et pendant quelque temps il resta à suffoquer sur son petit lit de bourre[1], en équilibre quelque peu instable entre notre monde et
25 l'autre, et penchant assez nettement en faveur de ce dernier. Or, si, au cours de cette brève période, Olivier avait été entouré de grand-mères attentives, de tantes inquiètes, d'infirmières expertes et de docteurs pénétrés de science, il eût été fort inévitablement et indubitablement[2] tué en un rien de temps. Mais comme il ne se trouvait là qu'une vieille femme indigente[3] quelque peu embrumée par une
30 ration de bière inusitée[4], et un médecin municipal qui faisait ce genre de travail à forfait[5], Olivier et la Nature débattirent la question en tête à tête. Le résultat fut qu'après quelques efforts désordonnés, Olivier respira, éternua, et se mit en devoir d'informer les pensionnaires de l'asile qu'une nouvelle charge venait d'être imposée à la commune, en poussant le plus vigoureux des cris qu'on pût raison-
35 nablement attendre d'un nouveau-né du sexe masculin pourvu de cet utile accessoire qu'est une voix depuis trois minutes et quart tout au plus.

---
1. Déchet du peignage de la laine servant à remplir des coussins ou des matelas.
2. Sans aucun doute.
3. Très pauvre.
4. Inhabituelle (ici, excessive).
5. Au mépris de tout diplôme, en toute illégalité.

Ci-contre :
PARKINSON
(mort en 1858),
La Prison
(XIXᵉ siècle), gravure
(Collection privée).

Quand Olivier donna ce premier témoignage du fonctionnement correct et spontané de ses poumons, le couvre-pieds fait de pièces et de morceaux qu'on avait négligemment jeté sur le lit de fer s'agita ; le visage pâle d'une jeune femme se souleva faiblement sur l'oreiller ; et une voix sourde articula imparfaitement les mots : Je veux voir l'enfant avant de mourir.
Le médecin était assis, le visage tourné vers le feu ; il se frottait les mains et les chauffait, alternativement. Quand la jeune femme parla, il se leva, et vint à son chevet en disant, avec plus de douceur qu'on n'en eût attendu de sa part :
– Voyons, ce n'est pas le moment de parler de mourir.
– Juste ciel, non ! dit l'infirmière, qui intervint tout en déposant précipitamment dans sa poche une bouteille verte, dont elle venait de déguster le contenu dans un coin de la pièce avec une satisfaction évidente. Juste ciel, la chérie, quand elle aura vécu aussi longtemps que moi, monsieur, et qu'elle aura eu treize enfants à elle toute seule et qu'ils seront tous morts sauf deux, et ces deux-là à l'asile avec moi, elle sera trop raisonnable pour se frapper comme ça, la pauvre petite ! Pensez un peu à ce que c'est que d'être maman, et vous serez une bonne petite chérie, là.
Apparemment ce consolant aperçu de l'avenir d'une mère ne parvint pas à produire son effet normal. La malade hocha la tête et tendit la main vers l'enfant. Le médecin le déposa entre ses bras. Elle appliqua ses lèvres pâles et froides avec passion sur le petit front ; puis elle se passa les mains sur la figure, jeta un regard égaré autour d'elle, frissonna, retomba en arrière… et mourut. On lui frotta la poitrine, les mains, les tempes ; mais son sang avait à jamais cessé de couler. On lui parlait d'espoir et de réconfort. Mais il y avait trop longtemps qu'elle les avait perdus de vue.

Chapitre I, traduction de S. Monod, © Garnier, 1957 (extrait).

Questions DE LECTURE ANALYTIQUE

1. Quels indices prouvent qu'il s'agit de l'*incipit** d'un roman ?
2. Que raconte la première page d'*Oliver Twist* ? Le registre du texte est-il vraiment en rapport avec le sujet abordé ?
   ▶ PARTIE II, p. 418 : LES REGISTRES LITTÉRAIRES
3. Comment l'environnement et l'atmosphère générale du lieu sont-ils dépeints ? Quel effet est ainsi produit ?
4. Brossez le portrait du narrateur ; en quoi ses interventions sont-elles originales ?
5. Quels personnages entourent Olivier ? Comment sont-ils décrits et caractérisés ?
6. Qu'apporte à ce texte la présence du dialogue ?

RÉDACTION DE PARAGRAPHE ARGUMENTATIF
À la suite de la lecture de cet *incipit*, expliquez quelles sont les attentes du lecteur. Appuyez-vous sur des références précises et sur vos réponses aux questions d'analyse.
▶ PARTIE III, p. 500 : LE PARAGRAPHE ARGUMENTATIF

Texte 3

GUSTAVE FLAUBERT
Madame Bovary (1857)

Emma Bovary veut vivre les aventures des héroïnes de ses romans favoris : elle est éprise d'un idéal sans cesse contrarié par la réalité. Dans Madame Bovary, *Gustave Flaubert dessine avec réalisme le trajet des désillusions d'Emma : sa vie avec un médecin de province amoureux mais éteint, ses amants lâches et décevants, les dettes qu'elle contracte et qui ruinent son mari… Un jour, elle veut en finir grâce au poison.*

– Ah ! c'est bien peu de chose, la mort ! pensait-elle : je vais dormir, et tout sera fini !

Elle but une gorgée d'eau et se tourna vers la muraille. Cet affreux goût d'encre continuait.

– J'ai soif !… oh ! j'ai bien soif ! soupira-t-elle.
– Qu'as-tu donc ? dit Charles, qui lui tendait un verre.
– Ce n'est rien !… Ouvre la fenêtre… j'étouffe !

Et elle fut prise d'une nausée si soudaine, qu'elle eut à peine le temps de saisir son mouchoir sous l'oreiller.

– Enlève-le ! dit-elle vivement ; jette-le !

Il la questionna ; elle ne répondit pas. Elle se tenait immobile, de peur que la moindre émotion ne la fît vomir. Cependant, elle sentait un froid de glace qui lui montait des pieds jusqu'au cœur.

– Ah ! voilà que ça commence ! murmura-t-elle.

– Que dis-tu ?

Elle roulait sa tête avec un geste doux, plein d'angoisse, et tout en ouvrant continuellement les mâchoires, comme si elle eût porté sur sa langue quelque chose de très lourd. À huit heures, les vomissements reparurent.

Charles observa qu'il y avait au fond de la cuvette une sorte de gravier blanc, attaché aux parois de la porcelaine. […]

Alors, délicatement et presque en la caressant, il lui passa la main sur l'estomac. Elle jeta un cri aigu. Il se recula tout effrayé.

Puis elle se mit à geindre, faiblement d'abord. Un grand frisson lui secouait les épaules, et elle devenait plus pâle que le drap où s'enfonçaient ses doigts crispés. Son pouls, inégal, était presque insensible maintenant.

Des gouttes suintaient sur sa figure bleuâtre, qui semblait comme figée dans l'exhalaison[1] d'une vapeur métallique. Ses dents claquaient, ses yeux agrandis regardaient vaguement autour d'elle, et à toutes les questions, elle ne répondait qu'en hochant la tête ; même elle sourit deux ou trois fois. Peu à peu, ses gémissements furent plus forts. Un hurlement sourd lui échappa ; elle prétendit qu'elle allait mieux et qu'elle se lèverait tout à l'heure. Mais les convulsions la saisirent ; elle s'écria :

– Ah ! c'est atroce, mon Dieu !

Il se jeta à genoux contre son lit.

– Parle ! qu'as-tu mangé ? Réponds, au nom du Ciel !

Et il la regardait avec des yeux d'une tendresse comme elle n'en avait jamais vu.

---

1. Rejet par la respiration.

– Eh bien, là… là !… dit-elle d'une voix défaillante.

Il bondit au secrétaire, brisa le cachet et lut tout haut ! *Qu'on n'accuse personne…* Il s'arrêta, se passa la main sur les yeux, et relut encore.

40 – Comment ! Au secours ! À moi !

Et il ne pouvait que répéter ce mot : « Empoisonnée ! empoisonnée ! » […]

Elle ne tarda pas à vomir du sang. Ses lèvres se serrèrent davantage. Elle avait les membres crispés, le corps couvert de taches brunes, et son pouls glissait sous les doigts comme un fil tendu, comme une corde de harpe près de se
45 rompre.

Puis elle se mettait à crier, horriblement.

Partie III, chapitre VIII (extrait).

Questions DE LECTURE ANALYTIQUE

1. Quelle focalisation est utilisée dans le texte ? dans quel but ?
   ➤ **PARTIE II, p. 443 :** LE NARRATEUR ET LA FOCALISATION

2. Quelle est la fonction des propos au discours direct ? Sur quoi mettent-ils l'accent ? grâce à quelle(s) modalité(s) de phrase ?
   ➤ p. 455 : LES DISCOURS RAPPORTÉS
   ➤ p. 387 : LES OUTILS GRAMMATICAUX

3. Relevez les symptômes de l'agonie d'Emma : à quelles sensations et à quels détails anatomiques du personnage sont-ils associés ?

4. Comment l'attitude de Charles évolue-t-elle ? Quel genre d'époux semble-t-il être ?

5. **Question de synthèse :** dès la parution de *Madame Bovary*, le scandale éclate et la justice est saisie. Flaubert est accusé « d'outrage à la morale publique et religieuse et aux bonnes mœurs ». Quels aspects de ce texte peuvent expliquer cet événement ?

THÉODORE CHASSÉRIAU (1819-1856), *Femme morte couchée sur un lit* (XIXᵉ siècle), mine de plomb, 16,3 x 29 cm (Paris, musée du Louvre).

Berthe Morisot (1841-1895), *Le Berceau* (1872),
huile sur toile, 56 x 46 cm (Paris, musée d'Orsay).

Texte 4

Guy de Maupassant
Une vie (1883)

Biographie p. 565

*L'intrigue d'*Une vie, *premier roman de Maupassant, se déroule en 1819, sous la Restauration, dans la noblesse normande que Flaubert et Maupassant connaissaient bien. Le personnage de l'héroïne, Jeanne, a été créé sur le modèle d'Emma Bovary* ➤ p. 224. *Après l'euphorie du mariage, vient la désillusion : alors qu'elle est enceinte, Jeanne vient de découvrir que sa servante Rosalie a eu un enfant de son mari Julien. Bouleversée, elle accouche à son tour.*

1   Pendant deux heures, on put croire que l'événement se ferait longtemps attendre ; mais vers le point du jour, les douleurs reprirent tout à coup avec violence, et devinrent bientôt épouvantables.
    Et Jeanne, dont les cris involontaires jaillissaient entre ses dents serrées, pensait
5   sans cesse à Rosalie qui n'avait point souffert, qui n'avait presque pas gémi, dont l'enfant, l'enfant bâtard, était sorti sans peine et sans tortures.
    Dans son âme misérable et troublée, elle faisait entre elles une comparaison incessante ; et elle maudissait Dieu, qu'elle avait cru juste autrefois ; elle s'indignait des préférences coupables du destin, et des criminels mensonges de ceux
10 qui prêchent la droiture et le bien.
    Parfois la crise devenait tellement violente que toute idée s'éteignait en elle. Elle n'avait plus de force, de vie, de connaissance que pour souffrir.
    Dans les minutes d'apaisement, elle ne pouvait détacher son œil de Julien ; et une autre douleur, une douleur de l'âme l'étreignait en se rappelant ce jour
15 où sa bonne était tombée aux pieds de ce même lit avec son enfant entre les jambes, le frère du petit être qui lui déchirait si cruellement les entrailles. Elle retrouvait avec une mémoire sans ombres les gestes, les regards, les paroles de son mari, devant cette fille étendue ; et maintenant elle lisait en lui, comme si

ses pensées eussent été écrites dans ses mouvements, elle lisait le même ennui, la même indifférence que pour l'autre, le même insouci d'homme égoïste, que la paternité irrite.

Mais une convulsion effroyable la saisit, un spasme[1] si cruel qu'elle se dit : « Je vais mourir, je meurs ! » Alors une révolte furieuse, un besoin de maudire emplit son âme, et une haine exaspérée contre cet homme qui l'avait perdue, et contre l'enfant inconnu qui la tuait.

Elle se tendit dans un effort suprême pour rejeter d'elle ce fardeau. Il lui sembla soudain que tout son ventre se vidait brusquement ; et sa souffrance s'apaisa.

La garde et le médecin étaient penchés sur elle, la maniaient. Ils enlevèrent quelque chose ; et bientôt ce bruit étouffé qu'elle avait entendu déjà la fit tressaillir ; puis ce petit cri douloureux, ce miaulement frêle d'enfant nouveau-né lui entra dans l'âme, dans le cœur, dans tout son pauvre corps épuisé ; et elle voulut, d'un geste inconscient, tendre les bras.

Ce fut en elle une traversée de joie, un élan vers un bonheur nouveau, qui venait d'éclore. Elle se trouvait, en une seconde, délivrée, apaisée, heureuse, heureuse comme elle ne l'avait jamais été. Son cœur et sa chair se ranimaient, elle se sentait mère !

Elle voulut connaître son enfant ! Il n'avait pas de cheveux, pas d'ongles, étant venu trop tôt ; mais lorsqu'elle vit remuer cette larve, qu'elle la vit ouvrir la bouche, pousser ses vagissements[2], qu'elle toucha cet avorton fripé, grimaçant, vivant, elle fut inondée d'une joie irrésistible, elle comprit qu'elle était sauvée, garantie contre tout désespoir, qu'elle tenait là de quoi aimer à ne savoir plus faire autre chose.

Chapitre VIII (extrait).

1. Crampe, violente contraction.
2. Cris.

Questions DE LECTURE ANALYTIQUE

1. Repérez les différentes étapes de l'accouchement de Jeanne. Quelle focalisation est utilisée ?
   ▶ PARTIE II, p. 443 : LE NARRATEUR ET LA FOCALISATION
2. Relevez les passages au discours indirect libre. Quel est leur rôle ? Quel autre type de discours rapporté repérez-vous ?
   ▶ p. 455 : LES DISCOURS RAPPORTÉS
3. Quelles expressions désignent l'enfant de Jeanne ? Commentez-les.
4. Comment la douleur de Jeanne est-elle mise en scène ? Est-elle uniquement physique ?
5. Quelle est l'attitude du mari au cours de l'accouchement ? Comment apparaît-il au lecteur ?
6. Quelle modalité de phrase apparaît dans les derniers paragraphes ? Que souligne-t-elle ?
   ▶ p. 387 : LES OUTILS GRAMMATICAUX

7. **Question de synthèse** : quels éléments de cette scène ont pu choquer à la parution du roman ? Pourquoi ?

D'UN TEXTE À L'AUTRE ▶ TEXTES 3 et 4
Flaubert a écrit : *Il me semble que le mieux est de les peindre, tout bonnement, ces choses qui vous exaspèrent. Disséquer est une vengeance.* (Lettre de Flaubert à George Sand, 18-19 décembre 1867)
En quoi le texte narrant l'agonie d'Emma ▶ p. 224 et celui de Maupassant racontant l'accouchement de Jeanne illustrent-ils ces propos ?
Pour répondre, vous vous interrogerez particulièrement sur le sens du verbe *peindre* utilisé par Flaubert.
▶ PARTIE III, p. 500 : LE PARAGRAPHE ARGUMENTATIF

Texte 5

GUY DE MAUPASSANT
Bel-Ami (1885)

Biographie p. 565

Après Balzac ▶ SÉQUENCE 9, TEXTE 3, p. 133, *Maupassant explore les thèmes de l'ambition, du pouvoir et de l'argent, en retraçant la carrière du journaliste Georges Duroy (de son surnom Bel-Ami), qui a conquis Paris « en se servant de la Presse parisienne comme un voleur d'une échelle[1] ».* Bel-Ami *est un violent réquisitoire* contre certaines pratiques des journaux et des milieux politiques. L'explicit* voit triompher le héros le jour de son mariage avec Suzanne Walter, la fille de son patron.*

Lorsque l'office fut terminé, il se redressa, et donnant le bras à sa femme, il passa dans la sacristie. Alors commença l'interminable défilé des assistants. Georges, affolé de joie, se croyait un roi qu'un peuple venait acclamer. Il serrait des mains, balbutiait des mots qui ne signifiaient rien, saluait, répondait aux compliments : « Vous êtes bien aimable. »

Soudain il aperçut Mme de Marelle[2] ; et le souvenir de tous les baisers qu'il lui avait donnés, qu'elle lui avait rendus, le souvenir de toutes leurs caresses, de ses gentillesses, du son de sa voix, du goût de ses lèvres, lui fit passer dans le sang le désir brusque de la reprendre. Elle était jolie, élégante, avec son air gamin et ses yeux vifs. Georges pensait : « Quelle charmante maîtresse, tout de même. »

Elle s'approcha un peu timide, un peu inquiète, et lui tendit la main. Il la reçut dans la sienne et la garda.

Alors il sentit l'appel discret de ses doigts de femme, la douce pression qui pardonne et reprend. Et lui-même il la serrait, cette petite main, comme pour dire : « Je t'aime toujours, je suis à toi ! »

Leurs yeux se rencontrèrent, souriants, brillants, pleins d'amour. Elle murmura de sa voix gracieuse : « À bientôt, monsieur. »

Il répondit gaiement : « À bientôt, madame. »

Et elle s'éloigna.

D'autres personnes se poussaient. La foule coulait devant lui comme un fleuve. Enfin elle s'éclaircit. Les derniers assistants partirent. Georges reprit le bras de Suzanne pour retraverser l'église.

Elle était pleine de monde, car chacun avait regagné sa place, afin de les voir passer ensemble. Il allait lentement, d'un pas calme, la tête haute, les yeux fixés sur la grande baie ensoleillée de la porte. Il sentait sur sa peau courir de longs frissons, ces frissons froids que donnent les immenses bonheurs. Il ne voyait personne. Il ne pensait qu'à lui.

Lorsqu'il parvint sur le seuil, il aperçut la foule amassée, une foule noire, bruissante, venue là pour lui, pour lui Georges Du Roy. Le peuple de Paris le contemplait et l'enviait.

Puis, relevant les yeux, il découvrit là-bas, derrière la place de la Concorde, la Chambre des députés. Et il lui sembla qu'il allait faire un bond du portique de la Madeleine[3] au portique du Palais-Bourbon[4].

Partie II, chapitre X (extrait).

---

1. Maupassant, aux critiques de *Bel-Ami*, en 1885.
2. Clotilde de Marelle fut la maîtresse de Georges.
3. Église dont le perron monumental offre un point de vue unique sur la Concorde et le Palais-Bourbon.
4. Siège de la Chambre des députés, actuelle Assemblée nationale.

Ferdinand Sigismund Bac (1859-1952),
illustration pour *Bel-Ami* publiée par Paul Ollendorff (1895).

Questions DE LECTURE ANALYTIQUE

1. Pourquoi Maupassant a-t-il choisi l'église de la Madeleine comme cadre de cette scène ? Dans quelle partie du texte la signification de ce lieu s'affirme-t-elle ?
2. Quel rôle la foule joue-t-elle ? En quels termes est-elle présentée ?
3. Relevez le champ lexical du regard dans la deuxième partie du texte. Qui observe ? de quelle manière ? Quels autres sens sont également présents ? Pourquoi ?
4. Analysez les fonctions du discours direct. Sur qui attire-t-il l'attention ?

   ▶ PARTIE II, p. 455 : LES DISCOURS RAPPORTÉS

5. **Question de synthèse** : comment cet *explicit* révèle-t-il les ambiguïtés du personnage ?

D'UN TEXTE À L'AUTRE ▶ TEXTES 1 et 5

En quoi le personnage de Bel-Ami est-il dans la lignée réaliste de Julien Sorel, héros du roman *Le Rouge et le Noir* ? Appuyez-vous sur les deux textes et proposez une réponse structurée comprenant :
– une introduction présentant les extraits ;
– deux paragraphes confrontant les textes ;
– une conclusion établissant un bilan.

▶ PARTIE III, p. 500 : LE PARAGRAPHE ARGUMENTATIF

Analyse d'image

GUSTAVE COURBET (1819-1877)
Les Cribleuses de blé (1854)

Courbet fait scandale dès 1850 parce qu'il utilise le grand format, habituellement réservé à la peinture d'histoire ou aux scènes religieuses. Il donne ainsi plus d'ampleur à la vie rustique de son Jura natal, souvent au cœur de ses toiles.

Huile sur toile, 131 x 167 cm
(Nantes, musée des Beaux-Arts).

GUSTAVE CAILLEBOTTE (1848-1894)
Les Raboteurs de parquet (1875)

La peinture de Caillebotte a été réévaluée à la fin du XXᵉ siècle : le public a redécouvert ses toiles, grands ensembles représentatifs du réalisme pictural à l'œuvre en France depuis Courbet.

Huile sur toile, 102 x 146,5 cm
(Paris, musée d'Orsay).

Questions

1. Quel est le thème commun aux deux tableaux ?
2. Où est placé le spectateur par rapport aux personnages représentés ? avec quel effet sur la façon de les regarder ?
3. Quelles sont les lignes de force dans les deux tableaux ?
4. Lequel joue sur la profondeur de champ et pourquoi ?
   ➤ PARTIE II, p. 397 : L'IMAGE FIXE
5. Quelles couleurs Courbet a-t-il choisies ? et Caillebotte ? Quel effet ont-elles sur la façon de considérer ce qui est représenté ?

SYNTHÈSE

Le réalisme dans le récit du XIXe siècle

- Mouvement littéraire des années 1830-1860, le réalisme a eu ses théoriciens : les romanciers **Champfleury** et **Duranty** ont rédigé des articles faisant du réalisme une **école à part entière**. Ce courant fut surtout initié par **Balzac** ou **Stendhal**, deux romanciers pourtant encore très marqués par les thèmes et l'esthétique romantiques ➤ CHAPITRE 4, p. 174.

1 Origines et fondements du réalisme

- Contrairement au **roman d'analyse**, représentatif du mouvement romantique ➤ SÉQUENCE 12, p. 175, le **roman réaliste** utilise rarement la première personne, propose de nombreux personnages et inscrit leur trajectoire dans un contexte social et politique précis, en soulignant les rapports qui les lient, dans une perspective souvent critique.
- À partir de 1830, le roman réaliste évoque l'**histoire contemporaine**, avec plus ou moins de distance :
– dans sa série de romans et de nouvelles intitulée *La Comédie humaine* (1826-1850), Balzac brosse une fresque sociale de la **Restauration**. À la même époque, le romancier anglais Dickens offre un panorama complet et critique du Londres contemporain, en particulier dans *Oliver Twist* (1838) ➤ TEXTE 2, p. 222 ;
– Stendhal, pour qui le roman est « **un miroir qu'on promène le long d'un chemin** » donne le sous-titre « **Chronique de 1830** » à son œuvre *Le Rouge et le Noir* ➤ TEXTE 1, p. 220 ;
– Flaubert, dans *L'Éducation sentimentale*, fait, à travers l'« Histoire d'un jeune homme » (sous-titre du roman), le « portrait moral d'une génération », celle qui avait vingt ans en 1848.

2 Le récit réaliste

- Comme dans la **peinture de Courbet**, artiste qui choque en son temps par la **représentation de la réalité** la plus simple ➤ ANALYSE D'IMAGE, p. 230, les romanciers réalistes montrent le monde de tous les jours dans ses aspects les plus **banals** ou les plus **choquants**. Ces auteurs ont multiplié les effets de réel, tout ce qui, dans la narration et la description, permet au lecteur d'avoir l'illusion d'un reflet de la réalité.
➤ PARTIE II, p. 446 : LE CADRE SPATIO-TEMPOREL ET LE SCHÉMA ACTANTIEL

- Même si **Flaubert** a refusé d'être identifié aux auteurs réalistes, il décrit l'ennui de la vie provinciale et raconte une histoire d'adultère dans son roman *Madame Bovary* : cela ne va pas de soi à l'époque, puisqu'à la parution de l'ouvrage (1857), il est assigné en justice au nom du respect des bonnes mœurs ➤ TEXTE 3, p. 224.
- Héritier de Flaubert, **Maupassant** représente également la société française de son temps, n'hésitant pas à aborder les **thèmes contemporains** comme l'arrivisme des journalistes dans son roman *Bel-Ami* (1885) ➤ TEXTE 5, p. 228. Ses nouvelles, peu appréciées de son vivant, proposent un panorama de l'époque :
– la paysannerie près de son argent dans *Le Petit Fût* (1884) ;
– les employés de maison dans *Rosalie Prudent* (1886)...

3 Du réalisme au naturalisme

- Le roman naturaliste suit la **logique du réalisme**. Les auteurs de ces deux mouvements se sont en effet attachés à **observer les mœurs** et à **donner l'illusion du réel** en inscrivant l'action dans la réalité.
- La description, outil déjà caractéristique de Balzac, se retrouve dans les romans des frères Goncourt ➤ SÉQUENCE 16, TEXTE 1, p. 234, ou chez Zola qui décrit systématiquement le milieu de vie de ses personnages. Les lieux décrits deviennent des **représentations exactes de la réalité**. Cette tendance s'affirmera encore chez Zola dans la série des *Rougon-Macquart* ➤ SÉQUENCE 16, p. 236-240, où chaque titre constitue le **miroir d'un aspect de la société du Second Empire** :
– *Le Ventre de Paris*, roman sur les Halles de Paris ;
– *Au Bonheur des Dames*, roman sur les grands magasins parisiens ;
– *Germinal*, roman sur les mines du Nord de la France.
➤ p. 411 : LE DISCOURS DESCRIPTIF

➤ BIOGRAPHIES DES AUTEURS p. 560

EXERCICES D'APPROFONDISSEMENT

1 Réalisme et société

1. Quel milieu social est représenté ? Justifiez.
2. Quels procédés créent un effet de réel ?
3. Grâce à quel terme le narrateur semble-t-il se fondre dans le milieu représenté ?

1 Elle s'appelait Madame Henri d'Hubières. Un matin, en arrivant, son mari descendit avec elle ; et sans s'arrêter aux mioches, qui la connaissaient bien maintenant, elle pénétra
5 dans la demeure des paysans.
Ils étaient là, en train de fendre du bois pour la soupe ; ils se redressèrent tout surpris, donnèrent des chaises et attendirent. Alors la jeune femme, d'une voix entrecoupée, tremblante,
10 commença :
– Mes braves gens, je viens vous trouver parce que je voudrais bien… je voudrais bien emmener avec moi votre… votre petit garçon…
Les campagnards, stupéfaits et sans idée, ne
15 répondirent pas.
Elle reprit haleine et continua.
– Nous n'avons pas d'enfants ; nous sommes seuls, mon mari et moi… Nous le garderions… voulez-vous ?
20 La paysanne commençait à comprendre. Elle demanda :
– Vous voulez nous prend'e Charlot ? Ah ben non, pour sûr.

Guy de Maupassant, *Contes de la bécasse*, « Aux champs », (extrait, 1883).

2 Les lieux réalistes

1. Quel terme ouvre le texte ? À quel registre se rattache-t-il ?
   ▶ PARTIE II, p. 418 : LES REGISTRES LITTÉRAIRES
2. Sur quelle opposition le texte est-il construit ? dans quel souci réaliste ?
3. Quelle modalité de phrase est majoritairement utilisée ? Pourquoi ?
   ▶ p. 387 : LES OUTILS GRAMMATICAUX
4. Question de synthèse : un récit réaliste se contente-t-il de copier le réel ?

Roman des frères Goncourt, *Germinie Lacerteux* est considéré comme l'une des premières œuvres naturalistes.

1 Ô Paris ! tu es le cœur du monde, tu es la grande ville humaine, la grande ville charitable et fraternelle ! Tu as des douceurs d'esprit, de vieilles miséricordes de mœurs, des spectacles qui font
5 l'aumône ! Le pauvre est ton citoyen comme le riche. Tes églises parlent de Jésus-Christ ; tes lois parlent d'égalité ; tes journaux parlent de progrès ; tous tes gouvernements parlent du peuple ; et voilà où tu jettes ceux qui meurent à
10 te servir, ceux qui se tuent à créer ton luxe, ceux qui périssent du mal de tes industries, ceux qui ont sué leur vie à travailler pour toi, à te donner ton bien-être, tes plaisirs, tes splendeurs, ceux qui ont fait ton animation, ton bruit, ceux qui
15 ont mis la chaîne de leurs existences dans ta durée de capitale, ceux qui ont été la foule de tes rues et le peuple de ta grandeur !

Edmond et Jules de Goncourt, *Germinie Lacerteux*, chapitre LXX (extrait, 1865).

3 RÉDACTION DE PARAGRAPHE ARGUMENTATIF
Réalisme et peinture

Vous répondrez aux deux questions suivantes sous la forme de paragraphes argumentatifs en citant les textes de la séquence.
▶ PARTIE III, p. 500 : LE PARAGRAPHE ARGUMENTATIF

1. Sur quelles limites du réalisme le jugement de Zola ci-dessous met-il l'accent ?
2. Pensez-vous que cette phrase soit applicable à tous les textes de la séquence ?

1 Caillebotte a exposé *Les Raboteurs de parquet*[1] et *Un jeune homme à sa fenêtre* d'un relief étonnant. Seulement c'est une peinture tout à fait anti-artistique, une peinture claire comme
5 le verre, bourgeoise, à force d'exactitude. La photographie de la réalité, lorsqu'elle n'est pas rehaussée par l'empreinte originale du talent artistique, est une chose pitoyable.

Émile Zola, *Lettres de Paris* (extrait, 1876).

1. ▶ p. 230.

SÉQUENCE 16 — La description naturaliste : un miroir de la réalité

Objectif

Envisager le discours descriptif comme un aspect essentiel des textes naturalistes.

DANS UN GRAND SOUCI de recherche documentaire, Zola propose au lecteur un panorama descriptif sans égal de la société de son temps. Nul mouvement littéraire n'aura accordé tant de place à la description du réel ; les récits naturalistes métaphorisent pourtant ce qu'ils représentent.

CORPUS DE LA SÉQUENCE

Trois lieux naturalistes

- *Texte* 1 — J. et E. DE GONCOURT, *Renée Mauperin* (1864)
- *Texte* 2 — É. ZOLA, *La Curée* (1871)
- *Texte* 3 — É. ZOLA, *L'Assommoir* (1877)

Deux portraits naturalistes

- *Texte* 4 — É. ZOLA, *Le Ventre de Paris* (1873)
- *Texte* 5 — É. ZOLA, *La Joie de vivre* (1884)
- *Image* — É. MANET, *L'Automne* (1882)

Notions de la séquence	Liens avec la partie II
Effets de réel et métaphores : paradoxes de l'écriture naturaliste	➤ p. 411 : LE DISCOURS DESCRIPTIF ➤ p. 392 : LES FIGURES DE RHÉTORIQUE
Écriture et peinture : les transformations artistiques du réel	➤ p. 397 : L'IMAGE FIXE LES REGISTRES : ➤ p. 425 : LYRIQUE ➤ p. 428 : ÉPIQUE
	Liens avec la partie III
Le commentaire littéraire : rédaction de paragraphe (*texte 3*)	➤ p. 524 : RÉDIGER LE COMMENTAIRE
Comparaison de textes (*textes 2 et 3 ; 4 et 5*)	➤ p. 502 : RÉPONDRE À UNE QUESTION D'ANALYSE SUR UN CORPUS
Rédaction d'un contre-portrait (*à partir du texte 4*)	➤ p. 492 : RÉÉCRIRE

MAXIMILIEN LUCE (1858-1941), *La Neige au quai de Boulogne* (1905), huile sur toile, 38 x 46 cm (Paris, musée d'Orsay).

Texte 1

JULES et EDMOND DE GONCOURT
Renée Mauperin (1864)

Biographie p. 563

Avec leur roman Renée Mauperin, *les frères Goncourt s'affirment comme les inventeurs de l'esthétique naturaliste et ont l'ambition de présenter une nouvelle bourgeoisie, celle du Second Empire, plus ouverte à la modernité. En témoignent les premières pages de ce récit, où apparaît Renée qui vante la beauté urbaine des faubourgs et de la banlieue parisienne, lieux rarement appréciés des Parisiens, tel le jeune bourgeois Reverchon qui converse avec elle.*

[...] Et d'un regard, elle indiqua la Seine, les deux rives, le ciel.

De petits nuages jouaient et roulaient à l'horizon, violets, gris, argentés, avec des éclairs de blanc à leur cime qui semblaient mettre au bas du ciel l'écume du bord des mers. De là se levait le ciel, infini et bleu, profond et clair, splendide et déjà pâlissant, comme à l'heure où les étoiles commencent à s'allumer derrière le jour. Tout en haut, deux ou trois nuages planaient, solides, immobiles, suspendus. Une immense lumière coulait sur l'eau, dormait ici, étincelait là, faisait trembler des moires[1] d'argent dans l'ombre des bateaux, touchait un mât, la tête d'un gouvernail, accrochait au passage le madras[2] orange ou la casaque[3] rose d'une laveuse.

1. Reflets.
2. Fichu, foulard (à l'origine, en soie et en coton venant de la ville indienne de Madras).
3. Blouse de femme.

La campagne, le faubourg et la banlieue se mêlaient sur les deux rives. Des lignes de peupliers se montraient entre les maisons espacées comme au bout d'une ville qui finit. Il y avait des masures basses, des enclos de planches, des jardins, des volets verts, des commerces de vins peints en rouge, des acacias devant des portes, de vieilles tonnelles affaissées d'un côté, des bouts de mur blanc qui aveuglaient ; puis des lignes sèches de fabriques, des architectures de briques, des toits de tuile, des couvertures de zinc, des cloches d'ateliers. Des fumées montaient tout droit des usines, et leurs ombres tombaient dans l'eau comme des ombres de colonnes. Sur une cheminée était écrit : *Tabac*. Sur une façade en gravois[4] on lisait : *Doremus, dit Labiche, relayeur de bateaux*[5]. Au-dessus d'un canal encombré de chalands[6], un pont tournant dressait en l'air ses deux bras noirs. Des pêcheurs jetaient et retiraient leurs lignes. Des roues criaient, des charrettes allaient et venaient. Des cordes de halage[7] rasaient le chemin rouillé, durci, noirci, teint de toutes couleurs, par les décharges de charbon, les résidus de minerais, les dépôts de produits chimiques. Des fabriques de bougies, des fabriques de glucose, des féculeries[8], des raffineries semées sur le quai, au milieu de maigres verdures, il sortait une vague odeur de graisse et de sucre, qu'emportaient les émanations de l'eau et les senteurs du goudron. Des tapages de fonderie, des sifflets de machines à vapeur déchiraient à tout instant le silence de la rivière. C'était à la fois Asnières, Saardam[9] et Puteaux, un de ces paysages parisiens des bords de la Seine, tels que les peint Hervier[10], sales et rayonnants, misérables et gais, populaires et vivants, où la Nature passe çà et là, entre la bâtisse, le travail et l'industrie, comme un brin d'herbe entre les doigts d'un homme.

« N'est-ce pas, c'est beau ?

— Mon Dieu, mademoiselle, franchement, ça ne m'enthousiasme pas… C'est beau… jusqu'à un certain point.

— Si, c'est beau ! Je vous assure que c'est beau… Il y a eu à l'Exposition[11], il y a deux ans, un effet dans ce genre-là… Ah ! je ne sais plus… C'était ça… Moi, il y a des choses que je sens…

— Ah ! Vous êtes une nature artiste, mademoiselle…

— Ouf ! » fit à ce mot l'interlocutrice du jeune homme avec une intonation comique.

Incipit (extrait).

4. Ou gravats : plâtre grossier.
5. Doremus, autrement nommé Labiche, loueur de bateaux.
6. Bateaux transportant des marchandises.
7. Tirage des bateaux sur la rive.
8. Fabriques de fécule (amidon extrait des pommes de terre).
9. Port hollandais.
10. Peintre de l'époque.
11. Exposition universelle de 1855 (sous Napoléon III).

Questions DE LECTURE ANALYTIQUE

1. Comment la description s'organise-t-elle ? Relevez les repères spatiaux.
▶ PARTIE II, p. 411 : LE DISCOURS DESCRIPTIF

2. Relevez les énumérations. Quel rôle jouent-elles ?

3. Quels éléments du paysage confirment l'impression mitigée de Reverchon, l'interlocuteur de Renée ?

4. Quelle forme d'art est abordée juste avant le dialogue et tout au long de celui-ci ?

5. Quelle comparaison est présente avant le dialogue ? En quoi transforme-t-elle le lieu évoqué ?
▶ p. 392 : LES FIGURES DE RHÉTORIQUE

6. Question de synthèse : en quoi ce texte montre-t-il que le récit naturaliste s'appuie sur une observation minutieuse et fidèle de la réalité ?

Texte 2

ÉMILE ZOLA
La Curée (1871)

Biographie p. 568

Aristide Saccard est un spéculateur qui s'enrichit grâce à la promotion immobilière du Second Empire dénoncée dans La Curée. *Son épouse Renée tombe éperdument amoureuse de son beau-fils Maxime. La fin du premier chapitre, qui décrit la serre familiale, ne laisse planer aucun doute sur les désirs qui l'animent.*

À cette heure, des globes de verre dépoli éclairaient les feuillages de nappes laiteuses. Des statues, des têtes de femmes dont le cou se renversait, gonflé de rires, blanchissaient au fond des massifs, avec des taches d'ombres qui tordaient leurs rires fous. Dans l'eau épaisse et dormante du bassin, d'étranges rayons se jouaient, éclairant des formes vagues, des masses glauques, pareilles à des ébauches de monstres. Sur les feuilles lisses du Ravenala[1], sur les éventails vernis des Lataniers[1], un flot de lueurs blanches coulait ; tandis que, de la dentelle des Fougères, tombaient en pluie fine des gouttes de clarté. En haut, brillaient des reflets de vitre, entre les têtes sombres des hauts Palmiers. Puis, tout autour, du noir s'entassait ; les berceaux, avec leurs draperies de lianes, se noyaient dans les ténèbres, ainsi que des nids de reptiles endormis.

Et, sous la lumière vive, Renée songeait, en regardant de loin Louise[2] et Maxime. Ce n'était plus la rêverie flottante, la grise tentation du crépuscule, dans les allées fraîches du Bois. Ses pensées n'étaient plus bercées et endormies par le trot de ses chevaux, le long des gazons mondains, des taillis où les familles bourgeoises dînent le dimanche. Maintenant un désir net, aigu, l'emplissait.

Un amour immense, un besoin de volupté, flottait dans cette nef close, où bouillait la sève ardente des tropiques. La jeune femme était prise dans ces noces puissantes de la terre, qui engendraient autour d'elle ces verdures noires, ces tiges colossales et les couches âcres de cette mer de feu, cet épanouissement de forêt, ce tas de végétations toutes brûlantes des entrailles qu'elles nourrissaient, lui jetaient des effluves[3] troublants, chargés d'ivresse. À ses pieds, le bassin, la masse d'eau chaude, épaissie par les sucs des racines flottantes, fumait, mettait à ses épaules un manteau de vapeurs lourdes, une buée qui lui chauffait la peau, comme l'attouchement d'une main moite de volupté. Sur sa tête, elle sentait le jet des Palmiers, les hauts feuillages secouant leur arôme. Et, plus que l'étouffement chaud de l'air, plus que les clartés vives, plus que les fleurs larges, éclatantes, pareilles à des visages riant ou grimaçant entre les feuilles, c'étaient surtout les odeurs qui la brisaient. Un parfum indéfinissable, fort, excitant, traînait, fait de mille parfums : sueurs humaines, haleines de femmes, senteurs de chevelure ; et des souffles doux et fades jusqu'à l'évanouissement étaient coupés par des souffles pestilentiels[4], rudes, chargés de poisons. Mais, dans cette musique étrange des odeurs, la phrase mélodique qui revenait toujours, dominant, étouffant les tendresses de la Vanille et les acuités[5] des Orchidées, c'était cette odeur humaine, pénétrante, sensuelle, cette odeur d'amour qui s'échappe le matin de la chambre close de deux jeunes époux.

Chapitre I (extrait).

1. Arbres originaires de Madagascar et de La Réunion.
2. Fiancée de Maxime.
3. Senteurs.
4. Malodorants.
5. Intensités.

Chapitre 5 • Du réalisme au naturalisme SÉQUENCE 16

Questions DE LECTURE ANALYTIQUE

1. Étudiez la manière dont le personnage de Renée est présenté dans cet environnement. De quelle focalisation s'agit-il ?
   ➤ PARTIE II, p. 443 : LE NARRATEUR ET LA FOCALISATION
2. Quel genre de végétation occupe la serre des Saccard ? Pourquoi l'auteur utilise-t-il des majuscules pour désigner ces plantes ?
3. Quelles sensations ces plantes font-elles naître ? Quelles comparaisons et métaphores le confirment ?
   ➤ p. 392 : LES FIGURES DE RHÉTORIQUE
4. À quels champs lexicaux la végétation est-elle associée ? En quoi ces termes sont-ils audacieux pour l'époque ?
5. Outre les plantes, quels éléments décoratifs sont évoqués dans le premier paragraphe ? Quelle atmosphère contribuent-ils à créer ?
6. Quel mot est répété au début et à la fin du dernier paragraphe ? Quel aspect de la description renforce-t-il ?
   ➤ p. 411 : LE DISCOURS DESCRIPTIF
7. **Question de synthèse** : analysez tous les éléments qui définissent la double dimension – réaliste et mythique – de la serre.

Texte 3

ÉMILE ZOLA
L'Assommoir (1877)

Biographie p. 568

L'Assommoir, septième roman des Rougon-Macquart ➤ p. 242, *met en scène la provinciale Gervaise qui suit à Paris son amant Lantier, dont elle a eu deux fils, Claude et Étienne. Très vite, Lantier abandonne la famille. La jeune femme se laisse alors séduire par un ouvrier, Coupeau, dit Cadet-Cassis. Très sobre au début de leur liaison, il l'invite un jour à prendre une « prune » au café « L'Assommoir ».*

[...] elle eut la curiosité d'aller regarder, au fond, derrière la barrière de chêne, le grand alambic de cuivre rouge, qui fonctionnait sous le vitrage clair de la petite cour ; et le zingueur, qui l'avait suivie, lui expliqua comment ça marchait, indiquant du doigt les différentes pièces de l'appareil, montrant l'énorme
5 cornue[1] d'où tombait un filet limpide d'alcool. L'alambic, avec ses récipients de forme étrange, ses enroulements sans fin de tuyaux, gardait une mine sombre ; pas une fumée ne s'échappait ; à peine entendait-on un souffle intérieur, un ronflement souterrain ; c'était comme une besogne de nuit faite en plein jour, par un travailleur morne, puissant et muet. Cependant,
10 Mes-Bottes[2], accompagné de ses deux camarades, était venu s'accouder sur la barrière, en attendant qu'un coin du comptoir fût libre. Il avait un rire de poulie mal graissée, hochant la tête, les yeux attendris, fixés sur la machine à soûler. Tonnerre de Dieu ! elle était bien gentille ! Il y avait, dans ce gros bedon de cuivre, de quoi se tenir le gosier au frais pendant huit jours. Lui,
15 aurait voulu qu'on lui soudât le bout du serpentin entre les dents, pour sentir

1. Récipient à col étroit permettant la distillation de l'alcool.
2. Ami de Coupeau, personnage déjà connu du lecteur pour son ivrognerie.

le vitriol³ encore chaud l'emplir, lui descendre jusqu'aux talons, toujours, toujours, comme un petit ruisseau. Dame ! il ne se serait plus dérangé, ça aurait joliment remplacé les dés à coudre de ce roussin⁴ de père Colombe ! Et les camarades ricanaient, disaient que cet animal de Mes-Bottes avait un fichu grelot⁵, tout de même. L'alambic, sourdement, sans une flamme, sans une gaieté dans les reflets éteints de ses cuivres, continuait, laissait couler sa sueur d'alcool, pareil à une source lente et entêtée, qui à la longue devait envahir la salle, se répandre sur les boulevards extérieurs, inonder le trou immense de Paris. Alors Gervaise, prise d'un frisson, recula ; et elle tâchait de sourire, en murmurant :

« C'est bête, ça me fait froid, cette machine… la boisson me fait froid… »

Puis, revenant sur l'idée qu'elle caressait d'un bonheur parfait :

« Hein ? n'est-ce pas ? ça vaudrait bien mieux : travailler, manger du pain, avoir un trou à soi, élever ses enfants, mourir dans son lit…

— Et ne pas être battue, ajouta Coupeau gaiement. Mais je ne vous battrais pas, moi, si vous vouliez, Madame Gervaise… Il n'y a pas de crainte, je ne bois jamais, puis je vous aime trop… Voyons, c'est pour ce soir, nous nous chaufferons les petons⁶. »

Il avait baissé la voix, il lui parlait dans le cou, tandis qu'elle s'ouvrait un chemin, son panier en avant. Mais elle dit encore non, de la tête, à plusieurs reprises. Pourtant, elle se retournait, lui souriait, semblait heureuse de savoir qu'il ne buvait pas. Bien sûr, elle lui aurait dit oui, si elle ne s'était pas juré de ne point se remettre avec un homme. Enfin, ils gagnèrent la porte, ils sortirent. Derrière eux, l'Assommoir restait plein, soufflant jusqu'à la rue le bruit des voix enrouées et l'odeur liquoreuse des tournées de vitriol. On entendait Mes-Bottes traiter le père Colombe de fripouille, en l'accusant de n'avoir rempli son verre qu'à moitié.

Chapitre II (extrait).

3. Hyperbole qui désigne de l'alcool pur, donc très fort (argot).
4. Délateur, indicateur de la police (argot).
5. Débit de la conversation (argot).
6. Les pieds.

Questions DE LECTURE ANALYTIQUE

I. De la machine à l'animal
1. Quels termes rappellent la technicité de l'alambic ? Où sont-ils regroupés ?
2. Grâce à quels termes l'alambic semble-t-il prendre vie ?
3. Quelles comparaisons et quelles métaphores désignent l'appareil ? Quelle image en donnent-elles ?
➤ PARTIE II, p. 392 : LES FIGURES DE RHÉTORIQUE

II. La fascination exercée par la machine
Qui regarde l'alambic au début et à la fin de l'extrait ? Quelles réactions sont mises en évidence ? Que pouvez-vous en déduire sur la focalisation adoptée ?
➤ p. 443 : LE NARRATEUR ET LA FOCALISATION

III. Une destinée qui s'affirme
1. De quoi Gervaise a-t-elle peur ?
2. Quels verbes matérialisent le plus l'effet produit par cet alambic ? Gervaise et Coupeau se sentent-ils menacés ?
3. Quels comportements sociaux liés à l'alcool sont envisagés à la fin du texte ? dans quel but ?

D'UN TEXTE À L'AUTRE ➤ TEXTES 2 et 3
En vous appuyant sur les réponses aux deux questionnaires, vous rédigerez une réponse structurée montrant que de 1871 (*La Curée*) à 1877 (*L'Assommoir*), Zola a renforcé l'écriture métaphorique de ses descriptions.
➤ PARTIE III, p. 500 : LE PARAGRAPHE ARGUMENTATIF

Léon Lhermitte (1844-1925), *Les Halles*, esquisse (XIXᵉ siècle), huile sur toile, 40,5 x 65,5 cm (Paris, musée du Petit-Palais).

Texte 4

Émile Zola
Le Ventre de Paris (1873)

Biographie p. 568

Au début du Ventre de Paris, *troisième roman des* Rougon-Macquart ▶ p. 242, *Florent, ancien bagnard, revient à Paris, aux Halles, où il se met en quête de sa famille. Il découvre alors une femme imposante présentée comme sa belle-sœur : Lisa Quenu.*

1   Florent sentit un frisson à fleur de peau ; et il aperçut une femme, sur le seuil de la boutique, dans le soleil. Elle mettait un bonheur de plus, une plénitude solide et heureuse, au milieu de toutes ces gaietés grasses. C'était une belle femme. Elle tenait la largeur de la porte, point trop grosse pourtant, forte de la
5   gorge[1], dans la maturité de la trentaine. Elle venait de se lever, et déjà ses cheveux, lissés, collés et comme vernis, lui descendaient en petits bandeaux plats sur les tempes. Cela la rendait très propre. Sa chair, paisible, avait cette blancheur transparente, cette peau fine et rosée des personnes qui vivent d'ordinaire dans les graisses et les viandes crues. Elle était sérieuse plutôt, très calme
10 et très lente, s'égayant du regard, les lèvres graves. Son col de linge empesé bridant sur son cou[2], ses manches blanches qui lui montaient jusqu'aux coudes, son tablier blanc cachant la pointe de ses souliers, ne laissaient voir que des bouts de sa robe de cachemire noir, les épaules rondes, le corsage plein, dont le corset tendait l'étoffe, extrêmement. Dans tout ce blanc, le soleil brûlait. Mais,
15 trempée de clarté, les cheveux bleus, la chair rose, les manches et la jupe éclatantes, elle ne clignait pas les paupières, elle prenait en toute tranquillité béate son bain de lumière matinale, les yeux doux, riant aux Halles[3] débordantes. Elle avait un air de grande honnêteté.

Extrait.

1. Poitrine (*cf.* « soutien-gorge »).
2. Serrant son cou.
3. Les Halles : quartier parisien du grand marché de l'alimentation qui a été démantelé dans les années 1960 et transporté à Rungis, au sud de Paris.

Texte 5

ÉMILE ZOLA
La Joie de vivre (1884)

Biographie p. 568

Dès les premières pages de La Joie de vivre, *douzième volume des* Rougon-Macquart ▶ p. 242, *le lecteur fait connaissance avec Pauline Quenu, fille de Lisa* ▶ p. 239. *Devenue orpheline, elle est confiée à sa famille normande qui lui redonne goût à la vie.*

C'était, chez Pauline, un amour de la vie, qui débordait chaque jour davantage, qui faisait d'elle « la mère des bêtes », comme disait sa tante. Tout ce qui vivait, tout ce qui souffrait, l'emplissait d'une tendresse active, d'une effusion[1] de soins et de caresses. Elle avait oublié Paris, il lui semblait avoir poussé là, dans ce sol rude, au souffle pur des vents de mer. En moins d'une année, l'enfant de formes hésitantes était devenue une jeune fille déjà robuste, les hanches solides, la poitrine large. Et les troubles de cette éclosion s'en allaient, le malaise de son corps gonflé de sève, la confusion inquiète de sa gorge plus lourde, du fin duvet plus noir sur sa peau satinée de brune. Au contraire, à cette heure, elle avait la joie de son épanouissement, la sensation victorieuse de grandir et de mûrir au soleil. Le sang qui montait et qui crevait en pluie rouge, la rendait fière. Du matin au soir, elle emplissait la maison des roulades de sa voix plus grave, qu'elle trouvait belle ; et, à son coucher, quand ses regards glissaient sur la rondeur fleurie de ses seins, jusqu'à la tache d'encre qui ombrait son ventre vermeil, elle souriait, elle se respirait un instant comme un frais bouquet, heureuse de son odeur nouvelle de femme. C'était la vie acceptée, la vie aimée dans ses fonctions, sans dégoût ni peur, et saluée par la chanson triomphante de la santé.

Extrait.

Ci-contre :
AUGUSTE RENOIR
(1841-1919),
Jeune femme nue en buste (vers 1886),
huile sur toile,
35 x 27 cm (Paris,
musée d'Orsay).

1. Débordement.

Questions

D'UN TEXTE À L'AUTRE ▶ TEXTES 4 et 5

1. Quels aspects physiques communs à Lisa et à Pauline rendent cohérente la filiation établie par Zola ?
2. Quel rôle le vêtement joue-t-il dans le portrait de Lisa ?
3. Quelle métaphore filée est utilisée dans le portrait de Pauline ? Quelle transformation met-elle en évidence ?

▶ PARTIE II, p. 392 : LES FIGURES DE RHÉTORIQUE

4. Quelle touche finale les deux dernières phrases du portrait de Lisa et la dernière phrase du portrait de Pauline apportent-elles ? À quel registre littéraire permettent-elles de rattacher ces deux descriptions ?

▶ p. 418 : LES REGISTRES LITTÉRAIRES

5. Question de synthèse : en quoi ces textes relèvent-ils de la « physiognomonie » ▶ p. 331 ?

Analyse d'image

Chapitre 5 • Du réalisme au naturalisme SÉQUENCE 16

ÉDOUARD MANET (1832-1883)
L'Automne (1882)

Huile sur toile, 73 x 51 cm (Nancy, musée des Beaux-Arts).

En 1882, le peintre Manet reçoit la commande de quatre tableaux allégoriques sur le thème traditionnel des saisons. Il n'en réalise que deux, dont L'Automne, *représentant la demi-mondaine (prostituée de luxe) Méry Laurent, célébrée par de nombreux écrivains et artistes de l'époque. Ce tableau a également été admiré par Zola, qui était l'un des grands défenseurs de la peinture moderne de Manet.*

Questions

1. Quels sont les éléments du tableau qui justifient son titre ?
2. Quels éléments décoratifs constituent le fond du portrait ? Quel contraste ce décor permet-il d'affirmer ?
3. Dans le portrait lui-même, quelle partie se détache le plus de l'ensemble ? Pourquoi ?
4. Ce portrait, comme la plupart des portraits occidentaux, est de trois quarts. (Cherchez la définition du « trois quarts ».) En dépit de cette pose traditionnelle, comment Manet parvient-il à lui donner vie ?
5. En quoi ce tableau est-il allégorique ?
   ▶ PARTIE II, p. 392 : LES FIGURES DE RHÉTORIQUE

SYNTHÈSE

La description naturaliste : du réel à sa métaphorisation[1]

• Le projet naturaliste est une **affirmation des visées réalistes**. Suivant le modèle de Balzac, qui voulait faire le portrait de la société de son temps dans *La Comédie humaine*, Zola propose dans les *Rougon-Macquart* l'« **histoire naturelle et sociale d'une famille sous le Second Empire** », c'est-à-dire l'itinéraire d'une famille marquée par l'hérédité (« naturelle ») et par son milieu de vie (« sociale ») entre 1852 et 1870 (quand Napoléon III est au pouvoir). Pour ce faire, il dénonce à vingt ans de distance (rédaction entre 1868 et 1893) les réalités de cette époque et leurs répercussions sur le monde contemporain.

Eugène Atget (1857-1927), *Chariot*, épreuve argentique (Compiègne, Musée de la voiture).

1 Un projet historique et sociologique

• La série des *Rougon-Macquart* de Zola est une mine pour les historiens. Zola, comme les Goncourt qui avaient déjà mis l'accent sur la naissance d'une nouvelle bourgeoise à cette époque ▶ TEXTE 1, p. 234, établit une liste des milieux sociaux. Écrivain moderne, il atteste entre autres :
– des **bouleversements architecturaux** causés par les travaux d'Haussmann à Paris et de la promotion immobilière sans limites : *L'Argent*, *La Curée* ;
– des **inégalités sociales** qui s'affirment : *Pot-Bouille* ;
– des **misères du peuple ouvrier** et de l'agitation sociale : *L'Assommoir* ▶ TEXTE 3, p. 237, *Germinal*.

2 Une description apparemment objective

• Zola est l'auteur des **effets de réel**, c'est-à-dire des procédés d'illusion qui font de ses descriptions des photographies de la réalité. Analyste des lieux et des hommes, il représente des paysages et des portraits authentiques attestant de la minutie de ses **carnets d'enquête**, remplis au fur et à mesure des voyages préalables à la rédaction de ses romans :
– les lieux de l'action sont préalablement visités dans la réalité et croqués par l'auteur ▶ EXERCICE 5, p. 244 ;
– le portrait de Lisa, travaillant aux Halles, témoigne de cette **précision réaliste**, fruit d'observations patientes ▶ TEXTE 4, p. 239 ;
– l'argot de *L'Assommoir* ▶ TEXTE 3, p. 237 atteste du souci réaliste de faire parler les personnages dans la **langue de leur milieu**, au point parfois de faire adopter cette langue par le narrateur dans le **discours indirect libre**.
▶ PARTIE II, p. 455 : LES DISCOURS RAPPORTÉS

3 La transformation du réel

• En tant que romancier, Zola ne se contente pas de transcrire le réel ; son style riche en **comparaisons** et en **métaphores** transfigure le réel :
– l'alambic de *L'Assommoir* n'est pas une simple machine produisant de l'alcool : sous la plume poétique de l'auteur, il devient un **monstre épique** dévorant l'énergie vitale des consommateurs, accélérant la déchéance et la débauche ▶ TEXTE 3, p. 237 ;
– la serre des Saccard, mystérieuse et voluptueuse, est un **antre mythique** où Renée devient une nouvelle Phèdre ▶ TEXTE 2, p. 236.
▶ p. 392 : LES FIGURES DE RHÉTORIQUE

• Les titres de Zola révèlent cette **métaphorisation constante du réel** : *La Curée*, *Germinal* ou *La Bête humaine* prouvent qu'on ne peut réduire le roman naturaliste à un simple compte rendu de la réalité.

• À la même époque, même s'il s'affirme comme le maître de la nouvelle peinture impressionniste, Manet peint encore sur des **thèmes métaphoriques et allégoriques** qui permettent paradoxalement d'**aborder la modernité**, tel le portrait d'une demi-mondaine qui incarne l'automne ▶ ANALYSE D'IMAGE, p. 241.

1. ▶ p. 392 : LES FIGURES DE RHÉTORIQUE

▶ **BIOGRAPHIES DES AUTEURS p. 560**

EXERCICES D'APPROFONDISSEMENT

1 Le paysage naturaliste

1. Que décrit chacun de ces extraits ? En quoi sont-ils des photographies de la réalité ?
2. Quelles figures de style donnent vie aux éléments décrits ? Comment transforment-elles le réel ?
   ▶ PARTIE II, p. 392 : LES FIGURES DE RHÉTORIQUE

ÉCRITURE D'INVENTION
Pastichez Zola en décrivant une autoroute ou un autre élément urbain d'aujourd'hui.
▶ PARTIE III, p. 492 : RÉÉCRIRE

Les ouvertures de chapitres des romans de Zola présentent très souvent un paysage qui, dans sa composition et ses caractéristiques, renvoie à la réalité.

Texte A

La propriété des Grégoire, la Piolaine, se trouvait à deux kilomètres de Montsou, vers l'est, sur la route de Joiselle. C'était une grande maison carrée sans style, bâtie au commencement du siècle dernier. Des vastes terres qui en dépendaient d'abord, il ne restait qu'une trentaine d'hectares, clos de murs, d'un facile entretien. On citait surtout le verger et le potager, célèbres par leurs fruits et leurs légumes, les plus beaux du pays. D'ailleurs, le parc manquait, un petit bois en tenait lieu. L'avenue de vieux tilleuls, une voûte de feuillage de trois cents mètres, plantée de la grille au perron, était une des curiosités de cette plaine rase, où l'on comptait les grands arbres, de Marchiennes à Beaugnies[1].

ÉMILE ZOLA, *Germinal*, partie II, chapitre I (extrait, 1885).

1. Commune du nord de la France.

Texte B

Sous la marquise des grandes lignes, l'arrivée d'un train de Mantes avait animé les quais ; et il suivit des yeux la machine de manœuvre, une petite machine-tender[1], aux trois roues basses et couplées, qui commençait le débranchement du train, alerte besogneuse, emmenant, refoulant les wagons sur les voies de remisage. Une autre machine, puissante celle-là, une machine d'express, aux deux grandes roues dévorantes, stationnait seule, lâchait par sa cheminée une grosse fumée noire, montant droit, très lente dans l'air calme. Mais toute son attention fut prise par le train de trois heures vingt-cinq, à destination de Caen, empli déjà de ses voyageurs, et qui attendait sa machine. Il n'apercevait pas celle-ci, arrêtée au-delà du pont de l'Europe[2] ; il l'entendait seulement demander la voie, à légers coups de sifflet pressés, en personne que l'impatience gagne. Un ordre fut crié, elle répondit par un coup bref qu'elle avait compris.

ÉMILE ZOLA, *La Bête humaine*, incipit (extrait, 1890).

1. Wagon qui suit la locomotive, contenant le charbon.
2. Pont au nord de la gare Saint-Lazare, à Paris.

2 Le portrait naturaliste

1. Quelles comparaisons et métaphores résument le portrait de la Tante Lison dans la dernière phrase de cet extrait ?
   ▶ p. 392 : LES FIGURES DE RHÉTORIQUE
2. Quelle fonction cette phrase permet-elle de donner au portrait de Lison ?
3. À quel registre littéraire cette description appartient-elle ? Justifiez par un relevé lexical.
   ▶ p. 418 : LES REGISTRES LITTÉRAIRES

Elle avait un air bon et vieillot, bien qu'elle fût âgée seulement de quarante-deux ans, un œil doux et triste ; elle n'avait jamais compté pour rien dans sa famille. Toute petite, comme elle n'était point jolie ni turbulente, on ne l'embrassait guère ; et elle restait tranquille et douce dans les coins. Depuis elle demeura toujours sacrifiée. Jeune fille, personne ne s'occupa d'elle. C'était quelque chose comme une ombre ou un objet familier, un meuble vivant qu'on est accoutumé à voir chaque jour, mais dont on ne s'inquiète jamais.

GUY DE MAUPASSANT, *Une vie*, chapitre IV (extrait, 1883).

EXERCICES D'APPROFONDISSEMENT

3 ÉCRITURE D'INVENTION
Un contre-portrait naturaliste

Vous rédigerez un contre-portrait* du personnage de Lisa ▶ **TEXTE 4, p. 239**. Vous passerez donc d'un lexique valorisant à un lexique dépréciatif.
▶ **PARTIE II, p. 387** : LES OUTILS GRAMMATICAUX

4 Les fonctions de la description naturaliste

Identifiez la fonction de la description suivante, extraite d'un roman naturaliste. Vous procéderez à des relevés qui justifieront vos réponses.
▶ **p. 411** : LE DISCOURS DESCRIPTIF

Description du port du Havre

1   Ayant fait encore quelques pas, il s'arrêta pour contempler la rade. Sur sa droite, au-dessus de Sainte-Adresse, les deux phares électriques du cap de la Hève, semblables à deux cyclo-
5   pes[1] monstrueux et jumeaux, jetaient sur la mer leurs longs et puissants regards. Partis des deux foyers voisins, les deux rayons parallèles, pareils aux queues géantes de deux comètes, descendaient, suivant une pente droite et
10   démesurée, du sommet de la côte au fond de l'horizon. Puis sur les deux jetées, deux autres feux, enfants de ces colosses, indiquaient l'entrée du Havre ; et là-bas, de l'autre côté de la Seine, on en voyait d'autres encore,
15   beaucoup d'autres, fixes ou clignotants, à éclats et à éclipses, s'ouvrant et se fermant comme des yeux, les yeux des ports, jaunes, rouges, verts, guettant la mer obscure couverte de navires, les yeux vivants de la terre hospi-
20   talière disant, rien que par le mouvement mécanique invariable et régulier de leurs paupières : « C'est moi. Je suis Trouville, je suis Honfleur, je suis la rivière de Pont-Audemer. »

GUY DE MAUPASSANT,
Pierre et Jean (extrait, 1888).

1. Monstres de l'*Odyssée*.

5 Le travail descriptif naturaliste

1. Relevez les indications de lieu dans le texte A et retrouvez-les ensuite sur les plans de Paris (documents B et C). Quel est celui que l'on ne retrouve pas ?
▶ **p. 446** : LE CADRE SPATIO-TEMPOREL ET LE SCHÉMA ACTANTIEL

2. Le Paris de Zola est-il nettement différent du Paris d'aujourd'hui ? Cela vous étonne-t-il ? Pour trouver une explication historique, cherchez dans un dictionnaire des noms propres le nom « Haussmann » et prenez en notes tout ce qui est en relation avec Paris.
▶ **PARTIE III, p. 544** : PRÉPARER UN EXPOSÉ

3. Quel événement est relaté dans l'extrait de *L'Assommoir* (texte A) ? Grâce à quelle forme de discours rapporté ses conséquences sont-elles montrées au lecteur ?
▶ **p. 455** : LES DISCOURS RAPPORTÉS

Pour écrire ses romans, Zola visite des villes, des quartiers et prend des notes dans des carnets d'enquête qui nourrissent ses descriptions minutieuses. Le croquis de l'auteur (document B comportant la mention de « Madame Lerat », personnage de L'Assommoir*) montre la précision avec laquelle il a voulu inscrire le personnage de Gervaise dans un contexte social précis : au nord de Paris, dans le quartier de la Goutte-d'Or.*

TEXTE A

1   Justement, les Boche, depuis le terme d'avril, avaient quitté la rue des Poissonniers et tenaient la loge[1] de la grande maison, rue de la Goutte-d'Or. Comme ça se rencontrait, tout de même !
5   Un des ennuis de Gervaise, qui avait vécu si tranquille sans concierge dans son trou de la rue Neuve, était de retomber sous la sujétion[2] de quelque mauvaise bête, avec laquelle il faudrait se disputer pour un peu d'eau répandue,
10   ou pour la porte refermée trop fort, le soir.

ÉMILE ZOLA, *L'Assommoir*,
début du chapitre V (extrait, 1877).

1. Logement d'un(e) gardien(ne) d'immeuble.
2. Dépendance.

DOCUMENT B

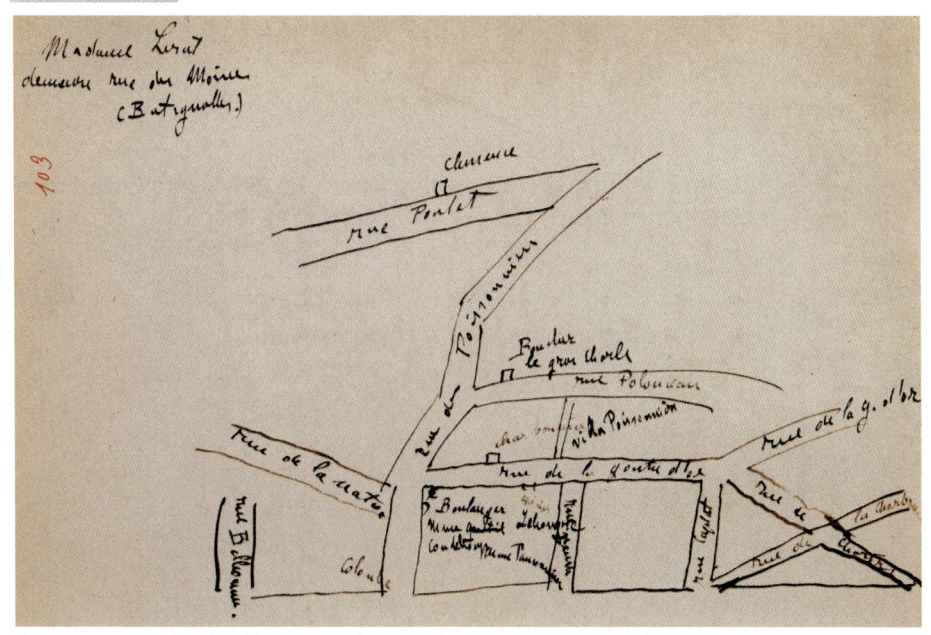

Dossier préparatoire de *L'Assommoir* : la rue de la Goutte-d'Or et ses alentours, plan dessiné par l'auteur (Paris, BnF).

DOCUMENT C

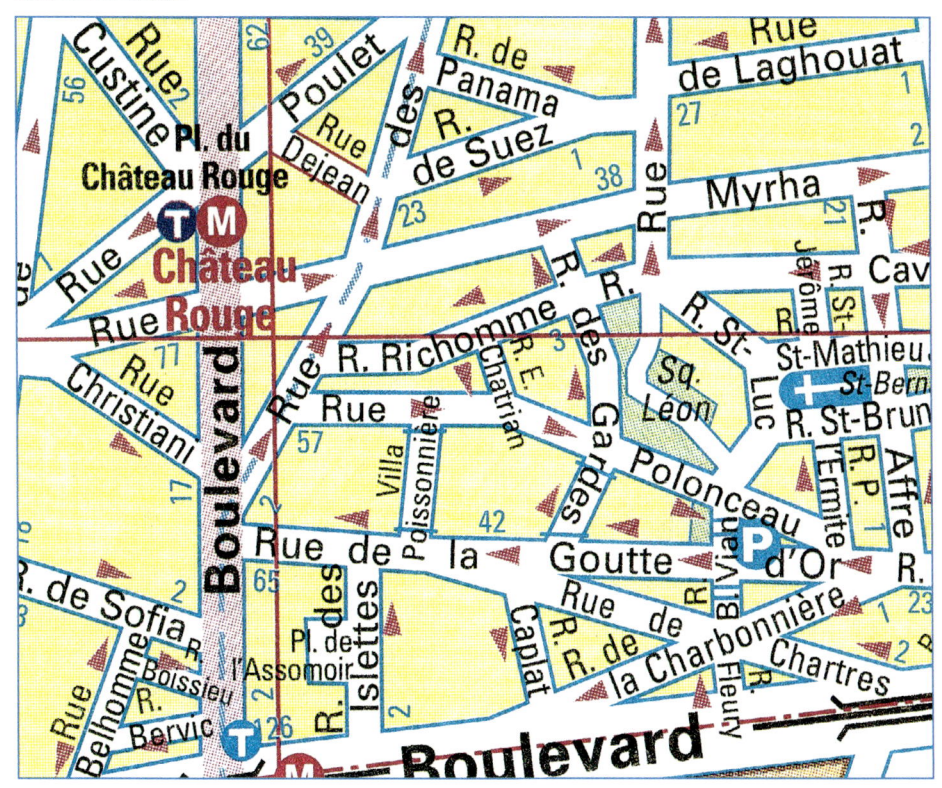

Plan de Paris et sa banlieue, 18ᵉ arrondissement (détail) © L'Indispensable.

▶ **BIOGRAPHIES DES AUTEURS p. 560**

SÉQUENCE 17 — *L'Œuvre* de Zola : un roman expérimental

Objectif

Étudier l'écriture du roman naturaliste, un genre influencé par les méthodes scientifiques de son temps.

PARU EN 1886, *L'Œuvre* est le quatorzième roman des *Rougon-Macquart* ▶ p. 242. Il raconte l'itinéraire sombre du peintre Claude Lantier, fils de Gervaise (*L'Assommoir*), frère d'Étienne (*Germinal*), de Jacques (*La Bête humaine*) et de Nana. Ce roman sur le monde des artistes est le fruit d'observations rigoureuses de Zola, passionné de peinture et critique d'art pour différents journaux. Claude s'inscrit également dans le projet expérimental de l'auteur faisant de ses personnages les cobayes d'une expérience narrative où hérédité et milieu de vie déterminent le destin des individus.

CORPUS DE LA SÉQUENCE

- *Texte* **1** — É. ZOLA, *Le Roman expérimental* (1880)
- *Texte* **2** — É. ZOLA, *L'Œuvre*, chapitre III (1886)
- *Texte* **3** — É. ZOLA, *L'Œuvre*, chapitre VIII
- *Image* — J. B. JONGKIND, *La Seine et Notre-Dame de Paris* (1864)
- *Texte* **4** — É. ZOLA, *Carnets d'enquête*
- *Texte* **5** — É. ZOLA, *L'Œuvre*, chapitre X
- *Texte* **6** — É. ZOLA, *L'Œuvre*, chapitre XII

Notions de la séquence	Liens avec la partie II
La démarche expérimentale (*ensemble du corpus*)	▶ p. 440 : LE REGISTRE DIDACTIQUE
Le travail d'écriture : du carnet d'enquête au roman (*textes 4 et 5*)	▶ p. 392 : LES FIGURES DE RHÉTORIQUE
La description dans le roman (*texte 3*)	▶ p. 411 : LE DISCOURS DESCRIPTIF
Roman et peinture (*textes 3, 4 et 5 ; tableau de J.-B. Jongkind*)	▶ p. 397 : L'IMAGE FIXE
	Liens avec la partie III
Corpus de type bac (*texte 3 ; tableau de J.-B. Jongkind ; texte 1 de la séquence 16* ▶ p. 234)	▶ p. 501 : RÉPONDRE À UNE QUESTION D'ANALYSE SUR UN CORPUS
Réflexion sur le naturalisme dans sa dimension expérimentale	▶ p. 528 : DE LA LECTURE D'UN CORPUS À LA DISSERTATION

Texte 1

ÉMILE ZOLA
Le Roman expérimental (1880)

Biographie p. 568

Dans ce texte fondateur de la méthode qu'il appliquera à sa série de vingt romans intitulée Les Rougon-Macquart *(ou l'« histoire naturelle et sociale d'une famille sous le Second Empire »), Zola fait appel à la science comme base d'une nouvelle écriture romanesque, considérant l'homme comme une « machine individuelle ».*

Sans me risquer à formuler des lois, j'estime que la question d'hérédité a une grande influence dans les manifestations intellectuelles et passionnelles de l'homme. Je donne aussi une importance considérable au milieu. Il faudrait aborder les théories de Darwin[1] ; mais ceci n'est qu'une étude générale sur la méthode expérimentale appliquée au roman, et je me perdrais, si je voulais entrer dans les détails. Je dirai simplement un mot des milieux. Nous venons de voir l'importance décisive donnée par Claude Bernard[2] à l'étude du milieu intra-organique, dont on doit tenir compte, si l'on veut trouver le déterminisme des phénomènes chez les êtres vivants. Eh bien ! dans l'étude d'une famille, d'un groupe d'êtres vivants, je crois que le milieu social a également une importance capitale. Un jour, la physiologie nous expliquera sans doute le mécanisme de la pensée et des passions ; nous saurons comment fonctionne la machine individuelle de l'homme, comment il pense, comment il aime, comment il va de la raison à la passion et à la folie ; mais ces phénomènes, ces faits du mécanisme des organes agissant sous l'influence du milieu intérieur, ne se produisent pas au-dehors isolément et dans le vide. L'homme n'est pas seul, il vit dans une société, dans un milieu social, et dès lors pour nous, romanciers, ce milieu social modifie sans cesse les phénomènes. Même notre grande étude est là, dans le travail réciproque de la société sur l'individu et de l'individu sur la société.

Préface (extrait).

1. Charles Darwin (1809-1882) : biologiste anglais qui a fondé la théorie de l'évolution des espèces.
2. Claude Bernard (1813-1878) : biologiste français qui a défini la méthode expérimentale.

Questions DE LECTURE ANALYTIQUE

1. Quelles sont les deux questions qui préoccupent Zola dans sa recherche de scientificité du roman ?
2. À quelles disciplines scientifiques fait-il appel ? Pourquoi ?
3. Quelle figure de style structure la dernière phrase ? Quelle image donne-t-elle de l'homme selon Zola ?
   ▶ PARTIE II, p. 392 : LES FIGURES DE RHÉTORIQUE
4. Pourquoi l'homme devient-il une *machine* dans la série des *Rougon-Macquart* de Zola ?
5. **Question de synthèse** : quels aspects font de cette préface un texte didactique ?
   ▶ p. 440 : LE REGISTRE DIDACTIQUE

Texte 2

ÉMILE ZOLA
L'Œuvre, chapitre III (1886)

Biographie p. 568

Conformément au projet scientifique de Zola, Claude, le héros de L'Œuvre, *est défini comme un tempérament sanguin, obsédé par sa peinture. Il est régulièrement traversé de crises qui le font douter de son art et lui font quitter son atelier pour errer dans Paris, telle une bête sans repère.*

Le commencement de la semaine fut désastreux pour Claude. Il était tombé dans un de ces doutes qui lui faisaient exécrer[1] la peinture, d'une exécration d'amant trahi, accablant l'infidèle d'insultes, torturé du besoin de l'adorer encore ; et, le jeudi, après trois horribles journées de lutte vaine et solitaire, il sortit dès huit heures du matin, il referma violemment sa porte, si écœuré de lui-même qu'il jurait de ne plus toucher un pinceau. Quand une de ces crises le détraquait, il n'avait qu'un remède : s'oublier, aller se prendre de querelle avec des camarades, marcher surtout, marcher au travers de Paris, jusqu'à ce que la chaleur et l'odeur de bataille des pavés lui eussent remis du cœur au ventre.

Ce jour-là, comme tous les jeudis, il dînait chez Sandoz[2], où il y avait réunion. Mais que faire jusqu'au soir ? L'idée de rester seul, à se dévorer, le désespérait. Il aurait couru tout de suite chez son ami, s'il ne s'était dit que ce dernier devait être à son bureau. Puis, la pensée de Dubuche[3] lui vint, et il hésita, car leur vieille camaraderie se refroidissait depuis quelque temps. Il ne sentait pas entre eux la fraternité des heures nerveuses, il le devinait inintelligent, sourdement hostile, engagé dans d'autres ambitions. Pourtant, à quelle porte frapper ? Et il se décida, il se rendit rue Jacob, où l'architecte habitait une étroite chambre, au sixième étage d'une grande maison froide.

Extrait.

1. Détester.
2. Sandoz, personnage écrivain, ami d'enfance de Claude (et « double de Zola »).
3. Dubuche, ami d'enfance architecte.

Questions DE LECTURE ANALYTIQUE

1. Quels termes du premier paragraphe traduisent l'état psychologique de Claude ? Lesquels semblent hyperboliques ?
   ▶ PARTIE II, p. 392 : LES FIGURES DE RHÉTORIQUE
2. Que met en évidence la mention des *crises* du personnage ? À quoi celui-ci est-il assimilé ?
3. Grâce à quels détails le lecteur est-il ramené au sujet du roman ?
4. Quelles relations Claude entretient-il avec son art ? Quels procédés de style valorisent sa peinture ?
   ▶ p. 392 : LES FIGURES DE RHÉTORIQUE
5. Quels sentiments, quelles pulsions poussent Claude à aller chez son ami ? Quelle image le narrateur donne-t-il de lui ?
6. **Question de synthèse** : en quoi Claude apparaît-il ici comme un individu soumis au *mécanisme de la pensée et des passions* ▶ TEXTE 1 p. 247 ?

Henri Gervex (1852-1929), *Une séance de jury de peinture au Salon des Artistes français* (1885), huile sur toile, 2,99 x 4,19 m (Paris, musée d'Orsay).

Texte 3

ÉMILE ZOLA
L'Œuvre, chapitre VIII (1886)

Biographie p. 568

Au milieu du chapitre VIII, après le refus de son troisième tableau par le Salon, Claude se réfugie, accompagné de Christine, sa femme, dans la contemplation de l'un de ses paysages favoris : l'île de la Cité vue du pont du Carrousel, lieu de son premier atelier (cf. le chapitre I du roman). Cette vue obsédera jusqu'à la fin de sa vie ce personnage « agissant sous l'influence du milieu intérieur » ➤ TEXTE 1, p. 247.

1   Maintenant qu'ils s'appartenaient, ils ne goûtaient plus ce simple bonheur de sentir la pression tiède de leurs bras, pendant qu'ils marchaient doucement, comme enveloppés dans la vie énorme de Paris.
    Au pont des Saints-Pères[1], Claude, désespéré, s'arrêta. Il avait quitté le bras
5   de Christine, il s'était retourné vers la pointe de la Cité. Elle sentait le détachement qui s'opérait, elle devenait très triste ; et, le voyant s'oublier là, elle voulut le reprendre.
    « Mon ami, rentrons, il est l'heure... Jacques[2] nous attend, tu sais. »
    Mais il s'avança jusqu'au milieu du pont. Elle dut le suivre. De nouveau, il
10 demeurait immobile, les yeux toujours fixés là-bas, sur l'île continuellement à l'ancre, sur ce berceau et ce cœur de Paris, où depuis des siècles vient battre tout le sang de ses artères, dans la perpétuelle poussée des faubourgs qui envahissent la plaine. Une flamme était montée à son visage, ses yeux s'allumaient, il eut enfin un geste large.

1. Aujourd'hui pont du Carrousel.
2. Leur fils.

« Regarde ! regarde ! »

D'abord, au premier plan, au-dessous d'eux, c'était le port Saint-Nicolas, les cabines basses des bureaux de la navigation, la grande berge pavée qui descend, encombrée de tas de sable, de tonneaux et de sacs, bordée d'une file de péniches encore pleines, où grouillait un peuple de débardeurs[3], que dominait le bras gigantesque d'une grue de fonte ; tandis que, de l'autre côté de l'eau, un bain froid, égayé par les éclats des derniers baigneurs de la saison, laissait flotter au vent les drapeaux de toile grise qui lui servaient de toiture. Puis, au milieu, la Seine vide montait, verdâtre, avec des petits flots dansants, fouettée de blanc, de bleu et de rose. Et le pont des Arts établissait un second plan, très haut sur ses charpentes de fer, d'une légèreté de dentelle noire, animé du perpétuel va-et-vient des piétons, une chevauchée de fourmis, sur la mince ligne de son tablier. En dessous, la Seine continuait, au loin ; on voyait les vieilles arches du Pont-Neuf, bruni de la rouille des pierres ; une trouée s'ouvrait à gauche, jusqu'à l'île Saint-Louis, une fuite de miroir d'un raccourci aveuglant ; et l'autre bras tournait court, l'écluse de la Monnaie semblait boucher la vue de sa barre d'écume. Le long du Pont-Neuf, de grands omnibus[4] jaunes, des tapissières[5] bariolées, défilaient avec une régularité mécanique de jouets d'enfants. Tout le fond s'encadrait là, dans les perspectives des deux rives : sur la rive droite, les maisons des quais, à demi cachées par un bouquet de grands arbres, d'où émergeaient, à l'horizon, une encoignure de l'Hôtel de Ville et le clocher carré de Saint-Gervais, perdus dans une confusion de faubourg ; sur la rive gauche, une aile de l'Institut, la façade plate de la Monnaie, des arbres encore, en enfilade. Mais ce qui tenait le centre de l'immense tableau, ce qui montait du fleuve, se haussait, occupait le ciel, c'était la Cité, cette proue[6] de l'antique vaisseau, éternellement dorée par le couchant.

Extrait.

3. Personnes qui chargent et déchargent un navire.
4. Bus de l'époque, tirés par des chevaux.
5. Voitures à cheval.
6. Avant d'un navire.

Questions DE LECTURE ANALYTIQUE

1. Identifiez et analysez les étapes de la description. Comment l'œil de Claude (et celui du lecteur) se déplace-t-il ?
   ➤ PARTIE II, p. 411 : LE DISCOURS DESCRIPTIF

2. Comment ce texte aborde-t-il le thème de la peinture ? Appuyez-vous sur les champs lexicaux et les figures de style.
   ➤ p. 392 : LES FIGURES DE RHÉTORIQUE

3. Quelles métaphores identifiez-vous ? Comment font-elles apparaître le paysage urbain ?
   ➤ p. 392 : LES FIGURES DE RHÉTORIQUE

4. Quels sont les détails réalistes qui pourraient contrarier l'œil d'un peintre ? Pourquoi sont-ils présents ?

5. Dans quelle attitude Claude regarde-t-il Paris ?

6. **Question de synthèse** : en quoi le narrateur montre-t-il ici au lecteur que *la question d'hérédité a une grande influence dans les manifestations intellectuelles et passionnelles de l'homme*
   ➤ TEXTE 1, p. 247 ?

COMMENTAIRE
À partir de vos réponses, rédigez une partie de commentaire développant l'axe de lecture suivant : un tableau parisien organisé et détaillé.
➤ PARTIE III, p. 514 : DE LA LECTURE ANALYTIQUE AU COMMENTAIRE

Analyse d'image

Chapitre 5 • Du réalisme au naturalisme SÉQUENCE 17

Johan Barthold Jongkind (1819-1891)
La Seine et Notre-Dame de Paris (1864)

Le peintre hollandais Jongkind a passé sa vie à parcourir non seulement son pays, mais aussi la Normandie et l'Île-de-France, s'affirmant comme un grand paysagiste. Souvent défini comme impressionniste, il a pourtant refusé cette étiquette.

Huile sur toile, 42 x 56,5 cm (Paris, musée d'Orsay).

Questions

1. Repérez les lignes de fuite de ce tableau. À quoi aboutissent-elles et avec quel effet ?
   ➤ PARTIE II, p. 397 : L'IMAGE FIXE
2. Quelle est la part du ciel dans la composition ? Quel est son effet sur la façon de percevoir le paysage ?
3. Qu'aperçoit-on au premier plan ? Qu'ajoutent ces éléments ?
4. Jongkind est, comme les impressionnistes, un peintre de la lumière. Quelle utilisation des couleurs permet ici de le comprendre ?

LECTURE D'UN CORPUS

– **Document A** : l'île de la Cité décrite à travers les yeux de Claude ➤ TEXTE 3, p. 249.

– **Document B** : les rives de la Seine décrites à travers les yeux de Renée Mauperin ➤ SÉQUENCE 16, TEXTE 1, p. 234.

– **Document C** : Jongkind, *La Seine et Notre-Dame de Paris* (analyse d'image).

a. Relevez dans le document B les éléments descriptifs qui pouvaient sembler audacieux, voire choquants, pour le public de l'époque. Quels détails du document A relèvent du même travail d'écriture ?

b. Analysez les éléments des trois documents qui, dans leur composition et dans leur regard, en font des paysages d'artiste.

Texte 4

ÉMILE ZOLA
Carnets d'enquête : notes pour *L'Œuvre*

Biographie p. 568

Le souci d'observation et de minutie descriptive de Zola est déjà visible dans le texte 3 ▶ p. 249. Comme pour les autres romans des Rougon-Macquart, *l'auteur s'est déplacé sur les lieux qui l'inspiraient : pour* L'Œuvre, *il a fréquenté les Salons de peinture, véritables marchés de l'art sous le Second Empire. En témoignent cette page des* Carnets *de Zola et l'extrait correspondant du roman* ▶ TEXTE 5, p. 253.

Description de la salle où sera la petite toile de Claude

Un dépotoir. Grande peinture. Violence, bouchon de carafe (Clairin). Au-dessus, la petite toile, en hirondelle. Un tableau trouant le mur. Les nudités, femmes dans l'herbe, le nez enfoncé, etc. Une toile historique au bitume[1].
5 Portraits. Le tableau qui amuse, épanouissement.

Le public

Un coup de pluie dehors, et le public qui entre sent le chien mouillé. L'odeur spéciale : poussière, vernis vague, l'humanité. Froid et humide le matin, avec le courant d'air des portes sur la galerie, et peu à peu étouffé, très chaud l'après-
10 midi, avec l'odeur de la foule et la poussière soulevée. Ce qui éclate dans la foule des têtes, ce sont les fleurs des chapeaux des femmes, parmi les chapeaux noirs des hommes. Les tableaux éteignant[2] les toilettes, la nature d'autre part tuant les tableaux. Les hommes ont des cannes, des paletots sur le bras. La tache du catalogue à la main. Des familles, la mère, les filles. Des curés, des
15 soldats. Le sourd bruit des voix, mais dominé par le roulement des pieds. Les femmes lasses s'appuyant sur leurs ombrelles. Beaucoup d'hommes décorés. Trois femmes ensemble, trois monstres. […]

Les mots entendus

« Très bien, mon cher, ton tableau.
20 Oh ! le mien ne compte pas. – Épatant ! Idiot. – Vous avez vu ma machine ? – Non, où est-elle ? – Là-bas. – Bon ! – Et vous ? – Oh ! une bêtise. – Je ne comprends pas très bien ! – Oh ! cette
25 horreur. »

Extraits, présentation d'H. Miterrand,
© Plon, 1986.

1. De couleur noire.
2. Faisant paraître ternes.

AMÉDÉE CHARLES HENRI DE NOÉ dit CHAM (1818-1879), caricature de la Première exposition impressionniste à Paris, *Une révolution en peinture et qui débute en faisant de la terreur* (1874), gravure (Paris, BnF).

ÉMILE ZOLA
L'Œuvre, chapitre X (1886)

Claude a peint un portrait de Jacques, son fils mort. Dans cet extrait du chapitre X, il parcourt le Salon à la recherche de cette œuvre sélectionnée de justesse (première partie de l'extrait), puis, l'ayant trouvée sur les cimaises, il observe le regard des visiteurs (fin de l'extrait).

1   Il parcourut d'un coup d'œil les tableaux des murs, une immense scène de massacre en face, ruisselant de rouge, une colossale et pâle sainteté à gauche, une commande de l'État, la banale illustration d'une fête officielle à droite, puis des portraits, des paysages, des intérieurs, tous éclatant en notes aigres,
5   dans l'or trop neuf des cadres. Mais la peur qu'il gardait du public fameux de cette solennité, lui fit ramener ses regards sur la foule peu à peu grossie. Le pouf circulaire, placé au centre, et d'où jaillissait une gerbe de plantes vertes, n'était occupé que par trois dames, trois monstres, abominablement mises, installées pour une journée de médisances. Derrière lui, il entendit une voix
10 rauque broyer de dures syllabes : c'était un Anglais en veston à carreaux, expliquant la scène de massacre à une femme jaune, enfouie au fond d'un cache-poussière[1] de voyage. Des espaces restaient vides, des groupes se formaient, s'émiettaient, allaient se reformer plus loin ; toutes les têtes étaient levées, les hommes avaient des cannes, des paletots[2] sur le bras, les femmes marchaient
15 doucement, s'arrêtaient en profil perdu[3] ; et son œil de peintre était surtout accroché par les fleurs de leurs chapeaux, très aiguës de ton, parmi les vagues sombres des hauts chapeaux de soie noire. Il aperçut trois prêtres, deux simples soldats tombés là on ne savait d'où, des queues ininterrompues de messieurs décorés, des cortèges de jeunes filles et de mères barrant la circulation. Cepen-
20 dant, beaucoup se connaissaient, il y avait, de loin, des sourires, des saluts, parfois une poignée de main rapide, au passage. Les voix demeuraient discrètes ; couvertes par le roulement continu des pieds.
    Alors, Claude se mit à chercher son tableau. […]
    Bientôt, ce qui domina, ce fut l'odeur de chien mouillé. Il devait pleuvoir,
25 une de ces averses brusques de printemps, car des derniers venus apportaient une humidité, des vêtements lourds qui semblaient fumer, dès qu'ils entraient dans la chaleur de la salle. En effet, des coups de ténèbres passaient, depuis un instant, sur l'écran du plafond. Claude, qui leva les yeux, devina un galop de grandes nuées fouettées de bise, des trombes d'eau battant les vitres de la baie.
30 Une moire d'ombres courait le long des murs, tous les tableaux s'obscurcissaient, le public se noyait de nuit ; jusqu'à ce que la nuée emportée, le peintre revît sortir les têtes de ce crépuscule, avec les mêmes bouches rondes, les mêmes yeux ronds de ravissement imbécile. […]
    Mais, comme il se retrouvait dans la salle de l'Est, cette halle où agonise le
35 grand art, le dépotoir où l'on empile les vastes compositions historiques et religieuses, d'un froid sombre, il eut une secousse, il demeura immobile, les yeux en l'air. Cependant, il avait passé deux fois déjà. Là-haut, c'était bien sa toile, si haut, si haut, qu'il hésitait à la reconnaître, toute petite, posée en

---

1. Long manteau léger protégeant de la poussière.
2. Manteaux.
3. Terme de peinture désignant des figures représentées presque uniquement de dos.

hirondelle, sur le coin d'un cadre, le cadre monumental d'un immense tableau
de dix mètres, représentant le Déluge, le grouillement d'un peuple jaune,
culbuté dans de l'eau lie-de-vin⁴. À gauche, il y avait encore le pitoyable portrait en pied⁵ d'un général couleur de cendre ; à droite, une nymphe⁶ colosse,
dans un paysage lunaire, le cadavre exsangue⁷ d'une assassinée, qui se gâtait sur
l'herbe ; et alentour, partout, des choses rosâtres, violâtres, des images tristes,
jusqu'à une scène comique de moines se grisant, jusqu'à une ouverture de la
Chambre, avec toute une page écrite sur un cartouche doré, où les têtes des
députés connus étaient reproduites au trait, accompagnées des noms. Et,
là-haut, là-haut, au milieu de ces voisinages blafards, la petite toile, trop rude,
éclatait férocement, dans une grimace douloureuse de monstre. […]

Claude s'en alla, revint à trois reprises, le cœur battant, chaque fois qu'un rare
visiteur stationnait et promenait un lent regard de la cimaise⁸ au plafond. Un
besoin maladif l'enrageait d'entendre une parole, une seule. Pourquoi exposer ? comment savoir ? tout, plutôt que cette torture du silence ! Et il étouffa,
lorsqu'il vit s'approcher un jeune ménage, la femme ravissante, l'allure délicate
et fluette d'une bergère en Saxe⁹. Elle avait aperçu le tableau, elle en demandait
le sujet, stupéfaite de n'y rien comprendre ; et, quand son mari, feuilletant le
catalogue, eut trouvé le titre : l'*Enfant mort*, elle l'entraîna, frissonnante, avec
ce cri d'effroi : « Oh ! l'horreur ! est-ce que la police devrait permettre une
horreur pareille ! »

Extrait.

4. Rouge foncé.
5. Portrait représentant un individu de la tête aux pieds.
6. Déesse.
7. Très pâle.
8. Ornement d'architecture placé en hauteur, où sont accrochés les tableaux.
9. Bergère en porcelaine allemande.

Questions SUR LE TRAVAIL D'ÉCRITURE DE ZOLA ▶ TEXTES 4 et 5

1. Recopiez et remplissez le tableau de correspondances suivant :

ÉLÉMENTS DE COMPARAISON	TEXTE 4 (CARNETS)	TEXTE 5 (ROMAN)
Repères spatiaux		
Vocabulaire des sensations (ambiance du salon)		
Détails descriptifs		
Personnages présents		
Propos échangés		

2. Quels éléments ont été textuellement repris ? Lesquels ont été transformés ?

3. Comparez le début des deux paragraphes du texte 5 : quelle figure de style permet de les réunir ? Quelle impression de Zola notée dans le carnet permet-elle de restituer ?
▶ PARTIE II, p. 392 : LES FIGURES DE RHÉTORIQUE

4. Montrez comment, dans son récit, l'auteur a fait prendre vie à certains détails du carnet.

5. **Question de synthèse** : en quoi cette comparaison permet-elle de comprendre la démarche expéri-mentale de Zola ?

ÉCRITURE D'INVENTION

Imaginez en quelques lignes les notes prises par Zola au moment où il a lui-même contemplé l'île de la Cité décrite dans le texte 3 ▶ p. 249. Inspirez-vous du style télégraphique et décousu du texte 4 ▶ p. 252.
▶ PARTIE III, p. 492 : RÉÉCRIRE

ODILON REDON (1840-1916), *L'Atelier de Redon, 81 boulevard du Montparnasse à Paris* (1873-1877), encre de Chine, mine de plomb, 17,8 x 23,8 cm (Paris, musée du Louvre).

Texte 6

ÉMILE ZOLA
L'Œuvre, chapitre XII (1886)

Biographie p. 568

En vouant sa vie à la peinture, sans succès public, Claude, qui n'a cessé de retravailler sa grande toile figurant l'île de la Cité avec une femme nue, a négligé sa famille. Après avoir relaté une lutte incessante entre l'amour et l'art, Zola clôt ici le parcours du peintre. Les époux viennent de se retrouver au cours d'une dernière nuit, et sa femme Christine croit enfin avoir vaincu sa rivale : la peinture…

1   Quand le petit jour parut, une salissure jaune, une tache de boue liquide sur les vitres de la fenêtre, il tressaillit, il crut avoir entendu une voix haute l'appeler du fond de l'atelier. Ses pensées étaient revenues toutes, débordantes, torturantes, creusant son visage, contractant ses mâchoires dans un dégoût humain,
5   deux plis amers qui faisaient de son masque la face ravagée d'un vieillard. Maintenant, cette cuisse de femme, allongée sur lui, prenait une lourdeur de plomb ; il en souffrait comme d'un supplice, d'une meule dont on lui broyait les genoux, pour des fautes inexpiées[1] ; et la tête également, posée sur ses côtes, l'étouffait, arrêtait d'un poids énorme les battements de son cœur. Mais,
10 longtemps, il ne voulut pas la déranger, malgré l'exaspération lente de tout son corps, une sorte de répugnance et de haine irrésistibles qui le soulevait de

1. Dont on ne s'est pas repenti.

révolte. L'odeur du chignon dénoué, cette odeur forte de chevelure, surtout, l'irritait. Brusquement, la voix haute, au fond de l'atelier, l'appela une seconde fois, impérieuse. Et il se décida, c'était fini, il souffrait trop, il ne pouvait plus
15 vivre, puisque tout mentait et qu'il n'y avait rien de bon. D'abord, il laissa glisser la tête de Christine, qui garda son vague sourire ; ensuite, il dut se mouvoir avec des précautions infinies, pour sortir ses jambes du lien de la cuisse, qu'il repoussa peu à peu, dans un mouvement naturel, comme si elle fléchissait d'elle-même. Il avait rompu la chaîne enfin, il était libre. Un troisième appel le
20 fit se hâter, il passa dans la pièce voisine, en disant :
« Oui, oui, j'y vais ! »
Le jour ne se débrouillait pas, sale et triste, un de ces petits jours d'hiver lugubres ; et, au bout d'une heure, Christine se réveilla dans un grand frisson glacé. Elle ne comprit pas. Pourquoi donc se trouvait-elle seule ? Puis, elle se souvint :
25 elle s'était endormie, la joue contre son cœur, les membres mêlés aux siens. Alors, comment avait-il pu s'en aller ? où pouvait-il être ? Tout d'un coup, dans son engourdissement, elle sauta du lit avec violence, elle courut à l'atelier. Mon Dieu ! est-ce qu'il était retourné près de l'autre ? est-ce que l'autre venait encore de le reprendre, lorsqu'elle croyait l'avoir conquis à jamais ?
30 Au premier coup d'œil, elle ne vit rien, l'atelier lui parut désert, sous le petit jour boueux et froid. Mais, comme elle se rassurait en n'apercevant personne, elle leva les yeux vers la toile, et un cri terrible jaillit de sa gorge béante[2].
« Claude, oh ! Claude… »
Claude s'était pendu à la grande échelle, en face de son œuvre manquée. Il
35 avait simplement pris une des cordes qui tenaient le châssis au mur, et il était monté sur la plate-forme en attacher le bout à la traverse de chêne, clouée par lui un jour, afin de consolider les montants. Puis, de là-haut, il avait sauté dans le vide. En chemise, les pieds nus, atroce avec sa langue noire et ses yeux sanglants sortis des orbites, il pendait là, grandi affreusement dans sa raideur
40 immobile, la face tournée vers le tableau, tout près de la Femme au sexe fleuri d'une rose mystique, comme s'il lui eût soufflé son âme à son dernier râle, et qu'il l'eût regardée encore, de ses prunelles[3] fixes.

Extrait.

2. Grande ouverte.
3. Yeux.

Questions DE LECTURE ANALYTIQUE

1. Relevez les notations temporelles et le vocabulaire des sensations. À quelles attitudes, à quels sentiments des personnages sont-ils associés ?
2. Qu'évoque le corps de Christine au moment où Claude est encore au lit ? Que symbolisent ces images ?
   ▶ p. 392 : LES FIGURES DE RHÉTORIQUE
3. Quel mécanisme de la pensée et des passions
   ▶ TEXTE 1, p. 247 a poussé Claude à se suicider ? Cela paraît-il scientifique ?
4. En quoi la description du cadavre de Claude a-t-elle pu choquer à la parution du roman ?
5. Quelle image le dernier paragraphe donne-t-il de l'art ? À quel mouvement littéraire contemporain du naturalisme cela peut-il faire penser ? Vous pouvez vous aider des Repères historiques p. 556.

SYNTHÈSE

Le naturalisme : un mouvement littéraire marqué par les sciences

- En littérature, le mouvement naturaliste est considéré comme l'**héritier du réalisme** ▶ **SÉQUENCE 15, SYNTHÈSE, p. 231**. La nouveauté réside dans l'**application au domaine de la littérature d'une méthode scientifique** empruntée à la biologie et influencée par :
– l'**athéisme** : l'homme est soumis à son intériorité et aux conditions de vie, mais pas à une force divine ;
– la **critique d'art** : l'homme est montré tel quel, conforme à sa nature comme dans la **peinture réaliste de Courbet** ▶ **SÉQUENCE 15, ANALYSE D'IMAGE, p. 230** ;
– une **démarche expérimentale** qui fait de tout personnage un **cobaye** placé dans un milieu où le romancier l'observe au fur et à mesure du déroulement de l'intrigue.

1 Un contexte scientifique

- Le mouvement apparaît dans la **deuxième moitié du XIXe siècle**, époque dite **positiviste** (doctrine philosophique d'Auguste Comte, 1798-1857, selon laquelle l'humanité a évolué de la croyance en Dieu à la science), marquée par de **nouvelles théories scientifiques** :
– l'**évolutionnisme de Darwin** (1809-1882) : variabilité des espèces et sélection naturelle fondée sur la loi du plus fort ;
– le **déterminisme d'Hippolyte Taine** (1828-1893) : le milieu et les circonstances déterminent la personne humaine ;
– l'**hérédité du Docteur Lucas** ;
– l'**expérimentation de Claude Bernard** (1813-1878) : idée qu'une expérience scientifique doit valider des hypothèses.

2 Zola, figure majeure du naturalisme

- À la différence des autres romanciers de l'époque, Zola est issu d'un **milieu très modeste**, origine probable d'une **conception nouvelle de l'écrivain** : *Un auteur est un ouvrier comme un autre, qui gagne sa vie par son travail* (*Le Roman expérimental*).

- Zola se consacre essentiellement au journalisme (**critique littéraire, faits divers**...), source d'inspiration pour ses romans.
- Tous ces éléments ont forgé l'ardeur documentaire et le souci de scientificité de l'œuvre de Zola, **originale** et **d'ambition scientifique**. En 1867, il publie son premier roman inspiré d'un fait divers, *Thérèse Raquin*, déjà marqué par les sciences puisque l'auteur y a étudié des tempéraments soumis à leurs passions et à leur milieu de vie. Commence ensuite la **fresque sociale des *Rougon-Macquart***.

3 Un travail d'écriture spécifique

- En 1880, Zola est le **chef de file du mouvement naturaliste**. Les collaborateurs, préoccupés de science et d'actualité (**Huysmans, Maupassant** et **les frères Goncourt**), se rencontrent aux soirées de Médan, chez Zola, pour écrire chacun un récit conforme aux principes du groupe, comme Maupassant avec son recueil de nouvelles *Boule de suif* (1868).
- Les *Rougon-Macquart* de Zola constituent une série de vingt romans écrits entre 1868 et 1893. C'est un laboratoire où, conformément au sous-titre, l'auteur analyse dans une même famille les **effets de l'hérédité** (« l'histoire naturelle ») **et du milieu** (« et sociale ») **sur l'individu**. Chaque personnage suit son chemin mais devient un cobaye entre les mains du romancier.
- Ainsi, Claude, le héros de *L'Œuvre*, tiraillé entre **sa passion pour la peinture** et *une de ces crises (qui) le détraquait* ▶ **TEXTE 2, p. 248**, est sans cesse ramené, telle une bête poussée par **son instinct** ▶ **TEXTE 3, p. 249**, au lieu qui l'inspire : l'île de la Cité. Après l'avoir observé de promenades urbaines en parcours au Salon de peinture ▶ **TEXTES 4 et 5, p. 252 et 253**, le narrateur assiste au **suicide** du personnage ▶ **TEXTE 6, p. 255**, dernier acte d'une **expérimentation** prouvant l'influence conjointe du tempérament de feu du personnage (**loi de l'hérédité**) et des difficiles conditions de vie d'un peintre à Paris (**loi du milieu**) sous le Second Empire.

▶ **BIOGRAPHIES DES AUTEURS p. 560**

EXERCICES D'APPROFONDISSEMENT

1 — La généalogie des *Rougon-Macquart*

1. Quelles métaphores Zola utilise-t-il dans son plan général (texte A) pour définir sa méthode ?
   ▶ **PARTIE II, p. 392** : LES FIGURES DE RHÉTORIQUE
2. Quels sont les deux domaines scientifiques auxquels il fait appel dans ce même texte ? Expliquez leur importance au vu de la synthèse ▶ p. 257.
3. Comment expliquez-vous l'apport de l'arbre généalogique dont parle Zola dans la note de 1878 (texte B) ?
4. Situez Claude dans l'ensemble de l'arbre (document C). Retrouvez ses ascendants.
5. **Question de synthèse** : en vous appuyant sur ces trois documents et sur les textes 1 et 2 de la séquence ▶ p. 247 et 248, vous expliquerez ce qui fait de Claude et de tout personnage de Zola une sorte de cobaye entre les mains de l'auteur.

Texte A

Il se produit des rejetons divers, bons ou mauvais. Je cherche (surtout) dans les questions d'hérédité la raison de ces tempéraments semblables ou opposés. C'est dire que j'étudie l'humanité elle-même, dans ses plus intimes rouages ; j'explique cette apparente confusion des caractères, je montre comment un petit groupe d'êtres, une famille se comporte en s'épanouissant pour naissance à dix, à vingt individus qui semblent au premier coup d'œil profondément étrangers (mais que l'analyse scientifique montre intimement attachés l'un à l'autre). La société ne s'est pas formée d'une autre façon. Par l'observation, par les nouvelles méthodes scientifiques, j'arrive à débrouiller le fil qui conduit mathématiquement d'un homme à un autre. Et quand je tiens tous les fils, quand j'ai entre les mains tout un groupe social, je fais voir ce groupe à l'œuvre, je le crée agissant dans la complexité de ses efforts, allant au bien ou au mal ; j'étudie à la fois la somme de volonté de chacun de ses membres et la poussée générale de l'ensemble. C'est alors que je choisis le Second Empire pour cadre ; mes personnages s'y développent, selon la logique de leur caractère, liés les uns aux autres et ayant pourtant chacun leur personnalité. Ils deviennent des acteurs typiques qui résument l'époque. Je fais de la haute analyse humaine et je fais de l'histoire.

Plan général des *Rougon-Macquart* adressé par Zola à son éditeur (1838).

Texte B

Je me décide à joindre à ce volume l'arbre généalogique des *Rougon-Macquart*. Deux raisons me déterminent.

La première est que beaucoup de personnes m'ont demandé cet arbre. Il doit, en effet, aider les lecteurs à se retrouver parmi les membres assez nombreux de la famille dont je me suis fait l'historien.

La seconde raison est plus compliquée. Je regrette de n'avoir pas publié l'arbre dans le premier volume de la série, pour montrer tout de suite l'ensemble de mon plan. Si je tardais encore, on finirait par m'accuser de l'avoir fabriqué après coup. Il est grand temps d'établir qu'il a été dressé tel qu'il est en 1868, avant que j'eusse écrit une seule ligne ; et cela ressort clairement de la lecture du premier épisode, *La Fortune des Rougon*, où je ne pouvais poser les origines de la famille sans arrêter avant tout la filiation et les âges. La difficulté était d'autant plus grande que je mettais face à face quatre générations, et que mes personnages s'agitaient dans une période de dix-huit années seulement.

La publication de ce document sera ma réponse à ceux qui m'ont accusé de courir après l'actualité et le scandale. Depuis 1868, je remplis le cadre que je me suis imposé, l'arbre généalogique en marque pour moi les grandes lignes, sans me permettre d'aller ni à droite ni à gauche. Je dois le suivre strictement, il est en même temps ma force et mon régulateur. Les conclusions sont toutes prêtes. Voilà ce que j'ai voulu et voilà ce que j'accomplis.

ÉMILE ZOLA, note qui précède *Une page d'amour* (1878).

Chapitre 5 • Du réalisme au naturalisme SÉQUENCE 17

DOCUMENT C

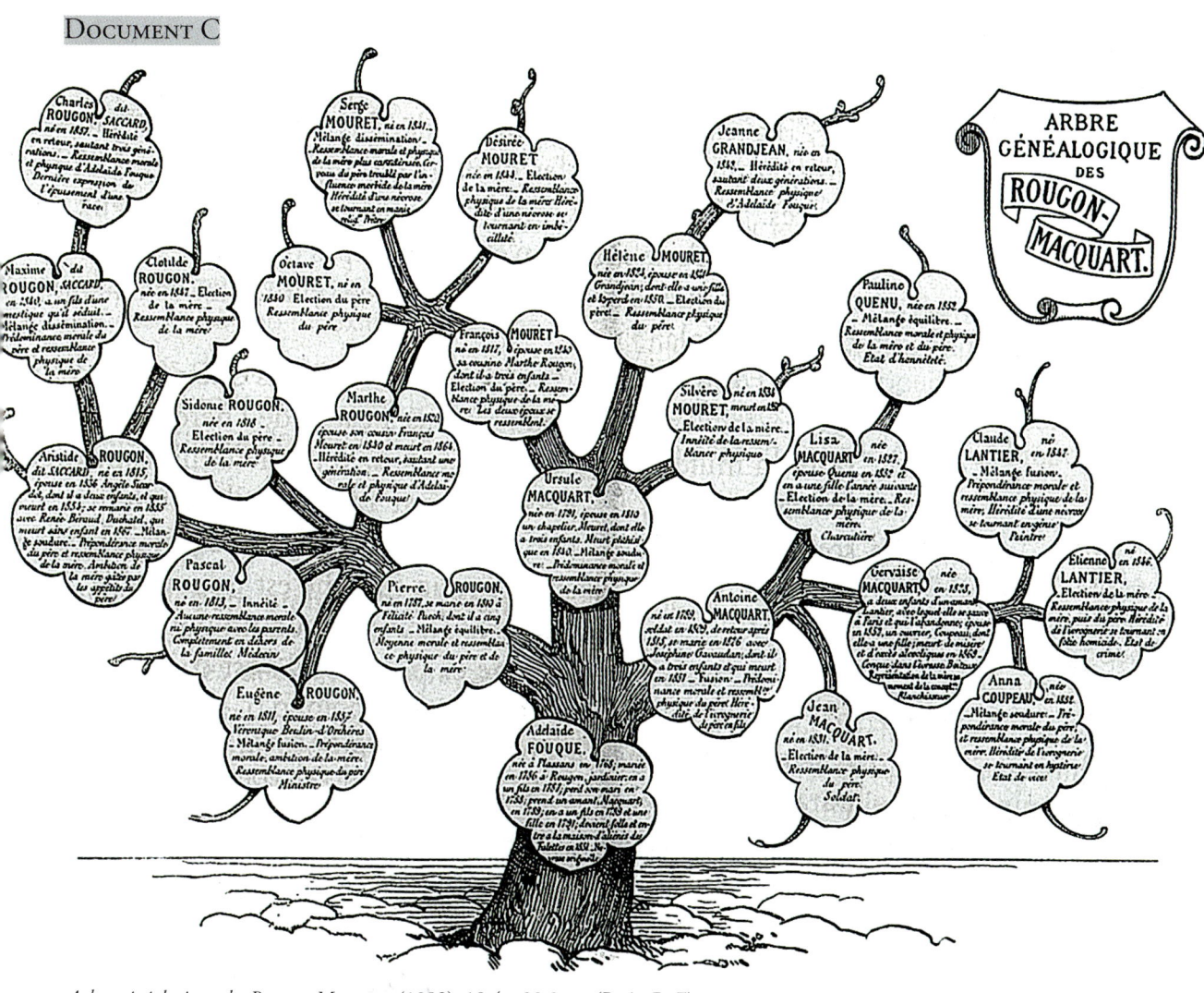

Arbre généalogique des Rougon-Macquart (1892), 18,4 x 22,3 cm (Paris, BnF).

2 L'étude d'un personnage des *Rougon-Macquart*

1. Choisissez n'importe quel personnage de la série des *Rougon-Macquart* (à l'exception de Claude dans *L'Œuvre* ou de Gervaise dans *L'Assommoir*).
2. Situez-le dans la famille en l'identifiant sur l'arbre généalogique ▶ EXERCICE 1, DOCUMENT C et, en vous aidant d'un dictionnaire des œuvres et des personnages, justifiez ce qui est dit de ce personnage dans la feuille de l'arbre qui le présente.

▶ BIOGRAPHIES DES AUTEURS p. 560

Chapitre 6

Le surréalisme

261 — SÉQUENCE **18**
La naissance du surréalisme

273 — SÉQUENCE **19**
L'engagement des surréalistes

284 — SÉQUENCE **20**
Le surréalisme : entre tradition et modernité

René Magritte (1898-1967),
Le Poète récompensé : détail (1956), huile sur toile,
60 x 50 cm (États-Unis, Collection privée).

SÉQUENCE 18 — La naissance du surréalisme

Objectif — Étudier le surréalisme en tant que mouvement défini par un manifeste et des principes de groupe.

PEU DE MOUVEMENTS sont allés aussi loin que le surréalisme dans l'esprit de groupe, au point qu'André Breton, leur chef de file, a été considéré comme un « pape » veillant sur ses adeptes. Il est l'auteur d'un *Manifeste du surréalisme* qui définit une nouvelle littérature dont les principes d'écriture s'opposent à la tradition.

CORPUS DE LA SÉQUENCE

Texte **1** — A. BRETON et P. SOUPAULT, *Les Champs magnétiques*, « L'Éternité » (1919)

Texte **2** — R. DESNOS, *Corps et biens* (1930)

Texte **3** — A. BRETON, *Manifeste du surréalisme* (1924)

Image — M. ERNST, *Au rendez-vous des amis* (1922)

Texte **4** — A. BRETON, *Manifeste du surréalisme* (1924)

Notions de la séquence	Liens avec la partie II
L'écriture automatique : – en pratique (*textes 1 et 2, exercice 2*) – en théorie (*textes 3 et 4*)	▶ p. 392 : LES FIGURES DE RHÉTORIQUE
La littérature programmatique (le manifeste) (*textes 3 et 4*)	▶ p. 415 : LE DISCOURS EXPLICATIF ▶ p. 413 : LE DISCOURS ARGUMENTATIF ▶ p. 440 : LE REGISTRE DIDACTIQUE ▶ p. 476 : LES NOTIONS PROPRES À LA LITTÉRATURE D'IDÉES
Analyse d'un tableau de Max Ernst	▶ p. 397 : L'IMAGE FIXE
	Liens avec la partie III
Plan détaillé de commentaire (*texte 1*)	▶ p. 520 : DÉFINIR UN PROJET DE LECTURE ET MONTER UN PLAN D'ANALYSE
Rédiger un paragraphe en comparant deux documents (*texte 4*)	▶ p. 502 : RÉPONDRE À UNE QUESTION D'ANALYSE SUR UN CORPUS
Rédiger un poème descriptif à partir d'un « cadavre exquis » (*exercice 1*)	▶ p. 486 : L'ÉCRITURE D'INVENTION

André Breton et Philippe Soupault
Les Champs magnétiques (1919)

Écrits avant le programme du Manifeste du surréalisme, Les Champs magnétiques *suivent les principes de l'écriture automatique : en s'échangeant régulièrement la feuille de papier, les poètes Breton et Soupault alignent arbitrairement mots et phrases en vers complètement libres. Breton résume leur méthode dans le* Manifeste du surréalisme *: « Noircir du papier avec un louable mépris de ce qui pourrait s'ensuivre littérairement. »*

L'Éternité

1 Ouverture des chagrins une deux une deux
Ce sont les crapauds les drapeaux rouges
La salive des fleurs
L'électrolyse[1] la belle aurore
5 Ballon des fumées de faubourgs
Les mottes de terre cornet de sable
Cher enfant toléré tu souffles
Jamais poursuivi le mauve lumière des maisons closes
Le tapis est bordé de nids de feuilles mortes
10 Les déménagements suivis des orphéons[2] villageois
Sur les murs pour les jours de fête on accroche des yeux
joujoux des pauvres
Adieu source des maladies
Tous les cris tous et ceux qui restent sont liquides
15 Pour grandes personnes l'ordre rouge
Maison soleil danse oubliant les voiles du brouillard
Été lune
La lanterne et le petit arbre gris qui porte un nom exotique
0 133 ce sont les doigts des ataxiques[3] les vignes des champs
20 La biologie enseigne l'amour
Tissez les lucides vérités
On entoure ma tête d'un bandage
Crime ou suicide
L'acétylène[4] est un œillet blanc
25 Les affreux lorgnons

© Gallimard, 1968.

---

1. Décomposition chimique de certaines substances obtenue par le passage d'un courant électrique.
2. Instrument à cordes et à clavier ; par extension, fanfare.
3. Terme de médecine. Relatif à d'importants troubles de la marche.
4. Gaz incolore.

Max Ernst (1891-1976), *Paysage au Soleil* (1926),
huile sur toile, 59,7 x 48,9 cm (Hamburg, Kunsthandel).

Questions DE LECTURE ANALYTIQUE

1. À qui est adressé ce texte ? Étudiez les variations d'énonciation.
   ➤ **PARTIE II, p. 387 :** LES OUTILS GRAMMATICAUX
2. Comment ce poème est-il composé ? Quels détails font penser à l'écriture automatique ?
3. Quels champs lexicaux semblent organiser le texte ? Quels mots apparaissent comme des intrus ?
4. Quelles métaphores semblent étranges ? Expliquez.
   ➤ **p. 392 :** LES FIGURES DE RHÉTORIQUE
5. **Question de synthèse :** le rapport est-il évident entre le titre et le contenu du poème ? Justifiez.

COMMENTAIRE
Proposez un plan détaillé du commentaire de ce poème en vous inspirant du plan suivant, que vous nourrirez de vos réponses aux questions précédentes :
I. Un poème jouant sur l'étrangeté des images
II. Un texte automatique, finalement organisé
➤ **PARTIE III, p. 520 :** DÉFINIR UN PROJET DE LECTURE ET MONTER UN PLAN D'ANALYSE

Robert Desnos
Corps et biens (1930)

Biographie p. 562

Malgré son peu de goût pour l'action collective, qu'elle soit politique ou poétique, Desnos a participé à la vie surréaliste avec l'écriture hypnotique, concept surréaliste que Breton décrit dans son récit autobiographique, Nadja. *Le texte A est un poème de 1922 composé lors des soirées d'écriture du groupe ; les textes B et C sont deux poèmes plus tardifs reprenant cette esthétique. Ces trois poèmes sont rassemblés dans le recueil* Corps et biens. *Ils sont précédés ici d'un extrait de* Nadja.

1   Je revois maintenant Robert Desnos à l'époque que ceux d'entre nous qui l'ont connue appellent *l'époque des sommeils*. Il « dort », mais il écrit, il parle. C'est le soir, chez moi, dans l'atelier, au-dessus du cabaret du Ciel. Dehors, on crie : « On entre, on entre, au Chat Noir[1] ! » Et Desnos continue à voir ce que je ne
5   vois pas, ce que je ne vois qu'au fur et à mesure qu'il me le montre.

André Breton, *Nadja* (extrait, 1928), © Gallimard, 1964.

1. Célèbre cabaret parisien du boulevard Rochechouart.

Texte A

Rrose Sélavy, etc. (1922)

1   Rose aisselle a vit.
    Rr'ose, essaie là, vit.
    Rôts et sel à vie.
    Rose S, L, have I.
5   Rosée, c'est la vie.
    Rrose scella vît.
    Rrose sella vît.
    Rrose sait la vie.
    Rose, est-ce, hélas, vie ?
10 Rrose aise hélà vît.
    Rrose est-ce aile, est-ce elle ?
                est celle
                    AVIS

In « L'aumonyme », © Gallimard, 1930.

Texte B

L'asile ami (1923)

Là ! L'Asie. Sol miré, phare d'haut, phalle[1] ami docile à la femme, il l'adore, et dos ci dos là mille a mis ! Phare effaré la femme y résolut d'odorer la cire et la fade eau. L'art est facile à dorer : fard raide aux mimis, domicile à lazzis[2]. Dodo l'amie outrée ! [...]

In « Langage cuit », © Gallimard, 1930.

1. Vraisemblablement abréviation de « phallique » (de « phallus », le sexe de l'homme).
2. Terme italien : plaisanteries ironiques.

Robert Desnos (1900-1945), *Le Poisson sans souci*, illustration pour le recueil de poèmes *La Ménagerie de Tristan* (1932), aquarelle sur papier (Paris, Bibliothèque littéraire Jacques Doucet).

Texte C

La colombe de l'arche (1923)

1   Maudit !
    soit le père de l'épouse
    du forgeron qui forgea le fer de la cognée[1]
    avec laquelle le bûcheron abattit le chêne
5   dans lequel on sculpta le lit
    où fut engendré l'arrière-grand-père
    de l'homme qui conduisit la voiture
    dans laquelle ta mère
    rencontra ton père.

In « Langage cuit », © Gallimard, 1930.

1. Hache de bûcheron.

Questions DE LECTURE ANALYTIQUE

1. Sur quel procédé les poèmes A et B sont-ils fondés ? Faites le lien avec l'extrait de *Nadja*.
2. Malgré le système que l'auteur s'est imposé dans le texte B, le produit final est-il pour autant incompréhensible ? Comment comprenez-vous le titre « L'asile ami » ?
3. Quel est l'effet produit par l'accumulation des détails de filiation dans le texte C ? Quel genre littéraire est parodié par le poète ?
   ▶ PARTIE II, p. 419 : LE REGISTRE COMIQUE
4. Quel registre associeriez-vous à ces trois poèmes ? Justifiez.
   ▶ p. 418 : LES REGISTRES LITTÉRAIRES
5. Comparez ces deux vers d'Alphonse Allais avec les textes de Desnos :
   Par les bois du Djinn où s'entasse de l'effroi
   Parle et bois du gin, ou cent tasses de lait froid
   On nomme ces vers « holorimes ». Où ce procédé est-il utilisé chez Desnos ?

ÉCRITURE D'INVENTION
À votre tour, rédigez un poème de quatre vers faisant se succéder deux holorimes.
▶ PARTIE III, p. 486 : L'ÉCRITURE D'INVENTION

Texte 3

André Breton
Manifeste du surréalisme (1924)

Biographie p. 561

Ci-contre : Max Ernst, *André Breton*, illustration pour une collection de poèmes, « Clair de terre » et « Les Pas perdus » d'André Breton (1923) (Paris, Bibliothèque littéraire Jacques Doucet).

Le Manifeste du surréalisme, *texte fondateur du mouvement, est la préface à un texte de Breton,* Le Poisson soluble. *Le surréalisme existe avant que le texte programmatique ne le définisse* ➤ TEXTES 1 et 2, p. 262 et 264. *Après avoir expliqué que le mot « surréalisme » avait été créé par Apollinaire comme sous-titre d'une pièce de 1917 (Les Mamelles de Tirésias, drame surréaliste), Breton adopte ce qualificatif et expose son programme.*

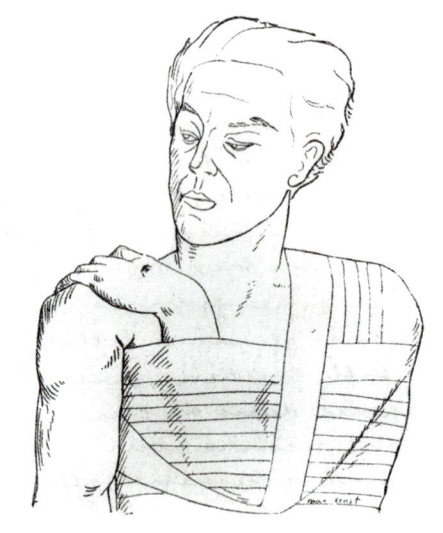

1   SURRÉALISME, n.m. Automatisme psychique pur par lequel on se propose d'exprimer, soit verbalement, soit par écrit, soit de toute autre manière, le fonctionnement réel de la pensée. Dictée de la pensée, en l'absence de tout contrôle exercé par la raison, en dehors de toute préoccupation esthétique ou
5   morale.
    ENCYCL. *Philos.* Le surréalisme repose sur la croyance à la réalité supérieure de certaines formes d'associations négligées jusqu'à lui, à la toute-puissance du rêve, au jeu désintéressé de la pensée. Il tend à ruiner définitivement tous les autres mécanismes psychiques et à se substituer à eux dans la
10 résolution des principaux problèmes de la vie. Ont fait acte de SURRÉALISME ABSOLU MM. Aragon, Baron, Boiffard, Breton, Carrive, Crevel, Delteil, Desnos, Eluard, Gérard, Limbour, Malkine, Morise, Naville, Noll, Péret, Picon, Soupault, Vitrac.

Extrait, © J.-J. Pauvert éditions, 1962
et Société Nouvelle des Éditions Pauvert,
département de la Librairie Arthème Fayard, 1979.

Questions DE LECTURE ANALYTIQUE

1. À quelle forme de discours ce texte appartient-il ? Quelle est sa fonction ?
   ➤ PARTIE II, p. 408 : LES FORMES DE DISCOURS
2. À quelles formes d'art le surréalisme s'adresse-t-il ? Justifiez.
3. Qu'est-ce qui s'oppose au surréalisme ? Comment peut-on y échapper ?
4. À quel champ lexical appartiennent les mots soulignés ? Quelle image donnent-ils de Breton ?
5. Que signifie l'expression *faire acte de surréalisme absolu* ?
6. Comparez la liste des surréalistes donnée ici et celle du tableau de Max Ernst ci-après. La concordance est-elle exacte ? Pourquoi, à votre avis ?

Analyse d'image

Chapitre **6** • Le surréalisme   SÉQUENCE **18**

Max Ernst (1891-1976)
Au rendez-vous des amis (1922)

Max Ernst est l'un des grands peintres surréalistes. D'origine allemande, il a rejoint le groupe surréaliste parisien en 1922 et s'est illustré dans de nouvelles techniques témoignant de l'inventivité du groupe : collages, grattages…

Max Ernst (1891-1976), *Le Rendez-vous des amis* (1922-1923),
huile sur toile, 1,30 x 1,93 m (Cologne, Museum Ludwig).

Reprise des éléments notés sur les parchemins encadrant les personnages à gauche et à droite :
Debout (de gauche à droite) : Soupault (2), Arp (3), Morise (5), Raphaël (7), Eluard (9), Aragon (12), Breton (13), Chirico (15), Gala (16).
Assis (de gauche à droite) : Crevel (1), Ernst (4), Dostoïevski (6), Fraenkel (8), Paulhan (10), Péret (11), Baargeld (14), Desnos (17).

Questions

1. Où André Breton apparaît-il ? En quoi son habit et son attitude en font-ils visiblement le chef du groupe ?
2. Sur les dix-sept noms, certains apparaissent dans ce chapitre ; lesquels ne sont jamais cités ? Cherchez quelques informations pour expliquer leur absence.
   Deux noms n'appartiennent pas au XXᵉ siècle : lesquels ? Expliquez leur présence.
3. Quel rôle les mouvements des personnages jouent-ils dans la composition ?
4. Que suggère le peintre à l'arrière-plan, derrière les personnages 2 (Soupault) et 7 (Raphaël) ?
5. Sur quel fond les personnages apparaissent-ils ? Quelle image du monde est donnée par ce décor ?
6. Quelle est la seule femme de l'ensemble ? S'agit-il d'une artiste ? Vérifiez grâce à la biographie de Paul Eluard, p. 562.

André Breton
Manifeste du surréalisme (1924)

Biographie p. 561

Dans le Manifeste du surréalisme, *texte-programme, André Breton évoque les précurseurs du surréalisme (Lautréamont, Apollinaire et Freud) et donne des conseils pour écrire de façon surréaliste.*

Texte A
Secrets de l'art magique surréaliste

Composition surréaliste écrite, ou premier et dernier jet.

Faites-vous apporter de quoi écrire, après vous être établi en un lieu aussi favorable que possible à la concentration de votre esprit sur lui-même. Placez-vous dans l'état le plus passif, ou réceptif, que vous pourrez. Faites abstraction de votre génie, de vos talents et de ceux de tous les autres. Dites-vous bien que la littérature est un des plus tristes chemins qui mènent à tout. Écrivez vite sans sujet préconçu, assez vite pour ne pas retenir et ne pas être tenté de vous relire. La première phrase viendra toute seule, tant il est vrai qu'à chaque seconde il est une phrase étrangère à notre pensée consciente qui ne demande qu'à s'extérioriser. Il est assez difficile de se prononcer sur le cas de la phrase suivante ; elle participe sans doute à la fois de notre activité consciente et de l'autre, si l'on admet que le fait d'avoir écrit la première entraîne un minimum de perception. Peu doit vous importer, d'ailleurs ; c'est en cela que réside, pour la plus grande part, l'intérêt du jeu surréaliste. Toujours est-il que la ponctuation s'oppose sans doute à la continuité absolue de la coulée qui nous occupe, bien qu'elle paraisse aussi nécessaire que la distribution des nœuds sur une corde vibrante. Continuez autant qu'il vous plaira. Fiez-vous au caractère inépuisable du murmure.

Extrait, © J.-J. Pauvert éditions, 1962
et Société Nouvelle des Éditions Pauvert,
département de la Librairie Arthème Fayard, 1979.

Questions DE LECTURE ANALYTIQUE

1. Quelle est la forme de discours adoptée ? dans quel but ?
   ▶ PARTIE II, p. 408 : LES FORMES DE DISCOURS
2. Expliquez pourquoi *passif* et *réceptif* (l. 4) sont ici synonymes.
3. Breton vous paraît-il sérieux ou humoristique dans le passage qui va de *Faites abstraction* à *qui mènent à tout* (l. 4 à 6) ?
4. Dans le texte, quels noms sont qualifiés par l'adjectif *surréaliste* ? Quelle indication cela donne-t-il sur l'activité surréaliste ?
5. La ponctuation est-elle compatible avec l'écriture automatique ? Pourquoi ?
6. **Question de synthèse :** à la lumière des réponses précédentes, expliquez l'impératif de Breton dans la dernière phrase.

Texte B

Les types innombrables d'images surréalistes appelleraient une classification que, pour aujourd'hui, je ne me propose pas de tenter. Les grouper selon leurs affinités particulières m'entraînerait trop loin ; je veux tenir compte, essentiellement, de leur commune vertu. Pour moi, la plus forte est celle qui présente le degré d'arbitraire le plus élevé, je ne le cache pas ; celle qu'on met le plus longtemps à traduire en langage pratique, soit qu'elle recèle une dose énorme de contradiction apparente, soit que l'un de ses termes en soit curieusement dérobé, soit que s'annonçant sensationnelle, elle ait l'air de se dénouer faiblement (qu'elle ferme brusquement l'angle de son compas), soit qu'elle tire d'elle-même une justification *formelle* dérisoire, soit qu'elle soit d'ordre hallucinatoire, soit qu'elle prête très naturellement à l'abstrait le masque du concret, ou inversement, soit qu'elle implique la négation de quelque propriété physique élémentaire, soit qu'elle déchaîne le rire.

Extrait, © J.-J. Pauvert éditions, 1962
et Société Nouvelle des Éditions Pauvert,
département de la Librairie Arthème Fayard, 1979.

Ci-contre :
ALBERTO GIACOMETTI
(1901-1966),
La Table surréaliste
(1933/1969), bronze,
ht : 1,43 m (Paris,
Musée National
d'Art Moderne).

Questions DE LECTURE ANALYTIQUE

1. Que signifie l'expression *degré d'arbitraire* (l. 11) ?
2. Quelles images du texte font penser à l'écriture automatique ? Justifiez.
3. Expliquez la métaphore située entre parenthèses (l. 23-24).
   ▶ PARTIE II, p. 392 : LES FIGURES DE RHÉTORIQUE
4. Quels registres littéraires sont représentés par l'écriture surréaliste ? Quelles expressions du texte le confirment ?
   ▶ p. 418 : LES REGISTRES LITTÉRAIRES

D'UN TEXTE À L'AUTRE ▶ TEXTES A et B

À la lumière des textes A et B, expliquez en quoi l'écriture surréaliste est novatrice. Votre réponse comportera plusieurs paragraphes s'appuyant précisément sur les documents.
▶ PARTIE III, p. 502 : RÉPONDRE À UNE QUESTION D'ANALYSE SUR UN CORPUS

SYNTHÈSE

Le groupe surréaliste : principes et manifestes

Après la Première Guerre mondiale, dans la lignée du **mouvement Dada** ➤ p. 293, des poètes parisiens cherchent un mode de vie et de pensée leur permettant de lutter et d'écrire en toute liberté. **Breton** et **Soupault** fondent alors la revue *Littérature* où ils publient les premiers textes d'écriture automatique : c'est l'acte de naissance du **mouvement surréaliste**.

1 Le *Manifeste du surréalisme* (1924)

- Le *Manifeste du surréalisme* peut être défini comme le projet du groupe. C'est un livre provocateur où le **surréalisme** est présenté comme un **« automatisme psychique »** ignorant les contraintes morales ou esthétiques. Il définit les **principes de l'écriture surréaliste** ➤ TEXTES 3 et 4, p. 266 et 268, et établit deux listes :
– les précurseurs : Lautréamont, les romantiques, Freud… ;
– les participants au mouvement ➤ TEXTE 3, p. 266 et ANALYSE D'IMAGE, p. 267.
- Ce programme est suivi du *Second Manifeste du surréalisme* en 1930 ➤ p. 275. Ce deuxième ouvrage, également rédigé par Breton, est de registre polémique, engageant les luttes politiques du groupe.

2 Le groupe surréaliste

- Breton et ses compagnons (dont Aragon, cofondateur du mouvement) ont d'abord privilégié l'écriture de groupe :
– **séances d'écriture automatique** parfois suivies de publications ➤ TEXTE 1, p. 262 et EXERCICE 2, p. 272 ;
– **séances d'écriture hypnotique** entre Breton, Desnos, Péret… qui influeront sur l'essentiel des poèmes de Desnos ➤ TEXTE 2, p. 264 ;
– **soirées de « cadavres exquis »** ➤ EXERCICE 1, p. 271 à partir de 1926. Chaque participant écrit ou dessine juste après un autre qui a plié et masqué ce qu'il vient de composer. Naissent alors des phrases étranges et poétiques, ou des monstres nés du hasard de l'inspiration collective.

- Breton est surnommé le **« pape »** par ses détracteurs car il est **très strict** sur l'esprit de groupe (fondé sur la subversion, la création collective…). L'histoire du surréalisme français est une série de disputes, de ruptures et d'exclusions. L'artiste doit s'agréger au groupe ou le quitter : **Desnos** se brouille avec Breton, dont les exigences s'opposent à son individualisme créatif.

3 Les principes surréalistes

- Le surréalisme s'affirme comme un **mouvement ouvert** aux :
– autres pays (Allemagne, Espagne, Belgique…) ;
– autres arts (**peinture** avec Ernst, Dali, Magritte ou Masson ; **photographie** avec Man Ray ; **cinéma** avec Luis Buñuel…) ;
– **recherches artistiques les plus diverses** : collages de textes, de dessins et de photographies…
- Bien qu'« artistes », les surréalistes veulent avant tout **faire éclater la littérature et l'art en général**. Le mouvement est parfois qualifié d'« anti-littéraire » car son objectif est de **briser « la cage des mots »** à l'aide de toutes les formes d'automatisme (écriture, transcription des rêves…).
- **Breton refuse même la notion de mouvement littéraire** : *Prenez garde de figurer dans les manuels d'histoire littéraire, alors que si nous briguions quelque honneur, ce serait celui d'être inscrits pour la postérité dans l'histoire des cataclysmes.* (lettre à Daumal en 1930). Ainsi considère-t-il le roman comme le réservoir des valeurs bourgeoises et du conformisme littéraire.
- **Le mouvement surréaliste est cependant paradoxal** : tout en affirmant une **liberté fondatrice** et une **imagination débridée**, il est étroitement encadré par le « pape » Breton qui organise le groupe par des manifestes et l'exigence de choix esthétiques et politiques.

➤ **BIOGRAPHIES DES AUTEURS p. 560**

EXERCICES D'APPROFONDISSEMENT

1 Le groupe surréaliste

1. Observez le support sur lequel sont dessinés les « cadavres ». Comment ont-ils été élaborés ?
2. Lequel de ces deux dessins vous semble le plus étrange ? Justifiez.
3. Malgré son aspect hybride, qu'est-ce qui donne une unité au « cadavre A » ? Expliquez.
4. En quoi ces dessins illustrent-ils l'extrait des *Chants de Maldoror* dans lequel Lautréamont
▶ SYNTHÈSE, p. 270 définit la beauté comme « la rencontre fortuite sur une table de dissection d'un parapluie et d'une machine à coudre » ?

ÉCRITURE D'INVENTION
Écrivez un poème descriptif de dix vers s'inspirant du « cadavre B » : inspirez-vous des lignes et du mélange des éléments humains, animaux et végétaux.

▶ PARTIE III, p. 486 : L'ÉCRITURE D'INVENTION

Document A ▶
Jean Arp (1886-1966), Oscar Dominguez (1906-1957), Jean Marcel (1900-1993) et Sophie Taeuber-Arp (1883-1943), *Cadavre exquis* (1937), photos imprimées, déchirées, crayon sur papier plié en huit et déplié, 61,6 x 23,6 cm (Paris, Musée National d'Art Moderne).

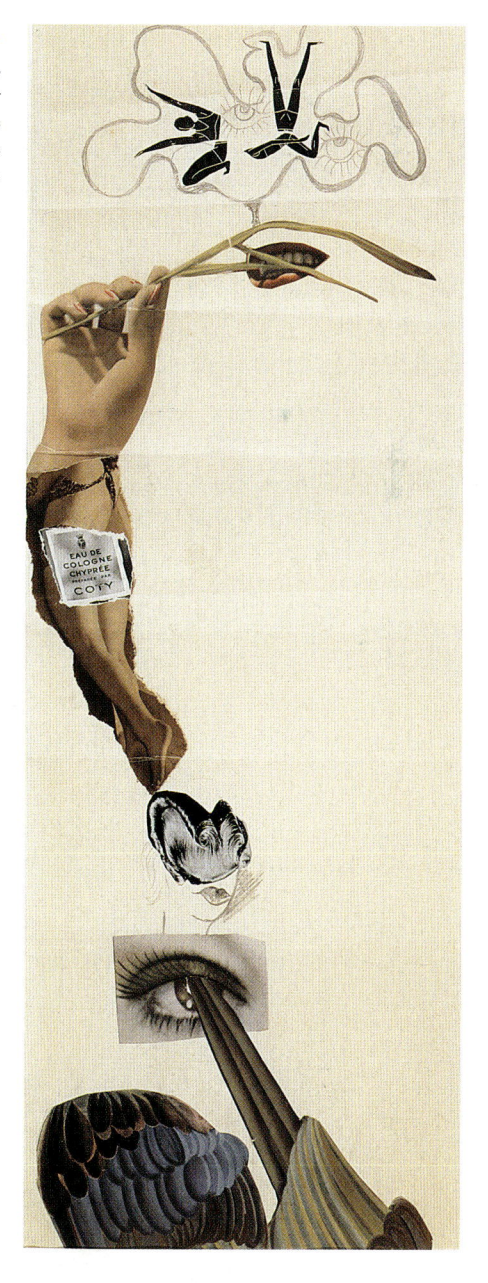

Document B ▲
André Breton (1896-1966), Georges Sadoul (1904-1967) et Robert Desnos (1900-1945), *Cadavre exquis* (1929), gouache, 24 x 16 cm (Collection privée).

EXERCICES D'APPROFONDISSEMENT

2. Les principes romantiques de l'écriture surréaliste

1. Ces deux textes sont-ils construits de façon traditionnelle ? Qu'ont-ils de surprenant ?
   ▶ PARTIE II, p. 473 : LES FORMES POÉTIQUES
2. Quel est le texte qui, d'après vous, répond aux principes de l'écriture automatique ? Quelles sont les figures de style qui le prouvent ?
   ▶ p. 392 : LES FIGURES DE RHÉTORIQUE
3. Quel texte joue le plus avec les mots ? avec quel effet sur le lecteur ?
4. Quel texte vous paraît le plus difficile à comprendre ? Justifiez.

TEXTE A

Pur jeudi

1   Rues, campagnes, où courais-je ? Les glaces me chassaient aux tournants vers d'autres mares.
    Les boulevards verts ! Jadis, j'admirai sans baisser les paupières, mais le soleil n'est plus
5   un hortensia[1].
    La victoria[2] joue au char symbolique : Flore[3] et cette fille aux lèvres pâles. Trop de luxe pour une prairie sans prétention : aux pavois[4], les drapeaux ! toutes les amantes seront aux fenê-
10 tres. En mon honneur ? Vous vous trompez.
    Le jour me pénètre. Que me veulent les miroirs blancs et ces femmes croisées ? Mensonge ou jeu ? Mon sang n'a pas cette couleur.
15 Sur le bitume flambant de Mars, ô perce-neiges ! tout le monde a compris mon cœur. J'ai eu honte, j'ai eu honte, oh !

                    LOUIS ARAGON, *Feu de joie*,
                in *Le Mouvement perpétuel* (1925), © Gallimard.

1. Grosse fleur rose, blanche ou bleue.
2. Ancienne voiture découverte à quatre roues tirée par deux chevaux.
3. Déesse romaine du printemps et de la nature.
4. Endroit où on hisse un pavillon, un drapeau.

TEXTE B

À Michel Leiris[1]

L'illusion de la désillusion

1   Quel affreux désordre de sentiments
    C'est le mica non c'est la Mi-Carême[2]
    Quel affreux désordre de sentiments
    Où sont les amis où sont les amants

5   Les uns dans le foin d'autres à la crème
    On se dit amis on est diamants
    Les uns dans le foin d'autres à la crème
    On est dit amants quelle erreur extrême

              Électro-aimants
10   Me suive qui m'aime
              Enfer et tourments
              C'est l'Ami Carême[3]

                    LOUIS ARAGON,
              Le Mouvement perpétuel (1925), © Gallimard.

1. Poète surréaliste ▶ SÉQUENCE 20, TEXTE 4, p. 290.
2. Jeudi de la troisième semaine de carême, période de quarante-six jours de jeûne pour les chrétiens entre mardi gras et Pâques.
3. Allusion à Maurice Carême, poète belge (1899-1978).

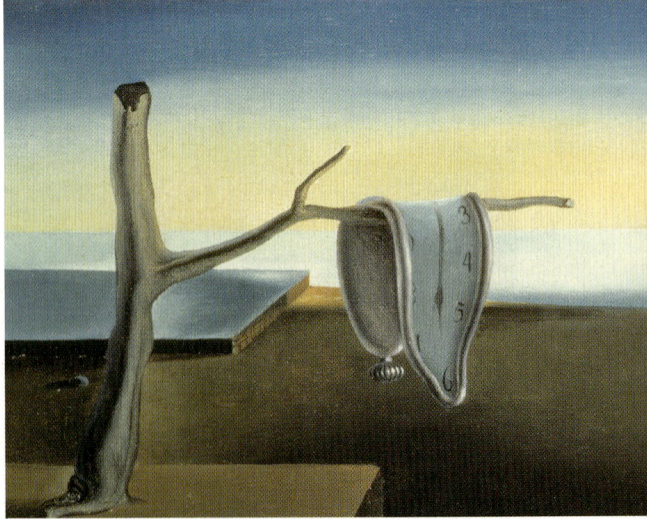

SALVATOR DALI (1904-1989), *La Persistance de la mémoire* : détail (1931), huile sur toile, 24,1 x 33 cm (New York, Museum of Modern Art).

▶ BIOGRAPHIES DES AUTEURS p. 560

SÉQUENCE **19** L'engagement des surréalistes

Objectif

Étudier les œuvres littéraires et picturales surréalistes qui ont critiqué le monde contemporain.

Les membres du groupe surréaliste ne se sont pas contentés de jeux poétiques et d'écriture automatique. Leur révolution esthétique s'est accompagnée d'une révolte anti-bourgeoise incarnée par Breton et d'un engagement politique qui s'est affirmé pendant la Seconde Guerre mondiale, avec les poètes résistants Aragon, Char et Desnos.

CORPUS DE LA SÉQUENCE

Texte **1** Lautréamont, ***Chants de Maldoror*** (1868)

Texte **2** R. Char, ***Fureur et mystère*** (1945)

Texte **3** P. Eluard, ***Poésie et vérité***, « **Liberté** » (1942)

Image F. Léger, composition pour « **Liberté** » (1953)

Notions de la séquence	Liens avec la partie II
Poème en vers libres (*texte 2*)	➤ p. 469 : LE VERS ET LA STROPHE
Poésie et action politique (*texte 3*)	➤ p. 477 : LES GENRES DE LA LITTÉRATURE D'IDÉES
Affiche poétique et politique (*analyse d'image*)	➤ p. 397 : L'IMAGE FIXE
Poésie et contestation (*textes 1 et 2 ; exercice 1*)	➤ p. 425 : LE REGISTRE LYRIQUE ➤ p. 434 : LE REGISTRE POLÉMIQUE
	Liens avec la partie III
Comparaison de deux textes sur le même thème (*textes 2 et 3*)	➤ p. 500 : LE PARAGRAPHE ARGUMENTATIF
Analyse d'un corpus de poésie engagée (*exercice 1*)	➤ p. 486 : L'ÉCRITURE D'INVENTION ➤ p. 528 : DE LA LECTURE D'UN CORPUS À LA DISSERTATION

Lautréamont
Chants de Maldoror (1868)

Biographie p. 564

Lautréamont est l'un des poètes maudits[1] du XIXe siècle. Mort prématurément, il est l'auteur d'une œuvre essentielle considérée par les surréalistes comme un recueil poétique résolument subversif et moderne : les Chants de Maldoror. *De son vivant, l'auteur ne put en publier qu'une partie, anonymement.*

J'ai fait un pacte avec la prostitution afin de semer le désordre dans les familles. Je me rappelle la nuit qui précéda cette dangereuse liaison. Je vis devant moi un tombeau. J'entendis un ver luisant, grand comme une maison, qui me dit : « Je vais t'éclairer. Lis l'inscription. Ce n'est pas de moi que vient cet ordre suprême. » Une vaste lumière couleur de sang, à l'aspect de laquelle mes mâchoires claquèrent et mes bras tombèrent inertes, se répandit dans les airs jusqu'à l'horizon. Je m'appuyai contre une muraille en ruine, car j'allais tomber, et je lus : « Ci-gît un adolescent qui mourut poitrinaire[2] : vous savez pourquoi. Ne priez pas pour lui. » Beaucoup d'hommes n'auraient peut-être pas eu autant de courage que moi. Pendant ce temps, une belle femme nue vint se coucher à mes pieds. Moi, à elle, avec une figure triste : « Tu peux te relever. » Je lui tendis la main avec laquelle le fratricide[3] égorge sa sœur. Le ver luisant, à moi : « Toi, prends une pierre et tue-la. – Pourquoi ? lui dis-je. » Lui, à moi. « Prends garde à toi ; le plus faible parce que je suis le plus fort. Celle-ci s'appelle *Prostitution*. » Les larmes dans les yeux, la rage dans le cœur, je sentis naître en moi une force inconnue. Je pris une grosse pierre ; après bien des efforts, je la soulevai avec peine jusqu'à la hauteur de ma poitrine ; je la mis sur l'épaule avec les bras. Je gravis une montagne jusqu'au sommet : de là, j'écrasai le ver luisant. Sa tête s'enfonça sous le sol d'une grandeur d'homme ; la pierre rebondit jusqu'à la hauteur de six églises. Elle alla retomber dans un lac, dont les eaux s'abaissèrent un instant, tournoyantes, en creusant un immense cône renversé. Le calme reparut à la surface ; la lumière de sang ne brilla plus. « Hélas ! hélas ! s'écria la belle jeune femme nue ; qu'as-tu fait ? » Moi, à elle : « Je te préfère à lui ; parce que j'ai pitié des malheureux. Ce n'est pas ta faute, si la justice éternelle t'a créée. » Elle, à moi : « Un jour, les hommes me rendront justice ; je ne t'en dis pas davantage. Laisse-moi partir, pour aller cacher au fond de la mer ma tristesse infinie. Il n'y a que toi et les monstres hideux qui grouillent dans ces noirs abîmes, qui ne me méprisent pas. Tu es bon. Adieu, toi qui m'as aimée ! » Moi, à elle : « Adieu ! Encore une fois : adieu ! Je t'aimerai toujours !… Dès aujourd'hui, j'abandonne la vertu. » C'est pourquoi, ô peuples, quand vous entendrez le vent d'hiver gémir sur la mer et près de ses bords, ou au-dessus des grandes villes, qui, depuis longtemps, ont pris le deuil pour moi, ou à travers les froides régions polaires, dites : « Ce n'est pas l'esprit de Dieu qui passe : ce n'est que le soupir aigu de la prostitution, uni avec les gémissements graves du Montévidéen[4]. »

Chant premier (extrait).

---

1. Poètes souvent peu publiés de leur vivant, et morts prématurément.
2. Tuberculeux.
3. Assassin de son frère ou de sa sœur.
4. Lautréamont est né à Montevideo.

Questions DE LECTURE ANALYTIQUE

1. Quelle impression la première phrase crée-t-elle ?
2. Qui sont les personnages ? Quelles sont leurs relations ? Lequel vous semble le plus étonnant ?
3. Si la femme représente la « prostitution », que symbolise le ver luisant ? Justifiez.
4. Quel registre peut-on associer au dialogue entre le personnage et cette femme ? En quoi cette conversation est-elle étonnante ?
   ➤ **PARTIE II, p. 418 :** LES REGISTRES LITTÉRAIRES
5. Quel est l'effet de la prière finale ? Sur quoi le poète veut-il jouer ?

D'UN TEXTE À L'AUTRE

Quels aspects provocateurs du texte de Lautréamont ont visiblement fasciné et inspiré Breton ?
L'acte surréaliste le plus simple consiste, revolvers aux poings, à descendre dans la rue et à tirer au hasard, tant qu'on peut, dans la foule. Qui n'a pas eu, au moins une fois, envie d'en finir de la sorte avec le petit système d'avilissement[1] et de crétinisation en vigueur a sa place toute marquée dans cette foule, ventre à hauteur du canon. (A. BRETON, extrait du *Second Manifeste du surréalisme*, 1930)

1. Dégradation morale.

LUCIEN LORELLE (1894-1968), illustration pour *Les Chants de Maldoror* de Lautréamont (1947), épreuve aux sels d'argent, 30,3 x 23,9 cm (Paris, Musée National d'Art Moderne).

René Char
Fureur et mystère (1945)

Biographie p. 561

En 1942, le poète René Char s'engage dans la Résistance sous le nom de « capitaine Alexandre ». Conscient de l'importance de la lutte contre le nazisme, il abandonne l'écriture afin de se consacrer entièrement au combat. Dans les faits, il écrit encore des poèmes en prose regroupés sous le titre Feuillets d'Hypnos *et d'autres textes rassemblés dans le recueil « Seuls demeurent » devenu par la suite une section de l'ouvrage* Fureur et mystère.

Texte A

Chant du refus

Début du partisan

1. Du latin *panis* (pain) : fabriquait.
2. Paralysie.

Le poète est retourné pour de longues années dans le néant du père. Ne l'appelez pas, vous tous qui l'aimez. S'il vous semble que l'aile de l'hirondelle n'a plus de miroir sur terre, oubliez ce bonheur. Celui qui panifiait[1] la souffrance n'est pas visible dans sa léthargie[2] rougeoyante.

Ah ! beauté et vérité fassent que vous soyez *présents* nombreux aux salves de la délivrance !

Section « Seuls demeurent » © Gallimard, 1962.

Questions DE LECTURE ANALYTIQUE

1. Quel est le destinataire de ce texte ? Justifiez.
2. Que désigne métaphoriquement *le néant du père* ?
   ▶ PARTIE II, p. 392 : LES FIGURES DE RHÉTORIQUE
3. Quelles figures de style renvoient à l'activité littéraire du poète ?
   ▶ p. 392 : LES FIGURES DE RHÉTORIQUE
4. Pourquoi le qualificatif *présents* (l. 5) est-il écrit en italiques ? Que peut signifier la *délivrance* qui clôt le poème ?
5. Cherchez la définition du mot « partisan » en sélectionnant l'acception* historique de ce mot. Comment comprendre alors le titre du poème : « Chant du refus » ?

Texte B

La Liberté

1. Bancs de sable.
2. Dispositif militaire portatif destiné à éventrer des murailles.

Elle est venue par cette ligne blanche pouvant tout aussi bien signifier l'issue de l'aube que le bougeoir du crépuscule.

Elle passa les grèves[1] machinales ; elle passa les cimes éventrées.

Prenaient fin la renonciation à visage de lâche, la sainteté du mensonge, l'alcool du bourreau.

Son verbe ne fut pas un aveugle bélier[2] mais la toile où s'inscrivit mon souffle.

D'un pas à ne se mal guider que derrière l'absence, elle est venue, cygne sur la blessure, par cette ligne blanche.

© Gallimard, 1962.

Questions DE LECTURE ANALYTIQUE

1. Quelles métaphores évoquent les heures sombres de l'Occupation ? Par opposition, quelles figures désignent la liberté ?
   ▶ PARTIE II, p. 392 : LES FIGURES DE RHÉTORIQUE
2. Dans quelle phrase le poète évoque-t-il son activité poétique ? Grâce à quelle figure de style la poésie est-elle valorisée ?
3. Nommez et expliquez l'image du *cygne sur la blessure* (l. 8).

D'UN TEXTE À L'AUTRE ▶ TEXTES A et B

a. En quoi ces textes montrent-ils que René Char peut être défini comme un poète engagé ▶ SYNTHÈSE, p. 281 ?
b. Pourquoi ces deux textes peuvent-ils être considérés, malgré leur absence de rimes et de vers, comme des poèmes ?
   ▶ p. 473 : LES FORMES POÉTIQUES
   ▶ p. 500 : LE PARAGRAPHE ARGUMENTATIF

André Masson (1896-1987), *La Résistance* (1944), huile sur toile, 1,79 x 1,39 m (Paris, Musée National d'Art Moderne).

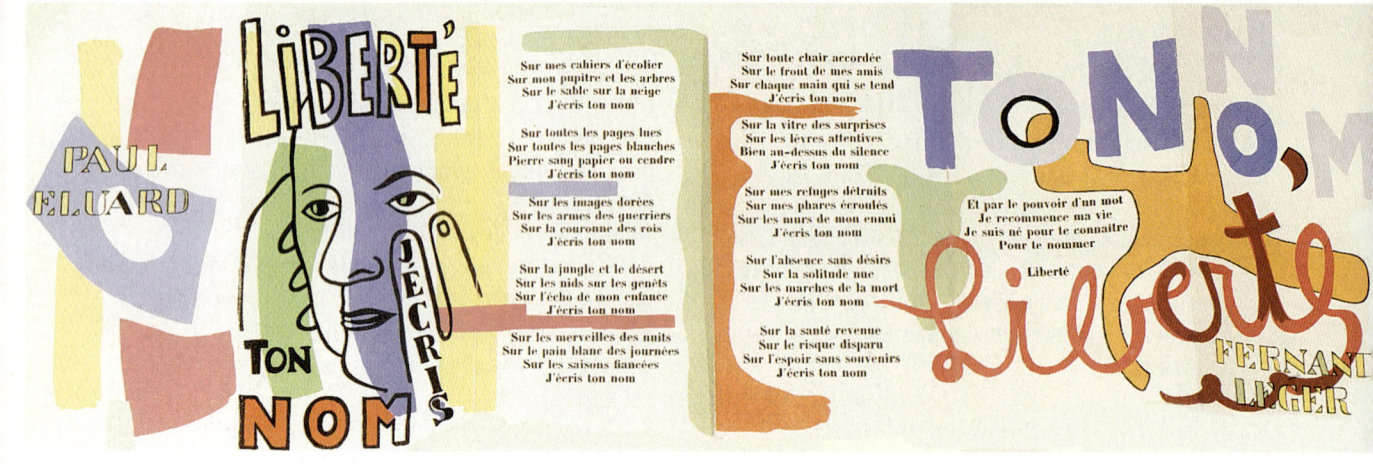

Fernand Léger (1881-1955), composition pour *Liberté, j'écris ton nom* de Paul Eluard (1895-1952), exécutée pour la publication des éditions Seghers en 1953 (Saint-Denis, Musée d'Art et d'Histoire).

Texte 3

PAUL ELUARD
Poésie et vérité (1942)

Biographie p. 562

« Liberté » est le poème qui ouvre le recueil intitulé Poésie et vérité, l'une des œuvres les plus célèbres de la poésie surréaliste. Poème de lutte parachuté dans les maquis[1], il est devenu le symbole de la résistance à l'oppression nazie, à laquelle Eluard a humainement contribué.

Liberté

1   Sur mes cahiers d'écolier
    Sur mon pupitre et les arbres
    Sur le sable sur la neige
    J'écris ton nom

5   Sur toutes les pages lues
    Sur toutes les pages blanches
    Pierre sang papier ou cendre
    J'écris ton nom

    Sur les images dorées
10 Sur les armes des guerriers
    Sur la couronne des rois
    J'écris ton nom

    Sur la jungle et le désert
    Sur les nids sur les genêts[2]
15 Sur l'écho de mon enfance
    J'écris ton nom

    Sur les merveilles des nuits
    Sur le pain blanc des journées
    Sur les saisons fiancées
20 J'écris ton nom

    Sur tous mes chiffons d'azur
    Sur l'étang soleil moisi
    Sur le lac lune vivante
    J'écris ton nom

25 Sur les champs sur l'horizon
    Sur les ailes des oiseaux
    Et sur le moulin des ombres
    J'écris ton nom

    Sur chaque bouffée d'aurore
30 Sur la mer sur les bateaux
    Sur la montagne démente
    J'écris ton nom

1. Lieux peu accessibles, sauvages, où se regroupaient les résistants.
2. Arbrisseaux à fleurs jaunes.

Sur la mousse des nuages
Sur les sueurs de l'orage
35 Sur la pluie épaisse et fade
J'écris ton nom

Sur les formes scintillantes
Sur les cloches des couleurs
Sur la vérité physique
40 J'écris ton nom

Sur les sentiers éveillés
Sur les routes déployées
Sur les places qui débordent
J'écris ton nom

45 Sur la lampe qui s'allume
Sur la lampe qui s'éteint
Sur mes maisons réunies
J'écris ton nom

Sur le fruit coupé en deux
50 Dur miroir et de ma chambre
Sur mon lit coquille vide
J'écris ton nom

Sur mon chien gourmand et tendre
Sur ses oreilles dressées
55 Sur sa patte maladroite
J'écris ton nom

Sur le tremplin de ma porte
Sur les objets familiers
Sur le flot du feu béni
60 J'écris ton nom

Sur toute chair accordée
Sur le front de mes amis
Sur chaque main qui se tend
J'écris ton nom

65 Sur la vitre des surprises
Sur les lèvres attentives
Bien au-dessus du silence
J'écris ton nom

Sur mes refuges détruits
70 Sur mes phares écroulés
Sur les murs de mon ennui
J'écris ton nom

Sur l'absence sans désir
Sur la solitude nue
75 Sur les marches de la mort
J'écris ton nom

Sur la santé revenue
Sur le risque disparu
Sur l'espoir sans souvenir
80 J'écris ton nom

Et par le pouvoir d'un mot
Je recommence ma vie
Je suis né pour te connaître
Pour te nommer

85 Liberté.

In Au rendez-vous allemand,
© Minuit.

Questions DE LECTURE ANALYTIQUE

1. Comment le poème est-il construit ? sur quelle figure de style ? En vous aidant du paratexte, expliquez pourquoi Eluard a choisi cette forme.
   ▶ PARTIE II, p. 392 : LES FIGURES DE RHÉTORIQUE

2. Observez les effets de rythme et de sonorités. Comment Eluard introduit-il la musicalité dans le poème ?
   ▶ p. 469 : LE VERS ET LA STROPHE

3. Relevez quelques-uns des supports d'écriture évoqués dans le poème. À quels domaines appartiennent-ils ? Pourquoi sont-ils si nombreux ?

4. Relevez les antithèses dans les strophes. Quel est l'effet recherché par Eluard ?
   ▶ p. 392 : LES FIGURES DE RHÉTORIQUE

5. **Question de synthèse** : on a dit que ce poème était à la fois un texte militant et un hymne à la vie. Justifiez cette définition dans un paragraphe argumentatif en lien avec les images du texte.
   ▶ PARTIE III, p. 500 : LE PARAGRAPHE ARGUMENTATIF

Analyse d'image

FERNAND LÉGER (1881-1955)
Composition pour « Liberté » (1953)

Cette composition graphique du peintre Fernand Léger, très proche des poètes surréalistes, est un détail de l'illustration du poème « Liberté » d'Eluard ➤ TEXTE 3, p. 278.

Composition exécutée pour la publication des éditions Seghers en 1953 (détail) (Saint Denis, Musée d'Art et d'Histoire).

Questions

1. Que symbolise la figure représentée sur le tableau ? Quelle est la figure de style utilisée ici par le peintre ?
   ➤ **PARTIE II, p. 392 :** LES FIGURES DE RHÉTORIQUE
2. Quel rôle les couleurs jouent-elles dans cette illustration célébrant la liberté ?
3. Comment le peintre a-t-il utilisé les différentes formes de caractère ? avec quels effets visuels ? dans quel but ?
4. Comparez l'image de la liberté que donne Léger et celle que donne René Char dans son poème ➤ TEXTE 2 B, p. 276. Leurs univers sont-ils comparables ? S'inscrivent-ils dans le même registre ?
   ➤ **p. 418 :** LES REGISTRES LITTÉRAIRES

SYNTHÈSE

Surréalisme et engagement

1 L'engagement avant le surréalisme

- **L'affaire Dreyfus** (1894-1906) donne lieu à un débat passionné dans lequel Zola s'insurge contre l'antisémitisme dans l'article « J'accuse », créant l'**idée d'engagement**.
- Bien avant :
– **Voltaire**, même s'il n'est intervenu qu'après coup dans des affaires judiciaires, a montré sa haine de la superstition et s'est constitué comme un **intellectuel avant la lettre** ;
– **Hugo**, opposé à la peine de mort aussi bien dans son roman *Le Dernier Jour d'un condamné* (1829) que dans ses discours à l'Assemblée nationale, a été **un écrivain engagé** ▶ p. 211, 213 et EXERCICE 2, p. 320.

2 Le traumatisme de la Grande Guerre

- La **Première Guerre mondiale** permet aux intellectuels (journalistes, écrivains...) d'affirmer leurs idées à l'occasion de discours, d'articles ou d'essais. Les conséquences de la Première Guerre mondiale font aussi réagir nombre d'écrivains :
– **Rolland** dénonce la guerre **dans un essai** au titre évocateur : *Au-dessus de la mêlée*, qui lui vaut le prix Nobel de littérature en 1915 ;
– **Dorgelès**, dans son récit anti-épique de 1919, *Les Croix de bois*, dénonce les horreurs des tranchées et les fusillades pour l'exemple.
- Jeunes médecins, **Aragon** et **Breton** découvrent les désastres de la guerre dans le service psychiatrique où ils soignent les traumatismes subis par les soldats. Rebelles à l'ordre militaire et bourgeois, les **poètes surréalistes** inventent une poésie révolutionnaire grâce à l'**écriture automatique** ▶ p. 262, façon originale de se révolter, même si les thèmes de leurs œuvres font rarement référence à l'actualité et aux débats contemporains.

3 Surréalisme et communisme

- Le **communisme** prend une ampleur considérable après les révolutions russes de 1905 et 1917. De nombreux débats définissent la **place de l'intellectuel dans une nouvelle société**, et presque tous les **poètes surréalistes** adhèrent au communisme :
– **Breton et Aragon**, entrés au parti communiste en 1927, sont en désaccord au sujet du rôle de l'intellectuel : **Aragon**, très proche du parti, s'oppose à **Breton**, défenseur d'une indépendance farouche ;
– **Desnos**, quant à lui, refuse l'ouverture du surréalisme au communisme prônée par Breton dans la revue intitulée *Le Surréalisme au service de la révolution* et prend vite ses distances avec le groupe.
- Pendant la Seconde Guerre mondiale, les poètes **Char** ▶ TEXTE 2, p. 276 et **Aragon** ▶ EXERCICE 1, p. 282-283, s'engagent comme **résistants à l'occupation allemande**.
- Des peintres proches du surréalisme montrent aussi leur engagement :
– **Dali** montre l'absurdité de la guerre civile espagnole dans le tableau *Prémonition de la guerre civile* (1935) ;
– **Picasso** s'insurge contre le bombardement nazi de la ville espagnole Guernica dans l'œuvre du même nom (1937) ;
– **Léger** illustre en 1953 le poème d'Eluard intitulé « Liberté » (1942) ▶ ANALYSE D'IMAGE, p. 280.

4 L'engagement après le surréalisme

- **Le désastre de 1939-1945** n'a pas essoufflé l'engagement. Le **surréalisme a cédé du terrain** mais les intellectuels communistes ont vu en l'Armée rouge la force libératrice. Cet enthousiasme est tempéré par l'**invasion de Budapest** par les Russes (1956), intervention condamnée par de nombreux intellectuels.
- En France, la **guerre d'Algérie** a été l'occasion d'affirmer le droit des peuples à disposer d'eux-mêmes. Des intellectuels se sont faits porte-parole de l'indépendance :
– **Sartre**, philosophe et romancier, dans ses articles et ses essais ;
– **Genet** dans la mise en scène de sa pièce à scandale *Les Paravents* (1962).
- Cette volonté d'affirmer haut et fort ses opinions pour agir sur le débat public et influer sur le monde politique continue avec les luttes acharnées d'**intellectuelles féministes** héritières de **Simone de Beauvoir** ▶ p. 312.

▶ **BIOGRAPHIES DES AUTEURS p. 560**

EXERCICES D'APPROFONDISSEMENT

1 LECTURE D'UN CORPUS
Poésie et engagement

1. En analysant les thèmes des textes A, B et C, vous montrerez qu'il s'agit d'œuvres engagées.

2. Quels sont les registres littéraires adoptés ? En quoi sont-ils propres à l'engagement ?
▶ PARTIE II, p. 418 : LES REGISTRES LITTÉRAIRES
▶ PARTIE III, p. 502 : RÉPONDRE À UNE QUESTION D'ANALYSE SUR UN CORPUS

DISSERTATION
On a souvent reproché aux poètes de se réfugier dans leur tour d'ivoire et dans leurs jeux avec le langage, insensibles aux problèmes et aux douleurs du monde. L'analyse du corpus et votre culture personnelle vous amènent-t-elles à partager ce jugement ?
▶ p. 528 : DE LA LECTURE D'UN CORPUS À LA DISSERTATION

ÉCRITURE D'INVENTION
En vous inspirant des registres et des figures de style d'Aragon et de Prévert, imaginez la dernière lettre que le condamné Manouchian envoie à sa femme juste avant son exécution en 1944.
▶ p. 418 : LES REGISTRES LITTÉRAIRES
▶ p. 392 : LES FIGURES DE RHÉTORIQUE
▶ p. 486 : L'ÉCRITURE D'INVENTION

Texte A
Dans ses romans, ses discours et ses poèmes, Victor Hugo s'est insurgé contre le travail des enfants, forme de travail encore tout à fait légale au milieu du XIXe siècle.

  Où vont tous ces enfants dont pas un seul ne rit ?
  Ces doux êtres pensifs que la fièvre maigrit ?
  Ces filles de huit ans qu'on voit cheminer seules ?
  Ils s'en vont travailler quinze heures sous des meules ;
5 Ils vont, de l'aube au soir, faire éternellement
  Dans la même prison le même mouvement.
  Accroupis sous les dents d'une machine sombre,
  Monstre hideux[1] qui mâche on ne sait quoi dans l'ombre,
  Innocents dans un bagne, anges dans un enfer,
10 Ils travaillent. Tout est d'airain[2], tout est de fer.
  Jamais on ne s'arrête et jamais on ne joue.
  Aussi quelle pâleur ! la cendre est sur leur joue.
  Il fait à peine jour, ils sont déjà bien las.
  Ils ne comprennent rien à leur destin, hélas !

Victor Hugo, *Les Contemplations*, III, 2, « Melancholia », vers 113-126 (1856).

1. Laid, affreux. **2.** De bronze.

Texte B
Ce poème rappelle le sort des fusillés sélectionnés par l'armée allemande, qui se vengeait ainsi des actions de la Résistance. Mais l'absence de contextualisation précise de ce texte lui donne une valeur universelle.

La complainte[1] du fusillé

1 Ils m'ont tiré au mauvais sort
   par pitié
   J'étais mauvaise cible
   le ciel était si bleu
5 Ils ont levé les yeux
   en invoquant leur dieu
   Et celui qui s'est approché
   seul
   sans se hâter
10 tout comme eux
   un petit peu a tiré à côté
   à côté du dernier ressort
   à la grâce des morts
   à la grâce de dieu.
15 Ils m'ont tiré au mauvais sort
   par les pieds
   et m'ont jeté dans la charrette des morts
   des morts tirés des rangs
   des rangs de leur vivant
20 numéroté
   leur vivant hostile à la mort
   Et je suis là près d'eux
   vivant encore un peu
   tuant le temps de mon mal
25 tuant le temps de mon mieux.

Jacques Prévert, *Fatras* (1966), © Gallimard.

1. Chanson triste ou attendrissante.

TEXTE C

Aragon fut résistant dans la zone sud et prit parti pour le groupe Manouchian, fusillé sous l'occupation allemande en février 1944 après avoir été l'objet d'une propagande odieuse identifiant les résistants à des terroristes d'origine étrangère (Manouchian était d'origine arménienne). En hommage, il publia ce poème bien après les tragiques événements.

1 Vous n'avez réclamé la gloire ni les larmes
Ni l'orgue ni la prière aux agonisants
Onze ans déjà que cela passe vite onze ans
Vous vous étiez servis simplement de vos armes
5 La mort n'éblouit pas les yeux des Partisans[1]

Vous aviez vos portraits sur les murs de nos villes
Noirs de barbe et de nuit hirsutes menaçants
L'affiche qui semblait une tache de sang
Parce qu'à prononcer vos noms sont difficiles
10 Y cherchait un effet de peur sur les passants

Nul ne semblait vous voir Français de préférence
Les gens allaient sans yeux pour vous le jour durant
Mais à l'heure du couvre-feu des doigts errants
Avaient écrit sous vos photos MORTS POUR LA FRANCE
15 Et les mornes matins en étaient différents

Tout avait la couleur uniforme du givre
À la fin février pour vos derniers moments
Et c'est alors que l'un de vous dit calmement
Bonheur à tous Bonheur à ceux qui vont survivre
20 *Je meurs sans haine en moi pour le peuple allemand*

*Adieu la peine et le plaisir Adieu les roses
Adieu la vie adieu la lumière et le vent
Marie-toi sois heureuse et pense à moi souvent
Toi qui vas demeurer dans la beauté des choses*
25 *Quand tout sera fini plus tard en Erivan[2]*

*Un grand soleil d'hiver éclaire la colline
Que la nature est belle et que le cœur me fend
La justice viendra sur nos pas triomphants
Ma Mélinée[3] ô mon amour mon orpheline*
30 *Et je te dis de vivre et d'avoir un enfant*

Ils étaient vingt et trois quand les fusils fleurirent
Vingt et trois qui donnaient le cœur avant le temps
Vingt et trois étrangers et nos frères pourtant
Vingt et trois amoureux de vivre à en mourir
35 Vingt et trois qui criaient la France en s'abattant

Louis Aragon, Le Roman inachevé,
« Strophe pour se souvenir » (extrait, 1956), © Gallimard.

1. Résistants.
2. Erevan, capitale de l'Arménie.
3. Référence mythologique imaginaire créée peut-être en référence à la mélinite, puissant explosif.

DOCUMENT COMPLÉMENTAIRE

Cette affiche est le document officiel placardé sur tous les murs de France en 1944, dans le but de dénoncer les activités de résistance jugées terroristes à l'époque de l'occupation de la France par l'armée allemande.

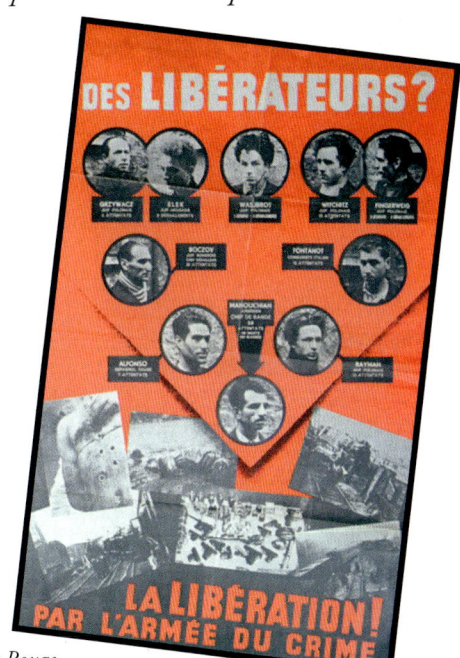

L'Affiche Rouge montrant les membres du groupe Manouchian (1944), lithographie en couleur (Collection privée).

▶ BIOGRAPHIES DES AUTEURS p. 560

SÉQUENCE 20 — Le surréalisme : entre tradition et modernité

Objectif — Comprendre que, malgré ses innovations esthétiques, le surréalisme s'inscrit dans la tradition poétique du lyrisme amoureux, aussi bien dans ses thèmes que dans ses formes.

Adeptes du lyrisme amoureux et admirateurs du corps féminin, les poètes surréalistes ont adapté et développé les thèmes traditionnels en créant des textes, certes originaux par leur modernité d'images et de langage, mais inscrits dans une culture poétique riche de plusieurs siècles.

CORPUS DE LA SÉQUENCE

- **Texte 1** — G. Apollinaire, *Poèmes à Lou*, « Je pense à toi… » (1915)
- **Texte 2** — P. Eluard, *Capitale de la douleur*, « La courbe de tes yeux… » (1926)
- **Texte 3** — A. Breton, *Clair de terre*, « L'Union libre » (1931)
- **Texte 4** — M. Leiris, *Haut Mal*, « Hymne » (1943)
- **Image** — R. Magritte, *La Magie noire* (1945)

Notions de la séquence	Liens avec la partie II
Métaphores, comparaisons et autres images poétiques (*ensemble du corpus*)	▶ p. 392 : LES FIGURES DE RHÉTORIQUE
Formes et thèmes de la poésie traditionnelle et de la poésie moderne (*textes 1, 2 et 4*)	▶ p. 473 : LES FORMES POÉTIQUES ▶ p. 425 : LE REGISTRE LYRIQUE ▶ p. 387 : LES OUTILS GRAMMATICAUX
Tableau surréaliste (*analyse d'image*)	▶ p. 397 : L'IMAGE FIXE
	Liens avec la partie III
Transposition d'un poème en lettre (*texte 1*) Développement d'un poème (*texte 4*) Rédaction d'une partie de scénario à partir d'un photogramme (*exercice 4*)	▶ p. 486 : L'ÉCRITURE D'INVENTION
Comparaison d'Eluard et de Ronsard (thèmes et formes) (*texte 2*)	▶ p. 502 : RÉPONDRE À UNE QUESTION D'ANALYSE SUR UN CORPUS

Chapitre **6** • Le surréalisme SÉQUENCE **20**

Texte 1

GUILLAUME APOLLINAIRE
Poèmes à Lou (1915)

Biographie p. 560

Apollinaire, pourtant absent du tableau de Max Ernst ▶ ANALYSE D'IMAGE, p. 267, *est considéré comme un précurseur du surréalisme. Fondateur de l'« Esprit nouveau » en 1917 (affirmation de la modernité en poésie et en art), il a été le premier poète à s'émanciper de la ponctuation : procédé visible dans les* Poèmes à Lou, *où il chante sa compagne Louise de Coligny-Châtillon.*

1 Je pense à toi mon Lou ton cœur est ma caserne
   Mes sens sont tes chevaux ton souvenir est ma luzerne

   Le ciel est plein ce soir de sabres d'éperons
   Les canonniers s'en vont dans l'ombre lourds et prompts

5 Mais près de toi je vois sans cesse ton image
   Ta bouche est la blessure ardente du courage

   Nos fanfares éclatent dans la nuit comme ta voix
   Quand je suis à cheval tu trottes près de moi

   Nos 75[1] sont gracieux comme ton corps
10 Et tes cheveux sont fauves comme le feu d'un obus
       qui éclate au nord

*

   Je t'aime tes mains et mes souvenirs
   Font sonner à toute heure une heureuse fanfare
   Des soleils tour à tour se prennent à hennir
15 Nous sommes les bat-flanc[2] sur qui ruent les étoiles

© Gallimard, 1969.

1. Référence vraisemblable à un calibre de canon.
2. Planche de bois séparant deux chevaux dans une écurie, ou plan incliné servant de lit dans une caserne.

Questions DE LECTURE ANALYTIQUE

1. Avant même d'être lu, en quoi ce poème répond-il typographiquement à la poésie traditionnelle ?
▶ **PARTIE II, p. 473** : LES FORMES POÉTIQUES

2. Quel est le mètre adopté ? Est-il strictement respecté ?
▶ **p. 469** : LE VERS ET LA STROPHE

3. Étudiez l'énonciation. Comment le poète rappelle-t-il la présence de la destinataire ?
▶ **p. 387** : LES OUTILS GRAMMATICAUX

4. Quelles figures de style sont associées au corps de la femme et au paysage ? grâce à quel champ lexical ? Est-ce un hasard ?
▶ **p. 392** : LES FIGURES DE RHÉTORIQUE

5. Quelles métaphores annoncent l'écriture surréaliste ? Sont-elles pour autant incompréhensibles ?
▶ **p. 392** : LES FIGURES DE RHÉTORIQUE

ÉCRITURE D'INVENTION

Sachant que pendant son séjour à la caserne de Nîmes en 1915, Apollinaire n'a cessé d'entremêler écriture de poèmes et rédaction de lettres à destination de Lou restée à Nice, transposez ce poème en lettre, en respectant les images poétiques de l'œuvre.
▶ **PARTIE III, p. 488** : TRANSPOSER

PABLO PICASSO (1881-1973), *Portrait de Nush Eluard*
(1938), huile sur toile, 55 × 46 cm (Lucerne, musée collection Rosengart).

Texte 2

PAUL ELUARD
Capitale de la douleur (1926)

Biographie p. 562

Eluard appartient encore au groupe surréaliste quand il écrit le recueil Capitale de la douleur. *Il s'y affirme comme un poète lyrique ayant la séduction et l'amour comme sujets de prédilection. Images et thèmes lyriques abondent dans ce texte qui s'apparente aux grands chants d'amour de la Renaissance ou de l'époque romantique.*

1   La courbe de tes yeux fait le tour de mon cœur,
    Un rond de danse et de douceur,
    Auréole du temps, berceau nocturne et sûr,
    Et si je ne sais plus tout ce que j'ai vécu
5   C'est que tes yeux ne m'ont pas toujours vu.

    Feuilles de jour et mousse de rosée,
    Roseaux du vent, sourires parfumés,
    Ailes couvrant le monde de lumière,
    Bateaux chargés du ciel et de la mer,
10 Chasseurs des bruits et sources des couleurs,

    Parfums éclos d'une couvée d'aurores
    Qui gît toujours sur la paille des astres,
    Comme le jour dépend de l'innocence
    Le monde entier dépend de tes yeux purs
15 Et tout mon sang coule dans leurs regards.

© Gallimard.

Questions DE LECTURE ANALYTIQUE

1. Quel est le registre dominant ? Justifiez.
   ➤ PARTIE II, p. 418 : LES REGISTRES LITTÉRAIRES
2. Quelles figures de style traduisent les sentiments du poète ? En quoi renforcent-elles le registre identifié ?
   ➤ p. 392 : LES FIGURES DE RHÉTORIQUE
3. Sur quel champ lexical la première strophe est-elle fondée ? Analysez ses connotations*.
4. Dans la première strophe, Eluard a joué sur les sonorités : grâce à quel procédé et avec quel effet ?
   ➤ p. 469 : LE VERS ET LA STROPHE
5. Relevez les expressions qui évoquent les sens et les sensations. Quel effet ont-elles sur le lecteur ?
6. Les couples de vers 4-5 et 14-15 se répondent ; qu'expriment-ils ?

D'UN TEXTE À L'AUTRE
Malgré leurs différences de thèmes et de contexte, grâce à quelles images poétiques les poèmes de Ronsard ➤ p. 340 et d'Eluard se répondent-ils ? Quel registre littéraire ont-ils en commun ?

Texte 3

ANDRÉ BRETON
Clair de terre (1931)

Biographie p. 561

« L'Union libre » est un éloge du corps féminin. C'est un texte qui pourrait illustrer un des adages de Breton : « La beauté sera convulsive, ou ne sera pas » (*Nadja*, 1928). Ce poème est célèbre par son accumulation d'images audacieuses, conformément au programme surréaliste, mais il se réfère implicitement à la technique du blason ➤ SYNTHÈSE, p. 293.

L'Union libre

1   Ma femme à la chevelure de feu de bois
    Aux pensées d'éclairs de chaleur
    À la taille de sablier
    Ma femme à la taille de loutre entre les dents du tigre
5   Ma femme à la bouche de cocarde et de bouquet d'étoiles de dernière grandeur
    Aux dents d'empreintes de souris blanche sur la terre blanche
    À la langue d'ambre et de verre frottés
    Ma femme à la langue d'hostie poignardée
    À la langue de poupée qui ouvre et ferme les yeux
10 À la langue de pierre incroyable
    Ma femme aux cils de bâtons d'écriture d'enfant
    Aux sourcils de bord de nid d'hirondelle
    Ma femme aux tempes d'ardoise de toit de serre
    Et de buée aux vitres

MAN RAY (1890-1976),
Les Larmes (1932),
photographie noir et blanc,
épreuve aux sels d'argent,
8,2 x 5,5 cm (Paris, Musée
National d'Art Moderne).

1. Mammifère carnivore.
2. Fêne = faine ; le fruit du hêtre.
3. Arbuste qui sert à former des haies.
4. Poissons à corps plat.
5. Arbuste donnant des grappes de baies noires.
6. Ouvriers qui calfatent (= rendent étanches) les navires.
7. Néologisme : l'orge est dit « perlée » lorsque les grains ont été débarrassés de leur enveloppe.

15 Ma femme aux épaules de champagne
    Et de fontaine à têtes de dauphins sous la glace
    Ma femme aux poignets d'allumettes
    Ma femme aux doigts de hasard et d'as de cœur
    Aux doigts de foin coupé
20 Ma femme aux aisselles de martre[1] et de fênes[2]
    De nuit de la Saint-Jean
    De troène[3] et de nid de scalares[4]
    Aux bras d'écume de mer et d'écluse
    Et de mélange du blé et du moulin
25 Ma femme aux jambes de fusée
    Aux mouvements d'horlogerie et de désespoir
    Ma femme aux mollets de moelle de sureau[5]
    Ma femme aux pieds d'initiales
    Aux pieds de trousseaux de clés aux pieds de calfats[6] qui boivent
30 Ma femme au cou d'orge imperlé[7]
    Ma femme à la gorge de Val d'or
    De rendez-vous dans le lit même du torrent

Aux seins de nuit
Ma femme aux seins de taupinière[8] marine
35　Ma femme aux seins de creuset du rubis
Aux seins de spectre de la rose sous la rosée
Ma femme au ventre de dépliement d'éventail des jours
Au ventre de griffe géante
Ma femme au dos d'oiseau qui fuit vertical
40　Au dos de vif-argent
Au dos de lumière
À la nuque de pierre roulée et de craie mouillée
Et de chute d'un verre dans lequel on vient de boire
Ma femme aux hanches de nacelle
45　Aux hanches de lustres et de pennes de flèche
Et de tiges de plumes de paon blanc
De balance insensible
Ma femme aux fesses de grès et d'amiante
Ma femme aux fesses de dos de cygne
50　Ma femme aux fesses de printemps
Au sexe de glaïeul
Ma femme au sexe de placer[9] et d'ornithorynque[10]
Ma femme au sexe d'algue et de bonbons anciens
Ma femme au sexe de miroir
55　Ma femme aux yeux pleins de larmes
Aux yeux de panoplie violette et d'aiguille aimantée
Ma femme aux yeux de savane
Ma femme aux yeux d'eau pour boire en prison
Ma femme aux yeux de bois toujours sous la hache
60　Aux yeux de niveau d'eau de niveau d'air de terre et de feu

© Gallimard.

[8.] Monticule de terre élevé par une taupe.
[9.] Banc de sable riche en or.
[10.] Mammifère d'Australie et de Tasmanie.

Questions DE LECTURE ANALYTIQUE

1. À quel forme de discours ce poème appartient-il ? Justifiez.
   ▶ PARTIE II, p. 408 : LES FORMES DE DISCOURS
2. Quelles sont les parties du corps mentionnées ? Lesquelles sont traditionnellement évoquées en poésie ?
3. Sur quelles métaphores le poème repose-t-il ? Quel est leur but ?
   ▶ p. 392 : LES FIGURES DE RHÉTORIQUE
4. Quel est le procédé d'insistance utilisé dans les vers 6 à 10 ? Relevez la même figure dans un autre vers.
   ▶ p. 392 : LES FIGURES DE RHÉTORIQUE
5. Comment comprenez-vous le titre ? Quelles expressions permettent de le confirmer ?

D'UN TEXTE À L'AUTRE

a. Ce poème respecte-t-il les règles du blason ▶ p. 324 et 326 ?
b. Dans la poésie traditionnelle, la séduction passe par le regard. Comment Breton donne-t-il une autre dimension aux yeux de la femme ▶ SYNTHÈSE, p. 293 ?

Michel Leiris
Haut Mal (1943)

Leiris a fait partie du groupe surréaliste qu'il a quitté dès 1929 après s'y être illustré par son goût des jeux de mots. Son recueil Haut Mal *rassemble des textes écrits durant vingt ans. Le poème « Hymne » se caractérise par une absence de ponctuation, fréquente chez Apollinaire* ▶ TEXTE 1, p. 285, *et Breton* ▶ TEXTE 3, p. 287, *et la complexité de métaphores à mi-chemin entre tradition et modernité.*

Hymne

1   Par toute la terre
    lande errante
    où le soleil me mènera la corde au cou
    j'irai
5   chien des désirs forts
    car la pitié n'a plus créance[1] parmi nous

    Voici l'étoile
    Et c'est la cible où la flèche s'enchâsse[2]
    Clouant le sort qui tourne et règne
10 couronne ardente
    loterie des moissons

    Voici la lune
    et c'est la grange de lumière
    Voici la mer
15 mâchoire et bêche pour la terre
    écume des crocs
    barbes d'acier luisant aux babines des loups

    Voici nos mains
    liées aux marées comme le vent l'est à la flamme

20 Voici nos bouches
    et l'horloge de minuit les dissout
    quand l'eau-mère des ossatures
    dépose les barques temporelles aux baies tranquilles de l'espace
    et te fait clair comme un gel

25 ô brouillard tendre de mon sang

© Gallimard.

1. La pitié n'est plus de rigueur.
2. Se plante facilement.

Yves Tanguy (1900-1955), *Terre d'ombre* (1927), huile sur toile, 99 x 80,5 cm
(Detroit, The Detroit Institute of Arts).

Questions DE LECTURE ANALYTIQUE

1. Quelle est la structure de ce poème ? Sur quelle figure de style repose-t-elle ?
   ➤ PARTIE II, p. 392 : LES FIGURES DE RHÉTORIQUE

2. La présence des éléments naturels est traditionnelle en poésie : relevez toutes les métaphores qui leur sont ici associées. Ces images sont-elles habituelles ?
   ➤ p. 392 : LES FIGURES DE RHÉTORIQUE

3. À quel autre thème la nature est-elle reliée ? À partir de quel vers est-ce visible ?

4. Quel est le registre de ce poème ? Quelles expressions traditionnelles le confirment ?
   ➤ p. 418 : LES REGISTRES LITTÉRAIRES

5. Cherchez la définition du « haut mal » : quel rapport établissez-vous entre le titre du recueil et le contenu de ce poème ?

ÉCRITURE D'INVENTION
Rédigez deux autres strophes développant le poème et qui commenceraient pas « Voici la mer » et « Voici l'enfant ».
   ➤ PARTIE III, p. 486 : L'ÉCRITURE D'INVENTION

Analyse d'image

RENÉ MAGRITTE (1898-1967)
La Magie noire (1945)

Magritte, bien qu'éloigné de toute école et en particulier du groupe surréaliste parisien, est considéré comme l'un des grands peintres du rêve, observant le monde de façon poétique dans des représentations oniriques (du grec oneiros *: « rêve »).*

Huile sur toile, 80 x 60 cm
(Bruxelles, Sammlung Mme Georgette Magritte).

Questions

1. En quoi ce tableau s'avère-t-il original ?
2. Que pourrait signifier le partage coloré de la femme représentée ?
3. Observez le fond sur lequel se détache ce corps féminin : quelle dimension le décor donne-t-il à cette femme ?
4. Que signifie l'expression « magie noire » ? Quel rapport a-t-elle avec ce tableau ?

RECHERCHE
Au CDI, consultez une monographie de Magritte ou un ouvrage sur la peinture surréaliste proposant des reproductions du peintre. Choisissez deux toiles ayant pour thème la féminité et élaborez une synthèse sur l'image de la femme chez cet artiste.
▶ PARTIE III, p. 544 : PRÉPARER UN EXPOSÉ

SYNTHÈSE

La poésie surréaliste, entre tradition et modernité

• La poésie surréaliste est une expression révolutionnaire destinée à libérer l'homme. Or, il est de toute évidence impossible de faire « table rase du passé ». Les surréalistes adoptent donc à leur façon **des formes et des thèmes poétiques traditionnels** (la femme et l'amour).

1 Les formes et les thèmes du passé

• La **forme du blason** : très prisée au début du XVIe siècle, elle consiste à décrire de façon élogieuse ou satirique un objet ou une personne.
▶ PARTIE II, p. 419 : LE REGISTRE COMIQUE
EX. : « Blason du sourcil » de Scève ▶ p. 324.
Ronsard, Apollinaire, et Eluard s'inspirent du modèle du blason à leur tour ▶ p. 294, 285 et 286.

• **Les thèmes de la poésie amoureuse lyrique** : dans la poésie de la Renaissance (Ronsard et Du Bellay ▶ SÉQUENCE 24, p. 335) ou de la période romantique (Musset, « La Nuit de mai » ▶ SÉQUENCE 14, p. 202), la femme, **muse du poète**, est célébrée comme source **de beauté, de bonheur et de vie**. **Ses yeux** sont le vecteur de la séduction, ce que l'on retrouve chez Eluard et Breton ▶ TEXTES 2 et 3, p. 286 et 287.

2 Les attaques anti-bourgeoises

• **L'esprit Dada** a imprégné les surréalistes : jeunes artistes réunis à Zurich autour du poète provocateur et fantaisiste **Tristan Tzara**, pendant la Première Guerre mondiale, ils ont écrit des **textes à la syntaxe désarticulée et aux thèmes subversifs** ▶ EXERCICE 2, p. 294, et ont rejoint pour la plupart le groupe surréaliste.

• Avant la guerre, **Apollinaire, créateur de l'adjectif « surréaliste »**, avait déjà écrit de nombreux poèmes sans ponctuation parus sous le titre *Alcools* en 1913, procédé également utilisé dans *Poèmes à Lou* ▶ TEXTE 1, p. 285. Cette marque de modernité est adoptée par Breton ou Leiris ▶ TEXTES 3 et 4, p. 287 et 290, malgré la reprise de thèmes traditionnels. Elle est devenue une pratique quasi systématique dans la poésie contemporaine.

3 L'écriture du rêve et de la folie

• L'écriture surréaliste repose essentiellement sur :
– **la métaphore ou la comparaison audacieuse.** *L'image est une création pure de l'esprit. Elle ne peut naître d'une comparaison mais du rapprochement de deux réalités plus ou moins éloignées. Plus les rapports des deux réalités rapprochées seront lointains et justes, plus l'image sera forte – plus elle aura de puissance émotive et de réalité politique, etc.* (PIERRE REVERDY, cité dans le *Manifeste du surréalisme*, 1924). **Lautréamont** a ouvert la voie dans une comparaison des *Chants de Maldoror* : *Il est beau [...] comme la rencontre fortuite sur une table de dissection d'une machine à coudre et d'un parapluie.*
– **les thèmes du rêve et de la folie. Freud** a influencé Breton qui était fasciné par ses analyses et les **pouvoirs créateurs de l'inconscient**, tout comme les peintres belges Magritte et Delvaux ▶ ANALYSE D'IMAGE, p. 292 et tous les autres peintres surréalistes (Masson, Dali...). Au rêve correspond la **folie** suivant le programme surréaliste qui cherche à établir **l'hystérie comme « moyen suprême d'expression »**, ce qui fait de Nadja, héroïne du roman éponyme* de Breton, l'incarnation de la poésie surréaliste.

• La poésie surréaliste se nourrit des genres et des thèmes traditionnels tout en leur donnant un nouveau souffle :
– **les formes sont dépassées** par des images surprenantes, voire obscures ▶ TEXTES 3 et 4, p. 287 et 290 ; EXERCICE 2, p. 294 ;
– **les thèmes sont revisités** à travers le mode d'expression (l'écriture automatique) et l'exacerbation des pouvoirs de la femme ▶ TEXTES 1 à 3, p. 285 à 289.

▶ **BIOGRAPHIES DES AUTEURS p. 560**

EXERCICES D'APPROFONDISSEMENT

1 Surréalisme et tradition du blason

1. En quoi ces textes sont-ils des blasons ▶ SYNTHÈSE p. 293 ?
2. Quels thèmes et quelles images traditionnelles trouve-t-on dans le texte A ? Comparez-les avec ceux du texte B. Quelle parenté peut-on établir ?
3. Quel poème vous semble le plus lyrique ? Justifiez.
   ▶ PARTIE II, p. 425 : LE REGISTRE LYRIQUE

Texte A

1   Marie, vous avez la joue aussi vermeille,
    Qu'une rose de Mai, vous avez les cheveux,
    De couleur châtaigne, entrefrisés[1] de nœuds,
    Gentiment tortillés[2] tout autour de l'oreille.

5   Quand vous étiez petite, une mignarde[3] abeille
    Dans vos lèvres forma son doux miel savoureux,
    Amour laissa ses traits dans vos yeux rigoureux,
    Pithon[4] vous fait la voix à nulle autre pareille.

    Vous avez les tétins[5] comme deux monts de lait,
10 Caillé bien blanchement sus[6] du jonc nouvelet[7]
    Qu'une jeune pucelle au mois de Juin façonne :

    De Junon sont vos bras, des Grâces[8] votre sein,
    Vous avez de l'Aurore et le front, et la main,
    Mais vous avez le cœur d'une fière lionne.

    Pierre de Ronsard, *Le Second Livre des Amours, Amours de Marie*, sonnet II (1555 ; orthographe modernisée), © Gallimard.

1. Entremêlés.
2. Entortillés.
3. Jolie.
4. Apollon, Dieu du chant et de la poésie.
5. Seins.
6. Sur.
7. Tout nouveau.
8. Déesses de la Beauté.

Texte B

Portrait

1   Bouclier d'écume la joue
    Air pur le nez marée le front
    Filet de la chaleur la bouche
    Balance du bruit le menton
5   Pour finir par un vol d'oiseaux

    Voici que naissent les lumières
    Des paroles sur les collines
    De ses yeux verts

    Et le beau temps
10 A la forme de sa tête.

    Paul Eluard, *Cours naturel* (1968), in *Œuvres complètes*, tome I, © Gallimard, « Bibliothèque de la Pléiade ».

2 Dada et le surréalisme

1. Quelles distances Tzara prend-il avec la forme d'un poème traditionnel ? À votre avis, pourquoi ?
   ▶ p. 473 : LES FORMES POÉTIQUES
2. Comment la violence de Tzara se manifeste-t-elle ?

Fondateur en 1916 à Zurich du mouvement Dada, Tristan Tzara a inspiré les surréalistes, avant de rompre avec Breton en 1922. Il rejoint cependant le surréalisme en 1928 et participe aux activités du mouvement jusqu'en 1935. Sa poésie est remarquée pour la puissance de ses images et son lyrisme. Voici les deux premières strophes du poème qui ouvre le recueil L'Homme approximatif.

1   dimanche lourd couvercle sur le bouillonnement du sang
    hebdomadaire poids accroupi sur ses muscles
    tombé à l'intérieur de soi-même retrouvé
    les cloches sonnent sans raison et nous aussi
5   sonnez cloches sans raison et nous aussi
    nous nous réjouirions au bruit des chaînes
    que nous ferons sonner en nous avec les cloches

                    *

quel est ce langage qui nous fouette nous
sursautons dans la lumière
nos nerfs sont des fouets entre les mains du
temps
10 et le doute vient avec une seule aile incolore
se vissant se comprimant s'écrasant en nous
comme le papier froissé de l'emballage défait
cadeau d'un autre âge aux glissements des
poissons d'amertume

Tristan Tzara, *L'Homme approximatif*
(extrait, 1931), © Gallimard.

3 Recherche lexicale

1. Cherchez dans un dictionnaire le sens de l'adjectif « surréaliste ». Retrouvez le sens littéraire lié aux séquences 18 à 20 ➤ p. 261-295.
2. Relevez les autres acceptions*. Vous paraissent-elles justifiées ? ou relèvent-elles d'un abus de langage ? Répondez dans un paragraphe argumentatif clairement structuré.
   ➤ PARTIE III, p. 500 : LE PARAGRAPHE ARGUMENTATIF

4 L'originalité de l'image surréaliste

1. Quelle figure de style est évoquée par le document A ? Quelle citation donnée dans la synthèse ➤ p. 293 cette photographie rappelle-t-elle ?
   ➤ p. 392 : LES FIGURES DE RHÉTORIQUE
2. Rappelez le titre du document B. Justifiez-le.
3. Lequel de ces deux documents correspond à la définition de la poésie surréaliste donnée par Breton : *une rêverie inattendue issue du quotidien* ?

ÉCRITURE D'INVENTION

Le document A étant extrait d'un long-métrage, imaginez la scène complète dans laquelle s'insère l'image. Vous établirez le scénario : par ses caractéristiques thématiques et stylistiques, votre récit devra respecter les principes de l'écriture surréaliste rapportés en synthèse.
➤ p. 486 : L'ÉCRITURE D'INVENTION
➤ p. 402 : L'IMAGE MOBILE

DOCUMENT A
Photogramme de *L'Âge d'or*, film de Luis Buñuel (1930).

DOCUMENT B
Brassaï (1899-1984), *Sculptures involontaires, Billet d'autobus roulé* (1932), épreuve argentique, 23,5 x 17 cm (Paris, Musée National d'Art Moderne).

➤ **BIOGRAPHIES DES AUTEURS p. 560**

Chapitre 7
Argumenter : le thème de la femme

297 **SÉQUENCE 21**
L'éducation des femmes : un débat moderne

309 **SÉQUENCE 22**
La place de la femme : écrits féministes du XVIIIe au XXIe siècle

Christine de Pisan (1364-1431) et une femme posent des briques pour la construction de la Cité des Dames, enluminure (détail) extraite de la *Cité des Dames* (vers 1410-1411) (Londres, British Library).

SÉQUENCE 21 — L'éducation des femmes : un débat moderne

Objectif : Étudier l'évolution du débat sur l'éducation des femmes, de l'époque classique au XXᵉ siècle.

TRAITÉS, ROMANS, ESSAIS : autant de genres qui permettent de réfléchir sur l'éducation des femmes. De Rousseau aux romanciers actuels, le sujet a passionné les esprits et modifié la façon de considérer la place de la femme, à l'école et dans la société.

CORPUS DE LA SÉQUENCE

- *Image* : P. Mazuy, affiche du film *Saint-Cyr* (2000)
- *Texte 1* : J.-J. Rousseau, *Émile ou De l'éducation* (1762)
- *Texte 2* : Colette, *La Maison de Claudine* (1922)
- *Texte 3* : S. de Beauvoir, *Mémoires d'une jeune fille rangée* (1958)
- *Texte 4* : M. Bâ, *Une si longue lettre* (1979)

Notions de la séquence	Liens avec la partie II
Du traité au roman : différents genres pour un même débat	▶ p. 476 : LES GENRES DE LA LITTÉRATURE D'IDÉES
Progression d'un thème dans un même texte (*texte 1*)	▶ p. 415 : LE DISCOURS EXPLICATIF
Différents registres pour un même débat	LES REGISTRES : ▶ p. 440 : DIDACTIQUE ▶ p. 425 : LYRIQUE
Analyse d'une affiche de film	▶ p. 402 : L'IMAGE MOBILE ▶ p. 397 : L'IMAGE FIXE
Évolution historique du débat : de l'altérité (la femme perçue comme différente de l'homme, *textes 1 et 2*) à la revendication égalitaire (*textes 3 et 4*)	
	Liens avec la partie III
Développer une argumentation à partir d'un texte (*textes 1 et 2*)	▶ p. 502 : RÉPONDRE À UNE QUESTION D'ANALYSE SUR UN TEXTE
Rédaction d'une lettre avec échange de réflexions (*à partir du texte 4*)	▶ p. 496 : INVENTER ET ARGUMENTER
Rédaction d'un synopsis (*à partir de l'affiche du film*)	▶ p. 486 : L'ÉCRITURE D'INVENTION

Analyse D'IMAGE

Patricia Mazuy (née en 1960)
Affiche du film *Saint-Cyr* (2000)

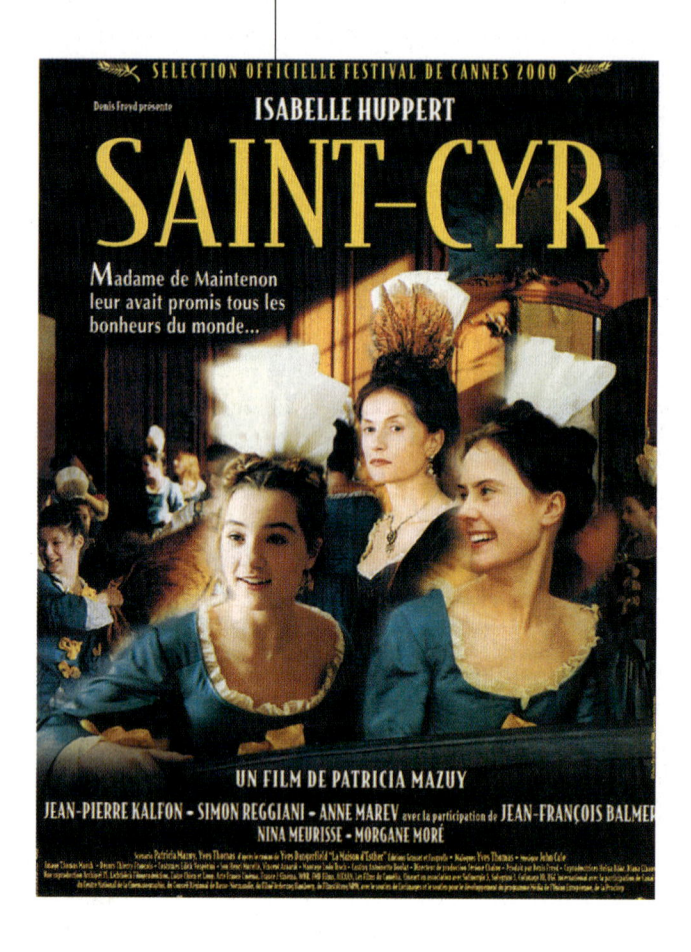

Durant les dernières années du règne de Louis XIV, Mme de Maintenon fonde une école pour les filles de la noblesse française ruinée, établissement destiné à promouvoir une éducation moderne. Un changement de cap interviendra quand la maîtresse des lieux se tournera éperdument vers la religion : l'originalité de ce modèle scolaire sera alors mise en péril. C'est cette histoire que la cinéaste Patricia Mazuy a mise en scène dans un long-métrage dont voici l'affiche.

Questions

1. Identifiez Mme de Maintenon ; quelle impression donne-t-elle au spectateur ?
2. Quelle image les personnages représentés au premier plan et à l'arrière-plan donnent-ils du nouveau système éducatif de Saint-Cyr ? Quel registre laissent-ils pressentir pour le film ?
   ▶ **PARTIE II, p. 397** : L'IMAGE FIXE
   ▶ **p. 418** : LES REGISTRES LITTÉRAIRES
3. Analysez le sens du sous-titre du film. De quelle façon semble-t-il atténuer la portée du registre défini ?

RECHERCHE
En vous reportant à la biographie de Racine, p. 566 et à la synthèse sur la tragédie ▶ **p. 43**, expliquez en quelques lignes les liens qui ont uni l'auteur à Saint-Cyr. À quelle époque de la vie de l'école se sont-ils noués ?

ÉCRITURE D'INVENTION
Imaginez un dialogue (10 lignes) opposant un défenseur de l'école d'aujourd'hui – mixte et proposant le même enseignement aux garçons et aux filles – à l'un de ses détracteurs. Vous ferez des recherches au CDI pour trouver vos arguments.
▶ **PARTIE III, p. 486** : L'ÉCRITURE D'INVENTION

Jean-Jacques Rousseau
Émile ou De l'éducation (1762)

Biographie p. 567

Dans son traité intitulé Émile, *Rousseau développe ses thèses sur l'éducation des enfants. Jugé moderne pour la liberté accordée à l'enfant – qu'il ne faut pas brider afin qu'il découvre le monde –, cet ouvrage propose un modèle d'éducation plus traditionnel pour les filles, cantonnées dans les activités domestiques et le respect des hommes.*

Ce que Sophie sait le mieux, et qu'on lui a fait apprendre avec le plus de soin, ce sont les travaux de son sexe, même ceux dont on ne s'avise point, comme de tailler et de coudre ses robes. Il n'y a pas un ouvrage à l'aiguille qu'elle ne sache faire, et qu'elle ne fasse avec plaisir ; mais le travail qu'elle préfère à tout autre est la dentelle, parce qu'il n'y en a pas un qui donne une attitude plus agréable, et où les doigts s'exercent avec plus de grâce et de légèreté. Elle s'est appliquée aussi à tous les détails du ménage. Elle entend[1] la cuisine et l'office[2] ; elle sait les prix des denrées ; elle en connaît les qualités ; elle sait fort bien tenir les comptes ; elle sert de maître d'hôtel à sa mère. Faite pour être un jour mère de famille elle-même, en gouvernant la maison paternelle, elle apprend à gouverner la sienne ; elle peut suppléer[3] aux fonctions des domestiques, et le fait toujours volontiers. On ne sait jamais bien commander que ce qu'on sait exécuter soi-même : c'est la raison de sa mère pour l'occuper ainsi. Pour Sophie, elle ne va pas si loin ; son premier devoir est celui de fille, et c'est maintenant le seul qu'elle songe à remplir. Son unique vue est de servir sa mère, et de la soulager d'une partie de ses soins. Il est pourtant vrai qu'elle ne les remplit pas tous avec un plaisir égal. Par exemple, quoiqu'elle soit gourmande, elle n'aime pas la cuisine ; le détail en a quelque chose qui la dégoûte ; elle n'y trouve jamais assez de propreté. Elle est là-dessus d'une délicatesse extrême, et cette délicatesse poussée à l'excès est devenue un de ses défauts : elle laisserait plutôt aller tout le dîner par le feu, que de tacher sa manchette. Elle n'a jamais voulu de l'inspection du jardin par la même raison. La terre lui paraît malpropre ; sitôt qu'elle voit du fumier, elle croit en sentir l'odeur.

Elle doit ce défaut aux leçons de sa mère. Selon elle, entre les devoirs de la femme, un des premiers est la propreté ; devoir spécial, indispensable, imposé par la nature. Il n'y a pas au monde un objet plus dégoûtant qu'une femme malpropre, et le mari qui s'en dégoûte n'a jamais tort. Elle a tant prêché ce devoir à sa fille dès son enfance, elle en a tant exigé de propreté sur sa personne, tant pour ses hardes[4], pour son appartement, pour son travail, pour sa toilette, que toutes ces attentions, tournées en habitude, prennent une assez grande partie de son temps et président encore à l'autre : en sorte que bien faire ce qu'elle fait n'est que le second de ses soins ; le premier est toujours de le faire proprement.

1. Connaît, maîtrise les activités de la cuisine.
2. Pièce attenante à la cuisine où l'on entrepose les provisions.
3. Remplacer les domestiques.
4. Vêtements.

Jean-Baptiste Siméon Chardin (1699-1779), *La Bonne Éducation* (1753), huile sur toile (Collection privée).

Cependant tout cela n'a point dégénéré en vaine affectation ni en mollesse ; les raffinements du luxe n'y sont pour rien. Jamais il n'entra dans son appartement que de l'eau simple ; elle ne connaît d'autre parfum que celui des fleurs, et jamais son mari n'en respirera de plus doux que son haleine. Enfin l'attention qu'elle donne à l'extérieur ne lui fait pas oublier qu'elle doit sa vie et son temps à des soins plus nobles ; elle ignore ou dédaigne cette excessive propreté du corps qui souille l'âme ; Sophie est bien plus que propre, elle est pure.

Extrait.

Questions DE LECTURE ANALYTIQUE

1. Quelles sont les activités réservées à Sophie ? Relevez les raisons de ce choix.
2. Comment Sophie considère-t-elle la cuisine et le jardinage ? Est-ce présenté comme un défaut ?
3. Comment le thème des deux derniers paragraphes est-il développé ? Est-ce une progression à thème éclaté ou à thème constant ? Justifiez. Quelle préoccupation éducative est ainsi mise en avant ?
   ➤ PARTIE II, p. 415 : LE DISCOURS EXPLICATIF
4. À quelle(s) autorité(s) Sophie est-elle soumise ? Quelle image cela donne-t-il de la femme ?
5. Montrez, en vous appuyant sur les arguments et sur les figures de style, que Sophie est présentée comme un exemple à suivre.
   ➤ p. 479 : LE CIRCUIT ARGUMENTATIF
   ➤ p. 392 : LES FIGURES DE RHÉTORIQUE
6. **Question de synthèse** : le sort réservé à Sophie vous semble-t-il enviable ? Vous répondrez dans un développement argumentatif organisé en paragraphes s'appuyant sur les détails du texte.
   ➤ PARTIE III, p. 500 : LE PARAGRAPHE ARGUMENTATIF
   ➤ p. 524 : RÉDIGER LE COMMENTAIRE

COLETTE
La Maison de Claudine (1922)

Biographie p. 562

L'initiation de sa fille à la couture est l'occasion passionnante, pour Claudine, double de l'auteur, d'observer l'enfant ; est-ce pour autant l'activité rêvée pour une future femme ?

— Votre fille a neuf ans, m'a dit une amie, et elle ne sait pas coudre ? Il faut qu'elle apprenne à coudre. Et par mauvais temps il vaut mieux, pour une enfant de cet âge, un ouvrage de couture qu'un livre romanesque.
— Neuf ans ? et elle ne coud pas ? m'a dit une autre amie. À huit ans, ma fille me brodait ce napperon, tenez... Oh ! ce n'est pas du travail fin, mais c'est gentil tout de même. Maintenant, ma fille se taille elle-même ses combinaisons... Ah ! c'est que je n'aime pas, chez moi, qu'on raccommode les trous avec des épingles !
J'ai déversé docilement toute cette sagesse domestique sur Bel-Gazou[1] :
— Tu as neuf ans, et tu ne sais pas coudre ? Il faut apprendre à coudre, etc.
J'ai même ajouté, au mépris de la vérité :
— À huit ans, je me souviens que j'ai brodé un napperon... Oh ! ce n'était pas du travail fin, évidemment... Et puis, par le mauvais temps...
Elle a donc appris à coudre. Et bien qu'elle ressemble davantage – une jambe nue et tannée[2] pliée sous elle, le torse à l'aise dans son maillot de bain – à un mousse[3] ravaudant[4] un filet qu'à une petite fille appliquée, elle n'y met pas de répugnance garçonnière. Ses mains, passées au jus de pipe[5] par le soleil et la mer, ourlent en dépit du bon sens ; le simple « point devant », par leurs soins, rappelle le pointillé zigzaguant d'une carte routière, mais elle boucle avec élégance le feston[6], et juge sévèrement la broderie d'autrui.
Elle coud, et me fait gentiment compagnie, si la pluie hache l'horizon marin. Elle coud aussi à l'heure torride où les fusains[7] tassent sous eux une boule ronde d'ombre. Il arrive aussi qu'un quart d'heure avant le dîner, noire dans sa robe blanche – « Bel-Gazou ! tes mains et ta robe sont propres, ne l'oublie pas ! » – elle s'asseye, cérémonieuse, un carré d'étoffe aux doigts... Alors mes amies l'applaudissent :
— Regarde-la ! Est-elle sage ! À la bonne heure ! Ta maman doit être contente !
Sa maman ne dit rien – il faut maîtriser les grandes joies. Mais faut-il les simuler ? J'écrirai la vérité : je n'aime pas beaucoup que ma fille couse.
Quand elle lit, elle revient, toute égarée et le feu aux joues, de l'île au coffre plein de pierreries, du noir château où l'on opprime un enfant blond et orphelin. Elle s'imprègne d'un poison éprouvé, traditionnel, dont les effets sont dès longtemps connus. Si elle dessine ou colorie des images, une chanson à demi parlée sort d'elle, ininterrompue comme la voix d'abeilles qu'exhale le troène. Bourdonnement de mouche au travail, valse lente du peintre en bâtiments, refrain de la fileuse au rouet[8]... Mais Bel-Gazou est muette quand elle coud.
Muette longuement, et la bouche fermée, cachant – lames à petites dents de scie logées au cœur humide d'un fruit – les incisives larges, toutes neuves. Elle se tait, elle... Écrivons donc le mot qui me fait peur : elle pense.

Chapitre « La couseuse » (extrait),
© Librairie Arthème Fayard et Hachette Littératures, 2004.

---

1. Surnom que Claudine donne à sa fille.
2. Très bronzée.
3. Jeune garçon qui travaille sur un navire.
4. Raccommodant.
5. Image signifiant qu'elle est très bronzée.
6. Broderie en rond aux extrémités (bas de manche).
7. Image évoquant l'orage (nuages noirs s'accumulant tels des fusains, crayons noirs).
8. Petite machine servant à filer.

Questions DE LECTURE ANALYTIQUE

1. Qui prononce les propos au discours direct ? Quelle est la modalité de phrase dominante ? Pourquoi est-elle employée ?
   ➤ **PARTIE II, p. 455** : LES DISCOURS RAPPORTÉS
   ➤ **p. 387** : LES OUTILS GRAMMATICAUX
2. Quelle est la première comparaison appliquée à l'enfant ? Que révèle-t-elle ?
   ➤ **p. 392** : LES FIGURES DE RHÉTORIQUE
3. Quelles images définissent l'enfant qui lit et l'enfant qui dessine ? Qu'indiquent-elles de ce que la mère attend de sa fille ?
4. Dans les dernières lignes, grâce à quel terme la narratrice singularise-t-elle la couture par rapport aux autres activités ? Comment met-elle en scène le paradoxe de la dernière phrase ?
5. **Question de synthèse** : la mère de ce texte paraît-elle moderne ou rétrograde ? Vous répondrez en étant attentif aux détails du texte.
   ➤ **PARTIE III, p. 500** : LE PARAGRAPHE ARGUMENTATIF

Texte 3

SIMONE DE BEAUVOIR
Mémoires d'une jeune fille rangée (1958)

Biographie p. 560

Premier tome d'une série autobiographique, Mémoires d'une jeune fille rangée *est le récit de l'enfance et de l'adolescence de l'auteur. Simone de Beauvoir reçoit une éducation bourgeoise, sous l'autorité d'une mère soucieuse de faire de sa fille une femme respectueuse de la tradition, allant jusqu'à censurer certains passages de livres jugés choquants. L'esprit critique et le goût manifesté par la jeune fille pour la culture annoncent bien des conflits de génération.*

Il y avait un mot qui revenait souvent dans la bouche des adultes : c'est inconvenant. Le contenu en était quelque peu incertain. Je lui avais d'abord attribué un sens plus ou moins scatologique[1]. Dans *Les Vacances* de Mme de Ségur, un des personnages racontait une histoire de fantôme, de cauchemar, de drap souillé qui me choquait autant que mes parents ; je liais alors l'indécence aux basses fonctions du corps ; j'appris ensuite qu'il participait tout entier à leur grossièreté : il fallait le cacher ; laisser voir ses dessous ou sa peau – sauf en quelques zones bien définies – c'était une incongruité[2]. Certains détails vestimentaires, certaines attitudes étaient aussi répréhensibles[3] qu'une indiscrète exhibition. Ces interdits visaient particulièrement l'espèce féminine ; une dame « comme il faut » ne devait ni se décolleter abondamment, ni porter des jupes courtes, ni teindre ses cheveux, ni les couper, ni se maquiller, ni se vautrer sur un divan, ni embrasser son mari dans les couloirs du métro : si elle transgressait ces règles, elle avait mauvais genre. L'inconvenance ne se confondait pas tout à fait avec le péché mais suscitait des blâmes plus sévères que le ridicule. Nous sentions bien, ma sœur et moi, que sous ses apparences anodines, quelque chose d'important se dissimulait, et pour nous protéger contre ce mystère, nous nous hâtions de le tourner en dérision. Au Luxembourg[4], nous nous poussions du coude en passant devant les couples

---
1. Lié aux excréments.
2. Contraire aux convenances.
3. Condamnables.
4. Jardin parisien.

BALTHUS (1908-2001), *Jeune fille lisant (Portrait de Frédérique)* (1957), huile sur toile (Collection privée).

20 d'amoureux. L'inconvenance avait dans mon esprit un rapport, mais extrêmement vague, avec une autre énigme : les ouvrages défendus. Quelquefois, avant de me remettre un livre, maman en épinglait ensemble quelques feuillets ; dans *La Guerre des Mondes* de Wells[5], je trouvai ainsi un chapitre condamné. Je n'ôtais jamais les épingles, mais je me demandais souvent : de 25 quoi est-il question ? C'était étrange. Les adultes parlaient librement devant moi ; je circulais dans le monde sans y rencontrer d'obstacle ; pourtant dans cette transparence quelque chose se cachait ; quoi ? où ? en vain mon regard fouillait l'horizon, cherchant à repérer la zone occulte[6] qu'aucun écran ne masquait et qui demeurait cependant invisible.

Extrait, © Gallimard.

5. Roman de science-fiction qui raconte la tentative de colonisation de la Terre par des extra-terrestres.
6. Cachée, secrète.

Questions DE LECTURE ANALYTIQUE

1. Étudiez les évolutions de sens du mot *inconvenance* pour la narratrice, en vous appuyant sur les repères temporels.
2. Quel champ lexical péjoratif est associé à la notion d'*inconvenance* ? Pourquoi, selon vous ?
3. Comment la narratrice évoque-t-elle la lecture ? Quel est l'enjeu du texte ?
4. Quel rôle la mère joue-t-elle dans les lectures de sa fille ?
5. Quel est selon vous l'état d'esprit de la narratrice à la fin du texte (l. 25-29) ? Quelle évolution est déjà sous-entendue ici ?
6. **Question de synthèse** : commentez le titre *Mémoires d'une jeune fille rangée* au vu de cet extrait ; quel registre est adopté par Simone de Beauvoir ?
➤ PARTIE II, p. 418 : LES REGISTRES LITTÉRAIRES

ALEXIS HUNTER (né en 1948), *Une déesse combattant le patriarcat* (1981), acrylique sur papier (Collection privée).

Texte 4

Mariama Bâ
Une si longue lettre (1979)

Biographie p. 560

Sous l'impulsion d'une directrice d'école éclairée, Mariama Bâ devint institutrice. Une si longue lettre *évoque nostalgiquement l'école et témoigne de l'espoir apporté par l'éducation ; mais le roman rappelle aussi la permanence de la tradition.*

Aïssatou[1], je n'oublierai jamais la femme blanche[2] qui, la première, a voulu pour nous un destin « hors du commun ». Notre école, revoyons-la ensemble, verte, rose, bleue, jaune, véritable arc-en-ciel : verte, bleue, et jaune, couleurs des fleurs qui envahissaient la cour ; rose : couleur des dortoirs aux lits impec-
5   cablement dressés. Notre école, entendons vibrer ses murs de notre fougue à l'étude. Revivons la griserie de son atmosphère, les nuits, alors que retentissait pleine d'espérance, la chanson du soir, notre prière commune. Le recrutement qui se faisait par voie de concours à l'échelle de l'ancienne Afrique occidentale française, démantelée aujourd'hui en Républiques autonomes, permettait un
10 brassage fructueux d'intelligences, de caractères, des mœurs et coutumes diffé-rents. Rien n'y distinguait, si ce n'étaient des traits spécifiquement raciaux, la Fon du Dahomey et la Malinké de Guinée[3]. Des amitiés s'y nouaient, qui ont résisté au temps et à l'éloignement. Nous étions de véritables sœurs destinées à la même mission émancipatrice.
15 Nous sortir de l'enlisement des traditions, superstitions et mœurs ; nous faire apprécier de multiples civilisations sans reniement de la nôtre ; élever

---

1. Destinataire de la lettre, Aïssatou est sa meilleure amie.
2. Directrice d'école inspirée par celle qui incita l'auteur à faire des études.
3. Deux ethnies originaires de territoires africains coloniaux, le Dahomey et la Guinée, actuels Bénin et Guinée.

notre vision du monde, cultiver notre personnalité, renforcer nos qualités, mater[4] nos défauts ; faire fructifier en nous les valeurs de la morale universelle ; voilà la tâche que s'était assignée l'admirable directrice. Le mot « aimer » avait une résonance particulière en elle. Elle nous aima sans paternalisme, avec nos tresses debout ou pliées, avec nos camisoles[5], nos pagnes. Elle sut découvrir et apprécier nos qualités.

Comme je pense à elle ! Si son souvenir résiste victorieusement à l'ingratitude du temps, à présent que les fleurs n'encensent plus aussi puissamment qu'autrefois, que le mûrissement et la réflexion dégarnissent les rêves du merveilleux, c'est que la voie choisie pour notre formation et notre épanouissement ne fut point hasard. Elle concorde avec les options profondes de l'Afrique nouvelle, pour promouvoir la femme noire.

Libérée donc des tabous qui frustrent, apte à l'analyse, pourquoi devrais-je suivre l'index de ma mère pointé sur Daouda Dieng[6], célibataire encore, mais trop mûr pour mes dix-huit hivernages. Exerçant la profession de médecin africain à la Polyclinique, il était nanti[7] et savait en tirer profit. Sa villa, juchée sur un rocher de la Corniche, face à la mer, était le lieu de rencontre de l'élite jeune. Rien n'y manquait depuis le réfrigérateur où attendaient des boissons agréables jusqu'au phonographe[8], qui distillait tantôt de la musique langoureuse[9] tantôt des airs endiablés.

Daouda Dieng savait aussi forcer les cœurs. Cadeaux utiles pour ma mère, allant du sac de riz, appréciable en cette période de pénurie de guerre, jusqu'au don futile pour moi, enveloppé avec préciosité, dans du papier enrubanné. Mais je préférais l'homme à l'éternel complet[10] kaki. Notre mariage se fit sans dot[11], sans faste[12], sous les regards désapprobateurs de mon père, devant l'indignation douloureuse de ma mère frustrée, sous les sarcasmes[13] de mes sœurs surprises, dans notre ville muette d'étonnement.

Chapitre 7 (extrait), © Le Serpent à Plumes.

4. Punir.
5. Blouses.
6. Époux choisi pour la narratrice par sa famille.
7. Riche.
8. Tourne-disque.
9. Sensuelle.
10. Costume.
11. Compensation financière versée par le futur époux à la famille de sa future femme.
12. Dépense visible.
13. Moqueries.

Questions — DE LECTURE ANALYTIQUE

1. Quelle est la fonction des termes entre guillemets ? Que montrent-ils ?

2. Quelle est la métaphore associée à l'école ? Quelles sont ses connotations* ?
▶ PARTIE II, p. 392 : LES FIGURES DE RHÉTORIQUE

3. Définissez la mission qu'évoque l'écrivain (l. 14) ; à quel idéal éducatif renvoie-t-elle ? Quelle énumération permet de le révéler ?

4. Le fait d'être du sexe féminin a-t-il compté pour la directrice dans sa façon d'éduquer les jeunes filles ? Qu'est-ce que l'école a mis en avant ?

5. Quel événement est relaté dans les deux derniers paragraphes ? En quoi est-il relié à l'éducation qu'a reçue la narratrice ?

6. Quelle image est-il donné du mariage dans les deux derniers paragraphes ? grâce à quel champ lexical ?

7. En analysant les marques de l'énonciation (repérez notamment les pronoms, la ponctuation), déduisez le registre principal de ce texte.
▶ p. 387 : LES OUTILS GRAMMATICAUX
▶ p. 418 : LES REGISTRES LITTÉRAIRES

RÉDACTION DE PARAGRAPHE ARGUMENTATIF
Rédigez un paragraphe argumentatif correctement construit à partir des éléments de votre réponse à la question 5.
▶ PARTIE III, p. 500 : LE PARAGRAPHE ARGUMENTATIF

ÉCRITURE D'INVENTION
Imaginez la réponse d'Aïssatou qui va relativiser l'enthousiasme de son amie, en lui rappelant d'autres souvenirs scolaires moins agréables.
▶ p. 486 : L'ÉCRITURE D'INVENTION

SYNTHÈSE

L'éducation des filles : différents genres pour un même débat, du XVIᵉ au XXᵉ siècle

1 À la Renaissance

• Chez les humanistes, l'éducation devient un thème de prédilection : **Rabelais** dans ses romans ou **Montaigne** dans ses *Essais* révolutionnent la façon de concevoir l'enseignement et la place de l'élève par rapport à son précepteur et à ses parents :
– dans *Pantagruel* (1532), Rabelais met son personnage sous la responsabilité d'hommes cultivés qui enseignent à l'enfant tous les savoirs, anciens et modernes ; **encyclopédique**, ce programme éducatif fait de l'enfant un livre ouvert sur l'ensemble du monde ;
– Montaigne prône une éducation solide mais subtile, fondée sur la **liberté de l'enfant** que le précepteur doit laisser trotter autour de lui.

• La question de l'**éducation des filles** semble bien **secondaire**, alors que depuis le Moyen Âge, dans l'aristocratie et dans la bourgeoisie, elles sont souvent les seules, avec les clercs, à savoir lire et écrire.

2 Au XVIIᵉ siècle

• Les romanciers ont essentiellement des lectrices, comme en témoigne par exemple la composition des **salons précieux*** dont s'est tant moqué Molière.

• On commence à s'intéresser à l'éducation des filles dans des traités. **Fénelon** fut nommé précepteur du duc de Bourgogne, le petit-fils de Louis XIV, parce qu'il était connu pour son *Traité de l'éducation des filles* (1687) ▶ EXERCICE 2, p. 307. Cet ouvrage exalte la vertu et le bon sens, dans la droite ligne de la morale de Mᵐᵉ de Maintenon, celle qui a orienté le règne du Roi-Soleil vers plus de rigueur, fondant par exemple la très vertueuse **école pour filles de Saint-Cyr** ▶ ANALYSE D'IMAGE, p. 298.

3 Au XVIIIᵉ et au XIXᵉ siècle

• Certains mettent la fille à une place traditionnelle, la soumettant à sa mère et à son futur époux ; c'est l'idéal de Rousseau dans l'*Émile* (1762), **traité éducatif** où Sophie se doit de devenir une bonne mère de famille ▶ TEXTE 1, p. 299.

• Mais nombreux sont les auteurs qui s'intéressent à l'**éducation du « sexe »**. Diderot s'oppose vigoureusement à l'enfermement au couvent de jeunes filles dont les parents, faute d'argent, se débarrassent en les confiant à la religion ; c'est le thème du roman *La Religieuse* (1780-1796). Il prend plaisir à fréquenter, comme Voltaire, les dames animant les **salons parisiens**, telle Mˡˡᵉ de Lespinasse, esprit brillant capable de converser avec les philosophes dans *Le Rêve de d'Alembert* (1769). D'autres, comme **Laclos**, pensent que le chemin est encore long avant la prise en compte du droit des femmes à être éduquées ▶ EXERCICE 3, p. 307.

• Héritier de la Révolution, le député puis ministre **Jules Ferry**, dès 1869, marque la IIIᵉ République en combattant pour une **école républicaine** ; il veut mettre fin aux rivalités sociales et offrir à chaque Français, de sexe masculin ou féminin, la possibilité de s'éduquer ▶ EXERCICE 4, p. 308.

4 Au XXᵉ siècle

• L'éducation des filles n'est pas encore totalement acquise à la suite des lois Ferry. Les filles profiteront du système mais la tradition les empêchera longtemps d'aller au-delà du **certificat d'études**, abandonnant le **lycée** aux seuls garçons.

• Le mythe de la mère de famille occupée par ses travaux de couture et la cuisine ▶ TEXTE 2, p. 301 ne tombe que tardivement, après la diffusion des **idées féministes** qui libéreront les filles par l'étude et la culture, chères à l'autobiographie **Simone de Beauvoir** ▶ TEXTE 3, p. 302.

• Si, dans les pays occidentaux, le poids des traditions a cédé devant le développement du féminisme, la question de l'éducation des filles est loin d'être une évidence sur le continent africain et dans les pays en voie de développement. La voix de la **romancière sénégalaise Mariama Bâ** en témoigne, avec l'évocation du poids de la tradition ▶ TEXTE 4, p. 304.

▶ **BIOGRAPHIES DES AUTEURS p. 560**

EXERCICES D'APPROFONDISSEMENT

1 · ÉCRITURE D'INVENTION
Éduquer les femmes au XVIᵉ siècle

Imaginez une lettre qu'aurait pu écrire une femme de la Renaissance et où elle développerait la thèse de Louise Labé en expliquant les bienfaits de cette nouvelle liberté de s'instruire accordée aux femmes.
▶ PARTIE III, p. 496 : INVENTER ET ARGUMENTER

*Louise Labé, dans l'*Épître dédicatoire *qu'elle adresse à sa protectrice Clémence de Bourges en 1555, pour son* Débat de folie et d'amour, *écrit la phrase suivante.*

1 Étant venu le temps, Mademoiselle, que les sévères lois des hommes n'empêchent plus les femmes de s'appliquer aux sciences et disciplines, il me semble que celles qui en ont la
5 commodité[1] doivent employer cette honnête liberté que notre sexe a autrefois tant désirée à les apprendre, et montrer aux hommes le tort qu'ils nous faisaient en nous privant du bien et de l'honneur qui nous en pouvait venir.

Louise Labé, *Débat de folie et d'amour*,
« Épître dédicatoire » (extrait, 1555).

1. Possibilité.

2 · Éduquer les filles au XVIIᵉ siècle

1. Quelle figure de style se cache derrière le comparatif de la première phrase ? Quel est son rôle dans l'argumentation ?
▶ PARTIE II, p. 392 : LES FIGURES DE RHÉTORIQUE
2. Sur quelles oppositions le deuxième paragraphe est-il construit ? dans quel but ?
3. À quoi l'exclamation du dernier paragraphe sert-elle ?
▶ p. 387 : LES OUTILS GRAMMATICAUX
4. En quoi l'éducation des filles est-elle indispensable pour Fénelon ? S'agit-il d'une préoccupation féministe ▶ SYNTHÈSE p. 319 ?

1 Voilà donc les occupations des femmes, qui ne sont guère moins importantes au public[1] que celles des hommes, puisqu'elles ont une maison à régler, un mari à rendre heureux,
5 des enfants à bien élever. Ajoutez que la vertu n'est pas moins pour les femmes que pour les hommes : sans parler du bien ou du mal qu'elles peuvent faire au public, elles sont la moitié du genre humain, racheté du sang de
10 Jésus-Christ et destiné à la vie éternelle.
Enfin, il faut considérer, outre le bien que font les femmes quand elles sont bien élevées, le mal qu'elles causent dans le monde quand elles manquent d'une éducation qui leur ins-
15 pire la vertu. Il est constant que la mauvaise éducation des femmes fait plus de mal que celle des hommes, puisque les désordres des hommes viennent souvent et de la mauvaise éducation qu'ils ont reçue de leurs mères, et
20 des passions que d'autres femmes leur ont inspirées dans un âge plus avancé.
Quelles intrigues[2] se présentent à nous dans les histoires, quel renversement des lois et des mœurs, quelles guerres sanglantes, quelles
25 nouveautés contre la religion, quelles révolutions d'État, causés par le dérèglement des femmes ! Voilà ce qui prouve l'importance de bien élever les filles ; cherchons-en les moyens.

Fénelon, *Traité de l'éducation des filles*,
fin du chapitre I (extrait, 1687).

1. Pour la société. 2. Manigances.

3 · Éduquer les femmes au XVIIIᵉ siècle

1. Quel champ lexical permet de qualifier l'attitude des hommes ?
2. Suivant quelle modalité de phrase l'auteur s'adresse-t-il aux femmes ? pourquoi ?
▶ p. 387 : LES OUTILS GRAMMATICAUX
3. Quelle est la fonction des interrogatives de la fin du texte ?
4. Justifiez l'emploi final des italiques.

À l'occasion d'un discours prononcé en province, Laclos, connu pour son roman Les Liaisons dangereuses *(1782), entrevoit la « révolution » que pourraient envisager les femmes par rapport aux hommes.*

EXERCICES D'APPROFONDISSEMENT

Ô femmes ! approchez et venez m'entendre. Que votre curiosité, dirigée une fois sur des objets utiles, contemple les avantages que vous avait donnés la nature et que la société vous a ravis. Venez apprendre comment, nées compagnes de l'homme, vous êtes devenues son esclave, comment, tombées dans cet état abject, vous êtes parvenues à vous y plaire, à le regarder comme votre état naturel ; comment enfin, dégradées de plus en plus par une longue habitude de l'esclavage, vous en avez préféré les vices avilissants[1] mais commodes aux vertus plus pénibles d'un être libre et respectable. Si ce tableau fidèlement tracé vous laisse de sang-froid, si vous pouvez le considérer sans émotion, retournez à vos occupations futiles. Le mal est sans remède, les vices se sont changés en mœurs. Mais si au récit de vos malheurs et de vos pertes, vous rougissez de honte et de colère, si des larmes d'indignation s'échappent de vos yeux, si vous brûlez du noble désir de ressaisir vos avantages, de rentrer dans la plénitude de votre être, ne vous laissez plus abuser par de trompeuses promesses, n'attendez point les secours des hommes auteurs de vos maux : ils n'ont ni la volonté, ni la puissance de les finir, et comment pourraient-ils vouloir former des femmes devant lesquelles ils seraient forcés de rougir ? Apprenez qu'on ne sort de l'esclavage que par une grande révolution. Cette révolution est-elle possible ? C'est à vous seules à le dire puisqu'elle dépend de votre courage. Est-elle vraisemblable ? Je me tais sur cette question ; mais jusqu'à ce qu'elle soit arrivée, et tant que les hommes régleront votre sort, je serai autorisé à dire, et il me sera facile de trouver qu'*il n'est aucun moyen de perfectionner l'éducation des femmes.*

Choderlos de Laclos,
Des femmes et de leur éducation
(extrait, discours de 1783).

1. Qui rendent immoraux, qui dégradent moralement.

4 Éduquer les filles au XXᵉ siècle

1. Quelles sont les différentes étapes de la mixité en France ? A-t-elle suivi une voie ascendante ?
2. Quelle forme de discours est ici adoptée ?
   ➤ PARTIE II, p. 408 : LES FORMES DE DISCOURS
3. En quoi ce texte a-t-il sa place dans un *Guide républicain* ?

La mixité scolaire est, en France comme ailleurs, un fait récent : à peine un demi-siècle (1957, 1959)[1]. Auparavant, la séparation des sexes était la règle. Cette séparation repose sur une représentation forte de la différence des sexes. Hommes et femmes n'ayant ni la même nature, ni la même fonction, les garçons et les filles doivent recevoir une formation distincte et appropriée. Il faut instruire les premiers des savoirs de tous ordres susceptibles de les préparer à leurs rôles futurs et éduquer les secondes en vue de leur vocation maternelle et ménagère. Pendant longtemps l'instruction fut considérée comme inutile, voire néfaste, pour les filles qu'elle détournait de leurs devoirs et inclinait à la rêverie. C'est pourquoi les féministes, dès la fin du XIXᵉ siècle, revendiquaient la « co-éducation des sexes », garantie d'un accès plus égalitaire au savoir.

La mixité revêt au moins trois dimensions : les programmes, l'espace, le corps enseignant, qui n'évoluent pas au même rythme. La mixité des programmes fut réalisée par la IIIᵉ République. Les lois Ferry rendirent l'école primaire gratuite, laïque, obligatoire pour les deux sexes, dans des écoles séparées, mais avec les mêmes contenus pour le même certificat d'études. Créés par la loi Paul Bert (1880), les lycées de filles eurent d'abord des programmes propres, excluant le latin, et comportant des travaux manuels ; mais en 1924, l'unité fut réalisée par le baccalauréat unique, ouvrant ainsi aux filles l'université, où en 1939, les étudiantes formaient près d'un tiers des effectifs.

Michelle Perrot, « Mixité », in *Guide républicain*
(extrait, 2004), © CNDP Delagrave Édition.

1. 1957 : circulaire sur les premiers établissements scolaires mixtes. 1959 : mise en place progressive de la mixité dans l'enseignement secondaire. (*Note de l'auteur*)

SÉQUENCE **22** # La place de la femme : écrits féministes du XVIIIe au XXIe siècle

Objectif — Définir le féminisme et ses différentes manifestations littéraires.

L'HISTOIRE DES RELATIONS entre l'homme et la femme est très contrastée ; la femme n'est pas passée en quelques siècles du statut d'esclave à celui d'individu libre, égal à l'homme. Cependant, c'est tardivement qu'apparaît la conscience féministe dans la littérature française ; le réveil en est d'autant plus énergique.

CORPUS DE LA SÉQUENCE

Texte **1** — O. DE GOUGES, *Déclaration des Droits de la Femme et de la Citoyenne* (1791)

Texte **2** — S. DE BEAUVOIR, *Le Deuxième Sexe* (1949) et M. YOURCENAR, *Les Yeux ouverts* (1980)

Texte **3** — G. HALIMI, *La Cause des femmes* (1974)

Image — **Affiche du collectif Guerrilla Girls** (1989)

Texte **4** — É. BADINTER, *Fausse Route* (2003)

Notions de la séquence	Liens avec la partie II
L'essai, genre privilégié du féminisme (*textes 2 à 4*)	▶ p. 477 : LES GENRES DE LA LITTÉRATURE D'IDÉES
Convaincre, démontrer, persuader sur un même thème	▶ p. 482 : CONVAINCRE, DÉMONTRER ET PERSUADER
Le vocabulaire et les procédés rhétoriques de l'argumentation	▶ p. 413 : LE DISCOURS ARGUMENTATIF
Analyse d'une affiche : texte et image	▶ p. 397 : L'IMAGE FIXE
Évolution historique du débat : de l'altérité (la femme perçue comme différente de l'homme, *textes 1 et 2*) à l'indifférenciation (*textes 3 et 4*)	
	Liens avec la partie III
Comparer deux textes dans leur thème et leur démarche (*textes 3 et 4*)	▶ p. 502 : RÉPONDRE À UNE QUESTION D'ANALYSE SUR UN TEXTE / UN CORPUS
Développer sa propre thèse à partir de l'affiche	▶ p. 500 : LE PARAGRAPHE ARGUMENTATIF

Olympe de Gouges
Déclaration des Droits de la Femme et de la Citoyenne (1791)

Biographie p. 563

Romancière et dramaturge, Olympe de Gouges s'est affirmée comme un esprit indépendant au cœur de la Révolution française. En écho à la fameuse Déclaration des Droits de l'Homme et du Citoyen, *elle rédige un texte plus apte, selon elle, à défendre les femmes, malmenées par la société et trop oubliées des révolutionnaires. Sous son impulsion, le divorce est légalisé en 1792.*

1   Les mères, les filles, les sœurs, représentantes de la nation, demandent d'être constituées en Assemblée nationale.
Considérant que l'ignorance, l'oubli ou le mépris des droits de la femme, sont les seules causes des malheurs publics et de la corruption des gouvernements, ont résolu d'exposer dans une déclaration solennelle, les droits naturels inaliénables[1] et sacrés de la femme, afin que cette déclaration, constamment présente à tous les membres du corps social, leur rappelle sans cesse leurs droits et leurs devoirs, afin que les actes du pouvoir des femmes, et ceux du pouvoir des hommes, pouvant être à chaque instant comparés avec le but de toute institution politique, en soient plus respectés, afin que les réclamations des citoyennes, fondées désormais sur des principes simples et incontestables, tournent toujours au maintien de la Constitution, des bonnes mœurs, et au bonheur de tous.
En conséquence, le sexe supérieur, en beauté comme en courage, dans les souffrances maternelles, reconnaît et déclare, en présence et sous les auspices de l'Être suprême[2], les **Droits suivants de la Femme et de la Citoyenne.**

Article premier
La Femme naît libre et demeure égale à l'Homme en droits. Les distinctions sociales ne peuvent être fondées que sur l'utilité commune[3].

Article 2
Le but de toute association politique est la conservation des droits naturels et imprescriptibles[4] de la Femme et de l'Homme. Ces droits sont la liberté, la propriété, la sûreté, et surtout la résistance à l'oppression.

Article 3
Le principe de toute souveraineté réside essentiellement dans la Nation, qui n'est que la réunion de la Femme et de l'Homme : nul corps, nul individu, ne peut exercer d'autorité qui n'en émane expressément[5].

Préambule et articles 1 à 3.

---

1. Dont on ne peut être dépossédé.
2. Sous la protection de « Dieu », désigné ici par une périphrase.
3. Les différences hommes-femmes ne peuvent exister qu'en fonction de besoins communs.
4. Dont on ne peut être privé.
5. Formellement.

Françaises devenues libres :
détail (XVIIIe siècle), estampe
(Paris, Musée Carnavalet).

Questions DE LECTURE ANALYTIQUE

1. Quelle est la nature de ce texte ? Justifiez votre réponse.
2. D'après l'auteur, quelle est la raison profonde d'une telle déclaration ? À qui est-elle destinée ?
3. Dans le préambule (l. 1-16), quelles expressions désignent les femmes ? Quelle place les hommes occupent-ils ?
4. Comment expliquez-vous la périphrase* *le sexe supérieur* (l. 14) ? À quelles autres périphrases, plus traditionnelles, s'oppose-t-elle ?
5. Quels termes se répètent d'un article à l'autre ? Quelle relation syntaxique les unit ? Que révèle-t-elle du projet d'Olympe de Gouges ?
6. Quel champ lexical structure l'ensemble du texte ? À quel idéal correspond-il ?

D'UN TEXTE À L'AUTRE
Recherchez le *Préambule de la Déclaration des Droits de l'Homme et du Citoyen* (1789). Comparez-le avec ce texte : quels points communs et quelles différences pouvez-vous mettre en évidence ?

Texte 2

SIMONE DE BEAUVOIR
Le Deuxième Sexe (1949)

Biographie p. 560

Le Deuxième Sexe est le premier essai féministe. Simone de Beauvoir n'est pas la première à s'être battue pour la cause des femmes mais elle est la première à avoir rédigé une telle somme philosophique afin de dénoncer le rôle subalterne dévolu à la plupart des femmes. Elle pointe en particulier dans la petite enfance les éléments culturels et éducatifs qui font de la femme un être différent de l'homme.

La magie du regard adulte est capricieuse ; l'enfant prétend être invisible, ses parents entrent dans le jeu, ils le cherchent à tâtons[1], ils rient et puis brusquement ils déclarent : « Tu nous ennuies, tu n'es pas invisible du tout. » Une phrase de l'enfant a amusé, il la répète : cette fois, on hausse les épaules.
5 Dans ce monde aussi incertain, aussi imprévisible que l'univers de Kafka[2], on trébuche[3] à chaque pas. C'est pourquoi tant d'enfants ont peur de grandir ; ils se désespèrent si leurs parents cessent de les prendre sur leurs genoux, de les admettre dans leur lit : à travers la frustration physique ils éprouvent de plus en plus cruellement le délaissement dont l'être humain ne prend jamais
10 conscience qu'avec angoisse.
C'est ici que les petites filles vont d'abord apparaître comme privilégiées. Un second sevrage[4], moins brutal, plus lent que le premier, soustrait le corps de la mère aux étreintes de l'enfant ; mais c'est aux garçons surtout qu'on refuse peu à peu baisers et caresses ; quant à la fillette, on continue à la cajoler, on lui
15 permet de vivre dans les jupes de sa mère, le père la prend sur ses genoux et flatte ses cheveux ; on l'habille avec des robes douces comme des baisers, on est indulgent à ses larmes et à ses caprices, on la coiffe avec soin, on s'amuse de ses mines et de ses coquetteries : des contacts charnels et des regards complaisants la protègent contre l'angoisse de la solitude. Au petit garçon, au contraire,
20 on va interdire même la coquetterie, ses manœuvres de séduction, ses comédies agacent. « Un homme ne demande pas qu'on l'embrasse…Un homme ne se regarde pas dans les glaces…Un homme ne pleure pas », lui dit-on. On veut qu'il soit « un petit homme » ; c'est en s'affranchissant des adultes qu'il obtiendra leur suffrage[5]. Il plaira en ne paraissant pas chercher à plaire.

Quatrième partie : « Formation »,
chapitre « Enfance » (extrait), © Gallimard.

Simone de Beauvoir (Paris, 1952).

1. Dans l'obscurité.
2. Romancier tchèque dont les personnages sont soumis à des situations absurdes, incompréhensibles.
3. Manque de tomber.
4. Le premier sevrage est la fin de l'allaitement.
5. Approbation.

Questions DE LECTURE ANALYTIQUE

1. Que désigne le *second sevrage* (l. 12) ?
2. Sur quels aspects l'éducation des filles et celle des garçons s'opposent-elles dans la petite enfance ?
3. Quel pronom personnel est dominant ? Qui permet-il de désigner ?
4. Quelle est la fonction des propos entre guillemets ?
5. Sur quelle figure de rhétorique la dernière phrase est-elle construite ? dans quel but ?
   ▶ PARTIE II, p. 392 : LES FIGURES DE RHÉTORIQUE
6. **Question de synthèse** : ce texte relève-t-il de l'art de démontrer, de convaincre ou de persuader ? Justifiez.
   ▶ p. 482 : CONVAINCRE, DÉMONTRER ET PERSUADER

Chapitre 7 • Argumenter : le thème de la femme — SÉQUENCE 22

D'UN TEXTE À L'AUTRE
Marguerite Yourcenar
Les Yeux ouverts : entretiens avec Mathieu Galey (1980)
▶ Biographie p. 568

Marguerite Yourcenar apparaît comme une figure originale du paysage littéraire français. Maniant une langue très classique et des récits à la facture traditionnelle à l'époque du Nouveau Roman, elle affirme également sa singularité au moment où le féminisme, sur les traces de Simone de Beauvoir, règne en maître.

J'ai de fortes objections au féminisme tel qu'il se présente aujourd'hui. La plupart du temps, il est agressif, et ce n'est pas par l'agression qu'on parvient durablement à quelque chose. Ensuite, et ceci vous paraîtra sans doute paradoxal, il est conformiste, en ce sens que la femme semble aspirer à la liberté et au bonheur du bureaucrate qui part chaque matin, une serviette sous le bras, ou de l'ouvrier qui pointe dans une usine. Cet « homo sapiens »[1] des sociétés bureaucratiques et technocratiques est l'idéal qu'elle semble vouloir imiter sans voir les frustrations et les dangers qu'il comporte, parce qu'en cela pareille aux hommes, elle pense en termes de profit immédiat et de « succès » individuel. Je crois que l'important, pour la femme, est de participer le plus possible à toutes les causes utiles, et d'imposer cette participation par sa compétence... Tout gain obtenu par la femme, dans la cause des droits civiques, de l'urbanisme, de l'environnement, de la protection de l'animal, de l'enfant, et des minorités humaines, toute victoire contre la guerre, contre la monstrueuse exploitation de la science en faveur de l'avidité et de la violence, est celle de la femme, sinon du féminisme, et ce sera celle du féminisme par surcroît...

Je trouve aussi regrettable de voir la femme jouer sur les deux tableaux, de voir, par exemple, des revues qui, pour se conformer à la mode (car les opinions sont aussi des modes), publient des articles féministes supposés incendiaires, tout en offrant à leurs lectrices, qui les feuillettent distraitement chez le coiffeur, le même nombre de photographies de jolies filles, ou plutôt de filles qui seraient jolies si elles n'incarnaient trop évidemment des modèles publicitaires ; la curieuse psychologie commerciale de notre temps impose ces expressions boudeuses, prétendument séduisantes, aguicheuses ou sensuelles, à moins qu'elles ne frôlent l'érotisme de la demi-nudité, si l'occasion s'en présente.

Extrait, © Le Centurion.

1. Homme savant : terme latin évoquant la préhistoire.

Questions DE LECTURE ANALYTIQUE

1. Quels qualificatifs l'auteur emploie-t-elle pour définir le féminisme ? Sont-ils valorisants ou dépréciatifs ?
   ▶ PARTIE II, p. 437 : LE REGISTRE ÉPIDICTIQUE

2. Sur quels paradoxes du féminisme Marguerite Yourcenar insiste-t-elle ? Quels exemples utilise-t-elle, et dans quel but ?
   ▶ p. 479 : CIRCUIT ARGUMENTATIF ET PROGRESSION DU RAISONNEMENT

3. Quel est le registre précis de ce texte ? Citez une phrase significative que vous commenterez.
   ▶ p. 416 : LES REGISTRES LITTÉRAIRES

4. **Question de synthèse** : peut-on considérer que Marguerite Yourcenar nie en bloc toute défense des droits des femmes ? Justifiez dans deux ou trois paragraphes argumentatifs reliés.
   ▶ PARTIE III, p. 502 : RÉPONDRE À UNE QUESTION D'ANALYSE SUR UN TEXTE

Gisèle Halimi
La Cause des femmes (1974)

Au cours d'un procès célèbre, l'avocate Gisèle Halimi défend, en 1972, le droit des femmes à avorter ; la France prend alors conscience des conditions dans lesquelles se déroulent, dans la clandestinité, les avortements qui entraînent la stérilité, voire la mort. Fondatrice de l'association « Choisir la cause des femmes », Gisèle Halimi joue un grand rôle dans le développement et l'acceptation de la contraception. La préface de l'édition de 1978 de son plaidoyer* pour les femmes nous livre son point de vue sur la Nature, référence constante dans les débats sur les droits des femmes.

La Nature ne se justifie ni ne s'explique. ELLE EST. Et, étant, elle détermine les biologie, physiologie[1], psychisme du sexe féminin comme étant fondamentalement *différents* de celui de l'homme, vous m'avez comprise, c'est-à-dire *inférieurs*. Nos différences « naturelles », source d'inégalités, sont camouflées en dons, qualités, etc. Ainsi, la Nature nous a dotées de l'instinct maternel, de l'intuition, de la réceptivité… alors qu'à nos compagnons seront attribuées force, intelligence, agressivité… caractéristiques intrinsèquement phalliques[2]… et il n'est de phallus, bien sûr, que triomphant !

Même l'effort de certains philosophes éclairés de l'Antiquité grecque – tels que Platon ou Aristote – pour répartir également les « aptitudes naturelles » des deux sexes tourne court, « *la femme restant en tout plus faible* que l'homme[3] ». Quand l'ethnologue américaine Margaret Mead s'en alla, il y a quelques années, séjourner en Mélanésie (Océanie) parmi les autochtones[4], elle tomba de surprise en surprise. L'idée reçue selon laquelle chaque sexe avait un comportement *inné*[5], de par la Nature, se révéla fausse. Observant la vie de la tribu Tchombouli, que constata-t-elle ? Les femmes tondues, l'œil vif, le pied solide, allaient à la pêche, administraient la tribu, se réunissaient pour prendre les décisions nécessaires à sa survie et à son bien-être, bref avaient la direction civile et politique de la Cité. Pendant ce temps, les hommes maquillés, couverts de bijoux et de colifichets[6], papotaient… Aguicheurs, ils intriguaient pour conquérir les faveurs d'une belle, rivalisaient de séduction pour elle, dansaient, chantaient… De vrais allumeurs !

Si les pôles peuvent à ce point s'inverser, si la « nature » féminine devient celle des hommes et réciproquement, si, en somme, l'*acquis* socio-culturel est à la source de nos « différences », quel crédit reste-t-il à l'argument Nature ?

Au demeurant, il serait faux de faire de cette nature le synonyme de la Norme, du Juste, du Bien, de l'Harmonie. Le riche contre le pauvre, le fort contre le faible, la fatalité contre le progrès relèvent d'une « nature » sans mansuétude[7] pour l'homme. Une loi de la jungle à tous les niveaux.

Préface : « La femme enfermée »
(extrait, rééd. 1978), © Gallimard.

1. Le fonctionnement de l'organisme.
2. Liées au sexe masculin (le phallus).
3. *Cf.* Platon, *La République* (note de l'auteur).
4. Habitants.
5. Donné à la naissance.
6. Objets sans valeur.
7. Compassion.

Journal du MLF : *Le Torchon brûle* ; à gauche, Nadia Ringart (France, 1970).

Questions DE LECTURE ANALYTIQUE

1. Dans le premier paragraphe, relevez tout ce qui, chez les hommes et les femmes, dépend de la Nature ; l'auteur partage-t-elle cette image de la Nature ? Justifiez.
2. Quel type d'<u>arguments</u> et d'<u>exemples</u> Gisèle Halimi utilise-t-elle pour rappeler la définition traditionnelle de la femme ?
   ▶ **PARTIE II, p. 479** : CIRCUIT ARGUMENTATIF ET PROGRESSION DU RAISONNEMENT
3. Quelle est la fonction des guillemets et des italiques dans ce texte ?
4. Sur quel <u>registre</u> l'exemple de l'ethnologue est-il présenté ? Analysez en particulier les termes décrivant les hommes. Quel rôle cet exemple joue-t-il dans l'argumentation ?
   ▶ **p. 418** : LES REGISTRES LITTÉRAIRES
5. Quelle est la fonction de la <u>modalité</u> interrogative dans l'avant-dernier paragraphe ?
   ▶ **p. 387** : LES OUTILS GRAMMATICAUX

6. **Question de synthèse** : à la lumière de cet extrait, justifiez le titre de cette préface, « La femme enfermée ».

RÉDACTION DE PARAGRAPHE ARGUMENTATIF

Il faut voir ce qui peut faire preuve, pour la revendication féministe [...] : est-ce la nature des femmes (dont la ou les définitions font problème), ou est-ce l'état social ? (Geneviève Fraisse, *Les Femmes et leur histoire*, chapitre 9, « Du droit naturel à l'histoire de l'origine », extrait).

Quel débat est proposé par Geneviève Fraisse ? Appuyez-vous sur le texte 3 pour montrer quel camp a choisi Gisèle Halimi.
▶ **PARTIE III, p. 500** : LE PARAGRAPHE ARGUMENTATIF

Analyse d'image

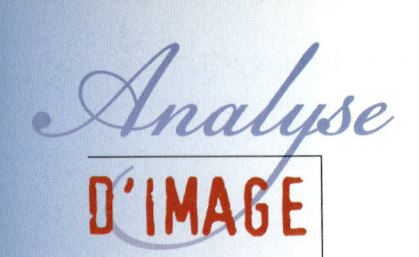

Affiche du collectif Guerrilla Girls (1989)

Groupe international et anonyme de femmes artistes, le collectif Guerrilla Girls milite depuis 1985 par des actions publiques dénonçant la condition faite aux femmes, aussi bien dans le monde de l'art que dans tous les aspects de la vie sociale et politique.

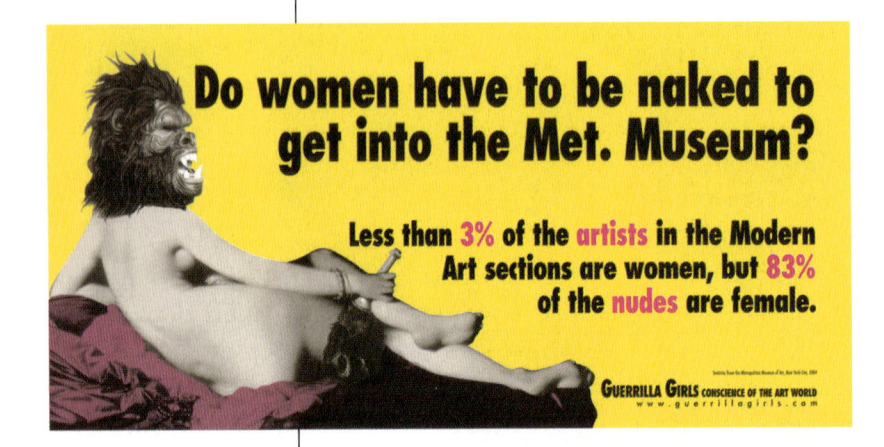

Traduction : Les femmes doivent-elles être nues pour entrer au Met. Museum[1] ? Moins de 3 % des artistes des salles consacrées à l'art contemporain sont des femmes, mais 83 % des nus sont des féminins.

1. Abréviation pour désigner le Metropolitan Museum, le plus grand musée d'art de New York.

Jean-Auguste-Dominique Ingres (1780-1867), *La Grande Odalisque* (1814), huile sur toile, 91 x 162 cm (Paris, Musée du Louvre).

Questions

1. Qu'est-ce qui est dénoncé dans le texte de l'affiche ? Reformulez la thèse de cette affiche en une seule phrase.
   ▶ PARTIE II, p. 479 : CIRCUIT ARGUMENTATIF ET PROGRESSION DU RAISONNEMENT

2. Quels procédés visuels permettent au message d'être plus percutant ?
   ▶ p. 397 : L'IMAGE FIXE

3. Comment le tableau d'Ingres a-t-il été utilisé ? dans quel but ?

RÉDACTION DE PARAGRAPHES ARGUMENTATIFS

Êtes-vous convaincu(e) par les procédés de cette affiche ? Argumentez en vous référant précisément au document, dans une série d'au moins deux paragraphes reliés logiquement.
▶ PARTIE III, p. 500 : LE PARAGRAPHE ARGUMENTATIF

Texte 4

ÉLISABETH BADINTER
Fausse Route (2003)

Biographie p. 560

Auteur de plusieurs essais sur la condition de la femme, Élisabeth Badinter milite pour un féminisme « universaliste » : un féminisme qui n'oppose pas les hommes et les femmes mais les réunit en tant que citoyens vivant et travaillant ensemble, conformément à l'idéal de fraternité que formule Simone de Beauvoir à la fin du Deuxième Sexe. *Élisabeth Badinter pense que la femme occidentale subit actuellement une « régression » en raison d'un nouveau féminisme qu'elle critique vivement.*

Le féminisme actuel doit aussi rendre compte aux femmes des progrès de leur condition. Prenant le contre-pied du féminisme universaliste, il a liquidé le concept d'égalité et promu bon gré mal gré le retour en force du biologique. L'hymne à la nature[1] a étouffé le combat social et culturel. L'image de la femme a retrouvé son ancien cadre, ce qui semble convenir à beaucoup de monde.

Entre la femme-enfant (la victime sans défense) et la femme-mère (pour les besoins de la parité), quelle place reste-t-il à l'idéal de la femme libre dont on a tant rêvé ? À moins que celui-ci ne soit plus de mise dans un système de pensée qui retricote chaque jour l'idée de nature féminine en opposition avec une « culture » masculine. *La* femme prisonnière de sa nature, *les* hommes sommés de changer de culture. Message contradictoire s'il en est, qui déroute les unes et exaspère les autres. Message entendu par les hommes qui, sans le dire, en font leurs choux gras[2].

Les plus grands progrès accomplis ces dernières décennies l'ont tous été grâce à l'audacieuse déconstruction du concept de nature. Non pour la nier, comme on l'a souvent dit, mais pour la remettre à sa juste place. On a ainsi offert à chacun une liberté sans précédent par rapport aux rôles traditionnels qui définissaient le genre. C'est cette philosophie-là, culturaliste et universaliste, qui a changé la condition féminine et levé l'opprobre[3] sur l'homosexualité. On a alors appris que le sexe, le genre et la sexualité ne prédéterminent pas un destin.

Or ce discours n'est plus de mise. Par deux fois en l'espace de dix ans, notre pays a lancé aux femmes, mais aussi à la société tout entière, un fort signal différentialiste[4]. Bien qu'ils paraissent étrangers l'un à l'autre, ils ont donné à penser, d'une part, que les femmes n'ont pas les mêmes droits et devoirs que les hommes et, de l'autre, qu'elles forment une société à part de celle des hommes. Le premier signal fut l'acceptation du foulard islamique à l'école ; le second fut l'inscription de la différence des sexes dans la Constitution pour justifier une discrimination positive. Dans un cas, les féministes oublièrent de protester ; dans l'autre, ce sont elles qui remirent à l'honneur la différence biologique et avec elle la spécialisation des rôles.

Chapitre IV : « Régression »,
« Quand la différence fait loi » (extrait), © Odile Jacob.

---

1. La célébration de la nature.
2. Profitent de l'occasion.
3. Le déshonneur, la honte.
4. Un signal appelant à différencier clairement les femmes des hommes.

ÉDOUARD VUILLARD (1868-1940), *Jeanne Lanvin* (1867-1946), créatrice de mode (vers 1933), huile sur toile, 1,245 x 1,365 m (Paris, Musée d'Orsay).

Questions DE LECTURE ANALYTIQUE

1. Dans le texte, à quoi le féminisme « universaliste » s'oppose-t-il ?
2. Quelle est la condition féminine idéale d'après l'auteur ? À quels autres modèles l'oppose-t-elle ? suivant quelle modalisation ?
   ➤ PARTIE II, p. 413 : LE DISCOURS ARGUMENTATIF
3. Quelle figure de style relevez-vous à la fin du deuxième paragraphe ? Que dénonce-t-elle ?
   ➤ p. 392 : LES FIGURES DE RHÉTORIQUE
4. Dans le troisième paragraphe, qui est désigné par le pronom *on* ? Quelle est ici la valeur argumentative de ce terme ?
   ➤ p. 413 : LE DISCOURS ARGUMENTATIF

5. Quels exemples l'auteur utilise-t-elle dans le dernier paragraphe ? À quel registre se rattachent-ils ?
   ➤ p. 479 : CIRCUIT ARGUMENTATIF ET PROGRESSION DU RAISONNEMENT
   ➤ p. 418 : LES REGISTRES LITTÉRAIRES

D'UN TEXTE À L'AUTRE ➤ TEXTES 3 et 4
Quels points les deux textes ont-ils en commun en ce qui concerne l'idée de natures féminine et masculine ? Justifiez.

SYNTHÈSE

Le féminisme

- Le féminisme est une expression qui s'applique à tout écrit ou toute manifestation défendant les droits des femmes. Il ne s'agit **ni d'un mouvement littéraire, ni d'une école artistique** mais d'une **forme d'engagement**.
- Le féminisme s'est fait connaître en Angleterre avec les **suffragettes** en 1865 ; par des manifestations, ces femmes ont réclamé l'élargissement du droit de vote qu'elles avaient obtenu pour les élections municipales en 1860. Ce n'est qu'en 1945 que ce droit est acquis aux Françaises mais la *Déclaration des Droits de la Femme et de la Citoyenne* d'**Olympe de Gouges** (1791 ➤ TEXTE 1, p. 310) est le véritable acte de naissance du féminisme.

1 Les origines du féminisme

- La *Déclaration* d'Olympe de Gouges est l'aboutissement d'une conscience qui se développe en France. Contrairement à Rousseau ➤ p. 299, **Diderot** a été l'un des promoteurs des libertés à accorder aux femmes ; le plaidoyer de Miss Polly Baker (extrait du *Supplément au voyage de Bougainville*, 1772 ➤ EXERCICE 1, p. 320), dénonce le sort des **filles-mères**. Marceline, dans *Le Mariage de Figaro* de Beaumarchais, y répondra en écho : « *Hommes plus qu'ingrats, qui flétrissez par le mépris les jouets de vos passions, vos victimes !* » (Acte III, scène 16, 1784).
- Au XIXe siècle, la conscience féministe progresse avec les écrivains **romantiques** ➤ p. 174. Même si **George Sand** (1804-1876) a fait l'éloge de la femme d'intérieur, dévouée à sa famille, elle a dans sa vie incarné le modèle d'une femme de lettres indépendante et voyageuse.
- C'est **Flora Tristan** (1803-1844), grand-mère du peintre Gauguin, qui s'affirme comme la **première militante féministe**, faisant le tour de la France pour sensibiliser la population aux conditions de vie des ouvrières ➤ EXERCICE 3, p. 321.
- **Hugo** devient le défenseur des femmes, dans de nombreux **réquisitoires poétiques**, comme le poème « Melancholia » dans le recueil *Les Contemplations* ➤ EXERCICE 2, p. 320, ou dans ses romans, comme *Les Misérables* où le sort de Fantine, mère de Cosette, est ainsi résumé : *C'est la société qui achète une esclave* (Ire partie, livre I, chapitre V, 1862). Lors de son mandat de député, il a également dénoncé la **prostitution**, signe d'appauvrissement des femmes seules à Paris, une situation qui indigne des révolutionnaires comme **Louise Michel** (1830-1905).
- **Zola** a lui aussi nourri les débats féministes : le sort pathétique de certaines héroïnes des *Rougon-Macquart*, subissant le système économique du Second Empire (Gervaise, Nana…) ➤ p. 231, a valeur de dénonciation.

2 Le féminisme moderne

- À l'issue de la **Première Guerre mondiale**, le féminisme se développe dans toute l'Europe, qui prend conscience du rôle des femmes dans l'économie : elles sont nombreuses à avoir travaillé dans l'industrie de l'armement ou dans d'autres secteurs pendant que les hommes étaient sur le front. C'est une des causes de leur libération, particulièrement visible à Londres, Paris ou Berlin dans les **Années folles** (l'entre-deux-guerres).
- Mais le catalyseur de la libération féministe est la publication de l'essai de **Simone de Beauvoir**, *Le Deuxième Sexe* en 1949 ➤ TEXTE 2, p. 312. Les mouvements européens et américains se réfèrent à ce livre qui définit les **principes du féminisme « universaliste »** : la femme peut être l'égale de l'homme dans une nation citoyenne. *Le Deuxième Sexe* est aussi à l'origine d'un fort mouvement de contestation en France qui a permis, à la suite du **procès de Bobigny** en 1972 (Gisèle Halimi ➤ TEXTE 3, p. 314) et de l'action de Simone Veil en 1975, de libéraliser l'avortement.
- Depuis la fin des années 1980, le **modèle universaliste** est vivement critiqué par de nouvelles formes de féminisme aux États-Unis, en Suède et en France, qui voient dans la différence biologique de la femme, une spécificité à valoriser ; ce féminisme « différentialiste » est visé par **Élisabeth Badinter** ➤ TEXTE 4, p. 317, qui y voit une « régression ». Elle s'oppose ainsi à Antoinette Fouque ou à d'autres intellectuelles qui font de la parité et d'autres mesures de discrimination positive des moyens de défendre les femmes.
- Le féminisme prend aujourd'hui des **formes virulentes et contestataires** comme l'association « Ni putes, ni soumises » qui dénonce les violences exercées sur les femmes en banlieue.

➤ **BIOGRAPHIES DES AUTEURS p. 560**

EXERCICES D'APPROFONDISSEMENT

1 Un plaidoyer pour les femmes

1. Sur quel ton, grâce à quelles formules Polly Baker s'adresse-t-elle aux juges ?
2. Comment Polly considère-t-elle les lois qui la condamnent ? Quel est le registre de ses propos ?
  ➤ **PARTIE II, p. 418 :** LES REGISTRES LITTÉRAIRES
3. En quoi ce texte est-il un plaidoyer* féministe ?

Mère célibataire, Polly Baker est convoquée au tribunal où on la condamne encore une fois pour avoir mis au monde un enfant en dehors du mariage. Elle doit s'en expliquer et payer une amende.

« Permettez-moi, Messieurs, de vous adresser quelques mots. Je suis une fille malheureuse et pauvre, je n'ai pas le moyen de payer des avocats pour prendre ma défense, et je ne vous
5 retiendrai pas longtemps. Je ne me flatte pas que dans la sentence que vous allez prononcer vous vous écartiez de la loi ; ce que j'ose espérer, c'est que vous daignerez implorer pour moi les bontés du gouvernement et obtenir
10 qu'il me dispense de l'amende. Voici la cinquième fois que je parais devant vous pour le même sujet ; deux fois j'ai payé des amendes onéreuses, deux fois j'ai subi une punition publique et honteuse parce que je n'ai pas été
15 en état de payer. Cela peut être conforme à la loi, je ne le conteste point ; mais il y a quelquefois des lois injustes, et on les abroge ; il y en a aussi de trop sévères, et la puissance législatrice peut dispenser de leur exécution.
20 J'ose dire que celle qui me condamne est à la fois injuste en elle-même et trop sévère envers moi. Je n'ai jamais offensé personne dans le lieu où je vis, et je défie mes ennemis, si j'en ai quelques-uns, de pouvoir prouver que j'aie fait
25 le moindre tort à un homme, à une femme, à un enfant. Permettez-moi d'oublier un moment que la loi existe, alors je ne conçois pas quel peut être mon crime. »

DENIS DIDEROT,
Supplément au voyage de Bougainville,
chapitre III (extrait, 1772).

2 Deux réquisitoires

1. Relevez les caractéristiques de chacune des femmes évoquées.
2. Qui est responsable de leur condition ?
3. Quelle thèse Hugo défend-il dans ces deux documents ? Justifiez. Qu'en déduisez-vous sur le registre dominant de ces textes ?
  ➤ **p. 413 :** LE DISCOURS ARGUMENTATIF
  ➤ **p. 418 :** LES REGISTRES LITTÉRAIRES

TEXTE A

Dans le poème « Melancholia », le poète V. Hugo pointe tous les abus sociaux qui font des faibles la proie des forts.

Écoutez. Une femme au profil décharné[1],
Maigre, blême, portant un enfant étonné,
Est là qui se lamente au milieu de la rue.
La foule, pour l'entendre, autour d'elle se rue.
5 Elle accuse quelqu'un, une autre femme, ou bien
Son mari. Ses enfants ont faim. Elle n'a rien ;
Pas d'argent ; pas de pain ; à peine un lit de paille.
L'homme est au cabaret pendant qu'elle travaille.
Elle pleure, et s'en va. Quand ce spectre a passé,
10 Ô penseurs, au milieu de ce groupe amassé,
Qui vient de voir le fond d'un cœur qui se déchire,
Qu'entendez-vous toujours ? Un long éclat de rire.

Cette fille au doux front a cru peut-être, un jour,
Avoir droit au bonheur, à la joie, à l'amour.
15 Mais elle est seule, elle est sans parents, pauvre fille !
Seule ! – n'importe ! elle a du courage, une aiguille,
Elle travaille, et peut gagner dans son réduit,
En travaillant le jour, en travaillant la nuit,
Un peu de pain, un gîte[2], une jupe de toile.

VICTOR HUGO, *Les Contemplations*, Livre III :
« Melancholia » (extrait, 1838).

1. Très amaigri. 2. Un logement.

Texte B

Fantine, modeste couturière du roman Les Misérables, *rencontre de plus en plus de difficultés financières pour nourrir sa fille Cosette, qu'elle a été obligée de confier à un couple malhonnête, les Thénardier. Pour payer ses dettes, Fantine doit vendre ses cheveux, puis ses dents.*

Elle n'avait plus de lit, il lui restait une loque qu'elle appelait sa couverture, un matelas à terre et une chaise dépaillée. Le petit rosier qu'elle avait s'était desséché dans un coin, oublié. Dans l'autre coin, il y avait un pot à beurre à mettre l'eau, qui gelait l'hiver, et où les différents niveaux de l'eau restaient longtemps marqués par des cercles de glace. Elle avait perdu la honte, elle perdit la coquetterie.
Dernier signe. Elle sortait avec des bonnets sales. Soit faute de temps, soit indifférence, elle ne raccommodait plus son linge. À mesure que les talons s'usaient, elle tirait ses bas dans ses souliers. Cela se voyait à de certains plis perpendiculaires. Elle rapiéçait son corset, vieux et usé, avec des morceaux de calicot[1] qui se déchiraient au moindre mouvement. Les gens auxquels elle devait[2], lui faisaient « des scènes », et ne lui laissaient aucun repos. Elle les trouvait dans la rue, elle les retrouvait dans son escalier. Elle passait des nuits à pleurer et à songer. Elle avait les yeux très brillants, et elle sentait une douleur fixe dans l'épaule, vers le haut de l'omoplate gauche. Elle toussait beaucoup. [...]
Elle cousait dix-sept heures par jour ; mais un entrepreneur du travail des prisons, qui faisait travailler les prisonnières au rabais, fit tout à coup baisser les prix, ce qui réduisit la journée des ouvrières libres à neuf sous. Dix-sept heures de travail, et neuf sous par jour ! [...]
— Cent francs, songea Fantine ! Mais où y a-t-il un état[3] à gagner cent sous par jour ?
— Allons ! dit-elle, vendons le reste.
L'infortunée se fit fille publique[4].

Victor Hugo, Les Misérables, Première partie,
livre cinquième, chapitre X (extrait, 1862).

1. Coton grossier. **2.** Auprès desquels elle s'est endettée. **3.** Profession. **4.** Prostituée.

3 Le destin d'une féministe

1. L'<u>argumentation</u> de Flora est-elle efficace ? Quels détails le prouvent ?
   ▶ p. 413 : LE DISCOURS ARGUMENTATIF
2. Relevez et commentez les expressions décrivant les réactions de Flora face aux hommes.
3. Son combat est-il uniquement féministe ? Justifiez.

L'écrivain péruvien Vargas Llosa a romancé la vie de Flora Tristan (1803-1844), fille de bourgeois qui a parcouru la France afin de constituer une Union ouvrière.

[...] si les ouvriers devaient déduire quelques francs de leur salaire misérable pour payer leur cotisation à l'Union ouvrière, comment rapporteraient-ils un croûton de pain à leurs enfants affamés ? Elle répondit à toutes leurs objections avec patience. Elle crut que, sur ce point des cotisations au moins, ils se laisseraient convaincre. Mais leur résistance fut plus tenace sur le problème du mariage.
— Vous attaquez la famille et vous voulez qu'elle disparaisse. Ce n'est pas chrétien, madame.
— Ça l'est, ça l'est, répondit-elle, sur le point de se fâcher, mais elle se radoucit. Ce qui n'est pas chrétien, c'est qu'au nom de la sainteté de la famille un homme s'achète une femme, la transforme en pondeuse d'enfants, en bête de somme et, par-dessus le marché, la roue de coups chaque fois qu'il boit un coup de trop.
Comme elle les vit écarquiller les yeux, déconcertés de ce qu'ils entendaient, elle leur proposa d'abandonner ce sujet, et d'imaginer plutôt ensemble les bénéfices qu'apporterait l'Union ouvrière aux paysans, artisans et travailleurs comme eux.

Mario Vargas Llosa,
Le Paradis – un peu plus loin,
Chapitre I : « Flora à Auxerre – avril 1844 » (2003),
traduction d'A. Bensoussan,
© Gallimard, 2003.

▶ BIOGRAPHIES DES AUTEURS p. 560

Chapitre 8

Portraits : l'éloge et le blâme

323 SÉQUENCE **23**
Portraits
à travers les âges

335 SÉQUENCE **24**
Portraits de femmes
dans le sonnet
à la Renaissance

344 SÉQUENCE **25**
Portraits symbolistes

Jan Vermeer (1632-1675),
L'art de la peinture : détail
(vers 1666), huile sur toile
(Vienne, Kunsthistorisches
Museum).

SÉQUENCE 23 — Portraits à travers les âges

Objectif

Comprendre que le portrait dépasse la notion de genre et qu'il obéit à une vision soit élogieuse (éloge) soit dépréciative (blâme).

LE PORTRAIT EST un art très ancien, d'abord pictural, qui existe aussi en littérature. Tantôt fidèle à la réalité, tantôt subjectif, il peut idéaliser ou caricaturer son modèle.

CORPUS DE LA SÉQUENCE

Texte **1** M. SCÈVE, « Blason du sourcil » (1535)
et L. S. SENGHOR, *Poèmes perdus* (1964)

Texte **2** P. SCARRON, *Recueil de quelques vers burlesques* (1643)

Images Q. METSYS, *Vieille femme grotesque* (1525-1530)
et LÉONARD DE VINCI, *Tête grotesque* (XVIᵉ siècle)

Texte **3** J. DE LA BRUYÈRE, *Les Caractères* (1688)

Texte **4** H. DE BALZAC, *La Cousine Bette* (1847)

Notions de la séquence	Liens avec la partie II
Les genres littéraires de l'éloge et du blâme : poésie (*textes 1 et 2*) ; écriture fragmentaire (*texte 3*) ; roman (*texte 4*)	▶ p. 468 : LES NOTIONS PROPRES À LA POÉSIE ▶ p. 476 : LES NOTIONS PROPRES À LA LITTÉRATURE D'IDÉES
Registres de l'éloge et du blâme	LES REGISTRES : ▶ p. 437 : ÉPIDICTIQUE ▶ p. 419 : COMIQUE
L'art du portrait (*ensemble du corpus*)	LES FORMES DE DISCOURS : ▶ p. 411 : LE DISCOURS DESCRIPTIF ▶ p. 413 : LE DISCOURS ARGUMENTATIF
Vocabulaire élogieux ou dépréciatif (*ensemble du corpus*)	LES OUTILS : ▶ p. 387 : LES OUTILS GRAMMATICAUX ▶ p. 392 : LES FIGURES DE RHÉTORIQUE
Analyse d'un tableau et d'un dessin	▶ p. 397 : L'IMAGE FIXE
	Liens avec la partie III
Formulation d'une morale (*à partir du texte 3*)	▶ p. 496 : INVENTER ET ARGUMENTER
Rédaction d'un paragraphe argumentatif (*texte 3*)	▶ p. 500 : LE PARAGRAPHE ARGUMENTATIF
Rédaction d'un portrait (*à partir du texte 4*)	▶ p. 486 : L'ÉCRITURE D'INVENTION
Analyse d'un corpus sur Louis XIV (*exercice 1*)	▶ p. 528 : DE LA LECTURE D'UN CORPUS À LA DISSERTATION

Texte 1

Maurice Scève
« Blason du sourcil » (1535)

Biographie p. 567

La tradition du blason, initiée par Marot au XVIe siècle, consiste à célébrer le corps féminin, en mêlant sensualité et virtuosité poétique. Dès 1535, le « Beau tétin » de Marot lança la mode : les poètes « blasonnèrent » sur toutes sortes de motifs, y compris sur des objets. Vers 1540, l'École de Lyon produisit les plus beaux poèmes lyriques français avec M. Scève, Pernette du Guillet et Louise Labé ➤ EXERCICE 2, p. 343.

1   Sourcil tractif[1] en voûte fléchissant
    Trop plus qu'ébène, ou jayet[2] noircissant.
    Haut forjeté[3] pour ombrager les yeux,
    Quand ils font signe, ou de mort, ou de mieux.
5   Sourcil qui rend peureux les plus hardis,
    Et courageux les plus accouardis[4].
    Sourcil qui fait l'air clair obscur soudain,
    Quand il froncit[5] par ire[6], ou par dédain,
    Et puis le rend serein, clair et joyeux
10 Quand il est doux, plaisant et gracieux.
    Sourcil qui chasse et provoque les nues
    Selon que sont ses archées[7] tenues.
    Sourcil assis au lieu haut pour enseigne,
    Par qui le cœur son vouloir nous enseigne,
15 Nous découvrant sa profonde pensée,
    Ou soit de paix, ou de guerre offensée.
    Sourcil, non pas sourcil, mais un sous-ciel
    Qui est le dixième et superficiel,
    Où l'on peut voir deux étoiles ardentes,
20 Lesquelles sont de son arc dépendantes,
    Étincelant plus souvent et plus clair
    Qu'en été chaud un bien soudain éclair.
    Sourcil qui fait mon espoir prospérer,
    Et tout à coup me fait désespérer.
25 Sourcil sur qui amour prit le pourtrait[8]
    Et le patron de son arc, qui attrait[9]
    Hommes et Dieux à son obéissance,
    Par triste mort et douce jouissance.
    Ô sourcil brun, sous tes noires ténèbres,
30 J'ensevelis en désirs trop funèbres
    Ma liberté et ma dolente vie,
    Qui doucement par toi me fut ravie.

1. Qui exerce une force d'attraction.
2. Jais, variété de lignite d'un noir brillant utilisé en bijouterie.
3. Saillant (terme d'architecture).
4. Lâches.
5. Fronce.
6. Colère.
7. Ses arcs (forme du sourcil).
8. Portrait, figure.
9. Attire.

Giovanni Pedrini Giampietrino (connu vers 1520-40), *Portrait d'une jeune femme* (XVIe siècle), huile sur panneau (Chantilly, Musée Condé).

Questions DE LECTURE ANALYTIQUE

1. À qui ce texte s'adresse-t-il ? Pour répondre, étudiez les marques de l'énonciation. Quel est l'effet produit par le choix du poète ?
   ▶ PARTIE II, p. 387 : LES OUTILS GRAMMATICAUX
2. Relevez les champs lexicaux ; quelle image donnent-ils de la femme ?
3. Quels sont les pouvoirs du sourcil ? Appuyez-vous sur les figures de style significatives. Qu'en déduisez-vous sur la relation qui unit la femme et le poète ?
   ▶ p. 392 : LES FIGURES DE RHÉTORIQUE
4. Dans quel passage le poète procède-t-il à une généralisation ? Commentez.
5. Sur quel registre cet éloge est-il formulé ?
   ▶ p. 418 : LES REGISTRES LITTÉRAIRES
6. **Question de synthèse :** pourquoi le poète a-t-il écrit ce blason sur le sourcil plutôt que sur les yeux de la femme aimée ? Justifiez.

D'UN TEXTE À L'AUTRE

Léopold Sédar Senghor, ***Poèmes perdus*** (1964)

▶ Biographie p. 567

TEXTE A

À la négresse blonde

1   Et puis tu es venue par l'aube douce,
    Parée de tes yeux de prés verts
    Que jonchent l'or et les feuilles d'automne.
    Tu as pris ma tête
5   Dans tes mains délicates de fée,
    Tu m'as embrassé sur le front
    Et je me suis reposé au creux
    De ton épaule.

Ci-contre :
Pablo Picasso
(1881-1973),
Femme nue cachant son visage (1901),
mine de plomb,
31,7 × 21,7 cm
(Paris, Musée Picasso).

TEXTE B

À une Antillaise

1   Princières tes mains sous les chaînes,
    Aérienne ta grâce légère,
    Plus fine, plus fière la cambrure de tes reins.
    Le soleil qui viole les mornes rouges,
5   Le soleil, qui enivre de sueur chaque heure
    Des quinze heures qui te rivent au sol chaque jour,
    Mûrit ton cœur riche de sucs
    Pour les combats conscients du futur.

Extraits, © Seuil (rééd. en 1973, 1979, 1984 et 1990).

Questions D'UN TEXTE À L'AUTRE

1. À qui le poète s'adresse-t-il ? Comparez avec l'énonciation du texte 1.
   ▶ PARTIE II, p. 387 : LES OUTILS GRAMMATICAUX
2. Quelles parties de la femme aimée Senghor a-t-il sélectionnées ? Pourquoi ? Comparez avec le texte 1.
3. Identifiez le registre dominant de ces deux textes ; le poème de Scève est-il écrit suivant le même registre ?
   ▶ p. 418 : LES REGISTRES LITTÉRAIRES

Texte 2

Paul Scarron
Recueil de quelques vers burlesques (1643)

En 1640, à l'âge de trente ans, Paul Scarron fut atteint d'une grave maladie qui le défigura et le rendit handicapé à vie. Dès lors, il s'efforça de conjurer sa souffrance par l'écriture, en privilégiant le burlesque*. Ses œuvres les plus connues, le poème intitulé Virgile travesti *et* Le Roman comique ▶ EXERCICE 2 p. 494, *appartiennent à cette veine satirique, dont est également issu ce poème.*

> Vous faites voir des os quand vous riez, Hélène,
> Dont les uns sont entiers et ne sont guère blancs ;
> Les autres, des fragments noirs comme de l'ébène
> Et tous, entiers ou non, cariés et tremblants.
>
> Comme dans la gencive ils ne tiennent qu'à peine
> Et que vous éclatez à vous rompre les flancs,
> Non seulement la toux, mais votre seule haleine
> Peut les mettre à vos pieds, déchaussés[1] et sanglants.
>
> Ne vous mêlez donc plus du métier de rieuse ;
> Fréquentez les convois[2] et devenez pleureuse :
> D'un si fidèle avis faites votre profit.
>
> Mais vous riez encore et vous branlez la tête !
> Riez tout votre soul[3], riez, vilaine bête :
> Pourvu que vous creviez de rire, il me suffit.

1. Les os (les dents) se détachent des gencives.
2. Sous-entendu, les convois funèbres (enterrements).
3. Autant que vous voulez.

Questions DE LECTURE ANALYTIQUE

1. À quelle référence culturelle le prénom Hélène renvoie-t-il dans un poème lyrique traditionnel (*cf.* le sonnet de Ronsard ▶ p. 340) ? Quel effet le choix de ce prénom produit-il ici ? Justifiez.

2. Le vocabulaire employé par le poète est-il valorisant ou dévalorisant ? Citez des exemples précis.

3. Observez la construction du sonnet : quel rôle les tercets jouent-ils par rapport aux quatrains ?
▶ PARTIE II, p. 473 : LES FORMES POÉTIQUES

4. Quel rôle le poète semble-t-il s'être assigné, en particulier dans les vers 9, 11 et 14 ?

5. Question de synthèse : à partir de l'étude des marques de l'énonciation et des analyses précédentes, identifiez les registres du texte.
▶ p. 387 : LES OUTILS GRAMMATICAUX
▶ p. 418 : LES REGISTRES LITTÉRAIRES

Analyse d'images

Chapitre 8 • Portraits : l'éloge et le blâme SÉQUENCE 23

Quentin Metsys
Vieille femme grotesque (1525-1530)
Léonard de Vinci, *Tête grotesque* (XVIᵉ siècle)

Quentin Metsys (1466-1530) est un peintre anversois influencé à la fois par la peinture flamande et par la peinture italienne. Son intérêt pour l'art italien se manifeste dans ses tableaux grotesques qui s'inspirent des dessins de Léonard de Vinci (1452-1519), grand maître de la Renaissance italienne, fin portraitiste de femmes mais aussi caricaturiste.

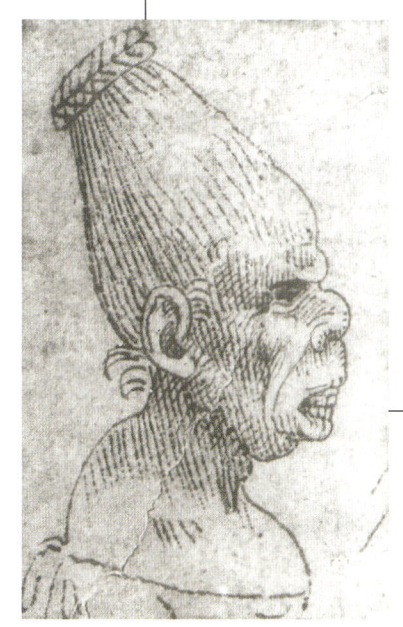

Dessin attribué à Léonard de Vinci (1452-1519) (détail), crayon et encre sur papier (Milan, Bibliothèque Ambrosiana).

Tableau attribué à Quentin Metsys (vers 1466-1530) ; il s'agit peut-être de la Princesse Margareth du Tyrol, huile sur panneau (Londres, National Gallery).

Questions

1. Quels sont les procédés communs au texte de Scarron ▶ TEXTE 2, p. 326 et à ces caricatures ?
2. En quoi ces portraits – en particulier celui de Metsys – sont-ils burlesques et grotesques ?
   ▶ PARTIE II, p. 419 : LE REGISTRE COMIQUE
3. Comparez les techniques utilisées par les deux artistes ; l'effet produit est-il le même ?
4. Parvenez-vous à identifier s'il s'agit de personnages masculins ou féminins ? Justifiez.

Texte 3

Jean de La Bruyère
Les Caractères (1688)

Biographie p. 564

S'inspirant du philosophe grec Théophraste (IVᵉ-IIIᵉ siècle avant J.-C.), La Bruyère rédigea un recueil de textes courts intitulé Les Caractères, *qui constitue une véritable galerie de portraits répartis dans des chapitres aux titres significatifs : « Des femmes », « Des Grands », « De la Cour »… Les lecteurs de l'époque y voyaient une œuvre à clés et cherchaient à reconnaître l'identité des personnages dépeints.*

Texte A

Arrias

1. Arrias a tout lu, a tout vu, il veut le persuader[1] ainsi ; c'est un homme universel, et il se donne pour tel : il aime mieux mentir que de se taire ou de paraître ignorer quelque chose. On parle, à la table d'un grand, d'une cour du Nord : il prend la parole, et l'ôte à ceux qui allaient dire ce qu'ils en savent ; il s'oriente dans cette région lointaine comme s'il en était originaire ; il discourt des mœurs de cette cour, des femmes du pays, de ses lois et de ses coutumes : il récite des historiettes qui y sont arrivées ; il les trouve plaisantes, et il en rit le premier jusqu'à éclater. Quelqu'un se hasarde de le contredire, et lui prouve nettement qu'il dit des choses qui ne sont pas vraies. Arrias ne se trouble point, prend feu au contraire contre l'interrupteur. « Je n'avance, lui dit-il, je ne raconte rien que je ne sache d'original : je l'ai appris de Sethon, ambassadeur de France dans cette cour, revenu à Paris depuis quelques jours, que je connais familièrement, que j'ai fort interrogé et qui ne m'a caché aucune circonstance. » Il reprenait le fil de sa narration avec plus de confiance qu'il ne l'avait commencée, lorsque l'un des conviés lui dit : « C'est Sethon à qui vous parlez, lui-même, et qui arrive de son ambassade. »

Livre V : « De la société et de la conversation », *Caractère* n°9.

1. Il veut que l'on en soit persuadé.

Questions DE LECTURE ANALYTIQUE

1. Quel défaut La Bruyère met-il en évidence ?
2. Analysez le rôle, puis le rythme de la première phrase ; le regard du narrateur est-il neutre ?
3. Comment La Bruyère met-il en scène son personnage ? Analysez les étapes de ce portrait.
4. Quel effet les trois dernières lignes produisent-elles ? Pourquoi pourrait-on parler d'un dénouement ?
5. Comment expliquez-vous l'absence de morale à la fin de ce caractère ? Respecte-t-il les règles de l'époque classique ▶ SYNTHÈSE, p. 332 ?
6. Pourquoi ce portrait figure-t-il dans le chapitre intitulé « De la société et de la conversation » ? À quelle catégorie sociale Arrias appartient-il ?

ÉCRITURE D'INVENTION
Formulez la morale qui pourrait clore ce portrait.
▶ PARTIE III, p. 486 : L'ÉCRITURE D'INVENTION

Texte B

Pamphile

Un Pamphile est plein de lui-même, ne se perd pas de vue, ne sort point de l'idée de sa grandeur, de ses alliances, de sa charge, de sa dignité ; il ramasse, pour ainsi dire, toutes ses pièces, s'en enveloppe pour se faire valoir ; il dit : *Mon ordre, mon cordon bleu*[1] ; il l'étale ou il le cache par ostentation[2]. Un Pamphile en un mot veut être Grand, il croit l'être ; il ne l'est pas, il est d'après un Grand. Si quelquefois il sourit à un homme du dernier ordre, à un homme d'esprit, il choisit son temps si juste, qu'il n'est jamais pris sur le fait : aussi la rougeur lui monterait-elle au visage s'il était malheureusement surpris dans la moindre familiarité avec quelqu'un qui n'est ni opulent, ni puissant, ni ami d'un ministre, ni son allié, ni son domestique. Il est sévère et inexorable[3] à qui n'a point encore fait sa fortune. Il vous aperçoit un jour dans une galerie, et il vous fuit, et le lendemain, s'il vous trouve en un endroit moins public, ou s'il est public, en la compagnie d'un Grand, il prend courage, il vient à vous, et il vous dit : *Vous ne faisiez pas hier semblant de nous voir.* Tantôt il vous quitte brusquement pour joindre un seigneur ou un premier commis[4], et tantôt s'il les trouve avec vous en conversation, il vous coupe et vous les enlève. Vous l'abordez une autre fois, et il ne s'arrête pas ; il se fait suivre, vous parle si haut que c'est une scène pour ceux qui passent. Aussi les Pamphiles sont-ils toujours comme sur un théâtre : gens nourris dans le faux, et qui ne haïssent rien tant que d'être naturels ; vrais personnages de comédie, des *Floridors*, des *Mondoris*[5].

Livre IX : « Des Grands », *Caractère* n° 50 (extrait).

Ci-contre :
ABRAHAM BOSSE (1602-1676), *Courtisan suivant le dernier édit royal en 1633, avec son laquais* (XVIIᵉ siècle), gravure (Paris, BnF).

1. Médailles, distinctions.
2. Souci de se montrer, de se mettre en avant.
3. Implacable.
4. Fonctionnaire supérieur d'une haute administration.
5. Acteurs illustres de l'époque.

Questions D'UN TEXTE À L'AUTRE ▶ TEXTES A et B

1. Quels sont les points communs entre Arrias et ceux que La Bruyère nomme *les Pamphiles* ?
2. Comparez les deux portraits : les défauts des personnages sont-ils présentés de la même manière ?

RÉDACTION DE PARAGRAPHE ARGUMENTATIF
Ces deux portraits vous semblent-ils universels ? encore valables à notre époque ? Justifiez dans un paragraphe argumentatif bien structuré.
▶ PARTIE III, p. 500 : LE PARAGRAPHE ARGUMENTATIF

Joseph-Désiré Court (1797-1865), *Le roi Louis-Philippe Ier remet les drapeaux à la Garde nationale de Paris et de sa banlieue, 29 août 1830* (XIXe siècle), huile sur toile, 5,5 x 4,42 m (Versailles, Châteaux de Versailles et de Trianon).

Texte 4

Honoré de Balzac
La Cousine Bette (1847)

Biographie p. 560

L'intrigue de La Cousine Bette, *un des trente et un volumes de* La Comédie humaine ➤ p. 133, *se déroule pendant la monarchie de Juillet. Le personnage éponyme* est une femme aigrie, humiliée par sa laideur et sa pauvreté, prête à tout pour se venger de son existence malheureuse. Dans l'incipit du roman, Balzac présente le contexte (Paris en juillet 1838) et les protagonistes, brossant deux portraits : celui d'un bourgeois de cinquante ans, Monsieur Crevel, en uniforme de capitaine de la Garde nationale, et celui de la cousine Bette elle-même.*

Texte A

1. Congestionné, violacé.
2. Assez.
3. Petits commerçants à la retraite.
4. « À la manière rigide, strictement disciplinée des soldats prussiens » (*Grand Robert*).
5. Les milords sont des voitures nouvellement mises en circulation.

La physionomie de ce capitaine appartenant à la deuxième légion respirait un contentement de lui-même qui faisait resplendir son teint rougeaud[1] et sa figure passablement[2] joufflue. À cette auréole que la richesse acquise dans le commerce met au front des boutiquiers retirés[3], on devinait l'un des élus de Paris, au moins ancien adjoint de son arrondissement. Aussi, croyez que le ruban de la Légion d'honneur ne manquait pas sur la poitrine, crânement bombée à la prussienne[4]. Campé fièrement dans le coin du milord[5], cet homme décoré laissait errer son regard sur les passants qui souvent, à Paris, recueillent ainsi d'agréables sourires adressés à de beaux yeux absents.

Texte B

Cette vieille fille portait une robe de mérinos[1], couleur raisin de Corinthe, dont la coupe et les lisérés[2] dataient de la Restauration[3], une collerette brodée qui pouvait valoir trois francs, un chapeau de paille cousue à coques de satin bleu bordées de paille comme on en voit aux revendeuses de la halle[4]. À l'aspect de souliers en peau de chèvre dont la façon annonçait un cordonnier du dernier ordre, un étranger aurait hésité à saluer la cousine Bette comme une parente de la maison, car elle ressemblait tout à fait à une couturière en journée[5]. Néanmoins la vieille fille ne sortit pas sans faire un petit salut affectueux à monsieur Crevel, auquel ce personnage répondit par un signe d'intelligence.

Première partie :
« Le père prodigue » (extraits).

1. Laine de mouton de race espagnole.
2. Rubans bordant la robe.
3. La première Restauration date de 1814-1815 ; la seconde de 1815-1830 : le style des lisérés est donc dépassé d'au moins dix ans.
4. Marchandes des halles ; l'expression connote l'appartenance au milieu populaire.
5. Couturière payée à la journée.

Camille Pissarro (1831-1903), *Femme en train de coudre* (1881), gouache et crayon sur lin (Collection privée).

Questions

D'UN TEXTE À L'AUTRE ▶ TEXTES A et B

1. En quoi ces portraits situent-ils socialement les personnages ? Tenez compte des dates, du paratexte et des allusions contenues dans les textes.
2. Étudiez le portrait physique de Monsieur Crevel ; appuyez-vous sur la modalisation.
   ▶ PARTIE II, p. 437 : LE REGISTRE ÉPIDICTIQUE
3. Analysez le caractère de Monsieur Crevel en vous référant en particulier aux champs lexicaux, pronoms personnels, adverbes… Comment apparaît-il au lecteur ?
4. À quel type de détails le portrait de la cousine Bette se limite-t-il ? Pourquoi ?
5. Le regard que porte le narrateur sur la cousine Bette est-il neutre ? Justifiez en vous appuyant sur les modalisateurs.
6. Quel sens donnez-vous à la rencontre des deux personnages au début du roman ?
7. **Question de synthèse** : à quelle intrigue le lecteur peut-il s'attendre après ces portraits du début de *La Cousine Bette* ?

ÉCRITURE D'INVENTION

Dans les grands romans du XIXe siècle, surtout chez Balzac, la description physique a une signification psychologique : chaque trait physique correspond à un trait de caractère. Ainsi, le physique de M. Crevel *respir[e] un contentement de lui-même*. C'est la « physiognomonie », inspirée de recherches scientifiques de l'époque.

En dix lignes, rédigez le portrait d'un individu d'aujourd'hui en utilisant des procédés de « physiognomonie ».

▶ PARTIE III, p. 486 : L'ÉCRITURE D'INVENTION

SYNTHÈSE

L'art du portrait

1 Un art universel et multiple

- Peintres, sculpteurs, photographes, écrivains… n'ont cessé de représenter ou de décrire l'être humain, avec ses qualités et ses défauts, qu'il soit homme de pouvoir ou homme de la rue. Cet art a revêtu de **multiples formes** :
– **portraits funéraires** très expressifs, peints dans l'Antiquité.
EX. : les portraits retrouvés dans l'oasis du Fayoum, en Égypte (Ier-IVe siècle) ▶ CI-DESSOUS ;
– **blasons** de la Renaissance, époque où se développe la science de l'anatomie ▶ TEXTE 1, p. 324 ;
– **portraits officiels** des rois et des grands du royaume.
EX. : Élisabeth d'Autriche par F. Clouet ▶ p. 338 ; Louis XIV par H. Rigaud ▶ p. 333 ;
– **caricatures**.
EX. : dessin de Léonard de Vinci ▶ p. 327 ; caricatures d'hommes politiques ridiculisés dans les journaux satiriques.

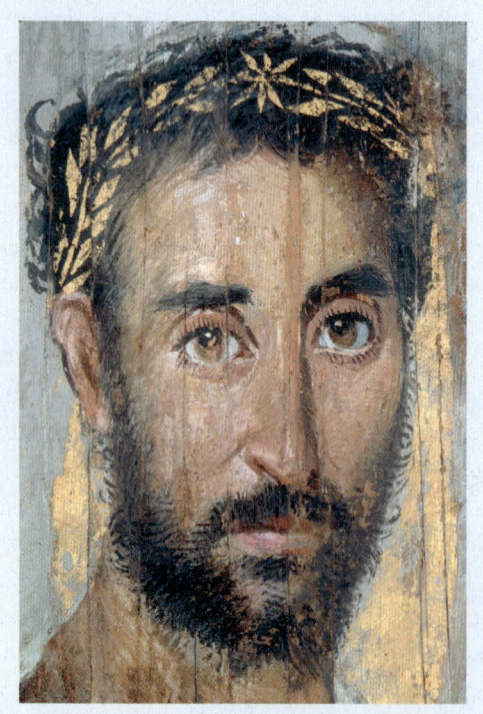

Portrait d'homme provenant du Fayoum (début du IIIe siècle après J.-C.), bois de tilleul peint à la détrempe, doré, 42,1 × 22 cm (Londres, National Gallery).

- Le portrait physique, moral, psychologique d'un individu ou d'un groupe de personnages peut constituer une **pièce autonome** :
– un blason : M. Scève ▶ TEXTE 1, p. 324 ;
– un sonnet : Ronsard, Du Bellay ▶ SÉQUENCE 24, p. 335 ; Baudelaire ▶ p. 345 ;
– un caractère : La Bruyère ▶ TEXTE 3, p. 328 ;
– un tableau : Q. Metsys ▶ p. 327 ;
… ou n'être qu'un **fragment d'œuvre** :
– une pause descriptive dans le roman : Balzac ▶ TEXTE 4, p. 330 ;
– une tirade ou une galerie de portraits, au théâtre : Molière ▶ SÉQUENCE 5, p. 73 ;
– la représentation d'un personnage éminent dans un vaste tableau historique : David, *Le Sacre de Napoléon*.

2 Un art rhétorique

- Dans l'Antiquité, le portrait était un « **morceau d'éloquence** » (un beau discours relevant de l'art rhétorique, visant à persuader l'auditoire) qui figurait :
– dans les discours prononcés à la tribune ;
– dans des poèmes célébrant les athlètes des Jeux olympiques.
Héritier de ces deux formes antiques, le portrait littéraire peut :
– idéaliser : sonnets de Du Bellay ▶ p. 336 ;
– ridiculiser : Scarron ▶ TEXTE 2, p. 326 ;
– être une mine d'interrogations sur la nature humaine : La Bruyère ▶ TEXTE 3, p. 328.

- L'écrivain emploie le lexique de l'affectivité : les **marques de l'énonciation** et les **modalisateurs** révèlent également sa vision subjective de la réalité.
▶ PARTIE II, p. 387 : LES OUTILS GRAMMATICAUX
▶ p. 437 : LE REGISTRE ÉPIDICTIQUE

– Cet art du portrait est souvent **représentatif d'un contexte socio-culturel** ▶ TEXTE 3 p. 328 et TEXTE 4 p. 330. Ainsi, les présidents de la République Française sont photographiés par des grands noms de la photographie tout comme les rois de France se faisaient peindre par les grands artistes de leur temps.

▶ BIOGRAPHIES DES AUTEURS p. 560

EXERCICES D'APPROFONDISSEMENT

1 LECTURE D'UN CORPUS
Portrait d'un personnage historique : Louis XIV

1. Repérez les marques de l'énonciation dans les textes ; que remarquez-vous ?
   ▶ PARTIE II, p. 387 : LES OUTILS GRAMMATICAUX
2. Éloge de Louis XIV : par quels auteurs, par quels procédés d'écriture est-il valorisé ?
3. Critique du roi et de sa politique :
   – Quels auteurs l'attaquent ? Sur quels points précis ?
   – Quel texte utilise l'ironie ? Lequel est le plus polémique ? Justifiez.

▶ p. 419 : LE REGISTRE COMIQUE
▶ p. 434 : LE REGISTRE POLÉMIQUE
▶ PARTIE III, p. 528 : DE LA LECTURE D'UN CORPUS À LA DISSERTATION

ANALYSE D'IMAGE
a. Analysez tous les éléments qui mettent en évidence la majesté et la puissance du roi.
b. À quel texte du corpus peut-on rattacher cette représentation de Louis XIV ? Justifiez.
   ▶ p. 397 : L'IMAGE FIXE

DOCUMENT A

HYACINTHE RIGAUD (1659-1743), *Louis XIV, roi de France, portrait en pied en costume royal* (1701), huile sur toile, 2,77 x 1,94 m (Paris, Musée du Louvre).

TEXTE B

Fénelon bien que précepteur du duc de Bourgogne, petit-fils de Louis XIV, n'hésita pas à dénoncer l'absolutisme du roi.

Cependant vos peuples, que vous devriez aimer comme vos enfants, et qui ont été jusqu'ici si passionnés pour vous, meurent de faim. La culture des terres est presque abandonnée, les villes et
5 les campagnes se dépeuplent ; tous les métiers languissent¹ et ne nourrissent plus les ouvriers. Tout commerce est anéanti. Par conséquent vous avez détruit la moitié des forces réelles du dedans de votre État, pour faire et pour défen-
10 dre de vaines conquêtes au-dehors. Au lieu de tirer de l'argent de ce pauvre peuple, il faudrait lui faire l'aumône² et le nourrir. La France entière n'est plus qu'un grand hôpital désolé et sans provisions. Les magistrats sont avilis³ et épuisés.
15 La noblesse, dont tout le bien est en décret⁴, ne vit que de lettres d'État. Vous êtes importuné de la foule des gens qui demandent et qui murmurent. C'est vous-même, Sire, qui vous êtes attiré tous ces embarras ; car, tout le royaume ayant
20 été ruiné, vous avez tout entre vos mains, et personne ne peut plus vivre que de vos dons. [...] Le peuple même (il faut tout dire), qui vous a tant aimé, qui a eu tant de confiance en vous, commence à perdre l'amitié, la confiance, et
25 même le respect. Vos victoires et vos conquêtes ne le réjouissent plus ; il est plein d'aigreur et de désespoir. La sédition⁵ s'allume peu à peu de toutes parts. Ils croient que vous n'avez aucune pitié de leurs maux, que vous n'aimez
30 que votre autorité et votre gloire. Si le Roi, dit-on, avait un cœur de père pour son peuple, ne mettrait-il pas plutôt sa gloire à leur donner du pain, et à les faire respirer après tant de maux, qu'à garder quelques places de la frontière, qui
35 causent la guerre ?

FÉNELON, *Lettre à Louis XIV* (extrait, 1694).

1. Dépérissent. 2. Donner de l'argent. 3. Méprisés, discrédités. 4. Dont tout le bien dépend du pouvoir royal. 5. Révolte.

EXERCICES D'APPROFONDISSEMENT

Texte C

Montesquieu a écrit divers ouvrages sur l'histoire, la politique et les sciences avant de rédiger un roman épistolaire intitulé Lettres Persanes. *L'ouvrage, à cause de son caractère subversif, fut publié sans nom d'auteur en 1721. Les héros, des Persans installés à Paris, échangent leurs témoignages sur les mœurs des Français, ce qui permet à Montesquieu de formuler des idées audacieuses en les attribuant à des étrangers.*

Le roi de France est le plus puissant prince de l'Europe. Il n'a point de mines d'or comme le roi d'Espagne, son voisin ; mais il a plus de richesses que lui, parce qu'il les tire de la vanité de ses sujets, plus inépuisable que les mines. On lui a vu entreprendre ou soutenir de grandes guerres, n'ayant d'autres fonds que des titres d'honneur à vendre, et, par un prodige de l'orgueil humain, ses troupes se trouvaient payées, ses places munies, et ses flottes équipées.

D'ailleurs ce roi est un grand magicien : il exerce son empire sur l'esprit même de ses sujets ; il les fait penser comme il veut. S'il n'a qu'un million d'écus dans son trésor, et qu'il en ait besoin de deux, il n'a qu'à leur persuader qu'un écu en vaut deux, et ils le croient. S'il a une guerre difficile à soutenir, et qu'il n'ait point d'argent, il n'a qu'à leur mettre dans la tête qu'un morceau de papier est de l'argent, et ils en sont aussitôt convaincus. Il va même jusqu'à leur faire croire qu'il les guérit de toutes sortes de maux en les touchant, tant est grande la force et la puissance qu'il a sur les esprits.

MONTESQUIEU, *Lettres persanes*, Lettre XXIV (extrait, 1721).

Texte D

À partir de 1734, Voltaire, d'abord auteur d'œuvres dramatiques et de textes philosophiques, se lança dans la vulgarisation scientifique et la recherche historique. Il fut un temps historiographe du roi Louis XV et rédigea une histoire du règne précédent.

Louis XIV, forcé de rester quelque temps en paix, continua, comme il avait commencé, à régler, à fortifier, et embellir son royaume. Il fit voir qu'un roi absolu, qui veut le bien, vient à bout de tout sans peine. Il n'avait qu'à commander, et les succès dans l'administration étaient aussi rapides que l'avaient été ses conquêtes. C'était une chose véritablement admirable de voir les ports de mer, auparavant déserts, ruinés, maintenant entourés d'ouvrages qui faisaient leur ornement et leur défense, couverts de navires et de matelots, et contenant déjà près de soixante grands vaisseaux qu'il pouvait armer en guerre. De nouvelles colonies, protégées par son pavillon, partaient de tous côtés pour l'Amérique, pour les Indes orientales, pour les côtes de l'Afrique. Cependant en France, et sous ses yeux, des édifices immenses occupaient des milliers d'hommes, avec tous les arts que l'architecture entraîne après elle ; et dans l'intérieur de sa cour et de sa capitale, des arts plus nobles et plus ingénieux donnaient à la France des plaisirs et une gloire dont les siècles précédents n'avaient pas eu même l'idée. Les lettres florissaient ; le bon goût et la raison pénétraient dans les écoles de la barbarie. Tous ces détails de la gloire et de la félicité de la nation trouveront leur véritable place dans cette histoire ; il ne s'agit ici que[1] des affaires générales et militaires.

VOLTAIRE, *Le Siècle de Louis XIV*, Chapitre X (extrait, 1752).

[1]. Le portrait va se développer et concerner d'autres domaines, dans les lignes suivantes.

SÉQUENCE 24 : Portraits de femmes dans le sonnet à la Renaissance

Objectif — Comprendre que l'éloge et le blâme s'inscrivent dans une forme poétique qui s'affirme à la Renaissance : le sonnet.

La Renaissance marque un renouveau dans l'histoire de la poésie lyrique en France, avec notamment l'apparition du sonnet, importé d'Italie. Cette forme fixe sert de cadre aux portraits de femmes que l'on célèbre, mais les louanges peuvent parfois céder la place aux reproches.

CORPUS DE LA SÉQUENCE

- *Texte 1* — J. Du Bellay, *Les Regrets* (1558)
- *Image* — F. Clouet, *Élisabeth d'Autriche* (vers 1570)
- *Texte 2* — P. de Ronsard, *Les Amours*, « Comme on voit sur la branche… » (1578)
- *Texte 3* — P. de Ronsard, *Sonnets pour Hélène*, « Quand vous serez bien vieille… » (1578)
  et L. Aragon, *Les Yeux d'Elsa*, « Cantique à Elsa » (1942)

Notions de la séquence	Liens avec la partie II
Les registres du sonnet (*ensemble du corpus*)	LES REGISTRES : ➤ p. 437 : ÉPIDICTIQUE ➤ p. 425 : LYRIQUE
L'art du sonnet	LES FORMES DE DISCOURS : ➤ p. 411 : LE DISCOURS DESCRIPTIF ➤ p. 413 : LE DISCOURS ARGUMENTATIF ➤ p. 473 : LES FORMES POÉTIQUES
Analyse d'un tableau	➤ p. 397 : L'IMAGE FIXE
	Liens avec la partie III
Reformulation d'un raisonnement (*à partir du texte 3*)	➤ p. 488 : TRANSPOSER
Rédaction d'un paragraphe argumentatif comparant deux textes (*texte 3 et poème d'Aragon*)	➤ p. 500 : LE PARAGRAPHE ARGUMENTATIF ➤ p. 502 : RÉPONDRE À UNE QUESTION D'ANALYSE SUR UN CORPUS

Diane d'Anet, *Diane appuyée sur un cerf*, provenant d'une fontaine du château d'Anet (milieu du XVIᵉ siècle), marbre, ht : 2,110 m (Paris, Musée du Louvre).

Texte 1

Joachim Du Bellay
Les Regrets (1558)

Biographie p. 562

Ces deux poèmes font partie des cent quatre-vingt-onze sonnets du recueil des Regrets. *Ils s'adressent à deux femmes de renom : Diane de Poitiers, maîtresse du roi Henri II, et Marguerite de Navarre, sœur du roi François Iᵉʳ, connue pour ses talents d'écrivain (*l'Heptaméron*).*

Texte A

1   De votre Dianet (de votre nom j'appelle
    Votre maison d'Anet[1]) la belle architecture,
    Les marbres animés, la vivante peinture,
    Qui la font estimer des maisons la plus belle :

5   Les beaux lambris[2] dorés, la luisante chapelle,
    Les superbes donjons, la riche couverture,
    Le jardin tapissé d'éternelle verdure,
    Et la vive fontaine à la source immortelle :

    Ces ouvrages, Madame, à qui bien les contemple,
10 Rapportant de l'antiq'[3] le plus parfait exemple,
    Montrent un artifice et dépense admirable.

    Mais cette grand'[4] douceur jointe à cette hautesse,
    Et cet astre bénin joint à cette sagesse,
    Trop plus que tout cela vous font émerveillable[5].

Poème n° 159, orthographe modernisée,
édition établie par S. de Sacy, © Gallimard.

---

1. Désigne le château d'Anet, situé dans l'Eure-et-Loir actuel.
2. Revêtement en marbre, en stuc ou en bois formé de cadres et de panneaux sur les murs ou les plafonds.
3. Licence* poétique : « antiq' » au lieu d'« antique » pour respecter le nombre de syllabes.
4. Licence* poétique.
5. Vous rendent capable d'émerveiller.

François Clouet (vers 1515-1572), *Marguerite d'Orléans, reine de Navarre (1492-1549)*, (XVIᵉ siècle), dessin, pierre noire et sanguine (Chantilly, Musée Condé).

Texte B

1   Muse, qui autrefois chantas la verte Olive¹,
    Empenne² tes deux flancs d'une plume nouvelle,
    Et te guidant au ciel avecques³ plus haute aile,
    Vole où est d'Apollon la belle plante vive.

5   Laisse, mon cher souci, la paternelle rive,
    Et portant désormais une charge plus belle,
    Adore ce haut nom dont la gloire immortelle
    De notre pôle arctique à l'autre pôle arrive.

    Loue l'esprit divin, le courage indomptable,
10 La courtoise douceur, la bonté charitable,
    Qui soutient la grandeur et la gloire de France.

    Et dis : Cette Princesse et si grande et si bonne,
    Porte dessus son chef⁴ de France la couronne :
    Mais dis cela si haut, qu'on l'entende à Florence.

Poème n° 171, orthographe modernisée, édition établie par S. de Sacy, © Gallimard.

1. Allusion au premier recueil pétrarquiste de Du Bellay, *L'Olive*.
2. Impératif du verbe *empenner* : « garnir de plumes ».
3. Licence* poétique : « avecques » au lieu d'« avec » pour respecter le nombre de syllabes.
4. Du latin *caput* : « la tête ».

Questions — D'UN TEXTE À L'AUTRE ▸ TEXTES A et B

1. Ces sonnets mettent-ils en avant les mêmes caractéristiques féminines ? Justifiez.
2. À quels interlocuteurs le poète s'adresse-t-il ? Comment sont-ils identifiés ?
3. Quel mode verbal est utilisé dans le texte B ? Justifiez son emploi.
   ▸ PARTIE II, p. 387 : LES OUTILS GRAMMATICAUX
4. Repérez les thèmes abordés d'abord dans les quatrains, ensuite dans les tercets : que remarquez-vous ?
5. Relevez et classez toutes les figures d'amplification des tercets. Que soulignent-elles ?
   ▸ p. 392 : LES FIGURES DE RHÉTORIQUE
6. Montrez que le dernier vers de chaque poème (nommé « pointe » dans un sonnet) a une visée argumentative.
   ▸ p. 482 : CONVAINCRE, DÉMONTRER ET PERSUADER

Analyse d'image

FRANÇOIS CLOUET (vers 1515-1572)
Élisabeth d'Autriche (vers 1570)

François Clouet fut le peintre officiel de la cour du roi François Ier puis de Charles IX. Il représenta ces deux rois et leur entourage dans un grand souci de réalisme psychologique, visible dans ce portrait de la reine de France (1554-1592). Fille de l'empereur Maximilien II, Élisabeth d'Autriche épousa à seize ans Charles IX. L'écrivain Brantôme dit d'elle « qu'elle ne fit jamais mal, ni déplaisir à personne quelconque. »

Huile sur bois, 36 x 26 cm (Paris, Musée du Louvre).

Questions

1. Analysez le regard et la position des mains du personnage représenté.
2. Quels éléments du tableau soulignent la grandeur et la majesté du personnage ?
3. Quel est l'effet produit par le choix et la répartition des couleurs ?
4. Pourquoi le fond est-il noir ?

2. PIERRE DE RONSARD
Les Amours (1578)

Biographie p. 566

Marie était la maîtresse d'Henri III ; à sa mort, les plus célèbres poètes du royaume lui dédièrent un « tombeau », poème écrit en hommage à la défunte. Marie était aussi le prénom d'une jeune Angevine que Ronsard avait aimée dans sa jeunesse. Marie, enfin, est l'anagramme* du verbe aimer.

Comme on voit sur la branche au mois de mai la rose,
En sa belle jeunesse, en sa première fleur,
Rendre le ciel jaloux de sa vive couleur,
Quand l'Aube de ses pleurs au point du jour l'arrose ;

5 La grâce dans sa feuille[1], et l'amour se repose,
Embaumant les jardins et les arbres d'odeur ;
Mais battue ou de pluie, ou d'excessive ardeur,
Languissante elle meurt, feuille à feuille déclose.

Ainsi en ta première et jeune nouveauté,
10 Quand la Terre et le Ciel honoraient ta beauté,
La Parque[2] t'a tuée, et cendre tu reposes.

Pour obsèques reçois mes larmes et mes pleurs,
Ce vase plein de lait, ce panier plein de fleurs,
Afin que vif et mort ton corps ne soit que roses.

Second Livre : « Sur la mort de Marie », sonnet CVIII,
orthographe modernisée, texte établi par A.-M. Schmidt, © Gallimard.

1. Pétale.
2. Les trois Parques symbolisent la Mort ; elles sont représentées comme des fileuses : Clotho file, Lachésis mesure, et Atropos coupe le fil.

Questions DE LECTURE ANALYTIQUE

1. Quelle figure de style ouvre ce sonnet ? Jusqu'où est-elle développée ?
   ▶ PARTIE II, p. 392 : LES FIGURES DE RHÉTORIQUE
2. Quel double éloge le poète développe-t-il ? Analysez les marques du registre épidictique.
   ▶ p. 437 : LE REGISTRE ÉPIDICTIQUE
3. La destinataire est-elle nommée ? Pourquoi ?
4. Observez les marques de l'énonciation : dans quelle partie du sonnet apparaissent-elles ? Quel est l'effet produit ?
   ▶ p. 387 : LES OUTILS GRAMMATICAUX
5. Dans ce tombeau, quel est l'autre registre identifiable ? Justifiez.
   ▶ p. 418 : LES REGISTRES LITTÉRAIRES
6. **Question de synthèse** : étudiez le lyrisme de ce poème, en insistant sur les jeux de sonorités et le rythme des vers.
   ▶ p. 425 : LE REGISTRE LYRIQUE
   ▶ p. 469 : LE VERS ET LA STROPHE

Pierre de Ronsard
Sonnets pour Hélène (1578)

Jusqu'à ses dernières années, Ronsard reste le poète de l'amour et du Carpe diem[1] cher au poète latin Horace (Ier siècle avant J.-C.). Ce recueil, publié à la fin de sa vie, célèbre Hélène de Surgères à la demande de la reine Catherine de Médicis, commanditaire de l'œuvre. Hélène est aussi pour le poète, nourri de culture antique, une allégorie de la beauté et de la séduction : fille de Zeus et de Léda, épouse du roi grec Ménélas, la belle Hélène fut à l'origine de la guerre de Troie suite à son enlèvement par Pâris, son amant troyen.

1 Quand vous serez bien vieille, au soir à la chandelle,
　Assise auprès du feu, dévidant et filant,
　Direz chantant mes vers, en vous émerveillant :
　« Ronsard me célébrait du temps que j'étais belle. »

5 Lors[2] vous n'aurez servante oyant[3] telle nouvelle,
　Déjà sous le labeur à demi sommeillant,
　Qui au bruit de mon nom ne s'aille réveillant,
　Bénissant votre nom de louange immortelle.

　Je serai sous la terre, et fantôme sans os
10 Par les ombres myrteux je prendrai mon repos ;
　Vous serez au foyer une vieille accroupie,

　Regrettant mon amour et votre fier dédain.
　Vivez, si m'en croyez, n'attendez à demain :
　Cueillez dès aujourd'hui les roses de la vie.

II, 43, orthographe modernisée,
texte établi par A.-M. Schmidt, © Gallimard.

1. En latin « cueille le jour », métaphoriquement « profite du présent ».
2. Alors.
3. Entendant.

Questions DE LECTURE ANALYTIQUE

1. La destinataire est-elle nommée ? Comment le poète s'adresse-t-il à la jeune femme ?
2. Étudiez la composition du texte en vous appuyant notamment sur le temps verbal majoritairement employé et sur les marques de l'énonciation.
▶ PARTIE II, p. 387 : LES OUTILS GRAMMATICAUX
3. Analysez le tableau développé dans les quatrains ; examinez en particulier l'effet produit par les sonorités et les rythmes.
▶ p. 469 : LE VERS ET LA STROPHE
4. Recherchez dans un dictionnaire le mot « myrte », puis expliquez le sens symbolique de l'expression *ombres myrteux* (v. 10).
5. Quels sentiments le poète veut-il ainsi inspirer à la destinataire du sonnet ? Justifiez.
6. **Question de synthèse :** malgré les reproches adressés à Hélène, de qui ce poème fait-il l'éloge, en réalité ? Justifiez en vous référant à des passages précis.

ÉCRITURE D'INVENTION
Reformulez en prose le raisonnement de Ronsard en utilisant les connecteurs logiques appropriés et en insistant sur la conclusion.
▶ p. 413 : LE DISCOURS ARGUMENTATIF
▶ PARTIE III, p. 488 : TRANSPOSER

D'UN TEXTE À L'AUTRE
Louis Aragon, *Les Yeux d'Elsa* (1942)
▶ Biographie p. 560

Cantique à Elsa

1 Aucun mot n'est trop grand trop fou quand c'est pour elle
Je lui songe une robe en nuages filés
Et je rendrai jaloux les anges de ses ailes
De ses bijoux les hirondelles
5 Sur la terre des fleurs se croiront exilées

Je tresserai mes vers de verre et de verveine
Je tisserai ma rime au métier de la fée
Et trouvère¹ du vent je verserai la vaine
Avoine verte de mes veines
10 Pour récolter la strophe et t'offrir ce trophée

Le poème grandit m'entraîne et tourbillonne
Ce Saint-Laurent² pressent le Niagara voisin
Les cloches des noyés dans ses eaux carillonnent
Comme un petit d'une lionne
15 Il m'arrache à la terre aux patients raisins

Voici le ciel pays de la louange énorme
C'est de tes belles mains que neige la clarté
Étoile mon étoile aux doigts de chloroforme
Comment veux-tu que je m'endorme
20 Tout me ramène à toi qui m'en semble écarter.

Extrait (1942), © Seghers.

1. Poète médiéval utilisant la langue d'oïl (Nord de la France).
2. Fleuve canadien prenant naissance près des chutes du Niagara.

Elsa Triolet par GISÈLE FREUND.

Questions DE LECTURE ANALYTIQUE

1. Le poème d'Aragon relève-t-il de l'éloge ou du blâme ? Justifiez. Quel est le vers le plus explicite à ce sujet ?
2. Dans la deuxième strophe, à quel thème Aragon relie-t-il celui de l'amour ? grâce à quelle harmonie sonore ?
   ▶ PARTIE II, p. 469 : LE VERS ET LA STROPHE
3. La rose est l'image que Ronsard associe aux femmes qu'il aime, en particulier à Hélène. Quelles images Aragon utilise-t-il ?

RÉDACTION DE PARAGRAPHE ARGUMENTATIF
Prouvez par deux relevés comparés que le poème de Ronsard (texte 3) et celui d'Aragon relèvent tous les deux du registre lyrique.
▶ p. 425 : LE REGISTRE LYRIQUE
▶ PARTIE III, p. 500 : LE PARAGRAPHE ARGUMENTATIF
▶ p. 502 : RÉPONDRE À UNE QUESTION D'ANALYSE SUR UN CORPUS

SYNTHÈSE

La Renaissance, berceau du sonnet

- Influencée par l'Italie, la poésie de la Renaissance française se consacre à l'expression personnelle de l'amour. C'est la **re-naissance de la poésie intime et lyrique**. L'Histoire ou la louange du royaume, sujets jusque-là dominants, sont désormais réservées à la prose.
- Ce renouvellement des genres s'accompagne d'une réflexion sur la forme poétique, réflexion menée par **la Pléiade** et qui aboutit au développement de la forme du **sonnet**.

1 Le groupe de la Pléiade

Autour de Ronsard

- Dans la mythologie, les **Pléiades** sont les sept filles d'Atlas. Au XVIe siècle, Ronsard désigne ainsi le groupe de sept poètes auquel il appartient avec Du Bellay.
- Leur but est de :
  – **lutter** contre l'ignorance ;
  – **réinventer** des formes poétiques ;
  – **s'approprier** les mythes.
- Cette triple ambition s'exprime dans *Défense et Illustration de la langue française* de Du Bellay, **manifeste* poétique** qui :
  – **défend la langue française** contre la prédominance du latin ;
  – **promeut l'écriture en français** d'œuvres imitées des Anciens ;
  – **veut enrichir le français** par un travail sur les idées et le style (néologismes*…).

Les formes poétiques

- Les formes médiévales (rondeau, ballade…) cèdent la place à des **formes antiques** :
  – l'**épître** (lettre en vers) ;
  – l'**élégie** (chant de deuil, dans un cadre souvent amoureux).
- Le **sonnet**, invention de l'Italien **Pétrarque** (1304-1374) dans le *Canzoniere*, se développe et finit par devenir la grande forme poétique française.

2 Les images contrastées de la femme

- **Pétrarque**, par le sonnet ▶ EXERCICE 1, p. 343, renouvela les sources de la poésie antique tout en célébrant son amour pour Laure. Le chant lyrique y est aussi bien **élégiaque**, quand il évoque la douleur d'amour, que **passionné**, quand il chante la beauté idéale de sa dame.

> Je regarde, je pense, je brûle, je pleure, et celle qui me fait mourir est sans cesse devant moi pour mon tourment qu'elle adoucit pourtant ; la guerre est ma condition, guerre pleine de colère et de douleur ; et je n'ai quelque repos qu'en pensant à *elle*.
>
> Pétrarque, *Canzoniere*, sonnet CLXIV, 2e quatrain (traduction du comte F. L. de Gramont, XVIIIe siècle).

- Comme **Louise Labé** (1526-1566) ▶ EXERCICE 2, p. 343, la Pléiade imite Pétrarque (Ronsard, *Amours de Cassandre* ; Du Bellay, *L'Olive*…). Le lyrisme et l'intimisme des thèmes amoureux sont au cœur du sonnet, mais il prend parfois les accents d'**une littérature de cour** quand il rend hommage aux femmes de renom (Du Bellay, sonnets à Diane de Poitiers ou à Marguerite de Navarre ▶ TEXTE 1, p. 336), poèmes qui rappellent la **peinture officielle** soucieuse de donner **une image idéale des grandes dames** (peinture de F. Clouet ▶ p. 338), en les assimilant à des figures mythologiques (Diane de Poitiers devient Diane, déesse de la chasse, dans les tableaux de l'École de Fontainebleau).
- Le sonnet amoureux peut aussi :
  – **blâmer la femme insensible à la séduction du poète**, telle Hélène de Surgères que Ronsard imagine « vieille » et enlaidie ▶ TEXTE 3, p. 340 ;
  – **faire son éloge à sa mort** dans un **sonnet-épitaphe**[1] (un « **tombeau** ») comme celui que Ronsard dédie à Marie ▶ TEXTE 2, p. 339.

1. Épitaphe : inscription sur une tombe.

▶ BIOGRAPHIES DES AUTEURS p. 560

EXERCICES D'APPROFONDISSEMENT

1 L'éloge chez Pétrarque

1. Sur quelle figure de style le poème est-il structuré ? avec quel effet ?
   ▶ PARTIE II, p. 392 : LES FIGURES DE RHÉTORIQUE
2. Quelles images traditionnelles de l'amour ce sonnet utilise-t-il ?
3. S'agit-il ici d'un simple éloge ? Expliquez.

1 Béni soit le jour, et le mois, et l'année, et la saison, et le temps, et l'heure, et l'instant, et le beau pays, et l'endroit où je fus rencontré des deux beaux yeux qui m'ont enchaîné ;

5 Et béni soit le doux premier tourment que j'éprouvai étant réuni avec Amour, et l'arc et les flèches qui m'ont percé, et les blessures qui vont jusqu'à mon cœur.

Bénies aussi les paroles sans nombre que j'ai pro-
10 férées en invoquant le nom de ma dame, et les soupirs, les larmes et le désir qui m'ont affligé ;

Bénis soient tous les écrits où je lui acquiers de la gloire, et mon penser qui ne connaît qu'elle seule, si bien que nulle autre n'y a de part.

PÉTRARQUE, *Canzoniere*, sonnet LXI (XIVᵉ siècle),
traduction du comte F. L. de Gramont, XVIIIᵉ siècle.

2 L'éloge de l'être aimé

1. Repérez et commentez les figures de l'amplification.
   ▶ p. 392 : LES FIGURES DE RHÉTORIQUE
2. À quel autre champ lexical Louise Labé lie-t-elle celui de la passion amoureuse ? Justifiez.
3. Établissez le schéma des rimes. Quelle particularité pouvez-vous observer ?
   ▶ p. 469 : LE VERS ET LA STROPHE

1 Quand j'aperçois ton blond chef[1] couronné
D'un laurier vert, faire un luth si bien plaindre[2],
Que tu pourrais à te suivre contraindre
Arbres et rocs ; quand je te vois orné,

5 Et de vertus dix mille environné,
Au chef d'honneur plus haut que nul atteindre,
Et des plus hauts les louanges éteindre ;
Lors dit mon cœur en soi passionné :

Tant de vertu qui te font être aimé,
10 Qui de chacun te font être estimé,
Ne te pourraient aussi bien faire aimer ?

Et, ajoutant à ta vertu louable
Ce nom encor de m'être pitoyable,
De mon amour doucement t'enflammer ?

LOUISE LABÉ, sonnet X (1555), orthographe modernisée.

1. Tête et sommet (sens propre et figuré).
2. Faire sortir des sons plaintifs de son luth.

3 Le blâme dans le sonnet

1. Comment ce sonnet est-il composé ? Étudiez en particulier la progression de la description.
2. Analysez les connotations de ce portrait.
3. Par quelles figures de style la satire est-elle renforcée ?
   ▶ p. 392 : LES FIGURES DE RHÉTORIQUE
   ▶ p. 419 : LE REGISTRE COMIQUE

À une laide amoureuse de l'auteur

1 Un œil de chat-huant[1], des cheveux serpentins,
Une trogne rustique à prendre des copies[2],
Un nez qui au mois d'août distille les roupies[3],
Un ris sardonien[4] à charmer les lutins,

5 Une bouche en triangle, où comme à ces mâtins[5]
Hors œuvre on voit pousser de longues dents pourries,
Une lèvre chancreuse[6] à baiser les furies[7],
Un front plâtré de fard, un boisseau[8] de tétins[9],
Sont tes rares beautés, exécrable Thessale[10].

10 Et tu veux que je t'aime, et la flamme loyale
De ma belle maîtresse en ton sein étouffer ?

Non, non, dans le bordeau[11] va jouer de ton reste ;
Tes venimeux baisers me donneraient la peste,
Et croirais embrasser une rage d'Enfer.

JEAN AUVRAY, *Le Banquet des Muses* (1623).

1. Chouette hulotte. 2. Qui servirait de modèle (ironique).
3. Sécrétions nasales. 4. Rire ironique et méchant.
5. Chiens de garde (hors œuvre : pour ainsi dire à la retraite).
6. Pleine d'ulcères. 7. Déesses de la vengeance réputées pour leur cruauté. 8. Unité de mesure (env. 13 litres). 9. Mamelons.
10. Sorcière grecque. 11. Bordel, maison de prostitution.

SÉQUENCE 25 — Portraits symbolistes

Objectif

Comprendre que, dans la deuxième moitié du XIXe siècle, la poésie renouvelle ses images, en particulier celles de la femme.

À L'ÉPOQUE SYMBOLISTE (fin du XIXe siècle), divers écrivains utilisent de nouveau la forme poétique du sonnet : il est le lieu de l'ambivalence, éloges et blâmes pouvant coexister au sein du même texte. C'est le cas de l'évocation de la femme, éternelle source d'inspiration poétique, qui devient ambiguë, tour à tour admirée ou redoutée.

CORPUS DE LA SÉQUENCE

- *Texte 1* — C. BAUDELAIRE, **Les Fleurs du mal**, « La Beauté » (1857) et « Hymne à la Beauté » (1861)
- *Texte 2* — P. VERLAINE, **Poèmes saturniens**, « Mon rêve familier » (1866)
- *Texte 3* — S. MALLARMÉ, « Tristesse d'été » (1866)
- *Texte 4* — A. RIMBAUD, « La Maline » (1870)
- *Images* — F. von STUCK, **Le Péché** (1893) et F. KHNOPFF, **Des caresses** (1898)

Notions de la séquence	Liens avec la partie II
L'éloge et le blâme	LES REGISTRES : ▶ **p. 437** : ÉPIDICTIQUE ▶ **p. 425** : LYRIQUE
Le portrait symboliste de la femme dans le cadre du sonnet	▶ **p. 473** : LES FORMES POÉTIQUES
Les figures de l'opposition : antithèse et oxymore	▶ **p. 392** : LES FIGURES DE RHÉTORIQUE
Analyse de tableaux symbolistes	▶ **p. 397** : L'IMAGE FIXE
	Liens avec la partie III
Rédaction de paragraphes argumentatifs de commentaire (*textes 1, 2 et 4*)	▶ **p. 500** : LE PARAGRAPHE ARGUMENTATIF ▶ **p. 524** : RÉDIGER LE COMMENTAIRE
Analyse d'un corpus ; comparaison de divers textes (genres divers de l'éloge et du blâme : *exercice 3*)	▶ **p. 496** : INVENTER ET ARGUMENTER ▶ **p. 514** : DE LA LECTURE ANALYTIQUE AU COMMENTAIRE ▶ **p. 528** : DE LA LECTURE D'UN CORPUS À LA DISSERTATION

Charles Baudelaire
Les Fleurs du mal (1857-1861)

Biographie p. 560

Le poème « La Beauté » propose un idéal esthétique proche de celui des poètes du Parnasse ► SYNTHÈSE, p. 351 *: celui d'une beauté froide et intimidante. Toutefois, dès la première édition du recueil* Les Fleurs du mal, *en 1857, cette vision est remise en question dans d'autres poèmes, donnant une image plus sensuelle de la femme. En 1861, lors de la réédition, le poème est concurrencé par « Hymne à la Beauté » qui approfondit cette nouvelle esthétique.*

TEXTE A

La Beauté

1 Je suis belle, ô mortels ! comme un rêve de pierre,
   Et mon sein, où chacun s'est meurtri tour à tour,
   Est fait pour inspirer au poète un amour
   Éternel et muet ainsi que la matière.

5 Je trône dans l'azur comme un sphinx incompris ;
   J'unis un cœur de neige à la blancheur des cygnes ;
   Je hais le mouvement qui déplace les lignes,
   Et jamais je ne pleure et jamais je ne ris.

   Les poètes, devant mes grandes attitudes,
10 Que j'ai l'air d'emprunter aux plus fiers monuments,
   Consumeront leurs jours en d'austères[1] études ;

   Car j'ai, pour fasciner ces dociles amants,
   De purs miroirs qui font toutes choses plus belles :
   Mes yeux, mes larges yeux aux clartés éternelles !

Section « Spleen et Idéal », édition de 1857.

1. Difficiles, ardues.

Questions DE LECTURE ANALYTIQUE

1. Analysez la situation d'énonciation dans le poème ; comment nomme-t-on cette figure de style ?
   ► PARTIE II, p. 387 : LES OUTILS GRAMMATICAUX
   ► p. 392 : LES FIGURES DE RHÉTORIQUE

2. Relevez et commentez toutes les comparaisons et les métaphores dont la Beauté fait l'objet.
   ► p. 392 : LES FIGURES DE RHÉTORIQUE

3. Quelles sont les caractéristiques physiques de la Beauté ? Pourquoi Baudelaire les a-t-il choisies, selon vous ?

4. Relevez et commentez les éléments du champ lexical de la domination. Quelle image donne-t-il de la Beauté ?

5. Étudiez la disposition des rimes dans le poème : quelle remarque pouvez-vous faire en rapport avec la tradition du sonnet ► SYNTHÈSE, p. 351 ?
   ► p. 469 : LE VERS ET LA STROPHE
   ► p. 473 : LES FORMES POÉTIQUES

6. **Question de synthèse** : à partir de ces réponses, rédigez un paragraphe argumentatif où vous vous demanderez en quoi l'éloge de Baudelaire est ambigu.
   ► PARTIE III, p. 500 : LE PARAGRAPHE ARGUMENTATIF

Texte B

Hymne à la Beauté

1 Viens-tu du ciel profond ou sors-tu de l'abîme,
Ô Beauté ? ton regard, infernal et divin,
Verse confusément le bienfait et le crime,
Et l'on peut pour cela te comparer au vin.

5 Tu contiens dans ton œil le couchant et l'aurore ;
Tu répands des parfums comme un soir orageux ;
Tes baisers sont un philtre et ta bouche une amphore
Qui font le héros lâche et l'enfant courageux.

Sors-tu du gouffre noir ou descends-tu des astres ?
10 Le Destin charmé suit tes jupons comme un chien ;
Tu sèmes au hasard la joie et les désastres,
Et tu gouvernes tout et ne réponds de rien.

Tu marches sur des morts, Beauté, dont tu te moques ;
De tes bijoux l'Horreur n'est pas le moins charmant,
15 Et le Meurtre, parmi tes plus chères breloques[1],
Sur ton ventre orgueilleux danse amoureusement.

L'éphémère ébloui vole vers toi, chandelle,
Crépite, flambe et dit : Bénissons ce flambeau !
L'amoureux pantelant[2] incliné sur sa belle
20 A l'air d'un moribond[3] caressant son tombeau.

Que tu viennes du ciel ou de l'enfer, qu'importe,
Ô Beauté ! monstre énorme, effrayant, ingénu[4] !
Si ton œil, ton souris[5], ton pied, m'ouvrent la porte
D'un Infini que j'aime et n'ai jamais connu ?

25 De Satan ou de Dieu, qu'importe ? Ange ou Sirène,
Qu'importe, si tu rends, – fée aux yeux de velours,
Rythme, parfum, lueur, ô mon unique reine ! –
L'univers moins hideux[6] et les instants moins lourds ?

Section « Spleen et Idéal », édition de 1861.

Sir Edward Burne-Jones (1833-1898), *Été* (1869-1970), gouache sur papier (Roy Miles Fine Paintings).

1. Babioles, faux bijoux. 2. Excité. 3. Mourant. 4. Naïf. 5. Sourire. 6. Laid.

Questions — D'UN TEXTE À L'AUTRE ▸ TEXTES A et B

1. Dans le texte B, quelle figure de style représente la Beauté (strophes 1 à 3) ? Comparez avec le texte A.
▸ PARTIE II, p. 392 : LES FIGURES DE RHÉTORIQUE

2. Confrontez les deux représentations de la Beauté proposées dans ces poèmes : quelles images sont communes ?

3. Dans quel poème Baudelaire donne-t-il le plus une image ambiguë de la femme ?

Paul Verlaine
Poèmes saturniens (1866)

Biographie p. 568

Le premier recueil de Verlaine est caractérisé par une musicalité forte, un souci de la forme cher au Parnasse ➤ SYNTHÈSE, p. 351, et l'expression souvent élégiaque de sentiments inspirés par la vie du poète. « Mon rêve familier » est extrait de la section inaugurale du recueil intitulée « Melancholia » : le texte est marqué par la mélancolie, comme le montre la référence à Saturne, planète symbolique de cette humeur.

Mon rêve familier

1 Je fais souvent ce rêve étrange et pénétrant
D'une femme inconnue, et que j'aime, et qui m'aime,
Et qui n'est, chaque fois, ni tout à fait la même
Ni tout à fait une autre, et m'aime et me comprend.

5 Car elle me comprend, et mon cœur, transparent
Pour elle seule, hélas ! cesse d'être un problème
Pour elle seule, et les moiteurs de mon front blême[1],
Elle seule les sait rafraîchir, en pleurant.

Est-elle brune, blonde ou rousse ? – Je l'ignore.
10 Son nom ? Je me souviens qu'il est doux et sonore
Comme ceux des aimés que la Vie exila.

Son regard est pareil au regard des statues,
Et, pour sa voix, lointaine, et calme, et grave, elle a
L'inflexion[2] des voix chères qui se sont tues.

1. Pâle.
2. Accent.

Fernand Khnopff (1858-1921), *Qui va me délivrer ?*, crayons de couleurs sur papier (Collection privée).

Questions DE LECTURE ANALYTIQUE

1. À partir du poème et du paratexte, donnez les sens du mot *rêve* selon Verlaine.
2. Comment la femme est-elle présentée dans l'ensemble du poème ? grâce à quelles figures de style ?
   ➤ PARTIE II, p. 392 : LES FIGURES DE RHÉTORIQUE
3. Dans le deuxième quatrain, quelle relation unit le poète et cette femme ? Justifiez.
4. À quel autre registre littéraire l'épidictique est-il associé ? Cette alliance est-elle habituelle ?
   ➤ p. 418 : LES REGISTRES LITTÉRAIRES
5. Étudiez le rapport entre la syntaxe et le mètre dans les tercets. Qu'observez-vous ?
   ➤ p. 469 : LE VERS ET LA STROPHE
6. Analysez le rythme des deux derniers vers ; quelle est leur fonction ?
   ➤ p. 469 : LE VERS ET LA STROPHE
7. **Question de synthèse** : dans un paragraphe rédigé, montrez que le premier quatrain est une parfaite illustration de l'idéal parnassien de « poésie pure » (culte de la forme, de « l'art pour l'art »
   ➤ SYNTHÈSE, p. 351).
   ➤ PARTIE III, p. 500 : LE PARAGRAPHE ARGUMENTATIF

Texte 3

STÉPHANE MALLARMÉ
« Tristesse d'été » (1866)

Biographie p. 565

À l'âge de vingt-quatre ans, Mallarmé publie «Tristesse d'été» dans la revue du Parnasse contemporain ▶ SYNTHÈSE, p. 351. *Fervent admirateur de Baudelaire, il devient par la suite la figure majeure du symbolisme français. Il se singularise par son hermétisme et par son travail sur la langue et le style. Ce poème fut écrit à une période de sa vie où, jeune professeur et père de famille, il souffrait du manque d'inspiration.*

1   Le soleil, sur le sable, ô lutteuse endormie,
    En l'or de tes cheveux chauffe un bain langoureux[1]
    Et, consumant l'encens sur ta joue ennemie,
    Il mêle avec les pleurs un breuvage[2] amoureux.

5   De ce blanc flamboiement l'immuable[3] accalmie
    T'a fait dire, attristée, ô mes baisers peureux
    « Nous ne serons jamais une seule momie
    Sous l'antique désert et les palmiers heureux ! »

    Mais ta chevelure est une rivière tiède,
10 Où noyer sans frissons l'âme qui nous obsède
    Et trouver ce Néant que tu ne connais pas.

    Je goûterai le fard pleuré par tes paupières,
    Pour voir s'il sait donner au cœur que tu frappas
    L'insensibilité de l'azur et des pierres.

1. Sensuel. **2.** Boisson. **3.** Qui ne change pas.

EDGAR DEGAS (1834-1917), *Femme coiffant ses cheveux* (1887-1890), pastel sur papier (Paris, Musée d'Orsay).

Questions DE LECTURE ANALYTIQUE

1. En quoi le portrait de la femme est-il ambigu ? Appuyez-vous notamment sur la figure de style identifiable au vers 1.
   ▶ PARTIE II, p. 392 : LES FIGURES DE RHÉTORIQUE
2. Étudiez la représentation de la chevelure féminine et le rôle qu'elle joue pour le poète.
3. Quels autres éléments féminins sont retenus pour ce portrait ? Que représentent ces choix ?
4. En quoi le titre est-il paradoxal ? Est-ce confirmé dans le poème ? Référez-vous notamment aux champs lexicaux et aux oxymores.
   ▶ p. 392 : LES FIGURES DE RHÉTORIQUE
5. Où les vers au discours direct sont-ils placés ? Comment les interprétez-vous ?
   ▶ p. 455 : LES DISCOURS RAPPORTÉS
6. **Question de synthèse** : quel sentiment et quel registre identifiez-vous dans ces vers ? Justifiez.
   ▶ p. 418 : LES REGISTRES LITTÉRAIRES

Arthur Rimbaud
« La Maline » (1870)

Rimbaud commence à publier ses poèmes dès l'âge de seize ans. Poète jugé révolutionnaire parce qu'il cherche à « fixer des vertiges » et à libérer le vers, il propose pourtant des textes proches du sonnet classique ➤ p. 342.

1   Dans la salle à manger brune, que parfumait
    Une odeur de vernis et de fruits, à mon aise
    Je ramassais un plat de je ne sais quel met[1]
    Belge[2], et je m'épatais[3] dans mon immense chaise.

5   En mangeant, j'écoutais l'horloge, – heureux et coi[4].
    La cuisine s'ouvrit avec une bouffée
    – Et la servante vint, je ne sais pas pourquoi,
    Fichu[5] moitié défait, malinement coiffée

    Et, tout en promenant son petit doigt tremblant
10 Sur sa joue, un velours de pêche rose et blanc,
    En faisant, de sa lèvre enfantine, une moue,

    Elle arrangeait les plats, près de moi, pour m'aiser[6] ;
    – Puis, comme ça, – bien sûr, pour avoir un baiser, –
    Tout bas : « Sens donc, j'ai pris *une* froid[7] sur la joue… »

    Charleroi, octobre [18]70.

1. Licence* poétique : « met » au lieu de « mets » pour respecter la rime avec « parfumait ». 2. Poème écrit au cours d'un voyage en Belgique avec Verlaine (*cf.* la mention de Charleroi, qui donne son titre à un poème de Verlaine extrait des « Paysages belges »). 3. M'étendais. 4. Tranquille, à l'aise. 5. Châle. 6. Me mettre à l'aise. 7. Tournure belge.

Dante Charles Gabriel Rossetti (1828-1882), *Marigolds* (1874), huile sur toile (Nottingham City Museums and Galleries, Nottingham Castle).

Questions de lecture analytique

1. Quelle forme de discours est dominante ? Justifiez, en vous appuyant en particulier sur l'analyse des temps verbaux.
   ➤ PARTIE II, p. 408 : LES FORMES DE DISCOURS

2. Quelle liberté Rimbaud prend-il par rapport au sonnet traditionnel ? Regardez en particulier les quatrains.
   ➤ p. 473 : LES FORMES POÉTIQUES

3. Justifiez la présence du tiret au vers 7 : quel changement permet-il d'indiquer ?

4. Quels aspects de la servante sont évoqués ? Le lexique est-il dépréciatif ou valorisant ?
   ➤ p. 387 : LES OUTILS GRAMMATICAUX

5. Expliquez le sens du titre et celui de l'adverbe *malinement* au vers 8.

6. **Question de synthèse** : le poète fait-il l'éloge de la servante ? Répondez dans un paragraphe rédigé.
   ➤ PARTIE III, p. 500 : LE PARAGRAPHE ARGUMENTATIF

Analyse d'images

Franz von Stuck, *Le Péché* (1893)
Fernand Khnopff, *Des caresses* (1898)

*La **peinture symboliste** naît et se développe dans toute l'Europe :*
*– en France : **Gustave Moreau** (1826-1898) ➤ p. 210, précurseur du mouvement, peint des toiles nourries par le rêve et l'inconscient ;*
*– en Angleterre : **Burne-Jones** (1833-1898) ➤ p. 346 et **Dante Gabriel Rossetti** (1828-1882) ➤ p. 349 recherchent des formes primitives et épurées ;*
*– en Belgique : **Fernand Khnopff** (1858-1921), influencé par Burne-Jones et Gustave Moreau, privilégie les paysages et les portraits inquiétants et ambigus ;*
*– en Allemagne : **Franz von Stuck** (1863-1928), admirateur de Burne-Jones et de Khnopff, fonde la Sécession munichoise, école de peinture privilégiant l'érotisme et la sensualité.*

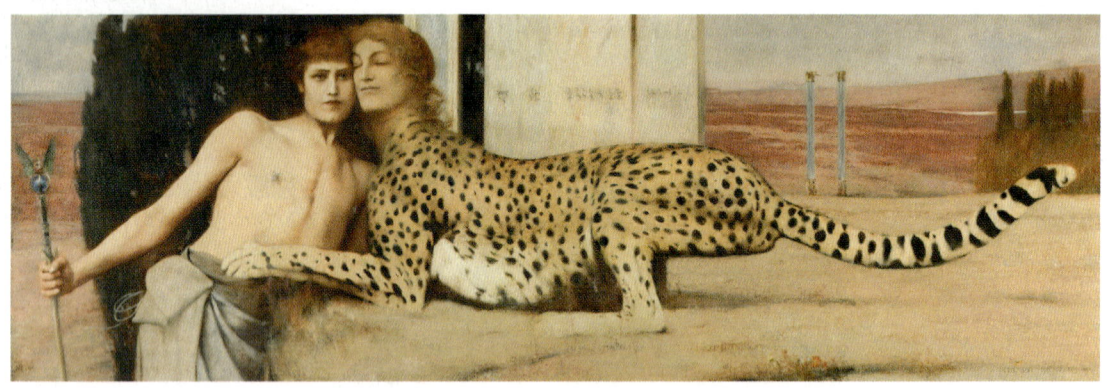

Huile sur toile, 97,5 × 60,8 cm (Graz, Neue Galerie am Joanneum).

Huile sur toile, 50,5 × 150 cm (Bruxelles, Musées Royaux des Beaux-Arts).

Questions

1. Analysez les couleurs et les contrastes. Quels sont les effets produits ?
2. Commentez la représentation des regards de ces femmes. Quelles impressions sont ainsi produites ?
3. Expliquez en quoi ces toiles s'éloignent du réalisme ➤ p. 219.
4. Repérez les éléments confirmant que ces tableaux appartiennent au mouvement symboliste ➤ SYNTHÈSE, p. 351.
5. Quels sont les sujets respectifs des tableaux ? De quels poèmes de la séquence pourriez-vous rapprocher ces portraits de femmes ?
6. À quelles figures mythiques chacune de ces œuvres renvoie-t-elle ?
7. **Question de synthèse** : à partir de ces réponses, montrez que ces tableaux sont des éloges ambigus de la femme.

SYNTHÈSE

Le symbolisme

1 Une société en crise

- La société de la fin du XIXe siècle est agitée par des événements :
- sociaux et politiques (révolutions, coups d'État) ;
- militaires (perte de la guerre contre la Prusse en 1870) ;
- culturels (mort de Hugo, figure de proue du romantisme ▶ p. 174, et **déclin du romantisme**).
- En 1866, apparaît une nouvelle génération de poètes nommée « Le Parnasse » en raison de sa revue intitulée *Au Parnasse contemporain* : T. de Banville, Leconte de Lisle, T. Gautier, mais aussi Baudelaire, Mallarmé et Verlaine qui, à leurs débuts, se vouent à **« l'Art pour l'Art »**, c'est-à-dire :
- au **culte de la forme** ;
- au refus du sentimentalisme romantique de Hugo, Musset ou Vigny ▶ CHAPITRE 4, p. 174 ;
- au rejet du positivisme et du naturalisme ▶ p. 257, dédaignés **au nom du rêve, des symboles et du mystère**.

2 La naissance du mouvement symboliste

- Dès 1866 :
- **Baudelaire, Mallarmé et Verlaine** s'éloignent progressivement du Parnasse et inventent un **nouveau lyrisme** ;
- **Rimbaud révolutionne l'univers poétique**, s'affranchit de la raison et de la versification romantique et parnassienne, avec le recueil de poèmes en prose *Illuminations* (1886) ;
- un *Manifeste du symbolisme* paru dans *Le Figaro* définit ce mouvement par sa filiation et son idéal : « l'Idée d'une forme sensible ». Une langue, un style original sont revendiqués : « d'impollués vocables », « un désordre savamment ordonné [...], diverses combinaisons rythmiques ».
- L'appellation « **symbolisme** » est choisie parce que :
- le *symbole* est l'allusion, la suggestion. Il ne s'agit pas de raconter ou de décrire le réel, mais de l'**évoquer**, de le faire imaginer.
EX. : une fleur devient « l'absente de tout bouquet » chez Mallarmé ;
- cette nouvelle « religion littéraire », réservée aux initiés, se réfère à des figures **mythiques** (le Sphinx, Salomé...).
- C'est un mouvement essentiellement **poétique** où :
- la poésie **suggère** et retrouve l'unité originelle du monde en tissant des liens entre le visible et l'invisible, au moyen de symboles qui font de la nature un réseau de « correspondances » (Baudelaire, *Les Fleurs du mal*, « Correspondances »), et en faisant du paysage un miroir de l'intériorité du poète ;
- la **musique** y est essentielle (Verlaine, *L'Art poétique* : « De la musique avant toute chose... ») et le **vers, libéré**, épouse le rythme de la pensée en privilégiant harmonies et sensations ;
- la poésie **dépasse la notion de genre**, embrassant tous les arts (théâtre, peinture, opéra...).

3 Le thème symboliste de la femme

- La femme inspire les poètes depuis l'Antiquité mais elle est une figure dominante des poèmes et des tableaux symbolistes ; elle est l'objet d'**images oniriques** (liées au rêve).
- Elle acquiert ainsi une **dimension inquiétante et suggestive** :
- **belle et froide**, elle rappelle le « rêve de pierre » de la statuaire gréco-romaine (Baudelaire ▶ TEXTE 1, p. 345) ou l'image du Sphinx séducteur et dévorateur ▶ TEXTE 1, p. 345 et ANALYSE D'IMAGE, p. 350 (tableau de Khnopff) ;
- **assimilée à la Muse**, normalement protectrice, elle devient une figure qui a « l'insensibilité de l'azur et des pierres » (Mallarmé ▶ TEXTE 3, p. 348) ;
- **ambivalente**, elle n'est pas clairement définissable ; même quand elle devient un « rêve familier » (Verlaine ▶ TEXTE 2, p. 347), elle demeure **énigmatique**, parfois **dangereuse**, prête à s'emparer de l'homme, telle Ève la tentatrice (tableau de F. von Stuck ▶ p. 350).

▶ BIOGRAPHIES DES AUTEURS p. 560

EXERCICES D'APPROFONDISSEMENT

1 Éloge dans le sonnet lyrique au XXᵉ siècle

1. Quel est le thème de ce sonnet ? Quelle comparaison s'établit autour de la femme ?
2. Quel est le registre dominant ? Justifiez.
   ➤ **PARTIE II, p. 418** : LES REGISTRES LITTÉRAIRES
3. Étudiez les connotations* du vocabulaire et du titre.

Per te praesentit aruspex[1]

Ô mon très cher amour, toi mon œuvre et que j'aime,
À jamais j'allumai le feu de ton regard,
Je t'aime comme j'aime une belle œuvre d'art,
Une noble statue, un magique poème.

5 Tu seras, mon aimée, un témoin de moi-même.
Je te crée à jamais pour qu'après mon départ,
Tu transmettes mon nom aux hommes en retard
Toi, la vie et l'amour, ma gloire et mon emblème ;

Et je suis soucieux de ta grande beauté
10 Bien plus que tu ne peux toi-même en être fière :
C'est moi qui l'ai conçue et faite tout entière.

Ainsi, belle œuvre d'art, nos amours ont été
Et seront l'ornement du ciel et de la terre,
Ô toi, ma créature et ma divinité !

GUILLAUME APOLLINAIRE, *Il y a* (1925, éd. posthume, recueilli dans *Œuvres poétiques* © Gallimard, « Bibliothèque de la Pléiade »).

1. Latin : « c'est en ton nom que le prêtre fait des présages ».

2 Éloge dans l'essai au XXᵉ siècle

1. Au moyen de quelles figures de rhétorique Lévy fait-il l'éloge des villes ?
   ➤ **p. 392** : LES FIGURES DE RHÉTORIQUE
2. Quel rôle l'abondance des références littéraires joue-t-elle dans cet éloge ?
3. En quoi le titre « Éloge du béton » s'avère-t-il paradoxal* ?

Éloge du béton

Dire la beauté des villes, déjà… Dire leur charme… Leur poésie… Dire, redire comment la déambulation de la conscience éveillée dans la ville est probablement, et depuis un siècle, l'une des grandes aventures contemporaines… C'était l'opinion du jeune Aragon filant son « paysan de Paris » entre le café Certa, le salon de coiffure de Madame Jéhan et le passage de l'Opéra. C'était celle de Baudelaire, poète de la ville surpeuplée, succombant au charme de ses « passantes »[1] et fuyant, de flânerie en flânerie, de café en cercle de lecture, la horde[2] de ses créanciers. C'était celle de Shelley[3] chantant « la fourmillante cité pleine de bruit » – ou celle de Dickens[3] qui se plaignait carrément, lui, en voyage, de l'insupportable absence de bruit dans la rue, qui l'empêchait de travailler. Et c'est vrai que j'échangerais bien toute la littérature bucolique[4] d'hier et d'aujourd'hui contre quelques pages de ces quatre-là : tout Sand[5], tout Chardonne[5] ou même tout Giono[5] contre un chapitre de *Manhattan Transfer*[6] ou un volume de David Goodis[7] ; c'est vrai que, contre toutes les âmes chagrines qui vont dépeignant la grisaille, la tristesse, la monotonie de l'esprit de métropole, je ne me lasserai jamais, moi, d'en dire l'intarissable ressource romanesque.

BERNARD-HENRI LÉVY (1986), © Grasset.

1. Référence au sonnet « À une passante » de Baudelaire. 2. La foule menaçante. 3. Écrivains anglais. 4. Exaltant la nature, la campagne. 5. Romanciers français, chantant la vie campagnarde. 6. Roman sur New York de John Dos Passos. 7. Romancier américain.

3 LECTURE D'UN CORPUS
Éloges en tous genres

1. Sur quel thème chaque éloge porte-t-il ? Pourquoi le premier est-il paradoxal* ?
2. Comparez les figures de rhétorique qui sont au service de l'éloge.
   ➤ **p. 392** : LES FIGURES DE RHÉTORIQUE

Chapitre 8 • Portraits : l'éloge et le blâme **SÉQUENCE 25**

COMMENTAIRE DU TEXTE B
a. Formulez la problématique.
b. Élaborez le plan détaillé.
c. Rédigez l'introduction et la conclusion.
▶ PARTIE III, p. 524 : RÉDIGER LE COMMENTAIRE

DISSERTATION
Vous vous demanderez si l'éloge est forcément poétique.
a. Analysez ce sujet (mots clés, connecteur logique…).
b. Formulez la problématique.
c. Élaborez le plan détaillé.
d. Rédigez au choix un paragraphe argumentatif du développement.
▶ p. 528 : DE LA LECTURE D'UN CORPUS À LA DISSERTATION

ÉCRITURE D'INVENTION
À la manière de Sganarelle dans son éloge du tabac (texte A), rédigez l'éloge paradoxal d'un défaut ou d'une pratique condamnable.
▶ p. 496 : INVENTER ET ARGUMENTER

TEXTE A

L'éloge dans une tirade

1   SGANARELLE, *tenant une tabatière.* – Quoi que puisse dire Aristote[1] et toute la Philosophie, il n'est rien d'égal au tabac : c'est la passion des honnêtes gens, et qui vit sans tabac n'est
5   pas digne de vivre. Non seulement il réjouit et purge les cerveaux humains[2], mais encore il instruit les âmes à la vertu, et l'on apprend avec lui à devenir honnête homme. Ne voyez-vous pas bien, dès qu'on en prend, de quelle ma-
10   nière obligeante on en use avec tout le monde, et comme on est ravi d'en donner à droit[3] et à gauche, partout où l'on se trouve ? On n'attend pas même qu'on en demande, et l'on court au-devant du souhait des gens : tant il est vrai que
15   le tabac inspire des sentiments d'honneur et de vertu à tous ceux qui en prennent.

MOLIÈRE, *Dom Juan*, Acte I, scène 1 (extrait, 1665).

1. Philosophe grec : référence bouffonne.
2. Le tabac à priser, qui fait éternuer, est supposé nettoyer le cerveau.
3. Au lieu de « droite », grâce à la liaison.

TEXTE B

L'éloge dans un poème en prose

1   Ô nuit ! ô rafraîchissantes ténèbres ! vous êtes pour moi le signal d'une fête intérieure, vous êtes la délivrance d'une angoisse ! Dans la solitude des plaines, dans les labyrinthes
5   pierreux d'une capitale, scintillement des étoiles, explosion des lanternes, vous êtes le feu d'artifice de la déesse Liberté !
Crépuscule, comme vous êtes doux et tendre ! Les lueurs roses qui traînent encore à l'hori-
10   zon comme l'agonie du jour sous l'oppression victorieuse de sa nuit, les feux des candélabres[1] qui font des taches d'un rouge opaque sur les dernières gloires du couchant, les lourdes draperies qu'une main invisible attire des
15   profondeurs de l'Orient, imitent tous les sentiments compliqués qui luttent dans le cœur de l'homme aux heures solennelles de la vie.

CHARLES BAUDELAIRE, *Le Spleen de Paris*, « Le Crépuscule du soir » (extrait, 1869).

1. Grands chandeliers.

TEXTE C

L'éloge dans une nouvelle

1   C'était une belle fille de dix-huit à vingt ans ; une de ces femmes dont la rencontre dans la rue vous fouette d'un désir subit, et vous laisse jusqu'à la nuit une inquiétude vague et un sou-
5   lèvement des sens. Grande, mince de taille et large des hanches, elle avait la peau très brune, les yeux très grands, les cheveux très noirs. Sa robe dessinait nettement les plénitudes[1] fermes de sa chair qu'accentuaient encore les
10   efforts des reins qu'elle faisait pour s'enlever. Ses bras tendus tenaient les cordes au-dessus de sa tête, de sorte que sa poitrine se dressait, sans une secousse, à chaque impulsion qu'elle donnait.

GUY DE MAUPASSANT, *Une partie de campagne* (extrait, 1881).

1. Formes pleines.

▶ **BIOGRAPHIES DES AUTEURS p. 560**

Chapitre 9

Écrire, publier, lire aujourd'hui

355	**SÉQUENCE 26**
	L'écrivain à l'œuvre

368	**SÉQUENCE 27**
	Les prix littéraires

Bob Lescaux (né en 1928), *L'Écrit dure* : détail (1999), huile sur toile, 92 x 73 cm (Collection privée).

SÉQUENCE 26 — L'écrivain à l'œuvre

Objectif

Définir le travail de l'écriture aujourd'hui.

La promotion des livres et l'attachement quasiment affectif pour un écrivain tendent à faire oublier tout le travail d'écriture d'abord mis en œuvre. À l'heure de la démocratisation de la culture, les auteurs n'hésitent pas à intervenir publiquement pour rappeler ce qu'ils écrivent, et dans quel but.

CORPUS DE LA SÉQUENCE

- *Texte 1* — **Extrait du guide de la maison de P. Loti à Rochefort**
- *Image* — **Photographie de la maison de P. Loti**
- *Texte 2* — **J. Gracq, *En lisant en écrivant* (1981)**
- *Texte 3* — **M. Duras, *L'Amant* (1984)**
- *Texte 4* — **L. Adler, *Marguerite Duras* (1998)**
- *Texte 5* — **Interview d'A. Gavalda (2005)**

Notions de la séquence	Liens avec la partie II
Présence et image de l'écrivain	▶ p. 437 : LE REGISTRE ÉPIDICTIQUE
Genres (*essai, récits, biographie, interviews*)	▶ p. 476 : LES NOTIONS PROPRES À LA LITTÉRATURE D'IDÉES
	▶ p. 387 : LES OUTILS GRAMMATICAUX
	▶ p. 392 : LES FIGURES DE RHÉTORIQUE
	▶ p. 413 : LE DISCOURS ARGUMENTATIF
	▶ p. 415 : LE DISCOURS EXPLICATIF
Photographies de la maison d'un écrivain (*texte 1*) et de romancières (*exercice 1*) Les couvertures de livre (*exercices 2 et 3*)	▶ p. 397 : L'IMAGE FIXE

	Liens avec la partie III
Recherche documentaire sur des maisons d'écrivains (*texte 1*)	▶ p. 544 : PRÉPARER UN EXPOSÉ
Rédaction d'un paragraphe argumentatif (*texte 2*)	▶ p. 500 : LE PARAGRAPHE ARGUMENTATIF
Écrire une lettre-réponse (*texte 5*)	▶ p. 496 : INVENTER ET ARGUMENTER

Salon turc de la maison de Pierre Loti (état actuel).
Cliché extrait du *Guide de la maison de Pierre Loti*, © Association de la maison de Pierre Loti (1993).

Texte 1

Extrait du guide de la maison de Pierre Loti à Rochefort

Les premières lignes du guide de la maison de l'écrivain français Pierre Loti, située à Rochefort, permettent de prendre conscience du phénomène de sacralisation de l'écrivain qui, après sa mort, devient souvent l'objet d'une sorte de culte : la visite de sa demeure en est l'un des aspects.

S'il est arrivé à Pierre Loti de railler[1] le provincialisme et la sévérité huguenote[2] de sa ville natale, Rochefort fut bien son port d'attache principal et conserve aujourd'hui un sanctuaire essentiel au lotisme : la maison natale du romancier, acquise en 1969 du fils de Loti par la municipalité et ouverte depuis en mu-
5 sée. Son aménagement – extraordinaire cohabitation d'époques et de cultures

1. Se moquer de.
2. Protestante.

dissemblables, associées en un lieu unique – ce goût de l'opulence et de la surcharge décorative trahissent à l'évidence les préoccupations de l'écrivain. Loti semble avoir trouvé dans cette horreur du vide et dans ce parti-pris de nostalgisme[3], une réponse esthétique à son angoisse « fin de siècle »[4]. Mais si le cosmopolitisme[5] de sa demeure exprime clairement l'attachement de Loti à la valeur sentimentale des souvenirs et l'attrait qu'exercèrent sur lui les voyages, l'aspect presque intact de cet ensemble permet aujourd'hui au visiteur, au-delà de l'anecdote, de parcourir les différentes pages du goût dans la seconde moitié du XIXe siècle. De l'Égypte ancienne à l'Art nouveau, du Moyen Âge (au sens large) à l'Islam, du folklore charentais à l'Extrême-Orient, tous les dépaysements de son époque ont enchanté Loti qui les a ici regroupés comme en un intérieur à la Des Esseintes qu'avait imaginé Huysmans dans *À Rebours*[6]. Pierre Loti paraît avoir toujours éprouvé un certain besoin de vivre dans des lieux décorés : la cachette de sa liaison avec Aziyadé[7], à Istanbul, est minutieusement ornée et les cabines qu'il occupe sur divers navires durant sa carrière militaire sont organisées avec soin, voire luxueusement. Toutefois, le plan du fastueux ensemble de Rochefort ne fut jamais pensé préalablement par Loti qui profita pour l'essentiel du hasard de ses déplacements pour amasser la matière nécessaire à chacun des trésors élaborés successivement. Les conditions dans lesquelles furent imaginées et réalisées les pièces de ce puzzle font de la maison un exemple très singulier.

Extrait, D. R.

3. Néologisme* qui désigne le goût de Loti pour la nostalgie.
4. Typique de la fin du XIXe siècle.
5. Sa maison est faite d'éléments et d'influences du monde entier.
6. Roman de 1884 où le personnage (nommé Des Esseintes) collectionne chez lui des œuvres d'artistes contemporains, tel le peintre Gustave Moreau.
7. Personnage romanesque inventé par Pierre Loti.

Questions DE LECTURE ANALYTIQUE

1. Faites des recherches sur Pierre Loti et sur son œuvre. Quels sont les titres et les thèmes principaux ? Quel est leur rapport avec la décoration de sa maison ?
2. Que révèle l'aménagement intérieur de cette maison ? Justifiez.
3. Quel est selon vous le rôle de la comparaison avec Des Esseintes (l. 17) ? Aidez-vous d'un dictionnaire des personnages.
4. Pourquoi l'auteur du guide peut-il affirmer que la maison a valeur de musée ? Justifiez votre réponse.
5. **Question de synthèse :** définissez précisément le *lotisme* (l. 3) à partir des informations fournies sur la demeure de l'écrivain.

RECHERCHE
Faites une recherche sur une autre demeure d'écrivain (Dumas, Balzac, Hugo, Zola…). Définissez son atmosphère en établissant le lien éventuel avec l'œuvre de l'auteur.

Analyse D'IMAGE

Photographie de la maison de Pierre Loti

Pierre Loti (1850-1923) dans la mosquée de sa maison à Rochefort, photographie de Dornac (connu entre 1890-1910) (Archives Larousse, Paris, France).

Questions

1. Décrivez le lieu. Qu'évoque-t-il pour vous ?
2. À partir de cet intérieur, que peut-on imaginer concernant la façon de travailler de l'écrivain ?
3. La décoration intérieure est-elle ici synonyme de simple décor ?
4. En quoi la maison de cet écrivain s'apparente-t-elle à un sanctuaire ?
5. En utilisant les recherches sur Pierre Loti ➤ p. 357, question 1, sélectionnez les titres des romans directement liés à l'atmosphère de cette photograhie. Justifiez.

Texte 2

Julien Gracq
En lisant en écrivant (1981)

Biographie p. 563

En lisant en écrivant rassemble des textes écrits par Julien Gracq dans les années 1970. Ce livre à la gloire de la littérature marque un tournant dans la réception de Gracq : l'auteur apparaît comme un lecteur passionné et un critique idéal. Le titre du recueil réunit lecture et écriture dans un processus continu : on écrit parce qu'on a déjà lu, et que d'autres ont écrit. Cette analyse rappelle que l'écriture est un travail.

Pourquoi écrit-on ? La vieille et perfide question que *Littérature*[1] avait rajeunie au lendemain de la Première Guerre mondiale n'a toujours pas reçu sa réponse. Il n'est pas sûr, loin de là, qu'elle n'en comporte qu'une seule, il n'est pas sûr non plus que les motivations d'un écrivain ne varient pas tout au long de sa carrière. Quand j'ai commencé à écrire, il me semble que ce que je cherchais, c'était à matérialiser l'espace, la profondeur d'une certaine effervescence imaginative débordante, un peu comme on crie dans l'obscurité d'une caverne pour en mesurer les dimensions d'après l'écho. Le temps vient sans doute sur le tard où on ne cherche plus guère dans l'écriture qu'une vérification de pouvoirs, par laquelle on lutte pied à pied avec le déclin physiologique. Dans l'intervalle, entre l'excès et la pénurie de l'afflux à ordonner, il me semble parfois que s'étend une zone indécise, où l'habitude, qui peut créer un état de besoin, le goût défensif de donner forme et fixité à quelques images élues qui vont inévitablement s'étiolant, le ressentiment contre le vague mouvant et informe du film intérieur s'entrelacent inextricablement[2]. Il arrive que l'écrivain ait envie tout simplement d'« écrire » ; et il arrive aussi qu'il ait envie tout bonnement de communiquer quelque chose : une remarque, une sensation, une expérience à laquelle il entend plier les mots, car les rapports ambigus et alternatifs de l'écrivain avec la langue sont à peu près ceux qu'on a avec une servante-maîtresse, et sont non moins qu'eux, de bout en bout, hypocritement exploiteurs.

Pourquoi se refuser à admettre qu'écrire se rattache rarement à une impulsion pleinement autonome ? On écrit d'abord parce que d'autres avant vous ont écrit, ensuite, parce qu'on a déjà commencé à écrire : c'est pour le premier qui s'avisa de cet exercice que la question réellement se poserait : ce qui revient à dire qu'elle n'a fondamentalement pas de sens. Dans cette affaire, le mimétisme[3] spontané compte beaucoup : pas d'écrivains sans insertion dans une *chaîne* d'écrivains ininterrompue. Après l'école, qui emmaille[4] l'apprenti-écrivain dans cette chaîne, et le fait glisser déjà d'autorité sur le rail de la *rédaction*, c'est plutôt le fait de cesser d'écrire qui mérite d'intriguer.

La dramatisation de l'acte d'écrire, qui nous est devenue spontanée et comme une seconde nature, est un legs du dix-neuvième siècle. Ni le dix-septième, ni, encore moins, le dix-huitième ne l'ont connue ; un drame tel que *Chatterton*[5] y serait resté incompréhensible ; personne ne s'y est jamais réveillé un beau matin en se disant : « Je serai écrivain », comme on se dit : « Je serai prêtre ». La nécessité progressive et naturelle de la communication, en même temps

---

1. Revue littéraire de renom.
2. Sans pouvoir se séparer.
3. L'imitation.
4. Le prend comme dans les mailles d'un filet.
5. Drame romantique d'Alfred de Vigny
▶ p. 197.

que l'apprentissage enivrant des résistances du langage, a chez tous précédé et éclipsé le culte du *signe d'élection*, dont le préalable marque avec précision l'avènement du romantisme. Nul n'a jamais employé avant lui cet étrange futur intransitif[6] qui seul érige vraiment, et abusivement, le travail de la plume en énigme : *j'écrirai*.

Chapitre « L'écriture » (extrait), © José Corti.

6. Se dit d'un verbe qui n'est pas suivi d'un complément.

Questions DE LECTURE ANALYTIQUE

1. Relevez les réponses que Julien Gracq donne à la question initiale : *Pourquoi écrit-on ?*
2. Quelle différence l'auteur établit-il entre *écrire* (l. 16) et *communiquer* (l. 17) ? Justifiez.
3. À quel mythe de l'écrivain Gracq refuse-t-il d'adhérer ? Quels arguments utilise-t-il ?
   ▶ PARTIE II, p. 479 : CIRCUIT ARGUMENTATIF ET PROGRESSION DU RAISONNEMENT
4. Expliquez et analysez l'exemple donné par Gracq à la ligne 33.
5. Analysez grammaticalement le titre *En lisant en écrivant* et expliquez son sens. En quoi représente-t-il le métier d'écrivain ?

RÉDACTION DE PARAGRAPHE ARGUMENTATIF
Rédigez un paragraphe argumentatif dans lequel vous réfuterez la thèse de Gracq concernant l'écrivain.
▶ PARTIE III, p. 500 : LE PARAGRAPHE ARGUMENTATIF

D'UN TEXTE À L'AUTRE
Julien Gracq, *Au château d'Argol* (1938)
▶ Biographie p. 563

Au château d'Argol est le premier roman de Julien Gracq. Lieux et espaces y font voyager les sens pour donner l'image la plus exacte des relations entre les êtres : Albert le maître d'Argol, son ami Herminien et Heide, sa femme.

1   Albert passa toute la journée du lendemain dans le cabinet qu'il s'était aménagé dans la plus haute des tours du château, et d'où son œil plongeait sur la forêt. Son esprit était occupé de vagues et indistinctes rêveries : la forêt à la veille de cette visite attendue lui paraissait multiplier ses retraites, faire briller de secrets
5   cheminements ; une présence imminente la pénétrait toute comme une vie légère dont l'étincellement de ses feuilles parut être à Albert le symbolique témoin. Les salles vides du château attendirent que cette présence les peuplât, dans un pesant ensommeillement : le bruit d'un pas sur les dalles, un craquement des panneaux de chêne, le choc d'une abeille contre une vitre retentirent alors jusqu'au fond
10 du cerveau comme un signal longtemps convoité. Il parut bizarrement à Albert que ce château somnolent *dût* être *visité*, ou périr, comme un château de légende entraînant sous ses décombres ses énigmatiques serviteurs endormis.

Chapitre « Heide » (extrait), © José Corti.

Question DE LECTURE ANALYTIQUE

Quel rapport établissez-vous entre cet extrait d'un roman de Julien Gracq et une citation empruntée au texte 2 : *Il arrive que l'écrivain ait envie tout simplement d'« écrire » et il arrive aussi qu'il ait envie tout bonnement de communiquer quelque chose : une remarque, une sensation, une expérience à laquelle il entend plier les mots* (l. 15-18) ?
▶ p. 500 : LE PARAGRAPHE ARGUMENTATIF

Texte 3

MARGUERITE DURAS
L'Amant (1984)

Biographie p. 562

Dès sa parution, le sujet du roman L'Amant *fit scandale : Marguerite Duras raconte l'initiation amoureuse qu'elle vécut à l'adolescence. Fille d'une institutrice française partie enseigner en Indochine, elle y fait à quinze ans la connaissance d'un Chinois adulte, son futur amant. Mais ce n'est pas la seule originalité du roman, qui révèle aussi au grand public un style littéraire très particulier.*

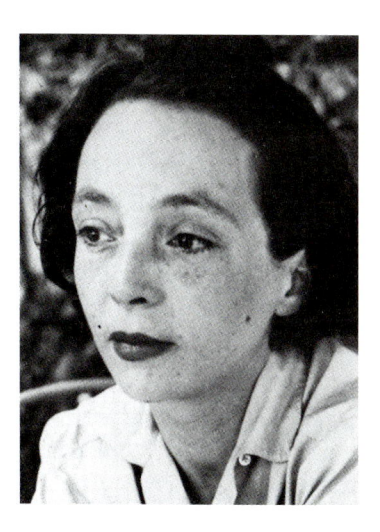

Ci-contre : Marguerite Duras en 1950.

1 [...] Très vite dans ma vie il a été trop tard. À dix-huit ans il était déjà trop tard. Entre dix-huit ans et vingt-cinq ans mon visage est parti dans une direction imprévue. À dix-huit ans j'ai vieilli. Je ne sais pas si c'est tout le monde, je n'ai jamais demandé. Il me semble qu'on m'a par-
5 lé de cette poussée du temps qui vous frappe quelquefois alors qu'on traverse les âges les plus jeunes, les plus célébrés de la vie. Ce vieillissement a été brutal. Je l'ai vu gagner mes traits un à un, changer le rapport qu'il y avait entre eux, faire les yeux plus grands, le regard plus triste, la bouche plus définitive, marquer le front de cassures profondes. Au contraire
10 d'en être effrayée j'ai vu s'opérer ce vieillissement de mon visage avec l'intérêt que j'aurais pris par exemple au déroulement d'une lecture. Je savais aussi que je ne me trompais pas, qu'un jour il se ralentirait et qu'il prendrait son cours normal. Les gens qui m'avaient connue à dix-sept ans lors de mon voyage en France ont été impressionnés quand ils m'ont revue, deux ans après, à dix-neuf
15 ans. Ce visage-là, nouveau, je l'ai gardé. Il a été mon visage. Il a vieilli encore bien sûr, mais relativement moins qu'il n'aurait dû. J'ai un visage lacéré de rides sèches et profondes, à la peau cassée. Il ne s'est pas affaissé comme certains visages à traits fins, il a gardé les mêmes contours mais sa matière est détruite. J'ai un visage détruit.

Incipit (extrait), © Minuit.

Questions DE LECTURE ANALYTIQUE

1. Cherchez au CDI une biographie de l'auteur. Quelles allusions fait-elle à sa vie dans cet *incipit* romanesque ?
2. Relevez les indices temporels et les connecteurs logiques. Quelle fonction ont-ils ?
▶ PARTIE II, p. 413 : LE DISCOURS ARGUMENTATIF

3. Comment le texte progresse-t-il ? Que laisse-t-il attendre ? Justifiez.
4. Quelle image l'auteur donne-t-il du temps qui passe ? suivant quelle figure de style ?
▶ p. 392 : LES FIGURES DE RHÉTORIQUE

Texte 4

LAURE ADLER
Marguerite Duras (1998)

Biographie p. 560

Dans sa biographie de Marguerite Duras, la journaliste Laure Adler révèle ce qui, selon elle, est le véritable sujet de L'Amant…

Ci-contre :
Marguerite Duras montrant la première de couverture de *L'Amant*.

Le Chinois[1] n'est pas au centre du livre effectivement. Il n'est pas pour Duras le sujet, quoi qu'en aient pensé des millions de lecteurs. Le sujet de *L'Amant*, c'est l'écriture. Une écriture qu'elle recherche depuis longtemps et qu'elle n'a jamais réussi à attraper. Maintenant dans *L'Amant*, elle va écrire d'eux[2] et non sur eux, et non plus de manière morale comme dans *Un barrage contre le Pacifique*[3], mais se délivrer de la charge qu'est l'écriture. « Écrire, maintenant, il semblerait bien que ce ne soit plus rien bien souvent. Quelquefois, je sais cela : que du moment que ce n'est pas, toutes choses confondues, aller à la vanité et au vent, écrire ce n'est rien[4] ». Mais si *L'Amant* a été lu et sera encore lu comme une histoire d'amour entre un Chinois riche et une toute jeune fille pauvre de la colonie[5], c'est parce que Duras l'a également voulu ainsi. Fidèle à sa méthode de placer le lecteur en position d'acteur, d'assembleur, de décodeur, elle offre à celui-ci de nombreuses possibilités de lecture. Les pistes sont multiples, les ouvertures innombrables. *L'Amant* est un chantier d'expérimentation destiné à provoquer l'imaginaire du lecteur. C'est peut-être aussi pour cette raison qu'il a obtenu un tel succès : le lecteur y est le personnage principal et, en lisant, il réécrit lui-même l'histoire. *L'Amant* n'est pas une autobiographie. Il faut croire à la lettre Marguerite quand elle l'écrit : « L'histoire de ma vie n'existe pas. Ce n'est pas pour raconter mon histoire que j'écris. L'écrit m'a enlevé ce qui me restait de vie, m'a dépeuplée et je ne sais plus de ce qui est écrit par moi sur ma vie et de ce que j'ai réellement vécu ce qui est vrai. »

Chapitre VII (extrait), © Gallimard.

1. L'amant de la jeune narratrice-personnage.
2. Ses personnages.
3. Roman autobiographique de M. Duras racontant son enfance et son adolescence, entourée de sa mère et de ses frères, en Indochine.
4. Extrait de *L'Amant*.
5. L'Indochine, colonie française.

Questions

D'UN TEXTE A L'AUTRE ▶ TEXTES 3 et 4

1. Confrontez vos analyses sur le texte 3 avec l'hypothèse de Laure Adler sur le véritable but du roman *L'Amant*. En quoi peut-on être surpris ?
2. Quels paradoxes* concernant la perception que l'auteur a d'elle-même pouvez-vous relever dans le texte 3 ? Quels propos cités dans le texte 4 les éclairent ?
3. Quel est le rôle du lecteur d'après le texte 4 ? Comment comprenez-vous le début du texte 3 ?

Interview d'Anna Gavalda (2005)

Écrivain à succès, auteur de romans (Ensemble, c'est tout, 2004) *ou de nouvelles* (Je voudrais que quelqu'un m'attende quelque part, 1999), *Anna Gavalda a d'abord été professeur de lettres. Elle n'hésite pas à rencontrer le public scolaire pour s'expliquer sur sa vocation et son métier d'écrivain.*

Votre parcours a-t-il été un champ de bataille ?

« Tous les éditeurs des grandes maisons d'édition ont refusé mon premier manuscrit. C'est finalement un petit éditeur "Le Dilettante" qui en septembre 1999 a publié à 1999 exemplaires mon recueil ! Il fallait alors en vendre 900 exemplaires pour que le tirage soit rentable… Aujourd'hui nous en sommes à 1 million d'exemplaires vendus.

L'écrivain n'a rien. Avec 26 lettres il doit créer un monde, faire oublier au lecteur qu'il n'aime pas lire ! »

Qui vous a aidé tout au long de votre parcours ?

« J'entretiens une grande complicité avec ma sœur Marianne qui a 28 ans. C'est ma meilleure amie. C'est toujours à elle que je montre ce que j'écris. Elle me donne son avis ; elle a beaucoup d'humour. Il y a cependant une autre personne importante dans mon entourage, c'est mon éditeur. Je lui fais confiance. Il est comme un professeur avec moi. C'est lui qui a choisi le titre *35 kilos d'espoir*. Moi, j'avais proposé *0+0 = la tête à Toto*… C'était trop long ! Il y a aussi des écrivains qui m'aident… Lorsque j'étais en train d'échouer au concours d'entrée à l'école de journalisme de Lille (je n'avais pas assez révisé !), j'ai écrit une lettre à Françoise Sagan[1] (elle est morte maintenant)… elle ne m'a jamais répondu. »

Où trouvez-vous votre inspiration ?

« Tout fait farine dans mon moulin. Nous sommes comme de grandes éponges… J'emmagasine l'histoire des gens… j'aime bien que les gens se racontent le plus possible. »

Qu'est-ce qui vous plaît et vous déplaît dans votre métier ?

« J'ai été professeur de français et j'en avais marre des bulletins à remplir et des conseils de classe qui n'en finissent pas. Aujourd'hui, je n'ai plus d'horaires. Je travaille quand je veux ; le soir souvent, quand les enfants sont couchés.

Dans mon prochain livre, un des personnages est infirmière… Je fais donc des nuits de garde dans un hôpital pour comprendre au plus juste la teneur de ce métier.

La plus grande difficulté dans ce métier, c'est la solitude. Je suis toujours toute seule. Il y a aussi beaucoup de stress. S'il m'arrive quelque chose à la main droite… »

Collège Émile-Chevallier,
Souppes-sur-Loing (77), site Internet, 2005.

---

1. Romancière française
▸ EXERCICE 1 p. 366.

GÉRARD FROMANGER (né en 1939), *Boulevard Bourdon*, série *Bastille* (1988), huile sur toile, 73 x 60 cm (Collection privée).

Questions DE LECTURE ANALYTIQUE

1. Qu'est-ce qui, de l'écriture ou de la vente des livres, est le plus important pour Anna Gavalda ? Justifiez.
2. Cherchez qui était exactement l'écrivain Françoise Sagan ➤ EXERCICES 1 et 2, p. 366. Comment expliquez-vous le fait qu'un écrivain qui ne lui a pas répondu ait tout de même aidé Anna Gavalda ?
3. Comment décrit-elle son métier d'écriture ?
4. Anna Gavalda croit-elle au mythe de l'écrivain inspiré ? Justifiez.

ÉCRITURE D'INVENTION
Imaginez sous forme de lettre la réponse d'un écrivain contemporain à la question d'un lecteur passionné : « Que représente pour vous le métier d'écrivain ? »

➤ PARTIE III, p. 486 : L'ÉCRITURE D'INVENTION

D'UN TEXTE À L'AUTRE ➤ TEXTES 2 et 5

a. Comparez l'expression d'Anna Gavalda, *nous sommes comme de grandes éponges* (l. 21-22), et ce que dit Julien Gracq de l'écriture ➤ TEXTE 2, p. 359.
b. Lisez « IIG », une des nouvelles extraites du recueil *Je voudrais que quelqu'un m'attende quelque part*. En quoi cette nouvelle montre-t-elle que l'écrivain est une *éponge* ?

SYNTHÈSE

L'image de l'écrivain

1 Être écrivain avant 1789

- Au XVIIe siècle, un homme de lettres peut être officiellement payé pour son travail.
EX. : Racine est **historiographe* du roi**, chargé de faire le compte rendu de son règne ▶ SÉQUENCE 2, p. 34.
- La fin du XVIIIe siècle est un tournant ; le dramaturge **Beaumarchais** ▶ p. 90 défend les **droits d'auteur** régulièrement bafoués par les comédiens-français, qui transformaient ou divulguaient les textes sans l'accord des écrivains. Son combat aboutit en 1791 au vote d'une loi garantissant les droits d'auteur.

2 Être écrivain au XIXe siècle

- **L'écrivain acquiert un statut** qui peut lui permettre, les ventes aidant, de vivre de sa plume. L'activité débordante de **Balzac** en est l'illustration, mais :
– **le poids de la presse est énorme**, et pour se faire connaître et vivre de sa plume, un romancier doit d'abord publier son œuvre en **feuilletons** (extraits) publiés quotidiennement dans un journal (Balzac, Dumas…) ;
– la **censure** continue.
EX. : en 1857, elle touche Flaubert pour son roman *Madame Bovary* ▶ p. 224, et Baudelaire à cause de son recueil de poésies *Les Fleurs du mal* ▶ p. 345, pour « outrage à la morale publique », puisqu'ils décrivent franchement le monde qui les entoure, sans souci de la morale bourgeoise.

3 Évolution de l'image de l'écrivain

- C'est aussi au XIXe siècle qu'apparaissent les **premiers éditeurs** (Flammarion, par exemple) et que l'école publique est inventée, démocratisant peu à peu la lecture. Le livre devient un produit de moins en moins cher et de plus en plus maniable.
- Dès 1960, les **éditions de poche**, bon marché, se multiplient ▶ EXERCICE 3, p. 367, côtoyant les éditions de luxe.
- Avec le XXIe siècle est né le *e-book*, livre virtuel, qui constituera peut-être les bibliothèques de demain.

- Le livre s'est donc modifié pour s'identifier à un produit. Il a été désacralisé, ce qui n'exclut pas le **culte romantique de l'écrivain**, ancien ou contemporain, dont la demeure devient un lieu de pélerinage : la maison de Pierre Loti ▶ TEXTE 1 et ANALYSE D'IMAGE, p. 356 et 358, ou la part encore importante des références biographiques sur les couvertures de livres ▶ EXERCICES 2, 3 et 4, p. 366-367.

4 Être écrivain aujourd'hui

- L'écrivain est encore plus dépendant de la **complexité du monde éditorial** ▶ TEXTE 5, p. 363. Le grand nombre de maisons d'édition et la **course aux prix littéraires** ▶ SÉQUENCE 27, p. 368 sont deux phénomènes particulièrement développés en France où, chaque année, des centaines de romans et d'essais français et étrangers inondent le marché, dans l'attente d'un éventuel prix littéraire.
- Dans un tel contexte, il devient **difficile de s'affirmer**. Certains prétendent même qu'un génie littéraire peut être perdu dans l'immensité de cette production, à la façon de **Stendhal**, grand romancier quasiment ignoré de son vivant ▶ p. 135 et 220.
- De plus, aujourd'hui encore, les écrivains ont bien du mal à contrer les attentes de lecteurs de plus en plus férus de « **biographisme** » : presse et public recherchent en tout roman une réécriture de la vie de l'auteur, manie que **Marguerite Duras** a dénoncée au moment du succès de *L'Amant* (prix Goncourt 1984) ▶ TEXTE 3, p. 361. Elle a insisté sur le travail d'écriture de son roman, qui ne peut être réduit au simple enregistrement d'une expérience vécue ▶ TEXTE 4, p. 362.
- Il n'est pas rare que les écrivains participent à des émissions télévisées et radiophoniques, ou donnent des entretiens dans le cadre scolaire ▶ TEXTE 5, p. 363. Mais certains, comme **Julien Gracq** ▶ TEXTE 2, p. 359, se tiennent à l'écart de cette médiatisation.

▶ **BIOGRAPHIES DES AUTEURS p. 560**

EXERCICES D'APPROFONDISSEMENT

1 L'écrivain et son image

1. Quelle image ces deux clichés donnent-ils des deux écrivains ? grâce à quelle attitude, à quels détails ?
2. Ces deux auteurs sont souvent considérés comme des icônes (des images fondatrices) de la culture féministe. Qu'est-ce qui vous permet de le justifier ➤ SYNTHÈSE, p. 319 ?
3. Laquelle de ces deux femmes semble échapper complètement au monde de la littérature pour être reprise par les médias ? Expliquez.

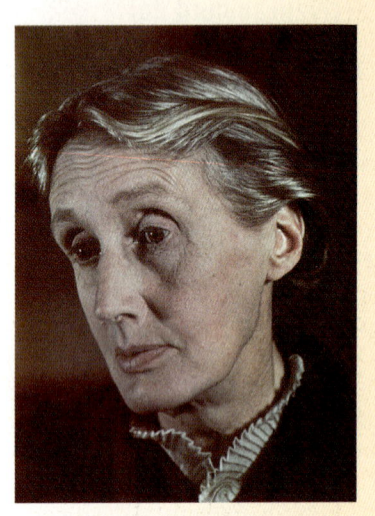

Virginia Woolf photographiée par Gisèle Freund (Londres, 1939).

Françoise Sagan conduisant sa Jaguar (1954).

2 Illustrer une couverture

Voici la couverture originale du roman le plus connu de Françoise Sagan : *Bonjour tristesse* (1954). consultez un dictionnaire des œuvres ou une page Internet pour prendre en notes l'intrigue de ce récit.

ÉCRITURE D'INVENTION

Vous êtes chargé de l'illustration de la couverture du roman repris en édition de poche. Dans le souci d'éviter le « biographisme » ➤ SYNTHÈSE, p. 365, donnez une série d'instructions à l'éditeur sous la forme d'une énumération argumentée permettant d'exposer votre projet iconographique.

➤ PARTIE II, p. 397 : L'IMAGE FIXE
➤ PARTIE III, p. 496 : INVENTER ET ARGUMENTER

Couverture de *Bonjour Tristesse*, de Françoise Sagan, © Julliard, 1954.

Chapitre 9 • Écrire, publier, lire aujourd'hui   SÉQUENCE 26

3 Étudier la première de couverture d'un livre

1. À l'aide d'un support Internet, prenez en notes la biographie et la bibliographie d'Amélie Nothomb.
2. Décrivez précisément les illustrations des différentes éditions (nature de l'iconographie et éléments représentés) pour en dégager les points communs.
3. Confrontez les illustrations au titre de l'œuvre. Sur quel(s) aspect(s) chaque éditeur a-t-il insisté : intrigue, biographie, représentation de l'auteur ?
4. Résumez l'intrigue en quelques lignes.

Couverture de *Liebes-sabotage*, d'Amélie Nothomb, © Diogenes, coll. « Roman » (édition allemande du *Sabotage amoureux*).

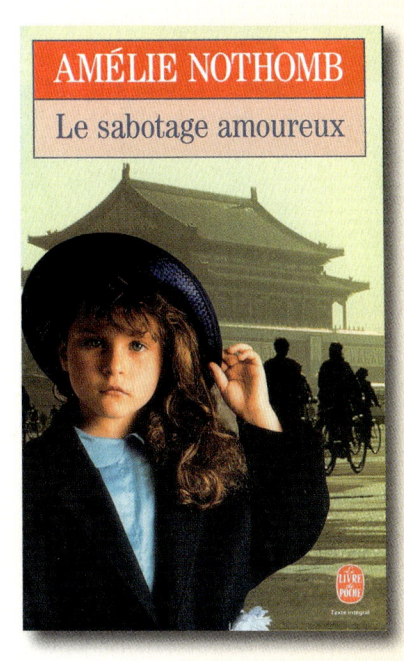

Couverture de *Le Sabotage amoureux*, d'Amélie Nothomb, © LGF / Le Livre de Poche (1998).

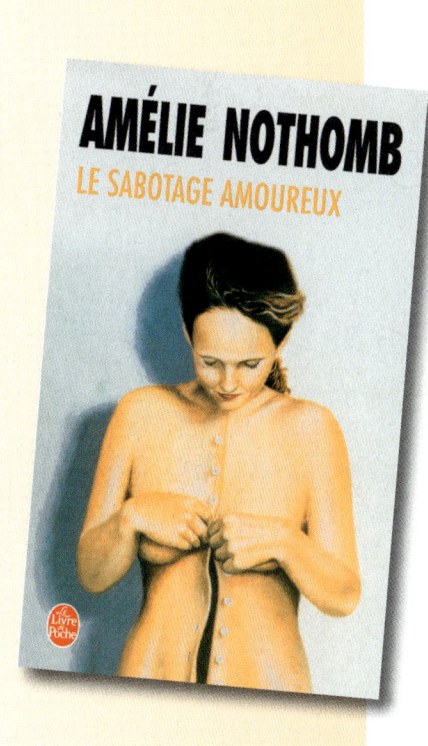

Couverture de *Le Sabotage amoureux*, d'Amélie Nothomb, © LGF / Le Livre de Poche (réédition en 2004).

4 Rédiger une quatrième de couverture

1. Lisez un extrait au choix des romans du XXᵉ siècle évoqués dans la séquence 10 ▶ p. 142.
2. Sélectionnez une brève citation du texte choisi, destinée à figurer en quatrième de couverture, donc à susciter l'intérêt du lecteur.
3. Vous ajouterez une petite biographie de l'auteur sélectionné, et éventuellement d'autres éléments destinés à la promotion du livre.

▶ **BIOGRAPHIES DES AUTEURS p. 560**

SÉQUENCE 27 | Les prix littéraires

Objectif

Étudier le parcours d'écrivains reconnus par l'institution littéraire.

DEPUIS LE XIXᵉ SIÈCLE, les prix littéraires sont une véritable institution : décernés à un titre particulier, ils reconnaissent officiellement la valeur d'un texte et le travail esthétique d'un écrivain. À l'origine destinés à aider les écrivains non payés, ils sont aujourd'hui une entreprise commerciale qui fait l'événement de la rentrée littéraire, surtout en France. Seul le prix Nobel décerné chaque année à Stockholm garde l'aura d'une véritable reconnaissance puisqu'il couronne l'ensemble d'une œuvre.

CORPUS DE LA SÉQUENCE

Texte **1**   *Libération,* article sur J. Échenoz, prix Goncourt (1999)

Texte **2**   *Libération,* article sur J.-C. Rufin, prix Goncourt (2001)

Textes **3** *et* **4**   *L'Express,* articles sur P. Quignard (2002 ; 2005)

Texte **5**   P. QUIGNARD, *Les Ombres errantes, Dernier Royaume I* (2002)

Texte **6**   I. KERTÉSZ, *Être sans destin* (1975)

Texte **7**   **Article Internet sur H. Pinter,** prix Nobel de littérature (2005)

Notions de la séquence	Liens avec la partie II
Les prix littéraires et l'image qu'ils donnent des écrivains (*ensemble du corpus*)	▶ p. 437 : LE REGISTRE ÉPIDICTIQUE
Extraits d'articles (*textes 1 à 4, et 7*)	▶ p. 476 : LES NOTIONS PROPRES À LA LITTÉRATURE D'IDÉES
Extrait d'un essai (*texte 5*)	
Extrait d'un roman (*texte 6*)	▶ p. 442 : LES NOTIONS PROPRES AU RÉCIT
	▶ p. 387 : LES OUTILS GRAMMATICAUX
	▶ p. 392 : LES FIGURES DE RHÉTORIQUE
	▶ p. 413 : LE DISCOURS ARGUMENTATIF
	▶ p. 415 : LE DISCOURS EXPLICATIF
	Liens avec la partie III
Écrire une lettre-réponse (*texte 6*)	▶ p. 496 : INVENTER ET ARGUMENTER

Jean Échenoz.

Texte 1

Libération
Article sur Jean Échenoz (1999)

Jean Échenoz, prix Goncourt 1999

L'Académie Goncourt crée la surprise en décernant son prix six jours avant la date prévue.

Coup de théâtre dans la guerre des prix. Les jurés Goncourt se réunissaient hier, soi-disant pour livrer l'ultime liste avant la remise du prix lundi 8 novembre. À la trappe[1], le lundi 8 novembre : à la surprise générale, les Goncourt ont choisi de récompenser dès hier Jean Échenoz pour *Je m'en vais* (Minuit). Le roman l'a emporté au premier tour, par sept voix contre trois à *Vive l'enfer* de Christophe Bataille chez Grasset. Jean Échenoz était favori du Goncourt depuis que François Nourissier, président du jury, avait dit tout le bien qu'il en pensait dans le *Figaro Magazine* du 2 octobre.

Et à la trappe le prix Femina : c'est en effet parce qu'ils craignaient que leurs consœurs[2] ne récompensent le même livre, vendredi 5 novembre, que ces messieurs de chez Drouant[3] ont avancé leur prix. Et attribuer deux prix au même roman ainsi qu'il arriva en 1995 au *Testament français* d'Andreï Makine (Médicis et Goncourt au Mercure de France), n'a semblé aux Goncourt « ni courtois envers les autres jurys, ni utile à la librairie ».

---

1. Aux oubliettes (la date a été volontairement oubliée).
2. Jury féminin du prix Fémina.
3. Périphrase désignant l'Académie Goncourt qui se réunit au restaurant Drouant.

Jusqu'à ce que les dames du Femina décident d'avancer leur prix pour lui couper l'herbe sous le pied il y a quelques années, le Goncourt était le premier des grands prix, aussi bien dans l'importance que dans la chronologie (à celui de l'Académie française près, qui a toujours ouvert la saison). L'Académie, qui vient de partager son prix entre François Taillandier pour *Anielka* (Stock) et Amélie Nothomb pour *Stupeur et tremblements* (Albin Michel), en prend aussi pour son grade dans le communiqué des jurés Goncourt où il est dit : « Le principe "un prix, un lauréat" reste le plus sain et le plus juste. »

C'est la troisième fois que les éditions de Minuit, diffusées par le Seuil, obtiennent le Goncourt, après *L'Amant* de Marguerite Duras[4] en 1984 et *Les Champs d'honneur* de Jean Rouaud en 1990. *Je m'en vais* a été tiré à 73 000 exemplaires avant le prix.

Il restait huit auteurs en lice[5] depuis la dernière sélection : Christophe Bataille (*Vive l'enfer*, Grasset), Michèle Desbordes (*La Demande*, Verdier), Jean Échenoz (*Je m'en vais*, Minuit), Michèle Gazier (*Le Merle bleu*, Seuil), Jean-Pierre Milovanoff (*L'Offrande sauvage*, Grasset), Amélie Nothomb (*Stupeur et tremblements*, Albin Michel), Yasmina Reza (*Une désolation*, Albin Michel), Jean-Christophe Rufin (*Les Causes perdues*, Gallimard). Ont disparu, par rapport à la première sélection : Marie Darrieussecq (*Le Mal de mer*, P.O.L.), Michel Grisolia (*Les Jardins du tigre*, Albin Michel), Pierre Hebey (*Une seule femme*, Gallimard), Jean-Marie Laclavetine (*Première ligne*, Gallimard), Jean-Claude Pirotte (*Mont Afrique*, Le Cherche Midi) et Boualem Sansal (*Le Serment des Barbares*, Gallimard).

Article paru dans *Libération* le 3 novembre 1999.

4. ➤ p. 361.
5. En compétition.

Questions DE LECTURE ANALYTIQUE

1. Quels prix littéraires sont cités ici ? Pourquoi le sont-ils dans un article consacré au prix Goncourt ?
2. Quelle image caractérise l'institution des prix littéraires au début du texte ? Que laisse-t-elle attendre ?
3. Comment l'attribution du prix Goncourt s'effectue-t-elle, d'après le texte ?
4. Quel champ lexical se rapporte aux jurés Goncourt ? Qu'en concluez-vous ?

Texte 2

Libération
Article sur Jean-Christophe Rufin (2001)

À l'occasion de l'annonce du prix Goncourt 2001, le quotidien Libération *dresse un bilan de cette « saison des prix littéraires »…*

Rufin empoche le Goncourt

L'ex-médecin sans frontières a été primé après 6 tours

Il aura fallu un 6e tour pour que les jurés du Goncourt se mettent d'accord. Jean-Christophe Rufin et son *Rouge Brésil* (Gallimard) l'ont emporté par cinq voix contre quatre à Marc Lambron pour *Étrangers dans la nuit* (Grasset). Un irréductible[1] a persisté à donner son vote à *Plateforme*, de Michel Houellebecq (Flammarion), qui ne figurait pourtant plus dans la dernière sélection. C'est, au final, une bonne saison pour Gallimard, qui a obtenu également le prix Médicis lundi dernier, avec le *Voyage en France* de Benoît Duteurtre. Le Seuil n'est pas lauréat de grand-chose, mais, étant diffuseur de Minuit, profite du Femina de Marie N'Diaye (*Rosie Carpe*). À part le Femina essai (Elvire de Brissac) et le Médicis étranger (Antonio Skarmeta), Grasset n'a rien : on pensait que c'était son tour cette année de voir tomber dans son escarcelle[2] les bénéfices des ventes garanties par le Goncourt, puisque Gallimard a déjà eu le prix en 2000 avec *Ingrid Caven*, de Jean-Jacques Schuhl.

« Feuilleton ». Il était de notoriété publique qu'aucun consensus ne se dessinait parmi les Goncourt. Les outsiders avaient leur chance : Alain Robbe-Grillet (Minuit), Michel Braudeau (Stock), ou Pierrette Fleutiaux (Actes Sud), ajoutée sur la liste au dernier moment. À la qualité littéraire, comme aux grands équilibres de la planète éditoriale, l'Académie a donc préféré les vertus requinquantes[3] du feuilleton. Contrairement au livre de Marc Lambron, celui de Jean-Christophe Rufin a du succès. Dès *L'Abyssin*, en 1997, prix Goncourt du premier roman, cet ancien « médecin sans frontières », né en 1952, s'est abonné aux best-sellers. Il a déjà été lauréat du prix Interallié en 1999 avec *Les Causes perdues*.

Claire Devarrieux, article paru dans *Libération* le 6 novembre 2001.

1. Un obstiné.
2. Sa bourse, son portefeuille.
3. Dynamisantes.

Questions DE LECTURE ANALYTIQUE

1. Que sous-entend la première phrase de l'article ?
2. Qui profite des prix, d'après le texte ? Justifiez à l'aide de relevés.
3. Quels dysfonctionnements par rapport à la tradition des prix littéraires le journaliste mentionne-t-il ?
4. Expliquez et commentez la deuxième partie de l'article : de quel *feuilleton* s'agit-il ?

D'UN TEXTE À L'AUTRE ▶ TEXTES 1 et 2

a. Relevez les différentes maisons d'édition citées dans les deux articles. Lesquelles semblent dominer les prix littéraires ?
b. Qu'en est-il des éditions du Seuil ? Quel terme spécifique est employé dans les deux articles ?
c. À partir de vos réponses, dites quel est le registre commun à ces textes.

▶ PARTIE II, p. 418 : LES REGISTRES LITTÉRAIRES

Paris, le 28 novembre 2002 : le prix Goncourt 2002
a été attribué à Pascal Quignard pour *Les Ombres errantes*.

Texte 3

L'Express
Article sur Pascal Quignard (2002)

Surtout connu du grand public depuis l'adaptation au cinéma de son roman Tous les matins du monde *(1991), Pascal Quignard rencontre toujours un grand succès ; la presse couvre systématiquement la parution de ses œuvres, comme sa série d'essais* Dernier royaume.

Le maître des richesses enfouies

1 **Fragments.** [...] À mille lieues de cette mode qui veut que l'on apprenne désormais qui l'on est et où l'on va, Quignard prône l'insécurité de penser. Aux systèmes, forgés pour rassurer, il préfère les haïkus[1], les aphorismes[2] ou les apologues[3]. Dans tous les cas, des fragments. Comme si la forme courte et la
5 digression permettaient, seules, d'écrire au plus près d'émotions imprévisibles et insaisissables. Quignard écrit comme un musicien, à l'oreille. Il affûte son style pour le rendre à la fois rude et concentré, aussi desséché qu'un bois de cerf. Baroque[4] jusqu'au bout des ongles, il montre combien les contrastes sont plus beaux que les harmonies, pourquoi la violence est parfois préférable à la
10 paix, pourquoi ce qui dérange nous est, finalement, plus nécessaire que ce qui rassure.

François Busnel, article paru dans *L'Express* le 5 septembre 2002 (extrait).

1. Poèmes japonais caractérisés par leur brièveté.
2. Formules résumant un point de science, de morale.
3. Petits récits avec morale, comme les fables.
4. Mouvement littéraire et artistique du XVIIe siècle fasciné par le mouvement, l'instabilité et les jeux d'opposition.

Texte 4

L'Express
Article sur Pascal Quignard (2005)

Quignard l'obscur

1. Métaphore : qui est fait des mêmes matériaux qu'un mythe.
2. Métaphore : cachet de cire, le sceau représente ici une empreinte.
3. Difficulté de compréhension.
4. Écrivain surréaliste ▶ CHAPITRE 6, p. 261.
5. Empereur romain connu pour sa sagesse et ses réflexions.

1 Chaque volume est constitué d'une somme de récits autonomes, simples vignettes ou aphorismes, dissertations plus structurées, anecdotes diverses, tous plus ou moins taillés dans l'étoffe des mythes[1], des contes de fées, de la littérature japonaise et des textes antiques, et souvent marqués du sceau[2] de l'obscur.
5 Une écriture assez hautaine préside à l'ensemble, d'un hermétisme[3] chic. L'un de ses thèmes est la quête du paradis perdu, et les liens entre les mots et ce temps béni de l'Éden. Pour interroger le mystère, Quignard ne craint pas de recourir à des images qui évoquent plutôt les bonnes farces de l'écriture automatique que la grâce des questionnements intérieurs. André Breton[4] n'est pas
10 si loin, sous le masque de Marc Aurèle[5].

DANIEL RONDEAU, article paru dans *L'Express* le 24 janvier 2005 (extrait).

Questions — D'UN TEXTE À L'AUTRE ▶ TEXTES 3 et 4

1. Quelles sont les caractéristiques du style de Pascal Quignard mentionnées dans les deux articles ?
2. Reformulez dans un tableau à double entrée les arguments de chacun des journalistes. Quelles thèses respectives pouvez-vous dégager ?
▶ PARTIE II, p. 479 : CIRCUIT ARGUMENTATIF ET PROGRESSION DU RAISONNEMENT
3. Quel est le registre commun aux deux articles ? Justifiez par des relevés.
▶ p. 418 : LES REGISTRES LITTÉRAIRES

Texte 5

PASCAL QUIGNARD
Les Ombres errantes, *Dernier royaume I* (2002)

Biographie p. 566

Pascal Quignard a écrit notamment Les Ombres errantes, Dernier royaume I *(prix Goncourt 2002)* ; Sur le jadis, Dernier royaume II ; Abîmes, Dernier royaume III. *Une série d'essais ainsi présentée par l'auteur :* « Un ensemble de volumes beaucoup plus étendu et étrange. Ni argumentation philosophique, ni petits essais érudits et épars, ni narration romanesque, en moi, peu à peu, tous les genres sont tombés. »

1 Le chant du coq, l'aube, les chiens qui aboient, la clarté qui se répand, l'homme qui se lève, la nature, le temps, le rêve, la lucidité, tout est féroce.
Je ne puis toucher la couverture colorée de certains livres sans que remonte en moi une sensation de douleur.

5   Un corps préférait leur lecture à moi-même. Une jeune Allemande s'occupa de moi jusqu'à l'âge de deux ans. Le fait qu'elle lût à mes côtés m'ôtait à la joie de me trouver près d'elle. Parce qu'il me semblait alors qu'elle ne se trouvait pas à mes côtés. Elle n'était pas là. Elle était déjà partie.
Elle était ailleurs.
10 Lisant, elle séjournait dans un autre royaume.
Ma gorge se serre soudain, évoquant ces heures où je ne parlais pas encore. Elles masquent un autre monde qui se dérobera toujours à ma quête. Une espèce de sanglot sec faisait suffoquer le haut du corps.
Je ne déglutis plus.
15 Je ne souffris plus qu'une fourchette ou une cuiller s'approchent de mes lèvres. L'attraction qu'exercent sur moi les livres est d'une nature qui restera toute ma vie plus mystérieuse et plus impérieuse[1] qu'elle peut le sembler à d'autres lecteurs. Vite, vite, je repose le vieux livre coloré là où je l'ai pris. Je me détourne de l'étal[2] du libraire. Je ne puis plus parler. Comme alors. Je ne m'y
20 risque pas. Je presse le pas sur le trottoir. Je m'éloigne dans l'ombre de la ville où je me fonds.

Chapitre premier (extrait), © Grasset.

1. Exigeante.
2. Table exposant des livres.

Questions

D'UN TEXTE À L'AUTRE ▶ TEXTES 3, 4 et 5

1. À partir de la lecture du texte 5, expliquez le point de vue de Daniel Rondeau qui parle d'un *hermétisme chic* à propos du style de Quignard ▶ **TEXTE 4, p. 373**. Justifiez.
2. Pourquoi peut-on parler d'une esthétique du fragment dans le texte 5 ? Pour répondre, réfléchissez d'abord sur ce que peut désigner le mot *fragment* appliqué à un style littéraire (ponctuation, effet de rythme, syntaxe, etc.).
   ▶ **PARTIE II, p. 387 :** LES OUTILS GRAMMATICAUX
   ▶ **p. 392 :** LES FIGURES DE RHÉTORIQUE
3. Justifiez l'opinion de François Busnel ▶ **TEXTE 3, p. 372**, lorsqu'il parle de la musicalité des textes de Quignard, à l'aide de relevés opérés dans le texte 5.
4. En vous référant à la synthèse ▶ **p. 379**, rappelez le fonctionnement du prix Goncourt. En quoi l'article de Busnel ▶ **TEXTE 3, p. 372** permet-il de considérer que le Goncourt 2002 est un « bon cru » ?

ZORAN MUSIC (1909-2005), *En peignant* (1993), huile sur toile,
1,62 x 1,30 m (Paris, Centre Pompidou, Musée National d'Art Moderne).

Texte 6

IMRE KERTÉSZ
Être sans destin (1975)

Biographie p. 564

Dans son premier roman paru en 1975, Être sans destin, *Imre Kertész raconte l'année passée par un adolescent dans un camp de concentration. C'est bien après sa sortie, en 1990, qu'il reçoit un vif succès. Lorsqu'il obtient le prix Nobel, en 2002, Kertész parle ainsi de son œuvre : « J'ai peut-être vécu trop longtemps dans des dictatures, dans un environnement intellectuel hostile et désespérément étranger, pour pouvoir prendre conscience de mon éventuelle valeur littéraire. […] on me faisait comprendre de toutes parts que le "sujet" qui occupait mes pensées, qui m'habitait, était dépassé et inintéressant. »*

En tout cas, dans un premier temps, partout, même dans un camp de concentration, on met de la bonne volonté à toute nouvelle activité – moi, du moins, c'est l'expérience que j'en avais : d'abord devenir un assez bon détenu, l'avenir fera le reste – voilà en gros comment je comprenais les choses, c'est là-dessus que je fondai mon comportement, de la même façon, d'ailleurs, que je voyais les autres le faire. J'ai bientôt remarqué, cela va de soi, que les avis favorables concernant l'institution de l'*Arbeitslager*[1] que j'avais entendus à Auschwitz reposaient assurément sur des informations exagérées. Néanmoins, je n'ai pas pris tout de suite la mesure exacte de cette exagération ni, surtout, des

1. Camp de travail (mot allemand).

10 conséquences qui en découlaient, et là encore, exactement, remarquai-je, de la même façon que les autres, j'ose le dire, les deux mille autres détenus du camp, sauf les suicidés, naturellement. Mais ces cas étaient l'exception et en aucune manière la règle, ils n'étaient en aucun cas exemplaires, tout le monde le reconnaissait. La nouvelle d'un ou deux événements de ce genre arriva jusqu'à mes
15 oreilles, j'entendais les autres échanger leurs points de vue, discuter, certains avec désapprobation, d'autres avec plus de compréhension, les amis, avec des regrets – dans l'ensemble, ils parlaient comme s'ils tâchaient de se forger une opinion sur un acte très rare, éloigné de nous, d'une certaine façon difficile à expliquer, peut-être un peu inconsidéré, peut-être même un peu respectable,
20 mais en tout cas intempestif[2].

Le tout est de ne pas se laisser aller : tant qu'il y a de la vie, il y a de l'espoir – comme me l'a enseigné Bandi Citrom[3], et lui, c'était le service du travail qui lui avait appris cette sagesse.

Chapitre VI (extrait), traduction de N. et C. Zaremba, © Actes Sud, 1998.

2. Déplacé, mal à propos.
3. Compatriote et compagnon au camp.

Questions DE LECTURE ANALYTIQUE

1. Cherchez dans quel contexte s'inscrivent les mots *Arbeitslager* et *Auschwitz* (l. 7).
2. Quels mots ou expressions caractérisent la situation de l'adolescent ? En quoi sont-ils surprenants ?
3. Expliquez précisément cet extrait : *je n'ai pas pris tout de suite la mesure exacte de cette exagération ni, surtout, des conséquences qui en découlaient* (l. 8-10). Quelle image du camp le texte propose-t-il ?
4. Quel est le ton employé pour parler des suicidés ? Justifiez.
5. En quoi ce texte a-t-il pu paraître choquant à sa publication ?

ÉCRITURE D'INVENTION

De rares entretiens en vérité (pour) celui qui, dans les années 1950, en Hongrie, n'avait qu'un but : « rester anonyme ». Mais, depuis qu'un jour d'octobre 2002 Kertész a appris – en écoutant la radio – que les jurés du Nobel l'avaient couronné, il est bien obligé de répondre à quelques sollicitations. « J'ai appelé ça la catastrophe du bonheur, die Glückskatastrophe ! dit-il en riant. (FLORENCE NOIVILLE, « Imre Kertész le survivant », *Le Monde*, article du 30 avril 2004).

À partir de cette citation, dont vous insérerez les informations dans votre travail, imaginez l'interview d'Imre Kertész par un journaliste au sujet de l'obtention du prix Nobel et du rôle des prix littéraires aujourd'hui.

▶ PARTIE III, p. 496 : INVENTER ET ARGUMENTER

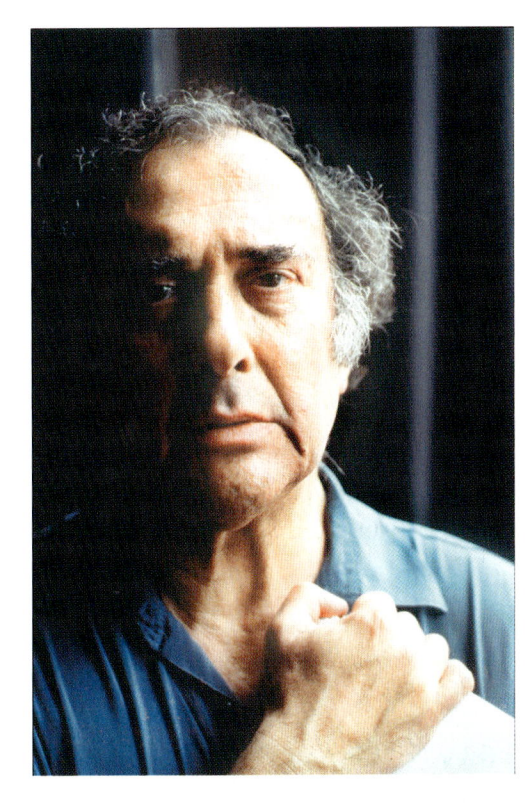

Harold Pinter.

Texte 7

Article Internet sur Harold Pinter (2005)

Le prix Nobel de littérature a été attribué jeudi à un des plus grands auteurs de théâtre contemporains, Harold Pinter
Est ainsi récompensé un des dramaturges britanniques les plus applaudis dans le monde, mais aussi un pourfendeur[1] de George Bush, engagé contre la guerre en Irak.
Né en 1930 à Londres, Pinter « est généralement considéré comme le représentant le plus éminent du théâtre dramatique anglais de la seconde moitié du XXe siècle », a indiqué l'Académie.
Lauréat de nombreux prix (dont le Molière d'honneur pour l'ensemble de sa carrière en France), il a écrit 29 pièces et 22 scénarios (dont *The Servant* de Losey).
Né de parents juifs dans l'East End londonien, alors un quartier populaire de Londres, Harold Pinter a été profondément marqué par l'horreur du génocide commis par les nazis pendant la Seconde Guerre mondiale. Il s'est constamment battu pour la liberté d'expression et la défense des droits de l'homme, notamment pendant la dictature de Pinochet au Chili.

1. Violent opposant.

Photographie du film *The Servant*, de Joseph Losey (1963), avec Dirk Bogarde et James Fox.

Critique acerbe dans les années 1980 du président américain Ronald Reagan et de sa contemporaine britannique, le Premier ministre Margaret Thatcher, Pinter tournera plus récemment sa colère contre l'engagement de l'ONU au Kosovo (1999), l'invasion américaine de l'Afghanistan (2001) et la guerre en Irak (2003). [...]

Critique inlassable du président américain George W. Bush et du Premier ministre britannique Tony Blair qualifié de « pauvre idiot », Harold Pinter avait annoncé en février dernier qu'il s'arrêtait d'écrire pour le théâtre afin de se concentrer sur la politique.

« J'utilise beaucoup de mon énergie plus particulièrement pour changer la situation politique qui est, à mon avis, très inquiétante dans l'état actuel des choses », avait-il expliqué alors.

Il a publié en 2003 *War*, un recueil de poèmes contre la guerre en Irak menée par une coalition américano-britannique. Le 15 février 2003, il s'exprime à la tribune de Hyde Park[2] devant un million et demi d'opposants à la guerre.

Son engagement venait de loin. Depuis les années 1970, ses thèmes devenaient plus politiques, traitant de l'oppression. Pinter prend position fréquemment sur les droits de l'Homme, critique ouvertement en 1999 les bombardements de l'OTAN au Kosovo, l'invasion de l'Afghanistan fin 2001. Puis la guerre en Irak en 2003, qui sera sans doute son plus virulent combat[3].

Article paru sur france3.fr le 14 octobre 2005 (extrait),
© 2005 / France télévisions Interactive / www.france2.fr

2. Grand parc du centre de Londres.
3. Son combat le plus acharné.

Questions — D'UN TEXTE À L'AUTRE ➤ TEXTES 6 et 7

1. D'après ce texte, pour quelle raison Pinter a-t-il obtenu le prix Nobel ?
2. Quel point commun pouvez-vous dégager entre la façon dont Kertész a reçu le prix Nobel (voir l'article de Florence Noiville cité à la fin du questionnaire ➤ p. 376) et la réaction de Pinter ?
3. Qu'en déduisez-vous quant au but que l'Académie Nobel assigne à ce prix littéraire ?

SYNTHÈSE

Les prix littéraires

● Afin de promouvoir la littérature, en France, des prix sont décernés depuis la fin du XIXe siècle.

1 Le prix Goncourt

Les origines du prix

● Conformément au testament d'Edmond de Goncourt (en souvenir de son frère Jules), le prix est attribué chaque année à une **fiction en prose**.
● Imitant les salons où se réunissent écrivains et artistes, les frères Goncourt ▶ p. 234 créent ainsi, à titre posthume, une **académie**. Elle soutiendra des **écrivains novateurs**, s'opposant par là à l'Académie française qui refusa Balzac, Flaubert, Zola, Maupassant, Baudelaire, etc.

L'Académie Goncourt

● La condition d'admission comme membre de l'Académie Goncourt est d'être un **écrivain en langue française**. Toutefois, un écrivain ne peut pas postuler, seul un départ ou un décès permettent l'élection d'un académicien ; c'est un système de **cooptation**. Les membres ne sont pas rémunérés pour être jurés et la présidence est tournante ▶ EXERCICE 5, p. 380.

La sélection

● *Les dix membres désignés devront se réunir pendant les mois de novembre, de décembre, janvier, février, mars, avril, mai et [...] le prix sera décerné dans le dîner de décembre* (testament d'Edmond de Goncourt). Aujourd'hui, les **dix académiciens** se réunissent le premier mardi du mois dans leur salon privé, au restaurant Drouant, à Paris, où ils décident du prix début novembre. Ils reçoivent d'ailleurs, à leur entrée dans l'Académie, une paire de couverts en argent gravés à leurs noms.
● La première liste des **dix ou quatorze romans sélectionnés** paraît début septembre ; elle est ensuite réduite en octobre, pour aboutir à quatre titres.

Sa valeur

● Si le Goncourt reste l'un des grands prix littéraires, sa valeur est parfois discutée ▶ TEXTES 1 et 2, p. 369 et 371 : il permet avant tout un **succès de vente**, ce qui crée des rivalités entre académies littéraires et maisons d'édition, soucieuses des bénéfices à la clé.

● En outre, si des romans aujourd'hui reconnus comme des chefs-d'œuvre le reçurent, tels que *À l'ombre des jeunes filles en fleurs* de **Proust** (1919) ou *L'Amant* de **Marguerite Duras** (1984) ▶ p. 361, on peut citer le cas d'autres grands écrivains, tels que le romancier **Céline** qui vit le Goncourt lui échapper (pour *Voyage au bout de la nuit*, ▶ p. 123) au profit d'un autre roman bien oublié aujourd'hui (*Les Loups* de Mazeline), sélectionné pour satisfaire la maison Gallimard.

2 D'autres prix littéraires français

● **Le prix Renaudot :** créé en 1925 par des critiques littéraires pour calmer leur impatience en attendant la proclamation du Goncourt. Sorte d'anti-Goncourt portant le nom du fondateur de la première *Gazette de France* sous Louis XIII, il récompense le même jour un récit de ton et de style nouveaux, et ne peut être attribué à un auteur ayant déjà obtenu un grand prix. Il corrige les éventuelles injustices du Goncourt.
● **Le prix Femina :** fondé en 1904 par des femmes journalistes de la revue du même nom.
● **Le prix Médicis :** créé en 1958 par Gala Barbisan et l'écrivain Jean-Paul Giraudoux, souhaitant créer un « prix pas comme les autres ».
● **Le prix de l'Académie française** ▶ EXERCICE 4, p. 380.

3 Le cas particulier du prix Nobel

● C'est par testament que le **chimiste suédois Alfred Nobel** lègue en 1896 sa fortune à une fondation récompensant chaque année des personnalités pour les grands services qu'ils ont rendus à l'humanité dans cinq domaines : la physique, la chimie, la médecine, la paix et la littérature.
● Le Nobel se distingue des autres prix littéraires car il récompense **l'ensemble d'une œuvre**, comme pour **Imre Kertész**, Nobel 2002 ▶ TEXTE 6, p. 375, ou **Harold Pinter**, Nobel 2005 ▶ TEXTE 7, p. 377 et EXERCICE 7, p. 381.
● Quelques Français ont été couronnés pour le Nobel : **Sartre** en 1964 ▶ p. 51, qui l'a d'ailleurs refusé ; **Claude Simon** en 1985, dernier Français à l'avoir obtenu.

▶ **BIOGRAPHIES DES AUTEURS p. 560**

EXERCICES D'APPROFONDISSEMENT

1 D'autres prix littéraires

1. Trouvez quatre prix littéraires français non cités dans la synthèse.
2. Pour chacun d'eux, précisez son fonctionnement en vous aidant du *Quid* ou d'une recherche sur Internet : date et lieu d'attribution, jury, somme versée, couverture médiatique...

2 Des prix, des auteurs, des éditeurs

Pour chaque œuvre ou nom d'auteur ci-dessous :
1. Retrouvez le prix qui lui a été attribué.
2. Précisez la date.
3. Indiquez le cas échéant l'auteur, le titre et la maison d'édition.
4. À partir de vos réponses, dites pourquoi on a pu parler de « galligrasseuil » comme vainqueur des prix littéraires.

   a. *Je m'en vais.* **b.** André Malraux.
   c. *La Fascination du pire.* **d.** Laurent Gaudé.
   e. *Autobiographie érotique.* **f.** *Le premier accroc coûte deux cents francs.* **g.** Émile Ajar.

3 Le prix Goncourt des lycéens

Faites une recherche complète sur le prix Goncourt des lycéens pour préparer un exposé oral.
➤ PARTIE III, p. 544 : PRÉPARER UN EXPOSÉ

4 L'Académie française

1. Quand l'Académie française a-t-elle été créée ? Quelle est sa mission première ?
2. Pourquoi Jean Cocteau est-il ainsi habillé (photo ci-contre) ? Que représentent son habit et les objets qui l'accompagnent ?
3. Quel est le dernier écrivain à avoir intégré l'Académie ? Où est-il représenté dans votre manuel ?
4. Quand l'Académie remet-elle son prix ? à quel genre littéraire ?

5 L'Académie Goncourt

1. Quelle image l'Académie Goncourt donne-t-elle d'elle-même en acceptant la parution de ce cliché ?
2. Repérez Jorge Semprun sur la photographie.
   a. Qui est cet auteur ? Quelles sont ses œuvres majeures ?
   b. En quoi sa place dans l'Académie Goncourt révèle-t-elle une certaine ouverture d'esprit ?

Les membres du jury du prix Goncourt 2005.
De gauche à droite debout : Michel Tournier, Robert Sabatier, Bernard Pivot, Jorge Semprun, Françoise Chandernagor (à sa gauche, François Weyergans, qui a reçu le prix Goncourt, et Nina Bouraoui, qui a reçu le prix Renaudot), Didier Decoin, Daniel Boulanger.
Assis : Edmonde Charles-Roux et François Nourrissier.

Portrait de Jean Cocteau en habit d'académicien (1955).

6 Le rôle du prix Nobel

Cherchez le palmarès des dix derniers prix Nobel de littérature. Quelle est la nationalité de ces auteurs ? Quelle est la part de l'Europe dans ce palmarès ?

7 Le prix Nobel 2005

1. Voici la réaction du prix Nobel de littérature 2002, à l'annonce du Nobel 2005, Harold Pinter : « *Je le félicite mais je ne le connais pas, je n'ai rien lu de lui. J'aurais été plus content que ce soit un Hongrois et je me réjouirais si l'on attribuait le Nobel chaque jour.* » (mti.hu, agence de presse hongroise citée par *Courrier international*, 20-26 octobre 2005).
De quelle façon Kertész manifeste-t-il son point de vue sur le prix Nobel ? Justifiez.

2. Quelle intention les Nobel avaient-ils en décernant ce prix à Pinter ▶ TEXTE 7, p. 377 ?

3. Pourtant, quelles polémiques l'article ci-contre révèle-t-il ? Justifiez votre réponse par des relevés.

▶ PARTIE II, p. 434 : LE REGISTRE POLÉMIQUE

Le prix Nobel de littérature connu jeudi

Le lauréat 2005 du prix Nobel de littérature sera annoncé jeudi à 13 heures.

Le prix Nobel de littérature sera annoncé jeudi 13 octobre, a annoncé l'Académie suédoise, alors que l'institution est secouée par le départ de l'un de ses membres qui claque la porte en faisant état de son désaccord quant au choix de l'an dernier, accusant même ses collègues de ne pas avoir lu l'auteur primé, l'Autrichienne Elfriede Jelinek.

Knut Ahnlund, 82 ans, membre de l'académie depuis 1983, écrit dans le quotidien de Stockholm *Svenska Dagbladet* que l'œuvre de Jelinek constitue « une masse de textes qui semblent enfournés ensemble sans aucune trace de structure artistique ». Il se demande même si ses collègues ont lu ne serait-ce qu'une partie de ses écrits.

Ahnlund ne prend plus part activement aux activités de l'Académie suédoise depuis 1996 et le président de l'Académie suédoise ne s'est pas privé de le rappeler en réagissant à la démission de son collègue. « Depuis cette date, sa chaise est restée vide, à l'exception de trois ou quatre occasions mineures, généralement lors de congés », a déclaré Horace Engdahl, cité par l'agence de presse suédoise TT.

Manque de soutien à Salman Rushdie

L'académie compte 18 membres nommés à vie. Deux d'entre eux, Kerstin Ekman et Lars Gyllensten, l'ont quittée en 1989 pour protester contre l'absence de soutien apporté par l'académie à l'auteur britannique Salman Rushdie à la suite de la condamnation à mort le visant édictée par l'ayatollah iranien Ruhollah Khomeini.

Article paru sur nouvelobs.com
le 11 octobre 2005 (extrait).

▶ BIOGRAPHIES DES AUTEURS p. 560

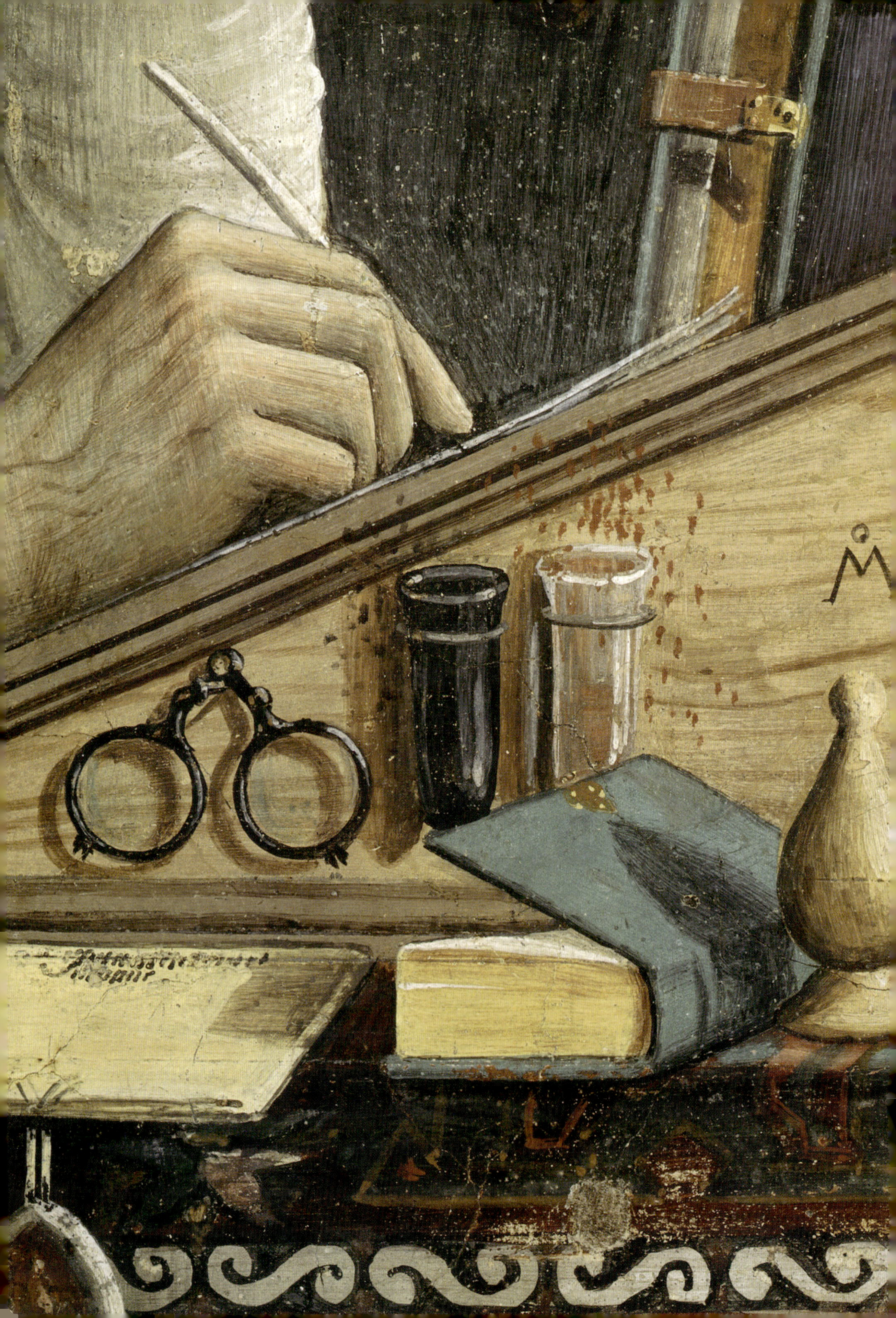

PARTIE II

Outils d'analyse

384 — *Chapitre* **1**
Les outils de l'analyse stylistique

396 — *Chapitre* **2**
L'analyse de l'image

408 — *Chapitre* **3**
Les formes de discours

418 — *Chapitre* **4**
Les registres littéraires

442 — *Chapitre* **5**
Les notions propres au récit

458 — *Chapitre* **6**
Les notions propres au théâtre

468 — *Chapitre* **7**
Les notions propres à la poésie

476 — *Chapitre* **8**
Les notions propres à la littérature d'idées

Chapitre 1
Les outils de l'analyse stylistique

TOUTE ÉTUDE DE TEXTE consiste à mettre en avant son contenu : ses **thèmes** et son **message**, mais aussi son **style** : le texte met en œuvre une culture commune mais la manière d'écrire est propre à l'auteur.

LE VOCABULAIRE

Un texte use d'un **lexique précis** : l'auteur sélectionne le niveau de langue qui lui convient, le sens précis des mots, sans oublier le poète qui choisit les mots pour leurs sonorités.

LA GRAMMAIRE

Il s'agit d'un code commun qui donne à chaque mot une **place définie dans la phrase** ; le texte est valorisé par la façon singulière dont un auteur utilise ce code.

LES FIGURES DE RHÉTORIQUE (OU FIGURES DE STYLE)

Héritées de l'art du discours latin, elles ornementent les propos tout en leur donnant plus de force. Le texte littéraire devient non seulement un message efficace mais aussi un bel objet.

Pages 382-383 :
Domenico Bigordi dit Ghirlandaio (1449-1494),
Saint Jérôme au travail : détail (1480),
peinture à fresque (Florence, Chiesa degli Ognissanti).

Page 384 : Carolyn Hubbard-Ford (XXe siècle),
The Reading Corner : détail (1999), huile sur toile
(Collection privée).

385	FICHE **1**	**Le vocabulaire**
387	FICHE **2**	**Les outils grammaticaux**
392	FICHE **3**	**Les figures de rhétorique**

FICHE 1 — Le vocabulaire

STAPHYLA (*ironiquement*). – Vraiment oui ! garder la maison ? de peur qu'on ne l'emporte sans doute ? Qu'est-ce que les voleurs pourraient y gagner d'autre ? Elle n'est pleine que de vide, et de toiles d'araignées.

▶ PARTIE I, p. 62 : PLAUTE, *L'Aululaire* (IIIe siècle avant J.-C.).

Questions

1. Que signifie l'expression *garder la maison* ?
2. Sur quelle opposition lexicale la dernière phrase est-elle construite ?

L'ESSENTIEL

■ L'histoire des mots

• **L'étymologie.** La langue française est issue de mots grecs et latins.
Les mots qui ont le même **radical** ou **étymon** forment une **famille de mots**.

• **Le lexique.** Il est constitué de trois types de mot :

– les **mots simples**, réduits à leur radical : EX. : *port*.

– les **mots dérivés** : la dérivation ajoute au radical un **préfixe** ou un **suffixe** qui modifient le sens ou la **classe grammaticale**. EX. : *port* (substantif) / *emporter* (verbe ; préfixe *em-*, suffixe *-er*).

– les **mots composés** : alliance de deux mots simples séparés par un trait d'union. EX. : *porte-avions*.

■ Le sens des mots

• **Dénotation, connotation et sens figuré**

– **La dénotation** : sens propre d'un mot. EX. : *prison* signifie « lieu de mise à l'écart, d'enfermement ».

– La **connotation** : ensemble des valeurs véhiculées par un mot.
EX. : *prison* connote le froid, l'obscurité, l'autorité...

– Le **sens figuré** : le mot prend un sens imagé. EX. : *la prison de glace* pour évoquer l'eau gelée.
→ sens métaphorique.

• **Le sens des mots.** Deux mots peuvent :

– avoir le même sens : ce sont des **synonymes**. EX. : *entier / complet*.

– avoir des sens opposés : ce sont des **antonymes**. EX. : *début / fin*.

– être voisins par la prononciation mais avoir des sens différents : ce sont des **paronymes**.
EX. : *acteur / auteur*.

– se prononcer de la même façon mais avoir des sens différents : ce sont des **homonymes**.
EX. : *sans / sang*.

■ Champ lexical / champ sémantique

• **Le champ lexical :** mots qui relèvent d'un même thème.
EX. : Je me voyais entouré de *montagnes* gigantesques ; devant moi s'ouvraient des *abîmes* où se précipitaient les *torrents* formés par les *pluies d'orage*.
▶ p. 176 : J. W. VON GOETHE, *Les Souffrances du jeune Werther* (1774).
→ champ lexical de la montagne (mots en italiques).

• **Le champ sémantique :** ensemble des significations (ou acceptions) d'un mot.
EX. : *la jalousie* dans le roman de Robbe-Grillet ▶ p. 144 est à la fois un store et un sentiment.

EXERCICES D'APPLICATION

1 Le sens des mots

Cherchez l'étymologie et l'évolution du sens des mots suivants :
enfant, focalisation, fortune, passion, renaissance, romantisme, travail, zéro.

2 Étymons et famille de mots

Relevez les radicaux des mots suivants. Quelles familles de mots repérez-vous ainsi ?
a. Partage, partir, départ, répartition.
b. Anticonformiste, formation, conformément, déformer.

3 Trouvez l'intrus

Relevez les radicaux des mots suivants. Quel est l'intrus dans chacune des listes ?
a. Cœur, courage, cour, accorder.
b. Terreur, souterrain, enterrer, terrier.

4 Synonymes et antonymes

Relevez, dans le texte suivant, les expressions synonymes, puis remplacez-les par leurs antonymes.

[…] elle s'indignait des préférences coupables du destin, et des criminels mensonges de ceux qui prêchent la droiture et le bien […]. Mais une convulsion effroyable la saisit, un
5 spasme si cruel qu'elle se dit : « Je vais mourir, je meurs ! »

➤ PARTIE I, p. 226 : GUY DE MAUPASSANT, *Une vie* (extrait, 1880).

5 Lexique et effets de sens

1. Relevez dans le texte les termes associés aux champs lexicaux :
– de l'amour et de la haine ;
– du respect et du mépris.
2. Quelle est la relation entre ces deux champs lexicaux ? Quel effet produisent-ils ?

ORESTE […]
1 Vous m'aimeriez, Madame, en me voulant haïr.
Ô dieux ! tant de respects, une amitié si tendre…
Que de raisons pour moi, si vous pouviez m'entendre !
Vous seule pour Pyrrhus disputez[1] aujourd'hui,
5 Peut-être malgré vous, sans doute malgré lui :
Car enfin il vous hait ; son âme ailleurs éprise
N'a plus…
HERMIONE
 Qui vous l'a dit, Seigneur, qu'il me méprise ?
Ses regards, ses discours vous l'ont-ils donc appris ?

JEAN RACINE, *Andromaque,* Acte II, scène 2 (extrait, 1667).

1. Argumentez en sa faveur.

6 Mots et champs lexicaux

1. Relevez le champ lexical dominant.
2. Quel mot est accompagné de ses dérivés ? Expliquez leur formation.
3. Quelles figures d'insistance mettent l'accent sur ce champ lexical ?

1 *Toute femme ment.* Mensonge officieux[1], mensonge véniel[2], mensonge sublime, mensonge horrible ; mais obligation de mentir. Puis, cette obligation admise, ne faut-il pas savoir
5 bien mentir ? Les femmes mentent admirablement en France. Nos mœurs leur apprennent si bien l'imposture ! Enfin, la femme est si naïvement impertinente, si jolie, si gracieuse, si vraie dans le mensonge ; elle en reconnaît
10 si bien l'utilité pour éviter, dans la vie sociale, les chocs violents auxquels le bonheur ne résisterait pas, qu'il leur est nécessaire comme la ouate où elles mettent leurs bijoux. Le mensonge devient donc pour elles le fond de
15 la langue, et la vérité n'est plus qu'une exception.

HONORÉ DE BALZAC, *Ferragus,* III (extrait, 1833).

1. Caché. **2.** Sans gravité.

FICHE 2 — Les outils grammaticaux

Lorsque les larmes eurent cessé, il s'approcha de son amie, lui prit la main et la baisa.
– Croyez-moi, dit-il ; être aimé de vous, quel que soit le nom que porte la place qu'on occupe dans votre cœur, cela donne de la force et du courage. N'en doutez jamais, ma Brigitte, nul ne vous comprendra mieux que moi ; un autre vous aimera plus dignement, nul ne vous aimera plus profondément.

➤ PARTIE I, p. 184 : A. DE MUSSET, *La Confession d'un enfant du siècle* (1836).

Questions

1. Qui parle ?
2. À quelles classes grammaticales les mots représentant les interlocuteurs appartiennent-ils ?

L'ESSENTIEL

Les classes grammaticales

Chaque mot appartient à une **classe grammaticale** qui lui donne une identité.

MOTS VARIABLES		
CLASSES	DÉFINITIONS	EXEMPLES (texte de Musset ➤ p. 184)
• **Substantif**	désigne un être, une chose, une idée	les *larmes*
• **Pronom** – **personnel** : *je, tu, il…* – **possessif** : *le mien…* – **démonstratif** : *cela…* – **indéfini** : *certain…* – **relatif** : *qui, que…*	remplace un nom	*il* *le leur* *cela* *nul* *que*
• **Déterminant** – **démonstratif** : *ce, cet…* – **possessif** : *mon, notre…* – **article défini** : *le, la, les* – **article indéfini** : *un, une, des* – **article partitif** : *de, du, des*	intègre le substantif à la phrase	*cet* homme *votre* cœur *le* nom *un* autre *du* courage
• **Adjectif qualificatif**	• caractérise un substantif dans un groupe nominal • ou après un verbe attributif	une *belle* femme elle est *belle*
• **Verbe**	• exprime une action • ou un état	*s'approcha* *être*

387

MOTS INVARIABLES		
CLASSES	DÉFINITIONS	EXEMPLES
• **Adverbe**	modifie le sens d'un mot	*dignement*
• **Préposition** : *à, de, dans, par, pour, sur, sans...*	introduit un complément	*de* son amie
• **Conjonction de coordination** : *mais, ou, et, donc, or, ni, car*	relie deux mots ou groupes de mots, souvent de même fonction	lui prit la main *et* la baisa
• **Conjonction de subordination** : *quand, comme, puisque...*	introduit une proposition subordonnée	*Lorsque* les larmes eurent cessé
• **Propositions** – **indépendante**	séparée d'une autre proposition par un point	EX. 1 : Elle est belle.
– **juxtaposée**	séparée d'une autre proposition par une virgule, un point-virgule (proposition 2)	EX. 2 : N'en doutez jamais, ma Brigitte (proposition 1), *nul ne vous comprendra mieux que moi* (proposition 2)
– **coordonnée**	séparée d'une autre proposition par une conjonction de coordination (proposition 3)	EX. 3 : <u>Lorsque les larmes eurent cessé</u>, il s'approcha de son amie (proposition 1), lui prit la main (proposition 2) *et la baisa* (proposition 3).
– **principale**	Cœur de la phrase complexe, c'est elle qui régit les autres propositions. Elle peut être mise en concurrence avec d'autres propositions coordonnées (cf. ex. 3).	
– **subordonnée circonstancielle**	dépend de la principale ; constitue un complément circonstanciel (souligné dans l'ex. 3)	
– **subordonnée relative**	dépend d'un nom placé dans la principale (antécédent)	Le nom *que porte la place* (nom est l'antécédent de la relative).
– **subordonnée complétive**	complète un verbe	Il pense *qu'elle est belle*.

▊ Les fonctions grammaticales

Tout mot ou groupe de mots a une **fonction**, un rôle dans la phrase.

• **Fonction par rapport au verbe**
– Le **sujet** détermine l'accord du verbe. EX. : <u>Cela</u> donne de la force.
– L'**adjectif qualificatif**, séparé du nom qu'il caractérise par un verbe d'état,
est un **attribut du sujet**. EX. : Cette femme est <u>merveilleuse</u>.
– Le **complément d'objet** désigne ce sur quoi porte l'action du verbe : sans préposition,
il est **direct (COD)** ; avec préposition, il est **indirect (COI)** ; s'il complète un autre complément
d'objet, il est **second (COS)**.
EX. :   Il lui prit *la main*. (COD)   Il s'approcha *de son amie*. (COI)   Il *lui* prit la main. (COS)

– Le **complément d'agent** désigne ce qui (ou celui qui) agit, dans une phrase à la voix passive.
EX. : Être aimé *de vous*.
→ *de vous* = complément d'agent du verbe « aimer ».
– Les **compléments circonstanciels** informent sur le temps, le lieu, la conséquence, la manière...
EX. : *Lorsque les larmes eurent cessé*, il s'approcha de son amie.
→ *Lorsque les larmes eurent cessé* = complément circonstanciel de temps.

• **Fonction par rapport au nom** : les **expansions** du nom.
Toutes les expansions sont à **proximité immédiate du nom** :
– l'**épithète** : adjectif qualificatif soudé au nom qu'il caractérise ;
– l'**apposition** : adjectif, nom ou groupe nominal placé entre virgules ;
– le **complément du nom** : nom ou groupe nominal précédé d'une préposition (*de, du*) ;
– la **proposition subordonnée relative** : introduite par un pronom relatif (*qui, lequel*...), elle est complément de son antécédent.

La situation d'énonciation : énonciateur → message → destinataire

Il existe différentes marques de l'énonciation.

• **Les marques d'énonciation personnelles**, permettant d'identifier énonciateur et destinataire :
– les pronoms personnels : *je / tu / vous*...
– les déterminants et les pronoms possessifs : *mon, le vôtre*...

• **Les marques d'énonciation spatio-temporelles** :
– les adverbes : *ici, demain*...
– les verbes : *se trouver, avoir lieu*...

• **Les modalisateurs**, qui expriment un jugement (certitude, doute...) nuançant le propos de l'énonciateur :
– les verbes : *penser, admettre*...
– les adverbes : *probablement, peut-être*...
– les adjectifs : *joli, intéressant*...

La modalisation peut employer :
– un vocabulaire **mélioratif** (**valorisant**), pour faire un éloge ➤ PARTIE I, p. 322.
EX. : Un jour Julien revenait de la *charmante* terre de Villequier.
➤ p. 220 : Stendhal, *Le Rouge et le Noir* (1830).

– un vocabulaire **péjoratif** (**dévalorisant**), pour blâmer ➤ p. 322.
EX. : Et les camarades *ricanaient*, disaient que cet *animal* de Mes-Bottes avait un *fichu* grelot, *tout de même*. ➤ p. 237 : É. Zola, *L'Assommoir* (1877).

Les quatre modalités de phrase

• **La modalité assertive :** l'énoncé est présenté comme certain.
EX. : Ils me regardent tous et se mettent à rire.
➤ p. 63 : Molière, *L'Avare*, IV, 7 (1668).

• **La modalité interrogative :** l'énoncé est une question.
EX. : Que ferai-je pour le trouver ? ➤ p. 63 : Molière.

• **La modalité impérative ou jussive :** l'énoncé appelle le destinataire à agir.
EX. : Arrête ! *Il se prend lui-même le bras.* Rends-moi mon argent, coquin ! ➤ p. 63 : Molière.

• **La modalité exclamative :** l'énoncé est marqué par l'expression d'un sentiment (surprise, colère, moquerie...).
EX. : Au voleur ! au voleur ! à l'assassin ! au meurtrier ! ➤ p. 63 : Molière.

Remarque : chaque modalité peut être combinée avec la forme affirmative ou négative.
EX. : N'est-il point caché là parmi vous ? ➤ p. 63 : Molière.
→ phrase interro-négative.

EXERCICES D'APPLICATION

1 Classes et fonctions

1. Identifiez la classe des mots soulignés.
2. Donnez la fonction des mots en italiques.
3. Quel est le sujet le plus fréquent ? À quels moments n'est-il plus en fonction sujet ? Quelle signification donnez-vous à ce changement ?

1   La solitude <u>absolue</u>, le spectacle de la nature, me plongèrent <u>bientôt</u> dans un état presque impossible à décrire. <u>Sans</u> parents, sans amis, pour ainsi dire, sur la terre, n'ayant point en-
5   core aimé, j'étais accablé d'une surabondance de vie. Quelquefois je rougissais *subitement*, et je sentais couler dans mon cœur comme des ruisseaux d'une lave ardente ; quelquefois je poussais *des cris involontaires*, et la nuit était
10 également <u>troublée</u> *de mes songes et de mes veilles*. Il me manquait quelque chose pour remplir l'abîme de mon existence : je descendais dans la vallée, je m'élevais sur la montagne, appelant de toute la force de mes désirs
15 l'idéal objet *d'une flamme future*.

▶ PARTIE I, p. 179 : François-René de Chateaubriand, *René* (extrait, 1802).

2 Les modalités de phrase

1. Quelles modalités de phrase repérez-vous ? Quelle signification ont-elles ?
2. Relevez tous les pronoms en fonction sujet : qui est désigné ? Comment interprétez-vous ces changements de pronoms ?

1   Au voleur ! au voleur ! à l'assassin ! au meurtrier ! Justice, juste ciel ! Je suis perdu, je suis assassiné ! On m'a coupé la gorge, on m'a dérobé mon argent ! Qui peut-ce être ? Qu'est-il
5   devenu ? où est-il ? où se cache-t-il ? Que ferai-je pour le trouver ? Où courir ? où ne pas courir ? N'est-il point là ? n'est-il point ici ? Qui est-ce ? Arrête ! *Il se prend lui-même le bras*. Rends-moi mon argent, coquin ! … Ah !
10 c'est moi. Mon esprit est troublé, et j'ignore où je suis, qui je suis, et ce que je fais.

▶ p. 63 : Molière, *L'Avare*, Acte IV, scène 7 (extrait, 1668).

3 Classes et fonctions du nom

1. Quels sont les noms qui désignent les individus féminins dans le texte ? Relevez le déterminant qui les accompagne ; est-il toujours le même ? Pourquoi ?
2. Relevez les expansions nominales de *fleurs* (l. 9). Quelle est leur fonction ?

1   Une femme sort de la charcuterie et lui prend le bras. C'est sa femme, elle est toute jeune malgré sa peau rongée. Elle peut bien rôder aux abords de la rue Tournebride, personne
5   ne la prendra pour une dame ; elle est trahie par l'éclat cynique de ses yeux, par son air raisonnable et averti. Les vraies dames ne savent pas le prix des choses, elles aiment les belles folies : leurs yeux sont de belles fleurs candides, des fleurs de serre.
10
Jean-Paul Sartre, *La Nausée* (extrait, 1938), © Gallimard

4 Énonciation et modalisation

1. Quelle est la situation d'énonciation, sachant que ce n'est pas ici un personnage qui parle mais le narrateur ? En quoi est-elle particulière ? Quel effet produit-elle sur le lecteur ?
2. Relevez les modalisateurs. Quel est leur rôle ?

1   Venez maintenant […] contempler le minuscule être humain dans sa couveuse. Comment ça, vous n'aimez pas les bébés ? Allez, venez quand même, approchez tout doucement,
5   vous verrez. Ce n'est pas un bébé comme les autres, je vous le promets. Moi aussi j'éprouve de la répugnance devant ces roses poupons joufflus, interchangeables, qui peuplent nos jardins publics. Mais, là, non, rien à voir. Ce
10 bébé, voyez-vous… comment dire ? Même s'il est grand comme deux poings posés l'un sur l'autre, c'est déjà *quelqu'un*. Regardez comme il respire rapidement. Regardez les touffes noires de ses cheveux en bataille.

Nancy Huston, *L'Empreinte de l'ange* (extrait, 1998), © Actes Sud.

5 Énonciation et statut du narrateur

1. Quelle est la situation d'énonciation ? À quel type de narrateur a-t-on affaire ?
2. Pourquoi l'auteur a-t-il choisi la période de la nuit de Walpurgis ?

1 Quand nous partîmes pour notre promenade, le soleil brillait avec éclat au-dessus de Munich et l'air s'emplissait de la joie d'un début d'été. À l'instant même de notre départ, Herr Del-
5 brück (le maître d'hôtel des *Quatre-Saisons* où je m'étais installé) descendit, nu-tête, à la calèche, et, après m'avoir souhaité une bonne promenade, dit au cocher, tout en laissant sa main sur la poignée de la voiture :
10 – N'oubliez pas ! Soyez de retour à la tombée de la nuit ! Le ciel paraît bien dégagé, mais il y a un frémissement dans le vent du nord qui signifie parfois l'arrivée soudaine d'une tempête. Mais je suis sûr que vous ne rentrerez
15 pas tard. (En disant cela, il sourit et ajouta :) Puisque vous savez de quelle nuit il s'agit.
Johann répondit par un emphatique[1] « Ja, mein Herr »[2], et, touchant son chapeau, s'élança vivement. Quand nous fûmes hors
20 de la ville, je dis, après lui avoir fait signe de s'arrêter :
– Dites-moi, Johann, de quelle nuit s'agit-il ?
Il se signa en répondant laconiquement[3] : « Walpurgis Nacht[4] ! »

Bram Stoker, *L'Invité de Dracula*
(incipit, publication posthume, 1912),
traduction de J.-P. Krémer © U.G.E. 10/18.

1. En criant. 2. Oui, monsieur ! 3. Brièvement. 4. Nuit où, selon la légende, les morts errent parmi les vivants, accompagnés du diable.

6 De la grammaire au commentaire

1. Choisissez l'un des sonnets de la séquence 25, « Portraits symbolistes » ➤ p. 344.
2. Quel pronom personnel s'affirme dans le premier quatrain ? Que pouvez-vous en déduire sur l'énonciation du poème ?
3. Quelle modalité de phrase caractérise l'ensemble du texte ? Quel registre lui donne-t-elle ?
   ➤ PARTIE II, p. 418 : LES REGISTRES LITTÉRAIRES
4. Rédigez un paragraphe de commentaire insistant sur les effets de l'énonciation de ce poème.
   ➤ PARTIE III, p. 524 : RÉDIGER LE COMMENTAIRE

7 De la grammaire à l'interprétation

1. Combien comptez-vous de phrase(s) dans ce poème ? Commentez l'écart entre la syntaxe* et les strophes.
2. Quelle est la fonction des groupes de mots du vers 2 ? Quel est l'effet produit par leur volume et leur place ?
3. Repérez le COD du verbe *je buvais* (v. 6) ? Quelle est sa place ? pour quel effet ?
4. Relevez et commentez les marques personnelles de l'énonciation. Comment sont-elles réparties dans le sonnet ?
5. Identifiez et interprétez les modalités de phrase des tercets.

1 La rue assourdissante autour de moi hurlait.
Longue, mince, en grand deuil, douleur majestueuse,
Une femme passa, d'une main fastueuse
Soulevant, balançant le feston et l'ourlet ;

5 Agile et noble, avec sa jambe de statue.
Moi, je buvais, crispé comme un extravagant,
Dans son œil, ciel livide où germe l'ouragan,
La douceur qui fascine et le plaisir qui tue.

Un éclair… puis la nuit ! – Fugitive beauté
10 Dont le regard m'a fait soudainement renaître,
Ne te verrai-je plus que dans l'éternité ?

Ailleurs, bien loin d'ici ! trop tard ! *jamais* peut-être !
Car j'ignore où tu fuis, tu ne sais où je vais,
Ô toi que j'eusse aimée, ô toi qui le savais !

Charles Baudelaire,
Les Fleurs du mal,
« À une passante » (1861, 2e édition augmentée).

FICHE 3 — Les figures de rhétorique

> Sourcil assis au lieu haut pour enseigne,
> Par qui le cœur son vouloir nous enseigne,
> Nous découvrant sa profonde pensée,
> Ou soit de paix ou de guerre offensée
> Sourcil, non pas sourcil, mais un sous ciel
> Qui est le dixième et superficiel,
> Où l'on peut voir deux étoiles ardentes,
> Lesquelles sont de son arc dépendantes.
>
> ➤ PARTIE I, p. 324 : M. Scève, « Blason du sourcil », vers 13-20 (1535).

Questions

1. Quel mot est répété ? Quel est l'effet produit ?
2. Retrouvez les expressions qui désignent le front et les yeux. En quoi sont-elles poétiques ?

L'ESSENTIEL

Dans l'Antiquité, la **rhétorique** est l'art de bien parler. Elle emploie des **figures de style** (ou figures de rhétorique) afin d'orner le discours et de toucher l'auditoire.

■ Les figures d'analogie

Elles rapprochent deux éléments qui, ainsi mis en contact, rendent l'expression plus concrète, plus visuelle.

- **La comparaison.** Elle met en relation deux éléments : le comparé (ce qui est comparé) et le comparant (ce à quoi on compare) grâce à un outil grammatical (*comme, ressembler à, tel…*).
EX. : Je suis belle, ô mortels, comme un rêve de pierre.
    comparé   outil de comparaison comparant

  ➤ PARTIE I, p. 345 : C. Baudelaire, *Les Fleurs du mal*, « La Beauté » (1857).

  → La femme, telle une sculpture, apparaît froide et intimidante.

- **La métaphore.** À la différence de la comparaison, la métaphore unit comparant et comparé sans outil grammatical.
EX. : Chaque fleur est une âme à la Nature éclose.
           comparé   comparant

  ➤ p. 207 : G. de Nerval, *Chimères*, « Vers dorés » (1854).

  → La fleur devient un nouvel individu dans la Nature.

EX. : Le temps saura faner vos roses.

  P. Corneille, *Stances à Marquise* (1658).

  → Le mot *rose* est un comparant souvent utilisé dans la poésie française pour caractériser la femme, connotant la jeunesse, la fraîcheur de la femme aimée, par exemple. Ici, le comparé a disparu (métaphore *in absentia*) : l'image est à comprendre en fonction du contexte.

- **Cas particulier : la métaphore filée** développe l'analogie à l'échelle d'une strophe, d'un paragraphe…
EX. : La nature est un temple où de vivants piliers
       comparé   comparant 1   comparant 2
    Laissent parfois sortir de confuses paroles.

  C. Baudelaire, *Les Fleurs du mal*, « Correspondances » (1857).

  → L'image de la nature-temple se développe dans celle des *piliers* puis dans les échos du vers suivant.

• **La métonymie.** Elle remplace un mot par un autre qui lui est lié par association logique :
– le contenant pour le contenu ;
EX. : boire *un verre*.
→ On ne boit pas le verre à proprement parler, mais ce qu'il contient.

– le lieu pour l'activité.
EX. : Matignon.
→ Le nom de l'hôtel de Matignon, situé dans le VIIe arrondissement parisien, a fini par désigner le cabinet du Premier ministre qui s'y trouve.

• **Cas particulier : la synecdoque** rapproche deux mots dans un rapport d'inclusion, la partie pour le tout, la matière pour l'objet.
EX. : J'ai reconnu le fer, instrument de sa rage.
J. RACINE, *Phèdre*, IV, 1 (1677).
→ *Le fer* désigne l'épée entière, pas seulement la partie en fer.

• **La personnification.** Elle attribue les comportements d'un humain (sentiments...) à un objet, une idée, un animal.
EX. : l'alambic dans *L'Assommoir* de Zola ➤ p. 237 a une sueur d'alcool qui l'identifie à un homme ivre.

• **L'allégorie.** Elle rend concrète une idée abstraite. Signalée par une majuscule, elle donne une dimension symbolique reconnaissable par tous.
EX. : dans le poème « La Beauté » ➤ p. 345, Baudelaire fait parler la Beauté représentée sous les traits d'une sculpture dominatrice.

Les figures d'amplification et d'atténuation

Elles utilisent un vocabulaire qui accentue ou amoindrit ce qui est évoqué, de façon à modifier la perception normale d'une réalité, d'un phénomène.

• **L'hyperbole** (figure d'amplification). Elle emploie des mots qui créent un effet d'exagération très courant dans le registre épique.
EX. : À peine avait-il dit que, prenant son trident et rassemblant les nues, (Neptune) *démontait* la mer, et des vents de *toute aire*, *déchaînait* les rafales.
➤ p. 114 : HOMÈRE, *Odyssée* (VIIIe siècle avant J.-C.).
→ L'acharnement du dieu décidé à faire naufrager Ulysse est ainsi mis en évidence (par les termes en italiques).

• **La gradation** (figure d'amplification). Croissante ou décroissante, elle fait suivre des termes de même nature qui, accumulés, insistent sur ce qui est exprimé. Elle peut être hyperbolique.
EX. : Je me meurs, je suis mort, je suis enterré
➤ p. 63 : MOLIÈRE, *L'Avare*, IV, 7 (1668).
→ Il s'agit d'une gradation croissante hyperbolique (puisque le personnage est encore vivant).

• **L'euphémisme** (figure d'atténuation). C'est une formulation indirecte qui atténue une réalité douloureuse ou choquante.
EX. : Va, je ne te hais point.
P. CORNEILLE, *Le Cid*, III, 4 (1636).
→ C'est la révélation indirecte (par bienséance) de l'amour de Chimène pour le meurtrier de son père.
Remarque : ce terme peut désigner dans la langue contemporaine les sigles ou abréviations censés rendre le réel moins choquant ; ainsi, le clochard est appelé « SDF » (sans domicile fixe).

Les figures d'opposition

Elles rapprochent de manière saisissante des termes opposés de façon à marquer le lecteur.

• **L'antithèse.** Elle oppose deux mots de sens contraires à l'intérieur d'une phrase ou d'un paragraphe pour créer un contraste.
EX. : À deux (femmes), en même jour, je *m'offre* et *dis adieu*.
VAUQUELIN DES YVETEAUX, « L'Amour de changer » (1606).
→ Les deux verbes de sens contraires insistent sur le libertinage de cet homme à femmes.

FICHE 3

- **L'oxymore.** Il associe en une seule expression deux mots de sens contraires.
  EX. : *le soleil noir* de la mélancolie.
  G. DE NERVAL, *Les Chimères,* « El Desdichado » (1843-1854).
  → L'expression paradoxale évoque les hauts et les bas de la mélancolie, de la dépression.

Les figures d'insistance

Elles donnent plus de force à l'énoncé en jouant sur la structure du discours.

- **Le parallélisme.** Il reproduit la même structure syntaxique à l'échelle de la phrase, du vers, du paragraphe.
  EX. : Quand je vois les Césars, quand je vois leur fortune,
   Quand je vois le soleil, et quand je vois la lune.
  J. RACINE, *Les Plaideurs,* III, 3 (1668).
  → L'accent est mis sur les éléments que le locuteur rapproche (les empereurs deviennent des astres).

- **L'anaphore.** Elle répète un mot ou un groupe de mots en tête de phrase, d'hémistiche ou de vers.
  EX. : J'aime, et je veux pâlir ; j'aime, et je veux souffrir ;
   J'aime, et pour un baiser je donne mon génie.
  ▶ p. 203 : A. DE MUSSET, *Poésies complètes,* « Nuit d'août » (1840).
  → La répétition du verbe *aimer* insiste ici sur l'expression lyrique de l'amour.

- **Le chiasme.** C'est une structure symétrique (de type ABBA) permettant d'unir ou d'opposer des éléments.
  EX. : Il succomba vivant et, mort, il m'assassine.
   A B   B   A
  P. CORNEILLE, *L'Illusion comique,* IV, 7 (1639).
  → A = verbe, B = adjectif, B = adjectif, A = verbe. Les adjectifs s'opposent également dans une antithèse. Le tout montre que, même mort, le personnage continue à semer le trouble.

EXERCICES D'APPLICATION

1 Les figures en poésie

1. Le pronom *Il* représentant le Poète, quelle figure de style permet de le désigner tout au long de cette strophe ?

2. Quelle signification donnez-vous aux deux derniers vers ? Que devient le Poète aux yeux de l'humanité ?

1 Il rayonne ! il jette sa flamme
   Sur l'éternelle vérité !
   Il la fait resplendir pour l'âme
   D'une merveilleuse clarté.
5 Il inonde de sa lumière
   Ville et désert, Louvre et chaumière,
   Et les plaines et les hauteurs ;
   À tous d'en haut il la dévoile ;
   Car la poésie est l'étoile
10 Qui mène à Dieu rois et pasteurs !

▶ PARTIE I, p. 211 : VICTOR HUGO, *Les Rayons et les Ombres*, « Fonction du Poète », strophe finale (1840).

2 Figures et publicité

1. Repérez et analysez les figures employées dans les slogans publicitaires suivants.

a. « Deux doigts coupe-faim. » (*publicité pour la marque Twix*)

b. « Collants Well : les jambes ont la parole. » (*publicité pour la marque Well*)

c. « L'intelligence a besoin d'espace, l'espace a besoin d'intelligence. » (*publicité pour la marque Matra Espace*)

d. « Charles Gervais, il est odieux, mais c'est divin. » (*publicité pour la marque Gervais*)

e. « Fraîcheur de vivre. » (*publicité pour la marque Hollywood*)

f. « Quelques grammes de finesse dans un monde de brutes. » (*publicité pour la marque Lindt*)

g. « L'eau, l'air, la vie. » (*publicité pour la marque Perrier*)

2. Rédigez cinq slogans faisant appel à différentes figures. Vous pourrez les combiner avec d'autres procédés (rimes, jeux de mots, assonances, etc.).

3 Amplification et analogie

1. Repérez et analysez :
  a. une figure d'amplification ;
  b. une figure d'analogie.

2. De qui est-il ici question ? Comment les images poétiques transforment-elles cet individu ?

1 Et dans l'intérieur par moments luit et passe
   Une ombre, une figure, une fée, une grâce,
   Jeune fille du peuple au chant plein de bonheur,
   Orpheline, dit-on, et seule en cet asile,
5 Mais qui parfois a l'air, tant son front est tranquille,
   De voir distinctement la face du Seigneur.

VICTOR HUGO, *Les Rayons et les Ombres*, « Regard jeté dans une mansarde », II (extrait, 1840).

4 Insistance et analogie

1. En vous aidant du titre qui désigne un cimetière en bord de mer, retrouvez tous les comparants se rapportant à la mer.

2. Quelle figure d'insistance est employée au vers 2 ?

3. Quelle figure d'analogie apparaît aux vers 3 et 4 ?

1 Ce toit tranquille, où marchent des colombes,
   Entre les pins palpite, entre les tombes ;
   Midi le Juste y compose de feux
   La mer, la mer, toujours recommencée !
5 Ô récompense après une pensée
   Qu'un long regard sur le calme des dieux !
   […]
   Stable trésor, temple simple à Minerve,
   Masse de calme, et visible réserve,
   Eau sourcilleuse,
10 Œil qui gardes en toi
   Tant de sommeil sous un voile de flamme,
   Ô mon silence ! Édifice dans l'âme,
   Mais comble d'or aux mille tuiles, Toit !

PAUL VALÉRY, *Charmes*, « Le Cimetière marin », strophes 1 et 3 (1922) © Gallimard.

Chapitre 2
L'analyse de l'image

AUJOURD'HUI, **l'image est partout**, avant même le texte : publicités, films, tracts…, sur Internet, à la télévision… Cependant, **toute image n'est qu'une représentation** : elle n'est pas à confondre avec le réel, elle ne fait que l'utiliser.

LA RHÉTORIQUE DE L'IMAGE

L'image, même photographique, est une **construction** : elle obéit à des codes culturels et suit une **rhétorique précise et complexe** qui oriente notre regard : il faut maîtriser l'image, sinon elle risque dans certaines circonstances de nous manipuler.

LA NATURE DE L'IMAGE

Il existe deux sortes d'image :

– **l'image fixe** : un tableau, un dessin, une affiche publicitaire… jouant sur les plans et la profondeur de champ, parfois alliée au texte qui lui sert de légende ou de contrepoint ;

– **l'image mobile** : un film de fiction ou un film documentaire… jouant sur des possibilités narratives et informatives.

L'image est rarement un pur objet esthétique. Elle est souvent **narrative** ou porteuse d'un message **explicatif**, voire **argumentatif**.

PAUL FISCHER (1860-1934), *À la galerie* : détail (1905), huile sur toile, 41 x 32 cm (London, Sotheby's Lot 55, 14/03/89).

397	FICHE 1	L'image fixe
402	FICHE 2	L'image mobile

FICHE 1 — L'image fixe

Marc Riboud,
*France, Villeurbanne,
1984.*

Questions

1. Quels éléments permettent ici de parler d'une véritable construction visuelle ?
2. Comment l'harmonie est-elle rompue ? Où le photographe s'est-il placé pour le montrer ?

L'ESSENTIEL

Image et réel

• **Le découpage du réel :** l'image est un espace en **deux dimensions** qui découpe une partie du réel pour la mettre sous nos yeux. Ce réel est :
– **reproduit ou transposé** grâce à la main d'un artiste qui a, par des moyens graphiques et techniques, donné l'équivalent de ce qu'il a observé (dessin, peinture…) ;
– **saisi directement** en photographie, mais suivant un choix et une sensibilité propres à l'artiste.

• **Une représentation mentale propre à l'artiste :** depuis le surréalisme ▶ CHAPITRE 6, p. 260, l'image dessinée, peinte, photographiée ou filmée est avant tout le fruit des **rêves** et des **fantasmes** de son auteur, sans volonté de copier ou de transformer le réel.

Image et composition

Toute image obéit à une composition qui repose sur la profondeur de champ, la perspective, les lignes de force, l'angle de vue et le cadre.

• **La profondeur de champ :** les deux dimensions donnent l'illusion de la troisième dimension (comme si l'on pouvait entrer dans l'image) par une **succession de plans** allant du **premier plan** (le plus proche du spectateur) à **l'arrière-plan** (le plus lointain).

• **La perspective :** depuis la Renaissance, la peinture est structurée suivant des **lignes de fuite**, lignes structurant l'espace et se rejoignant vers un point idéal situé à l'horizon, appelé le **point de fuite**.

• **Les lignes de force :** elles attirent le regard du spectateur et divisent l'image en parties horizontales et verticales. Les points d'intersection de ces lignes sont les **points de force**.

FICHE 1

- **L'angle de vue** défini par le regard de l'artiste : l'élément représenté est vu **de face**, en **contre-plongée** (d'en bas) ou en **plongée** (d'en haut).
- **Le cadre :** en peinture comme en photographie, la mesure de référence est celle du corps humain. Chaque type de cadre porte un nom spécifique selon qu'on parle d'arts graphiques ou de photographie.

ÉCHELLE DU CADRE	HOMME DANS UN ESPACE OUVERT ET DÉGAGÉ	HOMME REPRÉSENTÉ DE HAUT EN BAS	HOMME REPRÉSENTÉ DE LA TÊTE À LA CEINTURE	VISAGE SEUL
PEINTURE, DESSIN	Paysage	Portrait en pied	Buste	Détail
PHOTOGRAPHIE	Plan d'ensemble	Plan moyen	Plan rapproché	Gros plan

■ Le pouvoir de séduction de l'image

Ce pouvoir est fondé sur **la lumière**.

- **En peinture,** elle provient d'une **source** (fenêtre, lueur venue du ciel, chandelle…) qui peut créer des jeux de lumière, comme le **clair-obscur**, technique très utilisée au XVIIe siècle et qui jouait sur le contraste de zones illuminées et de zones sombres ➤ **EXERCICE 4, p. 400**.

- **Dans tous les arts graphiques,** la proportion de **couleurs chaudes** (rouge, jaune, marron…) ou de **couleurs froides** (bleu, vert…) crée une atmosphère spécifique.
  EX. : les grands nus du XIXe siècle d'Ingres ou de G. Courbet opposent les couleurs dorées des corps féminins à des fonds souvent constitués de tentures vertes ➤ **PARTIE I, p. 316**.

- **En photographie, le noir et blanc** joue sur les contrastes alors que les **couleurs** brillent, comme en peinture, de leur vivacité ou de leur symbolisme.

■ Le rôle symbolique de l'image

L'image est chargée de symboles qui peuvent être utilisés à diverses fins.

- **Glorifier ou célébrer un personnage éminent :** la **peinture officielle** et **la peinture d'histoire** mettent en valeur les personnalités officielles et les événements marquants.
  EX. : *Louis XIV* par H. Rigaud ➤ **EXERCICE I, p. 399** ; *Le Sacre de Napoléon* par J.-L. David.

- **Délivrer un message philosophique ou religieux :** les objets représentés dans certaines natures mortes du XVIIe siècle, appelées **vanités**, mettent en scène le caractère éphémère de la vie pour appeler au recueillement ➤ **EXERCICE 4, p. 400**.
  La technique du **trompe-l'œil**, utilisée aussi bien en peinture qu'en photographie, imite la réalité pour donner l'illusion du vrai dans le but de critiquer ou de glorifier le pouvoir, jugé mensonger ou artificiel.

- **Proposer un emblème :** les pays sont symbolisés par des drapeaux, les marques commerciales sont représentées par des logos…

■ L'image associée au texte

L'image associée au texte peut avoir un rôle de complément ou constituer l'information principale.

- **L'illustration :** le texte occupe une place dominante, l'image vient l'enrichir ou l'éclaircir.
  EX. : les images d'un roman illustré.

- **L'image comme source d'information principale :** dans la publicité et les tracts politiques, l'image occupe une place majeure, son pouvoir d'évocation étant renforcé par un **slogan**. Quant à la bande dessinée, ce sont les **bulles de texte** qui complètent l'image, lui donnant une logique narrative.

EXERCICES D'APPLICATION

1 La peinture officielle

1. Combien comptez-vous de plans sur ce tableau ? Définissez-les.
2. Quelles sont les couleurs dominantes ? Que symbolisent-elles ?
3. Vers quel point votre regard se dirige-t-il ? Pourquoi ?

▶ PARTIE I, p. 333 : Hyacinthe Rigaud (1659-1743), *Louis XIV, roi de France, portrait de pied en costume royal* (1701), huile sur toile, 2, 77 x 1, 94 m (Paris musée du Louvre).

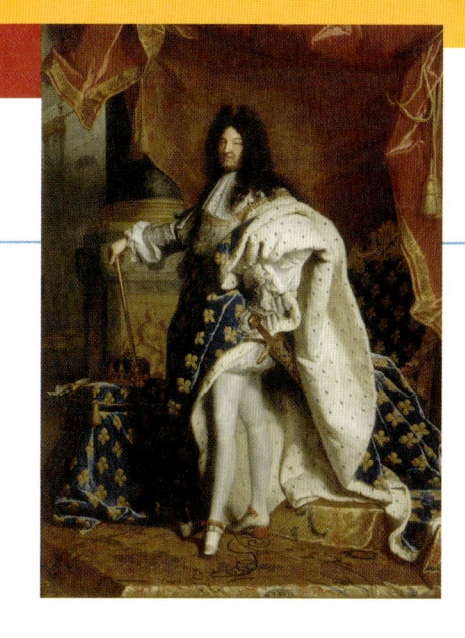

2 Lignes et plans

1. Repérez Louis XIV sur l'image : où est-il placé ? dans quel but ? (N.B. La statue au centre du tableau représente Henri IV, non Louis XIV.)
2. Quelles sont les lignes de fuite de ce tableau ? Où convergent-elles et pourquoi ?
3. Comment les plans sont-ils utilisés ? Lequel est particulièrement mis en évidence ?

Montrant l'autorité du jeune Louis XIV qui se déplace du Louvre (sa résidence) au Palais de justice de Paris pour y faire régner le droit, ce tableau a pour but de restaurer l'autorité du Roi, après la période de la Fronde qui aurait pu lui ravir le pouvoir.

Adam Frans van der Meulen (1632-1690), *Louis XIV traversant le Pont-Neuf dans son carrosse* (1666), huile sur toile (Grenoble, musée des Beaux-Arts).

EXERCICES D'APPLICATION

3 Lignes et angle de vue

1. Quel rôle le paysage joue-t-il dans la composition du cliché ? Analysez les lignes.
2. Où le personnage regarde-t-il ? Quelle est son attitude ? Cette image est-elle uniquement descriptive ?

RAYMOND DEPARDON (né en 1942), *New York City, South Park Avenue* (1981).

4 Lumière et couleurs

1. Comment l'œuvre est-elle construite ? Analysez les lignes.
2. Quelles sont les couleurs utilisées par le peintre ? Quelle atmosphère donnent-elles au tableau ?
3. Quel usage est-il fait du clair-obscur ? Sur quoi permet-il de mettre l'accent ?
4. En quoi cette œuvre s'apparente-t-elle clairement au genre pictural de la vanité ?

Peintre italien, le Caravage a consacré une grande partie de son art à la peinture religieuse. À travers cette représentation de saint Jérôme, il met en scène la sagesse et la méditation sous leur forme traditionnelle.

MICHELANGELO MERISI, dit CARAVAGE (vers 1571-1610), *Saint Jérôme écrivant* (1608 ?), huile sur toile, 112 x 157 cm (Rome, galerie Borghèse).

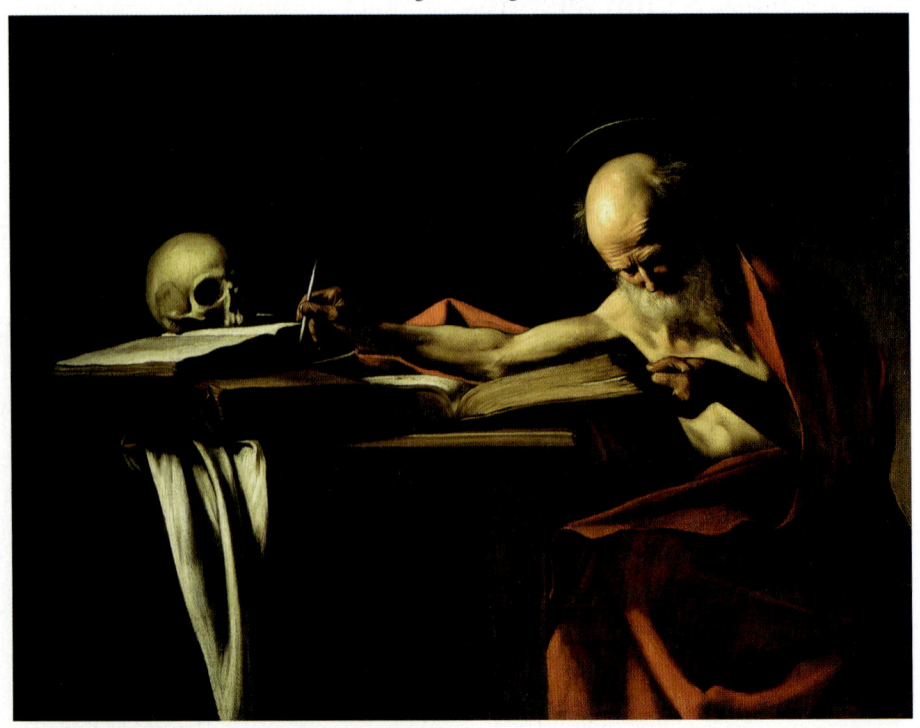

Chapitre 2 • L'analyse de l'image

5 Texte et image : l'affiche

1. Quels éléments du texte de l'affiche rappellent la mission d'Amnesty International ?
2. Comment interprétez-vous les points de suspension interrompant le groupe nominal *loi du...* ?
3. Quelle partie du dessin est particulièrement mise en évidence ? Analysez le graphisme et les couleurs.

RÉDACTION DE PARAGRAPHE ARGUMENTATIF
Pour une telle cause, l'utilisation d'un dessin vous semble-t-elle plus efficace qu'une photographie ? Rédigez un paragraphe se référant précisément à l'image étudiée.
▶ PARTIE III, p. 500 : LE PARAGRAPHE ARGUMENTATIF

Amnesty International est une organisation indépendante luttant contre l'emprisonnement arbitraire, la torture et la peine de mort. Chaque année, elle publie un rapport et organise des campagnes d'affichage et de sensibilisation.

Affiche pour l'association Amnesty International : *Défense de torturer, loi du ...*

6 Le dessin humoristique

1. Sur quel genre d'humour ce dessin joue-t-il ? Justifiez.
   ▶ PARTIE II, p. 419 : LE REGISTRE COMIQUE
2. Comment expliquez-vous l'absence de bulles pour le texte du dessus ? À qui attribuez-vous ces propos ?
3. Quels éléments le dessinateur oppose-t-il ? À quelle figure de style associeriez-vous ce dessin ?
   ▶ p. 392 : LES FIGURES DE RHÉTORIQUE

Dessin de CHARB, *Charlie Hebdo*.

FICHE 2 — L'image mobile

Photogramme de *La Loi du désir*, film de Pedro Almodovar (1986), avec Carmen Maura.

Questions

1. Où le regard du personnage est-il dirigé ? L'image se suffit-elle à elle-même ?
2. Quelle utilisation le cinéaste fait-il de la lumière ?

L'ESSENTIEL

Définition

• **Image mobile et image fixe :** l'image mobile, ou cinématographique, est construite sur les principes de **profondeur de champ**, de **cadrage** et de **lumière** de l'image fixe ➤ FICHE 1, p. 397.

• Un film est constitué d'une **succession d'images** (24 par seconde). Elles s'enchaînent suivant une **continuité narrative et logique**, avec laquelle le cinéaste, de fiction ou de documentaire, peut jouer.

Le récit cinématographique

• D'abord proche du récit littéraire, le récit cinématographique affirme ensuite sa spécificité par **plusieurs étapes de réalisation** propres au genre cinématographique :

– **L'écriture du scénario** : les scènes, les décors, l'action et les dialogues du film y sont décrits en détail.

– **Le découpage technique :** le scénario est découpé en séquences pour lesquelles on prévoit les techniques de tournage appropriées.

– **Le tournage :** on filme à la suite toutes les séquences qui se déroulent dans le même décor, naturel ou en studio, et dans les mêmes costumes.

– **Le montage :** cette étape finale de réalisation rétablit l'ordre narratif. Les images défilant sur la table de montage sont coupées puis raccordées suivant le scénario.

• Comme le roman, le film joue sur **la chronologie** grâce à deux techniques principales :

– **Le flash-back :** équivalent de l'**analepse** en littérature ➤ p. 449.

– **L'utilisation systématique de l'ellipse :** économie d'une scène dans le passage d'une séquence à l'autre.
EX. : quand une séquence montre un personnage au travail, fatigué et énervé, et que la séquence suivante s'ouvre sur ce même personnage au bord de la mer, on en déduit qu'il a pris des vacances.

Le cinéma : un art technique

• **Les plans :** la caméra saisit **un plan** (ensemble d'images qui défilent), puis elle peut se déplacer, faisant varier le plan, qui peut passer du **gros plan** (détail) au **plan d'ensemble** (rue, paysage) en passant par le **plan rapproché** (buste) et le **plan moyen** (personnage vu entièrement). Même s'il évolue, il reste **un seul et même plan jusqu'à l'arrêt du moteur de la caméra**.

Cas particulier : quand un plan raconte une séquence narrative complète, on parle de plan-séquence.
EX. : déplacement d'un personnage, suivi de A à Z dans la rue, sans arrêter la caméra.

• **Les champs :** pour raconter une histoire, les cinéastes ont besoin de changer régulièrement de **champ visuel** (portion d'espace dans le cadre de l'image), en utilisant en particulier le **champ/contrechamp** : deux caméras, situées presque l'une en face de l'autre, filment en même temps, offrant deux points de vue sur une même scène.
EX. : un dialogue montrant alternativement le visage des deux interlocuteurs.

• **Plans et séquences** s'enchaînent par des procédés variés :
– **L'appel du hors-champ :** le regard d'un personnage est dirigé vers l'extérieur de l'image. Le cinéaste crée un **raccord** par le regard, reliant ce qui est vu par le personnage au regard du personnage.
EX. : le photogramme ci-contre.

– **Le plan coup de poing :** passage brutal d'une image à une autre, il crée un effet de surprise.
EX. : passage brusque d'une vision de visage souriant à celle d'une arme qui s'abat sur le personnage.

– **Le fondu noir ou blanc :** l'image s'assombrit ou s'éclaircit progressivement pour traduire un changement de lieu ou d'époque.
EX. : un personnage rejoint son domicile, l'écran s'assombrit et la séquence suivante s'ouvre sur son réveil.

– **Le fondu enchaîné :** une image se superpose progressivement à une autre.
EX. : un paysage remémoré apparaît en filigrane sur le visage d'un personnage alité, et finit par le remplacer.

Le cinéma : un regard particulier

• **L'illusion du mouvement :** le cinéma donne l'illusion du mouvement au spectateur. La caméra peut bouger sur un rail ou sur une grue.

– **Le travelling horizontal :** la caméra se déplace en avant ou en arrière.

– **Le travelling latéral :** elle va vers la gauche ou vers la droite.

– **Le travelling vertical :** elle est déplacée vers le haut ou vers le bas.

– **Le panoramique :** elle reste sur son axe mais pivote (haut-bas, gauche-droite ou circulaire).

– **Le zoom arrière ou avant :** c'est un effet optique d'agrandissement ou de rétrécissement du champ de vision.

• **Tous ces procédés orientent le regard et créent des effets narratifs.**
Une caméra se rapprochant d'un personnage, vu de dos, peut créer un effet de suspense utilisé dans les films policiers : va-t-il être attaqué, surpris ?

• **Pour résumer,** un film est une succession de plans organisés en ensembles narratifs appelés séquences, rarement tournés dans l'ordre du scénario, et créant du mouvement grâce à la caméra et grâce au montage.

EXERCICES D'APPLICATION

1 Le champ visuel

1. Étudiez les jeux de lumière : d'où vient-elle ? Où se reflète-t-elle ? Quels sont les effets produits ?
2. Où est située la caméra ? dans quel but ?
3. Si le cinéaste veut faire dialoguer ses personnages, comment va-t-il utiliser la caméra ?

▶ PARTIE I, p. 151 :
Photogramme des *Nuits de la pleine lune,*
film d'Éric Rohmer (1984)
avec Pascale Ogier et Fabrice Luchini.

2 Échelle et enchaînement des plans

1. Décrivez les deux plans. Comment chaque image est-elle cadrée ? suivant quel angle de prise de vue ?
2. Grâce à quels éléments comprend-on que ces deux plans s'enchaînent dans le film ?
3. S'agit-il d'un véritable champ / contre-champ ? Expliquez.
4. Déduisez à partir du contenu de ces plans le registre du titre choisi par Bergman.

Photogrammes de *Sourires d'une nuit d'été,*
film d'Ingmar Bergman, Suède (1955),
avec Gunnar Bjornstrand,
Margit Carlquist et Éva Dahlbeck.

Chapitre 2 • L'analyse de l'image

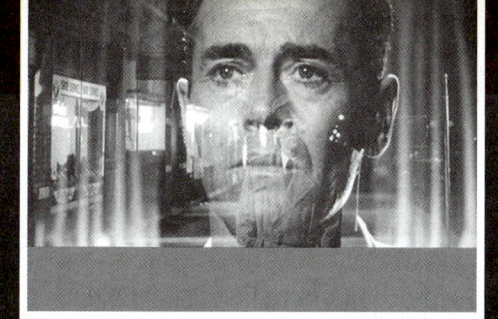

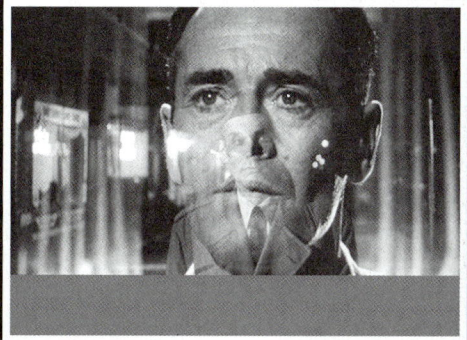

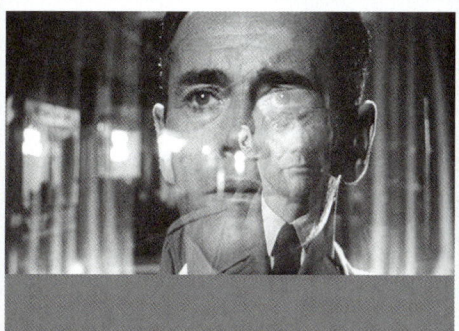

3 L'enchaînement des plans

1. Quel procédé d'enchaînement de plans est ici utilisé ? Justifiez par la description des images.
2. Quelle relation logique établissez-vous entre le scénario reproduit ci-dessous et le procédé d'enchaînement utilisé ?

Une nuit de 1952, un musicien du Stork Club de New York rentrait chez lui, et, à sa porte, vers deux heures du matin, il se fait héler par deux hommes qui le trimballent dans
5 différents endroits, et le montrent aux gens en disant : « Est-ce cet homme ? Est-ce cet homme ? » Bref, il est arrêté pour des hold-up. Il était complètement innocent ; il doit subir un procès ; finalement sa femme en per-
10 dit la tête. [...]

François Truffaut, *Hitchcock* (extrait),
© Gallimard (2003).

Photogrammes de *Faux coupable*,
d'Alfred Hitchcock (1957)
avec Henry Fonda et Richard Robbins.

EXERCICES D'APPLICATION

4. Image et dramatisation

1. Sachant que ces deux images sont extraites d'une même séquence, expliquez par quel procédé on a pu passer d'une image à l'autre.
2. Quel est l'effet produit sur le spectateur ? Quel registre donne-t-il au film concerné ?
➤ **PARTIE I, p. 418 :** LES REGISTRES LITTÉRAIRES
3. Effectuez une recherche sur le scénario de ce film. Résumez-le en une quinzaine de lignes. En quoi ce résumé confirme-t-il le registre identifié ?

Photogrammes d'*Orange Mécanique*, film de Stanley Kubrick (1971), avec Waren Clarke, James Marcus et Malcolm Mac Dowell.

5 Angle de vue et champ visuel

1. Dans l'image ci-dessous, où la caméra est-elle située par rapport aux personnages ? Quel est l'angle de vue adopté ?
2. Comment le cinéaste fait-il ici appel au hors-champ ? dans quel but ?

ÉCRITURE D'INVENTION
Imaginez la suite de la séquence sous la forme d'un petit scénario. Découpez votre récit en étapes claires et, pour chacune d'elles, indiquez entre parenthèses la technique cinématographique utilisée (champ / contrechamp, travelling, etc.).
➤ PARTIE III, p. 486 : L'ÉCRITURE D'INVENTION

6 Analyse d'un photogramme

1. Choisissez l'un des cinéastes suivants et utilisez au besoin un dictionnaire du cinéma pour sélectionner le titre d'un de ses longs métrages.
   a. Pedro Almodovar
   b. Charlie Chaplin
   c. Jean-Luc Godard
   d. Takeshi Kitano
   e. Pier Paolo Pasolini
   f. Steven Spielberg
2. Utilisez les ressources du CDI (livres d'art, encyclopédies, Internet...) pour trouver une image extraite du film (un photogramme).
3. Décrivez et analysez cette image en montrant en particulier la façon dont la caméra a été utilisée.
   ➤ p. 544 : PRÉPARER UN EXPOSÉ

Photogramme de *Charlie et la chocolaterie*, film de TIM BURTON (2005), avec Johnny Depp.

Chapitre 3
Les formes de discours

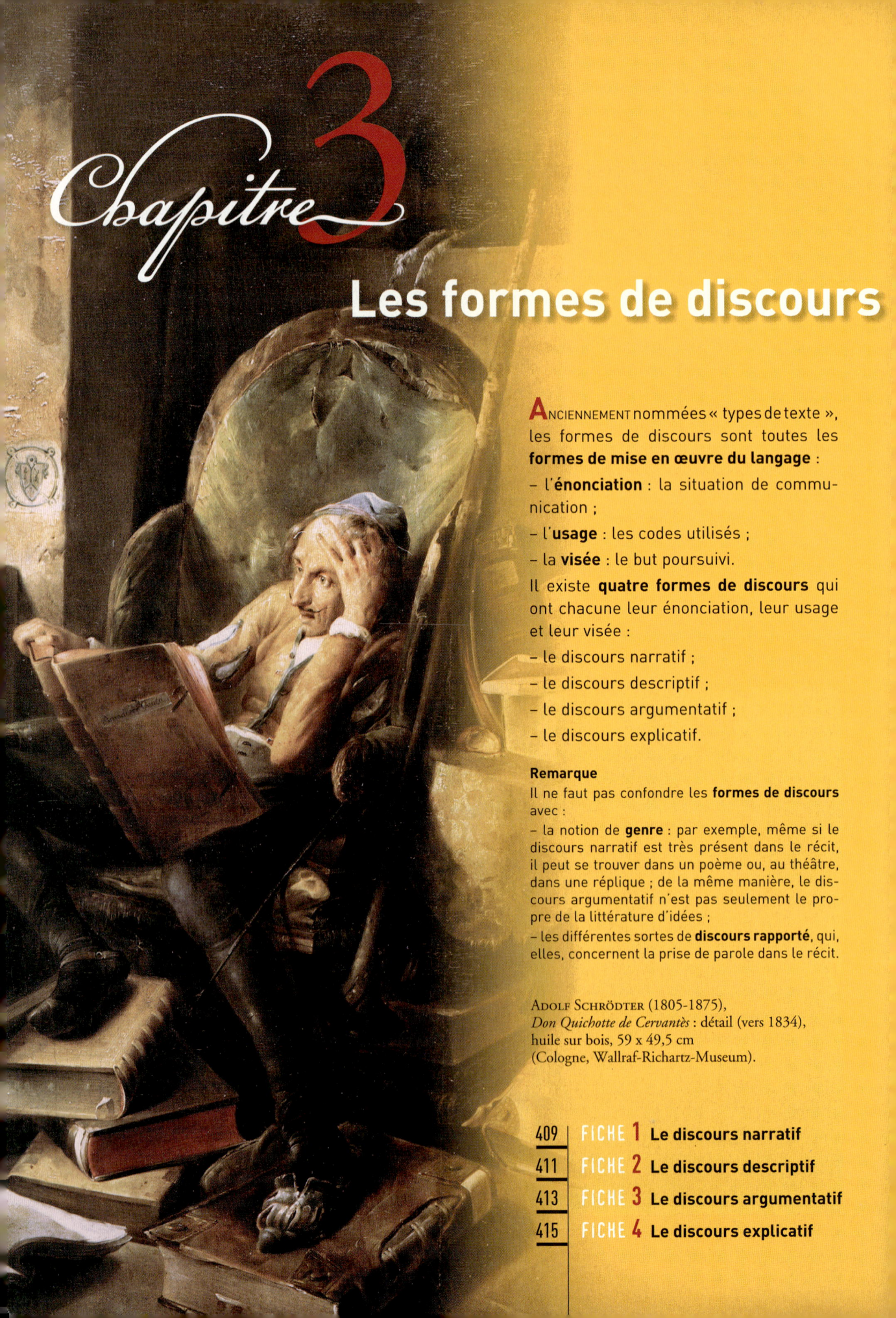

ANCIENNEMENT nommées « types de texte », les formes de discours sont toutes les **formes de mise en œuvre du langage** :
– l'**énonciation** : la situation de communication ;
– l'**usage** : les codes utilisés ;
– la **visée** : le but poursuivi.

Il existe **quatre formes de discours** qui ont chacune leur énonciation, leur usage et leur visée :
– le discours narratif ;
– le discours descriptif ;
– le discours argumentatif ;
– le discours explicatif.

Remarque
Il ne faut pas confondre les **formes de discours** avec :
– la notion de **genre** : par exemple, même si le discours narratif est très présent dans le récit, il peut se trouver dans un poème ou, au théâtre, dans une réplique ; de la même manière, le discours argumentatif n'est pas seulement le propre de la littérature d'idées ;
– les différentes sortes de **discours rapporté**, qui, elles, concernent la prise de parole dans le récit.

ADOLF SCHRÖDTER (1805-1875), *Don Quichotte de Cervantès* : détail (vers 1834), huile sur bois, 59 x 49,5 cm (Cologne, Wallraf-Richartz-Museum).

409	FICHE **1** Le discours narratif
411	FICHE **2** Le discours descriptif
413	FICHE **3** Le discours argumentatif
415	FICHE **4** Le discours explicatif

FICHE 1

Le discours narratif

> THÉRAMÈNE
> À peine nous sortions des portes de Trézène,
> Il était sur son char. Ses gardes affligés
> Imitaient son silence, autour de lui rangés.
>
> ➤ PARTIE I, p. 41 : J. RACINE, *Phèdre*, Acte V, scène 6, vers 1498-1500 (1677).

Questions

1. Quelle expression indique que l'action est lancée ?
2. Quel temps verbal est employé ? Quelle valeur a-t-il ?

L'ESSENTIEL

Le discours narratif ne se confond pas avec le récit. Tous genres confondus, il donne au lecteur l'impression qu'on lui raconte une **histoire**, en l'immergeant dans l'**action**.

■ Caractéristiques grammaticales

• **Choix de la personne :** le texte est écrit soit à la 3ᵉ personne, soit à la 1ʳᵉ (il s'agit, dans le second cas, d'un narrateur-personnage).

• **Temps employé :** le texte est rédigé soit au présent, soit au passé.
Chaque temps a une **valeur** propre :
– le **présent** donne l'illusion de vivre l'action racontée ; accompagné de temps passés, il est appelé « présent de narration » ;
– le **passé simple** a essentiellement la valeur d'actions uniques, d'événements ;
– l'**imparfait**, dans le discours narratif, a valeur de durée (durative) ou de répétition (itérative) ;
– le **plus-que-parfait** évoque l'antériorité sur un imparfait de la même phrase.

EX. : [La pluie] tomba toute la nuit, abondamment, à flots ; le tonnerre grondait ; c'était la voix de Moloch ; il avait vaincu Tanit.
➤ p. 126 : G. FLAUBERT, *Salammbô* (1862).

→ *tomba* = passé simple (événement **unique** mais qui s'est prolongé *toute la nuit*).
grondait = imparfait à la fois **itératif** (différents coups de tonnerre) et **duratif** (prolongement du bruit).
avait vaincu = victoire du dieu Moloch sur l'autre dieu, Tanit, juste **avant** la tempête.

■ La progression du texte

• **Le texte narratif est construit logiquement,** grâce à des **repères temporels** et à un rapport de **cause-conséquence** : tout fait est la conséquence d'une action préalable.

EX. : [L]e soir, vers neuf heures, elle avait des accès de fièvre : le médecin avait donc recommandé de lui faire prendre, dès cette heure-là, le repos nécessaire.
➤ p. 158 : E. T. A. HOFFMANN, « Une histoire de fantôme » (1814-1819).

→ La coordination *donc* relie le remède à la douleur évoquée.

■ Les genres narratifs

• **Certains genres sont essentiellement narratifs :** le récit ➤ p. 112 et la fable en vers.
Dans la tragédie classique, la narration est le récit fait par un témoin d'actions interdites sur scène. EX. : le récit de Théramène ➤ p. 41.

EXERCICES D'APPLICATION

1 Temps verbal et indices temporels

1. Quel est le temps dominant ? Quelle est sa valeur ? Justifiez en relevant d'autres mots du texte.
2. Quels sont les indices temporels ? Quel est leur rôle ?
➤ PARTIE II, p. 446 : LE CADRE SPATIO-TEMPOREL

Pendant le reste de ce mois, quand j'accourrais par les jardins, je voyais parfois sa figure[1] collée aux vitres ; et quand j'entrais au salon, je la trouvais à son métier. Si je n'arrivais pas à l'heure convenue sans que jamais nous l'eussions indiquée, parfois sa forme blanche errait sur la terrasse ; et quand je l'y surprenais, elle me disait : – Je suis venue au-devant de vous.
➤ PARTIE I, p. 133 : HONORÉ DE BALZAC, *Le Lys dans la vallée* (extrait, 1836).

1. Visage de Blanche de Mortsauf.

2 Les temps du discours narratif

1. Donnez la valeur des temps verbaux. Le lecteur a-t-il affaire au récit d'un événement ?
2. Relevez les pronoms personnels dominants ; qui désignent-ils ?
➤ p. 387 : LES OUTILS GRAMMATICAUX

Joset est un jeune paysan que personne ne prend au sérieux mais qui intrigue beaucoup.

Une chose me donna encore plus à penser par la suite des jours. C'est que l'on s'aperçut à l'Aulnières que Joset découchait de temps en temps.
On l'en plaisantait, s'imaginant qu'il avait une amourette : mais on eut beau le suivre et l'observer, jamais on ne le vit s'approcher d'un lieu habité, ni rencontrer une personne vivante. Il s'en allait à travers champs et gagnait le large, si vite et si malignement, qu'il n'y avait aucun moyen de surprendre son secret. Il revenait au petit jour et se trouvait à son ouvrage comme les autres, et, au lieu de paraître las, il paraissait plus léger et plus content qu'à son habitude.

GEORGE SAND, *Les Maîtres Sonneurs* (extrait, 1853).

3 La progression narrative

1. Identifiez le début et la fin du discours narratif dans cette tirade. Comment est-il identifiable ?
2. Comment la tirade est-elle structurée ? dans quel but ?
➤ p. 459 : LA PAROLE THÉÂTRALE

La tragédie Les Euménides *met en scène Oreste, assassin de sa mère, qui comparaît devant Athéna, déesse de la Justice.*

Je suis Argien, et mon père t'est bien connu, Agamemnon, qui arma la flotte des Grecs et t'aida toi-même à faire une cité de ruines de la cité des Troyens. Il a péri, ce roi, et d'une mort indigne, quand il rentrait à son foyer. Ma mère aux noirs desseins l'a tué, en l'enserrant dans un riche filet, qui témoignait assez du crime accompli dans le bain. Et moi, longtemps exilé, rentrant enfin dans ma patrie, j'ai tué ma mère – je ne le nierai pas – pour qu'un meurtre payât le meurtre de mon père adoré. Mais de ma conduite Loxias[1] est responsable aussi, dont les oracles, aiguillons de mon âme, ne me prédisaient que douleurs, si je n'exécutais pas tous ses ordres contre les coupables. Ai-je eu tort ? ai-je eu raison ? à toi d'en décider : je suis en ta puissance ; quoi qu'il fasse de moi, j'accepte ton arrêt.

ESCHYLE, *Les Euménides* (458 avant J.-C.), traduction de P. Mazon, © Les Belles Lettres, 1921/1925.

1. Devin consulté par Oreste.

4 RÉDACTION DE PARAGRAPHE ARGUMENTATIF
Le discours narratif en poésie

Comme elle utilise le discours narratif, doit-on considérer la fable comme un récit ou comme un poème ? Prenez comme exemple une fable de votre choix dans le recueil de La Fontaine.
➤ PARTIE III, p. 500 : LE PARAGRAPHE ARGUMENTATIF

Chapitre 3 • Les formes de discours

FICHE 2 — Le discours descriptif

> De petits nuages jouaient et roulaient à l'horizon, violets, gris, argentés, avec des éclairs de blanc à leur cime qui semblaient mettre au bas du ciel l'écume du bord des mers. De là se levait le ciel, infini et bleu, profond et clair, splendide et déjà pâlissant, comme à l'heure où les étoiles commencent à s'allumer derrière le jour.
> ➤ PARTIE I, p. 234 : J. et E. DE GONCOURT, *Renée Mauperin* (1864).

Questions

1. Repérez les champs lexicaux ; sur quoi mettent-ils l'accent ?
2. Cette évocation semble-t-elle figée ? Justifiez en vous référant aux verbes employés.

L'ESSENTIEL

- **La description a une fonction « mimétique » :** elle donne l'illusion au lecteur qu'il voit un lieu, un objet ou un personnage. Elle sert aussi à caractériser le sujet qui est décrit.

- **Une description peut être soit autonome, soit associée à une autre forme de discours :**
  – **autonome**. EX. : les *Caractères* de La Bruyère ➤ p. 328 ;
  – mêlée au **discours narratif** ➤ PARTIE II, p. 409 ;
  – insérée dans un **discours rapporté** ➤ p. 455 ;
  – associée au **discours argumentatif** ou **explicatif** ➤ p. 413 et p. 415.

Caractéristiques

- **Verbes utilisés.** Il s'agit de verbes d'état, essentiellement : *être, paraître, sembler, avoir l'air…*

- **Temps employés :** la description est rédigée soit au présent, soit à l'imparfait.

- **Lexique :**
  – **champs lexicaux** du corps, du caractère, de l'affectivité (portraits), des formes, des couleurs, de l'architecture (description des objets et de l'espace) ;
  – **expansions du nom** (qualificatifs, relatives…), révélatrices du regard que porte le narrateur sur le sujet ;
  ➤ p. 387 : LES OUTILS GRAMMATICAUX
  – **structure** : le discours est organisé selon l'effet à produire ;
  – **focalisation** : selon le cas, la description sera neutre ou au contraire subjective.
  ➤ p. 443 : LE NARRATEUR ET LA FOCALISATION

Fonctions

- Plusieurs fonctions peuvent se combiner :

  – **fonction esthétique** : la beauté du sujet traité est mise en valeur par des **figures de style**
  ➤ p. 392 : LES FIGURES DE RHÉTORIQUE ;
  – **fonction documentaire** : le lecteur découvre le contexte spatio-temporel d'une intrigue.
  EX. : romans réalistes ou naturalistes ➤ CHAPITRE 5, p. 218 ;
  – **fonction argumentative** : le narrateur veut convaincre.
  EX. : portrait satirique de Napoléon III par Hugo ➤ p. 213 ;
  – **fonction symbolique** : le lecteur doit découvrir un sens caché.
  EX. : la mine, métaphore de l'enfer dans *Germinal* de Zola.

EXERCICES D'APPLICATION

1 L'emploi des temps

1. Quelle est la valeur du temps verbal ?
2. Quelle est la fonction de cette description ?

D'énormes montagnes m'entouraient, des abîmes s'ouvraient devant moi, et des torrents s'y précipitaient, les rivières coulaient à mes pieds, forêts et monts retentissaient ; et je les voyais agir, créatrices, les unes sur les autres dans les profondeurs de la terre, toutes les forces insondables ; et puis, par-dessus la terre et sous le ciel, pulluler les générations des diverses créatures.

▶ PARTIE I, p. 176 : J. W. VON GOETHE, *Les Souffrances du jeune Werther* (extrait, 1774), traduction de H. Buriot-Darsiles, © Aubier-Montaigne, 1980.

2 L'organisation du discours descriptif

1. Utilisez un dictionnaire pour la définition des mots difficiles et repérez les champs lexicaux.
2. Analysez l'ordre de cette description.
3. Justifiez l'emploi du temps verbal dominant.

Sur le sol il y a un tapis de sisal tressé dont les fibres s'entrelacent de manière à former des motifs en forme d'étoile.
Sur le mur un papier peint imitant la toile de Jouy représente de grands navires à voiles, des quatre-mâts de type portugais, armés de canons et de couleuvrines, se préparant à rentrer au port ; le grand foc et la brigantine sont gonflés par le vent ; des marins, grimpés dans les cordages, carguent les autres voiles.
Il y a quatre tableaux sur les murs.
Le premier est une nature morte qui, malgré sa facture moderne, évoque assez bien ces compositions ordonnées autour du thème des cinq sens, si répandues dans toute l'Europe de la Renaissance à la fin du XVIIIe siècle : sur une table sont disposés un cendrier dans lequel fume un havane, un livre dont on peut lire le titre et le sous-titre – *La Symphonie inachevée*, roman – mais dont le nom de l'auteur reste caché, une bouteille de rhum, un bilboquet et, dans une coupe, un amoncellement de fruits séchés, noix, amandes, oreillons d'abricots, pruneaux, etc.

GEORGES PEREC, *La Vie mode d'emploi*, I, IV, « Marquiseaux », 1, © Hachette (1978).

3 Le portrait dans le roman

1. Sur quels détails ce portrait s'attarde-t-il ? grâce à quelles figures de style ?
▶ PARTIE II, p. 392 : LES FIGURES DE RHÉTORIQUE
2. Quelle impression se dégage de ce portrait ?

Sur sa tête, une calotte en velours également noir, laissait passer, de chaque côté de la figure, les ondoyantes nappes d'une longue chevelure d'argent. La robe ensevelissait le corps comme un vaste linceul, et la coiffure étant appliquée sur le crâne de manière à encadrer le front ne permettait de voir qu'une étroite figure blanche. Sans le bras décharné[1], qui ressemblait à un bâton sur lequel on aurait posé une étoffe, et que le vieillard tenait en l'air pour faire porter sur le jeune homme toute la clarté de la lampe, ce visage aurait paru suspendu dans les airs.

HONORÉ DE BALZAC, *La Peau de chagrin*, « Le Talisman » (extrait, 1831).

1. Comme privé de chair, amaigri.

4 ÉCRITURE D'INVENTION
Les fonctions de la description

À votre tour, décrivez en quinze lignes une ville imaginaire en :
– mêlant les fonctions de la description ;
– utilisant des figures de style traduisant l'étonnement, à la façon du texte de Céline.
▶ p. 392 : LES FIGURES DE RHÉTORIQUE
▶ PARTIE III, p. 492 : RÉÉCRIRE

Figurez-vous qu'elle était debout leur ville, absolument droite. New York c'est une ville debout. On en avait déjà vu nous des villes bien sûr, et des belles encore, et des ports et des fameux même. Mais chez nous, n'est-ce pas, elles sont couchées les villes.

LOUIS FERDINAND CÉLINE, *Voyage au bout de la nuit*, © Gallimard (1932).

FICHE 3 — Le discours argumentatif

Chapitre 3 • Les formes de discours

> L'Europe sous sa loi guerrière
> Se débattit. —
> Toi, son singe, marche derrière,
> Petit, petit.
>
> ➤ PARTIE I, p. 213 : V. Hugo, *Les Châtiments*, VII, 6
> (poème adressé à Napoléon III, extrait, 1853).

Questions

1. En quels termes et sur quel ton le poète s'adresse-t-il au nouvel empereur ?
2. Sachant que le destinataire est Napoléon III, cherchez à qui le premier vers fait référence.

L'ESSENTIEL

• **« Arguer », à l'origine, signifie « prouver, dénoncer ».** Le discours argumentatif, écrit ou oral, développe une **thèse**, à l'aide d'**arguments** et d'**exemples**, c'est-à-dire d'un circuit argumentatif qui utilise les ressources de la **rhétorique*** afin de convaincre ou persuader.

Les composantes du discours argumentatif

Le discours argumentatif structure un raisonnement, selon une **stratégie** bien définie.
Pour rendre son discours efficace, le locuteur utilise différents moyens :

• **Les indices de l'énonciation**.
➤ PARTIE II, p. 387 : LES OUTILS GRAMMATICAUX

• **Les modalisateurs** : termes qui manifestent la subjectivité, l'engagement,
qui permettent d'interpeller le destinataire.
➤ p. 387 : LES OUTILS GRAMMATICAUX
EX. : Voyez comment, pour multiplier ses plaisanteries, cet homme trouble tout l'ordre de la société.
(J.-J. Rousseau, à propos de Molière)

→ Le lecteur est pris à témoin, avec l'impératif *voyez* ; le démonstratif *cet* dévalorise Molière.

• **Les connecteurs logiques :** ils articulent les étapes du raisonnement.
– L'addition (*et, en outre…*) ;
– La cause (*car, parce que…*) ou la conséquence (*donc, ainsi, si bien que…*) ;
– L'opposition (*mais, pourtant, en revanche…*) ou la concession (*quoique, bien que…*) ;
– La comparaison, l'analogie (*tel, de même que…*).

• **Le lexique :** les verbes d'opinion : *préférer…* , de sentiment :
détester… , et les termes évaluatifs : *beau, affreux…* indiquent le point de vue adopté.
EX. : Je n'aime pas trop les musées. Il y en a beaucoup d'admirables, il n'en est point de délicieux.
P. Valéry.

→ Le lexique et la concession (prise en compte de la thèse adverse) nuancent l'opinion.

• **Les figures de rhétorique** : elles renforcent l'efficacité du discours.
➤ p. 392 : LES FIGURES DE RHÉTORIQUE
EX. : Selon que vous serez puissant ou misérable,
Les jugements de cour vous rendront blancs ou noirs.
J. de La Fontaine, *Fables*, VII, 1 : « Les Animaux malades de la peste » (1668).

→ Les antithèses dénoncent une justice arbitraire.

EXERCICES D'APPLICATION

1 La visée de la préface

1. Quelle est la thèse de ce passage ?
2. Sur quel ton l'auteur s'exprime-t-il ?

Si nous avions le droit de dire quel pourrait être, à notre gré, le style du drame, nous voudrions un vers libre, franc, loyal, osant tout dire sans pruderie, tout exprimer sans recherche ; passant d'une naturelle allure de la comédie à la tragédie, du sublime au grotesque [...] ; sachant briser à propos et déplacer la césure pour déguiser sa monotonie d'alexandrin ; plus ami de l'enjambement qui l'allonge que de l'inversion qui l'embrouille ; fidèle de la rime, cette esclave reine, cette suprême grâce de notre poésie.

▶ PARTIE I, p. 192 : Victor Hugo, *Préface de Cromwell* (extrait, 1827).

2 L'implication du locuteur

1. Repérez les indices personnels de l'énonciation.
▶ PARTIE II, p. 387 : LES OUTILS GRAMMATICAUX
2. Relevez et analysez les modalisateurs.
▶ p. 387 : LES OUTILS GRAMMATICAUX
3. Dans quel but la concession est-elle utilisée ?

Mais les gens, aujourd'hui, ont une peur atroce et de la liberté et de l'humour ; ils ne savent pas qu'il n'y a pas de vie possible sans liberté et sans humour, que le moindre geste, la plus simple initiative, réclament le déploiement des forces imaginatives qu'ils s'acharnent, bêtement, à vouloir enchaîner et emprisonner entre les murs aveugles du réalisme le plus étroit, qui est la mort et qu'ils appellent vie, qui est la ténèbre et qu'ils appellent lumière. Je prétends que le monde manque d'audace et c'est la raison pour laquelle nous souffrons. Et je prétends aussi que le rêve et l'imagination, et non la vie plate, demandent de l'audace et détiennent et révèlent les vérités fondamentales, essentielles. Et même que (pour faire une concession aux esprits qui ne croient qu'à l'utilité pratique) si les avions sillonnent aujourd'hui le ciel, c'est parce que nous avions rêvé l'envol avant de nous envoler. Il a été possible de voler parce que nous rêvions que nous volions. Et voler est une chose inutile.

Eugène Ionesco, *Notes et Contre-notes* (extrait, 1962), © Gallimard.

3 Les connecteurs logiques

1. Repérez les connecteurs ; précisez leur valeur logique.
2. Quels sont les arguments utilisés ? Dans quel ordre sont-ils formulés, et pourquoi ?

À la radio, il est vrai, le marquage du son publicitaire pour le distinguer du reste n'est pas si simple. On est condamné à grossir exagérément les effets, à se situer en permanence aux frontières du pastiche. D'où ces dames qui nous gloussent leurs slogans comme aucune bécasse n'oserait encore le faire. D'où ces comédiens, probablement mal payés, que l'on invite à réciter leurs couplets deux ou trois crans au-dessus.
Mais il y a plus grave. C'est ce qu'il faut bien appeler le décalage hiérarchique. Celui qui relègue les détails concernant telle ou telle tragédie à un « *après la pub* » lourd de symboles. « *Après la pub, on reviendra sur les affrontements de Gaza ou sur les aveux du serial killer...* » Ce décalage obscène est bien le signe que quelque chose cloche dans notre univers symbolique.

Jean-Claude Guillebaud, *Télé Obs*, article « Après la pub... » (avril 2003).

4 ÉCRITURE D'INVENTION — La défense d'une idée

Défendez une idée qui vous tient à cœur en :
– choisissant un genre (chanson, discours, article de presse...) ;
– respectant les outils de la langue propres au discours argumentatif (indices de l'énonciation, modalisateurs...).
▶ p. 387 : LES OUTILS GRAMMATICAUX
▶ PARTIE III, p. 486 : L'ÉCRITURE D'INVENTION

FICHE 4

Le discours explicatif

Les types innombrables d'images surréalistes appelleraient une classification que, pour aujourd'hui, je ne me propose pas de tenter. Les regrouper selon leurs affinités particulières m'entraînerait trop loin.

➤ **PARTIE I, p. 266** : A. Breton, *Manifeste du surréalisme* (1924), © J.-J. Pauvert éditions, 1962 et Société Nouvelle des éditions Pauvert, département de la Librairie Arthème Fayard, 1979.

Questions

1. Quels termes traduisent un souci d'explication ?
2. Comment l'auteur est-il personnellement présent dans son texte ?

L'ESSENTIEL

- **Issu du latin *explicare*** signifiant « dérouler, tirer au clair », l'adjectif « explicatif » s'applique à un texte souvent de **registre didactique** ➤ **PARTIE II, p. 440** : LE REGISTRE DIDACTIQUE.
- Le but du texte explicatif est de **faire comprendre au lecteur un thème, une information** plus ou moins développée (dans ce dernier cas, on parle de « discours informatif »).

Énonciation

- **L'emploi de la 3e personne** : le locuteur tend à s'effacer derrière la 3e personne, multipliant les tournures impersonnelles, ce qui traduit une **volonté d'objectivité**.
- **L'emploi de la 1re personne** : le « je » peut rassurer le lecteur qui assiste à la réflexion d'un auteur confronté à des difficultés d'explication (*cf.* texte ci-dessus).

Progression

- **La structuration du texte.** Pour assurer sa cohérence, le texte explicatif est structuré en étapes ou logiques ou thématiques :
– **Étapes logiques** (marquées par des **connecteurs**).
EX. : *d'abord*, *ensuite*, *enfin*.
– **Étapes thématiques** : la **progression est « à thème constant »** (même thème développé dans ses différents aspects) ou **« à thème éclaté »** (thème subdivisé en sous-thèmes).
EX. : thème de la guerre bactériologique avec sa naissance, son développement, ses opposants : progression « à thème constant » ; thème de la guerre avec la guerre héroïque, la guerre dans l'Histoire, la guerre psychologique : progression « à thème éclaté ».
- **L'emploi d'exemples.** Pour être concret, le texte explicatif a recours à des exemples qui évitent l'excès d'abstraction.

Les genres explicatifs

- **L'article de dictionnaire.**
- **La leçon** dans un manuel scolaire.
- **Le bulletin d'information.** Attention : une information reste rarement objective ; elle vire souvent au discours argumentatif ➤ p. 413.

EXERCICES D'APPLICATION

1 Les temps employés

1. Quel temps et quel mode verbaux ce texte utilise-t-il ? Pourquoi ?
2. Quelle est la phrase la plus explicative du texte ? Justifiez.

A. Breton définit l'écriture automatique.

Faites-vous apporter de quoi écrire, après vous être établi en un lieu aussi favorable que possible à la concentration de votre esprit sur lui-même. Placez-vous dans l'état le plus passif, ou réceptif, que vous pourrez. Faites abstraction de votre génie, de vos talents et de ceux de tous les autres. Dites-vous bien que la littérature est un des plus tristes chemins qui mènent à tout. Écrivez vite sans sujet préconçu, assez vite pour ne pas retenir et ne pas être tenté de vous relire. La première phrase viendra toute seule, tant il est vrai qu'à chaque seconde il est une phrase étrangère à notre pensée consciente qui ne demande qu'à s'extérioriser.

▶ PARTIE I, p. 266 : André Breton, *Manifeste du surréalisme*, (1924) © J.-J. Pauvert éditions, 1962 et Société Nouvelle des éditions Pauvert, département de la Librairie Arthème Fayard, 1979.

2 Les étapes d'un texte explicatif

1. Quel est le thème de ce texte ? Est-il à thème constant ou à thème éclaté ?
2. Relevez les connecteurs logiques : comment le texte est-il structuré ? dans quel but ?
3. Quelle est la fonction des exemples ?

Le dialogue entre la scène et le public

Frapper les trois coups, c'est demander au public son attention silencieuse ; c'est marquer l'ouverture d'un dialogue aussi : car le public dispose de divers moyens pour répondre au discours théâtral. Dans le cas le plus courant, la convention suppose que les acteurs ignorent le public ; en fait, leurs propos sont destinés à attirer des réactions de celui-ci : rires ou larmes, applaudissements et bravos ou sifflets et cris divers, sont autant de réponses du public. Souvent, la convention est transgressée et le dialogue se fait plus direct. Le théâtre de marionnettes dans la tradition de Guignol sollicite la participation des (jeunes) spectateurs, les interroge, les fait intervenir dans la pièce. D'autres fois, c'est au milieu d'un rapport conventionnel entre la scène et la salle que se glisse un échange de cet ordre : dans la scène de la cassette de *L'Avare*, où Harpagon s'adresse au public à la seconde personne. Enfin, convention qui remplace l'autre, le théâtre de boulevard utilise nombre de « trucs » pour indiquer au public les moments où il doit rire ou applaudir (temps d'arrêt à l'entrée en scène des personnages, mots d'auteurs soulignant leur sortie, etc.).

Michel P. Schmitt et Alain Viala, *Savoir Lire*, (1982),

3 L'énonciation explicative

1. Comment le présentation d'Oslo est-elle structurée ?
2. Ce texte valorise-t-il la ville ? Justifiez.
3. Qualifieriez-vous ce texte d'objectif ? Pourquoi, à votre avis ?

La capitale de la Norvège a rattrapé son retard historique sur les autres capitales nordiques. Étagée en amphithéâtre sur les versants du fjord[1], verte et aérée, dynamique et friande de distractions, elle est une ville jeune, souvent souriante, toujours détendue, jusqu'au sans-gêne, qui symbolise parfaitement cette nation encore un peu gauche, mais toujours plus sûre d'elle-même qui a émergé de la fin du millénaire. Malgré un succès économique partout perceptible, la vie a gardé une certaine lenteur bonhomme que la modernisation du centre-ville, libéré d'une grande partie de ses voitures, ne fait que confirmer. Les quartiers qui le bordent, reconquis par la jeunesse, ont acquis une nouvelle identité et une dimension cosmopolite digne d'une véritable capitale.
Si Oslo compte peu de monuments exceptionnels – sa grandeur est trop récente et l'ex-

20 travagance n'est pas une vertu norvégienne -, elle propose en revanche des musées de très grande qualité et, en toute saison, une foule de spectacles et de manifestations culturelles, en partie musicales.

« Guide Bleu » *Norvège* (2006), © Hachette.
1. Golfe profond occupé auparavant par un glacier.

4 Explication ou argumentation ?

1. L'**énonciation** est-elle ici personnelle ou impersonnelle ? Justifiez.
   ➤ PARTIE II, p. 387 : LES OUTILS GRAMMATICAUX
2. Le titre du chapitre annonce-t-il un contenu informatif ou argumentatif ? Le programme vous semble-t-il respecté ?

1 L'homme qui parle est au-delà des mots, près de l'objet ; le poète est en deçà. Pour le premier, ils sont domestiques ; pour le second, ils restent à l'état sauvage. Pour celui-là, ce sont
5 des conventions utiles, des outils qui s'usent peu à peu et qu'on jette quand ils ne peuvent plus servir ; pour le second, ce sont des choses naturelles qui croissent naturellement sur la terre comme l'herbe et les arbres.

Jean-Paul Sartre, *Qu'est-ce que la littérature ?*, « Qu'est-ce qu'écrire ? » (extrait, 1948), © Gallimard.

5 Aux marges du texte explicatif

1. Quelle **modalité de phrase** domine ? Pourquoi ?
   ➤ p. 387 : LES OUTILS GRAMMATICAUX
2. Quels termes trahissent le point de vue de l'auteur sur ce qu'il définit ?
3. Dans un **paragraphe rédigé**, vous vous demanderez si ce texte correspond à l'image que vous vous faites d'un article de dictionnaire.
   ➤ PARTIE III, p. 500 : LE PARAGRAPHE ARGUMENTATIF

1 Quelle pitié, quelle pauvreté, d'avoir dit que les bêtes sont des machines privées de connaissance et de sentiment, qui font toujours leurs opérations de la même manière, qui n'ap-
5 prennent rien, ne perfectionnent rien, etc. ! Quoi ! cet oiseau qui fait son nid en demi-cercle quand il l'attache à un mur, qui le bâtit en quart de cercle quand il est dans un angle, et en cercle sur un arbre ; cet oiseau fait tout
10 de la même façon ? Ce chien de chasse que tu as discipliné pendant trois mois n'en sait-il pas plus au bout de ce temps qu'il n'en savait avant tes leçons ? Le serin à qui tu apprends un air le répète-t-il dans l'instant ? n'emploies-tu pas un
15 temps considérable à l'enseigner ? n'as-tu pas vu qu'il se méprend et qu'il se corrige ?

Voltaire, *Dictionnaire philosophique*, début de l'article « Bêtes » (1764).

6 Jeux avec le discours explicatif

1. Relevez toutes les langues évoquées. Lesquelles posent problème ? Expliquez.
2. Quelles formules donnent l'apparence d'un texte explicatif ? Dans quelle phrase la logique explicative est-elle mise à mal ?
3. En quoi ce texte relève-t-il du théâtre de l'absurde ➤ SYNTHÈSE, p. 110 ?

Dans la pièce La Leçon, *le professeur se lance dans des explications de plus en plus compliquées face à une élève qui comprend de moins en moins bien.*

1 Ce qui distingue les langues néo-espagnoles entre elles et leurs idiomes des autres groupes linguistiques, tels que le groupe des langues autrichiennes et néo-autrichiennes ou hasbour-
5 giques, aussi bien que des groupes espérantiste, helvétique, monégasque, suisse, andorrien, basque, pelote, aussi bien encore que des groupes des langues diplomatique et technique – ce qui les distingue, dis-je, c'est leur ressemblance
10 frappante qui fait qu'on a bien du mal à les distinguer l'une de l'autre – je parle des langues néo-espagnoles entre elles, que l'on arrive à distinguer, cependant, grâce à leurs caractères distinctifs, preuves absolument indiscutables
15 de l'extraordinaire ressemblance, qui rend indiscutable leur communauté d'origine, et qui, en même temps, les différencie profondément – par le maintien des traits distinctifs dont je viens de parler.

Eugène Ionesco, *La Leçon* (extrait, 1951), © Gallimard.

Chapitre 4
Les registres littéraires

DANS LES TEXTES, les registres correspondent à la vision du monde propre à l'auteur ou aux personnages, et aux émotions profondes qu'ils expriment.

Remarque
Il ne faut pas confondre les registres littéraires (comme le comique, par exemple, destiné à faire rire ou sourire le lecteur avec :

– les **registres de langue** : soutenu, courant, familier… ;

– les **mouvements littéraires** : le romantisme, par exemple, qui correspond à la sensibilité d'une époque ;

– les **genres littéraires** : la notion de registre ne recoupe pas celle de genre ; on trouve le registre comique aussi bien au théâtre que dans le roman.

ÉCOLE FLAMANDE (XVIIe siècle),
Singes et chats au bal masqué : détail (1632),
huile du panneau, 26,7 x 42,6 cm (Collection privée).

419	FICHE 1	Le registre comique
422	FICHE 2	Le registre tragique et le registre pathétique
425	FICHE 3	Le registre lyrique et le registre élégiaque
428	FICHE 4	Le registre épique
431	FICHE 5	Le registre fantastique
434	FICHE 6	Le registre polémique et le registre délibératif
437	FICHE 7	Le registre épidictique
440	FICHE 8	Le registre didactique

FICHE 1 — Le registre comique

> HARPAGON. *Il crie au voleur dès le jardin, et vient sans chapeau.* – Au voleur ! au voleur ! à l'assassin ! au meurtrier ! Justice, juste ciel ! je suis perdu, je suis assassiné, on m'a coupé la gorge, on m'a dérobé mon argent. Qui peut-ce être ? Qu'est-il devenu ? Où est-il ? Où se cache-t-il ? Que ferai-je pour le trouver ? Où courir ? Où ne pas courir ?
>
> ➤ PARTIE I, p. 63 : MOLIÈRE, *L'Avare*, Acte IV, scène 7 (1668).

Questions

1. Étudiez la ponctuation du monologue et l'effet produit.
2. Le personnage est désespéré ; pourtant, le spectateur rit : pourquoi ?

L'ESSENTIEL

Les types de comique

- **Comique de gestes :** gestuelle ridicule ou répétitive.
  EX. : bastonnade dans *Les Fourberies de Scapin*, III, 2 ➤ PARTIE I, p. 71.

- **Comique de mots :** jeux avec le langage.
  EX. : quiproquo de *L'École des femmes*, II, 5 ➤ p. 74.

- **Comique de situation :** rencontres, événements inattendus.
  EX. : façon burlesque dont Pantagruel remporte la bataille contre les Dipsodes ➤ p. 119.

- **Comique de caractère :** défauts d'un personnage accentués (avarice, jalousie…).
  EX. : Plaute et Molière ridiculisent un vieil avare ➤ p. 62 et p. 63.

Les différentes formes de comique

- **La parodie :** imite de façon moqueuse le style d'un écrivain ou d'un genre.
  EX. : la parodie d'épopée de Rabelais ➤ p. 119.

- **Le burlesque :** ridiculise un sujet noble.
  EX. : *Ubu roi* de JARRY ➤ p. 99.

- **L'héroï-comique** (inverse du burlesque) : traite des réalités ordinaires sur le mode épique.
  EX. : les animaux décrits comme des héros de l'*Iliade* dans « Les Deux Coqs » de La Fontaine.

- **La satire :** tourne en dérision de manière plaisante ou virulente, un individu ou une institution.
  EX. : Voltaire se moque des Jésuites dans ses poèmes satiriques.

- **L'ironie :** exprime le contraire de ce que le locuteur veut faire comprendre. L'**antiphrase**, la figure de style privilégiée de l'ironie, suppose une complicité entre auteur et lecteur.
  EX. : On dit « Bravo, je te félicite ! » à quelqu'un que l'on souhaite réprimander.

Les différentes fonctions du registre comique

- **Se libérer de l'angoisse.**
  EX. : MOLIÈRE, *Le Malade imaginaire*, III, 10 ➤ p. 67.

- **Critiquer la société.**
  EX. : MOLIÈRE, *Le Tartuffe*, III, 3 ➤ p. 80.

- **Dégager une morale.**
  EX. : dialogue Chrysale / Ariste dans *Les Femmes savantes* de MOLIÈRE ➤ p. 84.

EXERCICES D'APPLICATION

1 L'expression du comique

1. Quel terme suscite le rire du lecteur dans cet extrait ? Comment l'image comique qu'il dégage est-elle développée ?
2. À quelle figure de rhétorique le comique de ce texte fait-il appel ? Justifiez.
➤ PARTIE II, p. 392 : LES FIGURES DE RHÉTORIQUE

Pendant ce temps-là Pantagruel commença à semer le sel qu'il avait dans sa barque, et comme ils dormaient la gueule grande ouverte, il leur remplit tout le gosier tant et si bien que
5 ces pauvres hères[1] toussaient comme des renards, en criant : « Ah, Pantagruel, qu'est-ce que tu nous chauffes le tison ! »
Soudain, Pantagruel eut envie de pisser, à cause des potions que Panurge lui avait admi-
10 nistrées, et il pissa au beau milieu du camp, tellement et si copieusement qu'il les noya tous, et il y eut un déluge incroyable jusqu'à dix lieues à la ronde. Et l'histoire rapporte que si la grande jument de son père s'était trouvée
15 là et avait pissé de la même façon, il y aurait eu un déluge encore plus énorme que celui de Deucalion[2], car elle ne pissait jamais sans faire une rivière plus grande que le Rhône ou le Danube.

➤ PARTIE I, p. 119 : FRANÇOIS RABELAIS, *Pantagruel* (extrait, 1532).

1. Individus de peu d'importance.
2. Personnage de la mythologie grecque qui échappa au déluge provoqué par Zeus.

2 Les types de comique

1. Repérez les types de comique présents dans ce dialogue. Justifiez par des indices précis.
2. Relevez et étudiez plus précisément les procédés du comique de langage.

Sganarelle a un penchant pour la bouteille et il bat sa femme, Martine, qui veut se venger. Elle fait croire que son mari est médecin mais fou, et qu'il ne l'avoue que lorsqu'on le bat…

VALÈRE, *bas*. – Je vois bien qu'il faut se servir du remède. (*Haut.*) Monsieur, encore un coup, je vous prie d'avouer ce que vous êtes.
LUCAS. – Et testigué ! ne lantiponez[1] point
5 davantage, et confessez à la franquette[2] que v'êtes médecin.
SGANARELLE. – J'enrage.
VALÈRE. – À quoi bon nier ce qu'on sait ?
LUCAS. – Pourquoi toutes ces fraimes[3]-là ?
10 À quoi est-ce que ça vous sart ?
SGANARELLE. – Messieurs, en un mot autant qu'en deux mille, je vous dis que je ne suis point médecin.
VALÈRE. – Vous n'êtes point médecin ?
15 SGANARELLE. – Non.
LUCAS. – V'n'êtes pas médecin ?
SGANARELLE. – Non, vous dis-je.
VALÈRE. – Puisque vous le voulez, il faut s'y résoudre.
20 *Ils prennent un bâton et le frappent.*
SGANARELLE. – Ah ! ah ! ah ! Messieurs, je suis tout ce qu'il vous plaira.

MOLIÈRE, *Le Médecin malgré lui*, Acte I, scène 5 (extrait, 1666).

1. Terme populaire et burlesque : ne tournez pas autour du pot.
2. Franchement. 3. Mauvaise prononciation du mot « frime » ; « faire la frime » signifie « faire mauvais accueil ».

3 La satire

1. Ce texte est-il satirique ? Quelle est sa cible ?
2. En quoi cette satire est-elle risquée pour son auteur ? Justifiez.

Ce que je te dis de ce prince ne doit pas t'étonner : il y a un autre magicien, plus fort que lui, qui n'est pas moins maître de son esprit qu'il l'est lui-même de celui des autres.
5 Ce magicien s'appelle le Pape. Tantôt il lui fait croire que trois ne sont qu'un, que le pain qu'on mange n'est pas du pain, ou que le vin qu'on boit n'est pas du vin, et mille autres choses de cette espèce.

MONTESQUIEU, *Lettres persanes*, lettre XXIV (extrait, 1721).

4 L'ironie

1. Analysez les antiphrases de ces deux extraits.
2. Quelles idées Voltaire défend-il ici implicitement ? Quelle est la cible de ses attaques ?

ÉCRITURE D'INVENTION
Reformulez ce texte au premier degré, c'est-à-dire en exprimant directement ce qui doit être compris.
▶ PARTIE III, p. 488 : TRANSPOSER

Voltaire imagine un texte de lois oriental rédigé au « palais de la stupidité ». En voici les règles 3 et 4.

3. Il arriverait à la fin que nous aurions des livres d'histoire dégagés du merveilleux qui entretient la nation dans une heureuse stupidité. On aurait dans ces livres l'imprudence
5 de rendre justice aux bonnes et aux mauvaises actions, et de recommander l'équité[1] et l'amour de la patrie, ce qui est visiblement contraire aux droits de notre place.

4. Il se pourrait, dans la suite des temps, que
10 de misérables philosophes, sous le prétexte spécieux[2], mais punissable, d'éclairer les hommes et de les rendre meilleurs, viendraient nous enseigner des vertus dangereuses dont le peuple ne doit jamais avoir connaissance.

VOLTAIRE, *De l'horrible danger de la lecture* (extrait, 1765).

1. Impartialité. **2.** Trompeur.

5 Les fonctions du registre comique

1. Sur quel type de comique le dessin ci-contre joue-t-il ?
2. Quel est l'effet créé par l'emploi d'une double bulle ? Pourquoi le message a-t-il été divisé en deux parties ?
3. Vu le thème abordé par le chat, à quelle fonction le comique répond-il ici ?

6 La parodie

1. Quel registre littéraire est ici parodié ? Sur quels détails (descriptifs, narratifs...) la parodie porte-t-elle ?
▶ p. 418 : LES REGISTRES LITTÉRAIRES
2. À quels indices perçoit-on que la parodie est ici comique ?

L'Épopée

1 Le tombereau[1] de l'empereur passe interminablement
Un invalide le conduit qui marche sur une main
Une main gantée de blanc
De l'autre main il tient la bride
5 Il a perdu ses deux jambes dans l'histoire
Il y a de cela très longtemps
Et elles se promènent là-bas
Dans l'histoire
Chacune de son côté
10 Et quand elles se rencontrent
Elles se donnent des coups de pied
À la guerre comme à la guerre[2]
Qu'est-ce que vous voulez

JACQUES PRÉVERT, *Paroles* (1946), © Gallimard.

1. Véhicule à benne, dont on peut extraire le chargement par basculement.
2. Expression populaire signifiant qu'on fait ce qu'on peut quand les circonstances ne sont pas favorables.

Dessin de PHILIPPE GELUCK, © Casterman, 1994.

FICHE 2

Le registre tragique et le registre pathétique

Le prologue. – [...] et voilà, maintenant, lui, il allait être le mari d'Antigone. Il ne savait pas qu'il ne devait jamais exister de mari d'Antigone sur cette terre et que ce titre princier lui donnait seulement le droit de mourir.

▶ PARTIE I, p. 22 : J. Anouilh, *Antigone*, prologue (1944) © La Table Ronde.

Questions

1. Relevez les termes qui montrent que le personnage évoqué est dans une impasse.
2. Quel effet les réflexions du prologue créent-elles sur le spectateur ?

L'ESSENTIEL

Le registre tragique

Depuis l'Antiquité, **le tragique est lié à la tragédie**, mais le registre est à distinguer du genre.

• **Une situation et une atmosphère pesantes**
– **Accomplissement d'un destin fatal**, comme celui d'Œdipe ▶ PARTIE I, p. 24 à 28.
– **Personnages impuissants** : famille de D. Lange seule contre l'adversité ▶ ANALYSE D'IMAGE, p. 50.
– **Atmosphère angoissante**, comme celle de l'atelier de Claude Lantier où le personnage est retrouvé pendu : É. Zola, *L'Œuvre* ▶ p. 246.

• **Des termes et des formulations caractéristiques**
– **Champs lexicaux de la douleur, de la mort, de la fatalité**.
ex. : Je ne demande que la mort. Abandonnée, abandonnée ! Comprends-tu l'épouvante que cela comporte, abandonnée ? Je ne puis le supporter.
▶ p. 46 : F. von Schiller, *Les Brigands* (1781).
→ La détresse du personnage est ici traduite dans la répétition du participe passé *abandonnée* et dans l'emploi du terme hyperbolique *épouvante*.

– **Modalités exclamative et interrogative** ▶ PARTIE II, p. 387 : LES OUTILS GRAMMATICAUX
ex. : Ciel ! que vais-je lui dire ? Et par où commencer ?
▶ p. 34 : J. Racine, *Phèdre*, I, 3 (1677).
→ Les apostrophes adressées aux puissances divines donnent le ton de l'**imploration**.

Le registre pathétique

• **Liens avec le registre tragique**
– **Il exprime une souffrance** : « pathétique » provient du grec *pathos* (souffrance, maladie), que l'on retrouve dans le terme « passion » (douleur physique ou morale).
ex. : Ce mal qu'elle trouvait si insupportable était la jalousie avec toutes [s]es horreurs.
▶ p. 128 : Mme de La Fayette, *La Princesse de Clèves* (1678).

– Mais il se distingue du registre tragique car **les situations décrites ne sont pas inéluctables** : le personnage peut exprimer des regrets car il aurait pu éviter ce qui le rend malheureux.

• **Termes et formulations caractéristiques**
– **Les champs lexicaux de l'émotion, de la tristesse, de la douleur ou du regret**.
– **Les modalités exclamative et interrogative**.

EXERCICES D'APPLICATION

1 Introduction d'une situation tragique

1. Relevez et commentez les mots qui annoncent la découverte tragique.
2. Suivant quelle progression l'atmosphère tragique est-elle mise en place ?

1   Le jour ne se débrouillait pas, sale et triste, un de ces petits jours d'hiver lugubres ; et, au bout d'une heure, Christine se réveilla dans un grand frisson glacé. Elle ne comprit pas.
5   Pourquoi donc se trouvait-elle seule ? Puis, elle se souvint : elle s'était endormie, la joue contre son cœur, les membres mêlés aux siens. Alors, comment avait-il pu s'en aller ? où pouvait-il être ? Tout d'un coup, dans son
10 engourdissement, elle sauta du lit avec violence, elle courut à l'atelier. Mon Dieu ! est-ce qu'il était retourné près de l'autre ? est-ce que l'autre venait encore de le reprendre, lorsqu'elle croyait l'avoir conquis à jamais ?
15 Au premier coup d'œil, elle ne vit rien, l'atelier lui parut désert, sous le petit jour boueux et froid. Mais, comme elle se rassurait en n'apercevant personne, elle leva les yeux vers la toile, et un cri terrible jaillit de sa gorge
20 béante.
    « Claude, oh ! Claude… »

▶ PARTIE I, p. 255 : ÉMILE ZOLA, L'Œuvre, chapitre XII (extrait, 1886).

2 Étudier une situation tragique dans un récit

1. Quelles modalités de phrase et quels champs lexicaux relèvent du registre tragique ?
▶ PARTIE II, p. 387 : LES OUTILS GRAMMATICAUX
2. Quels termes relèvent de la tragédie ▶ p. 18 ?

1   *Défense de se balancer à deux* ; un écriteau accroché au portique. Ils semblaient monter toujours. Le fiancé, les jarrets tendus, redoublait de vigueur. La maladroite, ses ef-
5   forts contrariaient plutôt ceux de l'homme. Ils montaient toujours. Le rire devenait plus grinçant, plus énervé – tout à coup se changea en cri. La balançoire était toujours en haut, presque verticale à la barre du portique,
10 mais le jeune homme était seul. Atroce image de l'amour en bas sur le sol, sur le gravier, une fille en robe blanche, inanimée, la gorge ouverte, saignante, et entraîné par l'élan, le fiancé qui la voit en bas à ses pieds, ne pou-
15 vant s'arrêter tout de suite, devant attendre pour sauter que l'élan se ralentisse. Secondes atroces ! On aime à se figurer ce qui, dans un instant pareil, peut passer dans l'esprit de cet homme. Le cœur soulevé, je regardais la fille
20 sanglante : spectacle atroce qui aujourd'hui m'apparaît comme une de ces sauvages cérémonies de l'Antiquité, qui aujourd'hui semblerait barbare, parce que la signification nous en échappe.

RAYMOND RADIGUET, *Carnets* (extrait, publication posthume, 1927).

3 Étudier une situation tragique au théâtre

1. Devant quelle alternative le personnage se trouve-t-il ? En quoi est-elle tragique ?
2. Quels propos traduisent le mieux l'état d'esprit du héros ?
3. Cherchez la définition du mot *dilemme** ; rédigez un paragraphe où vous montrerez que cette scène est l'expression d'un dilemme.
▶ PARTIE III, p. 524 : LE PARAGRAPHE ARGUMENTATIF

RODRIGUE
1   Que je sens de rudes combats !
    Contre mon propre honneur mon amour s'intéresse :
    Il faut venger un père, et perdre une maîtresse ;
    L'un m'anime le cœur, l'autre retient mon bras.
5   Réduit au triste choix, ou de trahir ma flamme,
    Ou de vivre en infâme,
    Des deux côtés mon mal est infini.
    Ô Dieu ! l'étrange peine !
    Faut-il laisser un affront impuni ?
10 Faut-il punir le père de Chimène ?

PIERRE CORNEILLE, *Le Cid*, Acte I, scène 6 (extrait, 1637).

EXERCICES D'APPLICATION

4 Les caractéristiques du héros tragique

1. À quels moments le narrateur entre-t-il dans les pensées de Tchen ? Que révèlent ces pensées au sujet de son acte ?
2. Quels aspects de l'attentat font de Tchen un personnage tragique ?
3. Que signifie le mot *extatique* employé dans le premier paragraphe ? Son emploi est-il justifié ? Quel rapport a-t-il avec le registre tragique ?

> Tchen serra la bombe sous son bras avec reconnaissance [...]. L'auto du général était à cinq mètres, énorme. Il courut vers elle avec une joie d'extatique, se jeta dessus, les yeux fermés.
> Il revint à lui quelques secondes plus tard : il n'avait ni senti ni entendu le craquement d'os qu'il attendait, il avait sombré dans un globe éblouissant. Plus de veste. De sa main droite il tenait un morceau de capot plein de boue ou de sang. À quelques mètres un amas de débris rouges, une surface de verre pilé où brillait un dernier reflet de lumière, des… déjà il ne distinguait plus rien : il prenait conscience de la douleur, qui fut en moins d'une seconde au-delà de la conscience. Il ne voyait plus clair. Il sentait pourtant que la place était encore déserte ; les policiers craignaient-ils une seconde bombe ? Il souffrait de toute sa chair, d'une souffrance pas même localisable : il n'était plus que souffrance. On s'approchait. Il se souvint qu'il devait prendre son revolver. Il tenta d'atteindre sa poche de pantalon. Plus de poche, plus de pantalon, plus de jambe : de la chair hachée.
>
> ANDRÉ MALRAUX, *La Condition humaine*, fin de la 4ᵉ partie (extrait, 1933), © Gallimard.

5 Tragique ou pathétique ?

1. Relevez les champs lexicaux liés au registre pathétique. Quelles émotions manifestent-ils ?
2. Quels aspects physiques de l'enfant sont mis en lumière par le narrateur ? Sur quoi insiste-t-il ?
3. Quels éléments rendent ce texte tragique ?
4. Dans la dernière phrase, quel effet l'emploi de l'épithète *grotesque* a-t-il ?
   ➤ PARTIE II, p. 387 : LES OUTILS GRAMMATICAUX

> Justement l'enfant, comme mordu à l'estomac, se pliait à nouveau, avec un gémissement grêle. Il resta creusé ainsi pendant de longues secondes, secoué de frissons et de tremblements convulsifs, comme si sa frêle carcasse pliait sous le vent furieux de la peste et craquait sous les souffles répétés de la fièvre. La bourrasque passée, il se détendit un peu, la fièvre sembla se retirer et l'abandonner, haletant, sur une grève humide et empoisonnée où le repos ressemblait déjà à la mort. Quand le flot brûlant l'atteignit à nouveau pour la troisième fois et le souleva un peu, l'enfant se recroquevilla, recula au fond du lit dans l'épouvante de la flamme qui le brûlait et agita follement la tête, en rejetant sa couverture. De grosses larmes, jaillissant sous les paupières enflammées, se mirent à couler sur son visage plombé, et, au bout de la crise, épuisé, crispant ses jambes osseuses et ses bras dont la chair avait fondu en quarante-huit heures, l'enfant prit dans le lit dévasté une pose de crucifié grotesque.
>
> ALBERT CAMUS, *La Peste*, 4ᵉ partie (extrait, 1947), © Gallimard.

6 RÉDACTION DE PARAGRAPHE ARGUMENTATIF
La justification d'un registre

Voici un extrait de l'« Épître à Félix Guillemardet » (1837) d'A. de Lamartine :

> Puis mon cœur, insensible à ses propres misères,
> S'est élargi plus tard aux douleurs de mes frères ;
> Tous leurs maux ont coulé dans le lac de mes
>   pleurs.

Ce texte est-il de registre tragique ou pathétique ? Justifiez dans un paragraphe rédigé s'appuyant sur l'analyse lexicale de l'extrait.
➤ PARTIE III, p. 500 : LE PARAGRAPHE ARGUMENTATIF

FICHE 3 — Chapitre 4 • Les registres littéraires

Le registre lyrique et le registre élégiaque

> J'aime, et je veux chanter la joie et la paresse,
> Ma folle expérience et mes soucis d'un jour.
>
> ➤ PARTIE I, p. 203 : A. DE MUSSET, *Poésies nouvelles*, « Nuit d'août » (1840).

Questions

1. À quelle personne ce poème est-il écrit ? De quels verbes est-elle le sujet ? Qu'expriment-ils ?
2. Quels sont les sentiments du poète ?

L'ESSENTIEL

Le registre lyrique

Le registre lyrique remonte à l'Antiquité et évoque **la lyre**, instrument à cordes utilisé par Apollon et Orphée, figures symboliques de la beauté, de la musique et de la poésie.

• L'expression de l'intimité

Le lyrisme est traditionnellement opposé au registre épique et associé au romantisme car **il exprime des sentiments personnels** dans un souci de musicalité ➤ PARTIE I, p. 215.

• Des procédés rhétoriques caractéristiques

– **Les marques de la première personne** avec le pronom personnel « je » (« me », « moi ») et ses déterminants possessifs « mon / ma / mes ».

– **Les interjections et les interrogations rhétoriques** exprimant l'étonnement et la force des sentiments.

EX. : J'ai crié ma misère, hélas ! à voix trop haute.
➤ p. 209 : A. DE LAMARTINE, « Épître à Félix Guillemardet » (1837).

→ La puissance du sentiment s'exprime par l'interjection *hélas !*

– **Les figures d'insistance** : anaphore, hyperbole et gradation.
➤ PARTIE II, p. 392 : LES FIGURES DE RHÉTORIQUE
EX. : Et jamais je ne pleure, et jamais je ne ris.
➤ p. 345 : C. BAUDELAIRE, « La Beauté » (1857).

→ L'anaphore avec l'adverbe *jamais* insiste sur les sentiments exprimés.

– **Le recours à l'apostrophe et à l'impératif** pour maintenir le lien avec le destinataire.
EX. : Ô faiblesse des mortels ! ô enfance du cœur humain qui ne vieillit jamais ! voilà donc à quel degré de puérilité notre superbe raison peut descendre !
➤ p. 179 : F.-R. DE CHATEAUBRIAND, *René* (1802).

→ Le *ô* lyrique, l'exclamation et l'emploi du *nous* appellent le lecteur à partager l'expérience du poète.

Le registre élégiaque

• Proche du registre lyrique, **le registre élégiaque exprime la déploration et les regrets** : à l'origine, l'*elegia* était un chant funèbre. Il exprime de façon poétique **des sentiments mélancoliques ou nostalgiques** idéalisant le passé ; il s'agit donc d'un lyrisme plaintif.

EX. : le tombeau en l'honneur de Marie ➤ p. 339 : P. DE RONSARD.

EXERCICES D'APPLICATION

1 L'expression poétique des sentiments

1. Quels sont les sentiments éprouvés par le locuteur ?
2. Quels procédés rhétoriques utilise-t-il ? Commentez-les.
   ➤ PARTIE II, p. 392 : LES FIGURES DE RHÉTORIQUE

1 Ainsi en ta première et jeune nouveauté,
   Quand la Terre et le Ciel honoraient ta beauté,
   La Parque[1] t'a tuée, et cendre tu reposes.

   Pour obsèques reçois mes larmes et mes pleurs,
5 Ce vase plein de lait, ce panier plein de fleurs,
   Afin que vif et mort ton corps ne soit que roses.

➤ PARTIE I, p. 339 : Pierre de Ronsard, *Les Amours*, « Comme on voit sur la branche » (extrait, 1552-1556), orthographe modernisée, par A.-M. Schmidt © Gallimard.

1. Les Parques, dans la mythologie grecque, symbolisent la mort.

2 L'expression de sentiments personnels

1. Quel pronom personnel est ici omniprésent ?
2. Quelle antithèse trouve-t-on aux lignes 1 et 2 ? Quelle image donne-t-elle du narrateur ?
   ➤ p. 392 : LES FIGURES DE RHÉTORIQUE
3. Relevez les adverbes de temps. Quelles indications fournissent-ils sur l'état d'esprit du narrateur ?

Dans cet extrait de roman autobiographique, le narrateur fait le point sur sa vie.

1 Cette vie, qui m'avait d'abord enchanté, ne tarda pas à me devenir insupportable. Je me fatiguai de la répétition des mêmes scènes et des mêmes idées. Je me mis à sonder mon
5 cœur, à me demander ce que je désirais. Je ne le savais pas ; mais je crus tout à coup que les bois me seraient délicieux. Me voilà soudain résolu d'achever, dans un exil champêtre, une carrière à peine commencée, et dans laquelle
10 j'avais dévoré des siècles.

François-René de Chateaubriand, *René* (extrait, 1802).

3 La prise en compte du destinataire

1. Qui sont les destinataires ? Quelle figure de style Lamartine utilise-t-il ainsi ?
   ➤ p. 392 : LES FIGURES DE RHÉTORIQUE
2. Relevez les expansions caractérisant les éléments de la nature : que devient-elle pour le poète ?
   ➤ p. 387 : LES OUTILS GRAMMATICAUX
3. Quelle explication le dernier vers fournit-il au lecteur ?

Dans les derniers vers de son long poème romantique « Le Lac », Lamartine révèle l'origine de sa rêverie lyrique.

1 Ô lac ! rochers muets ! grottes ! forêt obscure !
   Vous, que le temps épargne ou qu'il peut rajeunir,
   Gardez de cette nuit, gardez, belle nature,
   Au moins le souvenir !

5 Qu'ils soient dans ton repos, qu'il soit dans tes orages,
   Beau lac, et dans l'aspect de tes riants coteaux,
   Et dans ces noirs sapins, et dans ces rocs sauvages
   Qui pendent sur tes eaux !

   Qu'il soit dans le zéphyr qui frémit et qui passe,
10 Dans les bruits de tes bords par tes bords répétés,
   Dans l'astre au front d'argent qui blanchit ta surface
   De ses molles clartés !

   Que le vent qui gémit, le roseau qui soupire,
   Que les parfums légers de ton air embaumé,
15 Que tout ce qu'on entend, l'on voit ou l'on respire,
   Tout dise : « Ils ont aimé ! »

Alphonse de Lamartine, *Méditations poétiques*, « Le Lac », vers 49-64 (1830).

4 L'exaltation lyrique

1. Quelle modalité de phrase s'affirme le plus dans ce texte ? dans quel but ?
   ➤ p. 387 : LES OUTILS GRAMMATICAUX
2. Quel élément naturel est le plus récurrent ? Quel rôle joue-t-il par rapport aux personnages ?
3. En observant la place des pronoms personnels, identifiez la figure de rhétorique présente dans la dernière phrase. Quelle est sa fonction ?
   ➤ p. 392 : LES FIGURES DE RHÉTORIQUE

À l'occasion d'un voyage sur un paquebot qui vogue vers la Chine, Amalric rappelle sa rencontre passée avec Ysé.

1   Et cependant Ysé, Ysé, Ysé.
    Cette grande matinée éclatante quand nous nous sommes rencontrés ! Ysé, ce froid dimanche éclatant, à dix heures sur la mer !
5   Quel vent féroce il faisait dans le grand soleil !
    Comme cela sifflait et cinglait, et comme le dur mistral hersait l'eau cassée,
    Toute la mer levée sur elle-même, tapante, claquante, ruante dans le soleil, détalant dans
10 la tempête ! C'était hier sous le clair de lune, dans le plus profond de la nuit.
    Qu'enfin, engagés dans le détroit de Sicile, ceux qui se réveillaient, se redressant, effaçant la vapeur sur le hublot,
15 Avaient retrouvé l'Europe, tout enveloppée de neige, grande et grise [...]
    Ysé, vous reveniez d'Égypte, et moi, je ressortais du bout du monde, du fond de la mer,
    Ayant bu mon premier grand coup de la vie
20 et ne rapportant dans ma poche
    Rien d'autre qu'un poing dur et des doigts sachant maintenant compter.
    Alors un coup de vent comme une claque Fit sauter tous vos peignes et le tas de vos
25 cheveux me partit dans la figure !
    Voilà la grande jeune fille
    Qui se retourne en riant ; elle me regarde et je la regardai.

PAUL CLAUDEL, *Le Partage de midi*, Acte I (extrait, 1949), © Gallimard.

5 Le registre élégiaque

1. Quelles sont les raisons exactes de la tristesse du poète ?
2. Quand le texte a-t-il été écrit ? Cela est-il un détail ?
3. Étudiez les sonorités, les répétitions et les images qui accentuent le registre élégiaque.
4. Vers quel registre le dernier quatrain s'oriente-t-il ? grâce à quelle expression ?

Contemporains des lettres envoyées à Lou par Apollinaire, les poèmes expriment la douleur de la séparation.

1   Quatre jours mon amour pas de lettre de toi
    Le jour n'existe plus le soleil s'est noyé
    La caserne est changée en maison de l'effroi
    Et je suis triste ainsi qu'un cheval convoyé

5   Que t'est-il arrivé souffres-tu ma chérie
    Pleures-tu Tu m'avais bien promis de m'écrire
    Lance ta lettre obus de ton artillerie
    Qui doit me redonner la vie et le sourire

    Huit fois déjà le vaguemestre[1] a répondu
10 « Pas de lettres pour vous » Et j'ai presque pleuré
    Et je cherche au quartier ce joli chien perdu
    Que nous vîmes ensemble ô mon cœur adoré

    En souvenir de toi longtemps je le caresse
    Je crois qu'il se souvient du jour où nous le vîmes
15 Car il me lèche et me regarde avec tendresse
    Et c'est le seul ami que je connaisse à Nîmes

    Sans nouvelles de toi je suis désespéré
    Que fais-tu Je voudrais une lettre demain
    Le jour s'est assombri qu'il devienne doré
20 Et tristement ma Lou je te baise la main

GUILLAUME APOLLINAIRE, *Poèmes à Lou*, 1915 (extrait ; publication posthume en 1947), © Gallimard.

1. Sous-officier.

FICHE 4 — Le registre épique

Énée fait tournoyer le trait[1] fatal, ayant des yeux saisi l'occasion ; de loin, de tout son effort il l'élance. Jamais pierres jetées par machine de siège ne grondent avec cette puissance, jamais foudre ne fait tressaillir tels fracas. La pique vole à la manière d'un tourbillon noir, portant avec soi le sinistre trépas, elle fait éclater les bords de la cuirasse et l'orbe[2] du septuple bouclier, elle traverse le milieu de la cuisse avec un bruit strident. Turnus[3], le jarret ployé, tombe à terre, énorme.

▶ PARTIE I, p. 116 : Virgile, *Énéide* (Iᵉʳ siècle avant J.-C.), traduction de J. Perret, © Les Belles Lettres, 1980.

1. La lance. 2. La surface arrondie. 3. L'ennemi contre lequel Énée se bat.

Questions

1. Relevez les hyperboles. Quelle est leur fonction ?
2. Comment la violence du combat est-elle mise en évidence ?

L'ESSENTIEL

Issu du **genre antique de l'épopée** (le grec *epos* signifie « voix, parole », d'où « discours ou récit développé »), le registre épique est à l'origine de la **notion de héros** (demi-dieux ou hommes divinisés, en Grèce).

Une action spécifique

• **Des vertus héroïques :** courage, sens de l'honneur…
ex. : la vaillance d'Énée au combat ▶ PARTIE I, p. 116 : Virgile, *Énéide* (Iᵉʳ siècle avant J.-C.).

• **Des enjeux majeurs :** conflits familiaux ou nationaux, batailles, événements historiques ou légendaires.
ex. : la bataille de Waterloo (V. Hugo, *Les Misérables*, 1862).

• **Un caractère dramatique du récit :** péripéties…
ex. : la tempête qu'affronte Ulysse ▶ p. 114 : Homère, *Odyssée* (VIIIᵉ siècle avant J.-C.).

Un style caractéristique

On parle de **souffle épique** en raison de la puissance des figures de style employées ▶ PARTIE II, p. 392.

• **Figures d'analogie :** comparaisons et métaphores évoquent la puissance ou la violence.
ex. : les héros d'Homère et de Virgile sont transformés en animaux belliqueux ▶ p. 114 et 116.

• **Figures d'amplification :** hyperboles, accumulations, énumérations… expriment le déchaînement des obstacles, des exploits guerriers et aventureux.
ex. : La bataille est merveilleuse et pesante. Olivier et Roland frappent vigoureusement […]. Les païens meurent à milliers et à cents.
▶ EXERCICE 4, p. 430 : *La Chanson de Roland* (XIᵉ siècle).
→ L'adjectif *merveilleuse* et les nombres *milliers* et *cents* donnent une image hyperbolique de la bataille.
ex. : […] c'étaient les dieux de la mer, Neptune, Protée, Triton et d'autres qui les poursuivaient.
▶ p. 119 : F. Rabelais, *Pantagruel* (1532).
→ L'énumération des dieux traduit l'acharnement des obstacles.

EXERCICES D'APPLICATION

1 Le souffle épique

1. Quels sont les procédés rhétoriques utilisés ici pour donner un souffle épique ?
   ➤ PARTIE II, p. 392 : LES FIGURES DE RHÉTORIQUE
2. Comment le locuteur se donne-t-il le rôle de héros ?

1 Une vaste lumière couleur de sang, à l'aspect de laquelle mes mâchoires claquèrent et mes bras tombèrent inertes, se répandit dans les airs jusqu'à l'horizon. Je m'appuyai contre
5 une muraille en ruine, car j'allais tomber, et je lus : « Ci-gît un adolescent qui mourut poitrinaire[1] : vous savez pourquoi. Ne priez pas pour lui. » Beaucoup d'hommes n'auraient peut-être pas eu autant de courage que moi.
10 Pendant ce temps, une belle femme nue vint se coucher à mes pieds. Moi, à elle, avec une figure triste : « Tu peux te relever. » Je lui tendis la main avec laquelle le fratricide[2] égorge sa sœur. Le ver luisant, à moi : « Toi, prends
15 une pierre et tue-la. »

➤ PARTIE I, p. 274 : LAUTRÉAMONT, *Les Chants de Maldoror* (extrait, 1868).

1. Tuberculeux.
2. Assassin de son frère ou de sa sœur.

2 Le merveilleux épique

1. À quel type de personnage le lecteur a-t-il ici affaire ?
2. Quel élément est le plus décrit ? Quels sont les termes qui l'évoquent ? suivant quelles figures de style ?
   ➤ p. 392 : LES FIGURES DE RHÉTORIQUE

Le Rāmāyana *est une épopée indienne qui raconte les aventures de Rāma, héros à la fois humain et divin, puisqu'il est une des incarnations (ou avatars) de Vishnou, dieu préservateur du monde qui lutte contre les démons. Il traverse toute l'Inde pour retrouver son épouse enlevée par le démon Rāvana.*

1 Après l'avoir consacré, le vaillant Rāma plein d'énergie plaça ce trait puissant sur son arc selon le rite prescrit par le Veda. Quand Rāghava y eut fixé le trait hors pair, tous les
5 êtres furent pris de panique et la terre trembla. Au comble de la fureur il banda son arc à l'extrême, et en un suprême effort décocha contre Rāvana cette flèche destructrice des organes vitaux. Irrésistible comme la foudre, lancé
10 par ce bras foudroyant, inéluctable comme le destin, le dard s'abattit sur la poitrine de Rāvana. Le trait meurtrier, décoché avec une extraordinaire violence, perça le cœur du pervers Rāvana. Tout couvert de sang, le trait
15 de mort ravit les souffles vitaux de Rāvana, puis se ficha avec violence dans la terre.

VALMIKI, *Rāmāyana* (extrait, IIIe siècle), édition de M. Biardeau et M.-C. Porcher, © Gallimard, coll. « Bibliothèque de la Pléiade », 1999.

3 Le héros épique

1. Relevez les comparaisons du premier paragraphe. En quoi sont-elles épiques ?
   ➤ p. 392 : LES FIGURES DE RHÉTORIQUE
2. Identifiez les épithètes homériques[1] : que mettent-elles en évidence ?
3. Quelle est la réaction d'Achille devant la chute d'Hector ? Vous semble-t-elle conforme aux valeurs de l'épopée ?

Hector, prince troyen, a tué Patrocle, le meilleur ami du héros grec Achille. Ce dernier venge son ami.

1 Comme l'étoile qui s'avance, entourée des autres étoiles, au plein cœur de la nuit, comme l'Étoile du soir, la plus belle qui ait sa place au firmament, ainsi luit la pique acérée[2]
5 qu'Achille brandit dans sa droite, méditant la perte du divin Hector et cherchant des yeux, sur sa belle chair, où elle offrira le moins de résistance. Tout le reste de son corps est protégé par ses armes de bronze, les belles armes
10 dont il a dépouillé le puissant Patrocle, après l'avoir tué. Un seul point se laisse voir, celui où la clavicule sépare l'épaule du cou, de la gorge. C'est là que la vie se laisse détruire au plus vite, c'est là que le divin Achille pousse
15 sa javeline contre Hector en pleine ardeur. La pointe va tout droit à travers le cou délicat. La

EXERCICES D'APPLICATION

lourde pique de bronze ne perce pas cependant la trachée : il peut ainsi répondre et dire quelques mots. Et cependant qu'il s'écroule
20 dans la poussière, le divin Achille triomphe :
« Hector, tu croyais peut-être, quand tu dépouillais Patrocle, qu'il ne t'en coûterait rien ; tu n'avais cure[3] de moi : j'étais si loin ! Pauvre sot !… Mais à l'écart, près des nefs[4] creuses,
25 un défenseur – bien plus brave – était resté en arrière : moi, moi qui viens de te rompre les genoux, et les chiens, les oiseaux te mettront en pièces outrageusement, tandis qu'à lui les Achéens[5] rendront les honneurs funèbres. »

HOMÈRE, *Iliade*, chant XXII
(extrait, VIIIe siècle avant J.-C.),
traduction de P. Mazon, © Les Belles Lettres, 1938.

1. L'épithète homérique est une qualification étroitement attachée au personnage évoqué, par exemple : « l'ingénieux Ulysse », « le grand Ajax ».
2. Lance à pointe fine.
3. Souci.
4. Embarcations.
5. Les Grecs.

4 Entre mythe et légende

1. Quelles forces s'affrontent et pour quels enjeux ?
2. Comment légende et Histoire se mêlent-elles ici ?
3. Relevez les hyperboles et les autres procédés d'amplification. Quel est leur rôle ?
▶ p. 392 : LES FIGURES DE RHÉTORIQUE

1 Les païens meurent à milliers et à cents :
qui ne s'enfuit, n'a contre la mort de défense :
bon gré mal gré, il y finit son temps.
Mais les Français y perdent leurs meilleurs défenseurs.
5 Ils ne reverront pères ni parents,
ni Charlemagne qui aux ports les attend.
En France il y a une étrange tourmente :
c'est un orage de tonnerre et de vent,
pluies et grêles, démesurément ;
10 tombe la foudre et menu et souvent,
et tremblement de terre il y a vraiment.
De Saint-Michel du Péril jusqu'à Sens,
De Besançon jusqu'au port de Wissant[1],
il n'est maison où quelque pan ne croule.
15 Malgré midi il y a grandes ténèbres,
pas de clarté, si[2] le ciel ne se fend.
Nul ne le voit qui ne s'en épouvante.
Beaucoup disent : « C'est la fin de tout,
la fin du monde qui se présente à nous. »
20 Ils ne le savent et ne disent pas vrai :
c'est le grand deuil pour la mort de Roland.

La Chanson de Roland (extrait, XIe siècle),
traduction d'A. Pauphilet, © Gallimard,
coll. « Bibliothèque de la Pléiade », 1939.

1. Lieux correspondant aux points cardinaux (ouest, est, sud, nord). 2. Sauf quand le ciel se fend, traversé par un éclair.

5 Le registre épique au cinéma

1. À votre avis, quels sont les genres cinématographiques où le registre épique se trouve très bien représenté ? Sélectionnez-les dans la liste ci-dessous et définissez-les clairement.
   a. Le western
   b. La comédie dramatique
   c. Le film d'épouvante
   d. La science-fiction
   e. Le péplum
   f. Le mélodrame
2. Trouvez, pour chaque genre identifié, deux titres de longs-métrages illustrant au mieux la présence du registre épique.

ÉCRITURE D'INVENTION
6 L'épique aujourd'hui

Rédigez un texte contemporain d'aventures épiques (voyage aventureux, bataille…). Vous emploierez les procédés propres à ce registre (hyperboles…) tout en ajoutant des images personnelles correspondant à une vision moderne du héros épique.
▶ PARTIE III, p. 486 : L'ÉCRITURE D'INVENTION

FICHE 5 — Le registre fantastique

Chapitre 4 • Les registres littéraires

> Elle qui était la jeunesse même et la joie, elle est en proie à une folie qui me paraît pire que toutes celles qu'a jamais provoquées une idée fixe. Elle s'imagine en effet être elle-même ce fantôme invisible et impalpable qui tourmentait sa sœur ; aussi fuit-elle la compagnie de ses semblables.
>
> ▶ PARTIE I, p. 158 : E. T. A. HOFFMANN, « Une histoire de fantôme » (extrait, 1814-1819), traduction d'A. Béguin et M. Laval, © Phébus, 1981.

Questions

1. La présence du fantôme est-elle définie comme quelque chose de certain ?
2. Quel est le terme qui met le doute au cœur du récit ?

L'ESSENTIEL

Du grec *phantasmatikos* (imagination), le registre fantastique évoque l'**imagination**, l'**irréel**. Il se définit comme la volonté de **faire naître l'angoisse**.

Fantastique et merveilleux

• **Les contes de fées** sont merveilleux, avec des **personnages surnaturels** évoluant dans un univers coupé du réel et admis comme tel.
EX. : la sorcière dans *Blanche-Neige*.

• **Le fantastique** fait surgir dans un contexte réaliste des événements étranges qui font hésiter le lecteur entre une **interprétation rationnelle** et une **interprétation surnaturelle**.
EX. : J'ouvris alors le robinet brusquement. Et un jet de sang gicla dans le lavabo.
J. STERNBERG, « Le Râle » (1988).

Les procédés du registre fantastique

• **Récit à la première personne :** un narrateur-personnage se confie à un destinataire qui est parfois le lecteur.
EX. : Vous savez qu'il y a quelque temps, peu avant la dernière campagne, j'ai fait un séjour sur les terres du colonel de P…
▶ PARTIE I, p. 158 : E. T. A. HOFFMANN, « Une histoire de fantôme » (1814-1819).

• **Verbes marquant l'incertitude, le doute** face aux événements relatés.
EX. : « sembler », « paraître » (verbes du doute et de l'ambiguïté).

• **Syntaxe bouleversée, modalités exclamative et interrogative** à l'image des émotions qui s'emparent des personnages.
EX. : C'est lui ! il est là… là… et moi je vais mourir pour expier son crime…
Oh ! Dieu ! que faire ?…
ERCKMANN-CHATRIAN, « L'esquisse mystérieuse » (1860).
→ Exclamations et points de suspension s'enchaînent pour exprimer la peur.

• **Comparaisons et métaphores** évoquant l'étrangeté sans pouvoir la nommer exactement.
▶ PARTIE II, p. 392 : LES FIGURES DE RHÉTORIQUE
EX. : Elle tourna la tête alors… et vit, dit-elle, son mari à genoux auprès du lit, la tête à la hauteur de l'oreiller, entre les bras d'une espèce de géant verdâtre qui l'étreignait avec force.
P. MÉRIMÉE, *La Vénus d'Ille* (1837).
→ Le déterminant *une espèce de* révèle la difficulté à définir exactement ce qui a été vu.

EXERCICES D'APPLICATION

1 L'écriture fantastique

1. Quels sont les termes qui inscrivent ce texte dans un contexte inquiétant ?
2. Quel rôle attribuez-vous à l'exclamation finale ?

1   Le colonel désespéré, rallia l'armée pour de nouvelles campagnes. Il est tombé dans la victorieuse bataille de W… Ce qui est fort étrange, c'est que depuis cette fatale soirée
5   Adelgunde soit délivrée de son fantôme. Elle soigne fidèlement sa pauvre sœur, assistée par la vieille Française. À ce que Sylvester m'a dit aujourd'hui même, l'oncle de ces malheureuses demoiselles est arrivé ici pour consulter notre
10 excellent R… sur le traitement que l'on pourrait peut-être appliquer à Augusta. Fasse le Ciel que son improbable guérison soit possible !

▶ PARTIE I, p. 158 : E. T. A. HOFFMANN, « Une histoire de fantôme » (extrait, 1814-1819), traduction d'A. Béguin et M. Laval, © Phébus, 1981.

2 Le narrateur du texte fantastique

1. Analysez la situation d'énonciation. Quel effet a-t-elle sur le lecteur ?
▶ PARTIE II, p. 387 : LES OUTILS GRAMMATICAUX
2. Quel rôle l'exclamation centrale joue-t-elle ?

Le narrateur, un prêtre, a été appelé auprès d'une jeune femme mourante. Il reconnaît la jeune femme qu'il a entrevue le jour de son ordination.

1   La nuit s'avançait, et, sentant approcher le moment de la séparation éternelle, je ne pus me refuser cette triste et suprême douceur de déposer un baiser sur les lèvres mortes de celle
5   qui avait eu tout mon amour. Ô prodige ! un léger souffle se mêla à mon souffle, et la bouche de Clarimonde répondit à la pression de la mienne : ses yeux s'ouvrirent et reprirent un peu d'éclat, elle fit un soupir, et, décrois-
10 sant ses bras, elle les passa derrière mon cou avec un air de ravissement ineffable[1].

THÉOPHILE GAUTIER, *La Morte amoureuse* (extrait, 1836).

1. Indescriptible.

3 Le récit fantastique

1. Sur quelles données le récit s'ouvre-t-il ? Quel sentiment provoquent-elles chez le lecteur ?
2. Quel rôle le post-scriptum du narrateur joue-t-il ? Sur quelle atmosphère le récit s'achève-t-il ?
3. À votre tour, rédigez l'*incipit* et l'*explicit* d'une nouvelle fantastique liée au monde d'aujourd'hui, en indiquant succinctement entre crochets le résumé du texte.
▶ PARTIE III, p. 486 : L'ÉCRITURE D'INVENTION

La nouvelle La Vénus d'Ille *raconte la mort mystérieuse d'un jeune marié écrasé sous un poids monstrueux la nuit de ses noces. Peu de temps avant le mariage, il avait glissé sa bague de fiançailles au doigt d'une statue, et l'anneau était resté coincé. La déesse se serait-elle vengée ?*

TEXTE A *incipit**

1   Je descendais le dernier coteau du Canigou, et, bien que le soleil fût déjà couché, je distinguais dans la plaine les maisons de la petite ville d'Ille, vers laquelle je me dirigeais.
5   — Vous savez, dis-je au Catalan qui me servait de guide depuis la veille, vous savez sans doute où demeure M. de Peyrehorade ?
    — Si je le sais ! s'écria-t-il, je connais sa maison comme la mienne ; et s'il ne faisait pas si noir,
10 je vous la montrerais. C'est la plus belle d'Ille. Il a de l'argent, oui, M. de Peyrehorade ; et il marie son fils à plus riche que lui encore.

PROSPER MÉRIMÉE, *La Vénus d'Ille* (extrait, 1837).

TEXTE B *explicit**

1   P.-S. Mon ami M. de P. vient de m'écrire de Perpignan que la statue n'existe plus. Après la mort de son mari, le premier soin de Mme de Peyrehorade fut de la faire fondre en cloche,
5   et sous cette nouvelle forme elle sert à l'église d'Ille. Mais, ajoute M. de P., il semble qu'un mauvais sort poursuive ceux qui possèdent ce bronze. Depuis que cette cloche sonne à Ille, les vignes ont gelé deux fois.

PROSPER MÉRIMÉE, *La Vénus d'Ille* (extrait, 1837).

4 Fantastique et incertitude

1. Quelles formules de la narratrice montrent que la perception de l'événement est subjective ?
2. Quel genre de précisions s'accumulent dans les premières phrases ? Quel rôle jouent-elles ?
3. **Question de synthèse :** rédigez un paragraphe montrant que ce texte illustre la définition du registre fantastique.
   ▶ p. 500 : LE PARAGRAPHE ARGUMENTATIF
4. Observez le tableau de Füssli accompagnant le texte. Relevez et commentez les éléments du tableau qui rappellent l'atmosphère du texte.
   ▶ p. 397 : L'IMAGE FIXE

Cet extrait raconte l'une des apparitions du fameux monstre censé persécuter la narratrice-personnage.

Il m'est difficile de parler de cauchemar. J'étais tout à fait consciente d'être endormie, mais je savais également que j'étais dans ma chambre, allongée dans mon lit. Je vis, ou
5 du moins j'eus l'impression de voir la pièce et ses meubles tels que je les avais vus avant de m'endormir, à ceci près qu'il faisait très sombre. J'aperçus quelque chose bouger près du lit que je n'arrivais pas à distinguer
10 tout d'abord. Puis je me rendis compte qu'il s'agissait d'un animal d'un noir profond qui ressemblait à un chat monstrueux. Il m'apparut faire de quatre à cinq pieds de long, car il recouvrait la totalité de la descente de
15 lit. Il se mit à tourner et à virer sans répit, avec l'agilité sinistre d'un animal en cage. Il m'était impossible de proférer un son ; j'étais terrifiée, comme vous pouvez l'imaginer. Ses mouvements étaient de plus en plus rapides
20 et la pièce de plus en plus sombre jusqu'à ce que je ne pusse plus distinguer que ses yeux. Je le sentis sauter sans effort sur le lit. Deux grands yeux s'approchèrent de mon visage, et, soudain, je ressentis une douleur fulgurante,
25 comme si deux grandes aiguilles espacées de quelques pouces seulement s'enfonçaient profondément dans ma poitrine.

SHERIDAN LE FANU, *Carmilla* (extrait, 1871), traduction de G. Girard, © Actes Sud.

Johann H. Füssli (1741-1824), *Le Cauchemar* (1781), huile sur toile, 1, 01 x 1, 27 m (Detroit, The Detroit Institut of Arts).

FICHE 6

Le registre polémique et le registre délibératif

ALCESTE
L'ami du genre humain n'est point du tout mon fait.
[...] on devrait châtier, sans pitié,
Ce commerce honteux de semblants d'amitié.

➤ **PARTIE I, p. 78 :** MOLIÈRE, *Le Misanthrope*, Acte I, scène 1 (1666).

Questions
1. En quels termes Alceste parle-t-il de son entourage ?
2. Sur quel ton Alceste s'exprime-t-il ? Quels éléments le prouvent ?

L'ESSENTIEL

■ Le registre polémique
Issu du grec *polemos* signifiant « guerre », un texte de registre polémique se définit au sens figuré comme une guerre verbale.

• **Un ton énergique**
– **Des échanges d'arguments** sur de grands thèmes (politique, religion, morale, ...).
– Une volonté de **provocation**.
– **Des débats animés**, parfois violents.

• **Des procédés rhétoriques caractéristiques**
– **Un ton vindicatif** avec des formules accusatrices, souvent sous forme de sentences.
EX. : C'est im-pos-si-ble. Je ne laisserai pas un fou sortir en liberté avec Antigone.
➤ **PARTIE I, p. 26 :** J. COCTEAU, *La Machine infernale* (1934).
→ Créon identifie Œdipe à *un fou*, en sa présence.

– **Des arguments imposés d'autorité** ou en réponse forte à une argumentation déjà formulée.
➤ **PARTIE II, p. 479 :** CIRCUIT ARGUMENTATIF ET PROGRESSION DU RAISONNEMENT
EX. : Baiser ainsi les mains et chatouiller le cœur
 Est un péché mortel des plus gros qu'il se fasse.
➤ **p. 74 :** MOLIÈRE, *L'École des femmes* (1662).
→ Arnolphe répond à Agnès, en lui affirmant que l'attitude qu'elle a eue est coupable.

– **Des apostrophes violentes** ou des formules ironiques et provocatrices.
EX. : Mes frères, vous êtes dans le malheur, mes frères, vous l'avez mérité.
A. CAMUS, *La Peste*, (1947).

■ Le registre délibératif

• **Le registre délibératif,** caractéristique du monologue de tragédie ou de drame met en balance les enjeux du débat avant d'aboutir à une décision, un conseil ➤ **PARTIE I, p. 197 :** A. DE VIGNY, *Chatterton*.

• **Ses procédés** sont :
– **les antithèses** ➤ **p. 392 :** LES FIGURES DE RHÉTORIQUE ;
– **les connecteurs logiques** marquant l'opposition (*mais, cependant*...) ;
– **les parallélismes syntaxiques** traduisant le conflit.

EXERCICES D'APPLICATION

Chapitre 4 • Les registres littéraires

1 L'argumentation par l'image

1. Quels moyens visuels cette affiche utilise-t-elle pour être percutante ?
➤ PARTIE II, p. 397 : L'IMAGE FIXE

2. Que symbolise la tête de gorille ? Quelle image donne-t-elle des féministes de ce collectif ?

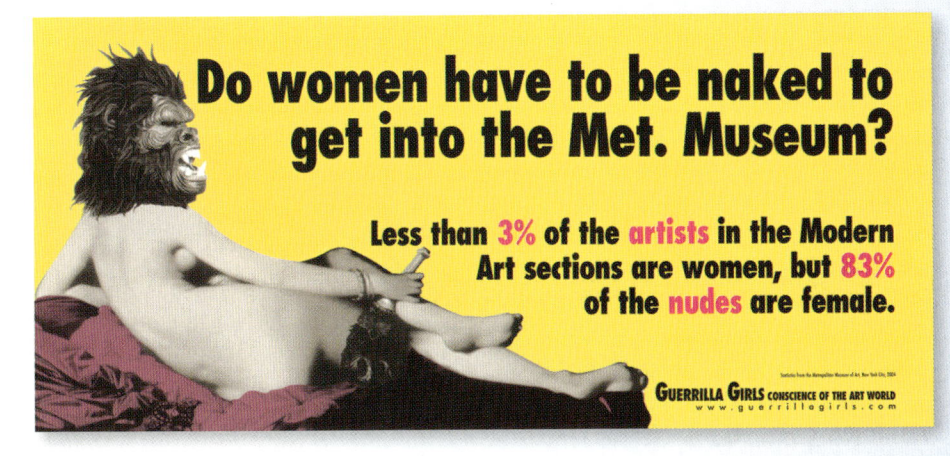

➤ PARTIE I, p. 316 : Affiche du collectif Guerrilla Girls (1989).

Traduction : Les femmes doivent-elles être nues pour entrer au Met. Museum[1] ? Moins de 3 % des artistes des salles consacrées à l'art moderne sont des femmes, mais 83 % des nus sont des nus féminins.

1. *Met.* est une abréviation pour désigner le Metropolitan Museum, le plus grand musée d'art de New York.

2 Le ton polémique

1. Quel est le genre d'articles ici proposé ?
2. Quel texte vous semble polémique ? Justifiez.
3. L'autre article est-il plus convaincant ? Que peut-il avoir de gênant ?

Texte A

Michael Moore illustre l'indépassable B.A.-BA de Jean Vigo : « Un documentaire, c'est un point de vue documenté. » Dans un grand geste de liberté politique, il livre son propre récit historique des quatre années du mandant Bush. Bateleur[1] inspiré, il s'adresse à tous les esprits, avec un sens moderne de la distraction instructive et de la légèreté responsable.

Extrait de l'article de Marine Landrot sur *Fahrenheit 9/11* (film américain de Michael Moore), *Télérama*, 10/07/2004.

1. Acrobate.

Texte B

De cinéma, justement, il n'est guère question dans *Fahrenheit 9/11*. Il est ici sacrifié à la « cause » : le récit critique du mandat de George W. Bush, depuis son élection « volée » jusqu'à l'intervention militaire en Irak. Le portrait est à charge, kaléidoscope[1] d'images d'archives au montage si serré qu'il laisse peu de place à la réflexion du spectateur.

Extrait de l'article d'Aurélien Ferenczi sur *Fahrenheit 9/11*, *Télérama*, 10/07/2004.

1. Ici, tourbillon.

3 Une rhétorique accusatrice

1. Qui est visé par ce texte ?
2. À partir de quel moment le texte devient-il polémique ?
3. Sur quelles antithèses jouent les deuxième et troisième paragraphes ? Qu'ont-elles de polémique ?

Un pauvre qui a fait serment d'être pauvre, et qui en conséquence est souverain ! on l'a déjà dit ; il faut le redire mille fois, cela est intolérable. Les lois réclament contre cet abus, la religion s'en indigne, et les véritables pauvres sans vêtement et sans nourriture poussent des cris au ciel à la porte de monsieur l'abbé.

EXERCICES D'APPLICATION

Mais j'entends messieurs les abbés d'Italie, d'Allemagne, de Flandre, de Bourgogne, qui
10 disent : « Pourquoi n'accumulerons-nous pas des biens et des honneurs ? pourquoi ne serons-nous pas princes ? les évêques le sont bien. Ils étaient originairement pauvres comme nous, ils se sont enrichis, ils se sont
15 élevés ; l'un d'eux est devenu supérieur aux rois ; laissez-nous les imiter autant que nous pourrons. »
Vous avez raison, messieurs, envahissez la terre ; elle appartient au fort ou à l'habile
20 qui s'en empare ; vous avez profité des temps d'ignorance, de superstition, de démence, pour nous dépouiller de nos héritages et pour nous fouler à vos pieds, pour vous engraisser de la substance des malheureux : tremblez
25 que le jour de la raison n'arrive[1].

Voltaire, Dictionnaire philosophique
(extrait, 1764).

1. Allusion aux Évangiles : Jésus annonce le Jugement dernier.

4 Polémique et journalisme

1. Relevez les éléments de registre polémique (vocabulaire, modalités de phrase, ton…).
2. Rédigez deux paragraphes reliés par des connecteurs, prouvant que ce texte est polémique. Classez vos remarques (analyses et citations) de la plus évidente à la moins évidente.
➤ PARTIE III, p. 500 : LE PARAGRAPHE ARGUMENTATIF

1 Ils ne peuvent plus. Ils n'en peuvent plus. Les fâcheux, les fous du portable. Ils conduisent d'une main, écoutent d'une oreille. Seuls à bord dans leur cabine roulante.
5 « Allô ! C'est toi, oui c'est moi, je rentre, j'arrive, je vole, tu vas bien ? Oui ! Moi itou[1]. Et qu'est-ce qu'on mange. » Seuls au monde, inattentifs à la route, à la rue, aux piétons, avec leur greffon à touches directement collé
10 sur le lobe.
Est-ce qu'ils couchent avec leur portable ? C'est très probable ! Est-ce qu'ils vont à la messe, au cinéma ou au théâtre avec leur portable ? C'est assez portable, pardon proba-
15 ble ! Et aux enterrements ? Itou. Tenez, pour un peu, ils chanteraient déjà des chansons à parler « si je meurs, je veux qu'on m'enterre avec mon portable ».

Extrait de l'article de Pierre Georges,
« Le pavillon des névrosés », Le Monde, 26/02/2000.

1. Moi aussi.

5 Le monologue délibératif

1. Analysez la progression de cet extrait : à quels mouvements intérieurs le personnage est-il soumis ?
2. Quel rôle la ponctuation joue-t-elle ?
3. En quoi cette délibération est-elle tragique ➤ p. 18 ?

Hermione aime Pyrrhus, qui lui préfère Andromaque. Folle de jalousie, elle charge Oreste de le tuer. Mais, peu avant la célébration du mariage de Pyrrhus et d'Andromaque, elle hésite encore.

1 Où suis-je ? Qu'ai-je fait ? Que dois-je faire encore ?
Quel transport me saisit ? Quel chagrin me dévore ?
Errante, et sans dessein, je cours dans ce palais.
Ah ! Ne puis-je savoir si j'aime ou si je hais ?
5 Le cruel ! De quel œil il m'a congédiée !
Sans pitié, sans douleur au moins étudiée.
L'ai-je vu se troubler et me plaindre un moment ?
En ai-je pu tirer un seul gémissement ?
10 Muet à mes soupirs, tranquille à mes alarmes,
Semblait-il seulement qu'il eût part à mes larmes ?
Et je le plains encore ! Et, pour comble d'ennui,
Mon cœur, mon lâche cœur s'intéresse pour lui.
Je tremble au seul penser du coup qui le menace,
15 Et, prête à me venger, je lui fais déjà grâce.
Non, ne révoquons point l'arrêt de mon courroux :
Qu'il périsse ! Aussi bien il ne vit plus pour nous.

Jean Racine, Andromaque,
Acte V, scène 1 (extrait, 1667).

FICHE 7 — Le registre épidictique

Chapitre 4 • Les registres littéraires

> La physionomie de ce capitaine appartenant à la deuxième légion respirait un contentement de lui-même qui faisait resplendir son teint rougeaud et sa figure passablement joufflue.
>
> ➤ PARTIE I, p. 330 : H. de Balzac, *La Cousine Bette* (1846).

Question
Le portrait est-il valorisant ? D'où vient cette impression ? Justifiez.

L'ESSENTIEL

Correspondant au **genre démonstratif** de l'Antiquité, aux grands discours célébrant des héros ou dénonçant les méfaits et les défauts des ennemis, le registre épidictique fait appel à l'éloge ou au blâme ➤ PARTIE I, p. 322.

Un art de la rhétorique et de l'esthétique

Parfois au détriment de la vérité et de l'objectivité, le registre épidictique concerne :
- **des genres non littéraires** (comme la **publicité** qui peut vanter un produit par l'éloge) ;
- **des genres littéraires** (**oraisons** funèbres, **portraits** dans le récit, **blasons**...).

Il est souvent présent dans les portraits, donnant lieu à une **idéalisation** du modèle (Diane de Poitiers par Du Bellay ➤ p. 336) ou à sa **caricature** (femme édentée par Scarron ➤ p. 326).

Les procédés récurrents

- **Un vocabulaire élogieux (valorisant) ou dépréciatif (dévalorisant)** suivant la volonté et le projet de l'auteur, reposant sur l'emploi de **modalisateurs** parfois **hyperboliques**.
➤ PARTIE II, p. 387 : LES OUTILS GRAMMATICAUX
EX. : tes mains délicates de fée
  ➤ p. 325 : L. S. Senghor, « À la négresse blonde » (1964).
  → L'adjectif *délicates* et l'analogie avec la fée sont des modalisateurs valorisant la femme.

- **Des oppositions, des antithèses,** pour valoriser (ou dévaloriser).
➤ p. 392 : LES FIGURES DE RHÉTORIQUE
EX. : Ronsard oppose Hélène *bien vieille* à celle du *temps où (elle) étai(t) belle* ➤ p. 340.

- **Une parenté avec le registre lyrique** ➤ p. 425, quand le locuteur s'abandonne aux émotions qui le poussent à admirer ou à dédaigner quelqu'un / quelque chose.
EX. : Laisse (mon cher souci) la paternelle rive,
   Et portant désormais une charge plus belle,
   Adore ce haut nom [...]
   ➤ p. 336 : J. du Bellay, *Les Regrets* (1558).
  → Le poète vénère Marguerite de Navarre, oubliant jusqu'à ses préoccupations intimes (*mon cher souci*).

EXERCICES D'APPLICATION

1 L'article critique

1. Comment le journaliste a-t-il construit son article ?
2. Est-ce un blâme ou un éloge ? Relevez les termes significatifs.

Chaque volume est constitué d'une somme de récits autonomes, simples vignettes ou aphorismes[1], dissertations plus structurées, anecdotes diverses, tous plus ou moins taillés dans
5 l'étoffe[2] des mythes, des contes de fées, de la littérature japonaise et des textes antiques, et souvent marqués du sceau[3] de l'obscur. Une écriture assez hautaine préside à l'ensemble, d'un hermétisme[4] chic. L'un de ses thèmes est
10 la quête du paradis perdu, et les liens entre les mots et ce temps béni de l'Éden. Pour interroger le mystère, Quignard ne craint pas de recourir à des images qui évoquent plutôt les bonnes farces de l'écriture automatique que la
15 grâce des questionnements intérieurs. André Breton[5] n'est pas si loin, sous le masque de Marc Aurèle[6].

▶ PARTIE I, p. 373 : extrait de l'article de Daniel Rondeau, « Quignard l'obscur », *L'Express*, 24/01/2005.

1. Brèves définitions de genre philosophique.
2. Métaphore : qui est fait des mêmes matériaux qu'un mythe.
3. Cachet de cire, empreinte.
4. Difficulté de compréhension.
5. Écrivain surréaliste ▶ p. 260.
6. Empereur romain connu pour sa sagesse et ses réflexions.

2 Le blâme

1. Combien de portraits figurent dans ce texte ? Quelle opposition le poète fait-il ressortir et par quels moyens ?
2. Relevez et analysez les indices qui relèvent du blâme.

Monsieur Prudhomme

1 Il est grave : il est maire et père de famille.
Son faux col engloutit son oreille. Ses yeux
Dans un rêve sans fin flottent, insoucieux,
Et le printemps en fleur sur ses pantoufles brille.

5 Que lui fait l'astre d'or, que lui fait la charmille[1]
Où l'oiseau chante à l'ombre, et que lui font les cieux,
Et les prés verts et les gazons silencieux ?
Monsieur Prudhomme songe à marier sa fille

Avec monsieur Machin, un jeune homme cossu[2].
10 Il est juste-milieu[3], botaniste et pansu[4].
Quant aux faiseurs de vers, ces vauriens, ces maroufles[5],

Ces fainéants barbus, mal peignés, il les a
Plus en horreur que son éternel coryza[6],
Et le printemps en fleur, brille[7] sur ses pantoufles.

Paul Verlaine, *Poèmes saturniens*, « Caprices », V (1866).

1. Voûte végétale sous laquelle on se met à l'ombre.
2. Fortuné.
3. Partisan d'une politique éloignée des extrêmes, ici conservateur.
4. Avec du ventre.
5. Fripons.
6. Rhume de cerveau.
7. Cliché poétique, parodie d'un vers de Boileau.

3 Éloge ou blâme ?

1. Analysez le vocabulaire valorisant du texte. Dans quelle partie de l'extrait est-il concentré ? pour quel portrait ?
2. Quelle vision Hugo donne-t-il des deux autres hommes ?
3. Quel aspect de l'épidictique domine dans ce texte : l'éloge ou le blâme ?
4. Une recherche sur ces trois personnages vous permet-elle de partager le point de vue du narrateur ?

Le narrateur dresse ici le portrait de trois grands hommes de la Révolution française.

1 Le premier de ces trois hommes était pâle, jeune, grave, avec les lèvres minces et le regard froid. Il avait dans la joue un tic nerveux qui devait le gêner pour sourire. Il était poudré,
5 ganté, brossé, boutonné ; son habit bleu clair ne faisait pas un pli. Il avait une culotte de nankin[1], des bas blancs, une haute cravate, un jabot[2] plissé, des souliers à boucles d'argent. Les deux autres hommes étaient, l'un, une

espèce de géant, l'autre, une espèce de nain. Le grand, débraillé[3] dans un vaste habit de drap écarlate, le col nu dans une cravate dénouée tombant plus bas que le jabot, la veste ouverte avec des boutons arrachés, était botté de bottes à revers[4] et avait les cheveux tout hérissés, quoiqu'on y vît un reste de coiffure et d'apprêt ; il y avait de la crinière dans sa perruque. Il avait la petite vérole[5] sur la face, une ride de colère entre les sourcils, le pli de la bonté au coin de la bouche, les lèvres épaisses, les dents grandes, un poing de portefaix[6], l'œil éclatant. Le petit était un homme jaune qui, assis, semblait difforme ; il avait la tête renversée en arrière, les yeux injectés de sang, des plaques livides[7] sur le visage, un mouchoir noué sur ses cheveux gras et plats, pas de front, une bouche énorme et terrible. Il avait un pantalon à pied, des pantoufles, un gilet qui semblait avoir été de satin blanc, et par-dessus ce gilet une rouppe[8] dans les plis de laquelle une ligne dure et droite laissait deviner un poignard.

Le premier de ces hommes s'appelait Robespierre, le second Danton, le troisième Marat.

Victor Hugo, *Quatrevingt-Treize* (extrait, 1874).

1. Toile de coton de couleur claire.
2. Ornement de dentelle accroché au cou.
3. Négligé.
4. Repliées.
5. Variole.
6. Porteur de charges lourdes.
7. Blanches.
8. Blouse en drap grossier.

4 Registre épidictique et débat

1. Quel est le thème de ce texte ? Quelle image l'auteur en donne-t-il ?
2. Relevez les modalisateurs. Avec quel autre registre le registre épidictique se confond-il ici ?

RÉDACTION DE PARAGRAPHE ARGUMENTATIF

Dans un paragraphe rédigé, vous défendrez votre point de vue personnel sur le thème ici proposé.

▶ PARTIE III, p. 500 : LE PARAGRAPHE ARGUMENTATIF

Cent mille spectateurs qui vocifèrent et s'enrhument, trente joueurs qui se disputent violemment un ballon et s'épuisent. Des milliers de sans-le-sou venus, en dépensant leur dernier billet, admirer des vedettes qui gagnent en quelques matches ce qu'eux-mêmes ne gagneront pas durant leur vie. Chaque jour nos journaux, nos télévisions, nous présentent ces événements comme du « sport ». Le résumé de ce qui s'est passé tient en quelques chiffres, le score, qui désigne le gagnant et mesure sa supériorité.

Albert Jacquard, *Abécédaire de l'ambiguïté*, « S comme sport » (extrait, 1989), © Seuil.

ÉCRITURE D'INVENTION
5 Registre épidictique et communication publicitaire

Imaginez deux productions contradictoires :
a. un extrait de guide touristique vantant les charmes de Paris avec un cliché valorisant la ville et un texte introducteur de dix lignes mettant l'accent sur les avantages de la métropole ;
b. un extrait d'article écologiste faisant le constat de la pollution à Paris avec une photographie révélatrice et un texte accusateur.
Exploitez tous les paramètres essentiels du registre épidictique.
Vous pouvez vous inspirer des données suivantes, répercutées chaque année par les médias :
– Paris, deuxième métropole d'Europe en nombre d'habitants, juste après Londres (2 300 000 habitants sans la banlieue ; 10 millions avec la banlieue immédiate ; 11,5 millions avec la banlieue élargie) ;
– Paris, première ville visitée dans le monde : numéro 1 du tourisme mondial ;
– Paris, ville comportant le plus de salles de cinéma ;
– Paris, l'une des villes les plus embouteillées d'Europe ;
– Paris, ville proposant la plus grande diversité et richesse de musées et d'expositions, en concurrence avec New York et Londres ;
– Paris, première ville de salons et de congrès du monde ;
– Paris, l'une des villes les plus cosmopolites d'Europe, avec Londres et Amsterdam...

▶ p. 496 : INVENTER ET ARGUMENTER

FICHE 8 — Le registre didactique

> Il faudrait aborder les théories de Darwin ; mais ceci n'est qu'une étude générale sur la méthode expérimentale appliquée au roman, et je me perdrais, si je voulais entrer dans les détails.
>
> ➤ PARTIE I, p. 247 : É. Zola, *Le Roman expérimental* (1880).

Questions

1. Quel est ici l'objectif de l'auteur ?
2. Grâce à quels termes le perçoit-on ?

L'ESSENTIEL

Le registre didactique est lié au **domaine de la connaissance** : en grec *didaktikos* désigne ce qui est enseigné.

Origines et genres

• **La littérature peut instruire, tout comme elle peut divertir :** ce double objectif est une préoccupation remontant à l'Antiquité, avec par exemple les **fables** du Grec **Ésope** au VIe siècle avant J.-C. Ainsi les fables de **La Fontaine** ont-elles une visée didactique puisqu'elles contiennent une **leçon**. Celle-ci peut-être exprimée **explicitement**, dans la morale (EX. : « Le Laboureur et ses enfants »), ou **implicitement** (de manière sous-entendue), dans un récit imagé (EX. : « Le Loup et la Cigogne »).

• **Les textes didactiques** manifestent souvent le souci de **vulgariser** un savoir dans des textes :
– **littéraires** : essais, romans, poèmes, pièces de théâtre, etc.
EX. : *L'Art poétique* de Boileau ➤ p. 43 ou *Le Roman expérimental* de Zola ➤ p. 247 ;
– **non littéraires** : modes d'emploi, consignes ou articles de presse.

Procédés rhétoriques

• **Un ton souvent sérieux** avec des **sentences** (phrases travaillées au plan du rythme et de l'emploi des mots, pour marquer le lecteur), des assertions formulées au **présent de vérité générale**, comme les morales des fables.
EX. : On ne sait jamais bien commander que ce qu'on sait exécuter soi-même.
➤ p. 299 : J.-J. Rousseau, *Émile* (1762).
→ Le présent a ici une valeur universelle, faisant de la phrase une leçon de pédagogie.

• **Une énonciation prenant le lecteur à parti,** à témoin, sous la forme d'**apostrophes** et d'**impératifs** à la première ou à la deuxième personne, ou en employant le « nous » qui englobe l'auteur et le lecteur dans la même réalité.
EX. : Nos différences « naturelles », source d'inégalités, sont camouflées en dons, qualités, etc. Ainsi, la Nature nous a dotées de l'instinct maternel, de l'intuition, de la réceptivité… alors qu'à nos compagnons seront attribuées force, intelligence, agressivité…
➤ p. 314 : G. Halimi, *La Cause des femmes* (1978).
→ L'emploi du *nous* permet à l'auteur de retenir l'attention de l'ensemble des femmes.

• **Une structure soignée** tant au plan de la phrase (syntaxe) que du paragraphe avec des connecteurs logiques marquant les étapes de l'exposé.
➤ PARTIE II, p. 413 : LE DISCOURS ARGUMENTATIF

EXERCICES D'APPLICATION

Chapitre 4 • Les registres littéraires

1 Essai et registre didactique

1. Relevez ce qui permet de dire que Zola veut enseigner quelque chose au lecteur.
2. Sur quoi Zola s'appuie-t-il pour donner du poids à ses « lois » ?

1 Sans me risquer à formuler des lois, j'estime que la question d'hérédité a une grande influence dans les manifestations intellectuelles et passionnelles de l'homme. Je donne aussi
5 une importance considérable au milieu. Il faudrait aborder les théories de Darwin[1] ; mais ceci n'est qu'une étude générale sur la méthode expérimentale appliquée au roman, et je me perdrais, si je voulais entrer dans les
10 détails. Je dirai simplement un mot des milieux. Nous venons de voir l'importance décisive donnée par Claude Bernard[2] à l'étude du milieu intra-organique, dont on doit tenir compte, si l'on veut trouver le déterminisme
15 des phénomènes chez les êtres vivants.

▶ p. 247 : ÉMILE ZOLA, *Le Roman expérimental* (extrait, 1880).

1. Biologiste anglais (1809-1882) qui a fondé la théorie de l'évolution des espèces.
2. Biologiste français (1813-1878) qui a défini la méthode expérimentale.

2 La préface de roman

1. Quelles intentions l'auteur anonyme du *Roman de Thèbes* énonce-t-il ici ? Quel passage comporte les informations les plus importantes ?
2. Par quels moyens cherche-t-il à capter l'attention du lecteur ?

1 Qui est sage ne le doit point cacher, mais doit montrer sa sagesse afin que, lorsqu'il aura quitté ce monde, l'on se souvienne toujours de lui. Si maître Homère, maître Platon, Vir-
5 gile et Cicéron eussent caché leur sapience[1], il n'en eût plus jamais été question. C'est pourquoi je ne veux ni taire ma sagesse ni garder pour moi ma sapience ; au contraire, il me plaît de conter un récit digne de mémoire.
10 Que s'épargnent la peine de m'entendre ceux qui ne sont clercs[2] ou chevaliers, car ils sont aussi aptes à m'écouter que l'âne à l'art de la harpe. Je ne parlerai pas ici de vendeurs de peaux, ni de rustres, ni de bouchers, mais de
15 deux frères dont je raconterai l'histoire : l'un s'appelait Étéocle et l'autre Polynice ; le roi Œdipe les engendra en la reine Jocaste.

Le Roman de Thèbes (extrait, XIIe siècle), traduction d'A. Petit, © Honoré Champion.

1. Savoir et sagesse.
2. Équivalent d'« érudit », ici : gens instruits, esprits cultivés.

3 La poésie didactique

1. Que souligne la progression du récit ?
2. Quelle figure de rhétorique le vieillard utilise-t-il dans son discours ?
   ▶ PARTIE II, p. 392 : LES FIGURES DE RHÉTORIQUE
3. Comment La Fontaine affirme-t-il sa présence ? Commentez le dernier vers.
4. Rédigez un récit (en prose) imagé et didactique, adapté à notre époque, dans lequel vous défendrez les vertus du travail et de l'effort.
   ▶ PARTIE III, p. 486 : L'ÉCRITURE D'INVENTION

1 Travaillez, prenez de la peine :
C'est le fonds[1] qui manque le moins.

Un riche Laboureur, sentant sa mort prochaine,
Fit venir ses Enfants, leur parla sans témoins.
5 « Gardez-vous, leur dit-il, de vendre l'héritage
Que nous ont laissé nos parents :
Un trésor est caché dedans.
Je ne sais pas l'endroit ; mais un peu de courage
Vous le fera trouver : vous en viendrez à bout.
10 Remuez votre champ dès qu'on aura fait l'oût[2] :
Creusez, fouillez, bêchez ; ne laissez nulle place
Où la main ne passe et repasse. »
Le Père mort, les Fils vous retournent le champ,
Deçà, delà, partout : si bien qu'au bout de l'an
15 Il en rapporta davantage.
D'argent, point de caché. Mais le Père fut sage
De leur montrer, avant sa mort,
Que le travail est un trésor.

JEAN DE LA FONTAINE, *Fables*, V, 9, « Le Laboureur et ses enfants » (1668).

1. Le bien.
2. La moisson (en août).

Chapitre 5

Les notions propres au récit

DU VERBE LATIN *recitare* signifiant « **dire à haute voix** », le mot **récit** est lié au genre de l'**épopée** ➤ p. 124. Celle-ci fut ensuite concurrencée par le conte, le roman et la nouvelle ➤ p. 139 et 171.

Le texte formulé à voix haute pour **captiver l'auditoire** reste au cœur de la notion de récit, associée à l'action de personnages héroïques auxquels le lecteur peut s'identifier.

Le récit est organisé. Il est un « tissu narratif » répondant à des notions précises :
– le narrateur et son **point de vue** (focalisation) ;
– le **cadre spatio-temporel de l'action** et le **schéma actantiel** (relations entre les moteurs de l'action) ;
– la **structure** et la **chronologie** ;
– le rapport entre le **temps de la fiction** (durée de l'action) et le **temps de la narration** (temps mis à la raconter) ;
– la prise de parole dans le récit (**discours rapportés**).

Mai 1902 : résultats des élections législatives, gravure du *Petit Journal* (détail).

443	FICHE 1	Le narrateur et la focalisation
446	FICHE 2	Le cadre spatio-temporel et le schéma actantiel
449	FICHE 3	La structure du récit
452	FICHE 4	Le temps de la fiction et le temps de la narration
455	FICHE 5	Les discours rapportés

FICHE 1 — Le narrateur et la focalisation

En Bohême[1], on ne boit pas de bon vin et on n'a pas l'habitude de garder d'anciens millésimes[2]. Elle a acheté ce vieux vin de bordeaux avec d'autant plus de plaisir : pour surprendre ses invitées, pour leur faire fête, pour regagner leur amitié.

▶ PARTIE I, p. 152 : M. KUNDERA, *L'Ignorance* (2000), © Gallimard.

1. Région d'Europe centrale où se situe Prague.
2. Vins d'une année exceptionnelle.

Questions

1. Qui raconte ? Appartient-il à l'univers du personnage ? Justifiez.
2. Comment les pensées du personnage sont-elles transmises ?

L'ESSENTIEL

Le narrateur

• **Le narrateur est celui qui raconte l'histoire.** Il se distingue de l'auteur, celui qui écrit. Il est soit :
– **narrateur-témoin** extérieur à l'histoire (récit à la 3e personne) ;
– **narrateur-personnage** intégré à l'histoire (récit à la 1re personne).

• **Lorsqu'il raconte ou qu'il décrit, le narrateur adopte un point de vue** différent selon l'effet visé par l'auteur : on parle aussi de **focalisation**.

La focalisation (le point de vue)

• **Focalisation externe** : le narrateur-témoin, limité à sa propre perception, ignore les pensées et les sentiments des personnages. Son vocabulaire reste neutre. Il paraît **objectif**.

EX. : Vers la fin du mois d'octobre dernier, un jeune homme entra dans le Palais-Royal au moment où les maisons de jeu s'ouvraient.
H. DE BALZAC, *La Peau de chagrin* (incipit, 1831).
→ La mention temporelle est vague, et le personnage n'est pas connu, comme l'indique l'article indéfini *un*.

• **Focalisation interne** : le narrateur se fond dans la vision d'un seul personnage, par des verbes de perception et des modalisateurs ➤ p. 390. Il est **subjectif**.

EX. : Or, une nuit, trois mois après le crime, j'eus un affreux cauchemar. Il me sembla que je voyais la main, l'horrible main, courir comme un scorpion.
G. DE MAUPASSANT, *La Main* (1883).
→ La perception est individuelle (*Il me sembla*) ; qualificatifs et comparaisons sont subjectifs (*affreux*...).

• **Focalisation omnisciente** : le narrateur, plus qu'un témoin, capte tout (pensées de tous les personnages, événements simultanés dans des lieux différents, passé, avenir...). Les précisions sont nombreuses. Il est **omniscient** (du latin *omnis* : tout et *scio* : savoir).

EX. : C'étaient un journaliste et un photographe en service commandé, deux êtres cyniques, malheureux. Ils approchaient de la quarantaine et les espoirs qu'ils avaient nourris dans leur jeunesse étaient loin, très loin de s'être réalisés.
A. PAASILINNA, *Le Lièvre de Vatanen* (1975), © Denoël.
→ Le narrateur connaît le passé et l'intimité des deux personnages, jugeant ce qu'ils sont devenus.

EXERCICES D'APPLICATION

1 Focalisation et description

1. Quel type de narrateur est présent dans ces deux extraits ?
2. Quelle est la focalisation dominante de ces deux textes ? Justifiez.

Texte A

Il y avait lune ce jour-là, et au moment où Fabrice entrait dans sa prison, elle se levait majestueusement à l'horizon à droite, au-dessus de la chaîne des Alpes, vers Trévise. Il n'était que huit heures et demie du soir, et à l'autre extrémité de l'horizon, au couchant, un brillant crépuscule rouge orangé dessinait parfaitement les contours du mont Viso et des autres pics des Alpes qui remontent de Nice vers le mont Cenis et Turin ; sans songer autrement à son malheur, Fabrice fut ému et ravi par ce spectacle sublime.

▶ PARTIE I, p. 135 : Stendhal, *La Chartreuse de Parme* (extrait, 1839).

Texte B

Florent sentit un frisson à fleur de peau ; et il aperçut une femme, sur le seuil de la boutique, dans le soleil. Elle mettait un bonheur de plus, une plénitude solide et heureuse, au milieu de toutes ces gaietés grasses. C'était une belle femme. Elle tenait la largeur de la porte, point trop grosse pourtant, forte de la gorge, dans la maturité de la trentaine. Elle venait de se lever, et déjà ses cheveux, lissés, collés et comme vernis, lui descendaient en petits bandeaux plats sur les tempes.

▶ p. 239 : Émile Zola, *Le Ventre de Paris* (extrait, 1874).

2 Focalisation et implication du lecteur

1. Quelle est la focalisation dominante dans chaque texte ? Justifiez.
2. Quel est l'effet produit ? Par quel texte se sent-on le plus impliqué ?

Texte A

Les deux jeunes gens portèrent leur couvert quelques pas plus loin et se remirent à manger. Leurs bras nus, qu'ils montraient sans cesse, gênaient un peu la jeune fille. Elle affectait même de tourner la tête et de ne point les remarquer, tandis que Madame Dufour, plus hardie, sollicitée par une curiosité féminine qui était peut-être du désir, les regardait à tout moment, les comparant sans doute avec regret aux laideurs secrètes de son mari.

Guy de Maupassant, *Une partie de campagne* (extrait, 1881).

Texte B

Aujourd'hui, il l'aimait. Car ce devait bien être de l'amour, cette nostalgie d'une femme à l'exclusion de toutes les autres. Il soumettait l'agitation de ses sens à de subtiles analyses, ne pouvant le faire sur un quelconque sentiment, puisqu'il n'en éprouvait pas.

Italo Svevo, *Une vie* (extrait, 1892), traduction de G. Piroué, © Gallimard, coll. « L'imaginaire », 2001.

3 Les focalisations mêlées

1. Analysez le mélange des focalisations ; quel effet a-t-il ?
2. À qui attribuez-vous la première phrase ? Quel terme le prouve ?

Ils étaient restés seuls ; la conversation languissait évidemment. « Non ! Julien ne sent rien pour moi », se disait Mathilde vraiment malheureuse.
Comme il prenait congé d'elle, elle lui serra le bras avec force :
« Vous recevrez ce soir une lettre de moi », lui dit-elle d'une voix tellement altérée[1] que le son n'en était pas reconnaissable.
Cette circonstance toucha sur-le-champ Julien. « Mon père, continua-t-elle, a une juste estime pour les services que vous lui rendez. Il faut ne pas partir demain ; trouvez un prétexte. » Et elle s'éloigna en courant.

Stendhal, *Le Rouge et le Noir*, II, 13 (extrait, 1839).

1. Troublée.

4 La focalisation dominante

1. Quelle est la focalisation adoptée dans le passage : *Elle resta ... les unes aux autres* (l. 1-3) ?
2. Relevez les verbes dont Emma est le sujet. Que remarquez-vous ?
3. Quelle est la focalisation dominante ?

1 Elle resta quelques minutes à tenir entre ses doigts ce gros papier. Les fautes d'orthographe s'y enlaçaient les unes aux autres, et Emma poursuivait la pensée douce qui ca-
5 quetait tout au travers comme une poule à demi cachée dans une haie d'épines. On avait séché l'écriture avec les cendres du foyer, car un peu de poussière grise glissa de la lettre sur sa robe, et elle crut presque apercevoir son
10 père se courbant vers l'âtre pour saisir les pincettes.

GUSTAVE FLAUBERT, *Madame Bovary* (extrait, 1857).

5 Le statut du narrateur

1. S'agit-il, dans le texte suivant d'un narrateur-témoin ou d'un narrateur-personnage ?
2. Sur quelle focalisation ce roman est-il construit ? Précisez.

L'Insoutenable Légèreté de l'être raconte l'histoire de deux couples. Les deux extraits suivants dressent le portrait de Tomas et de Tereza.

TEXTE A

1 [Tomas] se sentait triste, mais pendant le repas son désespoir initial parut se lasser, comme s'il avait perdu de sa vigueur et qu'il n'en restât que la mélancolie. Il jetait un re-
5 gard en arrière sur les années passées avec elle et se disait que leur histoire ne pouvait pas mieux se terminer. L'eût-on inventée, on n'aurait pas pu la conclure autrement. Un jour, Tereza était venue chez lui sans pré-
10 venir. Un jour, elle était repartie de la même manière.

MILAN KUNDERA, *L'Insoutenable Légèreté de l'être*, I, 14 (extrait, 1984), traduction de F. Kérel, © Gallimard.

TEXTE B

1 À Prague, [Tereza] dépendait de Tomas, certes, mais seulement par le cœur. Ici, elle dépendait de lui pour tout. S'il l'abandonnait, que deviendrait-elle ici ? Devait-elle passer
5 toute sa vie dans la terreur de le perdre ? Elle se disait que leur rencontre reposait depuis le début sur une erreur.

MILAN KUNDERA, *ibidem*, II, 27.

6 ÉCRITURE D'INVENTION
D'une focalisation à l'autre

1. Quel est le point de vue adopté ?
2. Quels éléments nous seraient inconnus s'il changeait ?
3. Transposez ce texte en focalisation externe.
➤ PARTIE III, p. 488 : TRANSPOSER

1 Pourquoi la suivait-on ? Célestin ? La Boîte Postale ? Ce n'était pas la première fois qu'elle avait l'impression d'être suivie, et cela avait toujours été le fruit de son imagination, ou
5 des types qui lui faisaient des propositions. On ne pouvait jamais savoir avec les suiveurs, si c'étaient des flics ou des galants. Voilà le tramway... Juliette se précipita... se laissa bousculer... est-ce qu'ils allaient monter,
10 eux ? Ils ne semblaient pas... le tramway se mit en marche, Juliette courut, allait s'agripper au marchepied, quand une main l'en arracha...
— Et surtout pas de scandale... – dit l'homme
15 au pardessus clair. – On ne vous veut pas de mal.
Il parlait très bien le français avec un rien d'accent. Ils l'encadrèrent, ça n'avait pas l'air, mais ils la tenaient solidement. Le deuxième avait
20 un long nez et des cheveux blonds, en pagaïe, qui lui remontaient son chapeau mou.
— La Gestapo, Mademoiselle, la Gestapo, ça ne vous dit rien ?

ELSA TRIOLET, « Les Amants d'Avignon », in *Le premier accroc coûte deux cents francs* (extrait, 1943), D. R.

FICHE 2 — Le cadre spatio-temporel et le schéma actantiel

> On perçoit le bourdonnement monotone des vendeurs pareils à celui que l'on entend à l'école quand, sur l'ordre du maître, tous les élèves apprennent leur leçon à voix haute. Et rien ne rompt cette monotonie, ni le rire des dames, ni le claquement de la porte vitrée, ni les allées et venues des garçons de course.
> Debout au beau milieu du magasin, Polinka, la fille de Mme Andréïevna qui tient une maison de couture, une petite blonde maigriotte[1], cherche quelqu'un des yeux.
>
> ▶ PARTIE I, p. 162 : A. TCHEKHOV, « Polinka » (*incipit*, 1887).

1. Trop maigre.

Questions

1. Quels sont les éléments qui ancrent le récit dans la réalité ?
2. Comment le personnage est-il introduit dans cet univers ?

L'ESSENTIEL

■ Le cadre spatio-temporel

• Les indications de lieu
EX. : Au bout de la rue Guénégaud, lorsqu'on vient des quais, on trouve le passage du Pont-Neuf.
É. ZOLA, *Thérèse Raquin*, incipit (1867).

• Les données temporelles
EX. : En 1815, M. Charles-François-Bienvenu Myriel était évêque de Digne. C'était un vieillard d'environ soixante-quinze ans.
V. HUGO, *Les Misérables* (*incipit*, 1862).

• Plus ces **effets de réel** (références vérifiables dans la réalité) sont multipliés, plus l'identification du lecteur avec le personnage est favorisée.

■ Les forces agissantes (le schéma actantiel)

• Les personnages agissent les uns sur les autres suivant un objectif (une **quête**). Ce sont les **actants** (êtres humains, objets, pulsions...) dont le **rapport de forces** est défini par le **schéma actantiel**.
EX. : « Polinka » d'A. TCHEKHOV ▶ p. 162.

Destinateur : force poussant le sujet à agir → *recherche d'informations sur un produit ? volonté de revoir quelqu'un ?*

Destinataire : bénéficiaire de l'action du sujet → *Polinka elle-même*

Sujet : personnage agissant dans un but précis → *Polinka*

Objet : ce qui est recherché par le sujet → *quelqu'un à qui s'adresser*

Adjuvant(s) : élément(s) aidant le sujet dans sa quête → *quelqu'un qui va la renseigner*

Opposant(s) : obstacle(s) à la réalisation de la quête → *nombreux vendeurs et clientes rendant la quête difficile*

EXERCICES D'APPLICATION

1 Le roman réaliste

1. Quel est le cadre spatio-temporel de ce passage ? En quoi est-il réaliste ?
2. Quelles sont les forces qui agissent ici ? Relevez-les dans un schéma actantiel.

Ce jour-là, comme tous les jeudis, il dînait chez Sandoz[1], où il y avait réunion. Mais que faire jusqu'au soir ? L'idée de rester seul, à se dévorer, le désespérait. Il aurait couru tout de suite chez son ami, s'il ne s'était dit que ce dernier devait être à son bureau. Puis, la pensée de Dubuche[2] lui vint, et il hésita, car leur vieille camaraderie se refroidissait depuis quelque temps. Il ne sentait pas entre eux la fraternité des heures nerveuses, il le devinait inintelligent, sourdement hostile, engagé dans d'autres ambitions. Pourtant, à quelle porte frapper ? Et il se décida, il se rendit rue Jacob, où l'architecte habitait une étroite chambre, au sixième étage d'une grande maison froide.

▶ PARTIE I, p. 248 : ÉMILE ZOLA, L'Œuvre (extrait, 1886).

1. Écrivain, ami d'enfance de Claude (et double de Zola).
2. Ami d'enfance devenu architecte.

2 Les repères du roman historique

Quels indices montrent qu'il s'agit d'un début de roman historique ?

Le premier lundi du mois d'avril 1625, le bourg de Meung, où naquit l'auteur du *Roman de la Rose*[1], semblait être dans une révolution aussi entière que si les huguenots[2] en fussent venus faire une seconde Rochelle. Plusieurs bourgeois, voyant s'enfuir les femmes du côté de la Grande-Rue, entendant les enfants crier sur le seuil des portes, se hâtaient d'endosser la cuirasse.

ALEXANDRE DUMAS, *Les Trois Mousquetaires* (incipit, 1844).

1. Grand roman médiéval.
2. Protestants.

3 Le cadre temporel

1. Relevez les éléments qui identifient précisément l'époque de l'action.
2. Quel est le temps verbal de la dernière phrase ? À quelle atmosphère est-il associé ? Quel effet produit-il ?

Henri jeta un dernier regard sur le ciel : un cristal noir. Mille avions saccageant ce silence, c'était difficile à imaginer ; pourtant les mots se carambolaient dans sa tête avec un bruit joyeux : offensive stoppée, débâcle allemande, je vais pouvoir partir. Il tourna le coin du quai. Les rues sentiraient l'huile et la fleur d'oranger, des gens jacasseraient aux terrasses illuminées, il boirait du vrai café au son des guitares.

SIMONE DE BEAUVOIR, *Les Mandarins* (incipit, 1954), © Gallimard.

4 Le repérage spatio-temporel

1. Relevez les indices spatio-temporels. Quelle fonction ont-ils ?
2. Quels sont les pronoms personnels employés ? À quoi renvoient-ils ?
3. À quel registre littéraire le lecteur peut-il s'attendre pour la suite du texte ?
▶ PARTIE II, p. 418 : LES REGISTRES LITTÉRAIRES
4. Imaginez la suite du texte en dix lignes.
▶ PARTIE III, p. 486 : L'ÉCRITURE D'INVENTION

Le train filait, à toute vapeur, dans les ténèbres. Je me trouvais seul, en face d'un vieux monsieur qui regardait par la portière. On sentait fortement le phénol[1] dans le wagon du P.-L.-M.[2] venu sans doute de Marseille. C'était par une nuit sans lune, sans air, brûlante. On ne voyait point d'étoiles, et le souffle du train lancé nous jetait quelque chose de chaud, de mou, d'accablant, d'irrespirable.

GUY DE MAUPASSANT, *La Peur* (incipit, 1883).

1. Antiseptique.
2. Le train de la compagnie Paris-Lyon-Méditerranée.

EXERCICES D'APPLICATION

5 Cadre temporel et personnages

1. Relevez tous les indices situant l'action. D'après vous, où se trouvent ces hommes ?
2. Les indices temporels sont-ils précis ? Pourquoi ?
3. Qui sont les personnages ? Qui est sans doute le héros du roman ?

Dehors, ce devait être la mer et la nuit, mais on n'en savait trop rien : une seule ouverture coupée dans le plafond était fermée par un couvercle en bois, et c'était une vieille lampe
5 suspendue qui les éclairait en vacillant. [...]
Ils étaient d'âges divers. Le *capitaine* pouvait avoir quarante ans ; trois autres, de vingt-cinq à trente. Le dernier, qu'ils appelaient Sylvestre ou Lurlu, n'en avait que dix-sept. Il était
10 déjà un homme, pour la taille et la force ; une barbe noire, très fine et très frisée, couvrait ses joues ; seulement il avait gardé ses yeux d'enfant, d'un gris-bleu, qui étaient extrêmement doux et tout naïfs. [...]
15 ...Dehors, ce devait être la mer et la nuit, l'infinie désolation des eaux noires et profondes. Une montre de cuivre, accrochée au mur, marquait onze heures, onze heures du soir sans doute ; et, contre le plafond de bois,
20 on entendait le bruit de la pluie.

Pierre Loti, *Pêcheur d'Islande* (extrait, 1886).

6 Établissement du schéma actantiel

Dressez le schéma actantiel de ce texte en prenant Roland comme sujet.

Au cours d'une bataille, les Français sont submergés par leurs ennemis arabes. Olivier veut demander du renfort.

1 – Ami Roland, sonnez votre olifant[1] !
Charles l'ouïra, qui est aux ports passant ;
je vous l'assure, alors retourneront les Francs.
– Ne plaise à Dieu, lui répondit Roland,
5 que ce soit dit de nul homme vivant
que pour païens je sois allé cornant !
Jamais n'en auront reproche mes parents.
Quand je serai en la bataille grande,
je frapperai et mil coups et sept cents,
10 de Durendal[2] verrez l'acier sanglant.
Les Français sont braves, et frapperont vaillamment ;
ceux d'Espagne n'auront qui de mort les défende.

La Chanson de Roland, laisse LXXXIV
(extrait, début XIIe siècle), in *Poètes et romanciers du Moyen Âge,* édition établie par A. Pauphilet
© Gallimard, « Bibliothèque de la Pléiade ».

1. Cor avec lequel il pouvait appeler Charlemagne.
2. Nom de l'épée de Roland.

7 Signification du schéma actantiel

1. Montrez que Suzanne est non seulement l'objet de la quête du héros mais qu'elle est aussi comparée à un objet.
2. Quel est l'opposant principal à la quête du héros ?

COMMENTAIRE

En vous inspirant des réponses précédentes, rédigez un paragraphe insistant sur l'arrivisme de Georges.
▶ PARTIE III, p. 524 : RÉDIGER LE COMMENTAIRE

Le journaliste Georges Duroy, surnommé Bel-Ami, se promène avec Suzanne, la fille de son patron.

1 Un peintre connu prononça :
– Tiens ! Voilà un joli couple. Il est amusant comme tout.
Georges pensait :
5 – Si j'avais été vraiment fort, c'est celle-là que j'aurais épousée. C'était possible, pourtant. Comment n'y ai-je pas songé ? [...]
Le journaliste s'arrêta le cœur battant. Il se disait :
« Voilà, voilà le luxe. Voilà les maisons où il
10 faut vivre. D'autres y sont parvenus. Pourquoi n'y arriverais-je point ? » Il songeait aux moyens, n'en trouvait pas sur-le-champ, et s'irritait de son impuissance.
Sa compagne ne parlait plus, un peu songeuse.
15 Il la regarda de côté et il pensa encore une fois : « Il suffisait pourtant d'épouser cette petite marionnette de chair. »

Guy de Maupassant, *Bel-Ami,* II, 7 (extrait, 1885).

Chapitre 5 • Les notions propres au récit

FICHE 3 — La structure du récit

Pendant ce temps-là Pantagruel commença à semer le sel qu'il avait dans sa barque, et comme ils dormaient la gueule grande ouverte, il leur remplit tout le gosier tant et si bien que ces pauvres hères[1] toussaient comme des renards, en criant : « Ah, Pantagruel, qu'est-ce que tu nous chauffes le tison ! ». Soudain, Pantagruel eut envie de pisser, à cause des potions que Panurge lui avait administrées, et il pissa au beau milieu du camp, tellement et si copieusement qu'il les noya tous.

▶ PARTIE I, p. 119 : F. Rabelais, *Pantagruel* (1532).

1. Individus de peu d'importance.

Questions

1. Relevez les verbes d'action. Combien d'actions dénombrez-vous ?
2. Quels termes permettent de les situer les unes par rapport aux autres ?

L'ESSENTIEL

Un récit est une **succession d'événements** dont l'enchaînement constitue l'**intrigue**. Sa structure varie selon qu'il s'agit d'un récit court (conte ou nouvelle) ou d'un roman.

La structure du récit court : conte ou nouvelle

• **Le schéma narratif.** Le récit court suit un schéma narratif en cinq étapes :
– la **situation initiale** : l'*incipit* pose un cadre spatio-temporel avec un (des) personnage(s) souvent caractérisé(s) (portrait, attitude…) ;
– l'**événement perturbateur** lance une quête qui va combler un désir, une attente ;
– l'**intrigue** constitue le cœur du récit : le héros fait ses preuves lors de **péripéties** ;
– la **résolution** permet au héros d'achever sa quête ; quand elle est inattendue (comme dans la nouvelle), on parle de **chute** ;
– la **situation finale** : retour à l'équilibre, à l'apaisement.

• Ce schéma s'applique mal au roman qui multiplie souvent les personnages, donc les quêtes.

La structure du roman

• **Linéarité et jeux avec la chronologie.** La construction la plus courante est **linéaire** : le lecteur suit la trajectoire du héros, qui peut durer des heures ou des années, avec un premier chapitre qui est la découverte du héros et de sa quête, et le chapitre final qui est l'aboutissement de cette quête. C'est la structure **héritée de l'épopée** ▶ p. 124. Cette linéarité n'exclut pas les retours en arrière (**analepses**) ou les anticipations (**prolepses**), procédés fréquents dans le roman moderne ▶ p. 139.

• **La narration multiple.** Le roman peut adopter la structure du récit dans le récit (**récit à tiroirs**) : un **récit premier** (**récit-cadre**) englobe une série de sous-récits liés thématiquement ; le lecteur est souvent guidé par des retours réguliers au récit-cadre.
Ex. : *Les Mille et Une Nuits* où Schéhérazade raconte une histoire dans laquelle quelqu'un d'autre va en raconter une autre, et ainsi de suite.

EXERCICES D'APPLICATION

1 Texte et image

1. Cette affiche superpose deux moments du film : lesquels ?
2. Quel plan correspond à la phrase figurant sur l'image et laissée en suspens ? Quel autre plan laisse sous-entendre la fin de la phrase ?

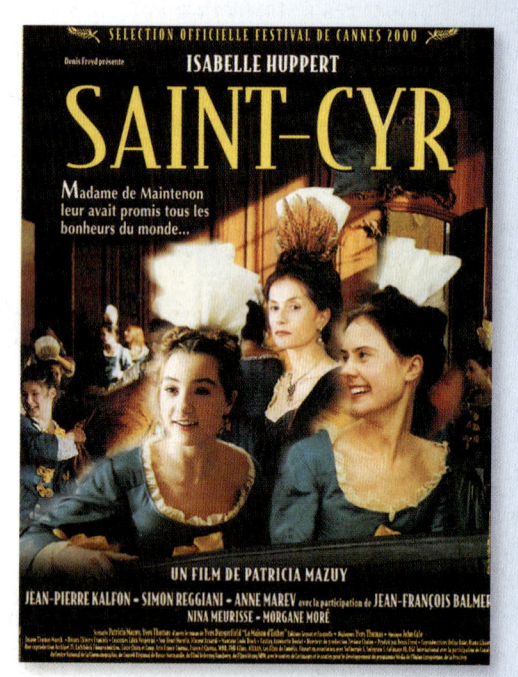

▶ PARTIE I, p. 298 : Affiche du film *Saint-Cyr*, film de Patricia Mazuy (2000).

2 Le schéma narratif d'une nouvelle

1. Reconstituez le schéma narratif de cette nouvelle.
2. La situation finale est-elle uniquement narrative ? À quel auteur classique peut-on alors penser ?

Le Cerf

1   J'entrai au bois par un bout de l'allée, comme il arrivait par l'autre bout.
    Je crus d'abord qu'une personne étrangère s'avançait avec une plante sur la tête.
5   Puis je distinguai le petit arbre nain, aux branches écartées et sans feuilles.
    Enfin le cerf apparut net et nous nous arrêtâmes tous deux.
    Je lui dis :
10 – Approche. Ne crains rien. Si j'ai un fusil, c'est par contenance, pour imiter les hommes qui se prennent au sérieux. Je ne m'en sers jamais et je laisse ses cartouches dans leur tiroir.
15 Le cerf écoutait et flairait mes paroles. Dès que je me tus, il n'hésita point : ses jambes remuèrent comme des tiges qu'un souffle d'air croise et décroise. Il s'enfuit.
    – Quel dommage ! lui criai-je. Je rêvais déjà
20 que nous faisions route ensemble. Moi, je t'offrais, de ma main, les herbes que tu aimes, et toi, d'un pas de promenade, tu portais mon fusil couché sur ta ramure.

Jules Renard, *Histoires naturelles* (1896).

3 L'analepse

1. Repérez l'analepse. Grâce à quels temps verbaux est-elle relatée ?
2. Combien de moments différents identifiez-vous dans l'analepse ?
3. Que représente cette évocation passée pour les personnages représentés ?

1   Elle le connaît, ce fameux détour. Ils l'ont emprunté ensemble tant de fois. Lorsque, le dimanche soir, ils rentraient de la maison de Hyannis dont le plus souvent ses parents lais-
5   saient la jouissance à Stephen, ils faisaient un crochet par Chatham qu'ils avaient découvert presque au tout début de leur relation. Ils étaient venus jusque-là totalement par hasard. Aujourd'hui encore, elle serait bien en
10 peine de dire ce qui les avait conduits dans ce trou. Ce dont elle se souvient, c'est qu'ils ont été frappés immédiatement par la laideur de la ville, par son absolue vulgarité.
    Oui, ça leur a sauté aux yeux ce désordre
15 mercantile[1], cette enfilade de boutiques, de restaurants, d'immeubles, ce bout de paradis en bordure de l'océan défiguré par les promoteurs immobiliers et les petits commerçants.

Philippe Besson, *L'Arrière-saison* (extrait, 2002), © Julliard.

1. Commercial (péjoratif).

4 La prolepse

1. Relevez la prolepse ; à quel temps verbal est-elle formulée ? et quelle figure de style permet de la valoriser ?
➤ PARTIE II, p. 392 : LES FIGURES DE RHÉTORIQUE
2. Quelle est la focalisation ici utilisée ? En quoi suscite-t-elle des prolepses ?
➤ p. 443 : LE NARRATEUR ET LA FOCALISATION

Une turbulence les précipitait l'un vers l'autre. Quelle sorte de vie s'étaient-ils faite avant cette fatalité ? Sans se le demander, l'inclination créait un trouble qui pouvait les épanouir ou les détruire. Cet élan secret était perceptible de l'extérieur. Cela rayonnait et tintinnabulait[1] tout autour d'eux, en rires et sourires. Leur prudence aurait dû s'en effrayer si elle n'avait été balayée. Que pensait-on exactement en les voyant ? On pensait qu'ils étaient amants, ou que, s'ils ne l'étaient pas encore, c'était imminent[2]. C'était imminent.

ALICE FERNEY, *La Conversation amoureuse* (extrait, 2000), © Actes Sud.

1. Sonnait comme un grelot.
2. Très proche.

5 Le récit à tiroirs

1. D'après le texte A, comment le roman est-il construit ?
2. Identifiez tous les narrateurs du texte B.
3. Quels procédés lexicaux et typographiques l'auteur et son traducteur ont-ils utilisés pour montrer les changements de narrateurs ?

Dans L'Âne d'or, *le narrateur-personnage, transformé en âne par magie, passe sans cesse de maître en maître.*

TEXTE A

Je vais, dans cette prose milésienne[1], te conter toute une série d'histoires variées et flatter ton oreille bienveillante d'un murmure caressant.

APULÉE, *L'Âne d'or ou les métamorphoses* (incipit, IIe siècle après J.-C.), traduction de P. Grimal, © Gallimard.

1. Prose originaire de la ville de Milet (Asie mineure), caractérisée par ses intrigues à rebondissements.

TEXTE B

Alors que l'âne se trouvait chez des brigands tenant une jeune fille prisonnière, il l'a entendue raconter un rêve à une vieille.

Alors, joignant ses soupirs aux larmes de la jeune fille, la vieille commença ainsi : « Aie bon courage, jeune demoiselle, et ne te laisse pas terrifier par les vaines images des songes. Car, non seulement l'on considère comme mensongères les images qui viennent pendant un sommeil de jour, mais encore les rêves nocturnes annoncent bien souvent le contraire de ce qu'ils représentent. Ainsi, pleurer, être battue, parfois même être égorgée présagent gains et heureux profits […]. Mais moi, je vais te changer les idées en te faisant de jolis contes et en te racontant des histoires de bonne femme », et elle commença : « Il y avait une fois, dans certaine ville, un roi et une reine… »

APULÉE, *ibidem*, IV.

6 ÉCRITURE D'INVENTION
Le travail du romancier

En vous inspirant de la phrase de l'écrivain Kafka, imaginez les pensées d'un romancier ne manquant pas d'inspiration mais qui prend conscience de la difficulté à monter une histoire, jusqu'au moment où une structure va surgir…
➤ PARTIE III, p. 486 : L'ÉCRITURE D'INVENTION

Amer, amer, voilà le mot essentiel. Comment puis-je espérer souder des morceaux pour en faire une histoire vibrante ?

FRANZ KAFKA, *Journal* (extrait, avril 1916), traduction de M. Robert, © LGF, 2002.

7 EXPOSÉ ORAL
Le roman à tiroirs

En utilisant un *Dictionnaire des œuvres* et différents manuels de français au CDI, listez le plus de titres possible de récits utilisant la narration multiple. Inspirez-vous des noms d'auteurs suivants : Cervantès, Diderot, Sterne, Cortázar, Calvino, Rushdie…, auxquels vous pouvez ajouter d'autres noms.
➤ p. 544 : PRÉPARER UN EXPOSÉ

FICHE 4

Le temps de la fiction et le temps de la narration

> Nous passions des journées oisives. Nous nous levions assez tôt. Le matin, il y avait souvent une brume – ou plutôt une vapeur bleue qui nous délivrait des lois de la pesanteur. Nous étions légers, si légers… Quand nous descendions le boulevard Carabacel, nous touchions à peine le trottoir. Neuf heures. Le soleil allait bientôt dissiper cette brume subtile.
>
> ▶ PARTIE I, p. 149 : P. MODIANO, *Villa triste* (1975), © Gallimard.

Questions

1. Distinguez les deux valeurs d'imparfait ici présentes.
2. À partir de quel repère temporel revient-on au récit d'un événement unique ?

L'ESSENTIEL

- **Tout récit comporte une intrigue fondée sur deux durées** ▶ FICHE 3, p. 449 :
  - le **temps de la fiction** (TF) : durée de déroulement de l'action, calculé en années, jours, heures… ;
  - le **temps de la narration** (TN) : temps mis à raconter l'action, calculé en nombre de lignes, de pages.

- **La vitesse du récit :** le rapport entre ces deux temps s'évalue à l'échelle d'une **séquence narrative** (un extrait significatif du récit).

- **Les distorsions :** il est rare que le temps de la fiction et le temps de la narration coïncident. Le lecteur constate très souvent des **distorsions**.

  EX. : Dix-sept jours, il vogua sur les routes du large ; le dix-huitième enfin, les monts de Phéacie et leurs bois apparurent […]. (HOMÈRE, *Odyssée*, VIIIᵉ siècle avant J.-C.)

  → Les dix-sept jours de navigation n'occupent qu'une ligne (première phrase), alors que l'apparition des montagnes est évoquée rapidement (seconde phrase), faisant coïncider narration et fiction.

VITESSE DU RÉCIT : TEMPS DE LA NARRATION (TN) / TEMPS DE LA FICTION (TF)	CONSTAT	INTITULÉ	EXPLICATION
TN inférieur au TF	pas de remarque particulière	cas général	Événements parfois longs racontés en quelques pages.
TN très inférieur au TF	Le récit s'accélère.	sommaire	Durée fictive longue (une / des années) condensée en quelques lignes.
TN = TF	Le récit prend son temps.	scène	Le récit donne l'impression d'assister à ce qui est raconté.
TN supérieur au TF	Le récit ralentit considérablement.	développement (rare)	Le lecteur met plus de temps à lire un événement qu'il n'aurait à le vivre.
TF nul mais TN conséquent	Le récit semble s'arrêter.	pause : description ou commentaire	Le récit cesse de raconter pour décrire ou commenter.
TF conséquent mais TN nul	Le récit est muet.	ellipse	Le récit passe sous silence un événement. L'ellipse est présente dans tout récit (un récit sélectionne toujours les faits).

EXERCICES D'APPLICATION

1 Le temps de la fiction

1. Quels sont les deux moments relatés dans cet extrait ? Ont-ils mis le même temps à se dérouler ? Quels indices temporels le prouvent ?
2. Quel temps verbal permet de montrer qu'un événement a duré plus longtemps que l'autre ?

Lorsque l'office fut terminé, il se redressa, et donnant le bras à sa femme, il passa dans la sacristie. Alors commença l'interminable défilé des assistants. Georges, affolé de joie, se
5 croyait un roi qu'un peuple venait acclamer. Il serrait des mains, balbutiait des mots qui ne signifiaient rien, saluait, répondait aux compliments : « Vous êtes bien aimable. » Soudain il aperçut Mᵐᵉ de Marelle ; et le sou-
10 venir de tous les baisers qu'il lui avait donnés, qu'elle lui avait rendus, le souvenir de toutes leurs caresses, de ses gentillesses, du son de sa voix, du goût de ses lèvres, lui fit passer dans le sang le désir brusque de la reprendre.
15 Elle était jolie, élégante, avec son air gamin et ses yeux vifs. Georges pensait : « Quelle charmante maîtresse, tout de même. »

▶ PARTIE I, p. 228 : Guy de Maupassant, *Bel-Ami* (extrait, 1885).

2 La vitesse du récit

Relevez toutes les indications temporelles ; peut-on donner exactement le temps de la fiction de ce passage ? Expliquez.

Vers la fin de la troisième année[1], le père Goriot réduisit encore ses dépenses, en montant au troisième étage et en se mettant à quarante-cinq francs de pension par mois. Il se passa de
5 tabac, congédia son perruquier et ne mit plus de poudre. Quand le père Goriot parut pour la première fois sans être poudré, son hôtesse laissa échapper une exclamation de surprise en apercevant la couleur de ses cheveux, ils
10 étaient d'un gris sale et verdâtre. Sa physionomie, que des chagrins secrets avaient insensiblement rendu plus triste de jour en jour, semblait la plus désolée de toutes celles qui garnissaient la table.

Honoré de Balzac, *Le Père Goriot*, (extrait, 1835).

1. Le personnage est en pension chez Mᵐᵉ Vauquer.

3 Le changement de vitesse du récit

1. Quelle est l'indication temporelle de cet extrait qui impose un changement de vitesse au récit ? Lequel ?
2. Quelles données indiquent que le temps semble suspendu ? Quelle focalisation renforce cette impression ?
▶ PARTIE II, p. 443 : LE NARRATEUR ET LA FOCALISATION

L'ancien forçat Jean Valjean, caché depuis des années sous les traits du maire Madeleine, est convoqué au tribunal pour voir un homme accusé à sa place.

L'huissier[1] en même temps lui remit le papier. Il le déplia, et, comme il se rencontrait qu'il était près de la lampe, il put lire :
« Le président de la cour d'assises présente
5 son respect à M. Madeleine. »
Il froissa le papier entre ses mains, comme si ces quelques mots eussent eu pour lui un arrière-goût étrange et amer.
Il suivit l'huissier.
10 Quelques minutes après, il se trouvait seul dans une espèce de cabinet lambrissé[2], d'un aspect sévère, éclairé par deux bougies posées sur une table à tapis vert. Il avait encore dans l'oreille les dernières paroles de l'huissier qui
15 venait de le quitter : « Monsieur, vous voici dans la chambre du conseil ; vous n'avez qu'à tourner le bouton de cuivre de cette porte, et vous vous trouverez dans l'audience derrière le fauteuil de monsieur le président. » – Ces
20 paroles se mêlaient dans sa pensée à un souvenir vague de corridors étroits et d'escaliers noirs qu'il venait de parcourir.

Victor Hugo, *Les Misérables*, Livre VII, chapitre VIII (extrait, 1862).

1. Portier du tribunal.
2. Orné de panneaux de bois décorés.

EXERCICES D'APPLICATION

4 Pause dans le récit

1. Identifiez les parties narratives de cet extrait ; les éléments restants font-ils avancer le récit ? Expliquez.
2. Quelle est la fonction du premier paragraphe ? À qui le narrateur s'adresse-t-il ? avec quel effet ?

Jacques est interrompu dans un de ses innombrables récits par l'hôtesse de l'auberge où il loge.

La voilà remontée, et je vous préviens, lecteur, qu'il n'est plus en mon pouvoir de la renvoyer. – Pourquoi donc ? – C'est qu'elle se présente avec deux bouteilles de champagne, une dans
5 chaque main, et qu'il est écrit là-haut que tout orateur qui s'adressera à Jacques avec cet exorde[1] s'en fera nécessairement écouter.
Elle entre, pose ses deux bouteilles sur la table, et dit : « Allons, monsieur Jacques, faisons la
10 paix... » L'hôtesse n'était pas de la première jeunesse ; c'était une femme grande et replète, ingambe[2], de bonne mine, pleine d'embonpoint[3], la bouche un peu grande, mais de belles dents, des joues larges, des yeux à fleur
15 de tête, le front carré, la plus belle peau, la physionomie ouverte, vive et gaie, les bras un peu forts, mais les mains superbes, des mains à peindre ou à modeler.

Denis Diderot, *Jacques le Fataliste* (extrait, 1796).

1. Entrée en matière. 2. Vive, dynamique.
3. Visiblement en bonne santé.

5 Scène dans le récit

1. Quelles scènes se succèdent ici ? Quel rythme donnent-elles au récit ?
2. Relevez l'ellipse ; pourquoi est-elle utilisée par l'auteur ?

La Séparation est le récit d'une crise conjugale. Un mari torture psychologiquement sa femme qui lui a avoué qu'elle avait un amant.

Il lui a dit que désormais il lui ferait la guerre. Elle a haussé les épaules. Il a expliqué la règle du jeu telle qu'il la concevait : il n'abandon-
5 nerait jamais la maison ni les enfants, renoncerait désormais à la séduire et se battrait pied à pied, jusqu'à ce que la situation se résolve. Et a conclu : « Je ne fais pas la guerre contre toi mais pour moi. Parce que je ne me supporte plus dans la passivité et que si je ne réa-
10 gis pas, je coule. »
Elle n'a rien répondu.
Il est monté chez son amie du troisième.
Le lendemain matin, il a tenté un premier armistice : en l'honneur de leur septième
15 anniversaire de mariage, il lui a envoyé des roses à son bureau. Il a demandé que les fleurs fussent livrées le plus rapidement possible.

Dan Franck, *La Séparation* (extrait, 1991), © Seuil.

6 ÉCRITURE D'INVENTION
Gommer une ellipse

Comblez l'ellipse dans le texte de Dan Franck ▶ EXERCICE 5 en imaginant que le personnage du roman se confie à son amie du troisième et lui dévoile le piège qu'il va tendre à sa femme. Votre texte respectera le texte de base et utilisera principalement le registre lyrique.
▶ PARTIE II, p. 425 : LE REGISTRE LYRIQUE
▶ PARTIE III, p. 486 : L'ÉCRITURE D'INVENTION

7 ÉCRITURE D'INVENTION
Circuler dans les récits

1. Illustrez les six vitesses de récit définies dans le tableau ▶ p. 452, en utilisant votre manuel. Si l'une d'elles vous semble difficile à retrouver, vous pouvez faire appel à d'autres documents au CDI (manuels, romans...).
Donnez les références précises de vos textes et justifiez votre choix par des relevés précis.
2. À votre tour, rédigez une nouvelle de 30 lignes reprenant toutes les vitesses possibles dans le récit ; puis indiquez au lecteur par des numéros de lignes les passages concernés.
Le sujet et le registre sont totalement libres.
▶ p. 486 : L'ÉCRITURE D'INVENTION

FICHE 5 — Les discours rapportés

Chapitre 5 • Les notions propres au récit

[La bonne é]tant venue m'ouvrir je lui demandai pourquoi elle avait tardé si longtemps. Elle me répondit, d'un air embarrassé, qu'elle ne m'avait point entendu frapper. Je n'avais frappé qu'une fois ; je lui dis : mais, si vous ne m'avez pas entendu, pourquoi êtes-vous donc venue m'ouvrir ?

➤ PARTIE I, p. 130 : Abbé Prévost, *Manon Lescaut* (1733).

Questions

1. Relevez les propos échangés ; comment sont-ils délimités ?
2. Transposez sous forme directe les paroles rapportées indirectement.

L'ESSENTIEL

TYPE DE DISCOURS RAPPORTÉ	CARACTÉRISTIQUES GÉNÉRALES	INSERTION DES PAROLES	CARACTÉRISTIQUES GRAMMATICALES	IMPRESSION SUR LE LECTEUR
Discours direct	Paroles transcrites sans transformation	– Guillemets ; – **Verbe de parole** (*dire, répondre*…) suivi de deux points OU ajout d'une **proposition incise** indiquant qui parle	À la 1re et à la 2e personne **+ présent de l'indicatif** comme temps de référence	Texte vivant
Exemple	Je voulais vous demander, Laura, <u>dit Bernard</u> : « Pensez-vous qu'il n'y ait rien, sur cette terre, qui ne puisse être mis en doute ? » A. Gide, *Les Faux Monnayeurs* (1926).			
Discours indirect	Paroles intégrées au récit	Paroles introduites par un **verbe de parole suivi d'une subordonnée**	À la 3e personne **+ imparfait** comme temps de référence	Énonciation mise au second plan
Transposition	Bernard <u>demanda</u> à Laura <u>si</u> elle pensait qu'il n'y avait rien sur cette terre qui ne pût être mis en doute.			
Discours indirect libre	Paroles prises en charge par le narrateur qui adopte le ton des personnages	**Disparition des marques du discours direct** (ponctuation…)	Conservation : – du discours direct : marques de l'oralité ; – du discours indirect : 3e personne **+ temps du récit**	Expressivité renforcée, parfois ambiguë (qui parle ? personnage ou narrateur ?)
Transposition	Bernard <u>interrogea</u> Laura ; <u>n'y avait-il</u> rien sur cette terre qui ne pût être mis en doute <u>?</u>			
Discours narrativisé *(Résumé de paroles)*	Paroles prises en charge et résumées par le narrateur	Disparition des marques du discours direct	**Disparition des personnes et des temps du discours** pour ceux du récit	Le contenu des paroles prime sur la façon de les énoncer.
Transposition	<u>La question que</u> Bernard <u>posa</u> à Laura était de <u>savoir si</u> sur cette terre rien ne pouvait être mis en doute.			

EXERCICES D'APPLICATION

1 Discours direct et indirect

Relevez et définissez deux sortes de discours rapportés dans ce passage. Quel est l'effet produit par le changement de discours ?

Peu à peu, ses gémissements furent plus forts. Un hurlement sourd lui échappa ; elle prétendit qu'elle allait mieux et qu'elle se lèverait tout à l'heure. Mais les convulsions la saisi-
5 rent ; elle s'écria :
— Ah ! c'est atroce, mon Dieu !
Il se jeta à genoux contre son lit.
— Parle ! qu'as-tu mangé ? Réponds, au nom du ciel !
10 Et il la regardait avec des yeux d'une tendresse comme elle n'en avait jamais vu.
— Eh bien, là… là !... dit-elle d'une voix défaillante.
Il bondit au secrétaire, brisa le cachet et lut
15 tout haut ! *Qu'on n'accuse personne…* Il s'arrêta, se passa la main sur les yeux, et relut encore.
— Comment ! Au secours ! À moi !
Et il ne pouvait que répéter ce mot : « Empoi-
20 sonnée ! empoisonnée ! ». […]
Elle ne tarda pas à vomir du sang. Ses lèvres se serrèrent davantage. Elle avait les membres crispés, le corps couvert de taches brunes, et son pouls glissait sous les doigts comme un fil
25 tendu, comme une corde de harpe près de se rompre.
Puis elle se mettait à crier, horriblement.

▶ PARTIE I, p. 224 : Gustave Flaubert, *Madame Bovary* (extrait, 1857).

2 Les variations de discours rapportés

1. Délimitez les différents types de discours rapportés.
2. Quel est l'effet produit par le changement de type de discours à partir de *Toujours docile* (l. 6) ?

1 Vous êtes Mlle Stein, n'est-ce pas ?
De la tête elle fit signe plusieurs fois, de façon mal assurée au début puis plus nettement à la fin.
5 Oui.
Toujours docile, elle le suivit chez lui.
Là elle se laissa aller à une nonchalance heureuse. Il lui parla. Il lui dit qu'il travaillait dans une usine d'aviation, qu'il était musi-
10 cien, qu'il venait de passer des vacances en France. Elle écoutait. Qu'il était heureux de la connaître.

Marguerite Duras, *Le Ravissement de Lol V. Stein* (extrait, 1964), © Gallimard.

3 Discours rapporté et modalités de phrase

1. Quel est le discours rapporté choisi ?
2. Qui s'exprime ? suivant quelles modalités de phrase ?
   ▶ PARTIE II, p. 387 : LES OUTILS GRAMMATICAUX
3. Quel registre littéraire se dégage de ce discours rapporté ?
   ▶ p. 418 : LES REGISTRES LITTÉRAIRES

Sandoz, double du romancier Zola dans L'Œuvre, *s'interroge sur sa vocation d'écrivain.*

1 Ah ! que ce serait beau, si l'on donnait son existence entière à une œuvre, où l'on tâcherait de mettre les choses, les bêtes, les hommes, l'arche immense ! Et pas dans l'ordre des
5 manuels de philosophie, selon la hiérarchie imbécile dont notre orgueil se berce ; mais en pleine coulée de la vie universelle […]. Bien sûr, c'est à la science que doivent s'adresser les romanciers et les poètes, elle est aujourd'hui
10 l'unique source possible. Mais voilà ! que lui prendre, comment marcher avec elle ? Tout de suite, je sens que je patauge… Ah ! si je savais, si je savais, quelle série de bouquins je lancerais à la tête de la foule !

Émile Zola, *L'Œuvre* (extrait, 1886).

4 Le discours indirect libre

1. Dans quel passage trouve-t-on du discours indirect libre ? À quel point de vue correspond-il ?
2. Pourquoi Maupassant a-t-il ajouté une phrase au discours direct ?

1   Me Lecanu était le notaire et un peu l'ami du père Roland, dont il faisait les affaires. Pour qu'il eût annoncé sa visite dans la soirée, il fallait qu'il s'agît d'une chose urgente et im-
5   portante ; et les quatre Roland se regardèrent, troublés par cette nouvelle comme le sont les gens de fortune modeste à toute intervention d'un notaire, qui éveille une foule d'idées de contrats, d'héritages, de procès, de cho-
10 ses désirables ou redoutables. Le père, après quelques secondes de silence, murmura :
    – Qu'est-ce que cela peut bien vouloir dire ?

Guy de Maupassant, *Pierre et Jean* (extrait, 1888).

5 Discours rapporté et modernité d'écriture

1. Visuellement, quelle est l'originalité de ce texte ? Quel effet a-t-elle ?
2. Relevez les passages de discours direct : qui s'exprime ?
3. Réécrivez ce texte en rétablissant les marques traditionnelles du discours direct.

1   Il tenait une lettre à la main, il leva les yeux me regarda puis de nouveau la lettre puis de nouveau moi, derrière lui je pouvais voir aller et venir passer les taches rouges acajou ocre
5   des chevaux qu'on menait à l'abreuvoir, la boue était si profonde qu'on enfonçait dedans jusqu'aux chevilles mais je me rappelle que pendant la nuit il avait brusquement gelé et Wack entra dans la chambre en portant
10 le café disant Les chiens ont mangé la boue, je n'avais jamais entendu l'expression, il me semblait voir les chiens, des sortes de créatures infernales mythiques leurs gueules bordées de rose leurs dents froides et blanches de
15 loups mâchant la boue noire dans les ténèbres de la nuit, peut-être un souvenir, les chiens dévorant nettoyant faisant place nette : maintenant elle était grise et nous nous tordions les pieds en courant, en retard comme tou-
20 jours pour l'appel du matin, manquant de nous fouler les chevilles dans les profondes empreintes laissées par les sabots et devenues aussi dures que de la pierre, et au bout d'un moment il dit Votre mère m'a écrit.

Claude Simon, *La Route des Flandres* (incipit, 1960), © Minuit.

6 ÉCRITURE D'INVENTION
Rédaction d'un dialogue

1. À quels types de discours rapporté avons-nous affaire ici ? Quel est l'effet produit ?
2. Imaginez le dialogue entre les deux garçons (le narrateur-personnage et Conrad), en utilisant les deux autres formes de discours rapportés.
➤ PARTIE III, p. 486 : L'ÉCRITURE D'INVENTION

1   Quelques jours plus tard, je vins au lycée avec quelques pièces de monnaie grecques (je collectionnais les pièces de monnaie depuis l'âge de douze ans). J'avais apporté une drachme[1]
5   d'argent corinthienne, un hibou de Pallas Athéna, une effigie[2] d'Alexandre le Grand, et, dès qu'il approcha de sa place, je fis semblant de les examiner à la loupe. Il me vit les regarder et, ainsi que je l'avais espéré, la curiosité
10 l'emporta sur sa réserve. Il me demanda la permission de les regarder aussi. À sa façon de manipuler les pièces, je vis qu'il s'y connaissait. Il avait du collectionneur la manière de palper les objets bien-aimés et le regard ap-
15 préciateur et caressant. Il me dit qu'il collectionnait, lui aussi, les pièces de monnaie, possédait le hibou, mais non mon effigie d'Alexandre. En revanche, il comptait dans sa collection quelques pièces que je n'avais pas.

Fred Uhlman, *L'Ami retrouvé* (extrait, 1971), traduction de L. Lack, © Gallimard, 1978.

1. Monnaie grecque (avant l'euro).
2. Représentation (sur une monnaie).

Chapitre 6

Les notions propres au théâtre

LE THÉÂTRE, genre littéraire fondé sur des **dialogues**, donne lieu à un **spectacle** joué **sur scène** par des acteurs devant un public.

ORIGINE

L'origine grecque du mot (*theaomai* = « voir » ; *theatron* = enceinte destinée aux spectateurs) souligne le caractère visuel de l'art théâtral, qui, dès son origine, est une expérience collective.

LES SOUS-GENRES RATTACHÉS AU THÉÂTRE

Le théâtre comprend différents sous-genres : la tragédie, la comédie ➤ PARTIE I, p. 18 et p. 60, la tragi-comédie, le drame ➤ p. 189...

Masques de la Commedia dell'Arte : le capitaine Bombardone et le capitaine Grillo (XVIIe siècle, détail) (Milan, Museo Taetrale alla Scala).

459	FICHE 1	La parole théâtrale
462	FICHE 2	Le geste et le jeu au théâtre
465	FICHE 3	L'espace théâtral

FICHE 1

La parole théâtrale

ŒNONE
Que faites-vous, Madame ? Et quel mortel ennui
Contre tout votre sang vous anime aujourd'hui ?

PHÈDRE
Puisque Vénus le veut, de ce sang déplorable
Je péris la dernière, et la plus misérable.

ŒNONE
Aimez-vous ?

PHÈDRE
         De l'amour j'ai toutes les fureurs.

➤ PARTIE I, p. 37 : J. RACINE, *Phèdre*, Acte I, scène 3 (1677).

Questions

1. Grâce à quelles modalités de phrase le dialogue progresse-t-il ?
2. Qui délivre le plus d'informations ? Quel est le rôle de l'autre interlocutrice ?

L'ESSENTIEL

Les dialogues

- Les dialogues constituent **l'essentiel du discours théâtral**.
– Chaque énoncé est une réplique ; longue, elle devient une **tirade**.
– Si un personnage parle seul en scène, c'est un **monologue**. Le monologue permet de suspendre l'action et d'éclairer les enjeux de la situation.

EX. : *[Caligula] se dirige vers le miroir.*
Tu avais décidé d'être logique, idiot. Il s'agit seulement de savoir jusqu'où cela ira.
A. CAMUS, *Caligula* (1944).

→ Le miroir fait dialoguer le tyran avec lui-même.

La double énonciation

- **Les répliques des personnages ont deux destinataires** : l'autre personnage sur scène et le spectateur. La double énonciation est particulièrement visible dans :
– **l'exposition**, où les échanges informent d'abord le spectateur (lieu, époque…)
➤ PARTIE I, p. 35 : RACINE, *Phèdre*, I, 1 ;
– **les apartés** : prononcés devant d'autres personnages, à leur insu, ils créent une complicité avec le spectateur.

EX. : LISETTE, *à part.* – C'est Frontin, c'est lui-même.
MARIVAUX, *L'Épreuve*, scène 12 (1740).

→ Le spectateur sait que Lisette a reconnu Frontin, mais lui ne le sait pas encore.

Remarque : le monologue est également le lieu de la double énonciation, le personnage se parlant à lui-même, tout en étant écouté par le spectateur.

EXERCICES D'APPLICATION

1 La progression du dialogue

1. Comment le dialogue progresse-t-il ici ? grâce à quelles <u>modalités de phrase</u> ?
   ▶ PARTIE II, p. 387 : LES OUTILS GRAMMATICAUX
2. Comment la double énonciation se manifeste-t-elle ? Quel est son objectif ?

1   DÉMÉA. – Mon frère me fait vraiment honte et dépit.
    SYRUS. – Entre vous, Déméa, et ce n'est pas parce que tu es ici présent que je le dis, il y a
5   trop, par trop de différence : toi, tu n'es d'un bout à l'autre que sagesse ; lui, un songe-creux. Vrai, tu aurais, toi, permis à ton fils d'agir ainsi ?
    DÉMÉA. – Permis ? À lui ? Penses-tu que je
10 n'aurais pas éventé la chose six longs mois avant qu'il eût rien entrepris ?
    SYRUS. – C'est à moi que tu parles de ta vigilance !
    DÉMÉA. – Qu'il reste seulement tel qu'il est
15 aujourd'hui, voilà ce que je demande.
    SYRUS. – On a les enfants qu'on veut avoir.
    DÉMÉA. – Alors lui, l'as-tu vu aujourd'hui ?
    SYRUS. – Ton fils ? (*À part.*) Je vais l'envoyer de ce pas à la campagne. (*Haut.*) Il y a beau temps,
20 je pense, qu'il est occupé à la campagne.

▶ PARTIE I, p. 65 : TÉRENCE, *Les Adelphes* (extrait, IIe siècle avant J.-C.), traduction de J. Marouzeau, © Les Belles Lettres, 1949.

2 Les apartés

1. En quoi les apartés sont-ils comiques ?
2. Imaginez l'issue de la scène dans un échange de dix répliques entre les personnages.
   ▶ PARTIE III, p. 486 : L'ÉCRITURE D'INVENTION

1   ZÉNAÏDE (*haut*). – Qui est là ? (*À part.*) Pourvu que ce ne soit pas Oswald, mon fiancé ! Je n'ai pas mis la robe qu'il préfère ! Et d'ailleurs, à quoi bon ? Après tout ce qui s'est passé !
5   LA VOIX D'OSWALD (*au dehors*). – C'est moi, Oswald !
    ZÉNAÏDE (*à part*). – Hélas, c'est lui, c'est bien Oswald ! (*Haut.*) Entrez, Oswald ! (*À part.*) Voilà bien ma chance ! Que pourrai-je lui
10 dire ? Jamais je n'aurai le courage de lui apprendre la triste vérité !
    Entre Oswald. Il reste un moment sur le seuil et contemple Zénaïde avec émotion.
    OSWALD (*haut*). – Vous, vous, Zénaïde !
15 (*À part.*) Que lui dire de plus ? Elle est si confiante, si insouciante ! Jamais je n'aurai la cruauté de lui avouer la grave décision qui vient d'être prise à son insu !

JEAN TARDIEU, *Oswald et Zénaïde ou les apartés* (extrait, 1966), © Gallimard.

3 La double énonciation

1. Analysez la ponctuation et l'<u>énonciation</u>. Quels sentiments animent le personnage ?
   ▶ p. 387 : LES OUTILS GRAMMATICAUX
2. Quels soucis du comte impliquent clairement l'écoute, la participation du spectateur ?
3. Le spectateur peut-il s'identifier au personnage du comte ? Répondez par un paragraphe rigoureusement structuré.
   ▶ p. 500 : LE PARAGRAPHE ARGUMENTATIF

1   LE COMTE, *seul, en grand manteau brun et chapeau rabattu. Il tire sa montre en se promenant.* – Le jour est moins avancé que je ne croyais. L'heure à laquelle elle a coutume de se mon-
5   trer derrière sa jalousie est encore éloignée. N'importe ; il vaut mieux arriver trop tôt que de manquer l'instant de la voir. Si quelque aimable de la cour pouvait me deviner à cent lieues de Madrid, arrêté tous les matins sous
10 les fenêtres d'une femme à qui je n'ai jamais parlé, il me prendrait pour un Espagnol du temps d'Isabelle. Pourquoi non ? Chacun court après le bonheur. Il est pour moi dans le cœur de Rosine… Mais quoi ! suivre une
15 femme à Séville, quand Madrid et la cour offrent de toutes parts des plaisirs si faciles ?

BEAUMARCHAIS, *Le Barbier de Séville*, Acte I, scène 1 (extrait, 1775).

4 Didascalies et situation dramatique

1. En vous aidant des didascalies et des apartés, expliquez la situation.
   ➤ p. 462 : LE GESTE ET LE JEU AU THÉÂTRE
2. Définissez le ton sur lequel Richard Cromwell prononce ses premières répliques.
3. Expliquez les réactions des lords.

Le fils d'Oliver Cromwell, Richard, lord protecteur d'Angleterre, entre en scène.

1 Bonjour, messieurs ! – De qui portiez-vous la santé ?
Aux vœux que vous formiez souffrez que je m'unisse.

LORD CLIFFORD, *embarrassé*
Cher Richard… nous disions…

LORD ROCHESTER, *riant*
Que le ciel vous bénisse !

RICHARD CROMWELL
Quoi ! vous parliez de moi ? mais vous êtes trop bons !

BAREBONE, *à part*
5 Que l'enfer dans ta gorge éteigne ses charbons !

RICHARD CROMWELL
Je ne vous gêne pas ?

LORD ROSEBERRY, *balbutiant*
Comment ! vous ?… au contraire !
Trop heureux ! – Venez-vous nous voir pour quelque affaire ?

RICHARD CROMWELL
Hé ! le même motif que vous m'amène ici.

CARR, *à part*
Serait-il du complot ?

SIR RICHARD WILLIS, *à part*
Richard Cromwell aussi !

RICHARD CROMWELL, *élevant la voix*
10 Ah çà ! messieurs Sedley, Roseberry, Downie, Clifford, je vous accuse ici de félonie !

LORD ROSEBERRY, *effrayé*
Que dit-il ?

LORD CLIFFORD, *troublé*
Cher Richard… *À part*
Dieu me damne ! il sait tout.

SEDLEY, *avec angoisse*
Je vous jure…

RICHARD CROMWELL
Veuillez m'entendre jusqu'au bout,
Vous vous justifierez après, s'il est possible.

LORD ROSEBERRY, *bas aux autres*
15 Nous sommes découverts !

VICTOR HUGO,
Cromwell, Acte I, scène 10 (extrait, 1827).

5 Didascalies et scène d'exposition

1. Analysez la double énonciation ; parmi les informations échangées, lesquelles sont destinées seulement aux spectateurs ? Justifiez.
2. Quels indices rendent le dénouement prévisible ?

POLLUX
1 Que je sens à la fois de surprise et de joie !
Se peut-il qu'en ces lieux enfin je vous revoie,
Que Pollux dans Corinthe ait rencontré Jason ?

JASON
Vous n'y pouviez venir en meilleure saison ;
5 Et pour vous rendre encor l'âme plus étonnée,
Préparez-vous à voir mon second hyménée[1].

POLLUX
Quoi ! Médée est donc morte, ami ?

JASON
Non, elle vit ;
Mais un objet plus beau la chasse de mon lit.

POLLUX
Dieux ! Et que fera-t-elle ?

JASON
Et que fit Hypsipyle,
10 Que pousser les éclats d'un courroux inutile ?
Elle jeta des cris, elle versa des pleurs,
Elle me souhaita mille et mille malheurs.

PIERRE CORNEILLE,
Médée, Acte I, scène 1 (extrait, 1635).

1. Mariage.

FICHE 2 — Le geste et le jeu au théâtre

Figaro, Suzanne, *dans l'obscurité*.

Figaro *cherche à voir où vont le Comte et la Comtesse, qu'il prend pour Suzanne*. – Je n'entends plus rien ; ils sont entrés ; m'y voilà. (*D'un ton altéré.*) Vous autres époux maladroits, qui tenez des espions à gages, et tournez des mois entiers autour d'un soupçon sans l'asseoir, que ne m'imitez-vous ? Dès le premier jour je suis ma femme, et je l'écoute ; en un tour de main on est au fait : c'est charmant, plus de doutes ; on sait à quoi s'en tenir. (*Marchant vivement.*) Heureusement que je ne m'en soucie guère, et que sa trahison ne me fait plus rien du tout. Je les tiens donc enfin !

▶ PARTIE I, p. 90 : Beaumarchais, *Le Mariage de Figaro*, Acte V, scène 8 (1784).

Questions

1. Sur quels aspects dramatiques les indications en italiques portent-elles ? Qui vont-elles guider lors de la représentation ?
2. Quel effet ce jeu a-t-il sur le spectateur ?

L'ESSENTIEL

Les didascalies

• Ce sont des **indications scéniques** (du grec *didaskalia* = « enseignement ») ajoutées aux répliques par le dramaturge. Elles s'adressent au **metteur en scène** et aux **comédiens**, mais aussi aux lecteurs et apparaissent toujours en italiques. Elles ont plusieurs fonctions et informent sur :

– **le destinataire d'une réplique** :
EX. : *Jean, au docteur* ; *Madame Parpalaid, à son mari*.
J. Romains, *Knock* (1924).

– **les déplacements des personnages** :
EX. : *Elle monte en voiture* ; *Il revient* ; *Il recule en tremblant*.
J. Romains, *Knock* (1924).

– **le ton des répliques et la gestuelle qui les accompagne** :
EX. : Le premier, *très timidement*. – Il faudrait peut-être que je cesse de boire ? […]
Le second, *très piteux*. – Je n'ai rien, moi, monsieur le docteur.
J. Romains, *Knock* (1924).

La gestuelle ou les mimiques

• La gestuelle ou les mimiques sont des **ajouts aux dialogues** et servent à mieux informer les spectateurs sur la psychologie des personnages. Ils peuvent avoir des **effets comiques**
▶ PARTIE II, p. 419 : LE REGISTRE COMIQUE, ou renforcer la **dramatisation** d'une scène.
EX. : Jean, *pendant que Bérenger noue sa cravate au petit bonheur*. – Vous êtes tout décoiffé ! (*Bérenger passe les doigts dans ses cheveux.*) Tenez, voici un peigne ! (*Il sort un peigne de l'autre poche de son veston.*)
E. Ionesco, *Rhinocéros*, Acte I (1958).

→ E. Ionesco oppose Jean, méticuleux, maniaque, et Bérenger, « vaseux et passif ».

EXERCICES D'APPLICATION

1. La fonction des didascalies

1. Relevez toutes les didascalies et indiquez quelle est la fonction de chacune d'elle.
2. Quel personnage n'apparaît pas comme un héros dans cette scène ? Où l'apprend-on ?

Ils combattent.
Entre Falstaff.

FALSTAFF. – Bien envoyé, Hal ! Vas-y, Hal ! Sûr, ça ne va pas être un jeu d'enfant, je puis vous le dire.

Entre Douglas. Il se bat avec Falstaff. Celui-ci tombe comme s'il était mort. Le Prince tue Percy.

HOTSPUR. – Ô Harry, tu viens de me voler ma jeunesse !
J'endure mieux de perdre cette vie fragile
Que les titres superbes[1] que tu gagnes sur moi ;
Ils blessent ma pensée plus que ton épée ma chair.
Mais la pensée, esclave de la vie, et la vie, jouet du temps,
Et le temps, qui prend mesure du monde entier,
Doivent s'arrêter. Oh, je pourrais prophétiser
N'était[2] la main terreuse et froide de la mort
Qui pèse sur ma langue. Non, Percy, tu es poussière
Et pâture pour…

▶ PARTIE I, p. 190 : WILLIAM SHAKESPEARE, *L'Histoire d'Henry IV*, Première partie, acte V, scène 4 (extrait, 1598), traduction de M. Grivelet, © Flammarion, 1983.

1. Glorieux.
2. Si la mort ne l'empêchait de parler.

2. Didascalies et registre comique

1. Étudiez le comique des personnages de cette scène à partir des didascalies.
   ▶ PARTIE II, p. 419 : LE REGISTRE COMIQUE
2. Commentez précisément la dernière réplique de Panisse et la dernière didascalie : qu'ajoutent-elles à la scène ?

CÉSAR (*à Panisse*). – Tu te rends compte comme c'est humiliant ce que tu fais là ? Tu me surveilles comme un tricheur. Réellement, ce n'est pas bien de ta part. Non, ce n'est pas bien.

PANISSE (*presque ému*). – Allons, César, je t'ai fait de la peine ?

CÉSAR (*très ému*). – Quand tu me parles sur ce ton, quand tu m'espinches comme si j'étais un scélérat… Je ne dis pas que je vais pleurer, non, mais moralement, tu me fends le cœur.

PANISSE. – Allons, César, ne prends pas ça au tragique !

CÉSAR (*mélancolique*). – C'est peut-être que sans en avoir l'air, je suis trop sentimental. (*À Escartefigue.*) À moi, il me fend le cœur. Et à toi, il ne te fait rien ?

ESCARTEFIGUE (*ahuri*). – Moi, il ne m'a rien dit.

CÉSAR (*Il lève les yeux au ciel*). – Ô Bonne Mère ! Vous entendez ça !

(*Escartefigue pousse un cri de triomphe. Il vient enfin de comprendre, et il jette une carte sur le tapis. Panisse le regarde, regarde César, puis se lève brusquement, plein de fureur.*)

PANISSE. – Est-ce que tu me prends pour un imbécile ? Tu as dit : « Il nous fend le cœur » pour faire comprendre que je coupe à cœur. Et alors, il joue cœur, parbleu !

(*César prend un air innocent et surpris.*)

PANISSE (*Il lui jette les cartes au visage*). – Tiens, les voilà tes cartes, tricheur, hypocrite ! Je ne joue pas avec un Grec ; siou pas plus fada qué tu, sas ! Foou pas mi prendré per un aoutré !

(*Il se frappe la poitrine.*) Siou mestré Panisse, et sièss pas pron fin per m'aganta !

(*Il sort violemment en criant :* « Tu me fends le cœur ! » *En coulisse, une femme crie :* « Le Soleil ! Le Radical ![1] »)

MARCEL PAGNOL, *Marius*, Acte III, scène 1 (extrait, 1930), © Éditions Bernard de Fallois ; www.marcel-pagnol.com.

1. Titres des quotidiens vendus dans la rue.

EXERCICES D'APPLICATION

3 Le caractère d'un personnage

1. Étudiez le caractère d'Izquierdo à la lumière des didascalies. Ses répliques confirment-elles votre analyse ? Justifiez.
2. Comment Antonanzas réagit-il à l'attitude d'Izquierdo ?
3. Quel genre théâtral les didascalies permettent-elles d'identifier ?

La scène se passe en 1812, au Venezuela, alors occupé par les Espagnols. Des officiers espagnols s'inquiètent de l'évasion de Simon Bolivar, qui aurait dû être capturé par le lieutenant Izquierdo.

1 *Izquierdo est entré à l'avant-dernière réplique de Moralès. Il a le visage décomposé par la haine. Il a gardé sa cape roulée sous le bras. C'est un homme à l'aspect massif et brutal. Il porte un*
5 *collier de barbe. Aux bottes, des éperons. Après la dernière phrase de Moralès, il hurle :*

IZQUIERDO. – Assez ! Tu m'as vu, jusqu'ici, pardonner une fois ? Est-ce que j'ai cet air idiot d'un homme qui peut s'attendrir et
10 pardonner ? Hein ? Jamais ! (*Soudain, il les regarde silencieusement, puis, avec un sourire d'une ironie inquiétante*) : Au fond, mon échec de ce matin vous ravit… n'est-ce pas ?

ANTONANZAS, *navré*. – Izquierdo !

15 IZQUIERDO, *hausse les épaules*. – Oui, oui… Vieux compagnon d'armes !… Enfin !…

ANTONANZAS, *amical*. – Tu es fatigué par cette expédition, Izquierdo !…

IZQUIERDO, *ricane*. – Oui. Inutile de t'apitoyer
20 sur moi, veux-tu ?…

EMMANUEL ROBLÈS, *Montserrat*, Acte I, scène 2 (extrait, 1954), © Seuil.

4 Les relations entre les personnages

1. Que nous apprennent les didascalies sur les rapports entre Pozzo et Lucky ?
2. Étudiez le caractère de Pozzo en vous appuyant sur ses répliques et sur les didascalies.

Deux clochards, Vladimir et Estragon viennent de rencontrer deux inconnus, Pozzo, et son « knouk », Lucky, qu'il tient attaché au bout d'une corde.

1 POZZO. – La route est à tout le monde.

VLADIMIR. – C'est ce qu'on se disait.

POZZO. – C'est une honte, mais c'est ainsi.

ESTRAGON. – On n'y peut rien.

5 POZZO (*d'un geste large*). – Ne parlons plus de ça. (*Il tire sur la corde.*) Debout ! (*Un temps.*) Chaque fois qu'il tombe il s'endort. (*Il tire sur la corde.*) Debout, charogne ! (*Bruit de Lucky qui se relève et ramasse ses affaires.*
10 *Pozzo tire sur la corde.*) Arrière ! (*Lucky entre à reculons.*) Arrêt ! (*Lucky s'arrête.*) Tourne ! (*Lucky se retourne. À Vladimir et Estragon, affablement.*) Mes amis, je suis heureux de vous avoir rencontrés. (*Devant leur expression*
15 *incrédule.*) Mais oui, sincèrement heureux. (*Il tire sur la corde.*) Plus près ! (*Lucky avance.*) Arrêt ! (*Lucky s'arrête. À Vladimir et Estragon.*) Voyez-vous, la route est longue quand on chemine tout seul pendant… (*Il regarde sa*
20 *montre.*)… pendant (*Il calcule.*)… six heures, oui, c'est bien ça, six heures à la file, sans rencontrer âme qui vive. (*À Lucky.*) Manteau ! (*Lucky dépose la valise, avance, donne le manteau, recule, reprend la valise.*) Tiens ça.

SAMUEL BECKETT, *En attendant Godot* (extrait, 1950), © Minuit.

5 ÉCRITURE D'INVENTION
De la tragédie à la comédie

Reprenez la trame de l'exposition de *Médée* de Corneille ▶ PARTIE I, p. 461 et transposez-la en scène de comédie. Vous travaillerez particulièrement les didascalies qui préciseront, au fil des répliques, le ton et la gestuelle des personnages.
▶ PARTIE III, p. 488 : TRANSPOSER

FICHE 3 — L'espace théâtral

> HERNANI (*s'adressant à doña Sol*).
> [...]
> Vous voulez d'un brigand ? voulez-vous d'un banni ?
> DON CARLOS, *ouvrant avec fracas la porte de l'armoire.*
> Quand aurez-vous fini de compter votre histoire ?
> Croyez-vous donc qu'on soit à l'aise en cette armoire ?
>
> *Hernani recule étonné. Doña Sol pousse un cri et se réfugie dans ses bras, en fixant sur don Carlos des yeux effarés.*
>
> ▶ PARTIE I, p. 193 : V. HUGO, *Hernani*, Acte I, scène 2 (1830).

Questions

1. Quelles indications les didascalies donnent-elles sur la disposition des lieux ?
2. Dans quelle situation Don Carlos se trouvait-il ? Quel est l'effet produit ?

L'ESSENTIEL

Du texte à la scène

- Il faut distinguer **espace scénique** et **espace dramatique**.
- L'espace scénique est le cadre où se déroule le spectacle (la salle).
- L'espace dramatique est celui du texte. Il appartient à la fiction théâtrale.

Espace et didascalies

- **Les didascalies spatiales** permettent au lecteur de situer l'action.
- Il s'agit parfois d'une didascalie unique placée au tout début de la pièce.
- EX. : *La scène est dans le temple de Jérusalem dans un vestibule de l'appartement du grand-prêtre.*
  J. RACINE, *Athalie* (1691).
- Généralement, **le décor change** au fil de la pièce, il est alors décrit très précisément, au début de chaque acte.
- EX. : *L'Amérique. Littoral de l'Est. Une plage au fond d'une baie enceinte par les roches et par des collines boisées ; les arbres descendent jusqu'à la mer.*
  P. CLAUDEL, *L'Échange* (1893).

- **L'espace dans le texte :** la parole théâtrale comporte également des indications scéniques.
- EX. : *Approchons cette table, et vous mettez dessous.*
  MOLIÈRE, *Le Tartuffe*, Elmire à Orgon, Acte IV, scène 4, (1669).

Signification de l'espace

- **L'espace** peut être banal ou historique, intime ou public, ouvert ou clos, réaliste ou symbolique.
- EX. : *Une chambre à coucher chez Beaupertuis [...] Au lever du rideau, Beaupertuis est assis devant le paravent. Il prend un bain de pied. Une serviette cache ses jambes. Ses souliers sont à côté de sa chaise. Une lampe sur un guéridon. Les rideaux de l'alcôve sont ouverts.*
  E. LABICHE, *Un chapeau de paille d'Italie* (1851).
  → Il s'agit d'un intérieur bourgeois, caractéristique du vaudeville.

EXERCICES D'APPLICATION

1 L'espace théâtral

1. Quels éléments vous permettent de deviner où se trouvent les personnages ?
2. Comment mettriez-vous en scène ce lieu dramatique ?

1 ESTELLE. – [...] Vous êtes…

INÈS. – Oui, la semaine dernière. Et vous ?

ESTELLE. – Moi ? Hier. La cérémonie n'est pas achevée. (*Elle parle avec beaucoup de naturel, mais comme si elle voyait ce qu'elle décrit.*)
5 Le vent dérange le voile de ma sœur. Elle fait ce qu'elle peut pour pleurer. Allons ! allons ! encore un effort. Voilà ! Deux larmes, deux petites larmes qui brillent sous le crêpe. Olga
10 Jardet est très laide ce matin. Elle soutient ma sœur par le bras. Elle ne pleure pas à cause du rimmel et je dois dire qu'à sa place… C'était ma meilleure amie.

INÈS. – Vous avez beaucoup souffert ?

15 ESTELLE. – Non. J'étais plutôt abrutie.

▶ PARTIE I, p. 51 : JEAN-PAUL SARTRE, *Huis clos*, acte unique, début de la scène 5 (extrait, 1943), © Gallimard.

2 Les didascalies initiales

1. Les informations sont-elles les mêmes si l'on est uniquement lecteur de la pièce ?
2. Recensez tous les types d'information qui nous sont donnés. Quel espace et quelle atmosphère sont ainsi créés ?
3. Le début du dialogue est-il en accord avec les didascalies ? Justifiez.

1 *Paravent à cinq branches, venant de la coulisse de droite.*
Au pied du paravent, une borne kilométrique sur laquelle on lit : Aïn-Sofar 4 km.
5 *Lumière bleue, très dure.*
Vêtements de Saïd : Pantalon vert, veste rouge, chaussures jaunes, chemise blanche, cravate mauve, casquette rose.
Vêtements de la Mère : Robe de satin violet, toute
10 *rapiécée de violets différents, grand voile jaune. Elle sera nu-pieds, et chacun de ses doigts est d'une couleur – différente – violente.*
Saïd (vingt ans), cravate mal nouée. Veste dont tous les boutons sont boutonnés. Il entre, venant
15 *de droite. À peine est-il visible du public qu'il s'arrête, comme harassé. Il se retourne vers la coulisse (d'où il vient) et crie :*

SAÏD. – Rose ! (*Un temps.*) Je vous dis rose ! Le ciel est déjà rose. Dans une demi-heure le
20 soleil sera levé… (*Il attend, se repose sur un pied, et s'éponge.*) Vous ne voulez pas que je vous aide ? (*Silence.*) Pourquoi, il n'y a personne pour nous voir. (*Il essuie ses propres souliers avec son mouchoir de dentelle. Il se re-*
25 *dresse.*) Attention. (*Il va pour se précipiter, mais il s'immobilise, attentif.*) Non, non, c'était une couleuvre. (*À mesure, il parle plus doucement, la personne invisible semblant se rapprocher. Enfin, son ton est normal.*) Je vous avais dit de
30 mettre vos souliers.

Entre une vieille femme arabe, toute ridée. Robe violette, voile jaune. Pieds nus. Sur sa tête, une valise en carton bouilli.

LA MÈRE. – Je veux qu'ils soient propres quand
35 je vais arriver.

JEAN GENET, *Les Paravents*, début de la pièce (1961), © Gallimard.

3 Les jeux de scène

1. Expliquez l'intérêt du procédé du témoin caché, en vous appuyant à la fois sur les didascalies et sur les répliques des personnages.
2. Quel registre littéraire ce procédé permet-il d'attribuer à cette scène ?

1 CAMILLE, *lisant*. – Perdican me demande de lui dire adieu, avant de partir, près de la petite fontaine où je l'ai fait venir hier. Que peut-il avoir à me dire ? Voilà justement la fontaine,
5 et je suis toute portée. Dois-je accorder ce second rendez-vous ? Ah ! (*Elle se cache derrière*

un arbre.) Voilà Perdican qui approche avec Rosette, ma sœur de lait. Je suppose qu'il va la quitter ; je suis bien aise de ne pas avoir l'air
10 d'arriver la première.

Entrent Perdican et Rosette, qui s'assoient.

Camille, *cachée, à part.* – Que veut dire cela ? Il la fait asseoir près de lui ? Me demande-t-il un rendez-vous pour y venir causer avec une
15 autre ? Je suis curieuse de savoir ce qu'il lui dit.

Perdican, *à haute voix, de manière que Camille l'entende.* – Je t'aime, Rosette ! toi seule au monde tu n'as rien oublié de nos
20 beaux jours passés ; toi seule tu te souviens de la vie qui n'est plus ; prends ta part de ma vie nouvelle ; donne-moi ton cœur, chère enfant ; voilà le gage de notre amour.
Il lui pose sa chaîne sur le cou.

Alfred de Musset, *On ne badine pas avec l'amour*, Acte III, scène 3 (extrait, 1834).

4 La fonction du décor

1. Pourquoi B. Brecht a-t-il choisi de parler d'un laitier ? En quoi les didascalies concordent-elles avec la présence de ce personnage ?
2. En quoi le lecteur, curieux de la vie de Galilée, peut-il être surpris par ce début ? Justifiez.

Galileo Galilée, professeur de mathématiques à Padoue, veut démontrer la théorie de Copernic.

1 *Le modeste cabinet de travail de Galilée à Padoue.*

C'est le matin. Un jeune garçon, Andrea, fils de la gouvernante, apporte un verre de lait et un
5 *petit pain.*

Galilée, *se lavant le torse, s'ébrouant, joyeux.* – Pose le lait sur la table mais ne ferme aucun livre.

Andrea. – Mère dit que nous devons payer le
10 laitier. Autrement il finira par contourner la maison, monsieur Galilée.

Bertold Brecht, *La Vie de Galilée*, début de la pièce (1955), traduction d'É. Recoing, © L'Arche, 1990.

5 ÉCRITURE D'INVENTION
Du roman à la scène

Choisissez un extrait de roman du chapitre 3 de la partie I et transposez-le en une scène théâtrale, en respectant la typographie de ce genre littéraire et en intégrant des didascalies.
▶ PARTIE III, p. 488 : TRANSPOSER

6 ÉCRITURE D'INVENTION
La conception de didascalies

Racine a proposé très peu de didascalies dans ses pièces ; intercalez dans l'extrait de tirade suivant les didascalies qui permettraient d'insister sur les déplacements du personnage.
▶ p. 486 : L'ÉCRITURE D'INVENTION

Dans l'avant-dernière scène de Bérénice, *l'empereur Titus congédie son aimée, Bérénice, princesse juive que le peuple romain ne peut accepter.*

1 Madame, il faut vous faire un aveu véritable :
Lorsque j'envisageai le moment redoutable
Où, pressé par des lois d'un austère devoir,
Il fallait pour jamais renoncer à vous voir ;
5 Quand de ce triste adieu je prévis les approches,
Mes craintes, mes combats, vos larmes, vos reproches,
Je préparai mon âme à toutes les douleurs
Que peut faire sentir le plus grand des malheurs.
Mais, quoi que je craignisse, il faut que je le die[1],
10 Je n'en avais prévu que la moindre partie ;
Je croyais ma vertu moins prête à succomber,
Et j'ai honte du trouble où je la vois tomber.
J'ai vu devant mes yeux Rome entière assemblée,
Le sénat m'a parlé. Mais mon âme accablée
15 Écoutait sans entendre, et ne leur a laissé
Pour prix de leurs transports qu'un silence glacé.

Jean Racine, *Bérénice*, Acte V, scène 6 (extrait, 1670).

1. Au lieu de « dise » pour respecter la rime avec « partie ».

Chapitre 7

Les notions propres à la poésie

La poésie constitue l'un des grands genres littéraires. Un poème est d'abord une **unité identifiable** grâce au **double travail sur les mots** qu'il met en œuvre :
– sur le *signifié* : leur sens ;
– sur le *signifiant* : les lettres et les sons qui le composent.
Un poème n'est pas forcément écrit en vers, il existe des textes en vers qui n'appartiennent pas au genre de la poésie. Le théâtre en vers (Racine, Hugo...), les épopées antiques et médiévales...

Gustave Courbet (1819-1877), *Le Bord de la mer à Palavas* : détail (1854), huile sur toile, 27 x 46 cm (Montpellier, musée Fabre).

469	FICHE 1	Le vers et la strophe
473	FICHE 2	Les formes poétiques

FICHE 1 — Le vers et la strophe

> Frère, le temps n'est plus où j'écoutais mon âme
> Se plaindre et soupirer comme une faible femme
> Qui de sa propre voix soi-même s'attendrit,
> Où par des chants de deuil ma lyre intérieure
> Allait multipliant, comme un écho qui pleure,
> Les angoisses d'un seul esprit.

➤ PARTIE I, p. 209 : A. DE LAMARTINE, *Recueillements poétiques*, « Épître à Félix Guillemardet », vers 1-6 (1837).

Questions

1. Comptez les syllabes de chaque vers. Que remarquez-vous au quatrième vers ?
2. Lisez à haute voix et symbolisez par le signe / chaque moment de coupe. Quelles indications cela donne-t-il sur le rythme ?

L'ESSENTIEL

Un vers est défini par **son mètre** dont l'unité est, en français, la **syllabe**.
– Les mètres **parisyllabiques** contiennent un nombre pair de syllabes : octosyllabes (8), décasyllabes (10), alexandrins (12).
– Les mètres **imparisyllabiques** sont fondés sur un nombre impair : pentasyllabes (5), heptasyllabes (7).
À chaque mètre correspondent des règles fixant les accents, la césure et les syllabes.

Règles de lecture

• **La prononciation [∂] (« e » à l'écrit) :**
– devant consonne ou *h* aspiré, il se prononce ;
– devant voyelle ou *h* muet, il s'élide (ne se prononce pas).

Attention : en fin de vers le [∂] ne se prononce jamais.
EX. : Je te porte dans moi comm(e) un oiseau blessé
L. ARAGON, *La Diane française*, « Il n'y a pas d'amour heureux » (1946).

• **Un groupe de deux sons vocaliques** (rencontre de deux voyelles) peut se prononcer :
– en une seule syllabe : **synérèse** (EX. : *vio*+lon) ;
– en deux syllabes : **diérèse** (EX. : *vi*+*o*+lon).
Ces procédés mettent certains mots en valeur.

Les rythmes

Ils sont définis par les accents et les pauses à l'intérieur du vers.

• **La césure :** coupe principale qui sépare les vers de plus de huit syllabes en deux hémistiches, matérialisée par le signe //.

• **Un accent fixe** marque la fin du vers : sur la dernière syllabe si elle est sans [∂] ; sur l'avant-dernière syllabe si le mot se termine par un [∂].

• **Les accents secondaires** portent sur la dernière syllabe de chaque groupe de mots (sauf si le mot se termine par un [∂]). Chaque accent indique une **coupe** marquée par le signe /.
EX. : Je le vis / , je rougis // , je pâlis / à sa vue
J. RACINE, *Phèdre* (1677).

FICHE 1

Le rythme de l'alexandrin varie en fonction de la césure et des coupes. Il prend deux formes :
– **Le tétramètre** est un alexandrin classique en quatre mesures (3 / 3 // 3 / 3).
EX. : Quelle marque, / grands dieux ! // d'un amour / déplorable !
J. Racine, Mithridate (1673).

– **Le trimètre** est un alexandrin romantique en trois mesures (4 / 4 / 4). C'est une transgression des règles classiques.
EX. : Je marcherai / les yeux fixés / sur mes pensées
V. Hugo, Les Contemplations, « Demain dès l'aube... » (1856).

• **Un enjambement** se produit quand la phrase déborde le cadre du vers.
– **Le rejet** : un élément court est rejeté par enjambement au début du vers suivant.
EX. : Ainsi quand je serai // perdu dans la mémoire
   Des hommes, dans le coin // d'une sinistre armoire…
   → rejet du complément « Des hommes » par rapport à son antécédent « mémoire ».
C. Baudelaire, Les Fleurs du mal, « Le Flacon » (1857).

– **Le contre-rejet** : un élément court, placé en fin de vers, est lié syntaxiquement au vers suivant.
EX. : Souvenir, souvenir, que me veux-tu ? L'automne
   Faisait voler la grive à travers l'air atone.
P. Verlaine, Poèmes saturniens, « Nevermore » (1866).

■ Les sonorités

• **La richesse des rimes** est déterminée en fonction du nombre de sons qui riment ensemble.
– Rime pauvre : v**u** / trib**u**. → un seul son [y].
– Rime suffisante : s**oc** / r**oc**. → deux sons [o] et [k].
– Rime riche : c**adeau** / r**adeau**. → trois sons [a], [d] et [o].

• **L'alternance des rimes** : depuis le XVIe siècle, on alterne **rimes féminines** (terminées par un e muet [∂]) et **rimes masculines** (toutes les autres).
EX. : Tes pas, enfants de mon silence, → [∂]
   Saintement, lentement placés, → [e]
   Vers le lit de ma vigilance → [∂]
   Procèdent muets et glacés. → [e]
P. Valéry, Charmes, « Les Pas » (1922), © Gallimard.

• **Selon leur disposition** les unes par rapport aux autres, les rimes de fin de vers sont dites :
– **plates** ou **suivies** si elles s'enchaînent directement (AABBCC) ;
– **croisées** si elles alternent deux par deux (ABAB) ;
– **embrassées** si une rime est encadrée par une autre (ABBA).
EX. : Les rimes croisées chez Paul Valéry :

   Personne pure, ombre divine,

   Qu'ils sont doux, tes pas retenus !

   Dieux !… tous les dons que je devine

   Viennent à moi sur ces pieds nus !
   → rime A = [v] + [i] + [n] (« divine » / « devine »)
   → rime B = [n] + [y] (« retenus » / « nus »)
P. Valéry, Charmes, « Les Pas » (1922), © Gallimard.

• **Les sonorités peuvent aussi former une harmonie** dans le tissu du vers.
– **Une allitération** est la répétition d'un même son consonantique.
EX. : Un **p**ur e**spr**it s'a**ccr**oît sous l'é**c**o**r**ce des **p**ie**rr**es
   → Le vers contient quatre allitérations : [p], [s], [r], [k].
G. de Nerval, Les Chimères, « Vers dorés » (1854).

– **Une assonance** : répétition d'un même son vocalique.
EX. : « Je f**ai**s souv**ent** ce r**ê**ve étr**ange et** pén**é**tr**ant** »
   → L'harmonie sonore du vers repose sur la reprise des sons [e], [ɛ] et [ã].
P. Verlaine, Poèmes saturniens, « Mon rêve familier » (1866).

EXERCICES D'APPLICATION

Chapitre 7 • Les notions propres à la poésie

1 Rythme et sonorité

1. Quel mètre G. de Nerval a-t-il choisi ? Repérez les accents et les pauses pour le définir.
2. Sur quelle sonorité la strophe est-elle construite ? Quel est l'effet produit ?

> Homme, libre penseur ! te crois-tu seul pensant
> Dans ce monde où la vie éclate en toute chose ?
> Des forces que tu tiens ta liberté dispose,
> Mais de tous tes conseils l'univers est absent.
>
> ▶ PARTIE I, p. 207 : GÉRARD DE NERVAL, *Les Chimères*, « Vers dorés » (extrait, 1854).

2 Rimes et vers

1. Identifiez les vers utilisés dans les extraits suivants et commentez-en les rythmes.
2. Identifiez les rimes des textes.

A. De la musique encore et toujours !
Que ton vers soit la chose envolée
Qu'on sent qui fuit d'une âme en allée
Vers d'autres cieux à d'autres amours.
> PAUL VERLAINE, *Jadis et Naguère*, « L'Art poétique » (extrait, 1884).

B. C'était dans la nuit brune,
Sur le clocher jauni,
La lune
Comme un point sur un i.
> ALFRED DE MUSSET, *Contes d'Espagne et d'Italie*, « Ballade à la lune » (extrait, 1829).

3 Prononcer les vers

Repérez les synérèses ou les diérèses et commentez l'effet produit.

A. Plus me plaît le séjour qu'ont bâti mes aïeux
Que des palais romains le front audacieux
> JOACHIM DU BELLAY, *Les Regrets*, « Heureux qui comme Ulysse… » (extrait, 1558), édition établie par S. de Sacy, © Gallimard.

B. Vous y dansiez petite fille
Y danserez-vous mère-grand
> GUILLAUME APOLLINAIRE, *Alcools*, « Marie » (extrait, 1913), © Gallimard.

C. Mais non, ma jeunesse est finie…
Adieu, doux rayon qui m'as lui,
Parfum, jeune fille, harmonie…
Le bonheur passait, il a fui !
> GÉRARD DE NERVAL, *Odelettes*, « Une allée du Luxembourg » (extrait, 1835).

4 Rejets et contre-rejets

1. Relevez les enjambements de ce poème. Sur quels éléments mettent-ils l'accent ? grâce à quel type précis d'enjambement ?
2. Le poème se contente-t-il de faire rimer les vers ? Sur quelle figure de style joue-t-il également ? dans quel but ?
> ▶ PARTIE II, p. 392 : LES FIGURES DE RHÉTORIQUE

Le Dormeur du val

1 C'est un trou de verdure où chante une rivière
Accrochant follement aux herbes des haillons
D'argent ; où le soleil, de la montagne fière,
Luit : c'est un petit val qui mousse de rayons.

5 Un soldat jeune, bouche ouverte, tête nue,
Et la nuque baignant dans le frais cresson bleu,
Dort ; il est étendu dans l'herbe sous la nue,
Pâle dans son lit vert où la lumière pleut.

Les pieds dans les glaïeuls, il dort. Souriant comme
10 Sourirait un enfant malade, il fait un somme :
Nature, berce-le chaudement : il a froid.

Les parfums ne font pas frissonner sa narine ;
Il dort dans le soleil, la main sur sa poitrine
Tranquille. Il a deux trous rouges au côté droit.
> ARTHUR RIMBAUD, *Poésies* (1870).

EXERCICES D'APPLICATION

5 Le rythme des vers

Analysez et commentez le rythme des vers dans le quatrain suivant.

Nuit de juin ! Dix-sept ans ! – On se laisse griser.
La sève est du champagne et vous monte à la tête…
On divague ; on se sent aux lèvres un baiser
Qui palpite là, comme une petite bête…

ARTHUR RIMBAUD, *Illuminations*, « Roman » (extrait, 1886).

6 Les jeux de sonorités

Relevez et commentez les jeux de sonorités les plus remarquables de ce poème dans lequel Yves Bonnefoy rend hommage à une grande cantatrice anglaise, morte prématurément.

À la voix de Kathleen Ferrier

1 Toute douceur toute ironie se rassemblaient
Pour un adieu de cristal et de brume,
Les coups profonds du fer faisaient presque silence,
La lumière du glaive s'était voilée.

5 Je célèbre la voix mêlée de couleur grise
Qui hésite aux lointains du chant qui s'est perdu
Comme si au-delà de toute forme pure
Tremblât un autre chant et le seul absolu.

Ô lumière et néant de la lumière, ô larmes
10 Souriantes plus haut que l'angoisse ou l'espoir,
Ô cygne, lieu réel dans l'irréelle eau sombre,
Ô source, quand ce fut profondément le soir,

Il semble que tu connaisses les deux rives,
L'extrême joie et l'extrême douleur.
15 Là-bas, parmi ces roseaux gris dans la lumière,
Il semble que tu puises de l'éternel.

YVES BONNEFOY, *Hier régnant désert* (1958),
© Mercure de France, 1986.

7 Du vers à son interprétation

1. Quel est le mètre utilisé dans cette pièce de Racine ?
2. Déterminez les accents dans les vers 1 à 6 de cette tirade. Tombent-ils toujours au même endroit ?
3. Relevez les mots qui désignent la cause du malheur d'Andromaque. Où sont-ils essentiellement situés ? Pourquoi ?
4. Définissez le mot *lamentation*. En quoi ce texte en est-il une ?

ANDROMAQUE
1 Et que veux-tu que je lui dise encore ?
Auteur de tous mes maux, crois-tu qu'il les ignore ?
Seigneur, voyez l'état où vous me réduisez.
J'ai vu mon père mort et nos murs embrasés,
5 J'ai vu trancher les jours de ma famille entière,
Et mon époux sanglant traîné sur la poussière,
Son fils seul avec moi réservé pour les fers[1].
Mais que ne peut un fils ? Je respire, je sers.
J'ai fait plus : je me suis quelquefois consolée
10 Qu'ici plutôt qu'ailleurs le sort m'eût exilée ;
Qu'heureux dans son malheur, le fils de tant de rois,
Puisqu'il devait servir, fût tombé sous vos lois.

JEAN RACINE, *Andromaque*, Acte III, scène 6, vers 925-936 (1667).

[1]. Destiné à être emprisonné (mis aux fers).

8 ÉCRITURE D'INVENTION
La création poétique

1. Dans une anthologie, retrouvez le poème de Baudelaire intitulé « L'Invitation au voyage ». Relevez le champ lexical du voyage.
2. Rédigez un poème qui reprendra le thème du voyage, et qui respectera les paramètres suivants :
   – trois quatrains ;
   – alexandrins aux césures bien marquées ;
   – rimes croisées ;
   – deux diérèses à l'une des rimes ;
   – au moins deux assonances et une allitération.

➤ PARTIE III, p. 486 : L'ÉCRITURE D'INVENTION

Chapitre 7 • Les notions propres à la poésie

FICHE 2 — Les formes poétiques

> Ma femme à la chevelure de feu de bois
> Aux pensées d'éclairs de chaleur
> À la taille de sablier
> Ma femme à la taille de loutre entre les dents du tigre
> Ma femme à la bouche de cocarde et de bouquet d'étoile de dernière grandeur
>
> ➤ PARTIE I, p. 287 : A. BRETON, *Clair de terre*, « L'Union libre » (1931), © Gallimard.

Questions

1. Comptez les syllabes de ces vers, relevez les sonorités communes. Que remarquez-vous ?
2. Observez les répétitions, le rythme des vers. En quoi ce texte est-t-il un poème ?

L'ESSENTIEL

Les formes fixes : le cas particulier du sonnet

La tradition poétique reprend des formes fixes répondant à des règles respectées au fil des siècles et datant pour la plupart du Moyen Âge.

- **L'ode** (poème lyrique aux longues strophes), **le rondeau** (poème de treize vers, avec seulement deux rimes et un refrain), ou **la ballade** (trois strophes + couplet final).

- **Le sonnet** est apparu en France au XVIe siècle, importé d'Italie : sonnet de L. Labé ➤ p. 343 et « Hymne à La Beauté » de C. Baudelaire ➤ p. 345.
Il est constitué de **quatre strophes** :
– deux quatrains sur deux rimes souvent embrassées (ABBA) ;
– deux tercets sur trois autres rimes (CDE).
Il existe **deux types de sonnet** :
– le **sonnet « italien »** : les rimes de fin sont disposées en CCDEED ;
– le **sonnet « français »** : ces rimes deviennent CCDEDE.

Après être tombé dans l'oubli, il renaît au XIXe siècle grâce à C. Baudelaire, J. Laforgue…

Les formes modernes

Ce sont des poèmes rompant avec les règles traditionnelles ➤ FICHE I, p. 469.

- **Le poème en prose,** créé au XIXe siècle par Aloysius Bertrand, mis à la mode par Baudelaire, est fondé sur :
– une **mise en page** soulignant l'unité du texte ;
– un **travail sur les sonorités et sur les rythmes** mais qui exclut le vers ;
– le recours aux **images** (comparaisons, métaphores…).

EX. : **La cigarette**
> Rendons d'abord l'atmosphère à la fois brumeuse et sèche, échevelée, où la cigarette est toujours posée de travers depuis que continûment elle la crée.
> Puis sa personne : une petite torche beaucoup moins lumineuse que parfumée, d'où se détachent et choient selon un rythme à déterminer un nombre calculable de petites masses de cendres.

Sa passion enfin : ce bouton embrasé, desquamant en pellicules argentées, qu'un manchon immédiat formé des plus récentes entoure.

F. Ponge, *Le Parti pris des choses* (1942), © Gallimard.

→ On remarque dans ce poème :
– une unité de trois paragraphes, chacun constitué d'une seule phrase, rythmée par la ponctuation ;
– des échos sonores (par exemple l'emploi répété du son [⊠] :« ch ») ;
– une personnification de la cigarette et des métaphores.

• **Le poème en vers libres** subvertit la forme classique du poème en vers.
Il se détache typographiquement comme un poème, mais il joue sur :
– les **assonances** et les **allitérations** ;
– les **rythmes** (mètres mélangés) ;
– les **images**, etc.

EX. : Y aurait-il des choses qui habitent les mots
plus volontiers, et qui s'accordent avec eux
– ces moments de bonheur qu'on retrouve dans les poèmes
avec bonheur, une lumière qui franchit les mots
comme en les effaçant – et d'autres choses
qui se cabrent contre eux, les altèrent, qui les détruisent :
comme si la parole rejetait la mort,
ou plutôt, que la mort fît pourrir
même les mots ?

P. Jaccottet, *À la lumière d'hiver*, « Parler », 4 (1977), © Gallimard.

→ On remarque dans ce poème :
– des vers de longueur irrégulière, diminuant progressivement ;
– un retour à la ligne, mais une absence de majuscules en début de vers ;
– des images, comme la personnification de la lumière : *une lumière qui franchit les mots* ;
– des répétitions lexicales : *bonheur* et *mots*.

• **Le poème visuel**, comme le calligramme, joue sur un lien étroit entre texte et dessin.

G. Apollinaire, calligramme extrait des *Poèmes à Lou* (1915), © Gallimard, 1955.

EXERCICES D'APPLICATION

1 La structure d'un poème

1. Observez la structure des vers. Que notez-vous ?
2. Ce poème est-il en vers réguliers ou libres ?

Je pense à toi

Je pense à toi mon Lou ton cœur est ma caserne
Mes sens sont tes chevaux ton souvenir est ma luzerne

Le ciel est plein ce soir de sabres d'éperons
Les canonniers s'en vont dans l'ombre lourds et prompts

5 Mais près de toi je vois sans cesse ton image
Ta bouche est la blessure ardente du courage

Nos fanfares éclatent dans la nuit comme ta voix

Quand je suis à cheval tu trottes près de moi

▶ PARTIE I, p. 285 : Guillaume Apollinaire, *Poèmes à Lou* (extrait, 1915), © Gallimard, 1955.

2 Le sonnet

En vous aidant du décompte des syllabes et de la disposition de la rime, recomposez le sonnet « Pégase » de Pierre Louÿs à partir du texte suivant (attention à la mise en page).

Pégase

De ses quatre pieds purs faisant feu sur le sol, la Bête chimérique et blanche s'écartèle, et son vierge poitrail qu'homme ni dieu n'attelle s'éploie en un vivace et mystérieux vol. Il
5 monte, et la crinière éparse en auréole du cheval décroissant fait un astre immortel qui resplendit dans l'or du ciel nocturne, tel Orion scintillant à l'air glacé d'Éole. Et comme au temps où les esprits libres et beaux buvaient
10 au flot sacré jailli sous les sabots l'illusion des sidérales chevauchées, les Poètes en deuil de leurs cultes perdus imaginent encor sous leurs mains approchées l'étalon blanc bondir dans les cieux défendus.

Pierre Louÿs, *Astarté* (1893).

3 Le poème en prose

1. Quelle forme de discours est essentiellement représentée dans le poème ci-dessous ?
▶ PARTIE II, p. 408 : LES FORMES DE DISCOURS
2. En quoi ce texte est-il un poème ? Répondez dans un paragraphe argumentatif.
▶ PARTIE III, p. 500 : LE PARAGRAPHE ARGUMENTATIF

Les Fenêtres

Celui qui regarde du dehors à travers une fenêtre ouverte, ne voit jamais autant de choses que celui qui regarde une fenêtre fermée. Il n'est pas d'objet plus profond, plus mys-
5 térieux, plus fécond, plus ténébreux, plus éblouissant qu'une fenêtre éclairée d'une chandelle. Ce qu'on peut voir au soleil est toujours moins intéressant que ce qui se passe derrière une vitre. Dans ce trou noir ou lumi-
10 neux vit la vie, rêve la vie, souffre la vie.

Charles Baudelaire, *Le Spleen de Paris*, « Les Fenêtres » (extrait, 1863).

4 Le vers libre

Retrouvez les caractéristiques du poème en vers libre dans le texte suivant.

Tard dans la vie

Je suis dur
Je suis tendre
    Et j'ai perdu mon temps
    À rêver sans dormir
5   À dormir en marchant
Partout où j'ai passé
J'ai trouvé mon absence
Je ne suis nulle part
Excepté le néant
10 Mais je porte caché au plus haut des entrailles
À la place où la foudre a frappé trop souvent
Un cœur où chaque mot a laissé son entaille
Et d'où ma vie s'égoutte au moindre mouvement

Pierre Reverdy, *La Liberté des mers* (1930), © Flammarion.

Chapitre 8

Les notions propres à la littérature d'idées

Le monde des idées englobe à la fois :
– les vérités scientifiques, irréfutables ;
– les jugements et les opinions, subjectifs, passionnés et parfois faux.

ENTRE ÉMOTION ET RAISON

La littérature d'idées met en jeu des éléments **rationnels** et **affectifs**, incite les lecteurs à mener une réflexion et sollicite des émotions. L'objectif est de susciter leur adhésion et de les conduire, éventuellement, à modifier leur comportement ou leur vision des choses selon qu'il s'agit d'une visée :

– **morale** : les *Fables* de La Fontaine ;
– **philosophique** : *Émile* de J.-J. Rousseau ;
– **politique** : *Les Châtiments* de V. Hugo ► p. 213 ;
– **sociale** : les écrits féministes de G. Halimi ► p. 314.

UN DISCOURS ET DES REGISTRES PROPRES

La littérature d'idées, qui s'exprime essentiellement par le **discours argumentatif**, couvre un champ très vaste de genres, associés à des **registres** spécifiques.

Karl Spitzweg (1808-1885), *Le Rat de bibliothèque* : détail (vers 1850), huile sur toile, 49,5 x 26,8 cm (Collection privée).

477	FICHE 1	Les genres de la littérature d'idées
479	FICHE 2	Circuit argumentatif et progression du raisonnement
482	FICHE 3	Convaincre, démontrer et persuader

# FICHE 1

Les genres de la littérature d'idées

> L'hymne à la nature[1] a étouffé le combat social et culturel. L'image de la femme a retrouvé son ancien cadre, ce qui semble convenir à beaucoup de monde.
> ➤ PARTIE I, p. 317 : É. BADINTER, *Fausse Route*, chapitre 4 (2003), © Odile Jacob.

1. Célébration de la nature.

Questions
1. Quel est le constat fait par l'auteur ?
2. Quelles expressions révèlent son opinion ? Est-elle une admiratrice de la nature ?

L'ESSENTIEL

■ Les genres de la littérature d'idées

La littérature d'idées est liée au **discours argumentatif** ➤ PARTIE II, p. 413 mais ne se confond pas avec lui. Cette forme de discours peut se trouver au détour d'un poème, d'une page de roman ou d'une réplique au théâtre, alors que la littérature d'idées se caractérise par des genres littéraires spécifiques où tout se rapporte à la **défense d'idées**.

- **L'essai** : **réflexion libre et personnelle**, nourrie de lectures et d'expériences : G. Halimi ➤ p. 314.
- **La lettre ouverte** : **article de presse** rédigé sous la forme d'une lettre énergique répondant à une accusation ou intervenant dans le cadre d'un débat passionné.
  EX. : la lettre « J'accuse » d'É. Zola publiée dans le quotidien *L'Aurore* en 1898, où l'auteur prend ouvertement la défense du capitaine Dreyfus.
- **Le manifeste** : prise de position **souvent polémique**, qui définit généralement un mouvement culturel ou politique comme *Le Manifeste du surréalisme* d'A. Breton qui définit la révolution surréaliste ➤ p. 266.
- **Le pamphlet** : **écrit satirique** visant des individus, des institutions. EX. : *Les Châtiments* de V. Hugo, où l'auteur manifeste violemment son opposition à Napoléon III ➤ p. 213.

■ Les genres associés à la littérature d'idées

Certains genres sont associés au développement des idées. Elles n'y sont pas théorisées mais y sont présentes grâce aux **jeux poétiques** ou à la **fiction**.

- **La fable** : poème narratif et argumentatif délivrant une morale : J. DE LA FONTAINE ➤ p. 441.
- **La poésie engagée** : poème où le message politique ou philosophique est valorisé grâce à des procédés linguistiques (sonorités, figures de rhétorique...) : V. HUGO et L. ARAGON ➤ p. 282.
- **Le roman à thèse** : récit destiné à soutenir une idée, dans lequel intrigue et personnages sont prétextes à argumenter.
  EX. : *La Condition humaine* d'A. Malraux (1933), roman sur le sens de l'engagement politique.

> **Remarque** : les idées peuvent s'exprimer dans les **arts visuels**. Des peintres comme Picasso ont dénoncé la guerre dans leurs tableaux (*Guernica*, 1937 ; *Massacre en Corée*, 1951).

EXERCICES D'APPLICATION

1 Le texte argumentatif

1. Grâce à quels termes le texte s'affirme-t-il comme argumentatif ?
   ➤ PARTIE II, p. 408 : LES FORMES DE DISCOURS
2. Sur quel ton l'auteur s'exprime-t-il ? Commentez également le titre de son essai.

Entre la femme-enfant (la victime sans défense) et la femme-mère (pour les besoins de la parité), quelle place reste-t-il à l'idéal de la femme libre dont on a tant rêvé ? À moins
5 que celui-ci ne soit plus de mise dans un système de pensée qui retricote chaque jour l'idée de nature féminine en opposition avec une « culture » masculine. La femme prisonnière de sa nature, les hommes sommés de
10 changer de culture. Message contradictoire s'il en est, qui déroute les unes et exaspère les autres. Message entendu par les hommes qui, sans le dire, en font leurs choux gras[1].

➤ PARTIE I, p. 317 : Élisabeth Badinter, *Fausse Route*, chapitre 4 (extrait, 2003), © Odile Jacob.

1. Profitent de l'occasion.

2 Les genres spécifiques de la littérature d'idées

1. Identifiez le genre précis de chaque texte en vous aidant du paratexte. Justifiez.
2. Quel thème est abordé dans chaque extrait ?
3. Quels indices lexicaux prouvent qu'il s'agit bien de littérature d'idées ?

Texte A

L'autre jour, au fond d'un vallon,
Un serpent piqua Jean Fréron[1].
Que pensez-vous qu'il arriva ?
Ce fut le serpent qui creva.

Voltaire, *Pauvre Diable* (1761).

1. Jean Élie Fréron (1718-1776), écrivain et critique redoutable, s'était attiré la haine des philosophes des Lumières.

Texte B

Autrefois, pour mettre les jeunes à l'abri, on allait parfois jusqu'à l'hypocrisie. Je n'essaierai pas de savoir si l'on avait raison, je constate seulement deux faits : que le mensonge bien
5 intentionné ne paie guère et que tout vaut mieux que l'hypocrisie. D'autre part qu'il est impossible de prolonger l'innocence dans le monde où nous vivons. On dirait que les hommes ont hâte de montrer aux jeunes tout
10 ce qu'il y a de laid dans la vie : films, journaux illustrés, affiches, tout ce qui s'offre au regard use, avilit et souille.
Le monde moderne est cynique : il profane tout et ne respecte que l'utile et ce qui pro-
15 cure du plaisir.

Jean Onimus, *Lettre à mes fils* (extrait, 1963), © Desclée de Brouwer.

3 Les genres associés à la littérature d'idées

1. Quel choix Boris doit-il faire ? Quels arguments se bousculent dans sa tête ?
2. À quel registre littéraire ce texte appartient-il ? Observez les modalités de phrase.
   ➤ p. 418 : LES REGISTRES LITTÉRAIRES
   ➤ p. 387 : LES OUTILS GRAMMATICAUX
3. À quelle idée J.-P. Sartre veut-il sensibiliser le lecteur ? En vous référant au paratexte, définissez le type de roman dont il est ici question.

Tandis que la France capitule en 1940, Boris est invité par son ami Francillon à gagner le mouvement de résistance à Londres.

Boris se laissa retomber sur son lit. Il pensait : « Je ne peux pas *lui* faire ça, je ne peux pas m'en aller pour la deuxième fois sans lui demander son avis. Si je restais pour elle, pensa-
5 t-il, ça serait une preuve d'amour. Ah ! là ! là ! pensa-t-il, une drôle de preuve d'amour. Mais avait-on le droit de rester pour une femme ? Francillon et Gabel diraient que non, bien entendu. Mais ils étaient trop jeunes, ils ne
10 savaient pas ce que c'était que l'amour. Ce que je voudrais qu'on me dise, pensa Boris, ça n'est pas ce que c'est que l'amour : je suis payé pour le savoir. C'est ce que ça vaut. A-t-on le droit de rester pour laisser une femme
15 heureuse ? Présenté comme ça, je penserais plutôt que non. Mais a-t-on le droit de partir, si ça fait le malheur de quelqu'un ? »

Jean-Paul Sartre, *Les Chemins de la liberté*, tome III (extrait, 1949), © Gallimard.

Chapitre **8** • Les notions propres à la littérature d'idées

FICHE 2
Circuit argumentatif et progression du raisonnement

> Un second sevrage[1], moins brutal, plus lent que le premier, soustrait le corps de la mère aux étreintes de l'enfant ; mais c'est aux garçons surtout qu'on refuse peu à peu baisers et caresses ; quant à la fillette, on continue à la cajoler.
> ➤ PARTIE I, p. 312 : S. DE BEAUVOIR, *Le Deuxième Sexe* (1949), © Gallimard.

1. Fin de l'allaitement.

Questions
1. Observez la manière dont les propositions sont reliées entre elles.
2. Sur quelle opposition cet enchaînement permet-il d'insister ?

L'ESSENTIEL

De la rhétorique à l'art du raisonnement
Dans l'Antiquité, l'art du discours s'élaborait en cinq étapes.
- **L'invention :** recherche d'arguments.
- **La disposition :** plan.
- **L'élocution :** travail du style.
- **L'action :** art de l'orateur.
- **La mémoire :** techniques de mémorisation.

Cette rigueur se retrouve dans tout texte d'idées.

Le circuit argumentatif
On nomme ainsi la progression du raisonnement qui enchaîne :
- **La thèse : avis, opinion, position** défendue, de manière explicite ou implicite.
- **Les arguments, faits ou idées** justifiant la thèse : ils font appel à des valeurs (le Bien et le Mal...), fournissent des **preuves**, font référence au jugement d'une personne compétente (arguments d'autorité : Boileau citant Aristote ➤ p. 43) ou attaquent directement la personne combattue (arguments *ad hominem* : V. Hugo visant Napoléon III ➤ p. 213).
- **Les exemples** illustrent les arguments par des **réalités concrètes** (témoignages, faits historiques, etc.). Ils ont valeur d'argument quand ils suffisent à défendre la thèse.

Les types de raisonnement
- **L'induction :** l'observation de cas particuliers conduit à l'énoncé d'une vérité générale.
EX. : Vu la fraîcheur de son teint, il doit bien aimer les fruits et les légumes.
- **La déduction :** une vérité générale est vérifiée par des faits particuliers comme le syllogisme :
1. Il aime tous les agrumes : majeure (proposition d'ordre général).
2. Le pamplemousse est un agrume : mineure (proposition plus précise, 2 est un sous-ensemble de 1).
3. Il aime donc forcément les pamplemousses : conclusion.
- **L'analogie :** deux faits ayant des points communs sont mis en parallèle.
EX. : Il aime autant les pommes que les oranges.
- **La concession :** la thèse adverse est d'abord admise, puis nuancée ou réfutée.
EX. : Il aime sans doute les pommes, puisque tu l'affirmes, mais personne ne l'a vu en manger.

EXERCICES D'APPLICATION

1 L'identification d'une thèse

1. Quelle est la thèse de Julien Gracq ?
2. Quel exemple l'auteur utilise-t-il ? dans quel but ?

La dramatisation de l'acte d'écrire, qui nous est devenue spontanée et comme une seconde nature, est un legs du dix-neuvième siècle. Ni le dix-septième, ni, encore moins, le dix-huitième ne l'ont connue ; un drame tel que *Chatterton*[1] y serait resté incompréhensible ; personne ne s'y est jamais réveillé un beau matin en se disant : « Je serai écrivain », comme on se dit : « Je serai prêtre ». La nécessité progressive et naturelle de la communication, en même temps que l'apprentissage enivrant des résistances du langage, a chez tous précédé et éclipsé le culte du *signe d'élection*, dont le préalable marque avec précision l'avènement du romantisme. Nul n'a jamais employé avant lui cet étrange futur intransitif qui seul érige vraiment, et abusivement, le travail de la plume en énigme : *j'écrirai*.

▶ PARTIE I, p. 359 : JULIEN GRACQ, *En lisant en écrivant*, chapitre « L'écriture » (extrait, 1981), © Corti.

1. Drame romantique d'A. de Vigny.

2 Le circuit argumentatif

1. Formulez la thèse réfutée par le philosophe Alain dans cet extrait.
2. Repérez les exemples : à quels domaines sont-ils empruntés ? Quels arguments illustrent-ils ?

ÉCRITURE D'INVENTION
Développez la thèse identifiée dans la question 1 : proposez trois arguments différents et illustrez-les par des exemples concrets.
▶ PARTIE III, p. 486 : L'ÉCRITURE D'INVENTION

Je n'ai pas beaucoup confiance dans ces jardins d'enfants et autres inventions au moyen desquelles on veut instruire en amusant. La méthode n'est déjà pas excellente pour les hommes. Je pourrais citer des gens qui passent pour instruits, et qui s'ennuient à *La Chartreuse de Parme* ou au *Lys dans la vallée*[1]. Ils ne lisent que des œuvres de seconde valeur, où tout est disposé pour plaire au premier regard ; mais en se livrant à des plaisirs faciles, ils perdent un plus haut plaisir qu'ils auraient conquis par un peu de courage et d'attention. Il n'y a point d'expérience qui élève mieux un homme que la découverte d'un plaisir supérieur, qu'il aurait toujours ignoré s'il n'avait point pris d'abord un peu de peine. Montaigne est difficile ; c'est qu'il faut d'abord le connaître, s'y orienter, s'y retrouver ; ensuite seulement on le découvre.

ALAIN, *Propos sur l'éducation* (extrait, 1932), © PUF, coll. « Quadrige », 2005.

1. Romans de Stendhal et Balzac.

3 Type de raisonnement et structure argumentative

1. Quel type de raisonnement apparaît dans la première phrase ? Quel mot le prouve ?
2. Quel connecteur logique relie les deux arguments ? Quelle est sa fonction ?
▶ PARTIE II, p. 413 : LE DISCOURS ARGUMENTATIF
3. Quel rôle le second paragraphe joue-t-il ? Quels sont ses liens avec le premier paragraphe ?
4. Quel est le registre de ce texte ? Justifiez.
▶ p. 418 : LES REGISTRES LITTÉRAIRES

Si l'on compare les images féminines de la littérature enfantine contemporaine avec celles des légendes traditionnelles, on s'aperçoit que bien peu de choses ont changé. Les vieilles légendes nous offrent des femmes douces, passives, muettes, seulement préoccupées par leur beauté, vraiment incapables et bonnes à rien. En revanche, les figures masculines sont actives, fortes, courageuses, loyales, intelligentes. Aujourd'hui, on ne raconte presque plus de légendes aux enfants, elles sont remplacées par la télévision et les histoires inventées à leur intention, mais certaines parmi les plus connues ont survécu et sont connues de tout le monde.

Le Petit Chaperon rouge est l'histoire d'une fillette à la limite de la débilité mentale, qui est envoyée par une mère irresponsable à travers des bois profonds infestés de loups pour

apporter à sa grand-mère malade de petits paniers bourrés de galettes. Avec de telles déterminations, sa fin ne surprend guère. Mais tant d'étourderie, qu'on n'aurait jamais pu attribuer à un garçon, repose entièrement sur
25 la certitude qu'il y a toujours à l'endroit et au moment voulu un chasseur courageux et efficace prêt à sauver du loup la grand-mère et la petite fille.

ELENA GIANINI BELOTTI, *Du côté des petites filles* (extrait, 1971), © Éditions des Femmes.

4 Le syllogisme

1. Analysez le syllogisme du logicien. Expliquez les failles de son raisonnement.
2. Après avoir défini le terme *logicien*, dites si ce nom convient au personnage.

ÉCRITURE D'INVENTION
En partant des deux propositions initiales du logicien, imaginez deux syllogismes cohérents.
▶ p. 486 : L'ÉCRITURE D'INVENTION

RÉDACTION DE PARAGRAPHE ARGUMENTATIF
Utilisez cet extrait de la pièce *Rhinocéros* comme exemple d'un paragraphe argumentatif expliquant ce qu'est le théâtre de l'absurde. Vous pouvez vous aider de la synthèse ▶ p. 110.
▶ p. 506 : UTILISER DES EXEMPLES

1 LE LOGICIEN. – Voici donc un syllogisme exemplaire : Le chat a quatre pattes. Isidore et Fricot ont chacun quatre pattes. Donc Isidore et Fricot sont chats.

5 LE VIEUX MONSIEUR. – Mon chien aussi a quatre pattes.

LE LOGICIEN. – Alors, c'est un chien.

LE VIEUX MONSIEUR (*au Logicien, après avoir longuement réfléchi*). – Donc, logiquement,
10 mon chien serait un chat.

LE LOGICIEN. – Logiquement, oui. Mais le contraire est aussi vrai.

EUGÈNE IONESCO, *Rhinocéros,* acte I (extrait, 1960), © Gallimard.

5 La concession

1. Repérez deux concessions. Reformulez les deux arguments opposés dans chacune d'elles.
2. Quel type de raisonnement est développé dans le second paragraphe ? Justifiez.
3. Quel mode verbal est utilisé dans la dernière ligne du texte ? Quelle thèse suggère-t-il ?

1 Je sais bien que les quelques jeunes gens qui manifestent ne sont pas toute la jeunesse, et qu'une centaine de tapageurs, dans la rue, font plus de bruit que dix mille travailleurs,
5 studieusement enfermés chez eux. Mais les cent tapageurs ne sont-ils pas déjà de trop, et quel symptôme affligeant qu'un pareil mouvement, si restreint qu'il soit, puisse à cette heure se produire au Quartier latin !
10 Des jeunes gens antisémites, ça existe donc, cela ? Il y a donc des cerveaux neufs, des âmes neuves, que cet imbécile poison a déjà déséquilibrés ? Quelle tristesse, quelle inquiétude, pour le vingtième siècle qui va s'ouvrir !
15 Cent ans après la Déclaration des droits de l'homme, cent ans après l'acte suprême de tolérance et d'émancipation, on en revient aux guerres de religion, au plus odieux et au plus sot des fanatismes ! Et encore cela se com-
20 prend chez certains hommes qui jouent leur rôle, qui ont une attitude à garder et une ambition vorace à satisfaire. Mais, chez des jeunes gens, chez ceux qui naissent et qui poussent pour cet épanouissement de tous les droits et
25 de toutes les libertés, dont nous avons rêvé que resplendirait le prochain siècle ! Ils sont les ouvriers attendus, et voilà déjà qu'ils se déclarent antisémites, c'est-à-dire qu'ils commenceront le siècle en massacrant tous les
30 juifs, parce que ce sont des concitoyens d'une autre race et d'une autre loi ! Une belle entrée en jouissance, pour la Cité de nos rêves, la Cité d'égalité et de fraternité ! Si la jeunesse en était vraiment là, ce serait à sangloter, à
35 nier tout espoir et tout bonheur humain.

ÉMILE ZOLA, *Lettre à la jeunesse* (extrait, 1897).

FICHE 3

Convaincre, démontrer et persuader

> Je suis une fille malheureuse et pauvre, je n'ai pas le moyen de payer des avocats pour prendre ma défense, et je ne vous retiendrai pas longtemps.
>
> ➤ PARTIE I, p. 320 : Denis Diderot, *Supplément au voyage de Bougainville* (1771).

Questions
Le personnage propose-t-il des arguments pour se défendre ? Comment s'y prend-il ?

L'ESSENTIEL

Une stratégie argumentative vise à obtenir l'adhésion du destinataire, elle peut :
- **Convaincre :** faire appel à la raison, à la réflexion du destinataire.
  Ex. : l'essai philosophique : S. de Beauvoir ➤ p. 312.
- **Démontrer :** s'appuyer sur des preuves rationnelles, en principe universelles.
  Ex. : la démonstration mathématique (comme le théorème de Pythagore).
- **Persuader :** susciter l'émotion d'un auditoire, de lecteurs ciblés par la séduction.
  (**Ex. :** sonnet de P. de Ronsard ➤ p. 339), la publicité, la propagande...

Ces trois types de stratégie propres à la littérature d'idées peuvent se combiner.

■ Les stratégies pour convaincre
- **La justification d'une thèse :** tous les arguments défendent la thèse.
- **La réfutation :** les arguments contestent la thèse adverse.
- **La démarche dialectique :** l'opposition de deux thèses est dépassée dans une synthèse.
- **La démarche analytique :** la thèse est développée en trois étapes (constat, causes, conséquences).

■ Les stratégies pour persuader
- **L'ironie et la satire** ridiculisent les thèses combattues. **Ex. :** Voltaire ➤ p. 122.

➤ PARTIE II, p. 418 : LES REGISTRES LITTÉRAIRES

- **Le raisonnement par l'absurde** soutient ce qui est contraire à la logique.
  Ex. : Si j'avais à soutenir le droit que nous avons de rendre les nègres esclaves, voici ce que je dirais...
  Montesquieu, *De l'esprit des lois* (1748-1757).

- **La mauvaise foi** utilise de faux arguments.
  Ex. : Si ce n'est toi c'est donc ton frère.
  → Le loup veut manger l'agneau, il invente donc de faux prétextes.
  J. de La Fontaine, *Fables*, « Le Loup et l'Agneau » (1694).

■ Les stratégies pour démontrer
- **Un ton grave, l'emploi de registres dits sérieux :** didactique...
  Ex. : É. Zola définissant sa méthode expérimentale ➤ p. 247.

➤ p. 418 : LES REGISTRES LITTÉRAIRES

- **Une expression objective, sans modalisation.**
  Ex. : S. de Beauvoir comparant l'éducation des garçons et des filles ➤ p. 312.

➤ p. 387 : LES OUTILS GRAMMATICAUX

- **L'appel à des autorités morales et intellectuelles.**
  Ex. : G. Halimi citant l'ethnologue Margaret Mead ➤ p. 314 et **EXERCICE 1 p. 483**.

EXERCICES D'APPLICATION

1 L'argumentation

1. Sur quoi ce raisonnement est-il fondé ?
2. Quelle est la stratégie utilisée ? Justifiez.

Quand l'ethnologue américaine Margaret Mead s'en alla, il y a quelques années, séjourner en Mélanésie (Océanie) parmi les autochtones[1], elle tomba de surprise en surprise. L'idée reçue selon laquelle chaque sexe avait un comportement inné[2], de par la Nature, se révéla fausse. Observant la vie de la tribu Tchombouli, que constata-t-elle ? Les femmes tondues, l'œil vif, le pied solide, allaient à la pêche, administraient la tribu, se réunissaient pour prendre les décisions nécessaires à sa survie et à son bien-être, bref avaient la direction civile et politique de la Cité.

➤ PARTIE I, p. 314 : Gisèle Halimi, *La Cause des femmes* (extrait, 1978), © Gallimard.

1. Habitants. 2. Donné à la naissance.

2 Argumenter sur le thème de la lecture

1. Relevez les répétitions ; dans quel but sont-elles employées ?
2. Quelles images poétiques sont associées à la lecture ? À quoi s'opposent-elles ?
3. Quelle est la stratégie argumentative employée par Pennac ? Quel est apparemment son but ?

On ne guérit pas de cette métamorphose. On ne revient pas indemne d'un tel voyage. À toute lecture préside, si inhibé[1] soit-il, le plaisir de lire ; et, par sa nature même – cette jouissance d'alchimiste[2] – le plaisir de lire ne craint rien de l'image, même télévisuelle, et même sous forme d'avalanches quotidiennes. Si pourtant le plaisir de lire s'est perdu (si, comme on dit, mon fils, ma fille, la jeunesse, n'aiment pas lire), il ne s'est pas perdu bien loin.
À peine égaré.
Facile à retrouver.

Daniel Pennac, *Comme un roman*, I, 16 (extrait, 1992), © Gallimard.

1. Tempéré. 2. Savant opérant en secret des expériences de transformations de la matière.

3 L'art de convaincre

1. À quelle façon d'éduquer Rousseau s'oppose-t-il ? Comment l'opposition est-elle exprimée ?
2. Quelle thèse éducative semble-t-il défendre ?
3. Quelles modalités de phrase emploie-t-il ?
➤ PARTIE II, p. 387 : LES OUTILS GRAMMATICAUX

Que faut-il donc penser de cette éducation barbare qui sacrifie le présent à un avenir incertain, qui charge un enfant de chaînes de toute espèce, et commence par le rendre misérable, pour lui préparer au loin je ne sais quel prétendu bonheur dont il est à croire qu'il ne jouira jamais ? Quand je supposerais cette éducation raisonnable dans son objet, comment voir sans indignation de pauvres infortunés soumis à un joug insupportable et condamnés à des travaux continuels comme des galériens, sans être assuré que tant de soins leur seront jamais utiles !

Jean-Jacques Rousseau, *Émile ou De l'éducation* (extrait, 1762).

4 Le journalisme argumentatif

Quels exemples l'auteur emploie-t-elle ? Pourquoi ?

ÉCRITURE D'INVENTION

« Toutes les vérités sont bonnes à dire aux enfants ». Développez cette thèse suivant deux stratégies argumentatives différentes.
➤ PARTIE III, p. 486 : L'ÉCRITURE D'INVENTION

Et si ça ne se faisait pas de raconter des histoires aux gamins ? S'il y a une idée-force que la psychologie nous a fait entrer dans la tête, c'est bien celle-ci : il faudrait dire aux enfants toute la vérité et rien que la vérité. Dès la sixième semaine de gestation, ne peuvent-ils pas tout entendre ? Les difficultés du couple, les conditions compliquées de leur naissance, la mort d'un petit frère, tout devrait être dit, expliqué en quelques mots. Rien n'est plus perturbant que le mensonge, l'omission, le silence dissimulateur.

Anne Débarède, *Le Monde de l'Éducation* (décembre 1984).

GEORGES BRAQUE (1882-1963), *Le Viaduc à l'Estaque* (1908), huile sur toile, 72,5 x 59 cm (Paris, musée National d'Art Moderne, Centre Pompidou).

PARTIE III

Méthodes

Page		
486	*Chapitre* **1**	L'écriture d'invention
500	*Chapitre* **2**	Le paragraphe argumentatif
514	*Chapitre* **3**	De la lecture analytique au commentaire
528	*Chapitre* **4**	De la lecture d'un corpus à la dissertation
542	*Chapitre* **5**	Participer en classe

Chapitre 1 | L'écriture d'invention

Kurt Schwitters (1887-1948), *Cottage* (1946), collage, 25 x 21 cm (Berlin, Nationalgalerie).

Objectif

Être capable de rédiger une production écrite alliant analyse littéraire et inventivité.

MÉTHODE

L'ÉCRITURE D'INVENTION nécessite une pleine compréhension des attentes du sujet. Chaque énoncé doit donc être minutieusement décomposé et analysé avant d'être rédigé.
Il faut s'interroger sur les points suivants afin de produire un texte conforme aux contraintes du sujet :
- contexte : date, époque, lieu ?
- genre du texte ?
- forme de discours ?
- thème ?
- auteurs ou œuvres à prendre en compte ?

Ces **contraintes** signifient qu'il faut **bien distinguer écriture d'invention et imagination**.

L'écriture d'invention demande également un **travail approfondi de préparation au brouillon** à partir des mots du sujet et du texte (ou du corpus de textes) qui sert de référence. Cette étape est indispensable pour construire un texte organisé et structuré.

FINALITÉS

On distingue trois types d'écriture d'invention qui impliquent des attentes très différentes :
- la **transposition** ;
- la **réécriture par pastiche ou parodie** ;
- l'**argumentation**.

Ces contraintes sont parfois combinées dans un même sujet.

488	FICHE 1 **Transposer**
492	FICHE 2 **Réécrire**
496	FICHE 3 **Inventer et argumenter**

FICHE MÉTHODE

1 Transposer

OBJECTIF : être capable de transformer un texte qu'on a préalablement analysé.

MÉTHODE

ÉTAPE 1 — Identification du type de transposition

■ **Caractéristiques du texte de départ**
Il faut identifier au préalable le genre, la forme de discours et le(s) registre(s) du texte initial.

■ **Exigences du sujet**
Il faut ensuite déterminer la nature de la transposition :
- **le contexte historique.** EX. : un récit de guerre antique → un récit de guerre du XXe siècle ;
- **la forme de discours.** EX. : un texte explicatif → un texte argumentatif ;
- **le registre.** EX. : une scène comique → une scène tragique ;
- **la focalisation.** EX. : une focalisation externe → une focalisation interne ;
- **le genre littéraire.** EX. : un dialogue inséré dans un roman → un dialogue théâtral.

ÉTAPE 2 — Prise en compte des contraintes

■ Il faut ensuite noter au brouillon les **caractéristiques littéraires à respecter**.
La transposition nécessite une maîtrise complète des outils d'analyse littéraire :
- **les formes de discours :** narratif, descriptif… ▶ **PARTIE II, p. 408 :** LES FORMES DE DISCOURS
- **les registres :** comique, tragique, pathétique… ▶ **p. 418 :** LES REGISTRES LITTÉRAIRES
- **les genres littéraires :** récit, théâtre, poésie, littérature d'idées…

■ La transposition est donc une **forme d'écriture exigeante** adoptée par les plus grands auteurs eux-mêmes.
EX. : Baudelaire passant du vers à la prose, ou inversement :

> Un port retentissant où mon âme peut boire
> À grands flots le parfum, le son et la couleur ;
> Où les vaisseaux, glissant dans l'or et dans la moire,
> Ouvrent leurs vastes bras pour embrasser la gloire
> D'un ciel pur où frémit l'éternelle chaleur.
>
> C. BAUDELAIRE, *Les Fleurs du mal*, « La Chevelure » (extrait, 1857).

Dans l'océan de ta chevelure, j'entrevois un port fourmillant de chants mélancoliques, d'hommes vigoureux de toutes nations et de navires de toutes formes découpant leurs architectures fines et compliquées sur un ciel immense où se prélasse l'éternelle chaleur.

C. BAUDELAIRE, *Le Spleen de Paris*, « Un hémisphère dans une chevelure » (extrait, 1869).

→ Le poète a repris les mêmes images *port retentissant* / *port fourmillant*, les mêmes groupes nominaux *l'éternelle chaleur* du ciel, mais les rimes deviennent de la prose.

ÉTAPE 3 — Rédaction de la transposition

Il faut garder sous les yeux le texte initial en ayant à l'esprit la nécessité constante de **transposer ses procédés structuraux, grammaticaux et stylistiques**.

APPLICATION

EXEMPLE DE SUJET — Transposez dans le registre tragique la scène du *Malade imaginaire* confrontant Argan à sa servante Toinette déguisée en médecin ➤ PARTIE I, p. 67.

ÉTAPE 1 — Identification du type de transposition

■ **Caractéristiques du texte de départ**
- Un extrait de comédie classique ➤ p. 82.
- Une scène comique jouant sur :
  – le comique de mots ➤ p. 419 : LE REGISTRE COMIQUE ;
  – deux types comiques : le monomane et la servante rusée ➤ p. 70.

■ **Exigences du sujet**
- Passer du registre comique au registre tragique.
➤ p. 418 : LES REGISTRES LITTÉRAIRES
- Conserver le genre théâtral.
➤ p. 458 : LES NOTIONS PROPRES AU THÉÂTRE

■ **Changement à opérer :**
- **Transformer les procédés comiques en procédés tragiques** ; en particulier, le comique de mots sera remplacé par un équivalent viable dans le domaine tragique. ➤ p. 419 : LE REGISTRE COMIQUE et p. 422 : LE REGISTRE TRAGIQUE
- **Remplacer les personnages comiques par des personnages tragiques**, par exemple un roi condamné à mourir d'une maladie incurable, confronté à sa femme qui tente de le rassurer sur l'avenir de l'État.

ÉTAPE 2 — Prise en compte des contraintes

Le **registre tragique** a des caractéristiques qui l'opposent clairement au registre comique initial :
- la **notion de destin fatal** : un roi malade ;
- l'**angoisse de l'impuissance** : un roi inquiet, voire terrorisé par l'imminence de la mort ;
- le **vocabulaire de la douleur et de la mort** : on peut imaginer des didascalies et des répliques insistant sur l'état critique du roi (déplacements difficiles sur scène, exclamations traduisant la douleur physique, réactions angoissées de l'interlocutrice...) ;
➤ p. 459 : LA PAROLE THÉÂTRALE
- la **supplication** : un roi suppliant son interlocutrice de respecter ses dernières volontés, d'œuvrer pour l'avenir du royaume.

ÉTAPE 3 — Rédaction de la transposition

	TEXTE DE MOLIÈRE	TEXTE TRANSPOSÉ
RÉPLIQUES	**Stichomythies*** : échanges vifs de répliques entre Toinette et Argan	Réactions compatissantes de l'interlocutrice entrelacées avec les plaintes et les requêtes du roi
PROGRESSION	Toinette prenant le dessus sur Argan	L'interlocutrice parvient à rassurer le roi et a le dernier mot
MODALITÉS DE PHRASE ➤ p. 387 : LES OUTILS GRAMMATICAUX	Interrogations incessantes de Toinette jouant au médecin	L'interlocutrice demande des éclaircissements constants au roi sur la façon de tenir le royaume une fois qu'il sera mort
PROCÉDÉS DE REGISTRE	Tout procédé comique comme la répétition de *Le poumon*	Lamentation répétée sur le sort du roi

EXERCICES D'ENTRAÎNEMENT

1 — Repérer les différences entre un texte et sa transposition

1. Quelles sont les caractéristiques formelles des textes A et B ?
2. Donnez des exemples syntaxiques et lexicaux prouvant la transposition.
   ➤ PARTIE II, p. 387 : LES OUTILS GRAMMATICAUX
   ➤ p. 385 : LE VOCABULAIRE
3. Déduisez le sujet sur lequel les élèves ont apparemment travaillé.

TEXTE A

Malgré sa pauvreté, Mme Loisel parvient tout de même à se rendre à une soirée mondaine, pour laquelle elle a emprunté une parure de bijoux à une amie.

Le jour de la fête arriva. Mme Loisel eut un succès. Elle était plus jolie que toutes, élégante, gracieuse, souriante et folle de joie. Tous les hommes la regardaient, demandaient son nom, cherchaient à être présentés. Tous les attachés du cabinet voulaient valser avec elle. Le ministre la remarqua.

Elle dansait avec ivresse, avec emportement, grisée par le plaisir, ne pensant plus à rien, dans le triomphe de sa beauté, dans la gloire de son succès, dans une sorte de nuage de bonheur fait de tous ces hommages, de toutes ces admirations, de tous ces désirs éveillés, de cette victoire si complète et si douce au cœur des femmes.

Elle partit vers quatre heures du matin. Son mari, depuis minuit, dormait dans un petit salon désert avec trois autres messieurs dont les femmes s'amusaient beaucoup.

Il lui jeta sur les épaules les vêtements qu'il avait apportés pour la sortie, modestes vêtements de la vie ordinaire, dont la pauvreté jurait avec l'élégance de la toilette de bal. Elle le sentit et voulut s'enfuir, pour ne pas être remarquée par les autres femmes qui s'enveloppaient de riches fourrures.

Loisel la retenait :

« Attends donc. Tu vas attraper froid dehors. Je vais appeler un fiacre. »

Mais elle ne l'écoutait point et descendait rapidement l'escalier. Lorsqu'il furent dans la rue, ils ne trouvèrent pas de voiture ; et ils se mirent à chercher, criant après les cochers qu'ils voyaient passer de loin.

GUY DE MAUPASSANT, *Contes du jour et de la nuit*, « La Parure » (extrait, 1885).

TEXTE B : TRANSPOSITION

Une nuit inoubliable

M. le Ministre de l'Instruction Publique et Madame recevaient ce 18 janvier dans leur somptueux hôtel de la rue de Grenelle. À vingt heures sonnées, les invités arrivèrent bientôt par vagues ininterrompues et furent conduits dans le vaste salon d'honneur illuminé de tous ses feux. On reconnut sous leurs plus beaux atours le duc et la duchesse de Miromesnil, la comtesse Angélique de Moustiers, Lord et Lady James Beckford et les plus glorieux fleurons de l'aristocratie, venus rehausser le blason de la Culture. M. le Président Cambounet représentait la rondeur républicaine.

Aux sons brillants des premières valses, les couples multicolores voltigèrent bientôt sous la pluie d'or et le cristal des lustres flamboyants, cependant que l'on s'empressait vers les buffets délicats où le champagne coulait à flots.

Mais l'apothéose de cette soirée fut sans nul doute la subite apparition d'une mystérieuse beauté vers qui convergèrent aussitôt toutes les admirations. Resplendissante dans le triomphe de sa beauté, que soulignait à son cou une rivière étincelante ruisselant sur sa gorge d'albâtre, l'ineffable créature, que se disputaient tous les hommages, disparut tout soudain, telle Cendrillon, aux premières lueurs de l'aube.

Gageons que cette fleur rare, évanouie comme par enchantement dans le tumulte de la foule, gravera longtemps dans nos cœurs, par son charme évanescent, cette soirée mémorable.

NAPOLÉON HOMAIS, « La Veillée des chaumières », février 1875 (texte rédigé par deux classes de Seconde du lycée Déodat-de-Séverac de Toulouse, 2005).

2. Éloge ou blâme ?

1. Ce sonnet est-il un éloge ou un blâme ?
2. Transposez l'éloge en blâme, ou inversement. Utilisez le vers ou la prose.
► PARTIE I, p. 322 : PORTRAITS, L'ÉLOGE ET LE BLÂME

1   Ô beaux cheveux d'argent mignonnement retors !
    Ô front crêpe[1] et serein ! et vous, face dorée !
    Ô beaux yeux de cristal ! ô grand bouche honorée,
    Qui d'un large repli retrousses tes deux bords !
5   Ô belles dents d'ébène ! ô précieux trésors,
    Qui faites d'un seul ris[2] toute âme enamourée !
    Ô gorge damasquine[3] en cent plis figurée !
    Et vous, beaux grands tétins, dignes d'un si beau corps !
    Ô beaux ongles dorés ! ô main courte et grassette !
10 Ô cuisse délicate ! et vous, jambe grossette,
    Et ce que je ne puis honnêtement nommer !
    Ô beau corps transparent ! ô beaux membres de glace !
    Ô divines beautés ! pardonnez-moi, de grâce,
    Si, pour être[4] mortel, je ne vous ose aimer.

JOACHIM DU BELLAY, *Les Regrets*, Sonnet XCI (1556),
édition établie par S. de Sacy, © Gallimard, 1967.

1. Plissé. 2. Rire. 3. Damasquiner signifie incruster un objet de fils d'or, d'argent ou de cuivre. 4. Du fait que je suis mortel (avec l'idée d'opposition).

3. Transposer une focalisation

Transposez la scène romanesque entre Mathilde et Julien, en racontant du point de vue de Julien (STENDHAL, *Le Rouge et le Noir* ► p. 220).
► p. 442 : LES NOTIONS PROPRES AU RÉCIT

Vous commencerez après la phrase suivante :
Julien était un dandy maintenant, et comprenait l'art de vivre à Paris. Il fut d'une froideur parfaite envers Mlle de La Mole. Il parut n'avoir gardé aucun souvenir des temps où elle lui demandait si gaiement des détails sur sa manière de tomber de cheval.

4. Transposer un poème en récit

Transposez le poème de Rimbaud « La Maline »
► p. 349 en un récit. Modifiez en ajoutant toutes les précisions qui s'imposent.

5. Transposer une scène de théâtre en récit

Transposez le monologue de théâtre suivant en une page de récit où le personnage sera confronté à de véritables interlocuteurs. Vous emploierez toutes les formes de discours rapportés.
► p. 455 : LES DISCOURS RAPPORTÉS

Cinna aime Émilie, qui lui a demandé d'assassiner l'empereur.

CINNA
1   Ô coup, ô trahison trop indigne d'un homme !
    Dure, dure à jamais l'esclavage de Rome,
    Périsse mon amour, périsse mon espoir
    Plutôt que de ma main parte un crime si noir.
5   Quoi ! ne m'offre-t-il pas tout ce que je souhaite,
    Et qu'au prix de son sang ma passion achète ?
    Pour jouir de ses dons faut-il l'assassiner ?
    Et faut-il lui ravir ce qu'il me veut donner ?
    Mais je dépends de vous, ô serment téméraire,
10 Ô haine d'Émilie, ô souvenir d'un père,
    Ma foi, mon cœur, mon bras, tout vous est engagé,
    […]
    Et je ne puis plus rien que par votre congé[1] :
    C'est à vous à régler ce qu'il faut que je fasse ;
    C'est à vous, Émilie, à lui donner sa grâce.

PIERRE CORNEILLE,
Cinna, Acte III, scène 3
(extrait, 1640).

1. Permission, accord.

FICHE MÉTHODE

2 Réécrire

OBJECTIF : être capable d'imiter ou de parodier l'écriture d'un texte.

DÉFINITIONS ET MÉTHODE

L'écriture d'invention peut consister à réécrire un texte ; il faut alors en **reproduire les procédés d'écriture et les caractéristiques** afin de montrer qu'ils ont été repérés et compris.

Le traitement de ce genre d'écriture d'invention reprend étape par étape les principes de la fiche 1 ▶ **p. 488** (analyse des contraintes du sujet + transformation + rédaction définitive) mais il faut avant tout distinguer **deux types de réécriture** (qui correspondent à deux visées distinctes) : le pastiche et la parodie.

■ Le pastiche

Il consiste à **reprendre le style d'un texte** pour l'imiter, **sans intention critique**. Il s'agit donc de se livrer à un **exercice de style** qui vise essentiellement à amplifier un procédé d'écriture caractéristique du texte initial.
Le pastiche reprend :
- la structure du texte ;
- la syntaxe ;
- le type de personnages ;
- l'utilisation de figures de style (métaphores, hyperboles) ;
- un registre...

De nombreux auteurs ont pastiché les écrivains qu'ils appréciaient, tel Proust qui a imité les écrits de Flaubert.

■ La parodie

Elle consiste à reprendre les codes d'un texte sérieux **pour s'en moquer**, le **parodier** : la visée est souvent humoristique.
▶ **PARTIE II, p. 419 :** LE REGISTRE COMIQUE

Plusieurs **procédés d'écriture ou de composition** sont parodiés :
- le **niveau de langage**. EX. : faire parler des aristocrates de tragédie comme des paysans de comédie ;
- le **registre**. EX. : parodier une scène fantastique en la rendant humoristique ;
- la **structure d'un texte**. EX. : adopter la structure rhétorique d'un discours grave pour aborder un sujet banal ;
- le **cadre spatio-temporel**. EX. : transplanter un univers d'épopée dans un univers quotidien.

Certaines œuvres littéraires reposent essentiellement sur la parodie comme la fable des « Deux Coqs » de La Fontaine qui parodie un combat de l'*Iliade* en faisant d'un poulailler un univers épique.

APPLICATION

L'analyse de la façon dont Raymond Queneau, dans *Exercices de style* (1947), a réécrit son petit récit peut servir de base à la méthodologie de ce type d'écriture d'invention.

Récit

Un jour vers midi du côté du parc Monceau, sur la plate-forme arrière d'un autobus à peu près complet de la ligne S (aujourd'hui 84), j'aperçus un personnage au cou fort long qui portait un
5 feutre mou entouré d'un galon tressé au lieu de ruban. Cet individu interpella tout à coup son voisin en prétendant que celui-ci faisait exprès de lui marcher sur les pieds chaque fois qu'il montait ou descendait des voyageurs. Il abandonna
10 d'ailleurs rapidement la discussion pour se jeter sur une place devenue libre.

Deux heures plus tard, je le revis devant la gare Saint-Lazare en grande conversation avec un ami qui lui conseillait de diminuer l'échancrure de
15 son pardessus en en faisant remonter le bouton supérieur par quelque tailleur compétent.

Vulgaire

L'était un peu plus dmidi quand j'ai pu monter dans l'esse. Jmonte donc, jpaye ma place comme de bien entendu et voilàtipas qu'alors jremarque un zozo l'air pied, avec un cou qu'on aurait dit un
5 télescope et une sorte de ficelle autour du galurin. Je lregarde passeque jlui trouve l'air pied quand le voilàtipas qu'ismet à interpeller son voisin. Dites donc, qu'il lui fait, vous pourriez pas faire attention, qu'il ajoute, on dirait, qu'i pleurniche,
10 quvous lfaites esspraiss, qu'i bafouille, deummarcher tout ltemps sullé panards, qu'i dit. Là-dssus, tout fier de lui, i va s'asseoir. Comme un pied.

Jrepasse plus tard Cour de Rome et j'aperçois qui discute le bout de gras avec autre zozo de son espèce. Dis donc, qu'i lui faisait l'autre, tu
15 dvrais, qu'i lui disait, mettre un ottbouton, qu'il ajoutait, à ton pardingue, qu'i concluait.

RAYMOND QUENEAU, *Exercices de style*
(extraits, 1947), © Gallimard.

Questions

1. Comparez la structure et le nombre de lignes de ces deux textes : que constatez-vous ?
2. Relevez les éléments spatio-temporels de « Récit » et donnez leurs équivalents dans le texte « Vulgaire ». Sur quelle différence, sur quel écart l'auteur a-t-il voulu jouer ?
3. *Galurin, panard...* : cherchez dans un dictionnaire l'origine de ces termes extraits de « Vulgaire ». À quel niveau de langue précis appartiennent-ils ? Quel lien faites-vous entre ce langage et le cadre spatio-temporel de l'histoire ?
4. Quelle est la forme de discours rapporté utilisée dans le deuxième paragraphe de « Récit » ? Quelle forme de discours lui correspond dans la même partie de « Vulgaire » ? Comment expliquez-vous ce changement ?
   ▶ **PARTIE II, p. 455 :** LES DISCOURS RAPPORTÉS
5. La reprise de « Récit » en « Vulgaire » relève-t-elle du pastiche ou de la parodie ? Justifiez.
6. Entraînez-vous en réécrivant le début du récit :
   – dans le registre pathétique ;
   – de façon héroï-comique (les simples personnages devenant de grands bourgeois ou des nobles).

EXERCICES D'ENTRAÎNEMENT

1 Le pastiche littéraire

1. Dans chaque texte, relevez le champ lexical associé à l'image concrète du pain, puis du feu.
2. Quelles images poétiques sont utilisées ? dans quel but ?
3. Rédigez un pastiche de Francis Ponge en créant vos propres images poétiques. Vous choisirez soit un objet quotidien (un journal, une clé...) en vous inspirant du « pain », soit un élément de la nature (la terre, l'eau...) en vous inspirant du « feu ».

Dans son recueil Le Parti pris des choses, *Francis Ponge s'est illustré dans la poésie concrète de l'objet ; sous sa plume, une simple cigarette devient un objet poétique.*

Le pain

La surface du pain est merveilleuse d'abord à cause de cette impression quasi panoramique qu'elle donne : comme si l'on avait à sa disposition sous la main les Alpes, le Taurus[1] ou
5 la Cordillère des Andes.
Ainsi donc une masse amorphe[2] en train d'éructer[3] fut glissée pour nous dans le four stellaire[4], où durcissant elle s'est façonnée en vallées, crêtes, ondulations, crevasses... Et
10 tous ces plans dès lors si nettement articulés, ces dalles minces où la lumière avec application couche ses feux, – sans un regard pour la mollesse ignoble sous-jacente.
Ce lâche et froid sous-sol que l'on nomme
15 la mie a son tissu pareil à celui des éponges : feuilles ou fleurs y sont comme des sœurs siamoises soudées par tous les coudes à la fois. Lorsque le pain rassit ces fleurs fanent et se rétrécissent : elles se détachent alors les unes
20 des autres, et la masse en devient friable...
Mais brisons-la : car le pain doit être dans notre bouche moins objet de respect que de consommation.

1. Massif montagneux de Turquie.
2. Mou, inactif.
3. Rejeter des gaz par la bouche.
4. Le four des étoiles.

Le feu

Le feu fait un classement : d'abord toutes les flammes se dirigent en quelque sens...
(L'on ne peut comparer la marche du feu qu'à celle des animaux : il faut qu'il quitte un en-
5 droit pour en occuper un autre : il marche à la fois comme une amibe[1] et comme une girafe, bondit du col, rampe du pied)...
Puis, tandis que les masses contaminées avec méthode s'écroulent, les gaz qui s'échappent
10 sont transformés à mesure en une seule rampe de papillons.

Francis Ponge, *Le Parti pris des choses* (1942), © Gallimard.

1. Être microscopique.

2 La parodie littéraire

1. Avec l'image du *char*, à quel mythe cet *incipit* fait-il référence ?
2. Au XVIIᵉ siècle, les romans héroïques commençaient souvent par la description du lever du soleil. Est-ce le cas ici ? En quoi est-ce parodique ?
3. Quelle expression permet à Scarron de révéler sa volonté de parodie ? Commentez-la.
4. Sur ce modèle, parodiez l'*incipit* (paragraphes 1 et 2) de « Une histoire de fantôme », nouvelle fantastique d'Hoffmann ▶ PARTIE I, p. 158, en transposant le milieu social représenté par l'auteur, de façon à donner un autre registre au texte.

Des comédiens arrivent dans la ville du Mans.

Le soleil avait achevé plus de la moitié de sa course et son char, ayant attrapé le penchant du monde, roulait plus vite qu'il ne voulait. Si ses chevaux eussent voulu profiter de la pente
5 du chemin, ils eussent achevé ce qui restait du jour en moins d'un demi-quart d'heure ; mais, au lieu de tirer de toute leur force, ils ne s'amusaient qu'à faire des courbettes, respirant un air marin qui les faisait hennir et
10 les avertissait que la mer était proche, où l'on dit que leur maître se couche toutes les nuits. Pour parler plus humainement et plus intelligiblement, il était entre cinq et six quand une charrette entra dans les halles du Mans.

Paul Scarron, *Le Roman comique* (*incipit*, 1655).

3 L'écriture parodique

Parodiez le deuxième paragraphe de l'extrait de *Manon Lescaut* de l'abbé Prévost ▶ p. 130 en faisant du narrateur-personnage des Grieux un homme insensible qui se moque des tracas que lui cause Manon. Au lieu d'inspirer l'émotion, votre récit sera comique.

4 Pastiche ou parodie ?

1. Quelle est la forme de discours utilisée dans ces deux textes ? Justifiez.
   ▶ PARTIE II, p. 408 : LES FORMES DE DISCOURS
2. Citez et expliquez trois éléments qui prouvent que Zola a réécrit le texte biblique. Est-ce un pastiche ou une parodie ? Justifiez.

TEXTE A

1 Le Seigneur Dieu planta un jardin en Éden, à l'orient, et il y plaça l'homme qu'il avait formé. Le Seigneur Dieu fit germer du sol tout arbre d'aspect attrayant et bon à manger,
5 l'arbre de vie au milieu du jardin et l'arbre de la connaissance de ce qui est bon ou mauvais. Un fleuve sortait d'Éden pour irriguer le jardin ; de là il se partageait pour former quatre bras.

Traduction Œcuménique de la Bible, *Genèse*, chapitre 2, versets 8-10,
© Société biblique française – Éditions du Cerf, 1988.

TEXTE B

1 [...] la rivière coulait au milieu d'une vaste prairie, où elle se séparait en quatre ruisseaux, dont on suivait les caprices sous les roseaux, entre les saules, derrière les grands arbres ;
5 à perte de vue, des pièces d'herbage élargissaient la fraîcheur des terrains bas, un paysage lavé d'une buée bleuâtre, une éclaircie de jour se fondant peu à peu dans le bleu verdi du couchant. Le Paradou [...].

ÉMILE ZOLA, *La Faute de l'abbé Mouret*,
Partie II, chapitre IV (extrait, 1875).

5 La parodie iconographique

1. Montrez, à partir d'un relevé précis des composantes du tableau original, en quoi il y a parodie.
2. Cherchez la définition des termes *readymade* et *retouché* présents dans le titre du document B. En quoi confirment-ils la logique de parodie ?
3. En vous référant à la synthèse de la séquence 20 ▶ PARTIE I, p. 293, faites le lien entre le mouvement Dada et la parodie opérée par Duchamp.

Document A : LÉONARD DE VINCI (1452-1519), *La Joconde* (XVᵉ siècle), huile sur bois, 77 x 53 cm (Paris, musée du Louvre).

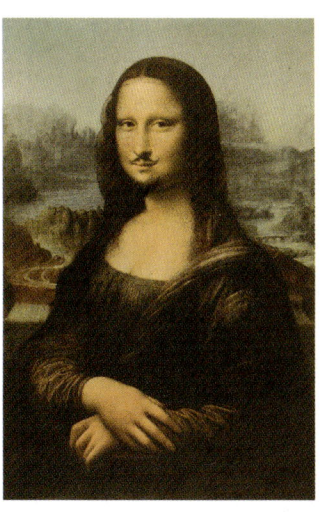

Document B : MARCEL DUCHAMP (1887-1968), *L.H.O.O.Q. La Joconde ready-made retouché : reproduction de la Joconde de Léonard, portant une moustache* (1919), (Paris, musée National d'Art Moderne, Centre Pompidou).

FICHE MÉTHODE

3 Inventer et argumenter

OBJECTIF : être capable de développer une argumentation dans le cadre d'une production écrite originale.

DÉFINITIONS

La **majeure partie des écritures d'invention** au baccalauréat sont liées à l'argumentation. En voici quelques exemples :

■ Sujet 1
Une troupe de comédiens amateurs répète une scène de la pièce qu'ils travaillent. L'un des leurs occupe le rôle du metteur en scène. Il entre en conflit avec les autres comédiens. Sous la forme d'un dialogue théâtral, imaginez cette répétition. *(Amérique du Sud, novembre 2003)*

■ Sujet 2
« La poésie, ça rime à quoi ? » est le titre de l'article que vous rédigerez pour le journal de votre lycée dans le but de défendre votre goût pour la lecture et/ou l'écriture de poèmes. Vous veillerez à la qualité de l'expression. *(Polynésie, septembre 2004)*

■ Sujet 3
En vous inspirant librement du texte de Ronsard, « Remontrance au peuple français » (1562), et sans vous astreindre aux exigences du vers, vous rédigerez en une quinzaine de lignes au maximum l'appel à la paix que vous adresseriez aujourd'hui à deux camps en guerre. *(Antilles-Guyane, juin 2005)*

Ces sujets ont une **visée argumentative** sur laquelle le texte produit doit insister.
▶ **PARTIE II, p. 413 :** LE DISCOURS ARGUMENTATIF
La plupart du temps, il s'agit de :
- **proposer un débat**, opposer deux thèses lors d'un dialogue *(sujet 1)* ;
- **rédiger un article** défendant une thèse ou répondant à une thèse déjà formulée *(sujet 2)* ;
- **rédiger un texte critique ou injonctif** développant publiquement un idéal (appel, déclaration, discours…) *(sujet 3)*.

MÉTHODE

◾ 1 Repérages
Repérer les **mots clés** qui identifieront la **démarche à adopter** (défense d'une thèse, débat de deux thèses…) et le **genre littéraire à mettre en œuvre** (essai, article de presse, discours, dialogue théâtral…).

◾ 2 Utilisation des caractéristiques imposées
Utiliser les caractéristiques propres à la **littérature d'idées** et au **discours argumentatif**, ce qui n'exclut pas de bien connaître les caractéristiques des autres genres ou formes de discours, puisqu'au lieu d'un article, on peut demander de rédiger un dialogue théâtral entre deux personnages qui argumentent *(sujet 1)*.
▶ **p. 476 :** LES NOTIONS PROPRES À LA LITTÉRATURE D'IDÉES

◾ 3 Travail au brouillon
Préparer au brouillon les **arguments**, les idées à exprimer avant de les rédiger sur la copie.

APPLICATION

EXEMPLE DE SUJET

Rédigez en prose la tirade d'Henriette, la sœur d'Armande. Elle répondra point par point aux arguments de sa sœur dans un plaidoyer* en faveur du mariage.

ARMANDE

1   Mon Dieu, que votre esprit est d'un étage bas !
     Que vous jouez au monde un petit personnage,
     De vous claquemurer[1] aux choses du ménage,
     Et de n'entrevoir point de plaisirs plus touchants
5   Qu'un idole[2] d'époux et des marmots d'enfants !
     Laissez aux gens grossiers, aux personnes vulgaires,
     Les bas amusements de ces sortes d'affaires ;
     À de plus hauts objets élevez vos désirs,
     Songez à prendre un goût des plus nobles plaisirs,
10   Et traitant de mépris les sens et la matière,
     À l'esprit comme nous donnez-vous toute entière.
     Vous avez notre mère en exemple à vos yeux,
     Que du nom de savante on honore en tous lieux :
     Tâchez ainsi que moi de vous montrer sa fille,
15   Aspirez aux clartés qui sont dans la famille,
     Et vous rendez sensible aux charmantes douceurs
     Que l'amour de l'étude épanche[3] dans les cœurs ;
     Loin d'être aux lois d'un homme en esclave asservie,
     Mariez-vous, ma sœur, à la philosophie,
20   Qui nous monte au-dessus de tout le genre humain,
     Et donne à la raison l'empire souverain,
     Soumettant à ses lois la partie animale,
     Dont l'appétit grossier aux bêtes nous ravale[4].
     Ce sont là les beaux feux, les doux attachements,
25   Qui doivent de la vie occuper les moments ;
     Et les soins où je vois tant de femmes sensibles
     Me paraissent aux yeux des pauvretés horribles.

MOLIÈRE, *Les Femmes savantes*,
Acte I, scène 1 (vers 26-52, 1672).

1. Limiter.
2. Terme aujourd'hui féminin : image, représentation.
3. Verse.
4. Rabaisse.

Questions

REPÉRER LES ENJEUX DU SUJET

1. **La consigne est explicite.**
   a. Quelle forme de discours attend-on ?
   ▶ p. 408 : LES FORMES DE DISCOURS
   b. Quel type de raisonnement peut être choisi ?
   c. Quelle structure est imposée ?

2. **Le genre est sous-entendu** : c'est une suite.
   a. Quel genre littéraire est requis ?
   b. Quelle présentation typographique est exigée ?
   c. Quelle forme d'écriture sera la plus adaptée ?

3. « Elle répondra aux arguments » signifie qu'il faut d'abord **repérer les arguments et les exemples** choisis par le premier personnage pour en trouver d'autres.
   a. Combien d'arguments repérez-vous dans le texte de Molière ?
   b. Combien d'exemples sont utilisés ?
   c. Quelle sera l'incidence sur la façon de structurer votre production ?

4. Dans les séquences 21 et 22 ▶ **PARTIE I, p. 297 et 309**, quels textes sont susceptibles de nourrir l'argumentation de cette production ?

Remarque : on doit prendre en compte la date du texte, car il ne faut pas faire d'anachronisme : le sujet est le mariage, mais au temps de Molière.

EXERCICES D'ENTRAÎNEMENT

1 L'écriture d'invention à partir d'un corpus

1. Dans le corpus ci-dessous, relevez tous les arguments relatifs au mariage.
➤ PARTIE II, p. 479 : CIRCUIT ARGUMENTATIF ET PROGRESSION DU RAISONNEMENT
2. Quel(s) texte(s) corresponde(nt) le plus à une vision idéale du mariage ? Justifiez.

ÉCRITURE D'INVENTION
3. Faites l'analyse des contraintes du sujet d'invention ci-dessous.
4. Rédigez la lettre ouverte d'une féministe actuelle ➤ PARTIE I, p. 319 qui s'exprime au sujet du mariage, à l'occasion de la journée de la femme.

Texte A

Lorsqu'il s'aperçut donc que Charles avait les pommettes rouges près de sa fille, ce qui signifiait qu'un de ces jours on la lui demanderait en mariage, il rumina d'avance toute l'affaire. Il le trouvait bien un peu *gringalet*, et ce n'était pas là un gendre comme il l'eût souhaité ; mais on le disait de bonne conduite, économe, fort instruit, et sans doute qu'il ne chicanerait pas trop sur la dot. Or, comme le père Rouault allait être forcé de vendre vingt-deux acres de *son bien*, qu'il devait beaucoup au maçon, beaucoup au bourrelier[1], que l'arbre du pressoir était à remettre :
– S'il me la demande, se dit-il, je la lui donne.

GUSTAVE FLAUBERT, *Madame Bovary*, Première partie, chapitre III (extrait, 1857).

1. Sellier, artisan fabricant des selles, des harnais.

Texte B

« Oui, je vous veux, répétait-il, en tapant son poing sur son genou d'un martèlement continu. Vous entendez bien, je vous veux… Il n'y a rien à dire à ça, je pense ? » Gervaise, peu à peu, s'attendrissait. Une lâcheté du cœur et des sens la prenait, au milieu de ce désir brutal dont elle se sentait enveloppée. Elle ne hasardait plus que des objections timides, les mains tombées sur ses jupes, la face noyée de douceur. Du dehors, par la fenêtre entrouverte, la belle nuit de juin envoyait des souffles chauds, qui effaraient la chandelle, dont la haute mèche rougeâtre charbonnait ; dans le grand silence du quartier endormi, on entendait seulement les sanglots d'enfant d'un ivrogne, couché sur le dos, au milieu du boulevard ; tandis que, très loin, au fond de quelque restaurant, un violon jouait un quadrille[1] canaille à quelque noce attardée, une petite musique cristalline[2], nette et déliée comme une phrase d'harmonica. Coupeau, voyant la jeune femme à bout d'arguments, silencieuse et vaguement souriante, avait saisi ses mains, l'attirait vers lui. Elle était dans une de ces heures d'abandon dont elle se méfiait tant, gagnée, trop émue pour rien refuser et faire de la peine à quelqu'un. Mais le zingueur ne comprit pas qu'elle se donnait ; il se contenta de lui serrer les poignets à les broyer, pour prendre possession d'elle ; et ils eurent tous les deux un soupir, à cette légère douleur, dans laquelle se satisfaisait un peu de leur tendresse. « Vous dites oui, n'est-ce pas ? demanda-t-il ? – Comme vous me tourmentez ! murmura-t-elle. Vous le voulez ? eh bien, oui… Mon Dieu, nous faisons là une grande folie, peut-être. » Il s'était levé, l'avait empoignée par la taille, lui appliquait un rude baiser sur la figure, au hasard. Puis, comme cette caresse faisait un gros bruit, il s'inquiéta le premier, regardant Claude et Étienne, marchant à pas de loup, baissant la voix. « Chut ! soyons sages, dit-il, il ne faut pas réveiller les gosses… À demain. »

Et il remonta à sa chambre. Gervaise, toute tremblante, resta près d'une heure assise au bord de son lit, sans songer à se déshabiller. Elle était touchée, elle trouvait Coupeau très honnête ; car elle avait bien cru un moment que c'était fini, qu'il allait coucher là.

ÉMILE ZOLA, *L'Assommoir*, Chapitre VIII (extrait, 1877).

1. Danse en vogue au XIXᵉ siècle. 2. Claire.

Texte C

Et ç'aurait pu être ça, le mariage de Pomme : Ç'aurait été dans son village, dans le Nord, qu'elle n'aurait jamais dû quitter. Il y aurait eu d'abord la mairie ; les témoins tout frais tondus, rouges et fébriles ; le fiancé légèrement empesé[1]. Ensuite l'église, car elle aurait été en blanc, Pomme. Elle aurait eu des gants blancs, très fins, très longs. Elle aurait eu du mal à les enlever à l'église. Elle ne les aurait pas remis, ses gants, pour ne pas cacher l'alliance. Plus tard, elle les aurait gardés avec le bouquet de fleurs qu'elle avait à la main, dans un carton à chaussures.

On serait allés déjeuner. Un déjeuner jusqu'à la nuit, à la terrasse du bistrot, devant le monument aux morts. Coquilles Saint-Jacques pour commencer.

Il boirait énormément, le père du marié. Sa femme l'encourage. « Tu fais semblant », elle lui dit. Elle remplit encore son verre. Qu'il soit saoul comme les autres ! Mais celui-là, il a l'habitude. Il tient le coup.

Maintenant, c'est fait. Les voilà, les maris, absents très loin dans leur monde où tout est mou, glissant. Les femmes sont enfin veuves, pour un moment. Elles sont entre elles. Sec plaisir. Les enfants aussi sont entre eux, à l'assaut du monument aux morts.

Le jeune marié n'est pas ivre. Il n'aime pas le vin. Il s'ennuie. C'est long la fête. Il n'a rien à dire à personne.

Pascal Lainé, *La Dentellière*, partie III (extrait, 1974), © Gallimard.

[1]. Portant une chemise amidonnée.

Texte D (et photographie)

Le faux mariage

Notre hymen improvisé, au bord de la route qui traverse Las Vegas, ne m'avait pas permis de réaliser le rêve inavoué que je partage avec tant de femmes : porter un jour une robe de mariée. En conséquence, je décidai de convier famille et amis, le samedi 20 juin 1992, pour une photographie de mariage sur les marches d'une église de quartier à Malakoff. Le cliché fut suivi d'une fausse cérémonie civile prononcée par un vrai maire et d'un banquet. Le riz, les dragées, le voile blanc… rien ne manquait. Je couronnais, d'un faux mariage, l'histoire la plus vraie de ma vie.

Sophie Calle, *Histoires vraies* (extrait, 1988-2003), © Actes Sud.

Sophie Calle (née en 1953), *M'as-tu-vue*, © Éd. du Centre Pompidou Éd. Xavier Barral, 2003.

Chapitre 2 — Le paragraphe argumentatif

Pietro Longhi (1702-1788), *Visite dans une bibliothèque* (XVIIIᵉ siècle), huile sur toile (Massachusetts, Worcester Art Museum).

Objectif

Être capable de rédiger un paragraphe argumentatif, c'est-à-dire de convaincre en développant une idée justifiée par des preuves.

AU LYCÉE, tous les **travaux d'écriture** font intervenir l'argumentation et, par conséquent, la rédaction de paragraphes argumentatifs.

MÉTHODE

Le paragraphe argumentatif est constitué successivement :
- d'un **argument** (l'idée essentielle) ;
- d'un **exemple** (qui sert de preuve) ;
- d'une **explication** (qui analyse l'exemple).

Pour chaque étape, il faut se montrer **précis, logique et rigoureux** :
- proposer une **idée claire**, formulée en une seule phrase ;
- **développer un ou plusieurs exemples** tirés de textes du manuel, d'autres lectures… ou de son expérience personnelle ;
- **expliquer ces exemples** en fonction de l'idée formulée.

FINALITÉS

Selon le travail d'écriture requis, le paragraphe argumentatif peut constituer :
- soit **un écrit autonome** : une réponse à une question unique.

EX. : réponse à une question d'analyse sur un texte ➤ p. 502 ;
réponse à une question sur un corpus ➤ p. 502 ;

- soit une **étape de devoir structuré**.

EX. : développement d'une idée dans la **dissertation** ➤ p. 538 ;
analyse d'un texte dans le **commentaire littéraire** ➤ p. 516 ;
écriture d'invention à visée argumentative (dialogue, article…) ➤ p. 496.

502	FICHE 1	**Répondre à une question d'analyse sur un texte ou un corpus**
506	FICHE 2	**Utiliser des exemples**
510	FICHE 3	**Élaborer un paragraphe argumentatif**

FICHE MÉTHODE

1. Répondre à une question d'analyse sur un texte ou un corpus

OBJECTIF : exposer une idée, citer et expliquer.

MÉTHODE

Le paragraphe argumentatif, lorsqu'il s'agit de répondre à une question sur un texte ou un corpus de textes, doit être entièrement rédigé et présenter, de manière synthétique, les analyses détaillées répondant à la question posée.

ÉTAPE 1 — L'analyse

1. Analyse des mots clés de la question
→ Éviter le hors sujet.

2. Repérages dans le texte
→ Ils sont introduits par la question. Ils peuvent porter sur le genre, les formes de discours, les registres... des textes étudiés.

3. Classement des relevés
→ Les mettre en relation et en tirer les premières réflexions.

ÉTAPE 2 — L'organisation de la réponse au brouillon

4. Sélection des arguments
- À partir de l'analyse du texte, formuler des arguments qui permettront de répondre à la question posée.
- Classer ces arguments de manière progressive (en partant des remarques les plus évidentes pour arriver aux idées les plus subtiles).

> **Remarque :** • Dans le cas d'un corpus, repérer les liens entre les textes.
> • Dans le cas d'un texte unique, ne pas se contenter de suivre l'ordre du texte.

5. Sélection et exploitation des citations
→ Celles-ci doivent être citées entre guillemets et exploitées, c'est-à-dire analysées et commentées.

ÉTAPE 3 — La rédaction

6. Rédaction définitive
- Veiller à insérer correctement les citations.
▶ PARTIE III, p. 506 : UTILISER DES EXEMPLES
- Prévoir des connecteurs logiques entre les différents arguments ou éléments d'analyse ▶ PARTIE II, p. 413 : LE DISCOURS ARGUMENTATIF.
→ Le style télégraphique est à proscrire !

7. Relecture
- Vérification de l'orthographe, de la syntaxe et de la ponctuation.
→ S'assurer de la correction, de la cohérence et de la clarté de la langue, dans le paragraphe.

APPLICATION

EXEMPLE DE QUESTION D'ANALYSE

Quelles fonctions de la description naturaliste pouvez-vous dégager à la lecture de l'extrait de *L'Œuvre* de Zola ?

➤ PARTIE I, p. 249 : de « *Regarde ! Regarde !* » (l. 15) jusqu'à *... dorée par le couchant* (l. 40).

ÉTAPE 1 — L'analyse

1 Analyse des mots clés de la question

- **fonctions :** quel synonyme de ce terme peut-on trouver ?
→ Reformuler la question.
EX. : *Quel(s) rôle(s) la description joue-t-elle dans ce chapitre du roman ?*

- **description**
➤ p. 411 : LE DISCOURS DESCRIPTIF

- **naturaliste** ➤ p. 231

2 Repérages dans le texte

- Quel est le point de vue (la focalisation) ?
➤ p. 443 : LE NARRATEUR ET LA FOCALISATION

- Quels sont les repères spatiaux ?
➤ p. 446 : LE CADRE SPATIO-TEMPOREL ET LE SCHÉMA ACTANTIEL

- Qu'est-ce qui est décrit ? Quels détails sont retenus ? Comment la description est-elle organisée ?
➤ p. 411 : LE DISCOURS DESCRIPTIF

- Quel vocabulaire est utilisé pour la description ?
➤ p. 385 : LE VOCABULAIRE

- Quelles figures de style sont repérables ?
➤ p. 392 : LES FIGURES DE RHÉTORIQUE

- Quel temps domine dans le texte ?
➤ p. 387 : LES OUTILS GRAMMATICAUX

3 Classement des relevés

- Quels critères retenir pour organiser les relevés ?
- Comment relier ces relevés aux mots clés de la question ?

ÉTAPE 2 — L'organisation de la réponse au brouillon

4 Sélection des arguments

- Quelle(s) fonction(s) de la description est-il possible de dégager ?
- Quelle progression adopter ?
→ Quels sont les arguments les plus simples ?
→ Vers quelles interprétations plus subtiles peuvent-ils conduire ?

5 Sélection et exploitation des citations

- Quelles expressions retenir pour justifier les arguments retenus ?
- En quoi les citations choisies illustrent-elles l'analyse présentée ? Quel effet produisent-elles sur le lecteur ?...

ÉTAPE 3 — La rédaction

6 Exemple de paragraphe argumentatif : la fonction esthétique de la description

Dans cette page de *L'Œuvre*, Zola met en scène un artiste, contemplant la Seine de son regard de peintre, comme l'indique, au tout début de l'extrait, le double impératif au discours direct : « Regarde ! Regarde ! » Cette vision fait ressortir les qualités esthétiques du paysage, comme en témoigne le champ lexical de la peinture, ainsi que la structure de la description : « au premier plan », « second plan », « tout le fond », « perspectives », « immense tableau ». En outre, cette description, riche en détails réalistes, laisse toutefois une place importante à l'évocation du ciel et du soleil couchant qui embellit le paysage tout en suggérant les états d'âme du personnage. L'île de la Cité, par exemple, est désignée comme « la proue de l'antique vaisseau, éternellement dorée par le couchant » ; cette métaphore, qui associe le regard du peintre et l'écriture poétique de Zola, révèle aussi les aspirations profondes du personnage, son idéal d'artiste.

EXERCICES D'ENTRAÎNEMENT

1 Analyse d'un paragraphe rédigé

1. Quels éléments d'analyse pouvez-vous identifier dans l'exemple rédigé ➤ p. 503 ?
2. Quels connecteurs logiques repérez-vous ?
3. Comment les citations sont-elles intégrées à la réponse ?

2 Rédaction d'un paragraphe argumentatif

Rédigez à votre tour un paragraphe argumentatif sur l'une des deux autres fonctions de la description naturaliste illustrées par l'extrait de *L'Œuvre* de Zola ➤ **PARTIE I, p. 249**. Au choix :
- la fonction informative ;
- la fonction symbolique.

Pour vous aider, voici quelques pistes possibles, à organiser et à développer dans le paragraphe :
- **La fonction informative :** la précision des indications et des détails géographiques, la description du fleuve, les différentes populations et les activités qui s'y rattachent, la dimension réaliste du roman naturaliste… ;
- **La fonction symbolique :** effets de réel et métaphorisation, jeu sur les contrastes, l'écriture artiste chez les romanciers naturalistes…

➤ **p. 503** : EXEMPLE DE PARAGRAPHE ARGUMENTATIF

3 Amélioration d'un paragraphe argumentatif

1. Lisez le paragraphe argumentatif suivant, qui répond à la question posée mais comporte de nombreux défauts.
2. Repérez tous les défauts et expliquez la nature des erreurs (difficultés de méthode, formulations maladroites, analyses insuffisantes…).
3. Améliorez la réponse en la rédigeant correctement et en comblant ses lacunes.

QUESTION D'ANALYSE

En quoi Phèdre apparaît-elle ici comme une héroïne tragique ?
➤ **p. 37** : J. RACINE, *Phèdre*

Phèdre est une héroïne tragique. On le voit parce qu'elle parle du sort qui l'accable : « sort qui m'accable » (l.1). On le voit aussi par les réactions de la nourrice qui s'exprime dans un registre pathétique. Dans les répliques de Phèdre, la ponctuation donne aussi une dimension tragique à son discours : « Ô fatale colère ! » Le champ lexical de la fatalité est très présent comme dans toutes les tragédies. Phèdre accuse les dieux et explique que toute sa famille est victime de la même malédiction.

4 Formulation de deux paragraphes reliés

1. Recherchez dans ce manuel les textes et documents qui vous permettront de traiter la question suivante.
2. Récapitulez les principales raisons pour lesquelles ce thème est souvent repris dans les comédies : formulez deux arguments et reliez-les à l'aide d'un connecteur logique.
3. Recherchez un exemple approprié pour chaque argument, dans votre manuel ou dans votre culture personnelle. Citez les références exactes.

QUESTION D'ANALYSE

Pourquoi la comédie a-t-elle souvent mis en scène les relations entre maître et serviteur ?
➤ **p. 60** : LA COMÉDIE DES ORIGINES À NOS JOURS

5 Le paragraphe d'analyse de corpus

1. Parcourez, au choix :
   – la séquence 21 ➤ **p. 297** : L'ÉDUCATION DES FEMMES, UN DÉBAT MODERNE, et choisissez le texte argumentatif qui vous a le plus intéressé(e) ;
   – la séquence 25 ➤ **p. 344** : PORTRAITS SYMBOLISTES, et choisissez le poème qui vous a le plus séduit(e).
2. Justifiez votre choix dans un paragraphe argumentatif où vous analyserez le texte retenu en le comparant avec les autres textes du corpus.
3. Rédigez un autre paragraphe argumentatif où vous demanderez en quoi le texte choisi correspond bien à l'objectif de la séquence.

6 Le paragraphe argumentatif de commentaire

Rédigez un paragraphe argumentatif qui s'appuiera sur une définition précise du registre retenu et sur des citations du texte dûment commentées.
➤ **PARTIE II, p. 418** : LES REGISTRES LITTÉRAIRES

QUESTION D'ANALYSE

Quel est le registre dominant de ce passage ?
➤ p.178 : J.-J. ROUSSEAU, *Les Rêveries du promeneur solitaire*

7 Le paragraphe argumentatif de dissertation

1. Dans quels types d'ouvrages peut-on trouver une définition précise de la notion de héros ? Prenez en notes celle qui vous paraît la plus complète.
2. Rédigez un paragraphe argumentatif composé de la manière suivante :
   – une définition précise de la notion de héros, pour commencer ;
   – puis un développement s'appuyant sur l'analyse rapide du texte et sur des comparaisons avec d'autres exemples de personnages ou de héros de la littérature.

QUESTION D'ANALYSE

Le narrateur de ce texte est-il un héros ?
➤ p.123 : L.-F. CÉLINE, *Voyage au bout de la nuit*.

8 Le paragraphe d'analyse d'image

Choisissez un document iconographique de votre manuel qui vous a particulièrement plu.
1. Dans un paragraphe argumentatif, proposez une analyse de l'image qui justifiera votre choix et votre intérêt pour ce document.
2. Rédigez un autre paragraphe argumentatif dans lequel vous exposerez le procédé majeur utilisé dans cette image. Les exemples utilisés seront des références précises à l'image selectionnée.
➤ p. 396 : L'ANALYSE DE L'IMAGE

9 Analyse d'image et analyse littéraire

Rédigez un paragraphe argumentatif qui s'appuiera à la fois sur une analyse de l'image et sur des exemples de textes ou de livres que vous avez lus personnellement.
➤ p. 397 : L'IMAGE FIXE

QUESTION D'ANALYSE

Quelle conception de la lecture suggère ce dessin de L. Koechlin ?

Dessin de LIONEL KOECHLIN, *Les Livres ont leur destin*.

FICHE MÉTHODE

2 Utiliser des exemples

OBJECTIF : développer des arguments par des exemples précis, insérer correctement des citations.

MÉTHODE

Dans un paragraphe argumentatif, l'argument ne devient convaincant que s'il est illustré par un ou plusieurs exemples précis, concrets, ayant valeur de preuve. Trois erreurs sont à éviter :
- **résumer longuement** un texte ou un film, se perdre dans des détails inutiles pour la démonstration ;
- **rester trop allusif** : le lien entre l'argument et l'exemple ne serait pas net ;
- **relier artificiellement** un exemple à un argument (remplissage).

Il ne s'agit pas de dresser un catalogue d'exemples, mais au contraire de choisir les plus appropriés, ceux qui éclaireront au mieux l'argument.

ÉTAPE 1 — Le choix des exemples

■ **Sources documentaires :**
- **culture personnelle :** lectures, films, œuvres artistiques, histoire… ;
- **manuel :** textes de la partie I, fiches de synthèse… ;
- **ressources du CDI :** dictionnaires, encyclopédies, ouvrages documentaires, œuvres littéraires, articles de presse… ;
- **Internet :** moteurs de recherche, œuvres littéraires en ligne…

■ **Types d'exemples :**
- **citations exactes** entre guillemets ;
- **titres** d'œuvres, de textes dont on exploite synthétiquement le contenu ;
- **caractéristiques** d'un auteur, d'un mouvement littéraire…

■ **Sélection des exemples**
- Privilégier non pas la quantité mais la **diversité** : ne pas puiser toutes ses citations dans une seule œuvre, une seule époque, un seul genre, sauf si le sujet l'exige.
- **Préciser ses sources :** auteur, ouvrage d'où elles sont tirées.

ÉTAPE 2 — L'insertion des exemples

- L'exemple doit être **bien relié à l'argument** qu'il illustre, au moyen de tournures appropriées : « comme le montre », « en témoigne », « en effet » …
→ Ne pas écrire l'exemple entre parenthèses à la ligne après l'abréviation « ex : ».
- Une **citation** trop longue peut être raccourcie, à condition qu'elle garde sa cohérence et que la coupure soit signalée par […].
- **Respecter la disposition des vers** lorsqu'on cite un texte poétique.

ÉTAPE 3 — L'analyse des exemples

L'exemple a une double **fonction, illustrative et argumentative** : il faut donc l'expliquer, pour souligner le rapport avec l'argument.
→ *Il s'agit en effet de mettre en valeur une réflexion personnelle ; un exemple seulement cité n'a donc aucune valeur argumentative.*

APPLICATION

EXEMPLE 1 DE QUESTION D'ANALYSE

Question sur une tirade de *Dom Juan* de Molière ▶ PARTIE I, p. 76.
Dans un paragraphe illustré par des exemples, montrez que cette tirade relève du discours argumentatif.

ÉTAPE 1 — Le choix des exemples

- Recherchez les exemples qui prouvent que le personnage développe une thèse : citez la partie du texte qui exprime la thèse de Dom Juan.

- Quels éléments du discours argumentatif sont présents dans la tirade ? connecteurs logiques ? arguments ? exemples ? ▶ PARTIE II, p. 413

ÉTAPE 2 — L'insertion des exemples

Comment relier exemple et argument ? Complétez : Dans sa tirade, Dom Juan emploie le présent de vérité générale ; lorsqu'il énonce sa thèse « l'hypocrisie est un vice à la mode, et tous les vices passent pour vertus », il semble énoncer une loi que nul ne saurait remettre en cause.

ÉTAPE 3 — L'analyse des exemples

Des commentaires appropriés de termes choisis permettront de préciser et de développer l'analyse. L'assurance du ton est soulignée par la présence répétée du déterminant indéfini « tous » ; il s'agit du procédé de généralisation, que l'on retrouve dans la phrase « C'est un art de qui l'imposture est toujours respectée », où, cette fois, l'adverbe « toujours » insiste sur le fait que cette loi ne souffre aucune exception.

EXEMPLE 2 DE QUESTION D'ANALYSE

Question sur un corpus : séquence 5, « La comédie chez Molière » ▶ p. 73.
Molière, dans sa préface de *Tartuffe* a écrit : « Les plus beaux traits d'une sérieuse morale sont moins puissants, le plus souvent, que ceux de la satire. » Justifiez cette thèse en vous référant à différents exemples de comédie.

ÉTAPE 1 — Le choix des exemples

- Recherchez des exemples variés de comédies satiriques. ▶ p. 419 : LE REGISTRE COMIQUE

- D'après le sujet, faut-il se limiter à l'exemple de Molière ?

ÉTAPE 2 — L'insertion des exemples

Une fois les exemples relevés, associer chaque exemple à un argument, selon le modèle suivant. Le monologue comique ridiculise le personnage dont le comportement évoque la folie ; en montrant Argan sous un jour défavorable, la scène 7 de l'acte IV de *L'Avare* illustre bien la visée morale de la comédie.

ÉTAPE 3 — L'analyse des exemples

Commentaire partiel de l'exemple : les hyperboles soulignent de manière satirique l'affolement du personnage obsédé par la perte de son trésor. Son défaut est ainsi ridiculisé aux yeux du spectateur. Complétez cette analyse avec des citations précises liées aux procédés satiriques du texte.

EXERCICES D'ENTRAÎNEMENT

1 La recherche d'exemples

1. Recherchez dans votre manuel ▶ CHAPITRE 4, p. 174 trois exemples différents permettant d'illustrer cet argument.
2. Rédigez cette analyse en proposant trois manières différentes de relier l'exemple à l'argument (une citation, une référence à un texte sans le citer précisément, et une troisième manière).

Argument
Les écrivains romantiques voient la nature comme un refuge et un lieu de méditation.

2 Le choix d'exemples pour un paragraphe

1. Dans le paragraphe qui fait suite au tableau, repérez l'argument proposé. À quoi le reste du paragraphe correspond-il ?
2. Quels sont les éléments du tableau qui pourraient servir d'exemples au paragraphe rédigé ?
3. Intégrez-les au paragraphe en respectant les principes d'insertion des exemples.

Épisodes de la vie d'Œdipe
Résultats partiels d'une recherche sur le mythe d'Œdipe ▶ SÉQUENCE 1, p. 29 : « D'UN TEXTE À L'AUTRE ».

ÉPISODE	PERSONNAGES CONCERNÉS	RÉSUMÉ
1) premier oracle	Laïos, roi de Thèbes + Jocaste, sa femme	Annonce de l'assassinat du roi par son propre fils Œdipe
2) abandon	Serviteur + Œdipe	Sur l'ordre du roi, Œdipe est abandonné sur le Mont Cithéron et suspendu à un arbre.
3) découverte	Berger Phorbas + Œdipe + reine de Corinthe	Œdipe est découvert et adopté par la reine.
4) deuxième oracle	Œdipe	Œdipe apprend qu'il va tuer son père et coucher avec sa mère.
5) retrouvailles	Laïos + Œdipe + escorte	Œdipe tue son père lors d'une rixe sans savoir qu'il s'agit de lui…
6) …	…	…

Œdipe est un personnage tragique ; tous les récits ou pièces de théâtre qui abordent son histoire insistent sur l'enchaînement d'événements fatals faisant le destin du personnage. Rien n'est donc laissé au hasard : Œdipe s'achemine peu à peu vers la faute et vers la mort, tel un héros maudit.

3 L'insertion d'exemples dans un paragraphe

1. **Paragraphe A :** illustrez cette définition au moyen de deux exemples, l'un fantastique et l'autre merveilleux*, que vous insérerez dans le paragraphe ▶ SÉQUENCE 11, p. 157 : LA NOUVELLE.
   ▶ PARTIE II, p. 431 : LE REGISTRE FANTASTIQUE
2. **Paragraphe B :** ajoutez deux exemples à ce paragraphe :
   – l'un directement relié à l'esthétique réaliste ▶ SÉQUENCE 15, p. 219 ;
   – l'autre, moins évident mais conforme à l'argument de Robbe-Grillet, emprunté à un roman de votre choix (extrait par exemple des corpus des séquences 8 à 10 ▶ p. 113-156).

Paragraphe A

Ce qui distingue radicalement l'être fantastique de l'être merveilleux, donc le récit fantastique du récit merveilleux, c'est la peur. Le fantastique est effrayant alors que le merveilleux ne l'est que par instants et jamais de manière définitive. Certes des êtres mauvais comme les ogres peuvent apparaître dans des récits merveilleux, mais ils sont destinés à être vaincus et le sont immanquablement. Au contraire dans les récits fantastiques, toute victoire sur les forces du mal est précaire, ces forces sont la plupart du temps invincibles.

Raymond Rogé, *Récits fantastiques* (extrait, 1976), © Larousse.

Paragraphe B

Tous les écrivains pensent être réalistes. Aucun jamais ne se prétend abstrait, illusionniste, chimérique, fantaisiste, faussaire… Le réalisme n'est pas une théorie, définie sans ambiguïté, qui permettrait d'opposer certains romanciers aux autres ; c'est au contraire un drapeau sous lequel se rangent l'immense majorité – sinon l'ensemble – des romanciers d'aujourd'hui.

Et sans doute faut-il, sur ce point, leur faire
10 confiance à tous. C'est le monde réel qui les
intéresse ; chacun s'efforce bel et bien de créer
du « réel ».

Alain Robbe-Grillet, *Pour un nouveau roman*
(extrait, 1963), © Minuit.

4 Recherche d'arguments à partir d'exemples

Il arrive parfois que des exemples précis viennent à l'esprit avant de pouvoir formuler des arguments clairs.

1. Retrouvez donc l'argument qui pourrait régir chacun des exemples proposés ci-dessous.
2. Proposez une autre façon d'insérer l'exemple.
   a) … comme le prouve l'emploi du champ lexical des sensations dans cette description qui pouvait paraître audacieuse à l'époque.
   ➤ SÉQUENCE 16, TEXTE 2, p. 236
   b) … Ainsi Hugo emploie-t-il dans chaque strophe le vers de quatre syllabes « Petit, petit » qui résonne comme un refrain accusateur ridiculisant Napoléon III.
   ➤ SÉQUENCE 14, TEXTE 6, p. 213

5 Défense d'une thèse avec des exemples

Sur le thème de la mondialisation, défendez une thèse suivant le plan suivant :
1. une introduction définissant le thème traité et formulant la thèse développée ;
2. deux paragraphes reliés proposant chacun un argument à l'appui de la thèse ; chaque argument sera accompagné d'un exemple justificatif ;
3. une conclusion faisant le bilan de votre argumentation.

6 Analyse d'exemples en lecture analytique

1. Sélectionnez un texte du manuel relevant de la littérature d'idées ; indiquez ses références (auteur, page…).
2. Quels sont les exemples utilisés par l'auteur ? Comment les a-t-il insérés dans sa rédaction ?
3. Proposez un autre mode d'insertion.

7 Rédaction d'un paragraphe de commentaire

Recherche documentaire au CDI :
1. Recherchez une définition précise du genre de la nouvelle ➤ SÉQUENCE 11, p. 157 :
   – indiquez les références du dictionnaire de langue qui contient les renseignements les plus complets sur ce mot ;
   – notez l'étymologie, la date de la première occurrence du mot dans la langue française et la signification précise du terme.
2. Recherchez dans des dictionnaires bilingues le sens de *novel* (mot anglais) et *novela* (mot espagnol) : que remarquez-vous ?
3. Notez le titre de cinq nouvelles réalistes d'auteurs différents, français ou étrangers, en précisant bien les références (titre du recueil, auteur, dates de l'auteur, titre de la nouvelle et langue originale de la première édition, date de publication).
4. **Prolongement :** lisez intégralement l'une de ces nouvelles et rédigez un paragraphe argumentatif expliquant pourquoi il s'agit en effet d'une nouvelle réaliste. Veillez à l'emploi d'exemples précis tirés du texte.

8 Rédaction d'une analyse d'image

Recherche sur Internet :
1. À l'aide d'un moteur de recherche, recherchez deux portraits en rapport avec la séquence 23 ➤ p. 327, qui illustreront l'éloge et le blâme. Notez toutes les références de chaque tableau : nom et dates de l'artiste, titre et dimensions du tableau, musée ou collection privée.
2. Rédigez un commentaire sur chacun d'eux afin de justifier leur présence dans la séquence. Insistez sur des éléments précis de chaque image afin de proposer des exemples concrets dans vos paragraphes.

FICHE MÉTHODE

3 Élaborer un paragraphe argumentatif

OBJECTIF : apprendre à développer et à enchaîner idées et exemples dans un paragraphe argumentatif.

MÉTHODE

Le paragraphe se signale par :
- un **alinéa** : retrait par rapport à la marge ;
- sa **cohérence interne**.

Pour convaincre le lecteur, **la logique de la démarche** est en effet essentielle. Elle apparaît clairement lorsque les connecteurs logiques sont bien choisis, que les arguments s'enchaînent rigoureusement.
➤ **PARTIE II, p. 413 :** LE DISCOURS ARGUMENTATIF

ÉTAPE 1 — L'ouverture du paragraphe

Elle indique son **idée directrice** (orientation générale) : elle comporte un ou plusieurs mots clés qui exposent ou rappellent le thème traité. Au moyen d'un connecteur logique, cette ouverture souligne la **progression logique** de l'argumentation, lorsque le paragraphe fait partie d'un ensemble plus vaste (partie d'un développement de dissertation…).

ÉTAPE 2 — Le développement de l'idée

- L'idée annoncée au départ est développée et illustrée au moyen d'**exemples expliqués**, reliés entre eux par des connecteurs logiques.
➤ **PARTIE III, p. 506, FICHE 2 :** UTILISER DES EXEMPLES
➤ **p. 413 :** LE DISCOURS ARGUMENTATIF
➤ **p. 479 :** CIRCUIT ARGUMENTATIF ET PROGRESSION DU RAISONNEMENT

   Remarque : On peut imaginer pour des raisons de style que la formulation de l'exemple précède l'argument au sein du paragraphe. Cette façon de rédiger, parfois élégante, est à éviter dans le commentaire ou la dissertation où la structure doit rester claire.

- Le paragraphe argumentatif sera plus convaincant si des **procédés oratoires** et des figures de rhétorique sont utilisés pour mettre en valeur les idées.
EX. : questions rhétoriques, comparaisons, antithèses, anaphores…
➤ **p. 392 :** LES FIGURES DE RHÉTORIQUE

ÉTAPE 3 — La clôture du paragraphe

Elle précise **l'aboutissement** de la réflexion sous forme de bilan conclusif et, le cas échéant, assure la **transition** avec le paragraphe suivant. Elle ne doit pas répéter l'argument mais en tirer l'essentiel, ce qui a été démontré par l'utilisation des exemples.

APPLICATION

EXEMPLE DE PARAGRAPHE ARGUMENTATIF

Même lorsqu'un homme est abattu par la volonté d'un dieu, s'il appartient à la tragédie, il a une certaine façon d'être abattu qui garde de la grandeur ; **car** il préserve une part d'honneur la plus haute possible. Étéocle est ainsi abattu dans Eschyle. **Mais** il s'est montré dans toute la première partie de la pièce un chef pieux, énergique, lucide, passionnément dévoué à sa patrie ; **et s'il** va combattre son frère, il ne fait en cela qu'obéir à un décret des dieux, auquel son courage même le pousse à obéir : Étéocle est un héros. Ajax est **de même** abattu dans Sophocle. **Mais** il réagit à son désastre en homme que rien ne saurait faire céder : il ne pense qu'à son honneur **et**, en toute connaissance de cause, il se donne lui-même la mort, en attendant que, dans la seconde partie de la pièce, ses ennemis eux-mêmes reconnaissent ses droits et sa vaillance. Héraclès, chez Euripide, est, **lui aussi**, victime d'un égarement d'origine divine, qui lui fait tuer ses enfants : effondré de douleur, il trouve **cependant** le courage de supporter l'épreuve ; mourir lui paraît lâche : « Je veux braver la tentation de la mort », dit-il. Ajax et Héraclès sont vraiment des héros ; **et** il entre une part de triomphe humain dans leur effondrement.

JACQUELINE DE ROMILLY, *La Tragédie grecque* (extrait, 1970), © PUF.

ÉTAPE 1 — L'ouverture du paragraphe

- Quels thèmes figurent dans l'ouverture du paragraphe ? (Thème principal ? Thèmes connexes ?)
- Quelle est la fonction des connecteurs logiques utilisés dans cette partie du paragraphe ?
- Quelle idée directrice est exposée en ce début de paragraphe ? Reformulez-la.

ÉTAPE 2 — Le développement de l'idée

- Quels connecteurs logiques relient les différentes étapes du développement ? Étudiez leur valeur.
- Repérez tous les exemples cités dans le texte ; que désignent les noms propres ▶ SÉQUENCE 1, p. 19 ?
- Montrez que l'analyse de ces exemples développe l'idée énoncée dans l'ouverture du paragraphe, en complétant le tableau suivant :

IDÉE DIRECTRICE (MOTS CLÉS)	EXEMPLE ANALYSÉ	RÉFÉRENCES DE L'EXEMPLE
• abattu • grandeur, honneur • volonté des dieux …	• personnage abattu • chef pieux, énergique, lucide, passionnément dévoué à sa patrie ; courage • obéit à un décret des dieux …	Étéocle (Eschyle)

ÉTAPE 3 — La clôture du paragraphe

- Quel terme remplace ici le mot *homme* employé en ouverture de paragraphe ? Ce mot *homme* a-t-il cependant disparu de cette conclusion ? Expliquez.
- Quel adverbe renforce l'idée énoncée ? Quel est alors son rôle, à la fin du paragraphe ?
- À quelle conclusion exacte la réflexion aboutit-elle ? Reformulez-la.

EXERCICES D'ENTRAÎNEMENT

1 Analyse de paragraphes rédigés

1. Étudiez les deux paragraphes de M. Tournier en complétant pour chacun d'eux le tableau suivant :

Idée directrice (à reformuler) : ...	
Arguments : ...	Exemples : ...

2. Observez et comparez ces deux paragraphes, sachant que les paragraphes intermédiaires de l'argumentation ont été supprimés.
– En quoi ces deux paragraphes s'opposent-ils ?
– Dans quel paragraphe la thèse de M. Tournier se trouve-t-elle ? Justifiez.

Texte A

Sans doute nombre d'écrivains écrivent comme ils respirent, comme l'abeille fait son miel, accomplissant ainsi une fonction qui leur est naturelle et qui est probablement nécessaire à leur équilibre. À ceux-là, le lecteur n'apparaît nullement comme le destinataire obligé de leur écrit, et même, à la limite, la notion de publication peut leur être étrangère. Ils forment une famille – de Montaigne[1] à Marcel Jouhandeau[2] – dont l'œuvre s'accommoderait, semble-t-il, au risque de disparaître à tout jamais, de l'obscurité d'un tiroir ou du secret d'un coffre-fort. Paul Valéry défend dans *Monsieur Teste*[3] l'idée selon laquelle les hommes célèbres – écrivains, mais aussi musiciens, peintres, mathématiciens – sont, par cela seul qu'ils sont connus, des génies de second ordre, les autres, les vrais, n'ayant pas commis la faute originelle de se divulguer et préférant « mourir sans avouer[4] ».

Michel Tournier, *Le Vol du Vampire*
(extrait, 1981), © Mercure de France.

1. Écrivain humaniste, auteur des *Essais*.
2. Écrivain du XXᵉ siècle, auteur d'innombrables carnets intimes.
3. Recueil de textes publié en 1929, sorte d'autobiographie intellectuelle.
4. Cette expression ironique évoque les « vrais » écrivains qui n'accepteraient de publier, selon M. Teste, que sous la torture.

Texte B

Oui, la vocation naturelle, irrépressible, du livre est centrifuge. Il est fait pour être publié, diffusé, lancé, acheté, lu. La fameuse tour d'ivoire de l'écrivain est en vérité une tour de lancement. On en revient toujours au lecteur, comme à l'indispensable collaborateur de l'écrivain. Un livre n'a pas un auteur, mais un nombre indéfini d'auteurs. Car à celui qui l'a écrit s'ajoutent de plein droit dans l'acte créateur l'ensemble de ceux qui l'ont lu, le lisent ou le liront. Un livre écrit, mais non lu, n'existe pas pleinement. Il ne possède qu'une demi-existence. C'est une virtualité, un être exsangue, vide, malheureux qui s'épuise dans un appel à l'aide pour exister. L'écrivain le sait, et lorsqu'il publie un livre, il lâche dans la foule anonyme des hommes et des femmes une nuée d'oiseaux de papier, des vampires secs, assoiffés de sang, qui se répandent au hasard en quête de lecteurs. À peine un livre s'est-il abattu sur un lecteur qu'il se gonfle de sa chaleur et de ses rêves. Il fleurit, il s'épanouit, devient enfin ce qu'il est : un monde imaginaire, foisonnant, où se mêlent indistinctement – comme sur le visage d'un enfant, les traits de son père et de sa mère – les intentions de l'écrivain et les fantasmes du lecteur.

Michel Tournier, *Le Vol du Vampire*
(extrait, 1981), © Mercure de France.

2 La progression d'un paragraphe argumentatif

Observez ce paragraphe argumentatif :
1. Quel argument est développé ?
2. Quelle est la fonction des connecteurs logiques de la phrase d'ouverture ?
3. Quel connecteur logique relie les deux éléments de comparaison ? Quelle est sa valeur ?
4. Quels exemples sont proposés pour illustrer la thèse du paragraphe ?
5. Confrontez l'ouverture et la clôture de ce paragraphe. Quelle progression remarquez-vous ?

Le théâtre allie sans doute des tableaux plus vrais et plus rapprochés de la société ; mais au théâtre, on ne peut pas tout peindre. Tous les caractères n'y conviennent pas, et ceux même qui y paraissent avec le plus d'avantages, ne peuvent y être suivis dans tous leurs détails. Il en est de même des sentiments et des passions ; au moins croyons-nous qu'un des principes qui séparent le plus le talent de l'auteur dramatique de celui du romancier, est que l'un doit regarder comme superflu tout ce qui n'est pas nécessaire, tandis que l'autre doit recueillir comme utile tout ce qui n'est pas superflu. Il est encore à remarquer qu'on peut, qu'on doit peut-être dans un roman donner aux tableaux qu'on présente toute la force de la vérité, tandis qu'au théâtre on est presque toujours forcé d'en affaiblir l'expression. Cette nécessité, qu'on a très peu sentie de nos jours, est une suite naturelle de la différence entre l'action représentée et l'action décrite. Il suit de là que le caractère le plus heureusement mis au théâtre, laisse encore au romancier une vaste carrière à parcourir. Molière avait peint le Tartuffe quand Marivaux peignit M. de Climal[1], et l'un des tableaux n'a pas nui à l'autre.

CHODERLOS DE LACLOS, *Cecilia ou les Mémoires d'une héritière* (extrait, 1784).

1. Personnage de faux dévot qui apparaît dans le roman *La Vie de Marianne* alors que le Tartuffe de Molière est un personnage théâtral.

3 Rédaction de paragraphes argumentatifs

En respectant les consignes suivantes :
– une ouverture présentant votre idée directrice,
– le développement de l'idée à l'aide d'exemples commentés,
– une conclusion qui mettra en évidence la progression de la réflexion,

1. comparez un roman de votre choix avec son adaptation au cinéma ;
2. commentez la phrase suivante de Jonathan Demme, metteur en scène du film *Le Silence des agneaux* : « Je suis reconnaissant à quiconque me fait peur. »

4 Analyse d'un paragraphe argumentatif de commentaire

1. Déterminez les trois étapes du paragraphe argumentatif suivant (énoncé de l'argument, développement des exemples et interprétation).
2. Comment les exemples sont-ils introduits dans la rédaction du paragraphe ? Imaginez au moins deux autres façons de les intégrer à la rédaction.
3. Rédigez un autre paragraphe de ce commentaire en insistant sur un autre élément significatif du texte.

En héroïne de pièce classique, Done Elvire s'affirme tout d'abord comme une représentante de la morale de son siècle. Sa tirade est marquée par la répétition incessante des thèmes de la faute et du repentir, deux champs lexicaux qui caractérisent ses propos. Elle nomme « dérèglements », « égarements », « folles pensées » et « passion condamnable » son attachement passé pour Dom Juan, associant ces mots aussi bien à Dom Juan qu'à elle-même comme en témoignent les déterminants possessifs : « les dérèglements de votre vie », « les égarements de ma conduite ». Elle envisage le repentir qui pourrait racheter un tel comportement : la « miséricorde » divine est rappelée à condition d'« expier » dans la « pénitence » et la « retraite », autant de termes qui insistent sur la foi et la rigueur morale du personnage.

Extrait d'un commentaire littéraire de la tirade de Done Elvire (Molière, *Dom Juan*, Acte IV, scène 6).

5 Paragraphe argumentatif et analyse d'image

Sélectionnez une image à visée argumentative dans le manuel.

1. Listez les éléments argumentatifs de l'image.
   ➤ p. 413 : LE DISCOURS ARGUMENTATIF
   ➤ p. 397 : L'IMAGE FIXE
2. Rédigez un paragraphe où vous défendrez énergiquement l'efficacité argumentative de ce document.

Chapitre 3 — De la lecture analytique au commentaire

Antonio Mancini (1852-1930), *Pauvre écolier* (XXe siècle), huile sur toile, 1,30 x 0,97 m (Paris, musée d'Orsay).

Objectif

Être capable de respecter toutes les étapes de découverte et d'analyse d'un texte avant d'en proposer un commentaire structuré.

LE COMMENTAIRE est un exercice écrit qui consiste à présenter de manière ordonnée l'**analyse littéraire d'un texte** préalablement menée par un **questionnement de type analytique** (ensemble de questions posées sur chaque texte de la partie I).

MÉTHODE

Le commentaire suit une démarche en sept étapes :
1. Lire le texte et relever ses premières impressions de lecture.
2. Établir la carte d'identité du texte.
3. Questionner le texte suivant les principes de lecture analytique.
4. Définir le projet de lecture.
5. Élaborer le plan détaillé.
6. Rédiger l'introduction et la conclusion.
7. Rédiger l'ensemble du commentaire.

Remarque :
les étapes 1 à 6 concernent le brouillon, l'étape 7 est réservée à la copie.

FINALITÉS

Le commentaire est réussi quand :
- le texte a été **bien lu**, donc **bien compris** ;
- le **fil conducteur** du développement n'est jamais perdu de vue ;
- le **plan** est adapté au texte et à un projet **de lecture** défini à partir des relevés stylistiques opérés sur le texte ;
- le **contenu** et la **forme** du texte sont constamment mis en relation.

516	FICHE 1	Se poser des questions sur le texte à commenter
520	FICHE 2	Définir un projet de lecture et monter un plan d'analyse
524	FICHE 3	Rédiger le commentaire

FICHE MÉTHODE

1 Se poser des questions sur le texte à commenter

OBJECTIF : relever les caractéristiques stylistiques d'un texte en s'aidant des acquis de la lecture analytique.

MÉTHODE

Tout au long de l'année, les séances de **lecture analytique** (étude des textes suivant les questionnaires de la partie I) préparent au commentaire, apprenant à se poser des questions sur les textes et à y répondre de façon progressive.

L'élève, seul devant un nouveau texte, doit repérer, stylo en main, sa **structure**, ses **effets de style**, ses **outils grammaticaux**... tout ce qui fait sa qualité littéraire.

ÉTAPE 1 — Lire le texte et relever ses premières impressions de lecture

1 Lecture attentive du texte et du paratexte
Lire au moins deux fois le **texte** en entier, ainsi que le **paratexte** (auteur, chapeau, date...).

2 Relevé des premières impressions de lecture
Lister au **brouillon** ses premières impressions de lecture :
- thèmes ;
- sens littéral (ce qui est compris) ;
- émotions et réactions provoquées par ce texte.

Ces premières impressions donnent déjà une idée du **projet de lecture**.
➤ p. 520 : FICHE MÉTHODE 2

ÉTAPE 2 — Établir la carte d'identité du texte

3 Catégories du texte
Définir les catégories auxquelles appartient le texte :
- **contexte littéraire et artistique :** époque, mouvement...
- **genre** représenté : récit, théâtre...
➤ PARTIE II, p. 442 à 483
- **forme(s) de discours** utilisée(s) : narratif, argumentatif...
➤ p. 408 : LES FORMES DE DISCOURS
- **registre(s)** principalement utilisé(s) : comique, tragique, polémique...
➤ p. 418 : LES REGISTRES LITTÉRAIRES

ÉTAPE 3 — Questionner le texte de façon analytique

4 Exploration du texte
Il s'agit de se poser les bonnes questions : les questions de lecture analytique qui permettent d'étudier le texte à partir des notions essentielles de **genre**, de **forme de discours** et de **registre**. Le texte est analysé, mais pas paraphrasé*.

Chapitre 3 • De la lecture analytique au commentaire

APPLICATION

EXEMPLE DE SUJET DE COMMENTAIRE

Dans l'explicit, c'est-à-dire à la fin du roman Le Diable au corps, *le narrateur-personnage pleure la mort de sa bien-aimée Marthe, jeune femme dont le mari est parti au front pendant la Première Guerre mondiale.*

> 1 Un jour, à midi, mes frères revinrent de l'école en nous criant que Marthe était morte.
> La foudre qui tombe sur un homme est si prompte qu'il ne souffre pas. Mais c'est pour celui qui l'accompagne un triste spectacle. Tandis que
> 5 je ne ressentais rien, le visage de mon père se décomposait. Il poussa mes frères. « Sortez, bégaya-t-il. Vous êtes fous, vous êtes fous. » Moi j'avais la sensation de durcir, de refroidir, de me pétrifier. Ensuite, comme une seconde déroule aux yeux d'un mourant tous les souvenirs d'une existence, la certitude me dévoila mon amour avec tout ce qu'il avait de
> 10 monstrueux. Parce que mon père pleurait, je sanglotais. Alors, ma mère me prit en main. Les yeux secs, elle me soigna froidement, tendrement, comme s'il se fût agi d'une scarlatine[1].
> Ma syncope expliqua le silence de la maison, les premiers jours, à mes frères. Les autres jours, ils ne comprirent plus. On ne leur avait jamais interdit
> 15 les jeux bruyants. Ils se taisaient. Mais, à midi, leurs pas sur les dalles du vestibule me faisaient perdre connaissance comme s'ils eussent dû chaque fois m'annoncer la mort de Marthe.
>
> RAYMOND RADIGUET, *Le Diable au corps* (extrait, 1923).

1. La scarlatine est une maladie encore mortelle à l'époque du récit.

ÉTAPE 1 Lire le texte et relever ses premières impressions de lecture

1 Lecture attentive du texte et du paratexte
- Indications du paratexte :
 – fin du roman ;
 – différence d'âge entre les personnages ;
 – contexte de guerre.
- Lecture sommaire :
 – texte structuré en paragraphes (étapes narratives) ;
 – emploi des guillemets (discours direct) ;
 – narrateur-personnage, donc emploi du pronom *je*.

2 Relevé des premières impressions de lecture
On peut noter les premiers éléments visibles :
- un texte marqué par la **mort** de l'être aimé
 → champ lexical de la mort (mots surlignés en vert dans le texte) ;
- l'expression récurrente de la **souffrance**
 → termes exprimant la douleur (termes soulignés) ;
- un narrateur placé dans son **univers familial**
 → indications de filiation (mots surlignés en jaune).

À votre tour, notez au brouillon d'autres remarques plus personnelles sur le texte.

FICHE MÉTHODE

ÉTAPE 2 — Établir la carte d'identité du texte

3 Catégories du texte

- **Contexte :** roman sentimental écrit peu de temps après la Première Guerre mondiale.
- **Genre :** *explicit* de roman.
- **Forme de discours :** texte narratif avec un événement (la mort de l'être aimé) et les conséquences qu'il engendre.
- **Registre principal :** tragique, avec un personnage exprimant une douleur qui monte progressivement, passant de l'effroi (*ne souffre pas*) au malaise physique (*ma syncope*).

ÉTAPE 3 — Questionner le texte de façon analytique

4 Exploration du texte

- **Contexte :** publication en 1923.
Période d'après-guerre, une génération traumatisée.
Passion interdite par :
  – l'écart d'âge ;
  – l'adultère (*me dévoila mon amour avec tout ce qu'il avait de monstrueux*, l. 9).
Scandale pour l'époque ; sujets tabous.
- **Genre :** roman.
- → **Situation de l'extrait :** *explicit* = fin du roman.
- → **Énonciation :** quel est le type de narrateur ici représenté ?
- → **Traitement du temps :** relevez les connecteurs temporels. Comment s'enchaînent-ils ? Quelle durée mettent-ils en évidence ?
- → **Syntaxe :** observez la longueur des phrases. Quelle est la spécificité des phrases parlant du narrateur-personnage par rapport à celles évoquant son entourage ?

- **Forme de discours :** texte narratif.
- → **Personnages :** listez-les.
  – Qui a la parole ? suivant quelle forme de discours rapporté ?
  – Sont-ils bien différenciés ?
- → **Temps verbaux :**
  – Lesquels relevez-vous ? Quelle valeur ont-ils ?
  – Lequel peut paraître étonnant pour un récit au passé ? Quelle valeur a-t-il ?
- **Registres :**
- → **Vocabulaire :** quels champs lexicaux permettent de prouver le registre identifié dans l'ÉTAPE 2 ?
- → **Images :**
  – Relevez les métaphores et les comparaisons du texte : en quoi soulignent-elles ce registre ?
  – Quel autre registre repérez-vous ? Observez les réactions des personnages.

Remarque : c'est l'habitude de la lecture analytique qui donne au fur et à mesure la capacité de poser les bonnes questions sur un texte. Même si *a priori*, il n'existe pas de questionnaire type pour un genre, il faut :
– penser systématiquement au repérage spatio-temporel ou à la focalisation pour un récit ;
– s'interroger sur la situation de communication dans un texte théâtral…

EXERCICES D'ENTRAÎNEMENT

1 Des impressions de lecture à la carte d'identité

1. Lisez ces trois textes et listez vos premières impressions de lecture.
2. Établissez la carte d'identité de chaque texte.
3. Au vu de vos premières impressions de lecture, quel projet de lecture pouvez-vous envisager ?
   ➤ p. 520 : FICHE MÉTHODE 2

SUPPORT
- V. Hugo, *Ruy Blas* (Acte III, scène 2)
  ➤ PARTIE I, p. 200
- Stendhal, *La Chartreuse de Parme* (chapitre XVIII, extrait) ➤ p. 135
- P. Verlaine, *Poèmes saturniens*, « Mon Rêve familier » ➤ p. 347

2 L'utilisation du paratexte

1. Listez l'essentiel des informations apportées par le chapeau et l'adresse (auteur, date…) de chacun des textes.
2. Qu'en tirez-vous pour définir la carte d'identité des deux textes ?

SUPPORT
- G. Apollinaire, *Poèmes à Lou* ➤ p. 285
- J. de La Bruyère, *Les Caractères*, « Arrias » ➤ p. 328

3 De la carte d'identité au questionnement analytique

1. À l'aide du chapeau introducteur et de l'intitulé de la séquence à laquelle appartient ce texte, établissez sa carte d'identité.
2. En utilisant le questionnaire de lecture analytique proposé ➤ p. 182, listez le plus de relevés grammaticaux et stylistiques possible dans le texte, et classez-les dans les rubriques de la carte d'identité (contexte, genre, forme de discours, registres).
3. Quels sont les aspects stylistiques qui dominent ? Que permettront-ils de mettre en évidence dans le commentaire du texte ?

SUPPORT
Senancour, *Oberman* (texte et questionnaire) ➤ p. 181

4 De la lecture analytique au commentaire

1. Établissez la carte d'identité de ce texte.
2. Sur quels points le questionnaire analytique insiste-t-il ?
3. Opérez d'autres repérages dans le texte en posant d'autres questions en lien avec les rubriques de la carte d'identité (contexte, genre, forme de discours, registres).
4. Quelle orientation la question de synthèse donne-t-elle au commentaire de ce texte ?

SUPPORT
Colette, *La Maison de Claudine* (texte et questionnaire) ➤ p. 301

5 Analyse d'une préparation au commentaire

1. Grâce au questionnaire, établissez la carte d'identité du texte.
2. Quels sont les éléments à relever qui vont permettre de développer pour ce texte les questions de contexte, genre, forme de discours, registre(s) ?
3. En vous inspirant du questionnaire, relevez le plus d'éléments possibles qui permettront d'analyser le(s) registre(s) de ce texte.

SUPPORT
J. Racine, *Phèdre* (Acte V, scène 6, texte et questionnaire) ➤ p. 41

6 Développer son autonomie

1. Partez de votre propre lecture, des informations données par le chapeau introducteur et par le questionnaire d'exercice pour établir la carte d'identité du texte.
2. Élaborez votre propre questionnaire de lecture de façon à illustrer toutes les rubriques de la carte d'identité.
3. Vers quel projet de lecture acheminez-vous le lecteur ?

SUPPORT
Choisissez un texte parmi ceux que proposent les exercices d'approfondissement du chapitre 3 ➤ p. 125.

FICHE MÉTHODE

2 Définir un projet de lecture et monter un plan d'analyse

OBJECTIF : élaborer un plan de commentaire à partir d'un classement des relevés effectués sur un texte.

MÉTHODE

Après avoir procédé aux **relevés** définis dans la FICHE MÉTHODE 1 ➤ **p. 516**, il s'agit de les classer dans un **plan de commentaire** : les analyses sur le texte doivent être présentées dans un ordre cohérent, suivant un **projet de lecture** qui organise tout le plan du devoir.

ÉTAPE 4 — Définir son projet de lecture

1 Axes et projet de lecture

Les relevés opérés dans l'ÉTAPE 3 ➤ **p. 516** doivent faire apparaître **les caractéristiques du texte**, c'est-à-dire ce qu'il exprime et de quelle façon. Ce sont des **axes de lecture** qui, bien reliés, constituent le **projet de lecture**.

ÉTAPE 5 — Élaborer un plan détaillé

2 Construction du plan

Les remarques sur le texte sont à classer dans un **plan détaillé**. Suivant le projet de lecture, ce plan est composé de **deux à quatre parties de développement** qui **sont les axes de lecture**, divisés eux-mêmes en différents paragraphes correspondant aux étapes du raisonnement.

3 Forme du plan au brouillon

Au brouillon, le plan détaillé a la forme suivante :

PROJET DE LECTURE : ...

Partie I (axe 1) : premier élément de réponse au projet de lecture
- Paragraphe 1 : argument 1 sur le texte accompagné d'une ou plusieurs citations expliquées.
- Paragraphe 2 : ...
- Paragraphe 3 : ...

Partie II (axe 2) : deuxième élément de réponse au projet de lecture
- Paragraphe 1...
- Paragraphe 2...
Et ainsi de suite....

Remarque : l'ordre des arguments doit toujours aller du plus évident au moins évident, de la lecture la plus simple à la lecture la plus subtile.

APPLICATION

Même support que pour la **FICHE MÉTHODE 1**.
▶ **p. 517** : R. Radiguet, *Le Diable au corps* (*explicit*, 1923).

ÉTAPE 4 — Définir son projet de lecture

1 Axes et projet de lecture

• **Éléments clés**
– Des temps verbaux faisant évoluer le **récit** d'un événement à son **analyse**.
– La force des émotions des personnages : insistance sur les **émotions**, les sensations du narrateur.
– Un personnage **tragique** enfermé dans sa douleur.
– La prise de conscience de l'**isolement du narrateur**.
– La **dramatisation** visible dans les étapes du récit.
– Un roman scandaleux.

L'isolement de plus en plus grand du narrateur-personnage ressort de cet *explicit**.

• **Axes de lecture se dégageant de ces éléments**
– Un texte de **registre tragique** : fin de roman d'amour, expression d'une fatalité, narrateur victime.
– Évolution des sentiments du narrateur : étapes d'une **crise**, isolement et auto-analyse.

• **Projet de lecture**
Montrer que le **lyrisme** de ce texte (l'expression des sentiments) renforce la **situation tragique** vécue par le personnage.

ÉTAPE 5 — Élaborer un plan détaillé

2 Construction du plan
Du projet de lecture découle le **fil conducteur** du plan : dans le cas de ce texte, on insistera sur le lien entre **lyrisme** (sentiments du narrateur rendus sensibles par l'emploi de *je*) et **registre tragique** (événement raconté : la mort de l'être aimé).

3 Forme du plan au brouillon

Partie I (axe 1) : Un texte tragique

• **Paragraphe 1 : La fin douloureuse d'un roman d'amour**

*Explicit** centré sur le narrateur-personnage devenu dépendant de son entourage.

→ Difficile retour à la réalité de l'univers familial (*Parce que mon père pleurait, je sanglotais* et *ma mère me prit en main*, l. 10-11).

• **Paragraphe 2 : L'expression d'une fatalité**
Métaphore de la *foudre* et lexique de la maladie, voire de la mort (*scarlatine*, l.12 et *yeux d'un mourant*, l. 8) :
→ Le personnage est submergé par des forces invincibles.

• **Paragraphe 3 : Le narrateur victime**
Les expressions de la douleur et de la souffrance : de l'absence de réaction (*je ne ressentais rien*, l. 5) au malaise physique (*syncope*, l. 13 et *perdre connaissance*, l. 16).

→ Réactions en chaîne du narrateur enfermé dans une douleur progressive.

> **Remarque :** chaque paragraphe de la partie est un argument sur le texte accompagné d'un relevé justificatif.

Partie II (axe 2) : L'évolution des sentiments du narrateur

→ Déterminez tous les arguments qui pourraient nourrir cette partie en vous fondant sur la façon dont sont organisés les relevés de la partie I.

→ Classez ces arguments dans un ordre cohérent (du plus évident au moins évident) en veillant à ne pas réemployer les mêmes exemples d'un paragraphe à l'autre.

EXERCICES D'ENTRAÎNEMENT

1 Définir le projet de lecture d'un extrait de nouvelle

1. Définissez la carte d'identité de ce texte en vous aidant des données du chapeau introducteur
➤ PARTIE I, p. 158.
2. Recopiez et complétez les donnés du tableau en ajoutant les interprétations manquantes.
3. Dégagez les axes de lecture du texte, puis le projet de lecture (lien entre ces axes).

RELEVÉS STYLISTIQUES	INTERPRÉTATION
Présent : *accourt* et hyperbole : *tout le monde*	Mise en évidence d'un événement
Sujets indéfinis : *tout le monde, on,* mais prénom : *Adelgunde*	
Discours indirect d'Adelgunde : *raconte [...] qu'en approchant...*	
Hyperbole : *tremblant de tous ses membres*	
Description : *forme aérienne ; enveloppée de brumes ; illusions du jour*	Éléments propres au registre ....
Repères spatiaux : *devant elle* et *dans sa direction*	Perception d'un phénomène étrange par un personnage isolé
Antithèse entre *apparition* et *on attribua... aux illusions du jour*	Écart entre un événement inquiétant et une interprétation rationnelle
Réactions de l'entourage : *on ne redouta aucune suite* et *affaire terminée*	
Exclamation : *autrement !*	
Présent de narration : *se lève* et *crie*	
Discours direct avec interrogations et exclamations : *La voilà !...*	Personnage isolé dans ses visions

1 Aux cris que poussent les jeunes filles, tout le monde accourt. On ramène Adelgunde au château. Elle finit par revenir à elle et raconte, tremblant de tous ses membres, qu'en appro-
5 chant de l'arche, elle a vu, à deux pas devant elle, une forme aérienne, comme enveloppée de brumes, tendre la main dans sa direction. On attribua naturellement l'apparition aux illusions du jour déclinant. Durant la nuit,
10 Adelgunde se remit si bien de sa terreur qu'on ne redouta aucune suite fâcheuse et qu'on crut l'affaire terminée. Mais il devait en aller bien autrement ! Le lendemain, dès que neuf heures sonnent, Adelgunde, horrifiée, se lève
15 d'un bond, au milieu du salon, et crie : « La voilà !... Ne voyez-vous rien ?... Là, devant moi ! »

E. T. A. Hoffmann, « Une histoire de fantôme » (extrait, 1814-1819), in *Les Frères de Saint-Sérapion*, Volume II, texte français établi sous la direction d'A. Béguin et M. Laval, © Phébus.

2 Le plan détaillé d'un commentaire de tirade

1. Dégagez le projet de lecture à partir du titre des deux parties de développement.
2. Sur le modèle de la partie I, retrouvez les arguments de la partie II en utilisant les relevés.
3. Pourquoi le troisième paragraphe de la partie I est-il plus à sa place dans cette partie que dans la deuxième ? Justifiez.

Partie I : Un personnage tenace
1. Succession de verbes d'action : *continue, va,* mais avec des obstacles : les objets qu'il porte (*brodequins* et *balancier*), puis les personnages qui le distraient (*se suspendent à mon manteau, phrases redondantes, de grands mots enchâssés*).
→ Octave, combatif, progresse malgré des menaces en tout genre.
2. Anaphore : *S'il regarde, en haut, en bas et sur le côté, il risque de tomber,* mais aussitôt après, *il va plus vite que le vent, d'une course légère.*
→ Personnage en danger mais qui s'adapte : Octave est une force de la Nature.
3. Autoportrait lucide avec l'impératif ouvrant la tirade *Figure-toi* et le présentatif qui la referme : *Voilà ma vie.*
→ Octave est le poète de sa propre vie.

Partie II : Une métaphore de l'existence humaine
– Métaphore filée du *danseur de corde.*
– Vocabulaire inquiétant, galerie de personnages monstrueux et hostiles : énumération de *vieilles petites figures... monstres.*
– Antithèses : *ciel-terre, bas-haut, orient-occident.*

Dans la comédie romantique Les Caprices de Marianne, *Octave est un jeune débauché qui sert d'intermédiaire entre Cœlio et l'inflexible Marianne* ➤ p. 92. *Au milieu de l'acte I, il se confie à son ami Cœlio.*

1   Figure-toi un danseur de corde¹, en brodequins² d'argent, le balancier au poing, suspendu entre le ciel et la terre ; à droite et à gauche, de vieilles petites figures racornies³,
5   de maigres et pâles fantômes, des créanciers⁴ agiles, des parents et des courtisanes⁵, toute une légion de monstres se suspendent à mon manteau et le tiraillent de tous côtés pour lui faire perdre l'équilibre ; des phrases redondan-
10 tes⁶, de grands mots enchâssés⁷ cavalcadent autour de lui ; une nuée de prédictions sinistres l'aveugle de ses ailes noires. Il continue sa course légère de l'orient à l'occident. S'il regarde en bas, la tête lui tourne ; s'il regarde en
15 haut, le pied lui manque. Il va plus vite que le vent, et toutes les mains tendues autour de lui ne lui feront pas renverser une goutte de la coupe joyeuse qu'il porte à la sienne. Voilà ma vie, mon cher ami ; c'est ma fidèle image
20 que tu vois.

ALFRED DE MUSSET, *Les Caprices de Marianne*, Acte I, scène 1 (extrait, 1851).

1. Funambule, équilibriste. **2.** Souliers. **3.** Desséchées.
4. Personnes à qui l'on doit de l'argent. **5.** Prostituées de luxe.
6. Répétitives. **7.** Pris les uns dans les autres.

3 Le plan détaillé d'un commentaire de texte théâtral

1. Suivant le relevé opéré sur l'extrait, dégagez deux ou trois axes de lecture, puis le projet de lecture.
2. Dressez le plan détaillé du commentaire avec des titres précis de parties et de sous-parties.

Éléments d'analyse classés suivant la carte d'identité

- **Contexte :** texte classique
  – Corneille, auteur classique, rival de Racine.
  – *Polyeucte* : tragédie chrétienne sur le thème du martyre.
  – Dialogue entre époux.

- **Genre :** théâtre
  – Tragédie en alexandrins.
  – Tirade accumulant exclamations et interrogations.
- **Forme de discours :** argumentatif
  – Rappel de promesses passées.
  – Questions rhétoriques sur un ton accusateur.
  – Volonté de persuader son époux en faisant appel à l'amour et à l'honneur.
- **Registre :** tragique
  – Apostrophes faisant de Pauline une femme torturée (*Cruel*) ; ton de la lamentation.
  – Expression de sentiments extrêmes avec la rime *déplorable / inconsolable*, le champ lexical de la souffrance (*douleur, larme*…) :

Polyeucte est une tragédie chrétienne où le seigneur arménien Polyeucte se convertit au christianisme ; il est condamné à mort puisqu'il est marié à Pauline, fille du gouverneur romain. Celle-ci ne sait plus comment le retenir d'accepter le martyre.

PAULINE (*à Polyeucte*)
1   Cruel ! car il est temps que ma douleur éclate,
    Et qu'un juste reproche accable une âme ingrate ;
    Est-ce là ce beau feu¹ ? sont-ce là tes serments ?
    Témoignes-tu pour moi les moindres sentiments ?
5   Je ne te parlais point de l'état déplorable
    Où ta mort va laisser ta femme inconsolable ;
    Je croyais que l'amour t'en parlerait assez,
    Et je ne voulais pas de sentiments forcés ;
    Mais cette amour² si ferme et si bien méritée,
10 Que tu m'avais promise, et que je t'ai portée,
    Quand tu me veux quitter, quand tu me fais mourir,
    Te peut-elle arracher une larme, un soupir ?
    Tu me quittes, ingrat, et le fais avec joie,
    Tu ne la caches pas, tu veux que je la voie ;
15 Et ton cœur, insensible à ces tristes appas³,
    Se figure un bonheur où je ne serai pas !
    C'est donc là le dégoût qu'apporte l'hyménée⁴ ?
    Je te suis odieuse après m'être donnée !

PIERRE CORNEILLE, *Polyeucte*, Acte IV, scène 3, vers 1235-1252 (1642).

1. Ce bel amour. **2.** Féminin même au singulier, au XVIIᵉ siècle.
3. Moyens de séduire. **4.** Le mariage.

FICHE MÉTHODE

3 Rédiger le commentaire

OBJECTIF : rédiger les différentes parties du commentaire en suivant les principes de construction du paragraphe argumentatif.

MÉTHODE

ÉTAPE 6 — Rédiger l'introduction et la conclusion

Encadrant le commentaire, elles sont toutes deux **préalablement rédigées au brouillon**.

1 Les trois phases de l'introduction

- **La présentation du texte à étudier :** le texte doit être présenté car le lecteur n'est pas censé le connaître. Ne pas commencer par « Ce texte », « Le document étudié »… mais par une entrée en matière qui évoque l'auteur, le thème, l'époque et le mouvement, puis le texte (genre, texte intégral ou extrait…).

- **L'annonce du projet de lecture :** il s'agit de résumer en une phrase le problème posé par le texte, sous la forme d'une interrogation directe ou indirecte.

- **L'annonce du plan :** elle énumère rapidement les grandes parties du plan, par exemple « dans une première partie, nous verrons…, avant d'examiner… ; pour finir, nous étudierons… ».

  Remarque : les structures impersonnelles (« il faut », « il est possible de »…) moins faciles à employer, sont préférables au « nous ».

2 Les deux phases de la conclusion

- Le **bilan** du développement : il répond au projet de lecture de l'introduction.

- La conclusion s'achève sur une **ouverture** : elle peut comparer deux textes de l'auteur, s'appuyer sur un autre document du corpus, ou encore sur la vie de l'auteur.

ÉTAPE 7 — Rédiger l'ensemble du commentaire

3 Le paragraphe argumentatif ▶ PARTIE III, p. 510

Cellule de base du développement, il est préparé au brouillon ; c'est une étape dans la **justification de la thèse** organisant la partie. Sa rédaction suit un ordre précis :
- **idée générale** (une seule par paragraphe, et un paragraphe par idée !) ;
- **exemple(s) :** ils doivent être **cités** entre guillemets (on peut aussi simplement y faire référence, l'idéal étant de varier leur insertion), puis **analysés** et **interprétés** ;
- **conclusion** générale du paragraphe.

4 Le développement rédigé

Sa rédaction définitive obéit aux principes suivants :

- **Ne pas faire apparaître les titres des parties et des sous-parties** (qui se notent seulement au brouillon) : alinéas et sauts de lignes suffisent à percevoir le plan du commentaire.

- **Rédiger des transitions entre les parties :** elles font le bilan de la partie achevée puis annoncent le contenu de la partie suivante.

- **Relire après chaque partie**, afin d'être toujours cohérent.

APPLICATION

Même support que pour les **FICHES MÉTHODE 1 ET 2**.
➤ p. 517 : R. RADIGUET, *Le Diable au corps* (explicit, 1923).

ÉTAPE 6 — Rédiger l'introduction et la conclusion

1 Les trois phases de l'introduction

Raymond Radiguet est l'auteur de récits qui ont fait de lui un jeune génie de la littérature, mort prématurément ; son roman intitulé *Le Diable au corps* parut en 1923 au sortir du premier conflit mondial, cadre de son récit. Cette histoire fit scandale en raison de l'amour qui unit un très jeune homme à une femme dont le mari est sur le front ; l'*explicit* relate le drame du narrateur-personnage qui vient d'apprendre la mort de sa bien-aimée. C'est la relation étroite des registres lyrique et tragique qui est au cœur de cet extrait. Pour ce faire, l'étude portera d'abord sur la dimension tragique de cette fin de roman avant d'analyser l'évolution des sentiments du narrateur confronté à la brutalité du destin.

Repérez distinctement les différentes étapes de cette introduction.

2 Les deux phases de la conclusion

Le narrateur-personnage est enfermé dans sa passion dévorante : les tourments physiques puis psychologiques virent à l'obsession, isolant cet individu de sa famille et du reste du monde. C'est cette situation tragique et sans issue qui est à la base d'un lyrisme douloureux touchant le lecteur. Et au-delà du succès de scandale qui avait la saveur des amours interdites entre deux individus d'âges très différents en temps de guerre, c'est certainement la force de ces élans lyriques qui explique l'attachement du public français à ce roman, l'un des deux seuls récits de cet auteur mort à vingt ans.

Quel choix d'ouverture a été fait ? Envisagez une autre façon d'ouvrir la conclusion.

ÉTAPE 7 — Rédiger l'ensemble du commentaire

3 Le paragraphe argumentatif

Paragraphe extrait de la première partie du commentaire ➤ p. 521 : FICHE MÉTHODE 2, ÉTAPE 5 : partie I, paragraphe 2, « L'expression d'une fatalité » :

La fatalité s'insinue dans le texte de manière poétique ; en effet, le narrateur emploie plusieurs images de destruction, telles que la « foudre », comparant employé pour souligner la brutalité du choc subi. La gradation de verbes à l'infinitif « durcir, refroidir, me pétrifier » évoque également les sensations éprouvées par le narrateur à la suite de l'annonce. Il signale ainsi qu'il vit à son tour certains symptômes de la mort en perdant sa sensibilité d'être vivant. La violence du destin apparaît aussi à travers l'injonction au discours direct du père, « Sortez », dernière réaction possible avant le silence de toute la maison, mort symbolique qui les a tous frappés. Ainsi, le registre tragique s'affirme clairement dans l'expression de la fatalité.

1. Retrouvez les trois étapes du paragraphe.
2. Comment les exemples sont-ils introduits ?
3. Quel connecteur logique clôt le paragraphe ?

EXERCICES D'ENTRAÎNEMENT

1 La rédaction de l'introduction de commentaire

Plan du commentaire
Partie I : Un éloge de la beauté.
Partie II : Une vision paradoxale de la beauté.
Partie III : Une beauté maléfique.

1. Choisissez parmi ces débuts d'introduction (A, B et C) celui qui convient, en justifiant.
2. Définissez le projet de lecture du commentaire.
3. Rédigez l'annonce de plan.
4. Rédigez l'ensemble de l'introduction.
5. Rédigez au choix la transition de la partie I vers la partie II, ou de la partie II vers la partie III.

SUPPORT

C. Baudelaire, *Les Fleurs du mal*, « Hymne à la beauté » ▶ PARTIE I, p. 346

Proposition A

Charles Baudelaire, célèbre poète de la seconde moitié du XIXᵉ siècle (1821-1867), fut mis en pension par son beau-père, ce qui l'amena à se révolter dès son plus jeune âge. Il voyagea beaucoup, s'imprégnant d'images exotiques qui marquèrent son œuvre, composée de deux recueils majeurs : *Les Fleurs du mal* et *Le Spleen de Paris*.

Proposition B

Ce poème est extrait des *Fleurs du mal*, célèbre recueil du poète Charles Baudelaire, composé, en 1861, de six sections, après le remaniement qui eut lieu suite à la condamnation du recueil en 1857 pour « outrage à la morale publique » : « Spleen et idéal », « Tableaux parisiens », « Le Vin », « Fleurs du mal », « Révolte », « La Mort ». On notera en outre que le livre s'ouvre sur un poème « Au lecteur », qui sert de préface, et se clôt sur un appel à la mort.

Proposition C

Le poème « Hymne à la beauté » appartient à la section « Spleen et idéal » *des Fleurs du mal*, célèbre recueil du poète Charles Baudelaire publié en 1857 et qui fit scandale tout en révolutionnant le champ de la poésie. Dans cet extrait, le poète, oscillant entre ces deux pôles, spleen et idéal, propose une définition de la beauté ; fondatrice, elle est au cœur des recherches esthétiques du poète et peut remettre en cause le statut même de la poésie.

2 La rédaction de la conclusion

1. Traitez la question de commentaire donnée à la fin du questionnaire analytique ▶ p. 263.
2. Rédigez la conclusion intégrale de ce commentaire en sélectionnant dans l'ensemble du chapitre 6 ▶ p. 260 le texte le plus intéressant à mettre en relation avec celui-ci.
3. Trouvez deux tableaux surréalistes présents dans le chapitre 6 et susceptibles d'être comparés au texte.

SUPPORT

A. Breton et P. Soupault, *Les Champs magnétiques* ▶ p. 262

3 La rédaction d'un paragraphe de commentaire

1. Faites correspondre la bonne proposition de rédaction au plan de paragraphe proposé ci-dessous ; justifiez.
2. Repérez les étapes du paragraphe.
3. Expliquez comment les citations sont insérées, et réécrivez le paragraphe en les insérant à votre façon.

Partie I : Un portrait décevant
Paragraphe 1. Un portrait dévalorisant :
Bérénice est dépréciée (argument).
Constat de laideur → déception (à l'aide d'outils d'analyse).

SUPPORT

L. Aragon, *Aurélien* ▶ ci-après

Proposition A

Dans le texte, on trouve les adjectifs « laide, petite, pâle, disproportionné ». D'ailleurs, le narrateur parle aussi de la chevelure de la femme pour dire qu'elle n'est pas à son goût.

Proposition B

Tout d'abord, Bérénice est dépréciée ; à peine apparue, elle est déjà l'objet d'une déception traduite par l'image de la laideur fortement marquée grâce au qualificatif « laide » de la première phrase, renforcé par l'adverbe « franchement » ; l'insistance sur les épithètes « disproportionné », « petite » ou

« pâle » dresse un portrait peu enviable. L'image s'aggrave quand la chevelure — symbole de la féminité — est dégradée, comme l'indiquent les attributs « ternes » et « mal tenus », éléments participant à la dévalorisation du personnage.

Proposition C

Pour commencer, le narrateur dit que la femme ne lui plaît pas (« laide, petite, pâle, disproportionné »). Il continue en parlant de ses cheveux qui sont, d'après lui, sales. Une femme ne doit pas avoir les cheveux sales pour plaire à un homme. On conclut qu'il ne l'aime pas car il insiste beaucoup sur ce point.

1 La première fois qu'Aurélien vit Bérénice, il la trouva franchement laide. Elle lui déplut, enfin. Il n'aima pas comment elle était habillée. Une étoffe qu'il n'aurait pas choisie.
5 Il avait des idées sur les étoffes. Une étoffe qu'il avait vue sur plusieurs femmes. Cela lui fit mal augurer[1] de celle-ci qui portait un nom de princesse d'Orient[2] sans avoir l'air de se considérer dans l'obligation d'avoir du
10 goût. Ses cheveux étaient ternes ce jour-là, mal tenus. Les cheveux coupés, ça demande des soins constants. Aurélien n'aurait pas pu dire si elle était blonde ou brune. Il l'avait mal regardée. Il lui en demeurait une impression
15 vague, générale, d'ennui et d'irritation. Il se demanda même pourquoi. C'était disproportionné. Plutôt petite, pâle, je crois… Qu'elle se fût appelée Jeanne ou Marie, il n'y aurait pas repensé, après coup. Mais Bérénice. Drôle
20 de superstition. Voilà bien ce qui l'irritait.

Louis Aragon, *Aurélien* (incipit, 1944),
© Gallimard.

1. Annoncer.
2. Princesse aimée de l'empereur Titus qui dut l'éconduire : Romain, il ne pouvait épouser une Juive. Bérénice est l'héroïne d'une tragédie de Racine (1670).

4 La rédaction d'une partie de commentaire

Rédigez l'ensemble de la partie I du commentaire du texte de Radiguet ➤ p. 517.
Soignez en particulier :
– les connecteurs logiques reliant les paragraphes ;
– la transition fermant la partie I et ouvrant sur la partie II.

5 La rédaction intégrale d'un commentaire

Appliquez les sept étapes de la démarche du commentaire.
1. Quelles impressions se dégagent de la description ?
2. Établissez la carte d'identité du texte.
3. Relevez tous les éléments stylistiques conformes à la carte d'identité.
➤ p. 516 : FICHE MÉTHODE 1
4. Dégagez deux ou trois axes de lecture, puis le projet de lecture du commentaire.
5. Élaborez le plan détaillé en intitulant clairement parties et sous-parties du développement.
➤ p. 520 : FICHE MÉTHODE 2
6. Rédigez intégralement au brouillon l'introduction et la conclusion du commentaire.
7. Rédigez l'ensemble du commentaire sur la copie en tenant compte des caractéristiques du paragraphe argumentatif.
➤ p. 524 : FICHE MÉTHODE 3

SUPPORT

Choisissez chez Zola soit le portrait de Lisa dans *Le Ventre de Paris* ➤ p. 239 soit celui de Pauline dans *La Joie de vivre* ➤ p. 240.

6 Le commentaire d'image

1. Choisissez le tableau de Courbet ou celui de Caillebotte reproduits dans ce manuel ➤ p. 230.
2. Inspirez-vous du questionnaire proposé pour définir le projet d'analyse de cette œuvre, puis deux ou trois parties d'étude précises du tableau.
3. Rédigez une introduction insistant sur l'aspect réaliste de l'image.
4. Rédigez un paragraphe du commentaire au choix.
➤ PARTIE II, p. 397 : L'IMAGE FIXE

Chapitre 4 : De la lecture d'un corpus à la dissertation

Giuseppe Arcimboldo (1527-1593), *Le Bibliothécaire* (1566), huile sur toile, 96 x 71 cm (Monastère de Sko, Uppsala).

Objectif

Être capable de comprendre un sujet de réflexion et de construire une argumentation fondée sur un corpus et des connaissances personnelles.

LE CORPUS

UN CORPUS EST un ensemble de documents. Il s'agit de **textes**, auxquels peuvent s'ajouter des **documents iconographiques** (reproduction de tableau, dessin humoristique, photographie représentant la mise en scène d'une pièce de théâtre, etc.).

LA DISSERTATION

La **dissertation** est une argumentation dont le sujet porte sur un **objet d'étude** au programme, et qui doit s'appuyer à la fois sur un corpus proposé comme support, et sur des exemples personnels.
➤ **PARTIE II, p. 413 :** LE DISCOURS ARGUMENTATIF
➤ **PARTIE III, p. 506 :** UTILISER DES EXEMPLES

Étymologiquement définie comme un développement rédigé, la dissertation est en fait un exercice scolaire très codifié, constitué d'une introduction, d'un développement rigoureusement construit et d'une conclusion.

530	FICHE **1** Traiter un sujet de réflexion à partir d'un corpus
534	FICHE **2** Élaborer un plan de dissertation
538	FICHE **3** Rédiger une introduction, une conclusion et des paragraphes argumentatifs de dissertation

FICHE MÉTHODE

1 Traiter un sujet de réflexion à partir d'un corpus

OBJECTIF : développer des idées et rechercher des exemples à partir de la lecture attentive d'un sujet de réflexion.

MÉTHODE

ÉTAPE 1 — L'analyse du sujet

C'est **l'étape décisive** : de la lecture du sujet découle toute la démarche à adopter.

1 La lecture attentive du libellé

Il faut recopier le libellé au brouillon et s'interroger sur les éléments suivants :
- les **références**, s'il s'agit d'une citation (contexte ?, auteur ?...) ;
- les **mots clés** (définition ?) ;
- les **connecteurs logiques** (fonctions ?) ;
- les **termes du libellé** (démarche suggérée ?).

EX. : « pensez-vous que... ? », « dans quelle mesure... ? », « partagez-vous l'opinion suivant laquelle... ? »

Ces verbes suggèrent souvent de nuancer le point de vue proposé en apportant une réflexion personnelle.

ATTENTION !
- **Écrire le sujet** au milieu de la page, **encadrer** les mots importants et noter toutes les **pistes de réflexion** qui se dégagent de l'analyse, par un système de flèches reliées aux mots encadrés ;
- Questionner le sujet en procédant par **associations d'idées** : pourquoi tel mot ? Avec quel(s) autre(s) puis-je le mettre en relation ? etc.

2 La formulation de la problématique

Il faut aussi s'interroger sur l'implicite (les sous-entendus de certaines formulations). Il devient alors possible de formuler la problématique et de rechercher des arguments.
La problématique, c'est la question posée par le sujet ; elle permet de dégager des pistes de réflexion qui seront développées ensuite.

- Si le sujet demande un point de vue personnel sur l'avis d'un auteur, sur une citation donnée, il faut adopter la **démarche dialectique** ainsi développée :
- **Première partie : expliquer, comprendre** ce que signifie l'avis formulé, le sujet (→ thèse).
- **Deuxième partie :** répondre à cet avis en le nuançant par un point de vue plus personnel (→ antithèse).

   Remarque : il ne s'agit pas de contredire mais de tempérer, même fortement, l'avis exprimé.

- **Troisième partie : dépasser le débat** des deux parties précédentes par un regard plus distant, plus critique (→ synthèse).

➤ **PARTIE II, p. 479 :** CIRCUIT ARGUMENTATIF ET PROGRESSION DU RAISONNEMENT

- Si le sujet demande de développer un point, d'envisager les différents aspects d'une question ou d'un thème, il est nécessaire d'adopter la **démarche thématique** ; chaque partie (de deux à quatre, de façon à ne pas diluer artificiellement le propos) est une étape dans le **traitement du thème** étudié.

– Première partie : aspect A du thème.
– Deuxième partie : aspect B du thème.
– etc.
➤ **p. 415** : LE DISCOURS EXPLICATIF
Le type de démarche (le plan) est suggéré par le libellé.

3 La recherche d'arguments

On recherche des arguments en se documentant sur le sujet et l'objet d'étude concerné, à l'aide :
- des notes de cours ;
- du manuel (chapitres consacrés à l'objet d'étude et fiches de synthèse de la partie I) ;
- des ressources du CDI (encyclopédies, dictionnaires, ouvrages documentaires…).

ÉTAPE 2 L'analyse du corpus

4 La recherche d'exemples dans les textes du corpus

Le corpus sert à la fois de réserve d'exemples et d'aide-mémoire.
Une fois que le libellé est bien compris et que le champ du sujet est clairement délimité, on recherche dans le corpus :
- les éléments (arguments) qui confirment la thèse proposée à votre réflexion ;
- ceux qui, au contraire, s'y opposent (le cas échéant).

5 L'ajout d'exemples personnels

Ce complément est généralement suggéré par le sujet.

APPLICATION

EXEMPLE DE SUJET DE RÉFLEXION

Stendhal a écrit : « Un roman : c'est un miroir qu'on promène le long d'un chemin » (*Le Rouge et le Noir*, I, XIII), mais aussi : « Toute œuvre d'art est un beau mensonge ». Dans quelle mesure ce paradoxe s'applique-t-il aux textes du corpus et aux romans, naturalistes ou non, que vous avez lus ?

➤ **PARTIE I, p. 233** : LA DESCRIPTION NATURALISTE

ÉTAPE 1 L'analyse du sujet

1 La lecture attentive du libellé

- **Références :** « Stendhal » ; « *Le Rouge et le Noir*, I, XIII ».
Faites des recherches sur Stendhal, sur son œuvre romanesque, sur son style : parmi ces informations, lesquelles peuvent être mises en relation avec le sujet ?

- **Mots clés :** « roman » ; « œuvre d'art » ; « beau mensonge ».
Quelle définition Stendhal donne-t-il ici du roman ? Quelles figures de style apparaissent dans ces définitions ? Comment interprétez-vous leur signification ?

- **Connecteurs logiques :** « mais aussi ».
Quelle est la valeur de ce connecteur logique ? À quel terme du libellé le rattacher ?
➤ **p. 413** : LE DISCOURS ARGUMENTATIF

- **Termes du libellé :** « dans quelle mesure ce paradoxe […] ? »
Que suggère ce type de question ? Quelle démarche est alors attendue ?

FICHE MÉTHODE

2 La formulation de la problématique

Le sujet parle de « paradoxe » mais l'élève doit implicitement comprendre que, par définition, l'écriture romanesque s'éloigne de la réalité, même quand elle veut la représenter.

- À partir de ces analyses préalables, **quelle problématique** peut-on dégager ?

→ *Reformuler la question essentielle soulevée par le sujet.*

- **Quel type de plan** permettra d'expliquer le paradoxe, de résoudre l'apparente contradiction ?
▶ **PARTIE II, p. 479** : CIRCUIT ARGUMENTATIF ET PROGRESSION DU RAISONNEMENT

3 La recherche d'arguments

- Arguments pour la thèse A : roman = « miroir qu'on promène le long d'un chemin » ?
- Arguments pour la thèse B : œuvre d'art = « beau mensonge » ?
(N.B. : le sujet ne porte que sur le roman)
- Arguments permettant de résoudre le paradoxe ? Vous pouvez vous aider des synthèses portant sur le réalisme et le naturalisme ▶ **PARTIE I, p. 231 et 242**.
▶ **p. 446** : LE CADRE SPATIO-TEMPOREL ET LE SCHÉMA ACTANTIEL

ÉTAPE 2 — L'analyse du corpus

Rappel : à chaque argument doivent correspondre un ou deux exemples.
▶ **PARTIE III, p. 500** : LE PARAGRAPHE ARGUMENTATIF

4 La recherche d'exemples dans les textes du corpus

- Recherchez des exemples dans les extraits de romans naturalistes de la séquence 16 ▶ **p. 233** : LA DESCRIPTION NATURALISTE

5 L'ajout d'exemples personnels

- Recherchez d'autres exemples de romans naturalistes puisés dans vos lectures personnelles.
- Quels autres exemples retenir pour diversifier les références et s'écarter du mouvement naturaliste ? Quels sont les chapitres du manuel qui peuvent vous aider ?
- Qu'exploiter dans ces exemples : l'intrigue ? les repères spatio-temporels ? la vie et le caractère des personnages ?...

Remarque : un dictionnaire des œuvres est un outil essentiel pour trouver des idées.
Entraînez-vous à son utilisation en tenant compte des titres suivants (absents du manuel) :
– Balzac, *Illusions perdues* ;
– Dumas fils, *La Dame aux camélias* ;
– Eugène Sue, *Les Mystères de Paris* ;
– Gide, *Les Faux-Monnayeurs* ;
– Sartre, *La Nausée* ;
– Nathalie Sarraute, *Portrait d'un inconnu*.
Relevez au fur et à mesure de la lecture des articles du dictionnaire les éléments qui pourraient nourrir votre argumentation.

EXERCICES D'ENTRAÎNEMENT

1 Des termes du sujet à la problématique

Après avoir recopié et lu attentivement les sujets ci-dessous :
1. précisez à quel objet d'étude du programme chacun d'eux se rattache ;
2. surlignez les mots clés ;
3. dégagez les pistes de réflexion soulevées ;
4. dégagez la problématique.

Sujet A

Dans la Grèce antique, le théâtre était considéré à la fois comme un divertissement et un moyen d'éducation des citoyens. Vous vous demanderez si les œuvres dramatiques que vous connaissez remplissent cette double fonction et si elles ont d'autres rôles à jouer pour les spectateurs.

Sujet B

Dans *Les Mots*, Jean-Paul Sartre a écrit : « Longtemps j'ai pris ma plume pour une épée ». À quelles conditions pensez-vous que l'art et la littérature soient des armes efficaces pour défendre des idées ? Pour répondre à cette question, vous développerez une argumentation qui s'appuiera sur des exemples de genres et de registres variés.

2 Le choix de la bonne problématique

Sélectionnez pour les deux sujets la problématique qui convient, en justifiant.

Sujet A

Une comédie fait-elle forcément rire le spectateur ? Vous répondrez à cette question en vous appuyant sur les œuvres étudiées dans l'année et sur votre propre connaissance du théâtre.

Problématiques proposées :
a. Quelles sont les différences entre la tragédie et la comédie ?
b. Quels sont les procédés propres à la comédie ?
c. Peut-on assimiler registre comique et comédie ?

Sujet B

« Nous sortir de l'enlisement des traditions, superstitions et mœurs ; nous faire apprécier de multiples civilisations sans reniement de la nôtre ; élever notre vision du monde, cultiver notre personnalité, renforcer nos qualités, mater nos défauts ; faire fructifier en nous les valeurs de la morale universelle ; voilà la tâche que s'était assignée l'admirable directrice » (Mariama Bâ, *Une si longue lettre* ➤ PARTIE I, p. 304). Ce programme éducatif correspond-il à l'image que vous vous faites de l'éducation aujourd'hui ?

Problématiques proposées :
a. L'éducation est-elle aussi variée que l'affirme Mariama Bâ ?
b. L'éducation a-t-elle pour mission de faire de l'homme un être libre, cultivé et ouvert sur le monde ?
c. L'école est-elle le seul lieu de l'éducation ?

3 L'analyse de sujet et la recherche d'arguments

1. Procédez à l'analyse du sujet.
2. Formulez la problématique.
3. La démarche est-elle dialectique ou thématique ?
4. Recherchez les arguments appropriés.

Sujet

Préférez-vous que le roman raconte la destinée de héros exceptionnels ou de personnages de la vie quotidienne ? Vous fonderez votre argumentation sur des exemples précis d'œuvres que vous avez lues ou étudiées.

4 La problématique et le choix d'exemples

1. Définissez la problématique de ce sujet.
2. Dans les séquences 14 ➤ p. 202, 19 ➤ p. 273, 20 ➤ p. 284, et 25 ➤ p. 344, sélectionnez les œuvres qui pourraient nourrir votre sujet en distinguant celles qui vont dans le sens de la « tour d'ivoire » et celles qui ouvrent le poète au monde extérieur.

Sujet

On a souvent reproché aux poètes de se réfugier dans leur tour d'ivoire et dans leurs jeux avec le langage, d'être insensibles aux problèmes et aux douleurs du monde. L'analyse du corpus et votre culture personnelle vous conduisent-elles à partager ce jugement ?
➤ PARTIE I, p. 281 : SURRÉALISME ET ENGAGEMENT

FICHE MÉTHODE

2 Élaborer un plan de dissertation

OBJECTIF : classer ses idées dans un plan structuré de dissertation.

MÉTHODE

Un plan de développement comporte deux ou trois parties, elles-mêmes subdivisées en **paragraphes**.
– Chaque **partie** développe un aspect particulier de la question.
– Les **sous-parties** ou **paragraphes** proposent des arguments et des exemples.
▶ PARTIE III, p. 500 : LE PARAGRAPHE ARGUMENTATIF
– L'ensemble doit être **équilibré** (longueur des parties et nombre des paragraphes à peu près équivalents d'une partie à l'autre).

ATTENTION !
La réponse à la problématique n'apparaît pas d'emblée : elle est l'aboutissement de votre réflexion. Il s'agit donc d'arriver **progressivement** et **logiquement** à cette conclusion, en partant des constats les plus simples (en première partie), pour arriver aux arguments les plus subtils (en dernière partie).

ÉTAPE 3 L'élaboration d'un plan détaillé adapté au sujet

1 Le fil conducteur du devoir
L'essentiel est de garder le cap, de s'en tenir à un fil conducteur bien relié au sujet.
• Les arguments sont ordonnés à partir de l'analyse précise du sujet.
• La démarche doit rester cohérente : les étapes sont organisées logiquement, afin de donner une réponse progressive à la question posée.

2 L'élaboration du plan
Le plan s'établit au **brouillon** dans le respect d'une démarche claire et logique.
• Un titre est donné à chacune des deux ou trois parties du développement. Ce titre est une réponse partielle à la question soulevée par le sujet.
• Les arguments sont classés dans des paragraphes argumentatifs qui développent l'idée de la partie.
▶ p. 500 : LE PARAGRAPHE ARGUMENTATIF
• Un ou deux exemples précis complètent chaque argument.
▶ p. 506 : UTILISER DES EXEMPLES
• Les transitions relient les différentes étapes du raisonnement : noter le connecteur logique approprié et l'idée qui servira de lien entre les parties.
▶ PARTIE II, p. 413 : LE DISCOURS ARGUMENTATIF

I - IDÉE : ....
  § 1 : ARGUMENT 1 : ....
    Exemple(s) : ....
  § 2 : Connecteur logique → ARGUMENT 2 : ....
Transition (phrase de lien entre les parties I et II) : ....

II - IDÉE : ....
  § 1 : ARGUMENT 1 : ....
    Exemple(s) : ....
  § 2 : Connecteur logique → ARGUMENT 2 : ....
    Exemple(s) : ....

APPLICATION

EXEMPLE DE SUJET DE RÉFLEXION

Stendhal a écrit : « Un roman : c'est un miroir qu'on promène le long d'un chemin » (*Le Rouge et le Noir*, I, XIII) mais aussi : « Toute œuvre d'art est un beau mensonge ». Dans quelle mesure ce paradoxe s'applique-t-il aux textes du corpus et aux romans, naturalistes ou non, que vous avez lus ?

➤ **PARTIE I, p. 233** : LA DESCRIPTION NATURALISTE

ÉTAPE 3 — L'élaboration d'un plan détaillé adapté au sujet

I **Certes**, la création romanesque s'inspire du réel, qu'elle s'efforce de représenter.

- **§ 1 - En effet**, le roman est un genre plus apte que d'autres à représenter le réel (histoires vraisemblables, inspirées de faits divers, cadre réaliste).

  EX. : *Le Rouge et le Noir*, de Stendhal = affaire Berthet ; le cadre réaliste de *L'Assommoir*, roman de Zola = description du café, langage populaire ➤ p. 237.

- **§ 2 - De plus**, la longueur d'un roman permet de développer dans la durée l'itinéraire des héros.

  EX. : le roman d'apprentissage au XIXe siècle → *Bel-Ami* de Maupassant ➤ p. 228 ; *L'Œuvre* de Zola ➤ p. 246.

- **§ 3 - En outre**, des écrivains font des enquêtes journalistiques transposées dans leurs romans.

  EX. : les carnets de Zola = la mine dans *Germinal* ; les travaux d'Haussmann dans *La Curée* ➤ p. 236 ; la vie des artistes dans *L'Œuvre*... ➤ p. 246.

II **Cependant**, le roman, comme toute œuvre littéraire, ne peut pas être une simple imitation de la vie.

- **§ 1 - D'abord**, parce que copier le réel est impossible et serait ennuyeux ; il faut choisir et composer.

  EX. : la préface de *Pierre et Jean* de Maupassant, intitulée « Le Roman » ; les portraits de personnages dans *Le Ventre de Paris* et dans *La Joie de vivre* de Zola → véritables tableaux ➤ p. 239-240.

- **§ 2 - Ensuite**, le narrateur reste rarement neutre (subjectivité = miroir déformant).

  ➤ p. 443 : LE NARRATEUR ET LA FOCALISATION
  ➤ p. 387 : LES OUTILS GRAMMATICAUX

  EX. : *Madame Bovary* de Flaubert mêle les points de vue internes de plusieurs personnages = plusieurs visions du réel (quelle est la vraie ?) ➤ p. 224 et *Inconnu à cette adresse* de Kressmann Taylor = échange de lettres, de points de vue opposés sur le nazisme.

- **§ 3 - Autre distorsion**, les romanciers choisissent des héros dont le caractère, les aventures, le destin sont hors du commun, même dans les œuvres réalistes.

  EX. : Julien Sorel, héros de Stendhal ➤ p. 220 ; Jean Valjean chez Hugo ; le docteur Rieux chez Camus...

III **Alors**, le romancier, même réaliste, n'est-il pas un « illusionniste » ?

- **§ 1 - Oui**, un roman est d'abord un « beau mensonge » = création de l'imaginaire savamment composée.

  EX. : *La Curée* de Zola = la description de la serre ➤ p. 236.

- **§ 2 - D'ailleurs**, le romancier doit séduire le lecteur (au sens fort du terme) et l'entraîner irrésistiblement vers le dénouement.

  EX. : les romans policiers, au réalisme souvent noir, entretiennent le suspense (Daeninckx) ; romans d'anticipation (*1984* d'Orwell).

- **§ 3 -** Les romanciers sont **donc** des « illusionnistes » (Maupassant) **car** ils nous divertissent et nous instruisent tout à la fois.

  EX. : Rabelais ➤ p. 119 ; *La Peste* de Camus = récit captivant qui offre des sujets de réflexion (sur l'engagement, la résistance...) ➤ p. 143.

Questions

1. Observez le lien entre l'idée énoncée au début de chaque grande partie et le sujet.
   → *Expliquez ce lien en vous référant explicitement aux termes du sujet.*

2. Observez la progression des arguments au sein de chaque partie.
   → *Analysez la fonction des différents connecteurs logiques.*

3. Observez la diversité des exemples. Sont-ils sur le même plan ? Relèvent-ils tous du réalisme ou du naturalisme ? Justifiez.
   → *Pour chaque argument, proposez un autre exemple en vous inspirant du travail sur un dictionnaire des œuvres* ➤ p. 532.

   ➤ p. 413 : LE DISCOURS ARGUMENTATIF

EXERCICES D'ENTRAÎNEMENT

1 De la problématique au plan du développement

1. Encadrez et définissez les mots clés du sujet ; puis dégagez la problématique ➤ PARTIE III, p. 530.

2. Sélectionnez le plan le mieux adapté à la problématique, parmi les propositions suivantes :

PROPOSITION A
Partie I : Les dramaturges ont souvent repris ou copié des éléments de textes anciens (personnages, situations dramatiques...).
Partie II : Les dramaturges se sont inspirés de la littérature antique (thèmes, mythes...).
Partie III : Finalement, le théâtre moderne n'a rien inventé.

PROPOSITION B
Partie I : Comédie et tragédie ont repris des thèmes et des situations dramatiques du théâtre antique.
Partie II : Mais ces thèmes et ces situations sont adaptés et réécrits suivant l'inspiration et les préoccupations des auteurs.
Partie III : Finalement, toute œuvre théâtrale, même novatrice, emprunte au passé quand elle « crée ».

PROPOSITION C
Partie I : La tragédie a repris les mythes de l'Antiquité et les a adaptés aux réalités contemporaines de l'auteur.
Partie II : La comédie a fait la même chose en reprenant les thèmes et les types comiques de l'Antiquité.
Partie III : Finalement, le théâtre copie le passé.
➤ PARTIE I, p. 19 : SOPHOCLE, D'HIER À AUJOURD'HUI
➤ p. 61 : DES TYPES ANTIQUES AUX TYPES CLASSIQUES, DE PLAUTE À MOLIÈRE

SUJET
L'histoire littéraire définit souvent les grands écrivains comme des « créateurs ». La reprise de thèmes, de mythes ou de types antiques dans les comédies ou les tragédies modernes vous permet-elle d'employer ce terme pour les auteurs de théâtre ?

2 Le plan détaillé

Élaborez le plan détaillé du sujet proposé dans l'exercice 1, selon le modèle proposé ➤ p. 534.

1. Énoncez clairement chaque argument et notez les références de l'exemple qui s'y rapporte.
2. Précisez et encadrez les connecteurs logiques.
3. Rédigez les transitions.
4. Proposez, pour chaque exemple, une piste d'analyse.
➤ p. 506 : UTILISER DES EXEMPLES

3 Du plan général au plan détaillé

1. Voici une proposition de plan : comment nomme-t-on ce type de raisonnement ?
➤ PARTIE II, p. 479 : CIRCUIT ARGUMENTATIF ET PROGRESSION DU RAISONNEMENT
Partie I : Certes, l'univers des œuvres littéraires peut sembler souvent éloigné de celui des lecteurs.
Partie II : Cependant, lorsque les écrivains nous parlent d'eux, ils nous parlent aussi de nous.

2. Élaborez un plan détaillé à partir de cette proposition :
– notez trois arguments pour chacune des deux parties ;
– précisez les connecteurs logiques et les transitions ;
– associez un exemple précis à chacun des arguments (trois exemples seront choisis dans le corpus et les autres hors corpus).

SUJET
Hugo écrit dans sa préface des *Contemplations* : « On se plaint quelquefois des écrivains qui disent "moi". Parlez-nous de nous, leur crie-t-on. Hélas ! Quand je vous parle de moi, je vous parle de vous. Ah ! Insensé qui crois que je ne suis pas toi ! »
En tant que lecteur, avez-vous le sentiment que les écrivains parlent de vous dans leurs œuvres, même lorsqu'ils emploient la première personne ? Pour répondre à cette question, vous vous appuierez sur le corpus et vous élargirez votre réflexion sans vous limiter au mouvement romantique.
➤ p. 202 : LA POÉSIE ROMANTIQUE

4 De la constitution d'un corpus au plan détaillé

1. Constituez votre propre corpus. Pour ce faire, recherchez :
   – trois textes dans ce manuel illustrant la première partie de la citation de D. Fernandez, et trois textes illustrant la seconde partie ;
   – trois exemples d'œuvres intégrales dans vos souvenirs personnels ou étudiées au cours de l'année qui pourront illustrer votre thèse.
2. Organisez le plan détaillé de la dissertation en insistant sur les liens logiques du devoir.

SUJET

Dominique Fernandez, dans *L'Étoile rose* (1978), fait dire à l'un de ses personnages : « La littérature occidentale, dans sa grande tradition, valorise la nuit, l'échec, la mort, le pessimisme… contre le jour, la réussite, la vie, l'optimisme !... ».
Votre expérience de lecteur vous conduit-elle à confirmer ce jugement ?
Vous expliquerez votre intérêt pour l'une ou l'autre littérature, en vous appuyant sur des exemples variés, empruntés au corpus et à vos lectures personnelles.

5 Un sujet de dissertation sur l'image

1. Analysez le sujet, en vous aidant du chapitre « L'image mobile » ➤ p. 402.
2. Formulez la problématique.
3. Élaborez un plan détaillé, en respectant les consignes présentées dans cette fiche.
4. Rédigez un paragraphe tiré de ce plan en insistant sur la précision de(s) exemple(s) de film(s) utilisé(s).

SUJET

Jadis, dans ses *Scènes de la vie future*, l'écrivain Georges Duhamel reprochait au cinéma d'être « un amusement d'illettrés ». Le cinéma, pour vous, est-il un art à part entière ou un simple divertissement ? Pour répondre, vous vous appuierez sur des exemples précis de films que vous avez vus ou étudiés.

6 Un sujet de dissertation sur le récit

1. Analysez le sujet, en accordant une attention particulière aux images utilisées par Cioran.
2. Reformulez la thèse de Cioran dans vos propres termes.
3. Formulez la problématique.
4. Énoncez les idées à développer dans les grandes parties.
5. Élaborez le plan détaillé.

SUJET

Dans son livre *De l'inconvénient d'être né* (1988), l'écrivain Emil Cioran s'est exprimé ainsi : « J'aime lire comme lit une concierge : m'identifier à l'auteur et au livre. Toute autre attitude me fait penser au dépeceur de cadavres ». Afin de réfuter la thèse de l'auteur, vous expliquerez en quoi le travail d'analyse des textes du corpus peut au contraire enrichir le plaisir de la lecture.
➤ p. 113 : DE L'ÉPOPÉE AU ROMAN

7 Disserter sur l'éloge et le blâme

1. Quelle est la problématique de ce sujet ?
   ➤ p. 530 : FICHE MÉTHODE 1
2. Dressez le corpus que vous utiliserez dans le devoir, en insistant sur les éléments liés aux termes du sujet.
3. Élaborez le plan détaillé de ce devoir.
4. Rédigez les transitions de parties.

SUJET

« Sans la liberté de blâmer, il n'est point d'éloge flatteur » (Beaumarchais, *Le Mariage de Figaro*, Acte V, scène 3).
Ce constat de Figaro associe clairement les notions d'éloge et de blâme. Cette définition correspond-elle aux textes étudiés dans le chapitre 8 ?
➤ p. 322 : PORTRAITS, L'ÉLOGE ET LE BLÂME

FICHE MÉTHODE

3 Rédiger une introduction, une conclusion et des paragraphes argumentatifs de dissertation

OBJECTIF : rédiger une dissertation dans le respect des principes de rédaction du paragraphe argumentatif.

MÉTHODE

ÉTAPE 4 — Rédiger au brouillon l'introduction et la conclusion

1 L'introduction

Même si elle ne constitue qu'un paragraphe, elle comporte **trois étapes** bien reliées entre elles :
- D'abord, elle situe le sujet dans un **contexte plus général** (thématique, culturel …) :
  EX. : définition du mouvement littéraire dans lequel s'inscrit le sujet, ou du genre dont il sera question dans la dissertation ; présentation de l'œuvre d'un auteur, comme le cycle des *Rougon-Macquart* ➤ **PARTIE I, p. 258** si sujet porte sur Zola…
- Puis elle présente le sujet à traiter :
  – **citation** (toujours entre guillemets) **ou libellé** (s'il n'y a pas de citation dans le sujet) ;
  – **problématique reformulée** avec précision (question essentielle soulevée par le sujet, champ de réflexion soulevé par le sujet).
- Enfin, elle annonce les **étapes du développement**.

2 La conclusion

La conclusion, dont la longueur est à peu près celle de l'introduction, comporte deux étapes :
- Dans un premier temps, elle répond **de manière synthétique**, mais précise, à la problématique exposée dans l'introduction.
- Puis, elle ouvre de **nouvelles perspectives**, bien reliées à la problématique développée.
→ *Dans une dissertation littéraire, il faut éviter d'aborder des sujets de société sans lien direct avec la littérature.*
  EX. : montrer que le sujet traité a été repris par d'autres écrivains ; comparer différentes formes d'expression artistiques ; terminer par une citation bien choisie qui donne un dernier éclairage sur le sujet…

ÉTAPE 5 — Rédiger sur la copie

3 La rédaction du développement

Le plan détaillé doit être précis et cohérent ➤ **FICHE 2, p. 534** ; il est donc inutile de tout rédiger au brouillon. On rédige directement le développement de la dissertation au propre, en utilisant un stylo effaçable pour éviter les ratures sur la copie.

4 La présentation de la copie

- La présentation de votre copie est aérée. Ainsi, la structure apparaît d'emblée :
  – alinéas au début de chaque paragraphe ;
  – une ligne sautée entre deux parties ;
  – une double ligne sautée entre l'introduction et le développement, et entre le développement et la conclusion.
- Tous les paragraphes respectent les principes de rédaction du paragraphe argumentatif (*argument + exemple(s) + explication*) ➤ **p. 500**.

APPLICATION

EXEMPLE DE DISSERTATION RÉDIGÉE

Stendhal a écrit : « Un roman : c'est un miroir qu'on promène le long d'un chemin » *(Le Rouge et le Noir*, I, XIII) mais aussi : « Toute œuvre d'art est un beau mensonge ». Dans quelle mesure ce paradoxe s'applique-t-il aux textes du corpus, et aux romans, naturalistes ou non, que vous avez lus ?

▶ PARTIE I, p. 233 : LA DESCRIPTION NATURALISTE

Le mot « réaliste » est apparu dans les années 1830, en pleine époque romantique. Suivant le modèle balzacien, les romans de l'époque racontent la destinée de héros dont la trajectoire s'inscrit dans un cadre historique et social bien déterminé. C'est ainsi que Stendhal donne comme sous-titre à son roman *Le Rouge et le Noir* : « Chronique de 1830 ». Et c'est ce même écrivain qui propose deux définitions du roman et de l'œuvre d'art, en apparence contradictoires : « Un roman : c'est un miroir qu'on promène le long d'un chemin » et « Toute œuvre d'art est un beau mensonge ». La confrontation de ces deux citations soulève un paradoxe : comment le roman, œuvre de fiction par excellence, peut-il être un reflet fidèle du réel ? La beauté du style et de la composition ne déforme-t-elle pas cette réalité que l'auteur cherche à représenter ? Après avoir montré en quoi les romans sont le miroir du monde, il s'agira de rappeler que le genre romanesque est avant tout le fruit de l'imaginaire de l'écrivain, pour enfin montrer que, grâce à la fiction, l'on parvient cependant au vrai.

Certes, le roman s'inspire du réel, qu'il s'efforce de représenter. En effet, comme le cinéma, il est un genre plus apte que d'autres à donner une image réaliste de la vie : plus libre que la poésie ou le théâtre, il permet à l'auteur de raconter des histoires vraisemblables, et s'inspire parfois de faits divers, s'inscrivant alors dans un cadre réaliste. Pour son roman *Le Rouge et le Noir*, Stendhal s'inspira, par exemple, de l'histoire d'Antoine Berthet, un jeune homme pauvre qui, après avoir tenté de tuer une femme dans une église, fut guillotiné en 1828. Flaubert, quant à lui, tira de sa lecture de la presse l'intrigue de *Madame Bovary*, qui révèle précisément certaines facettes de la condition féminine à son époque. Zola, enfin, a d'abord enquêté dans le quartier de la Goutte d'Or à Paris, pour décrire fidèlement le milieu ouvrier et les ravages de l'alcool dans *L'Assommoir*.

De plus, la longueur d'un roman, contrairement à celle de la nouvelle, permet de développer dans la durée l'itinéraire des héros. Le roman d'apprentissage, en vogue au XIXe siècle, se présente comme une biographie fictive retraçant l'itinéraire d'un personnage, depuis son enfance jusqu'à sa réussite sociale ou jusqu'à sa mort : le destin de Julien Sorel, le héros de Stendhal, s'achève sur l'échafaud, celui de Claude Lantier, dans *L'Œuvre* de Zola, se termine par un suicide. Georges Duroy, héros de *Bel-Ami* de Maupassant, connaît quant à lui l'apothéose. Jeune homme aux origines modestes, il connaît en effet, grâce à ses talents de journaliste, à son ambition et à un fort pouvoir de séduction, une ascension sociale fulgurante. Cette œuvre donne l'occasion à l'auteur de dépeindre et de critiquer les milieux de la presse et de la politique de son époque, qu'il a lui-même fréquentés.

En outre, comme Maupassant, nombre d'écrivains ont aussi été journalistes et ont transposé le fruit de leurs enquêtes dans des œuvres de fiction. La matière de leur livre est donc bien le réel, qu'ils observent avec minutie. Ainsi, les carnets de Zola sont remplis de notes prises sur le terrain et qui ont servi de base à ses romans ; ils fourmillent de renseignements sur la mine, la vie des artistes à l'aube de l'impressionnisme, les travaux de la capitale sous le baron Haussmann... On retrouve tous ces documents historiques subtilement intégrés à l'histoire des héros de *Germinal*, de *L'Œuvre* ou de *La Curée*. De cette façon, tout en se passionnant pour la vie des héros, le lecteur s'informe sur l'histoire sociale du Second Empire, dont l'auteur a choisi de présenter et de dénoncer certains aspects.

Cependant, le roman, comme toute œuvre littéraire, n'est en aucun cas une simple imitation de la vie.

Copier exactement le réel, qui est infini, est tout d'abord impossible, et serait de toute façon ennuyeux ; il faut donc faire des choix, organiser la matière romanesque, la « composer », comme le peintre compose un tableau, afin de donner une vision « plus complète, plus saisissante, plus probante que la réalité même ». C'est ce que Maupassant a expliqué dans la préface de son roman *Pierre et Jean* intitulée « Le Roman ». Les descriptions naturalistes des œuvres de Zola, nourries de métaphores, sont de véritables pages poétiques, où le romancier laisse libre cours à son lyrisme. En témoignent ses évocations de Paris, dans plusieurs de ses romans, ou bien ses portraits, comme ceux

FICHE MÉTHODE

de Lisa et de Pauline Quenu, dans *Le Ventre de Paris* et dans *La Joie de vivre*. Zola n'a-t-il pas déclaré que l'art, c'est « la nature vue à travers un tempérament » ? Le regard de l'artiste comme celui de l'écrivain sont donc essentiels.

Ensuite, c'est toujours un narrateur qui raconte l'histoire : il lui est difficile de rester neutre, de peindre une image objective du réel. Soit il sait tout de ses personnages, soit il adopte le point de vue d'un ou de plusieurs personnages de l'intrigue. Quoi qu'il en soit, il s'agit bien d'un miroir déformant et subjectif. Dans *Madame Bovary*, le narrateur, souvent ironique, se plaît à mêler les points de vue internes de plusieurs personnages, chacun développant sa propre vision du réel. Ceci est encore plus net dans les romans épistolaires comme dans le court roman de l'Américaine Kressmann Taylor, *Inconnu à cette adresse,* qui constitue un bon exemple d'illusion romanesque : le lecteur, grâce à un échange de lettres fictives, assiste à la montée du nazisme et de l'antisémitisme, à travers l'histoire intime de deux amis, l'un juif, l'autre non. Ce roman a toutes les apparences d'un document authentique et donne une image juste de l'atmosphère de l'époque, et ce, bien que les personnages n'aient jamais existé.

Autre distorsion entre le réel et la fiction, les héros de roman sont rarement des êtres banals, à l'existence monotone : même dans les œuvres réalistes, les romanciers choisissent des personnages aux destins exceptionnels, dont le caractère et les aventures peuvent surprendre le lecteur, capter son intérêt : magnifiques ou au contraire méprisables, ce sont de toute façon des êtres hors du commun. Citons Jean Valjean et Javert chez Victor Hugo ou « l'étranger » d'Albert Camus. Ils nous passionnent, justement parce qu'ils vont jusqu'au bout de leur destin, ils accomplissent ce que l'on se contenterait de rêver dans la vraie vie.

Alors, le romancier, en faisant adhérer le lecteur à un univers de pure fiction, n'est-il pas au fond, un « illusionniste » ?

Oui, comme l'a écrit Stendhal, un roman est un « beau mensonge » : « beau », par son style et sa composition, « mensonge » parce que le roman est d'abord une fiction, le fruit de l'imaginaire de l'écrivain. Avoir « le sens du réel », comme l'a écrit Zola, n'empêche pas d'être artiste, de laisser libre cours à sa puissance créatrice. L'important est que le lecteur entre dans l'univers du romancier, qu'il y adhère tout en gardant l'esprit critique nécessaire pour apprécier la qualité du travail de l'écrivain sans se laisser piéger par une intrigue bien ficelée. Comment ne pas être touché par l'évocation de la serre des Saccard dans *La Curée* de Zola ? La richesse du vocabulaire et l'originalité des métaphores créent une atmosphère étrange, révélatrice de l'univers poétique et symbolique du romancier. Dans ce cas précis, le réalisme n'est guère éloigné du fantastique.

D'ailleurs, le romancier cherche à représenter le réel et à exprimer ses idées sur la société et sur le monde, tout en séduisant le lecteur par des moyens détournés. Séduire, au sens fort du terme, c'est plaire en créant l'illusion, donc en quelque sorte envoûter. Ainsi, par une structure narrative soigneusement élaborée, par le travail du style, l'écrivain entraîne irrésistiblement le lecteur dans le fil de l'intrigue et le mène vers le dénouement, tout en lui ouvrant les yeux sur certains sujets. Didier Daeninckx, par exemple, se livre à une critique féroce de notre société au moyen de romans policiers situés dans un cadre spatio-temporel bien précis, comme *Nazis dans le métro*. De même, dans certains romans d'anticipation comme *1984* de George Orwell sont abordées des questions brûlantes : ces miroirs en apparence déformants disent bien des vérités sur le totalitarisme. L'écrivain, dans ce cas, est un visionnaire.

Les romanciers, réalistes ou pas, sont donc bel et bien des « illusionnistes », pour reprendre la célèbre formule de Maupassant ; ils emploient tout leur talent à rendre leurs récits vraisemblables et à entraîner l'adhésion du lecteur, qui se trouve tout à la fois diverti et instruit. Nombre de romans, en effet, bien qu'étant de « beaux mensonges », nous ramènent à la vérité, mieux que ne le feraient des essais ou des articles de journal. Comme l'a écrit Claude Roy : « Ce que des histoires imaginaires nous donnent peut-être, c'est la véritable histoire de la vie réelle, l'histoire que n'ont jamais écrite les historiens ». Le fait de styliser le réel peut le rendre plus compréhensible au lecteur, tout en amenant celui-ci à réfléchir sur des sujets essentiels. C'est par exemple le cas des œuvres de Rabelais, qui racontaient sur le mode comique les péripéties de héros géants comme Gargantua et Pantagruel mais illustraient en même temps les idéaux humanistes. Plus proche de nous, Albert Camus, dans *La Peste*, « chronique d'Oran », utilise une intrigue réaliste pouvant être lue, ainsi que l'a déclaré son auteur, comme une métaphore de la guerre et de la résistance.

Finalement, le romancier, même s'il travaille aussi parfois comme journaliste, est avant tout un créateur. Le réel est une source permanente d'inspiration pour lui ; son ambition est souvent de le dévoiler au lecteur, ou du moins de lui livrer sa vision du monde. Mais ce qui fait le romancier, c'est le travail de l'écriture, le style qui met en valeur cette vision. Les artistes réalistes et naturalistes eux-mêmes ont recréé le réel, l'ont transfiguré, et c'est la raison pour laquelle Stendhal a pu écrire, sans se contredire, que l'art, entreprise avant tout esthétique, ment tout en disant la vérité. N'en va-t-il pas de même pour la photographie ou pour la peinture figurative, qui semblent pourtant, au premier abord, copier le réel ? En vérité, ces images sont, elles aussi, des visions personnelles, des choix, des créations à part entière.

EXERCICES D'ENTRAÎNEMENT

1 L'analyse d'une dissertation rédigée

1. Lisez l'exemple de dissertation rédigée ➤ **p. 539** et repérez :
– les transitions entre les parties : quels liens logiques mettent-elles en place ?
– les exemples retenus ; sont-ils allusifs, développés, mis entre guillemets ?
– les différentes manières dont les exemples sont reliés aux arguments.

2. Délimitez les trois étapes de l'introduction.

3. Expliquez de quelle manière la conclusion ouvre des perspectives ; lesquelles ?

2 L'introduction de dissertation

1. Imaginez deux autres façons d'amener le sujet dans l'introduction du devoir rédigé ➤ **APPLICATION, p. 539**.

2. Imaginez ensuite deux autres façons d'ouvrir les perspectives dans la conclusion.

3 L'introduction et la conclusion de dissertation

Rédigez intégralement l'introduction et la conclusion de l'un des sujets proposés dans les exercices de la FICHE 2 ➤ **p. 536**.

4 La rédaction intégrale d'une dissertation

Rédigez intégralement la dissertation, après avoir suivi toutes les étapes préconisées dans ce chapitre.
➤ **PARTIE I, p. 309** : LA PLACE DE LA FEMME, ÉCRITS FÉMINISTES DU XVIIIe AU XXIe SIÈCLE

SUJET

Lorsqu'il s'agit de défendre des idées, pensez-vous que l'image soit plus efficace que les mots ? Vous répondrez à cette question dans un développement argumenté qui s'appuiera sur les documents du corpus et sur votre culture personnelle.

5 L'invention de sujets de dissertation

Inventez vous-même trois sujets de dissertation portant sur :
a. l'objet d'étude « La tragédie » ➤ **p. 18** ;
b. une réflexion à propos des pouvoirs de l'argumentation.
➤ **p. 296** : ARGUMENTER, LE THÈME DE LA FEMME
➤ **PARTIE II, p. 408** : LES FORMES DE DISCOURS
➤ **p. 476** : LES NOTIONS PROPRES À LA LITTÉRATURE D'IDÉES
c. un objet d'étude et un corpus de votre choix. Vous pouvez vous appuyer sur une citation ou sur une idée puisée dans l'une des synthèses, par exemple.

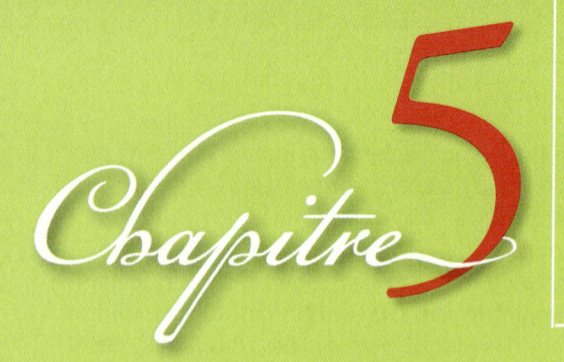

Chapitre 5 — Participer en classe

Le Club féminin : *Revendications* (1848).

Objectif

Préparer une intervention orale en organisant ses recherches, en synthétisant les documents et en développant l'art oratoire.

La part de l'écrit semble prédominante en seconde au vu de tous les travaux d'écriture que l'année permet de découvrir et de maîtriser pas à pas : les différentes formes d'écriture d'invention ➤ CHAPITRE 1, p. 486, la rédaction de réponses argumentées ➤ CHAPITRE 2, p. 500, le commentaire ➤ CHAPITRE 3, p. 514 et la dissertation ➤ CHAPITRE 4, p. 528, mais l'oral a aussi sa place.

L'IMPORTANCE DE L'ORAL

L'oral est primordial car **exprimer un avis** à l'oral, **rendre compte d'une lecture** ou **aborder un sujet** sur lequel on a effectué une recherche sont des types d'activité très formateurs proposés en cours de français.

L'EXPOSÉ ET LA PRÉSENTATION D'UN TEXTE

Ce sont deux activités fondamentales :

- **s'organiser pour effectuer des recherches sur un sujet à développer en classe :** de la compréhension du sujet à la formulation de l'exposé, plusieurs étapes sont à respecter ;

- **s'entraîner à étudier oralement un texte,** suivant les principes de la lecture analytique, de façon à préparer l'épreuve orale anticipée (classe de première).

Chacune de ces deux activités montre l'importance de circonscrire son sujet (lecture), d'exploiter de la documentation et de développer l'art de parler devant un auditoire.

| 544 | FICHE 1 | **Préparer un exposé** |
| 547 | FICHE 2 | **Présenter un texte à l'oral** |

FICHE MÉTHODE

1 Préparer un exposé

OBJECTIF : s'organiser pour préparer un exposé de façon méthodique.

MÉTHODE

La préparation d'un exposé suit une **démarche rigoureuse** qui exclut la reprise mécanique de supports préexistants.

ÉTAPE 1 — La lecture du sujet

1 Lecture et relecture attentive du sujet
Avant d'être traité, un sujet d'exposé doit être compris, donc relu.

2 Explicitation des termes du sujet
Un **dictionnaire de langue** puis une **encyclopédie** au CDI permettent d'obtenir **les informations de base**. Pour un sujet littéraire ou artistique, **le manuel de français** de seconde est un outil permettant de définir le champ d'investigation de l'exposé.

3 Définition de la problématique
L'exposé, rarement **informatif**, demande souvent de dégager une problématique.
EX. : **Sujet A** « Le cinéma européen depuis 1980 »
     Sujet B « Cinéma européen et cinéma américain depuis 1980 »
→ *Le premier sujet nécessite avant tout d'exposer une information alors que le second s'interroge sur les rapports vraisemblablement conflictuels entre deux types de cinéma.*

ÉTAPE 2 — La collecte des documents

4 Utilisation des ressources du CDI, tout d'abord
- **Recherche par mots clés :** la **base informatique** du CDI établit une recherche à partir des mots clés de l'exposé qu'elle peut croiser. Peu à peu, une **bibliographie** se monte et peut alors être imprimée : titres de livres, d'articles de périodiques…
- **Consultation d'un moteur de recherche sur Internet :** cette démarche permet d'avoir directement accès à des articles complémentaires.
- **Consultation des documents papier :** il faut repérer dans le sommaire le chapitre ou la page exploitable. La démarche est simplifiée pour une revue ou un journal, la base fournissant généralement la page concernée.

ÉTAPE 3 — L'exploitation des documents

La **prise de notes** n'est pas une simple copie des documents ; même si on a la possibilité de photocopier ou d'imprimer, il est indispensable de synthétiser l'information.

5 Listage sous forme de fiches des informations repérées
Chaque document est fiché : titre, liste d'éléments puisés.

6 Croisement des fiches
Le plan de l'exposé va naître de la confrontation des documents.

7 Élaboration du plan
Les informations s'ordonnent dans un plan, avec titres de parties et de sous-parties.

8 Rédaction d'une introduction et d'une conclusion
Elles permettront de cadrer votre intervention orale.

Chapitre **5** • Participer en classe

ÉTAPE 4 — L'intervention orale

9 Utilisation des notes

• On garde sous la main **les feuilles écrites uniquement au recto** et tournées au fur et à mesure. L'œil repère vite les titres **soulignés** et les **informations surlignées**.

• **Le regard doit constamment s'orienter vers l'auditoire** pour que chacun puisse se sentir concerné. Il faut ménager de courtes pauses pour reprendre son souffle.

  Remarque :
  1. Si l'on regarde bien son auditoire, on comprend vite s'il a bien saisi ce qui est exposé.
  2. On n'oublie pas de regarder sa montre pour ne pas dépasser le temps imparti.

• Les **gestes** permettent souvent à l'expression verbale de devenir plus concrète mais il est indispensable d'éviter l'emphase et les mouvements parasites.

• La **voix**, comme chez les comédiens, peut être travaillée : évitez un ton trop monotone et certains tics masquant mal votre hésitation (des « alors » ou des « euh » répétés).

APPLICATION

EXEMPLE DE SUJET D'EXPOSÉ

En utilisant la synthèse ▶ p. 154, la biographie p. 566 et une encyclopédie, vous déterminerez le rôle de l'essai *Pour un nouveau roman* d'Alain Robbe-Grillet ; sélectionnez une citation prouvant que ce texte est un manifeste* ▶ PARTIE I, p. 144.

ÉTAPE 1 — La lecture du sujet

Ce sujet est complexe mais identifie clairement **l'objet de la recherche**.

1. Sur quoi cet exposé porte-t-il exactement ?
2. Quelles sont les deux étapes de la recherche ?

ÉTAPE 2 — La collecte des documents

Ce sujet ouvre la recherche en proposant **trois supports différents**, voire quatre (on ira directement vers l'essai si aucun des trois supports ne propose de citation précise du livre).

3. Sur quel(s) point(s) la synthèse est-elle une aide ? Que met-elle en évidence ?
4. Quels éléments de la biographie d'A. Robbe-Grillet faut-il retenir ? Pourquoi ?
5. À quoi l'encyclopédie sert-elle ?

ÉTAPE 3 — L'exploitation des documents

Vous avez en main au moins **trois fiches de recherche** (l'une provenant de la synthèse du manuel, l'autre de la biographie, et la dernière d'un article d'encyclopédie, et peut-être plus encore).

6. Sur quel point précis croiserez-vous vos prises de notes ?
7. Quelles seront les parties de votre développement ? Donnez-leur un titre.

ÉTAPE 4 — L'intervention orale

La prestation orale devra insister sur la citation et la notion de manifeste, au cœur de l'exposé.

8. Quelles sont les informations capitales à souligner (surligner) sur votre préparation d'exposé ?
9. Estimez la durée de votre intervention.

545

EXERCICES D'ENTRAÎNEMENT

1 La lecture de sujets d'exposés

1. Recopiez les sujets suivants et encadrez les mots clés.
2. Dégagez au besoin la problématique de chaque sujet.
3. Dans quels chapitres du manuel pourriez-vous trouver de l'aide pour les traiter ?

SUJETS

A : La vie et l'œuvre de Colette.
B : Baudelaire, entre tradition et modernité.
C : Poésie antique et poésie de la Renaissance.
D : Romantisme et surréalisme.
E : Le roman français aujourd'hui dans le monde.

2 La collecte de documents

1. Quels sont les mots clés des sujets ?
2. Quels outils du manuel utiliserez-vous pour délimiter la recherche ?
3. Quels termes seront exploités dans la base du CDI ? dans quel ordre ?
4. Choisissez l'un de ces sujets, exploitez la base du CDI et imprimez le résultat bibliographique de votre recherche.

SUJETS

A : La poésie française sous l'Occupation.
B : Zola et les peintres de son temps.
C : Napoléon Bonaparte et les arts.
D : La langue française en Europe au XVIIIe siècle.
E : L'œuvre illustrée, du Moyen Âge à nos jours.

3 L'exploitation des documents

1. Quels sont les mots clés du sujet ? Quel est son champ d'investigation ?
2. Quels documents utiliserez-vous ?
3. Combien de fiches prendrez-vous en notes si vous utilisez avant tout votre manuel de français ?
4. Quel sera le plan de votre exposé ?

SUJET

L'évolution du roman français au XIXe siècle.

4 Du manuel à Internet

1. Quel est le thème de ce sujet ?
2. Quels documents du manuel de français utiliserez-vous ?
3. Quels outils vous permettront de compléter votre recherche ?
4. Comment est-il possible d'affiner la sélection des documents (pour ne pas vous noyer dans les références) ?
5. Établissez le plan de votre recherche complète en imprimant ou en recopiant au fur et à mesure les résultats de vos investigations.

SUJET

Le portrait pictural féminin au XIXe siècle.

5 Le cas du sujet notionnel

1. Quelles sont les notions abordées dans les sujets suivants ? À quel domaine chaque sujet se rattache-t-il ?
2. Vers quelle(s) partie(s) du manuel vous orienterez-vous pour les premières recherches ? Quels autres outils utiliserez-vous ?
3. Sélectionnez un exposé et proposez son plan.

SUJETS

A : Allégorie et personnification.
B : Écriture en vers, écriture en prose.
C : Le roman à thèse.
D : Les écrivains orateurs.

6 Le sujet libre

1. Imaginez un sujet de votre choix, la seule contrainte étant de devoir aborder la littérature à un moment de votre intervention.
2. Développez ce sujet en retraçant toutes les étapes de votre démarche.
3. Donnez le plan général de votre exposé (titres de parties et de sous-parties).
4. Donnez une idée de votre exposé oral et expliquez comment vous le rendriez plus vivant (transparents, vidéo-projection…).

FICHE MÉTHODE

2 Présenter un texte à l'oral

OBJECTIF : traiter une question sur un texte dont on doit rendre compte à l'oral.

MÉTHODE

L'épreuve orale anticipée de français du baccalauréat est une lecture analytique de texte à partir d'une question précise, en temps limité (30 minutes de préparation et 10 minutes de présentation).

ÉTAPE 1 — La lecture de la question

C'est le **préalable indispensable** pour éviter le hors-sujet : on ne récite pas un cours mais on mène une réflexion personnelle.

1 Définition de la problématique
Il s'agit de mettre en évidence le problème qu'implique la question.

2 Reformulation de la question dans vos propres termes

ÉTAPE 2 — La réponse ordonnée à la question

3 Relecture du texte
Le texte doit être relu dans le souci constant de **la question posée**.

4 Organisation du brouillon
Après la relecture, **le brouillon est à organiser** ; il rassemble une série de relevés et de remarques à mettre ensuite en relation avec la question.
Sur une autre feuille, il faut d'abord différencier les remarques d'ensemble (arguments) des remarques détaillées (exemples).

5 Classement des arguments
Il faut les classer **du plus évident au moins évident**.

ÉTAPE 3 — La préparation de l'introduction et de la conclusion

Ce sont les **deux lieux stratégiques** à rédiger au brouillon.

6 Rédaction de l'introduction
L'introduction orale, à la différence de celle du commentaire écrit, est en **quatre étapes** :
- Elle présente brièvement l'auteur et le texte ; il faut **situer l'extrait** dans un ensemble plus large (l'œuvre intégrale, le mouvement littéraire...).
- Elle donne une idée du **contenu de l'extrait étudié** : thèmes et intérêts.
- Ensuite, on **lit le texte**, de manière expressive, sans exagération.
- Il faut enfin reformuler la question posée et annoncer un plan de lecture.

7 Rédaction de la conclusion
La conclusion de la lecture orale est en **deux étapes** :
- Elle fait d'abord le **bilan**, en répondant définitivement à la question posée.
- Elle propose une **ouverture** rapide sur un autre texte.

FICHE MÉTHODE

ÉTAPE 4 — L'intervention orale

Elle suit un enchaînement rigoureux.

8 Introduction et lecture du texte

9 Reprise de la question et annonce du plan de lecture analytique

10 Développement de la réponse
La question est traitée par étapes en argumentant à partir du texte, constamment cité et expliqué.

11 Conclusion
L'introduction (sans la lecture) et la conclusion prennent chacune à peine une minute, le reste du temps étant partagé entre la lecture et le développement.

Remarque : les conseils de l'étape 4 de la fiche-méthode 1 sont ici applicables ➤ p. 545.

APPLICATION

EXEMPLE DE QUESTION — Pourquoi peut-on parler d'un véritable tableau au sujet de cette description extraite de *L'Œuvre* de Zola ?
➤ PARTIE I, p. 249 : de *D'abord, au premier plan...* (l. 16) jusqu'à la fin.

ÉTAPE 1 — La lecture de la question

1 Quels sont les deux termes qu'associe cette question ? Quelles sont les formes d'expression artistique qu'elle associe ?

Dégagez la problématique de cette question.
2 Reformulez la question.

ÉTAPE 2 — La réponse ordonnée à la question

3 Relisez le texte en tenant compte de la question.
4 Quels relevés lexicaux et stylistiques la question implique-t-elle ?
→ *Pour ce faire, vous pouvez vous inspirer des questions de lecture analytique* ➤ p. 250.

5 Comment classeriez-vous vos relevés ? Déduisez-en les titres de parties, c'est-à-dire les étapes de réponse à la question posée.

ÉTAPE 3 — La préparation de l'introduction et de la conclusion

6 Rédigez l'introduction de cette lecture analytique ; inspirez-vous du chapeau introducteur du texte ➤ p. 249 et de l'ensemble de la séquence 17 ➤ p. 246-259.

7 Pour la conclusion :
• Quelle réponse définitive proposez-vous ?
• Quel autre texte du chapitre 5 ➤ p. 218-258 donnez-vous en ouverture ?

ÉTAPE 4 — L'intervention orale

8 Entraînez-vous à la lecture à haute voix du texte. Quels sont les termes à accentuer à la lecture ? Comment les valoriseriez-vous à la lecture ?

9-11 À vous de jouer !

EXERCICES D'ENTRAÎNEMENT

1 La lecture de questions

1. Dégagez la problématique de chaque question.
2. Reformulez-les dans vos propres termes.

SUJET

A : En quoi ce texte répond-il bien à la logique d'un *incipit* ?
▶ **PARTIE I, p. 28 :** H. Bauchau, *Œdipe sur la route*

B : Comment le quiproquo progresse-t-il dans cette scène ?
▶ **p. 74 :** Molière, *L'École des femmes*

C : De quelle manière Hugo allie-t-il ici poésie et argumentation ?
▶ **p. 213 :** V. Hugo, *Les Châtiments*

D : Ce texte relève-t-il de l'art de convaincre ou de l'art de démontrer ?
▶ **p. 314 :** G. Halimi, *La Cause des femmes*

2 La réponse ordonnée à la question

1. Dégagez la problématique de chaque question.
2. Choisissez une question, relisez le texte en rassemblant un maximum de relevés et de remarques au brouillon en vous aidant du questionnaire analytique ▶ **p. 229** pour le sujet A et ▶ **p. 285** pour le sujet B.
3. Classez vos données dans un plan de développement dynamique et cohérent.

SUJET

A : Quels aspects du texte rappellent que ce roman est l'histoire d'un arriviste ?
▶ **p. 228 :** G. de Maupassant, *Bel-Ami*

B : En quoi ce poème est-il lyrique ?
▶ **p. 285 :** G. Apollinaire, *Poèmes à Lou*

3 L'introduction et la conclusion de la lecture

1. Quels éléments de la biographie de Camus p. 561 pourriez-vous exploiter pour nourrir votre première étape d'introduction ?
2. En vous inspirant du questionnaire de lecture analytique ▶ **p. 143**, dégagez le(s) thème(s) et les caractéristiques fondamentales du texte qui pourraient nourrir la deuxième étape d'introduction.
3. Reformulez la question posée sur le texte.
4. Cherchez dans le manuel un autre texte qui pourrait servir d'ouverture à votre conclusion.

SUJET

En quoi cette description urbaine n'est-elle pas une simple reproduction de la réalité ?
▶ **p. 143 :** A. Camus, *La Peste*

4 L'intervention orale

1. Sur quels aspects des textes la lecture devra-t-elle insister ? de quelle façon ?
2. Comment vous y prendriez-vous pour lire le texte de théâtre (sujet A) ? Comment faire sentir la présence des différents personnages alors que vous êtes le seul lecteur ?
3. Traitez l'un de ces sujets et entraînez-vous à l'énoncé du développement analytique en vous détachant de vos notes.

SUJET

A : Cette scène est-elle uniquement de registre tragique ?
▶ **p. 24 :** Sophocle, *Œdipe roi*

B : Comment ce poème mêle-t-il registre lyrique et registre pathétique ?
▶ **p. 209 :** A. de Lamartine, *Recueillements poétiques*

C : En quoi ce texte est-il polémique ?
▶ **p. 317 :** É. Badinter, *Fausse route*

5 La conception de sujets oraux

1. En vous inspirant des questionnaires de lecture analytique des textes suivants, imaginez la question que l'on pourrait poser sur chacun d'eux.
2. Choisissez l'une de vos questions, dégagez-en la problématique et reformulez-la.
3. Sélectionnez les informations à utiliser pour l'introduction du texte choisi.

TEXTES

A : J. Racine, *Phèdre*, I, 3 ▶ **p. 37**
B : Voltaire, *Candide* ▶ **p. 122**
C : J. de La Bruyère, *Les Caractères* ▶ **p. 328,**

Repères historiques

Le Moyen Âge et la Renaissance

*Le Moyen Âge est une période qui court de la fin de l'Antiquité (Vᵉ siècle) à l'époque moderne (XVᵉ siècle). Il s'achève lors de la **prise de Constantinople** par les Turcs en 1453, puis laisse place à la Renaissance, ère dominée par le **modèle culturel italien**.*

De la naissance de la langue française aux troubadours

Cette période voit naître la **langue** et la **littérature françaises**. Les *Serments de Strasbourg* (842) sont considérés comme le premier texte écrit en français ; c'est un traité d'alliance entre deux petits-fils de Charlemagne, Charles le Chauve et Louis le Germanique, contre leur frère aîné Lothaire, qui venait d'hériter de la couronne impériale.

À la fin du Xᵉ siècle, le **royaume de France** est un assemblage de principautés laïques (comté de Champagne, duché de Normandie, etc.) ou ecclésiastiques (dépendant de l'Église), largement autonomes par rapport au roi. Quand, en 987, **Hugues Capet**, roi élu, succède aux derniers rois carolingiens, il n'est alors que l'un des seigneurs les plus puissants, sans autre prééminence : il ne peut empêcher les grands féodaux de battre monnaie ou de se faire la guerre.

La littérature reflète particulièrement la société féodale, tant par le **mécénat** que par l'exaltation de **valeurs chevaleresques**. Ainsi, **Chrétien de Troyes** ▶ p. 118 et 125 est au service du comte de Champagne. Au sud s'épanouit le mouvement des poètes troubadours, autour d'Aliénor d'Aquitaine et de ses filles.

De Philippe II à Charles V, rois capétiens

Du XIᵉ siècle au début du XIVᵉ siècle, le royaume de France s'organise sous la direction des **Capétiens**. Philippe II écarte les menaces anglaise et impériale à la **bataille de Bouvines** (1214). Louis VIII porte l'expansion vers le sud, lors de la **croisade contre les Albigeois**. Louis IX centralise les pouvoirs aux dépens des grands féodaux. Quant à Philippe IV le Bel, il impose son autorité à la papauté elle-même. Le lien entre le roi et les grands féodaux, par la cérémonie de l'**hommage**, devient plus fort, et la rupture de ce lien est considérée comme une trahison.

La monarchie capétienne est soutenue par l'Église, véritable puissance du Moyen Âge. Les liens sont étroits entre le roi Louis VI et son conseiller l'abbé Suger, fondateur de la basilique de Saint-Denis. Les rois de France participent aux croisades, soit en Terre sainte pour délivrer Jérusalem, soit dans le Midi considéré comme un foyer d'hérésie. L'Église est aussi un mécène fondamental : dès le XIᵉ siècle, l'Occident se couvre d'églises et d'abbayes, d'abord de **style roman** ; puis l'**art gothique** exalte la lumière dans les cathédrales de Picardie, de Champagne ou d'Île-de-France, plus élevées et plus richement décorées que les édifices romans. L'Église contrôle la littérature, puisque les grandes bibliothèques sont celles des monastères, jusqu'au règne de Charles V.

BENOZZO GOZZOLI (1420-1497), *Le Cortège des Rois Mages vers Bethléem* : (1459), fresque (Florence, Palazzo Medici-Riccardi, chapelle des Mages), et détail page ci-contre.

Français contre Anglais

Au début du XIVe siècle, des crises s'accumulent avec la guerre (pour la France, la fameuse **guerre de Cent Ans** contre la monarchie anglaise), la famine et la peste (1348) qui, venue d'Orient, décime un tiers de la population européenne. La production artistique s'en ressent dans la représentation des danses macabres, des chemins de croix... Le royaume de France est sur le point d'être démembré par les Anglais, à la suite des défaites de Crécy, de Poitiers et d'Azincourt (1415), contexte dans lequel s'affirme l'héroïne **Jeanne d'Arc**.

De l'Italie à la France : une ère nouvelle

La **Renaissance** est également une période de mutations : des innovations techniques (imprimerie), le retour aux textes originaux (le grec, l'hébreu...) et un grand intérêt porté à l'Antiquité gréco-romaine. **Apparue en Italie** avec le mécénat de grands princes, tel **Laurent de Médicis** à Florence, elle caractérise aussi d'autres régions : la Renaissance flamande naît autour de Bruges où, encouragés par les élites urbaines ou par la cour de Bourgogne, de nombreux artistes développent un art réaliste, éloigné du modèle antique répandu en Italie.

En France, les hauts prélats et les grands nobles, mais surtout le roi, sont les mécènes des artistes de la Renaissance. Avec **Charles VIII** et son expédition militaire en Italie commence la passion pour la Renaissance italienne. **Louis XII et François Ier** descendirent plusieurs fois en Italie, pour conquérir le royaume de Naples ou le duché de Milan ; l'échange de cadeaux, lors de mariages princiers comme celui du futur Henri II avec Catherine de Médicis, permettait aussi aux élites de France de découvrir cet art nouveau. Enfin, les rois ont attiré en France des artistes italiens : **Léonard de Vinci**, Benvenuto Cellini...

Un nouvel art français

À partir des années 1530, l'influence italianisante est contestée en France. Les Italiens sont toujours regardés comme des maîtres, mais qu'il ne faut pas seulement imiter. Au grand chantier du château de **Fontainebleau** se développe le **style « maniériste »**, décalé par rapport à la Renaissance italienne. C'est le même processus en littérature avec **la Pléiade**, qui réunit des poètes à l'initiative d'Henri II : dans ce cadre, Jodelle écrit la première tragédie française, **Ronsard** ➤ p. 339 **et Du Bellay** ➤ p. 336 créent un nouveau langage poétique.

Repères historiques

Le XVIIᵉ siècle

*Le XVIIᵉ siècle s'ouvre avec la **fin des guerres de religion** grâce à Henri IV qui autorise les protestants à vivre leur religion en France (**édit de Nantes**, 1598), et se clôt avec la mort de **Louis XIV** (1715).*

*Il est marqué par **trois règnes** (Henri IV, Louis XIII et Louis XIV), entrecoupés de **deux régences** (Marie de Médicis et Anne d'Autriche), périodes d'instabilité et de rivalités. L'affirmation du pouvoir royal se fait plus nette ; **la monarchie française** est **absolue**.*

Gian Bernini dit Le Bernin (1598-1680), *Statue équestre de Louis XIV transformé en Marcus Curtius* (exécuté à Rome de 1671 à 1674), marbre blanc (Versailles, Château de Versailles).

De Henri IV à Louis XIII

Le règne d'**Henri IV (1589-1610)** permet le retour à la paix civile. Il consolide les pouvoirs d'une classe de « fonctionnaires » souvent héréditaires, qui maillent tout le royaume.

Les jeunesses de **Louis XIII** et **Louis XIV** sont marquées par une volonté de pouvoir de la noblesse. Sous **Louis XIII (1610-1643)**, les tensions religieuses se raniment avec le siège anti-protestant de La Rochelle (1626-1629) ou la **guerre de Trente Ans** (1618-1648), qui embrase l'Europe.

Le Grand Siècle : Louis XIV

Très marqué par **la Fronde** (1648-1653) et l'omniprésence du cardinal de **Mazarin** (mort en 1661), **Louis XIV (1643-1715)** recentre le pouvoir sur sa personne. On en garde l'image d'un roi mécène aimant l'art, les lettres et les femmes, mais il a d'abord fait de la France un pays moderne. Sous l'impulsion du **ministre Colbert** se constituent **une puissance industrielle** (la manufacture des glaces, par exemple) et **une élite maritime** (essor des ports de commerce, expansion coloniale).

La fin de son règne est marquée par la **guerre de Succession d'Espagne** (1701-1714), qui s'achève par l'établissement définitif de Philippe V, petit-fils de Louis XIV, comme roi d'Espagne : la France est alors le pays qui domine l'Europe ; le français est la langue européenne de la culture et de la communication.

GIAN BERNINI DIT LE BERNIN (1598-1680), *Statue équestre de Louis XIV transformé en Marcus Curtius* : détail (exécuté à Rome de 1671 à 1674) marbre blanc (Versailles, Château de Versailles).

Du baroque au classicisme

Le XVIIe siècle est culturellement double :

– Il est d'abord **baroque (1600-1660)**. Ce style est né en Italie vers 1530 avec les tableaux du **Caravage** et l'architecture du **Bernin**, privilégiant la profusion, l'instabilité et l'inconstance, ce qui explique l'importance du thème de la métamorphose. En France, l'esthétique baroque succède et s'oppose à celle de la Renaissance, héritée de l'Antiquité. En littérature, elle se manifeste en poésie et au théâtre, avec des **pièces à machines** ou avec le procédé du **théâtre dans le théâtre** (Corneille, *L'Illusion comique*). Se développe également le goût pour les **pastorales** (*L'Astrée* d'Honoré d'Urfé).

– Il est ensuite **classique (1660-1685)**, même si ce mot ne sera utilisé qu'au XIXe siècle. Cette esthétique se caractérise par la modération, la rigueur, le rationalisme... qui se manifestent autant dans la théorie (Boileau ➤ p. 43), l'examen critique (Pascal) que dans l'analyse psychologique (La Rochefoucauld ou Mme de La Fayette). Les auteurs et architectes classiques sont guidés par la **recherche de la vérité**, mais, pour y parvenir, ils s'imposent **rigueur et perfection formelle**, comme l'atteste la création de **l'Académie française** par le cardinal de Richelieu (1635). En littérature, le classicisme concerne la poésie (Boileau, La Fontaine), le théâtre (Corneille, Molière ➤ p. 61 et 73, Racine ➤ p. 34), et le roman (Mme de La Fayette ➤ p. 128).

Repères historiques

Le XVIIIᵉ siècle

*L*e XVIIIᵉ siècle s'ouvre avec la **mort de Louis XIV** (1715) et se clôt avec le sacre de **Napoléon Iᵉʳ** (2 décembre 1804).

Il est marqué par la régence de Philippe d'Orléans, les règnes de Louis XV et de Louis XVI, et enfin par la **Révolution française** et ses conséquences.

Louis XV et Louis XVI : le siècle des Lumières

Après la **Régence** (1715-1723), période instable, le règne personnel de **Louis XV** (1723-1774) est difficile : guerre de Sept Ans (1756-1763), problèmes financiers, perte d'une partie de l'empire colonial. Le **règne de Louis XVI (1774-1792)** voit monter de nouvelles aspirations qui font éclater la Révolution avec la **prise de la Bastille** (14 juillet 1789).

Cette période est souvent nommée « **siècle des Lumières** » car les monarques européens (Catherine II de Russie, Frédéric II de Prusse…) sont considérés comme des « despotes éclairés », régnant par la raison et les idées des philosophes Voltaire et Diderot, admirés dans l'Europe entière.

S'affirment alors les écrits proprement **philosophiques** comme les *Lettres philosophiques* de Voltaire (1734), mais aussi les textes **narratifs** au service de la pensée (les *Lettres persanes* de Montesquieu ou les contes voltairiens ➤ p. 122). Puis, à partir de 1748, un projet ambitieux se fait jour : l'*Encyclopédie*, conçue et mise en œuvre par **Diderot** et **d'Alembert**. Tous les savoirs de l'époque y sont rassemblés, accompagnés d'une critique des institutions (clergé, monarchie), jugées dépassées et obscurantistes, ce qui provoquera la censure de l'ouvrage. D'autres philosophes réfléchissent à la façon de gouverner une société : Montesquieu dans *De l'esprit des lois* (1748) ou Rousseau dans *Du contrat social* (1762).

À travers la multiplication des publications littéraires et journalistiques, ce siècle voit aussi la naissance d'une véritable « **opinion publique** » qui donne son avis sur la façon de gouverner.

Des Lumières à la Révolution

Les Lumières sont contemporaines d'autres révolutions :

– artistiques, à travers le courant **libertin**, très présent durant la Régence ; apôtres du luxe et des plaisirs, **Laclos** (*Les Liaisons dangereuses*) et le marquis de **Sade** (*La Philosophie dans le boudoir*) ne sont pas proches des philosophes, mais par leur nouvelle façon de vivre et d'écrire, ils participent également à la critique de la société, de la monarchie absolue et de la religion ;

– sociales : des femmes, essentiellement issues de la bourgeoisie et ouvertes aux idées nouvelles, animent **des salons philosophiques et littéraires**. C'est le cas de Julie de Lespinasse, qui tenait un salon fréquenté par d'Alembert et Condorcet, évoqué par Diderot dans son dialogue philosophique, *Le Rêve de d'Alembert* (1769).

Nicolas Lancret (1690-1743), *Le Déjeuner de jambon* (1735),
huile sur toile, 1, 88 x 1, 23 m (Chantilly, musée Condé), et détail page ci-contre.

Ces deux composantes prennent toute leur place dans la **Révolution française** (1789-1799), en particulier dans l'abolition des privilèges (nuit du 4 août 1789) et la *Déclaration des droits de l'Homme et du Citoyen* (26 août 1789), dont Olympe de Gouges rédigera une version féminine ➤ p. 310.

De la Révolution à l'Empire

La France est en guerre contre les pays européens, qui veulent sauver la monarchie française. La proclamation de la Ire République (22 septembre 1792) puis l'exécution de Louis XVI (21 janvier 1793) font craindre les hommes de la Révolution (Robespierre). Rapidement, la France devient une dictature menée par **la Terreur** (1793-1794). Après la chute de Robespierre, **le Directoire** continue la guerre contre l'Autriche et la Prusse (1795-1799).

Grâce à ses victoires et à un coup d'État (le 18 Brumaire, soit en novembre 1799), le général Bonaparte devient le premier des trois consuls qui gouvernent la France, avant de se faire nommer « consul à vie » (1802), puis sacrer empereur par le Pape à Paris le 2 décembre 1804.

Repères historiques

Le XIXᵉ siècle

*Le XIXᵉ siècle s'ouvre avec le **sacre de Napoléon Iᵉʳ** (2 décembre 1804) et se clôt avec l'entrée dans la **Première Guerre mondiale** (août 1914).*

Il est marqué par une grande instabilité politique.

Napoléon Bonaparte : l'Empire

L'Empire (1804-1814 et 1815) s'engage dans deux directions :

– à l'intérieur, Napoléon Iᵉʳ réorganise le pays avec, entre autres, la publication des **Codes civil et pénal**, la création d'écoles et le développement d'administrations ;

– à l'extérieur, l'empereur lance une **politique d'expansion territoriale** qui l'oppose au reste de l'Europe (Grande-Bretagne, Autriche, Espagne, Italie, Prusse, Russie…).

Après la guerre contre la coalition réunissant Prusse, Russie, Autriche et Suède, Napoléon ne peut empêcher l'entrée de l'ennemi à Paris en 1814 ; il abdique et se retire à l'île d'Elbe. Mais il bénéficie d'aides qui le conduisent de nouveau au pouvoir : ce sont les **Cent-Jours** (20 mars - 28 juin 1815) qui se terminent avec la **défaite de Waterloo** (18 juin) et la seconde abdication de l'Empereur.

Les œuvres de **Chateaubriand**, **Hugo** et **Stendhal** sont marquées par cette épopée napoléonienne. En comparaison, les périodes suivantes paraissent ennuyeuses et vides, ouvrant sur le « mal du siècle » des romantiques (Musset ▶ p. 175).

De la Restauration (Louis XVIII, Charles X) à la monarchie de Juillet (Louis-Philippe)

La chute de Napoléon Iᵉʳ permet **la Restauration** de la monarchie, mais elle n'est plus absolue : les règnes de Louis XVIII (1815-1824) et de Charles X (1824-1830) sont rythmés par les revendications d'une **bourgeoisie de plus en plus puissante**, qui s'achèvent sur une **révolution (1830)** ; elle met sur le trône Louis-Philippe (1830-1848), le roi « bourgeois » qui se fait sacrer « roi des Français ».

La France entre dans le capitalisme : banques et entreprises fleurissent et s'enrichissent. C'est pour lutter contre ces nouvelles valeurs que les artistes romantiques développent la subversion anti-bourgeoise et l'évasion par l'exotisme.

La **révolution de 1848** réclame des libertés plus grandes et la **IIᵉ République** (1848-1851) y répond en abolissant l'esclavage, la censure et la peine de mort. Mais cette période éphémère se termine par le **coup d'État de Louis-Napoléon Bonaparte** le 2 décembre 1851, puis son sacre sous le nom de Napoléon III en décembre 1852.

Napoléon III : Le Second Empire

Le **Second Empire** (1852-1870) revient à un ordre sévère et moral. La censure reprend ses droits (procès contre Baudelaire et Flaubert en 1857 ▶ p. 231). Les opposants politiques, comme Hugo, doivent quitter le territoire. Cette période, précisément évoquée par Zola dans *Les Rougon-Macquart* ▶ p. 233 et 246, fait entrer la France dans l'ère industrielle (développement de l'industrie, du commerce, des banques, des chemins de fer, grands travaux du baron Haussmann qui transforment Paris). Les **artistes réalistes et naturalistes** vont dénoncer cette obsession de l'argent (Maupassant, *Bel-Ami* ▶ p. 228) et pointer les limites de cette période **positiviste** obnubilée par le progrès, en montrant les souffrances des ouvriers (Zola, *Germinal*) ou des

Jean-Victor Schnetz (1787-1870), *Le Combat devant l'Hôtel de ville, le 28 Juillet 1830* (XIXᵉ siècle) (Paris, musée du Petit Palais), et détail page ci-contre.

paysans (Zola, *La Terre*). D'autres veulent s'éloigner de cette réalité qu'ils trouvent sordide : les **symbolistes** (le poète Mallarmé, le peintre Moreau…) ▶ p. 344.

1870-1871 est un tournant tragique : la guerre contre l'Allemagne s'achève par la défaite à Sedan. Les Allemands occupent une partie du territoire, Napoléon III perd tout pouvoir, et Paris connaît une tentative révolutionnaire réprimée dans le sang : **la Commune**.

Les débuts de la IIIᵉ République

Naît alors la **IIIᵉ République** (1870-1940), qui construit la France moderne avec la scolarité gratuite et obligatoire (1883) et la séparation de l'Église et de l'État (1905). Mais les inégalités sociales s'aggravent et les sentiments nationalistes s'exacerbent. C'est dans ce contexte que se développe l'antisémitisme, avec l'**affaire Dreyfus** (1894-1906) qui fait réagir les intellectuels, comme Zola dans son article *J'accuse*.

La fin de cette période est marquée par l'euphorie de la **Belle Époque** (1900-1914), ainsi nommée pour son insouciance d'avant la guerre :

– les **progrès médicaux et technologiques** rendent certains travaux moins pénibles et augmentent l'espérance de vie ;

– l'**essor économique** et la **stabilité monétaire** (franc germinal) permettent l'enrichissement des classes moyennes ;

– l'**expansion coloniale** se poursuit, apportant de nouveaux produits sur le territoire ;

– la **liberté d'expression** ouvre de nouvelles perspectives artistiques.

Repères historiques

Le XXᵉ siècle

*Le XXᵉ siècle s'ouvre avec l'**entrée dans la Première Guerre mondiale** le 1ᵉʳ août 1914. Il est marqué par les deux conflits mondiaux.*

La Grande Guerre

La **Première Guerre mondiale** est une longue guerre de tranchées que les contemporains, comme les romanciers Barbusse et Dorgelès, ont qualifiée de « boucherie ». Le tournant est l'**année 1917,** qui voit l'entrée dans le conflit des États-Unis et la sortie de la Russie aux prises avec une révolution qui donnera naissance à un État communiste. L'armistice est signé le **11 novembre 1918**, mais le **traité de Versailles** est vécu par les Allemands comme un méprisant « diktat ».

Les poètes Breton et Aragon, marqués à vie par ce qu'ils ont vu sur le front puis en tant qu'étudiants en médecine soignant des centaines de jeunes hommes mutilés et traumatisés, décident que l'art ne peut plus ressembler au passé, mais ouvrir sur le rêve et l'inconscient. Ils créent le groupe **surréaliste** ➤ p. 260.

Des Années folles à la montée des périls

L'**entre-deux-guerres** montre un tableau de plus en plus sombre, malgré l'apparente **insouciance des Années folles** qui s'empare de Berlin et de Paris, et la fondation de la Société des Nations (SDN) à Genève, qui a pour objectif d'éviter de nouveaux conflits :
– la **Russie** crée un nouveau régime politique qui devient totalitaire ;
– des **régimes dictatoriaux** se mettent en place dans plusieurs pays européens : le **fascisme** de Mussolini en Italie (1922), le **nazisme** de Hitler en Allemagne (1933), la **dictature** de Franco en Espagne (1939) après la Guerre civile (1936-1939) ;
– les États-Unis puis l'Europe sont touchés par la **crise économique** qui éclate en 1929.

Les artistes s'engagent de plus en plus, tel Malraux qui se bat au côté des anti-fascistes espagnols et raconte ce combat dans son roman *L'Espoir*.

L'ascension d'Hitler le conduit à annexer l'Autriche, une partie de la Tchécoslovaquie puis de la Pologne, ce qui provoque l'**entrée en guerre** de la France et de la Grande-Bretagne en **septembre 1939**.

La Seconde Guerre mondiale

La France est écrasée et envahie en quelques mois, et le maréchal Pétain signe l'**armistice en mai 1940**. Ce dernier, auréolé de ses victoires durant la Première Guerre mondiale, préside l'**État Français** ; il accepte l'occupation allemande et collabore avec l'occupant. Certains militaires refusent cet état de fait : **le général de Gaulle** quitte la France pour Londres, d'où il lance son appel à la Résistance le **18 juin 1940**. La Résistance s'étend sur tout le territoire, réunissant artistes (Aragon, Eluard, Char, Vercors... ➤ p. 281) et anonymes de toutes catégories sociales.

Après l'entrée en guerre des États-Unis (décembre 1941) et la défaite allemande de Stalingrad (février 1943), l'Allemagne recule jusqu'à la chute de Berlin en **mai 1945**. Russes et Américains libèrent progressivement l'Europe jusqu'à la découverte des **camps nazis** : les survivants, comme Antelme, le mari de Marguerite Duras, ou l'Espagnol Semprun, essaient ensuite de raconter l'indicible. La guerre se termine en Europe le **8 mai 1945** mais le Japon ne capitule qu'après les **bombardements atomiques** américains sur Hiroshima (6 août) et Nagasaki (9 août).

La guerre froide

Après cette guerre, le monde est tout à fait différent :
– il a connu l'horreur des camps nazis ;
– il a utilisé l'arme atomique (pour ces deux raisons, l'Organisation des Nations Unies – ONU – prend

le relais de la SDN, en vue de protéger les droits de l'homme et le droit des pays à disposer d'eux-mêmes ; c'est la voie ouverte à la décolonisation : l'Inde, les pays du Maghreb…) ;

– il est divisé par les deux grandes puissances, l'Ouest sous l'influence et la protection américaine, l'Est, sous celles des Soviétiques : c'est la « **guerre froide** » ;

– il voit la naissance en 1948 d'un État juif : **Israël**. En France, après quelques mois de gouvernement provisoire, naît la IVᵉ République (1946-1958) qui redresse le pays, également soutenu par le **plan américain Marshall** destiné à l'ensemble de l'Europe occidentale.

Jusqu'au milieu des années 1970, la France est en plein essor économique ; c'est la période des « **trente glorieuses** ». Au plan artistique, c'est le temps de l'interrogation sur le sens de la vie, la liberté et la responsabilité des individus devant l'Histoire, avec la **philosophie existentialiste de Sartre** et les romans de Camus (*La Peste, La Chute*…), ce qui débouche souvent sur un tableau pessimiste de la nature humaine incapable de communiquer (le **théâtre de l'absurde** d'Ionesco ➤ p. 105 et Beckett ➤ p. 53 et 103) ou des recherches formelles relativisant les notions d'action et de personnage (le **Nouveau Roman**, théorisé par Robbe-Grillet ➤ p. 144).

Mais la France est aussi aux prises avec les désirs d'indépendance de ses colonies, ce qui entraîne de nouveaux conflits (Indochine, jusqu'en 1954 ; Algérie, 1954-1962). C'est la **guerre d'Algérie** qui permet le retour du **général de Gaulle** sur la scène politique et la naissance de la **Vᵉ République** (1958) : le régime devient présidentiel, et le président est élu au suffrage universel direct depuis 1965. Sa popularité est mise à mal par le mouvement étudiant et ouvrier de mai 1968.

De 1981 à nos jours

En 1981, la gauche arrive au pouvoir avec **François Mitterrand** qui inaugure de vastes chantiers, en particulier dans le domaine social, avec des lois plus favorables aux chômeurs, aux retraités, aux immigrés… Les deux septennats sont marqués par un retour fort de Paris sur la scène culturelle internationale : nouveaux bâtiments publics, nouveaux musées, ouverture sur des cultures étrangères ou jusqu'alors jugées marginales (féministes, homosexuelles…).

La fin du siècle est marquée par des **crises économiques** (crises pétrolières…) puis par la **chute du mur de Berlin** (novembre 1989), qui met un terme aux dictatures communistes. Depuis, les États-Unis d'Amérique prennent de plus en plus de place dans la gestion des conflits sur la planète ; et la droite est de nouveau au pouvoir en France avec les deux mandats présidentiels de Jacques Chirac.

Bibliothèque nationale de France, site François Mitterrand, quai François Mauriac dans le XIIIᵉ arrondissement de Paris (architecte : Dominique Parrault).

Notices biographiques

1. ADLER Laure (née en 1950)

Laure Adler passe son enfance en Afrique et ne découvre la France qu'à 17 ans. Après une thèse d'histoire sur les féministes au XIXe siècle, elle anime des émissions à la radio et à la télévision, puis devient conseillère culturelle auprès de François Mitterrand, en 1989. Ses ouvrages les plus connus sont une biographie de Marguerite Duras (1998) et *À ce soir* (2001), livre dans lequel elle évoque la mort de son fils.

2. ANOUILH Jean (1910-1987)

Passionné par le théâtre dès l'enfance, il commence à écrire à 22 ans, mais n'est vraiment reconnu par la critique qu'en 1938, avec *Le Bal des voleurs*. Il regroupe ses pièces sous des appellations indiquant leur registre : *pièces noires, pièces roses, pièces farceuses*, etc. Sa pièce la plus connue, *Antigone*, a été jouée pendant l'Occupation.

3. APOLLINAIRE Guillaume (1880-1918)

Né de père inconnu, il vit avec sa mère, aristocrate polonaise, en Italie puis sur la Côte d'Azur, avant de voyager en Europe et d'entrer en littérature. Lié aux grands peintres de l'époque (Picasso, Marie Laurencin, Derain…) il se passionne pour l'art moderne et « l'esprit nouveau » ; son recueil *Alcools* est publié en 1913. Grièvement blessé à la tête durant la guerre de 1914, il meurt de la grippe espagnole à la fin du conflit.

4. ARAGON Louis (1897-1982)

Après une enfance aux origines incertaines, Aragon étudie la médecine et rencontre Breton avec qui il fonde la revue *Littérature*. Il participe aux expériences surréalistes, mais son militantisme communiste l'éloigne peu à peu de Breton jusqu'à la rupture définitive en 1932. Dans les années 1934 à 1944, il se consacre à un cycle romanesque, *Le Monde réel*, et à des recueils poétiques dédiés à sa compagne, Elsa Triolet, comme *Les Yeux d'Elsa* (1942), qui mêle poèmes d'amour et appels à la Résistance.

5. BÂ Mariama (1929-1981)

Mariama Bâ est née au Sénégal, où son père a été ministre de la Santé. Très influencée par les croyances religieuses et les coutumes traditionnelles, elle suit des cours à l'École normale et devient institutrice. Mère de neuf enfants et divorcée, elle publie en 1979 son premier roman, *Une si longue lettre*, où elle défend ses idées politiques et féministes.

6. BADINTER Élisabeth (née en 1944)

Agrégée de philosophie, spécialiste du siècle des Lumières et maître de conférence à l'École polytechnique, Élisabeth Badinter défend dans ses ouvrages ses idées sur le féminisme, la laïcité, l'éducation et la justice sociale. Elle a également publié des biographies sur Condorcet, Simone de Beauvoir, etc.

7. BALZAC Honoré de (1799-1850)

Après une enfance solitaire, Balzac fait des études de droit puis se tourne vers la philosophie et la littérature. Après avoir écrit jusqu'à 30 ans sous des pseudonymes, il publie de son nom le roman *Le Dernier des Chouans*. Pendant 20 ans, il consacre toutes ses nuits à l'écriture de la *Comédie humaine*, qui devait rassembler 137 romans et 2 000 personnages, mais il n'achève pas cette entreprise, mourant d'épuisement peu après son mariage avec Madame Hanska, l'une de ses lectrices. Les titres les plus connus de la *Comédie humaine* sont *La Peau de chagrin* (1831), *Le Père Goriot* (1835), *Illusions perdues* (1843).

8. BAUCHAU Henry (né en 1913)

Après une enfance marquée par l'invasion allemande, il fait partie de la Résistance armée pendant la Seconde Guerre mondiale. À la Libération, il fonde une maison d'édition à Paris, avant de devenir psychothérapeute puis écrivain, à 45 ans. Il publie des poèmes et des pièces de théâtre, et, en 1983, il entreprend la rédaction d'un triptyque : *Œdipe, Antigone, Diotime et les lions*, dans lequel il reprend des mythes de l'Antiquité.

9. BAUDELAIRE Charles (1821-1867)

Orphelin de père à 7 ans, Baudelaire vit comme un drame le remariage précipité de sa mère avec un officier. Atteint par le *spleen*, une mélancolie tenace, le jeune homme se réfugie dans la vie de bohème ; sa famille l'éloigne de Paris en lui offrant un long voyage qui accentuera son désenchantement. Dès son retour, il se consacre principalement à la critique d'art (*Salons*) et à la rédaction de ses recueils de poésie - en vers, *Les Fleurs du mal (1857)*, et en prose, *Le Spleen de Paris* (1869) - inspirés par ses liaisons féminines, ses voyages, ses souvenirs et par la modernité de Paris. Il meurt usé par une longue déchéance physique.

10. BEAUMARCHAIS Pierre-Augustin CARON de (1732-1799)

Fils d'un riche horloger parisien, le jeune homme suit les traces paternelles, mais excelle aussi à la harpe. Reconnu pour ses talents, il est admis à la Cour, anobli, et se voit confier diverses entreprises financières et diplomatiques. Il mène en parallèle une carrière littéraire et compose des pièces de théâtre, dont une trilogie espagnole : *Le Barbier de Séville, Le Mariage de Figaro, La Mère coupable*. Il fonde en 1777 la *Société des auteurs dramatiques*, afin de défendre les droits d'auteur, et édite les œuvres de Voltaire. Malgré les attaques (interdiction du *Mariage* par le roi, procès, prison…), il garde jusqu'à sa mort une grande énergie créatrice.

11. BEAUVOIR Simone de (1908-1986)

Issue d'un milieu bourgeois et conservateur, Simone de Beauvoir suit des études de philosophie au cours desquelles elle rencontre Jean-Paul Sartre qui restera son compagnon jusqu'à la fin de sa vie. Essayiste et romancière, elle aborde de nombreux sujets de société comme la condition féminine, dans le *Deuxième sexe* (1949), voyage dans le monde entier et rédige une vaste autobiographie dont le premier volet s'intitule *Mémoires d'une jeune fille rangée* (1958).

12. BECKETT Samuel (1906-1989)

Né dans une famille de la bourgeoisie protestante irlandaise, Beckett fait de brillantes études à Dublin avant de se fixer à Paris en 1938. Il s'intéresse à la littérature, publie des essais, des poèmes et des romans en anglais, et fréquente les peintres de l'époque. Il entre dans la Résistance à partir de 1942, et publie en français, dès 1946, des récits et des œuvres théâtrales qui tournent en dérision la condition humaine, comme *En attendant Godot* (1952), *Fin de partie* (1957), *Oh les beaux jours* (1963).

13. BERNHARD Thomas (1931-1989)

Enfant illégitime né aux Pays-Bas, Thomas Bernhard passe une grande partie de son enfance en Autriche, puis en Allemagne. Fortement marqué par la maladie et par le nazisme, il trouve refuge dans la musique et la littérature. Son premier roman, *Gel* (1963), obtient plusieurs prix littéraires, mais l'écrivain fait scandale en attaquant violemment la politique de l'Autriche. Son œuvre pessimiste comporte de nombreuses pièces de théâtre, des romans et un cycle autobiographique : *L'Origine, La Cave, Le Souffle, Le Froid* et *Un enfant* (entre 1975 et 1982).

14. BERTRAND Aloysius, Jacques-Louis-Napoléon BERTRAND, dit (1807-1841)

Né en Italie d'un père officier de l'armée impériale, Aloysius Bertrand vit ensuite à Dijon où il suit ses études, commence sa carrière de poète et publie diverses revues. Il vit dans des conditions matérielles difficiles et lutte pendant douze ans contre la phtisie qui l'emporte à 34 ans. Son recueil de poèmes en prose *Gaspard de la nuit* ne sera publié qu'après sa mort, faisant grande impression sur Baudelaire.

15. BOILEAU-DESPRÉAUX Nicolas (1636-1711)

Orphelin de mère à 18 mois, il reçoit une éducation janséniste et s'engage à 21 ans dans une carrière littéraire à laquelle il se consacre exclusivement, n'ayant ni épouse ni enfants. Il commence à rédiger des satires qui lui attirent quelques inimitiés parmi les contemporains visés par ses textes, mais se lie d'amitié avec Racine et Molière. Son œuvre la plus connue, l'*Art poétique* (1674), fixe les règles des genres littéraires. Défenseur des Anciens contre les Modernes, il devient historiographe du roi en 1677 et académicien en 1684.

16. BRETON André (1896-1966)

Pendant ses études de médecine, Breton publie ses premiers poèmes. La découverte de Freud et la lecture de Rimbaud et d'Apollinaire bouleversent sa vie ; il rencontre Aragon en 1917, fonde avec lui la revue *Littérature* (1919-1923), inspirée par le dadaïsme, et lance l'expérience des sommeils hypnotiques, qui inspire particulièrement Desnos. Les œuvres les plus connues de Breton sont les *Manifestes du surréalisme* (1924 et 1929), ses recueils poétiques : *Les Champs magnétiques* (1920) écrit avec Soupault, *Clair de terre* (1923)… et ses récits : *Nadja* (1928), *L'Amour fou* (1937).

17. CAMUS Albert (1913-1960)

Né en Algérie dans une famille très pauvre, Camus obtient une bourse qui lui permet de suivre des études de philosophie. La tuberculose l'empêche de devenir footballeur professionnel, il se tourne alors vers l'action culturelle, le journalisme et le théâtre. Il s'installe à Paris en 1940 et publie en 1942 son roman *L'Étranger* qui lui vaut un succès immédiat. Il participe à la Résistance et continue à publier : *La Peste*, en 1947, des pièces de théâtre comme *Les Justes* (1949), *Caligula* (1958)… Il est tué dans un accident de voiture, à 47 ans.

18. CÉLINE Louis-Ferdinand L.-F. DESTOUCHES dit (1894-1961)

L.-F. Destouches quitte l'école à 14 ans pour devenir apprenti, puis s'engage dans l'armée. Démobilisé à la suite d'une blessure de guerre dès novembre 1914, il part en Afrique, puis rentre en France où il reprend des études et devient médecin. La publication de *Voyage au bout de la nuit*, son premier roman, en 1932, fait scandale à cause de sa langue argotique, mais lui vaut un succès immédiat. À la fin des années 1930, Céline s'engage ouvertement du côté du fascisme et de l'antisémitisme, s'attirant de nombreuses attaques.

19. CHAR René (1907-1988)

Marqué par la mort de son père en 1918, et par la Provence, Char entre en poésie à 20 ans. Il fréquente les surréalistes mais quitte le mouvement en 1932. Pour lui, poésie et politique sont indissociables : il participe à la Résistance, est grièvement blessé en 1944 et exprime son opposition au nazisme dans ses *Feuillets d'Hypnos* (1946). Son recueil *Fureur et Mystère* le révèle au grand public en 1948. Il s'intéresse ensuite au théâtre, à la peinture, à la gravure, et à la chanson, mais connaît aussi les tourments du manque d'inspiration dont témoigne son dernier recueil, *Éloge d'une soupçonnée* (1988).

20. CHATEAUBRIAND François-René de (1768-1848)

Issu d'une noble famille bretonne, Chateaubriand s'oriente vers la carrière militaire. Marqué par la Révolution française, il voyage en Amérique en 1791, connaît l'exil à Londres entre 1793 et 1800, se rallie alors à Bonaparte et entame une double carrière, littéraire et diplomatique. Il publie de nombreux essais, et des romans qui exerceront une grande influence sur les romantiques, comme *Atala* et *René* (1801-1802). Nommé premier secrétaire d'ambassade à Rome en 1803, il quitte ce poste en 1804, déçu par Bonaparte, pour se consacrer à une œuvre monumentale publiée à partir de 1848, *Mémoires d'outre-tombe*.

21. CHRÉTIEN DE TROYES (XIIe siècle)

Cinq romans de Chrétien de Troyes, écrits entre 1160 et 1185, nous sont parvenus : *Érec et Énide* ; *Cligès* ; *Lancelot ou le Chevalier de la charrette* ; *Yvain ou le Chevalier au lion* ; *Perceval ou le Conte du Graal*.

Ces œuvres en vers sont appelées par l'auteur *contes*, *estoires* ou *romans*, car elles sont rédigées en langue vulgaire (romane) et non en latin. La plupart sont inspirées par des légendes celtiques dont le héros principal est le roi Arthur. *Lancelot* est dédié à Marie de Champagne, dont Chrétien de Troyes était proche.

22. COCTEAU Jean (1889-1963)

Marqué par le suicide de son père en 1898, Cocteau se console en dessinant et en rédigeant des poèmes dès l'âge de 7 ans. Après avoir participé à la guerre, il rentre en 1916 à Paris, où il se lie avec les plus grands peintres, musiciens et chorégraphes de l'époque et devient un symbole de l'avant-garde, aussi bien par son œuvre que par son homosexualité affichée. Son œuvre, abondante et éclectique, touche au dessin, au roman (*Les Enfants terribles*, 1929), au cinéma (*Le Sang d'un poète*, 1930), au théâtre (*La Machine infernale*, 1934), à la poésie (*Le Requiem*, 1962)…

23. COHEN Albert, Abraham Albert COHEN, dit (1895-1981)

Fils unique d'une famille juive installée en Grèce, Cohen connaît le déracinement à Marseille, où ses parents espéraient trouver une vie meilleure. Après des études de droit, il devient haut fonctionnaire à Genève. Ce parcours lui inspire, à partir de 1930, une série de romans dont *Belle du Seigneur*, publié en 1968, est le plus foisonnant et le plus connu. Ses ouvrages autobiographiques, tel *Le Livre de ma mère* (1954), et ses romans se caractérisent par le mélange des registres : le lyrisme y côtoie l'épique et la bouffonnerie.

24. COLETTE Sidonie Gabrielle (1873-1954)

Après une enfance dans un village de Bourgogne, Colette épouse à 20 ans un journaliste surnommé Willy. À partir de 1900, elle écrit une série de romans autobiographiques, les *Claudine*, qui sont alors attribués à son mari. Après son divorce, elle devient actrice de *music-hall* et continue à publier des récits et textes divers pour les journaux, signés de son nom de famille, où elle aborde des sujets audacieux pour l'époque, comme la drogue ou l'homosexualité (*Le Pur et l'impur*, 1941).

25. DESNOS Robert (1900-1945)

Né à Paris, Desnos quitte l'école à 16 ans pour entrer dans la vie active. Il se passionne déjà pour les livres et la poésie. À 19 ans, il adhère au mouvement Dada et participe à l'expérience surréaliste des sommeils hypnotiques. Le rêve et l'amour sont ses deux grandes sources d'inspiration. Il rompt avec le mouvement en 1930, entre dans la Résistance, et meurt du typhus au lendemain de la libération du camp où il était déporté. Son recueil de poèmes le plus connu est *Corps et Biens* (1930), où se mêlent lyrisme amoureux et travail sur le langage.

26. DICKENS Charles (1812-1870)

Son père étant criblé de dettes, le jeune Anglais Dickens doit travailler à 12 ans dans une fabrique de cirage. Cette pénible expérience marquera toute sa vie. Après avoir collaboré à des journaux, il se lance dans le roman, avec les *Aventures de M. Pickwick* (1836), œuvre humoristique, puis avec *Oliver Twist* (1837), histoire d'un orphelin vivant parmi les voleurs, veine sociale qui fait sa popularité et qui se retrouve dans *David Copperfield* (1849).

27. DU BELLAY Joachim (1522-1560)

Né dans une illustre famille d'Anjou, Du Bellay fait son droit à Poitiers, et se lie avec Ronsard qui l'entraîne à Paris au collège de Coqueret. De là naîtra un groupe de poètes appelé d'abord « Brigade » puis « Pléiade ». En 1549, il signe *Défense et Illustration de la langue française*, manifeste qui promeut le français comme langue poétique à égalité avec le grec et le latin. Ses recueils poétiques les plus connus, inspirés par son séjour à Rome, sont *Les Antiquités de Rome* et *Les Regrets* (1558). Atteint de surdité, il meurt à 37 ans, au terme d'une courte vie mélancolique.

28. DURAS Marguerite, Marguerite DONNADIEU, dite (1914-1996)

Née en Indochine, orpheline de père à 4 ans, Duras a été très marquée par la misère de son enfance et par ses amours adolescentes évoquées dans des œuvres partiellement autobiographiques comme *Un barrage contre le Pacifique* (1950), *L'Amant* (1984), *L'Amant de la Chine du Nord* (1991). À son retour en France, la vie de Duras est partagée entre l'écriture, la Résistance, aux côtés de son mari Robert Antelme et de François Mitterrand, et l'engagement politique. À son œuvre romanesque s'ajoutent des films, des pièces de théâtre et des écrits autobiographiques comme *La Douleur* (1985).

29. ELUARD Paul, Eugène Émile Paul GRINDEL, dit (1895-1952)

Atteint de la tuberculose à 17 ans, Eluard doit abandonner ses études ; il se consacre à la poésie et rencontre au sanatorium une jeune Russe, Gala, qui devient son inspiratrice, puis son épouse ; elle le quittera en 1930 pour vivre avec le peintre Dali. L'expérience de la guerre de 1914 le marque profondément : sa poésie devient lyrique et militante. Après avoir travaillé avec les dadaïstes et les surréalistes, il rompt avec Tzara, en 1923, et Breton, en 1938. Parmi plus de 110 recueils publiés, les plus connus sont *Capitale de la douleur* (1926), *L'Amour, la poésie* (1929), *Au rendez-vous allemand* (1944).

30. FEYDEAU, Georges (1862-1921)

Feydeau grandit dans un milieu littéraire et bohème. Il fait jouer à 20 ans sa première pièce, *Par la fenêtre* (1882), puis multiplie comédies et vaudevilles. Son talent fait de lui un auteur très populaire ; ses pièces *Le Dindon* (1896), *La Dame de chez Maxim* (1899), *La Puce à l'oreille* (1907) connaissent un énorme succès. Ses folles mécaniques théâtrales annoncent déjà le théâtre de l'absurde : *Feu La mère de Madame* (1908), *On purge bébé* (1910).

Notices biographiques

31. FLAUBERT Gustave (1821-1880)

Fils du médecin-chef de l'hôpital de Rouen, Flaubert enfant a observé de près le milieu médical qui l'a profondément marqué. Sa jeunesse, assombrie par des crises nerveuses et des amours tourmentées, se partage entre les voyages et l'écriture. Ses romans, comme *Madame Bovary* (1857) et *L'Éducation sentimentale* (1869), témoignent des élans romantiques, tournés en dérision, et de sa vision désenchantée du monde, mais son obsession majeure est le style : il travaille les sonorités et le rythme de ses phrases dans son « gueuloir », rêvant d'un livre « sur rien », uniquement consacré à son culte des mots.

32. GOETHE Johann Wolfgang (1749-1832)

Issu d'une famille riche et cultivée, Goethe reçoit une éducation très raffinée, maîtrise plusieurs langues et s'adonne aux sciences et à la poésie. À 20 ans, il écrit un drame historique, *Götz von Berlichingen* (1771-1774), et un roman autobiographique influencé par Rousseau, *Les Souffrances du jeune Werther* (1774), deux œuvres qui font de lui la figure essentielle du romantisme allemand, le *Sturm und Drang*. On retient surtout de son immense production un drame en deux parties, *Faust* (1829-1831).

33. GOLDONI Carlo (1707-1793)

Jeune homme turbulent expulsé de son collège pour insolence, l'Italien Goldoni devient avocat en 1731. Il lit beaucoup, joue la comédie et écrit des pièces. Influencé à la fois par la *commedia dell'arte* et par Molière, il trouve son style propre avec *Le Serviteur de deux maîtres* (1745), *Les Jumeaux vénitiens* (1747), et imagine des intrigues de plus en plus complexes, comme dans *Les Rustres* (1759), mais ne parvient pas à séduire le public italien plus attiré par la farce. Il se rend alors à Paris en 1762, mais déçu par l'incompréhension du public, il meurt dans la solitude et la misère.

34. GONCOURT Edmond de (1822-1896) et Jules de (1830-1870)

L'héritage légué par leur père permet aux frères Goncourt de se consacrer exclusivement à l'art et à la littérature. Ils rédigent en collaboration leur *Journal* (1887-1896), mais aussi des essais et des romans. Précurseurs du naturalisme, ils étudient des cas sociaux ou psychologiques à travers leurs intrigues romanesques : *Germinie Lacerteux* (1865) évoque la déchéance d'une domestique, *Manette Salomon* (1867) décrit le monde des peintres, et *Renée Mauperin* (1874) peint les contradictions de la bourgeoisie. Après la mort de Jules, Edmond rédige un testament où il propose la création d'une académie littéraire dont Flaubert et Zola feront partie.

35. GOUGES Olympe de (1755-1793)

Fille naturelle d'un poète, selon ses dires, Olympe de Gouges arrive à 18 ans à Paris, où elle mène une vie sentimentale tumultueuse et tente une carrière littéraire en écrivant pour le théâtre : *L'Esclavage des noirs* (1788). Au moment de la Révolution, elle exprime son engagement dans divers écrits consacrés notamment à l'émancipation des femmes, comme la fameuse *Déclaration…*, avant de mourir sur l'échafaud pour s'être opposée à la décapitation de Louis XVI.

36. GRACQ Julien, Louis POIRIER, dit (né en 1910)

Après avoir obtenu les agrégations d'histoire et de géographie en 1934, Gracq s'intéresse à la musique de Wagner, à la littérature allemande, ainsi qu'au surréalisme, qui inspirera son univers romanesque. Il s'engage au parti communiste, qu'il quitte en 1939, année où il publie un premier roman, *Au château d'Argol*. Mobilisé en 1940, il est fait prisonnier en 1941. Dès son retour, son existence se partage entre l'enseignement et la littérature ; il publie des romans (*Le Rivage des Syrtes*, 1946) et des essais (*En lisant en écrivant*, 1981) et a toujours refusé que ses œuvres entrent dans les collections de poche.

37. HALIMI Gisèle (née en 1927)

Née en Tunisie, Gisèle Halimi fait ses études de droit à Paris, et devient avocate en 1948. Elle se fait connaître en 1958 par son combat en faveur de la condition féminine et du droit des peuples à disposer d'eux-mêmes. En 1971, l'année de la création du *Mouvement de libération des femmes* (MLF), Gisèle Halimi fonde le mouvement *Choisir la cause des femmes*, et signe le *Manifeste des 343* pour la libéralisation de l'avortement ; elle milite contre le viol et pour l'égalité entre hommes et femmes. Elle a publié divers essais : *La Cause des femmes* (1973) et *La Nouvelle Cause des femmes* (1997).

38. HOFFMANN Ernest Theodor Amadeus (1776-1822)

Doué aussi bien pour la musique que pour le dessin et la littérature, Hoffmann poursuit des études de droit et devient magistrat à Berlin et Varsovie, sans cesser d'écrire, de composer et de s'adonner à la direction d'orchestre. Ses premiers contes ont d'ailleurs la musique pour thème, comme *Le Chevalier Gluck* (1808). Après une douloureuse déception sentimentale, il reprend ses activités en 1814 et publie ses illustres récits fantastiques, d'inspiration romantique, comme son roman *Les Elixirs du diable* (1815-16) ou ses nouvelles « L'homme au sable » (dans le recueil des *Contes nocturnes,* 1818), « La Princesse de Bambilla » (1821)…

39. HOMÈRE (IXe - VIIIe siècle avant J.-C.)

Homère serait, si l'on en croit la légende, un poète aveugle, auteur de deux épopées, l'*Iliade* et l'*Odyssée*, comptant respectivement 15 000 et 12 000 vers. Selon d'autres versions, ces œuvres seraient collectives. La première relate la guerre qui opposa Troyens et Grecs à la suite de l'enlèvement d'Hélène ; la seconde évoque le périple du Grec Ulysse qui, neuf ans après la guerre de Troie, tente de regagner son domaine d'Ithaque en dépit de multiples péripéties qui retardent son retour. Ces épopées sont fondées sur des mythes et des réalités historiques, comme l'ont confirmé les découvertes archéologiques.

40. HUGO Victor (1802-1885)

Fils d'officier, le jeune Hugo rêve d'abord de gloire militaire et de monarchie avant de se passionner pour la littérature et de se tourner vers l'opposition républicaine. Il produit une œuvre monumentale et s'essaie à tous les genres : la poésie, qui lui vaut une récompense de l'Académie française à 17 ans, le roman, le théâtre, le dessin… Chef de l'école romantique, il révolutionne les règles du théâtre avec son drame *Hernani* joué en 1830, qui déclenche une véritable bataille à la Comédie-Française. Sa poésie, tantôt lyrique, tantôt satirique ou épique, exprime tour à tour son engagement politique (*Les Châtiments*, 1853), ses sentiments personnels (*Les Contemplations*, 1856) ou sa vision de l'histoire (*La Légende des siècles*, 1877). Son œuvre la plus connue demeure *Les Misérables*, grand roman social rédigé entre 1845 et 1862, souvent adapté au cinéma.

41. IONESCO Eugène (1909-1994)

Né de père roumain et de mère française, Ionesco a connu la France dès son enfance avant de retourner en Roumanie en 1922, à la suite du divorce de ses parents ; il admire les auteurs surréalistes et affiche son goût pour la provocation, la satire et l'humour noir dans divers articles. Lors de la montée du fascisme roumain, il rentre en France et entame une carrière littéraire dans les années 1950, se consacrant au théâtre. D'abord sans succès, ses farces tragiques deviendront par la suite des classiques, des références majeures du théâtre de l'absurde : *La Cantatrice chauve* (1950), *Les Chaises* (1952), *Rhinocéros* (1959).

42. JARRY Alfred (1873-1907)

Brillant élève au lycée de Rennes puis à Henri-IV à Paris, Jarry publie à 21 ans un recueil de vers d'inspiration symboliste où apparaît déjà un personnage annonçant le père Ubu. Ce héros bouffon, tyran de Pologne et de « Nulle part », est présenté sur scène pour la première fois dans *Ubu roi* en 1896, pièce que la presse juge scandaleuse. Jarry rédige cependant une série de farces autour d'Ubu, puis se lance dans le roman et crée l'école fantaisiste des pataphysiciens, qui défend la « science des solutions imaginaires ».

43. KANE Sarah (1971-1999)

Après avoir étudié le théâtre dans de prestigieuses universités anglaises, Sarah Kane rédige des pièces qui, malgré le soutien de nombreux artistes reconnus, comme Edward Bond, provoquent le scandale car elles évoquent avec une violence extrême sa vision du monde. Ses œuvres sont *Anéantis, Purifiés, Manque, L'Amour de Phèdre*. Elle se suicide à 28 ans dans l'hôpital psychiatrique où elle vient d'être internée, peu après la création de *4.48 Psychose*, pièce du désespoir, interprétée en France par Isabelle Huppert.

44. KERTÉSZ Imre (né en 1929)

Né dans une famille juive de Hongrie, Kertész est déporté à 15 ans dans les camps d'Auschwitz, puis de Buchenwald. Il traduit d'abord Nietzsche, Freud, etc., puis écrit plusieurs romans autobiographiques : *Être sans destin* (1975), rédigé en dix années et censuré en Hongrie, qui décrit le quotidien des camps de la mort, *Le Refus* (1988), *Kaddish pour l'enfant qui ne naîtra pas* (1995). En 2002, il est le premier Hongrois à recevoir le prix Nobel de littérature.

45. KUNDERA Milan (né en 1929)

Né en Tchécoslovaquie d'un père musicien, Kundera se fait rapidement remarquer dans son pays par des écrits subversifs, comme son roman *La Plaisanterie* (1967). Poursuivi par les autorités de son pays, il se réfugie en France en 1974, où il devient un auteur francophone de renommée internationale. Il acquiert la nationalité française en 1981. Il publie des romans, parmi lesquels *L'Insoutenable Légèreté de l'être* (1984), et des essais sur la littérature : *L'Art du roman* (1986), *Les Testaments trahis* (1993)…

46. LA BRUYÈRE Jean de (1645-1696)

Avocat, précepteur puis secrétaire du duc de Bourbon, l'auteur des très célèbres *Caractères* (1688) puise ses réflexions de moraliste dans une observation minutieuse de la Cour qui lui vaut un grand succès en raison des clefs qu'elle contient et qui permettent d'identifier les personnes ridiculisées. Ce bourgeois parisien, ami de Bossuet, poursuit son œuvre critique dans la querelle des Anciens et des Modernes, prenant parti pour les Anciens lorsqu'il est élu à l'Académie française en 1693.

47. LA FAYETTE Mme de (1634-1693)

Connue aujourd'hui pour avoir été l'auteur du premier roman d'analyse, *La Princesse de Clèves* (1678), Marie-Madeleine Pioche de la Vergne, comtesse de La Fayette, ne reconnaît pas la paternité de ce livre : on prétend à l'époque que ce roman psychologique est l'œuvre de l'auteur de nouvelles Segrais, qui fut en réalité son collaborateur. Remarquable par son style et ses analyses, *La Princesse de Clèves* est née de la fréquentation des milieux précieux de l'hôtel de Rambouillet et des amitiés avec Mme de Sévigné et le moraliste La Rochefoucauld.

48. LAMARTINE Alphonse de (1790-1869)

Grande figure du lyrisme romantique, c'est à sa liaison avec Mme Julie Charles que l'on doit les *Méditations poétiques* (1820), « expression d'un cœur qui se berce de son propre sanglot ». Après la mort de sa fille, il publie une double épopée des sentiments : *Jocelyn* (1836) et *La Chute d'un ange* (1838). Conformément à l'idéal romantique, il joue aussi un rôle politique en représentant la France en Toscane ou en s'opposant au roi Louis-Philippe. Le Second Empire met fin à sa carrière politique mais Lamartine, faute d'argent, ne peut s'exiler et publie de nombreux ouvrages historiques ou des récits autobiographiques.

49. LAUTRÉAMONT Isidore DUCASSE dit le comte de (1846-1870)

Auteur très mystérieux des *Chants de Maldoror* dont le premier paraît anonymement en 1868, suivi de cinq autres édités sous le nom du comte de Lautréamont, il est inconnu jusqu'à sa découverte par les symbolistes puis par les surréalistes, qui voient en lui la source d'une nouvelle littérature, poétique et violente. La vie et l'œuvre de cet écrivain mort jeune restent énigmatiques.

50. LEIRIS Michel (1901-1990)

Ethnologue et autobiographe, fasciné par l'onirisme, Leiris est d'abord l'un des représentants du surréalisme (*Le Point cardinal*, 1927). *L'Âge d'homme* (1939) et les poèmes de *Haut Mal* (1943) sont quant à eux des observations psychanalytiques sans complaisance. Il propose une réflexion sur sa pratique d'écrivain, rigoureuse et consciente des dangers, dans l'essai *De la littérature considérée comme une tauromachie* (1935), tandis que *L'Afrique fantôme*, publié en 1934, propose une observation ethnologique de l'humain.

51. MALLARMÉ Stéphane, Étienne, dit (1842-1898)

Professeur d'anglais passionné par la littérature de Baudelaire et d'Edgar Poe, Mallarmé est consacré père de la génération symboliste dans le recueil de Verlaine *Les Poètes maudits* (1883) et dans le roman de Huysmans *À Rebours* (1884). Sa vie entière est occupée par la rédaction d'une œuvre difficile, fondée sur un travail rigoureux de la syntaxe, du vocabulaire et de la musicalité du langage, qui lui fait peindre « non la chose mais l'effet qu'elle produit » : *L'Après-midi d'un faune* (1865), *Tombeaux* (1877).

52. MARIVAUX Pierre CARLET de CHAMBLAIN de (1688-1763)

Observateur éclairé de l'injustice sociale et des sentiments humains dans ses journaux, Marivaux écrit pendant vingt ans de nombreuses pièces de théâtre destinées à la Comédie-Française ou au théâtre italien : *La Surprise de l'amour* (1722), *La Double Inconstance* (1723), *Le Jeu de l'amour et du hasard* (1730) ou encore *Les Fausses Confidences* (1737), dont les héros, maîtres et valets, ont la légèreté des acteurs de la *commedia dell'arte*. Il rédige en outre deux romans, *Le Paysan parvenu* (1735) et *La Vie de Marianne* (1731 à 1741), remarquables par leur sens de l'analyse.

53. MAUPASSANT Guy de (1850-1893)

Fils spirituel de Flaubert, maître du réalisme, il grandit en Normandie où il assiste à la débâcle de 1870 : deux éléments qui marquent fortement son œuvre composée de nouvelles (*La Maison Tellier*, 1881, *Les Contes de la bécasse*, 1883, *Les Contes du jour et de la nuit*, 1885) et de romans (*Une vie*, 1883). Célèbre de son vivant et membre des soirées de Médan organisées par Zola, il dénonce aussi l'hypocrisie de son temps dans son roman *Bel-Ami* (1885). Il est hanté par l'angoisse de la mort et décède dans un asile, comme son personnage du *Horla* (1887).

54. MODIANO Patrick (né en 1945)

Écrivain français profondément marqué par la Deuxième Guerre mondiale et par la guerre d'Algérie, ses nombreux romans (*La Place de l'Étoile*, 1968, *La Ronde de nuit*, 1969, *Villa triste*, 1975) développent le thème récurrent des liens tragiques entre passé et présent. Il reçoit le prix Goncourt en 1978 pour *Rue des boutiques obscures*, et collabore aussi avec des cinéastes comme Louis Malle, pour lequel il rédige le scénario de *Lacombe Lucien* (1973).

56. MOLIÈRE, Jean-Baptiste POQUELIN, dit (1622-1673)

Héritier d'une charge de tapissier du roi, il délaisse cette tâche pour le théâtre. Né à Paris où il découvre la farce, il quitte la capitale pendant treize ans pour devenir comédien et metteur en scène sous le nom de Molière. Remarqué par le roi, il devient l'auteur de grandes comédies satiriques : *Dom Juan* (1665), *Le Misanthrope* (1666), *L'Avare* (1668) et *Le Tartuffe* (1669), mais aussi de comédies-ballets (*L'Amour médecin*, 1665) ou de farces. Malade mais comédien jusqu'au bout, il meurt sur scène dans le rôle du *Malade imaginaire* en 1673.

56. MUSSET Alfred de (1810-1857)

Musset exprime ses sentiments intimes par l'intermédiaire de ses héros : l'issue douloureuse de sa liaison avec la romancière George Sand influence profondément le ton de ses œuvres, avec des titres significatifs comme *Les Caprices de Marianne* (1833), *On ne badine pas avec l'amour* (1834), ou le roman *La Confession d'un enfant du siècle* (1836). *Lorenzaccio* (1834), et *Un Caprice* (1837) marquent un tournant dans l'art dramatique romantique. Ses poèmes des *Nuits* (1835-1837) expriment le plus fortement sa douleur intime. Il meurt à 47 ans, épuisé par l'alcool et par le naufrage de sa vie sentimentale.

57. NERVAL, Gérard LABRUNIE, dit de (1808-1855)

L'auteur des *Chimères* (1854) compose très jeune une œuvre variée composée de traductions d'œuvres allemandes (*Faust* de Goethe en 1827), ou de poésie (*Fantaisie*, 1832, qui annonce l'obsession de Nerval pour une femme double, à la fois « sainte » et « fée »). Il poursuit des recherches sur les mythologies et les cultes antiques, dont témoigne le récit autobiographique du *Voyage en Orient* (1843). Sujet aux délires, il compose ses œuvres les plus célèbres : *Lorely* (1852), *Les Filles du feu* (1854). On le retrouve pendu dans une rue de Paris durant l'hiver 1855.

58. PEREC Georges (1936-1982)

Irrémédiablement marqué par la perte de son père, au front, et de sa mère, dans les camps nazis, Perec délaisse ses études d'histoire pour se consacrer à la littérature. Son premier roman publié, *Les Choses*, marque sa véritable entrée en littérature en 1965, avant qu'il ne rejoigne l'OuLiPo (Ouvroir de Littérature Potentielle, laboratoire d'expérimentation littéraire) en 1966. Les romans *Un homme qui dort* (1967) et *La Disparition* (1969) sont des défis formels : *La Disparition* est ainsi écrit sans la lettre *e* ; *La Vie mode d'emploi* (1978) est bâti à partir de listes de contraintes narratives et stylistiques. Son œuvre autobiographique est également abondante : *W ou le souvenir d'enfance* (1975), *Je me souviens* (1978)…

59. PLAUTE (254-184 avant J.-C.)

La vie de ce célèbre dramaturge romain est mal connue. L'œuvre qui nous est parvenue compte vingt comédies inspirées de l'auteur grec Ménandre mais adaptées au goût de la République romaine. *Amphitryon*, *L'Aulularia (La Comédie de la Marmite)*, *Les Ménechmes*, *Le Soldat fanfaron* sont autant de pièces qui mettent en scène des personnages types dans des pièces au rythme enlevé. Son théâtre est capital dans l'histoire de la comédie, puisque la *commedia dell'arte*, Molière, Goldoni ou encore Labiche s'y sont constamment référés.

60. PRÉVOST Antoine, François PRÉVOST d'EXILES, dit l'Abbé (1697-1763)

Homme d'Église attiré par l'armée, les lettres et la traduction, l'abbé Prévost est un prédicateur mondain avant de s'exiler en Hollande et en Angleterre. À l'image de sa vie, il compose une œuvre romanesque centrée sur les aventures et les histoires de mœurs : *Manon Lescaut* (1731), histoire d'amour entre une femme aux mœurs légères et un chevalier amoureux fou, est son chef-d'œuvre. Il traduit également des auteurs anglais.

61. PROUST Marcel (1871-1922)

Romancier de la mémoire, Proust développe très tôt des aptitudes à la littérature. Après des études de droit et de sciences politiques, il écrit et traduit sans succès. C'est avec la première partie de son œuvre *À La Recherche du temps perdu*, le roman *Du côté de chez Swann* (1913), qu'il est reconnu. La guerre reporte à 1919 la parution du deuxième tome *À l'ombre des jeunes filles en fleurs*, qui obtient le prix Goncourt. Durant les trois dernières années de sa vie, Proust ne cesse pas d'écrire, faisant paraître trois autres volumes de la série, dont *Sodome et Gomorrhe* (1921-22). Il meurt d'une pneumonie et la suite de son œuvre est publiée par son frère, en particulier le dernier tome de l'ensemble : *Le Temps retrouvé* (1927).

62. QUIGNARD Pascal (né en 1948)

Tour à tour romancier, essayiste, conteur et poète, Pascal Quignard est une figure majeure de la littérature contemporaine, qui ne se reconnaît dans aucun de ces genres, mais déclare vouloir « mourir à la tâche ». Son œuvre est marquée par un style recherché, une rigueur érudite et l'importance de la musique : *Tous les matins du monde* (1991) est adapté au cinéma, révélant au public français la richesse de la musique baroque. Il reçoit le prix Goncourt en 2002 pour le premier tome de *Dernier Royaume*, série volumineuse de genre inclassable, publiée peu à peu.

63. RABELAIS François (1483-1553)

Grand auteur de la Renaissance, il critique les traditions du Moyen Âge et affiche une soif de connaissance propre à l'humanisme français. D'abord prêtre, il est ensuite médecin et publie *Pantagruel* sous le nom d'Alcofribas Nasier, anagramme de François Rabelais, après avoir reconnu Érasme comme père spirituel. *Gargantua* est publié en 1534. Ces deux romans sont censurés par la Sorbonne, ce qui n'empêche pas *Le Tiers Livre* de paraître avec un privilège royal en 1546, avant d'être condamné à son tour. Violemment attaqué par Calvin, Rabelais défend une éducation nouvelle, le bonheur épicurien et le pacifisme.

64. RACINE Jean (1639-1699)

Orphelin élevé au monastère de Port-Royal, il rédige en 1664 sa première pièce, *La Thébaïde*, et connaît le succès avec *Alexandre*. Pendant dix ans, il donne *Andromaque* (1667), *Les Plaideurs* (1668), *Britannicus* (1669), *Phèdre* (1677), et s'affirme comme l'écrivain classique de la tragédie des passions. Historiographe du roi, il est le rival de Molière auprès de Louis XIV, et de Corneille, auteur vieillissant de tragédies héroïques. À la demande de Mme de Maintenon, il écrit des pièces religieuses (*Esther*, 1689, et *Athalie*, 1691), puis renonce au théâtre condamné par l'Église.

65. RIMBAUD Arthur (1854-1891)

Génie précoce, il doit à son professeur de français le goût d'écrivains comme Rabelais ou Hugo. Révolté contre la guerre de 1870, il fugue à Paris et crie sa révolte dans le sonnet « Le Dormeur du val » (1870). *La Lettre du voyant* (1871) rompt avec la poésie traditionnelle, prônant que « Je est un autre » et appelant au « dérèglement de tous les sens ». Son amant Verlaine le blesse d'un coup de feu ; c'est alors que Rimbaud rédige ses recueils de poésie en prose *Une saison en enfer* et les *Illuminations*. Il cesse d'écrire pour devenir mercenaire et trafiquant d'armes, et meurt amputé à la suite d'un cancer.

66. ROBBE-GRILLET Alain (né en 1922)

Fondateur du Nouveau Roman également appelé « l'école du regard », Robbe-Grillet est un romancier du quotidien. Le parcours de cet ingénieur agronome est atypique, dès *Les Gommes* (1953), « roman policier » qui privilégie l'étude du comportement et où les objets sont longuement décrits. On retrouve ce procédé dans *Le Voyeur* (1955) et dans *La Jalousie* (1957) où le narrateur-personnage disparaît pour n'être plus qu'un regard. Après avoir réalisé des films aussi singuliers que ses romans, il rédige des récits autobiographiques comme *Le Miroir qui revient* (1985).

67. RONSARD Pierre de (1524-1585)

Proclamé « prince des poètes », Ronsard se destine d'abord à une carrière militaire, puis prend part à la Pléiade, groupe de poètes qui renouvellent la poésie par le travail sur la langue française et l'adoption des thèmes pétrarquistes : les *Amours de Cassandre* (1552), la *Continuation des Amours* (1555) et les *Sonnets pour Hélène* (1578) sont des recueils inspirés par sa passion pour différentes femmes. Il développe aussi une veine épique dans ses *Hymnes* (1555-1556), ses *Discours* (1562-1563) ou dans *La Franciade* (1572), épopée en l'honneur du roi Henri II.

Notices biographiques

68. ROUSSEAU Jean-Jacques (1712-1778)

Après avoir reçu son apprentissage auprès de Mme de Warens, mère-amante, il se consacre à la lecture et à la musique. Critiquant la civilisation moderne et ses raffinements (*Lettre à d'Alembert sur les spectacles*, 1758), il est cependant une grande figure du siècle des Lumières ; son goût de la méditation, à l'origine de la sensibilité romantique, se manifeste dans *Les Rêveries du promeneur solitaire* (1776) et son roman épistolaire *La Nouvelle Héloïse* (1761). Il développe de nouvelles thèses sur l'éducation des enfants dans l'*Émile* (1762) qui lui valent les foudres de l'Église. Se sentant victime d'un complot, il justifie ses actes dans ses *Confessions* (édition posthume : 1782 et 1789).

69. SARTRE Jean-Paul (1905-1980)

Éduqué dans une famille bourgeoise, puis élève de l'École normale supérieure, Sartre critique vivement cette classe sociale et ses valeurs. Il se préoccupe de la finalité et des moyens de la violence dans des écrits philosophiques et narratifs : il se fait le représentant de l'existentialisme en France, non seulement dans ses écrits philosophiques (*L'Être et le Néant*, 1943), mais aussi dans ses œuvres romanesques (*La Nausée*, 1938) ou encore critiques (*Situations*, 1947-1965). Il s'intéresse aussi au théâtre qui lui permet de questionner l'être humain, la notion d'engagement et la relation à autrui : « L'enfer, c'est les autres » (*Huis clos*, 1944). Il écrit abondamment jusqu'à sa mort, après avoir fondé le quotidien *Libération* en 1975.

70. SCARRON Paul (1610-1660)

Écrivain méconnu du Grand Siècle alors qu'il fréquentait les salons littéraires, Scarron est aussi, après avoir été bohème, chanoine puis attaché à l'évêque du Mans, l'époux de la future maîtresse de Louis XIV, Madame de Maintenon. Il a beaucoup de succès avec ses pièces comiques, *Jodelet ou le Maître valet* (1645), sa fameuse parodie d'épopée, *Le Virgile travesti* (1648-1652) et ses œuvres en prose : *Le Roman comique* (1651-1657).

71. SCÈVE Maurice (1501-1564)

Poète français membre de l'école de Lyon, il se rend célèbre avec ses recueils de blasons chantant le corps féminin (1539), dont le plus connu, *Délie, objet de plus haute vertu* (1544). Considérant l'homme comme une image de l'univers, il rédige une épopée de 3 300 vers, *Microcosme* (1562).

72. SCHILLER FRIEDRICH von (1759-1805)

À l'Académie militaire de Stuttgart, Schiller étudie la littérature antique, la Bible et la médecine. Souvent défini comme le Corneille allemand pour son théâtre exaltant la grandeur d'âme, il s'illustre en 1781 avec sa tragédie *Les Brigands*, suivie de ses *Odes à Laura*, recueil de poésie lyrique dédié à une veuve plus âgée que lui. Nommé professeur d'histoire à l'université d'Iena en 1785, il se rapproche de l'écrivain Goethe et publie de nombreux drames influencés par le théâtre de Shakespeare, comme *Don Carlos* (1787), *Wallenstein* (1800), *La Pucelle d'Orléans* (1801) présentée comme une « tragédie romantique ».

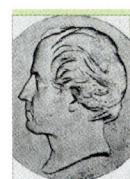

73. SENANCOUR Étienne Pivert de (1770-1846)

Écrivain romantique, il s'inspire des textes de Rousseau (*Rêveries sur la nature primitive de l'homme*, 1799). À l'instar des écrivains de sa génération, il est marqué par le « mal du siècle », qui se traduit dans la tristesse d'Oberman, héros du roman autobiographique éponyme (1804). Il trouve dans les séjours alpins et dans le christianisme un apaisement à son désenchantement et à sa soif d'absolu.

74. SENGHOR Léopold Sédar (1906-2001)

Écrivain et homme politique sénégalais, il est l'un des grands écrivains de la « négritude », concept inventé par le poète antillais Aimé Césaire. Adepte du dialogue des cultures, il conjugue de brillantes études littéraires (agrégation de grammaire en 1935) et une carrière politique (rédaction de la Constitution de la IVe République française ; présidence du Sénégal en 1960). L'œuvre poétique de cet « Orphée noir » (Sartre, 1948) chante l'amour de la terre natale et l'espoir d'une réconciliation des peuples (*Chants d'ombre*, 1945 ; *Éthiopiques*, 1956). Senghor est élu membre de l'Académie française en 1983.

75. SHAKESPEARE William (1564-1616)

Fils d'un riche marchand de Stratford, il est contraint d'exercer divers métiers et s'installe à Londres où il travaille dans un théâtre, « arrangeant » des pièces achetées aux auteurs. Il gagne alors l'estime de seigneurs et de la reine Élisabeth Ire. Son théâtre est d'abord historique : *Henri IV* (1597-1598), *Richard III* (1593), puis de source antique (*Titus Andronicus*, 1590) ; mais il excelle aussi dans le genre de la comédie : *Le Songe d'une nuit d'été* (1595). Ses tragédies sont restées parmi les plus célèbres : *Roméo et Juliette* (1595), *Hamlet* (1602). Il meurt à 47 ans, riche et reconnu, après avoir été membre de la Troupe du roi.

76. SOPHOCLE (496-406 avant J.-C.)

Dramaturge grec dans une Athènes qui revendique alors une démocratie où chaque citoyen est responsable de ses actes, son théâtre marque une rupture avec la tradition d'Eschyle, réduisant considérablement la responsabilité des dieux, au profit de celle des hommes. Militaire et stratège, Sophocle est le dramaturge de la psychologie humaine, des épreuves traversées par des héros en quête de gloire, courant parfois à leur perte : *Antigone* (– 442), *Œdipe roi* (– 430), *Électre* (– 425).

77. SOUPAULT Philippe (1897-1990)

D'abord membre du mouvement Dada, il prend part au surréalisme aux côtés d'André Breton, avec qui il cosigne *Les Champs magnétiques* (1920), première œuvre procédant de l'écriture automatique. Très vite, il quitte le groupe pour devenir journaliste (*Voyages en URSS*, 1930). Il écrit aussi des romans (*Les Dernières Nuits de Paris*, 1928), des essais sur la peinture (*Jean Lurçat*, 1928) ou le cinéma (*Charlot*, 1930), des poèmes (*Odes*, 1946) ou encore du théâtre (*Tous ensemble autour du monde*, 1943).

78. STENDHAL, Henri BEYLE, dit (1783-1842)

Adolescent brillant, révolté et passionné de mathématiques, de dessin et de théâtre, il s'engage dans l'armée en 1800 et découvre l'Italie. Mondain, il publie sous un pseudonyme des essais sur l'Italie (*Rome, Naples et Florence*, 1817), sur l'amour (*De l'amour,* 1822), sur la littérature (*Racine et Shakespeare*, 1825). Son roman *Le Rouge et le Noir* a un succès médiocre (1830) ; il quitte alors la France pour l'Italie, qui lui inspire ses *Chroniques italiennes* (édition posthume : 1855) et son roman *La Chartreuse de Parme* (1839). Rêvant d'amour et de gloire, il est reconnu après sa mort pour sa sensibilité et la vérité de sa peinture sociale.

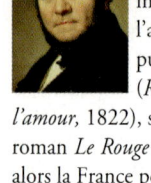

79. TCHEKHOV Anton Pavlovitch (1860-1904)

Conteur, nouvelliste et dramaturge russe, ce médecin devient vite un écrivain reconnu (*Contes de Melpomène*, 1884). En 1887, son drame *Ivanov* est joué au théâtre de Saint-Pétersbourg. Soucieux de l'observation des souffrances humaines, il visite un bagne (*L'Île de Sakhaline*, 1894) et aide des victimes du choléra, tout en composant des drames (*La Mouette*, 1896 ; *La Cerisaie*, 1904) qui connaissent un vif succès. Académicien en 1900, il meurt au sommet de sa gloire.

80. TÉRENCE (190-159 avant J.-C.)

Esclave affranchi éduqué par un sénateur romain, il est nourri de culture grecque et introduit par son protecteur dans l'aristocratie romaine. Il rédige six pièces comiques, dans un souci de travail sur la psychologie des personnages et la représentation réaliste de la vie quotidienne : les comédies *La Belle-Mère, L'Héautontimorouménos, L'Eunuque, Phormion* et *Les Adelphes* sont rédigées entre 166 et 160, et connaissent un grand succès auprès des lettrés romains.

81. VERLAINE Paul (1844-1896)

Grand poète maudit qui finit son existence dans la misère et l'alcool, Verlaine est parnassien avant de devenir, malgré lui, symboliste. On lui doit aussi la publication de l'œuvre de Rimbaud. Des *Poèmes saturniens* (1866) aux *Fêtes galantes* (1869), son œuvre porte la marque de la mélancolie. Apaisé par son mariage, il tombe fou amoureux de Rimbaud. En 1873, il est emprisonné pour avoir tiré sur son amant. Il compose en prison les *Romances sans paroles* (1874), puis se convertit. Ses œuvres postérieures portent la double marque du mysticisme *(Sagesse,* 1880) et de la sensualité.

82. VIGNY Alfred, comte de (1797-1863)

Grande figure du romantisme français, cet héritier d'une famille noble, animé par les valeurs fortes de l'honneur et des armes, rêve de gloire militaire ; déçu, il se tourne avec succès vers la littérature. Du drame (*Chatterton*, 1835) mettant en scène la solitude du génie, au roman historique (*Cinq-Mars*, 1826) qui est une réflexion sur l'humiliation de la noblesse par la monarchie absolue, ou encore aux poèmes (*Les Destinées*, édition posthume 1864), son œuvre est tout entière marquée par la hantise de l'Histoire et le pessimisme d'un homme que l'Académie française accueille froidement en 1845.

83. VIRGILE, Publius Vergilius MARO, dit (70-19 avant J.-C.)

Illustre poète latin du siècle d'Auguste, Virgile a donné à Rome une épopée nationale équivalente à l'*Iliade* pour les Grecs : l'*Énéide.* Il y présente Auguste comme le descendant d'Énée, héros troyen fondateur de Rome. Très proche du cercle de l'empereur, Virgile est aussi l'auteur des *Bucoliques*, recueil de poésie élégiaque (- 39) et des *Géorgiques* (- 29), épopée philosophique qui place l'homme au centre de la nature.

84. VOLTAIRE, François Marie Arouet, dit (1694-1778)

Poète mondain issu de la bourgeoisie parisienne, Voltaire est le grand philosophe du siècle des Lumières. D'abord exilé en Angleterre pour ses idées provocatrices, il est membre de l'Académie française après s'être engagé dans la lutte contre toutes les formes de fanatisme et de « superstition ». Il s'essaie à différents genres littéraires comme l'épopée (*La Henriade*, 1723-1728), la tragédie *(Mahomet,* 1741), l'essai (*Traité sur la tolérance*, 1763) et le conte philosophique (*Candide,* 1759, ou *L'Ingénu,* 1767) ; il rédige d'innombrables lettres.

85. WOOLF Virginia (1882-1941)

Romancière et critique britannique, elle s'initie à la philosophie auprès de son père, car elle ne peut suivre une scolarité normale, en raison d'une santé fragile. Romancière (*Mrs Dalloway*, 1925) et biographe (*Roger Fry*, 1940), elle se distingue par ses positions féministes et l'originalité de son œuvre romanesque, très proche de celle de Marcel Proust. Profondément marquée par la guerre, craignant la folie qui est omniprésente dans son œuvre, elle se suicide.

86. YOURCENAR, Marguerite de CRAYENCOUR, dite (1903-1987)

Nourrie de culture humaniste et passionnée par la Grèce, elle voyage beaucoup avant de se fixer aux États-Unis. Surtout connue pour son œuvre romanesque caractérisée par la pureté et la densité du style (*Le Coup de grâce*, 1939), elle est profondément marquée par son goût pour l'Histoire (*Mémoires d'Hadrien*, 1951). Elle est aussi la traductrice de célèbres romanciers anglophones, comme Virginia Woolf et Henry James, et une essayiste de talent. Elle est la première femme élue à l'Académie française, en 1980.

87. ZOLA Émile (1840-1902)

Chef de file du naturalisme à la fin du XIXe siècle, Zola s'inspire des sciences pour rédiger une véritable fresque de son temps, fondée sur le principe de l'hérédité et de l'influence du milieu sur l'individu. Il en pose les principes dans le *Roman expérimental* en 1880 et illustre ces théories dans une « histoire naturelle et sociale d'une famille sous le Second Empire », les *Rougon-Macquart*, cycle romanesque composé de vingt volumes (1868 à 1893) où tous les milieux sociaux sont évoqués. Les soirées de Médan font de lui un modèle littéraire, et son engagement se manifeste en particulier dans le cadre de l'affaire Dreyfus avec la rédaction de *J'accuse* (1898).

Glossaire

A

Acception : signification d'un mot ; quand un mot a plusieurs acceptions, on parle de polysémie.

Accumulation : énumération de termes, d'expressions qui, en se multipliant, insistent sur un thème, une expression importante.

Allégorie : idée abstraite rendue concrète. EX. : la République française représentée par le buste de Marianne.

Allitération : répétition harmonieuse d'un même son consonantique. EX. ➤ **PARTIE II, p. 470**.

Amplification : effet de grossissement souvent rendu par des hyperboles ➤ p. 393 qui donnent plus d'importance à ce qui est décrit, montré.

Anachronisme : erreur historique. EX. : parler de téléphone dans un texte sur Bonaparte.

Anagramme : écrire un mot avec toutes les lettres d'un autre mot. EX. : *rien*, anagramme de *nier*.

Analepse : définition ➤ p. 449 ; opposé à *prolepse*.

Anaphore : répétition d'un même mot (ou expression) au début de vers, de strophes, de phrases qui se suivent. EX. ➤ p. 393.

Antiphrase : procédé principal de l'ironie ; phrase qui fait sous-entendre le contraire de ce qui est écrit. EX. : *ça me tue !* pour *j'adore !*

Antithèse : opposition forte de deux mots (expressions) au sein d'un même vers, d'un même paragraphe… EX. ➤ p. 394. Ne pas confondre avec l'*antithèse* en argumentation : avis opposé à la thèse.

Apostrophe : désignation directe de celui à qui l'on s'adresse. EX. : *Julien, écoute-moi !*

Argument : idée fondamentale servant de preuve à un avis, une thèse. EX. ➤ p. 479.

Assonance : répétition harmonieuse d'un même son vocalique. EX. ➤ p. 470.

B

Barbarisme : grossière faute de langue, en particulier en conjugaison.

Boulevard (théâtre de) : théâtre populaire représentant des histoires familiales et sentimentales sur fond de comédie légère (joué initialement dans les salles et les cafés des grands boulevards parisiens).

Burlesque : comique consistant à rabaisser socialement des personnages d'aristocrates ou de grands bourgeois (s'oppose à *l'héroï-comique*).

C

Champ lexical : ensemble de mots ou expressions rassemblés sous un même thème, une même notion.

Champ sémantique : ensemble des significations (acceptions) d'un même mot.

Chronique : recueil de faits présentés minutieusement et chronologiquement à la façon d'un article de journal.

Cliché : voir *lieu commun*.

Commedia dell'arte : forme de théâtre de rue né en Italie et reposant sur les jeux de mots, l'improvisation et le goût du travestissement.

Comparaison : figure d'analogie ; elle rapproche un élément (comparé) d'un second élément (comparant) grâce à un outil grammatical (verbe *ressembler*, conjonction *comme*…) ; à la différence de la métaphore qui les unit directement, sans outil. Développée tout au long d'une strophe, d'un paragraphe, voire de tout un texte, la métaphore est dite *filée* ; EX. ➤ **p. 392**.

Concession : prise en compte de l'avis opposé (thèse adverse) dans un texte argumentatif.

Connecteur logique : adverbe, conjonction de coordination faisant le lien entre deux parties de raisonnement, d'argumentation.

Connotation : impression laissée par un mot (une expression) par tradition. EX. : la couleur blanche connote la pureté.

Contre-portrait : portrait dont les caractéristiques sont l'inverse de celui qui a été étudié. EX. : le portrait d'une belle femme va devenir celui d'une femme laide.

Convaincre : définition ➤ **p. 482** ; opposé à *persuader* et à *démontrer*.

D

Délibératif (monologue) : monologue par lequel un personnage s'interroge sur l'attitude à adopter, hésitant entre deux voies contradictoires ; il est typique de la tragédie.

Démontrer : définition ➤ **p. 482** ; opposé à *convaincre* et à *persuader*.

Dénotation : sens premier d'un mot.

Dénouement : au théâtre, situation qui résout le conflit, le problème de l'intrigue, ouvrant sur la fin de la pièce.

Didactique : registre ; définition ➤ **p. 440**.

Didascalies : indications de mise en scène (décor, costumes, déplacements des comédiens…) dans un texte de théâtre. EX. ➤ **p. 462**.

Diérèse : définition et EX. ➤ **p. 469** ; s'oppose à la *synérèse*.

Dilemme : situation tragique dans laquelle le personnage doit choisir entre deux voies qui sont toutes les deux défavorables. Il s'exprime souvent dans le cadre d'un monologue délibératif.

Dramaturge : auteur de théâtre.

E

Édification : volonté de faire la leçon au lecteur (ou au spectateur), de lui faire la morale.

Éloquence : art oratoire, art de bien parler en public.

Ellipse : économie narrative ; épisode qui n'est pas raconté, car jugé peu intéressant, ou caché par volonté de suspense.

Emphase : procédé valorisant ostensiblement, presque à l'excès, ce qui est montré, décrit. EX. : *c'est moi qui l'ai fait !* où le tour présentatif *c'est moi* survalorise le locuteur.

Énonciation : ensemble des éléments grammaticaux (pronoms, indices subjectifs…) liés à la situation de communication (qui parle et à qui ?). EX. ▶ p. 389.

Épidictique : registre ; définition ▶ p. 437.

Épique : registre lié au genre de l'épopée ; définition ▶ p. 428.

Épistolaire (roman) : roman par lettres.

Éponyme (adj.) : dont le nom correspond au titre de l'œuvre. EX. : Madame Bovary est le personnage éponyme du roman de Flaubert.

Essai : genre littéraire qui développe des idées dans un livre abordant personnellement un thème littéraire, social, philosophique…

Esthétique (adj.) : relatif à la beauté artistique.

Expansion nominale : adjectif qualificatif, complément prépositionnel ou subordonnée relative complétant un nom. EX. ▶ p. 389.

Explicit : fin d'un récit (par opposition au début : l'incipit).

Exposition : première scène ou premier acte d'une pièce, présentant le décor de l'action, les principaux personnages, et l'enjeu de l'action.

F

Farce : pièce comique utilisant de gros procédés (bastonnade, travestissement…).

Focalisation : point de vue adopté dans un récit ; définition ▶ p. 443.

G

Gradation : énumération dans laquelle chaque terme a un sens plus fort, plus intense que le terme précédent. EX. : *c'est beau, superbe, magnifique.*

H

Hémistiche : demi-vers ; terme souvent utilisé pour l'alexandrin (deux hémistiches séparés par la césure, milieu exact du vers).

Héroï-comique : procédé comique inverse du burlesque ; personnages socialement bas traités comme des aristocrates ou des grands bourgeois.

Historiographe : titre honorifique attribué à ceux qui ont pour fonction de rédiger la chronique du règne d'un roi.

Humour : forme subtile de comique consistant à jouer sur les aspects les plus incongrus de la vie quotidienne, en les retournant, en les décalant. EX. : l'humour noir, qui rit de situations initialement tragiques.

Hyperbole : définition ▶ p. 393.

Hypotypose : description longuement développée mais de façon dynamique, de façon à créer un tableau vivant. EX. : la description du bouclier d'Énée dans l'*Énéide* ▶ PARTIE I, p. 116.

I

Incipit : voir *explicit*.

Incise (proposition) : sujet et verbe indiquant qui s'exprime, au milieu de propos au style (discours) direct.

In medias res : au beau milieu de l'action ; expression utilisée pour un récit qui commence sans description, sans cadrage, avec des personnages déjà pris dans l'intrigue.

Intrigue : au théâtre et dans le récit, développement de l'action, en étapes et avec des personnages.

Ironie tragique : personnage exprimant à son insu la vérité de sa condition, de sa situation. EX. : un personnage plaisantant sur sa propre mort alors que ses interlocuteurs le savent condamné.

L

Licence poétique : liberté poétique consistant à raccourcir un mot ou à l'orthographier différemment, de façon à respecter le décompte des syllabes. EX. : *encor'* au lieu d'*encore*.

Lieu commun (voir *cliché, stéréotype*) : expression peu originale, à la limite du langage littéraire. EX. : *le plancher des vaches* pour parler de la terre. L'équivalent du lieu commun pour les images poétiques est le cliché. EX. : le feu pour parler de l'amour. Pour les personnages, on parle de stéréotype. EX. : le stéréotype de la femme fatale dans le film noir.

Litote : formule qui dit moins pour sous-entendre plus. EX. : *c'est pas mal !* pour *c'est très bien !*

Lyrique : registre propre à la poésie, en référence à la lyre d'Orphée, roi des poètes ; définition ▶ p. 425.

M

Manifeste : écrit théorique par lequel une école ou un mouvement littéraire s'affirme, définit son idéal esthétique. EX. : les comptes rendus des soirées de Médan, manifeste du groupe naturaliste ▶ p. 257 ; synonyme : *texte programmatique*.

Merveilleux : adjectif relatif au conte de fées, admettant l'existence de sorcières, de lutins, de démons… dans un monde surnaturel.

Métaphore : voir *comparaison*.

Mètre : mesure du vers, nombre de syllabes utilisées. EX. ▶ p. 469.

Mise en abyme : procédé consistant à rappeler au sein de l'œuvre le genre ou le code utilisé (roman sur un romancier, personnages allant au cinéma dans un film…).

Modalisation : façon dont le locuteur affirme ou trahit sa subjectivité par des termes significatifs, connotés… EX. : l'adjectif *admirable* révélant l'admiration du locuteur dans un portrait.

Modalité (de phrase) : tournure d'une phrase avec le ton adapté (modalités exclamative, interrogative, assertive…).

Monologue : personnage qui s'exprime seul en scène. EX. ▶ p. 459.

Mythe : histoire légendaire expliquant les origines d'une civilisation, un aspect de la nature humaine. EX. : le mythe de Prométhée, voleur de feu, pour expliquer la témérité et la volonté de dépassement des hommes.

Glossaire

N

Narrateur : celui qui raconte dans un récit ; il n'est pas à confondre avec l'auteur, celui qui écrit. EX. : le narrateur à la première personne du *Dernier Jour d'un condamné*, roman de V. Hugo, ne peut être confondu avec l'auteur, qui ne s'est jamais retrouvé dans cette situation.

Néologisme : mot nouveau, création verbale.

Niveau de langue : appelé également *registre de langue*. EX. : soutenu, familier, argotique… ; à ne pas confondre avec *registre littéraire*.

Nœud : moment de plus grande intensité dramatique dans une pièce de théâtre (généralement l'acte III dans une pièce classique).

O

Oxymore : figure de style consistant à rassembler dans une même expression deux termes de sens opposé. EX. : *le soleil noir de la mélancolie* de G. de Nerval.

P

Paradoxe (adj. : *paradoxal*) : contradiction.

Parallélisme : répétition d'une même construction de phrase (syntaxe) dans deux phrases, deux propositions qui se suivent.

Paraphrase : répétition du contenu d'un texte, en utilisant d'autres mots ; défaut à éviter dans le commentaire.

Paratexte : entourage immédiat du texte (chapeau introductif, titre, date…).

Parodie : imitation moqueuse, ironique du style d'un auteur, d'un texte. EX. ➤ p. 419.

Pastiche : imitation respectueuse d'un texte, volonté d'imiter le style d'un auteur. EX. ➤ p. 419.

Péripétie : au théâtre ou dans le récit, événement inattendu changeant le cours de l'action.

Périphrase : expression permettant de remplacer un mot en évitant de le répéter. EX. : *la gent masculine* au lieu des *hommes*.

Persuader : définition ➤ p. 482 ; opposé à *convaincre* et *démontrer*.

Plaidoyer : défense énergique d'une idée, d'un individu, opposée au réquisitoire (dépréciation énergique).

Pléonasme : expression inutilement répétitive. EX. : *Allumez la lumière !*

Poétique (art) : texte théorique définissant une façon idéale d'écrire. EX. : l'*Art poétique* de Boileau définissant l'idéal de la langue classique ➤ p. 43.

Pointe : effet de surprise à la fin d'un sonnet, vers particulièrement travaillé au plan stylistique.

Polémique : registre ; définition ➤ p. 434.

Polysémie : voir *acception*.

Posthume (adj.) : publié après la mort de l'auteur.

Préciosité (adj. : *précieux*) : mouvement littéraire du XVIIe siècle attaché aux expressions rares, recherchées, aux périphrases compliquées. EX. : *commodités de la conversation* pour *fauteuils* dans *Les Précieuses ridicules* de Molière.

Prétérition : feindre de ne pas dire quelque chose que l'on formule tout de même.

Problématique : définition ➤ PARTIE III, p. 530.

Programmatique (texte) : voir *manifeste*.

Prolepse : définition ➤ p. 449 ; opposé à *analepse*.

Prologue : équivalent de la scène d'exposition dans le théâtre grec ; souvent représenté par un personnage qui vient sur scène exposer l'intérêt de l'action et les principaux personnages. EX. : textes de Sophocle et d'Anouilh ➤ p. 20-22.

Protagoniste : personnage principal d'une œuvre théâtrale (*pro* : en avant).

Q

Quiproquo : procédé comique par lequel un personnage prend un mot pour un autre, un personnage ou une situation pour une autre (voir le quiproquo de *L'École des femmes* ➤ p. 74).

R

Récit-cadre : récit premier avec le narrateur principal, dans un récit multipliant les niveaux de narration (récit à tiroirs, comme les *Mille et une nuits*).

Registre (littéraire) : définition ➤ p. 418.

Réquisitoire : voir *plaidoyer*.

Rhétorique (figure de) : embellissement du langage, expression synonyme de *figure de style*, la rhétorique étant l'art de bien s'exprimer.

S

Satire : moquerie appuyée, ironique, d'une personne connue, d'une institution ou d'un comportement identifiable dans la réalité (satire des usages de la cour de France dans *Les Lettres persanes* de Montesquieu).

Sentence : phrase travaillée dans son rythme et son style, de façon à être convaincante.

Signifiant : aspect matériel du mot (lettres et sons).

Signifié : sens d'un mot.

Stéréotype : voir *lieu commun*.

Stichomythie : au théâtre, échange vif de répliques courtes entre deux locuteurs.

Synérèse : voir *diérèse*.

Syntaxe : structuration de la phrase, ordre des mots.

T

Thèse : avis, opinion exprimée.

Tragique : registre ; définition ➤ p. 422.

V

Vraisemblance : caractère de ce qui semble vrai, crédible. EX. : une situation vraisemblable.

Les termes du manuel suivis d'un astérique* renvoient à ce glossaire.

Index des auteurs et des œuvres

Cet index renvoie aux auteurs dont les œuvres sont données en extraits ainsi qu'aux œuvres picturales faisant l'objet d'une analyse d'image.

Les numéros en couleurs renvoient aux parties I, II et III du manuel.

ADLER, Laure
Marguerite Duras, 362
Affiche rouge (L'), 283
ALAIN
Propos sur l'éducation, 480
ANOUILH, Jean
Antigone, 22, 422
APOLLINAIRE, Guillaume
Alcools, 471
Il y a, 352
Poèmes à Lou, 285, 427, 475
APULÉE
Âne d'or (L'), 451
ARAGON, Louis
Aurélien, 527
Feu de joie, 272
Mouvement perpétuel (Le), 272
Roman inachevé (Le), 283
Yeux d'Elsa (Les), 341
ARIOSTE (L')
Roland furieux, 125
ARISTOPHANE
Guêpes (Les), 71
AUVRAY, Jean
Banquet des muses (Le), 343

BÂ, Mariama
Si longue lettre (Une), 304
BADINTER, Élisabeth
Fausse Route, 317, 477, 478
BALZAC, Honoré de
Cousine Bette (La), 330, 437
Ferragus, 386
Lys dans la vallée (Le), 133, 410
Peau de chagrin (La), 412
Père Goriot (Le), 453
BARBEY D'AUREVILLY, Jules
Diaboliques (Les), 172
BAUCHAU, Henry
Œdipe sur la route, 28
BAUDELAIRE, Charles
Fleurs du mal (Les), 345, 346, 391
Spleen de Paris (Le), 353, 475
BEAUMARCHAIS
Barbier de Séville (Le), 460
Mariage de Figaro (Le), 90, 96, 462
BEAUVOIR, Simone de
Deuxième Sexe (Le), 312, 479
Mandarins (Les), 447
Mémoires d'une jeune fille rangée, 302
BECKETT, Samuel
En attendant Godot, 103, 464
Fin de partie, 53

BERNHARD, Thomas
Dramuscules, 108
BERTRAND, Aloysius
Gaspard de la nuit, 205
BESSON Philippe
Arrière-saison (L'), 450
Bible (La), 495
BOCCACE
Décaméron, 172
BOILEAU, Nicolas
Art poétique, 43, 82
BOND, Edward, 59
BONNEFOY, Yves
Hier régnant désert, 472
BRECHT, Bertold
La Vie de Galilée, 467
BRETON, André
Champs magnétiques (Les), 262
Clair de terre, 287, 473
Manifeste du surréalisme, 266, 268, 415, 416
Nadja, 264
Second Manifeste du surréalisme, 275

CAILLEBOTTE, Gustave
Raboteurs de parquet (Les), 230
CALLE, Sophie
Histoires vraies, 499
CAMUS, Albert
Étranger (L'), 155
Peste (La), 143, 424
CARTIER-BRESSON, Henri
Marseille, 167
CÉLINE, Louis-Ferdinand
Voyage au bout de la nuit, 123, 412
CERVANTÈS, Miguel
Don Quichotte, 126
Chanson de Roland (La), 430, 448
CHAR, René
Fureur et mystère, 276
CHATEAUBRIAND, François-René de
René, 179, 390, 426
CHRÉTIEN DE TROYES
Lancelot ou le Chevalier de la charrette, 125
Yvain ou le Chevalier au lion, 118
CHRISTIE, Agatha
Mr Parker Pyne, 173
CLAUDEL, Paul
Partage de midi (Le), 427
CLOUET, François
Élisabeth d'Autriche, 338
COCTEAU, Jean
Machine infernale (La), 26
COHEN, Albert
Belle du Seigneur, 147
COLETTE
Maison de Claudine (La), 301
CONSTANT, Benjamin
Adolphe, 188

CORNEILLE, Pierre
Cid (Le), 423
Cinna, 491
Illusion comique (L'), 72
Médée, 32, 461
Polyeucte, 523
Rodogune, 44
COURBET, Gustave
Cribleuses de blé (Les), 230

DALI, Salvador
Songes drolatiques de Pantagruel, 121
DELACROIX, Eugène
Médée furieuse, 32
Scène des massacres de Scio, 217
DESBORDES-VALMORE, Marceline
Pleurs (Les), 216
DESNOS, Robert
Corps et biens, 264
DICKENS, Charles
Oliver Twist, 222
DIDEROT, Denis
Jacques le Fataliste, 454
Supplément au Voyage de Bougainville, 320, 482
DU BELLAY, Joachim
Regrets (Les), 336, 471, 491
DUMAS, Alexandre
Antony, 201
Trois Mousquetaires (Les), 447
DURAS, Marguerite
Amant (L'), 361
Ravissement de Lol V. Stein (Le), 456

ÉCHENOZ, Jean, 369
ELUARD, Paul
Capitale de la douleur, 286
Cours naturel, 294
Poésie et vérité, 278
ERNST, Max
Au rendez-vous des amis, 267
ESCHYLE
Euménides (Les), 33, 410
EURIPIDE
Médée, 32
Express (L'), 372, 373, 438

FÉNELON
Lettre à Louis XIV, 333
Traité de l'éducation des filles, 307
FERNEY, Alice
Conversation amoureuse (La), 451
FEYDEAU, Georges
Mais n't'e promène donc pas toute nue, 101
FLAUBERT, Gustave
Éducation sentimentale (L'), 140
Madame Bovary, 224, 445, 456, 498
Salammbô, 126
FRANCK, Dan
Séparation (La), 454
FRIEDRICH, Caspar David
Femme à l'aube, 183

GAUTIER, Théophile
Mademoiselle de Maupin, 188
Morte amoureuse (La), 432
GAVALDA, Anna, 363
Je voudrais que quelqu'un m'attende quelque part, 173
GENET, Jean
Paravents (Les), 466
GIANINI BELOTTI, Helena
Du côté des petites filles, 481
GOETHE, Johan Wolfgang von
Souffrances du jeune Werther (Les), 176, 412
GOLDONI, Carlo
Locandiera (La), 96
Rustres (Les), 88
GONCOURT, Jules et Edmond
Germinie Lacerteux, 232
Renée Mauperin, 234, 411
GOUGES, Olympe de
Déclaration des Droits de la femme et de la Citoyenne, 310
GRACQ, Julien
Au château d'Argol, 360
En lisant en écrivant, 359, 480
GREUZE, Jean-Baptiste
Les Plaintes de l'Horloge, 132
GUERILLA GIRLS
Affiche, 316, 435

HALIMI, Gisèle
Cause des femmes (La), 314, 483
HOFFMANN, E.T.A.
« *Une histoire de fantôme* », 158, 431, 432, 522
HOMÈRE
Iliade, 430
Odyssée, 114
HUGO, Victor
Château fort sur une colline, 208
Châtiments (Les), 213, 413
Contemplations (Les), 216, 282, 320
Cromwell, 461
Hernani, 193, 201, 465
Misérables (Les), 321, 453
Orientales (Les), 217
Préface de Cromwell, 192, 414
Quatrevingt-Treize, 438
Rayons et les Ombres (Les), 211, 395
Ruy Blas, 48, 58, 200
HUSTON, Nancy
Empreinte de l'ange (L'), 390

IONESCO, Eugène
Chaises (Les), 59
Leçon (La), 111, 417
Notes et Contre-notes, 414
Rhinocéros, 105, 481

JACQUARD, Albert
Abécédaire de l'ambiguïté, 439

JARRY, Alfred
Ubu roi, 99
JELINEK, Elfriede
Exclus (Les), 156
JONGKIND, Johan Barthold
La Seine et Notre-Dame de Paris, 251
JOYCE, James
Ulysse, 141

KAFKA, Franz
Journal, 451
KANE, Sarah
4.48 Psychose, 55
KERTÉSZ, Imre
Être sans destin, 375
KHNOPFF, Fernand
Des caresses, 350
KUNDERA, Milan
Ignorance (L'), 152, 443
Insoutenable Légèreté de l'être (L'), 445

LABÉ, Louise
Débat de folie et d'amour, 307
« *Quand j'aperçois ton blond chef...* », 343
LA BRUYÈRE, Jean de
Caractères (Les), 328
LACLOS, Choderlos de
Cécilia ou les Mémoires d'une héritière, 513
Des femmes et de leur éducation, 307
Liaisons dangereuses (Les), 140
LA FAYETTE, Mme de,
Princesse de Clèves (La), 128
LA FONTAINE, Jean de
Fables, 441
LAINÉ, Pascal
Dentellière (La), 499
LAMARTINE, Alphonse de
Méditations poétiques, 216, 426
Recueillements poétiques, 209, 469
LANGE, Dorothy
Une ouvrière itinérante avec ses enfants à Nipomo en Californie, 50
LAUTRÉAMONT
Chants de Maldoror (Les), 274, 429
LE FANU, Sheridan
Carmilla, 433
LÉGER, Fernand
Liberté, 280
LEIRIS, Michel
Haut Mal, 290
LÉONARD DE VINCI
Tête grotesque, 327
LÉVY, Bernard-Henri
« *Éloge du béton* », 352
Libération, 369, 371
LOTI, Pierre
Pêcheur d'Islande, 448
LOUŸS, Pierre
Astarté, 475

MAGRITTE, René
Magie noire (La), 292
MALLARMÉ, Stéphane
« *Tristesse d'été* », 348
MALRAUX, André
Condition humaine (La), 424
MANET, Édouard
Automne (L'), 241
MARIVAUX
Épreuve (L'), 96
Jeu de l'amour et du hasard (Le), 86
MAUPASSANT, Guy de
Bel-Ami, 228, 448, 453, 457
Contes de la bécasse, 232
Partie de campagne (Une), 353, 444
Parure (La), 490
Peur (La), 447
Pierre et Jean, 244, 457
Vie (Une), 226, 243, 386
MAURIAC, François
Thérèse Desqueyroux, 155
MAZUY, Patricia
Saint-Cyr (affiche), 298, 450
MÉRIMÉE, Prosper
Vénus d'Ille (La), 432
METSYS, Quentin,
Vieille femme grotesque, 327
MODIANO, Patrick
Villa triste, 149, 452
MOLIÈRE, 82
Avare (L'), 63, 83, 390, 419
Dom Juan, 76, 84, 353
École des femmes (L'), 74
Femmes savantes (Les), 84, 497
Fourberies de Scapin (Les), 71, 83
George Dandin, 83
Malade imaginaire (Le), 67
Médecin malgré lui (Le), 420
Misanthrope (Le), 78, 434
Tartuffe (Le), 80
Monde (Le), 436
Monde de l'éducation (Le), 483
MONTESQUIEU
Lettres persanes, 334, 420
MUCHA, Alfons
Affiche de Lorenzaccio, 196
MUSSET, Alfred de
Caprices de Marianne (Les), 92, 97, 523
Confession d'un enfant du siècle (La), 184, 387
Contes d'Espagne et d'Italie, 471
Lorenzaccio, 195
On ne badine pas avec l'amour, 185, 467
Poésies nouvelles, 203, 425

NERVAL, Gérard de
Chimères (Les), 207, 471
Odelettes, 471
NOVALIS, Friedrich
Henri d'Ofterdingen, 187

ONIMUS, Jean
Lettre à mes fils, 478

PAGNOL, Marcel
Marius, 463
PENNAC, Daniel
Comme un roman, 483
PEREC, Georges
Homme qui dort (Un), 146
Vie mode d'emploi (La), 412
PERROT, Michelle
Guide républicain, 308
PÉTRARQUE
Canzoniere, 343
PINTER, Harold, 377
PLAUTE
Aululaire (L'), 62, 385
Miles gloriosus, 72
PONGE, Francis
Le Parti pris des choses, 494
PRÉVERT, Jacques
Fatras, 282
Paroles, 421
PRÉVOST, Abbé
Manon Lescaut, 130, 455
PROUST, Marcel
Du côté de chez Swann, 136
Prisonnière (La), 141

QUENEAU, Raymond
Exercices de style, 493
QUIGNARD, Pascal, 372
Ombres errantes, Dernier Royaume I, 373

RABELAIS, François
Pantagruel, 119, 420, 449
RACINE, Jean
Andromaque, 386, 436, 472
Bérénice, 467
Britannicus, 44
Phèdre, 35, 37, 39, 41, 409, 459
RADIGUET, Raymond
Carnets, 423
Diable au corps (Le), 517
RENARD, Jules
Histoires naturelles, 450
REVERDY, Pierre
Liberté des mers (La), 475
RIMBAUD, Arthur
« Le Dormeur du val », 471
Illuminations, 472
« La Maline », 349
ROBBE-GRILLET, Alain
Jalousie (La), 144
Pour un nouveau roman, 508
ROBLÈS, Emmanuel
Montserrat, 464
ROGÉ, Raymond
Récits fantastiques, 508
ROHMER, Éric
Les Nuits de la pleine lune, 151, 404
Roman d'Énéas (Le), 117

Roman de Thèbes (Le), 441
ROMILLY, Jacqueline de
Tragédie grecque (La), 511
RONSARD, Pierre de
Amours (Les), 294, 339, 426
Sonnets pour Hélène, 340
ROUSSEAU, Jean-Jacques
Émile, 299, 483
Rêveries du promeneur solitaire (Les), 178
RUFIN, Jean-Christophe, 371

SAND, George
Indiana, 187
Maîtres Sonneurs (Les), 410
SARTRE, Jean-Paul
Chemins de la liberté (Les), 478
Huis clos, 51, 466
Qu'est-ce que la littérature ?, 417
Nausée (La), 390
SCARRON, Paul
Recueil de quelques vers burlesques, 326
Roman comique (Le), 494
SCÈVE, Maurice
« Blason du sourcil », 324, 392
SCHILLER, Friedrich von
Brigands (Les), 46
SCHMITT, Michel
Savoir Lire, 416
SENANCOUR
Oberman, 181
SENGHOR, Léopold Sédar
Poèmes perdus, 325
SHAKESPEARE, William
Hamlet, 200
Histoire d'Henry IV (L'), 190, 463
SIMON, Claude
Route des Flandres (La), 457
SOPHOCLE
Antigone, 20
Œdipe roi, 24
SOUPAULT, Philippe
Champs magnétiques (Les), 262
STEEN, Jan
Comme les vieux chantent, les petits gazouillent, 77
STENDHAL
Chartreuse de Parme (La), 135, 444
Rouge et le Noir (Le), 220, 444
STOKER, Bram
Invité de Dracula (L'), 391
STUCK, Franz von
Péché (Le), 350
SVEVO, Italo
Vie (Une), 444

TARDIEU, Jean
Oswald et Zénaïde ou les apartés, 460
TCHEKHOV, Anton
« Polinka », 162, 446
Télé Obs, 414
Télérama, 435

TÉRENCE
Adelphes (Les), 65, 460
TOPOR, Roland
Rire panique, 107
TOURNIER, Michel
Vol du vampire (Le), 512
TRIOLET, Elsa
Premier accroc coûte deux cents francs (Le), 445
TRUFFAUT, François
Hitchcock, 405
TZARA, Tristan
Homme approximatif (L'), 294

UHLMAN, Fred
Ami retrouvé (L'), 457

VALÉRY, Paul
Charmes, 395
VALMIKI
Rāmāyana, 429
VARGAS LLOSA, Mario
Paradis – un peu plus loin (Le), 321
VERLAINE, Paul
Jadis et Naguère, 471
Poèmes saturniens, 347, 438
VIALA, Alain
Savoir Lire, 416
VIAN, Boris
Écume des jours (L'), 156
VIGNY, Alfred de
Chatterton, 197
VIRGILE
Énéide, 116, 428
VOLTAIRE
Candide, 122
De l'horrible danger de la lecture, 421
Dictionnaire philosophique, 417, 435
Pauvre Diable, 478
Siècle de Louis XIV (Le), 334

WOOLF, Virginia
Mrs Dalloway, 137

YOURCENAR, Marguerite
« Phèdre ou le Désespoir », 168
Yeux ouverts (Les), 313
ZOLA, Émile, 257
Assommoir (L'), 237, 244, 245, 498
Bête humaine (La), 243
Carnets d'enquête, 252
Curée (La), 236
Faute de l'abbé Mouret (La), 495
Germinal, 243
Joie de vivre (La), 240
Lettre à la jeunesse, 481
Lettres de Paris, 232
Œuvre (L'), 248, 249, 253, 255, 423, 447, 456
Page d'amour (Une), 258
Roman expérimental (Le), 247, 440, 441
Ventre de Paris (Le), 239, 444

TABLE DES ILLUSTRATIONS

4g ph © Nimatallah / Akg-images
4d ph © Bridgeman-Giraudon
5-6-7-8 ph © Akg-images
9 ph © Akg-images © Adagp, Paris 2006
10 ph © Heritage Images / Leemage
11-12-13gh ph © Bridgeman-Giraudon
13gb ph © Sotheby's / Akg-images
13dh ph © Rabatti-Dominigie / Akg-images
13dm ph © Akg-images
13db ph © Lawrence Steigrad Fine Arts, New York / Bridgeman-Giraudon
14g ph © The Art Archive / G. Dagli Orti
14dh ph © Costa / Leemage
14dm ph © Christian Jean / RMN
14db ph © Bridgeman-Giraudon
15gh ph © Jörg P. Anders / BPK, Berlin, Dist. RMN © Adagp, Paris 2006
15gm ph © Bridgeman-Giraudon
15gb ph © Hervé Lewandowski / RMN
15dh ph © DR / Photo CNAC/MNAM Dist.RMN © Adagp, Paris 2006
15dm ph © Erich Lessing / Akg-images
15db ph © Selva / Leemage
16-17 ph © Bridgeman-Giraudon
18 ph © Nimatallah / Akg-images
20 ph © Marc Enguerand / Agence Enguerand-Bernand
23 ph © Archives Hatier / D.R.
24 ph © Pascal Gély / Agence Enguerand-Bernand
26 ph © Bridgeman-Giraudon © Adagp, Paris 2006
28 ph © Akg-images
30h ph © The Art Archive / (Péloponnèse) / G. Dagli Orti
30b ph © The Art Archive / G. Dagli Orti
33 ph © Gérard Blot / RMN
35 ph © Brigitte Enguerand / Agence Enguerand-Bernand
37-39 ph © Marc Enguerand / Agence Enguerand-Bernand
40g ph © BnF, Paris
40d ph © Agostino Pacciani / Agence Enguerand-Bernand
43 ph © Bridgeman-Giraudon
46 ph © Akg-images
50 ph © Rue des Archives / The Granger Collection NYC
52-64 ph © Agence Bernand / Enguerand-Bernand
54 ph © Sophie Steinberger / Agence Enguerand-Bernand
57 ph © Brigitte Enguerand / Agence Enguerand-Bernand
60 ph © Akg-images
62 ph © E. Lessing / Akg-images
65-69-70 ph © The Art Archive / Musée archéologique / G. Dagli Orti
74 ph © Bridgeman-Giraudon
77 ph © The Art Archive / Musée Fabre / G. Dagli Orti
78 ph © Pascal Gély / Agence Enguerand-Bernand
80 ph © Ramon Senera / Agence Enguerand-Bernand
87 ph © Michele Bellot / RMN
89-90 ph © Bridgeman-Giraudon
92 ph © Agence Bernand / Enguerand-Bernand
94 ph © J.L. Charmet / Archives Hatier
100-110 ph © Brigitte Enguerand / Agence Enguerand-Bernand
103 ph © Armelle Paranthoen Enguerand / Agence Enguerand-Bernand
105 ph © Ramon Senera / Agence Enguerand-Bernand
107 ph © Rabatti-Dominigie / Akg-images © Adagp, Paris 2006
108 ph © Pascal Gély / Agence Enguerand-Bernand.
112 ph © Akg-images
114 ph © Akg-images © Adagp, Paris 2006
118 ph © Bridgeman-Giraudon
120 © Collection Roger-Viollet
121 ph © Descharnes / Daliphoto.com © Salvador Dali, Gala-Salvador Dali Foundation - Adagp, Paris 2006
123 ph © Akg-images © Adagp, Paris 2006
129 ph © Akg-images
130 ph © Bridgeman-Giraudon
132 ph © Blauel / Gnamm / Artothek
134 ph © Southampton City Art gallery, Hampshire / Bridgeman-Giraudon

135 © Collection Roger-Viollet
138 ph © Akg-images © Adagp, Paris 2006
145 ph © Adagp, Paris 2006
147 ph © Akg-images / Electa © Adagp, Paris 2006
149 ph © Akg-images © Adagp, Paris 2006
151-154 Collection Christophel
152 ph © Bridgeman-Giraudon / D.R.
159-162-165 ph © Bridgeman-Giraudon
167 ph © Henri Cartier-Bresson / Magnum Photos
169 ph © Akg-images © Estate of Roy Lichtenstein New York - Adagp, Paris 2006
174 ph © Akg-images
176 ph © Southampton City Art Gallery, Hampshire / Bridgeman-Giraudon
179 ph © Fritzwilliam Museum University of Cambridge / Bridgeman-Giraudon
181 ph © Yale Center for British Art, Paul Mellon Collection, USA / Bridgeman-Giraudon
183 ph © Bridgeman-Giraudon
184 ph © R.G. Ojéda / RMN
191 ph © Brigitte Enguerand / Agence Enguerand-Bernand
196 ph © Bridgeman-Giraudon © Mucha Trust / Adagp, Paris 2006
198 ph © Birmingham Museums and Art Gallery / Bridgeman-Giraudon
203 ph © Laurent Lecat / Akg-images
205g et d ph © The Art Archive / Musée de la maison de Goldoni / G. Dagli Orti
208 ph © Musée National d'Histoire et d'Art, Luxembourg
210 ph © R.G. Ojéda / RMN
212 ph © Walker Art Gallery, National Museums Liverpool / Bridgeman-Giraudon
213 ph © H. Lewandowski / RMN
214 ph © Lauros / Bridgeman-Giraudon
217 ph © Thierry Le Mage / RMN
218 ph © Akg-images
220 ph © The Art Archive / Bibliothèque des Arts Décoratifs / G. Dagli Orti
223 ph © Bridgeman-Giraudon
225-230h ph © G. Blot / RMN
226 ph © R.G. Ojéda / RMN
229 ph © Bridgeman-Giraudon / D.R.
230b-240 ph © H. Lewandowski / RMN
234 ph © J. Schormans / RMN © Adagp, Paris 2006
239 ph © Bulloz / RMN
241 ph © D.R. / RMN
242 ph © Daniel Arnaudet / RMN
245h ph © Paris, BnF
245b Editions l'Indispensable
249 ph © D.R. / RMN © Adapg, Paris 2006
251 ph © J.G.Berizzi / RMN
252 ph © Bridgeman-Giraudon
255 ph © M. Bellot / RMN
259 ph © Archives Hatier
260-263 ph © Akg-images © Adagp, Paris 2006
265-266 ph © Bridgeman-Giraudon © Adagp, Paris 2006
267 ph © Akg-images © Adagp, Paris 2006
269-271d ph © D.R. / Photo CNAC / MNAM Dist. RMN © Adagp, Paris 2006
271g ph © Rabatti - Dominigie / Akg-images © Adagp, Paris 2006
272 ph © Akg-images © Salvador Dali, Gala-Salvador Dali Foundation - Adagp, Paris 2006
275 ph © P. Migeat / Photo CNAC/MNAM Dist. RMN © P. Gallois
277 ph © D.R. / Photo CNAC/MNAM Dist.RMN © Adagp, Paris 2006
278-280 ph © Archives Hatier © Adagp, Paris 2006
283 ph © Charmet / Bridgeman-Giraudon
286 ph © Archives Hatier © Musée Collection Rosengart, Lucerne © Succession Picasso 2006
288 ph © B. Prévost / Photo CNAC/MNAM Dist. RMN © Man Ray Trust - Adagp, Paris 2006
291-292 ph © Akg-images © Adagp, Paris 2006
295h ph © Vicomte Charles de Noailles / The Kobal Collection
295b ph © J. Faujour / Photo CNAC/MNAM Dist. RMN © Estate Brassaï - RMN
296 ph © Heritage Images / Leemage
298 Collection Christophel

300 ph © Lauros / Bridgeman-Giraudon
303 ph © James Goodman Gallery, New York / Bridgeman-Giraudon © Adagp, Paris 2006
304 ph © New Zealander / Bridgeman-Giraudon © Adagp, Paris 2006
311 ph © Bulloz / RMN
312 ph © Elliott Erwitt / Magnum Photos
315 ph © Martine Franck / Magnum Photos
316h © 2005 Guerrilla Girls, Inc, courtesy of www.guerrillagirls.com
316b ph © H. Lewandowski / RMN
318 ph © H. Lewandowski / RMN © Adagp, Paris 2006
322-324 ph © Bridgeman-Giraudon
325 ph © Thierry Le Mage / RMN © Succession Picasso 2006
327g ph © Alinari / Bridgeman-Giraudon
327d-329 ph © Bridgeman-Giraudon
330 ph © Daniel Arnaudet / Jean Schormans / RMN
331 ph © Christie's Images / Bridgeman-Giraudon
332 ph © Werner Forman / Akg-images
333 ph © Gérard Blot / RMN
336 ph © Gérard Blot / Christian Jean / RMN
337 ph © Harry Bréjat / RMN
338 ph © Jean-Gilles Berizzi / RMN
341 ph © Gisèle Freund / Agence Nina Beskow
346 ph © Bridgeman-Giraudon
347 ph © Peter Willi / Bridgeman-Giraudon
348-349-354 ph © Bridgeman-Giraudon
350h ph © Akg-images
350b ph © Erich Lessing / Akg-images
356 ph © Maison de Pierre Loti, Rochefort-sur-Mer
358-364 ph © Bridgeman-Giraudon
361 ph © Harlingue / Roger-Viollet
362 ph © Hélène Bamberger / Cosmos
366hg ph © Gisèle Freund / Agence Nina Beskow
366bg ph © Rue des Archives / SVB
366d © Editions Robert-Laffont
367g © 1995 Diogenes Verlag AG Zürich
367m et d © Le Livre de Poche
369 ph © Andersen / Sipa
372 ph © Niko / Sipa
375 ph © Jacques Faujour / Centre Pompidou-MNAM-CCI dist. RMN © Adagp, Paris 2006
377 ph © Camera Press / Snowdon / Gamma
378 ph © Associated British / The Kobal Collection
380 ph © Lydie / Sipa Press
381 ph © Keystone France / Gamma
382-383 ph © Rabatti-Dominigie / Akg-images
384 ph © Bridgeman-Giraudon
396 ph © Sotheby's / Akg-images
397 ph © Marc Riboud
399h ph © Gérard Blot / RMN
399b ph © Josse
400h ph © Raymond Depardon / Magnum Photos
400b ph © The Art Archive / Galerie Borghèse / G. Dagli Orti
401h ph © Amnesty International
401b ph © Charb / Charlie Hebdo
402 ph © Macusa Cores / Cahiers du Cinéma
404h Collection Christophel
404b ph © 1955 AB Svensk Filmindustri / Louis Huch © L'Avant-Scène Cinéma
405 Prod DB © Warner Bros/DR
406h et b Prod DB © Polaris - Hawk - Warner Bros/DR
407 Collection Christophel
408 ph © Akg-images
418 ph © Lawrence Steigrad Fine Arts, New York / Bridgeman-Giraudon
421 © P. Geluck
433 ph © Akg-images
435 © 2005 Guerrilla Girls, Inc, courtesy of www.guerrillagirls.com
442 ph © The Art Archive / G. Dagli Orti
450 Collection Christophel
458 ph © Costa / Leemage
468 ph © Christian Jean / RMN
474 ph © Editions GALLIMARD
476 ph © Bridgeman-Giraudon
484 ph © D.R. / Photo CNAC/MNAM Dist.RMN © Adagp, Paris 2006
488 ph © Jörg P. Anders / BPK, Berlin, Dist. RMN

© Adagp, Paris 2006
495h ph © Hervé Lewandowski / Thierry Le Mage / RMN
495b ph © D.R. / Photo CNAC / MNAM dist. RMN
© Succession Marcel Duchamp - Adagp, Paris 2006
499 © Actes Sud, 2002 © Adagp, Paris 2006
500 ph © Bridgeman-Giraudon
505 ph © Lionel Koechlin
514 ph © Hervé Lewandowski / RMN
528 ph © Erich Lessing / Akg-images
542 ph © Selva / Leemage
550 ph © Rabatti - Domingie / Akg-images
551 ph © Akg-images
552-553 ph © D.R. / RMN
554-555 ph © René-Gabriel Ojéda / RMN
556-557 ph © Bulloz / RMN
559 ph © Artedia © Bibliothèque Nationale de France - Dominique Perrault, architecte / Adagp, Paris 2006
560-1 ph © Frédéric Souloy / Gamma
560-2 ph © Harlingue / Roger-Viollet
560-3 ph © Archives Larousse / Bridgeman Giraudon
560-4 © Martinie / Roger-Viollet
560-5 ph © D.R.
560-6 ph © Daniel Simon / Gamma
560-7 Honoré Balzac d'après un daguerréotype, huile sur toile (19ème siècle), Paris, Maison de Balzac / ph © Bridgeman-Giraudon
560-8 ph © Raphaël Gaillarde / Gamma
560-9 Charles Baudelaire par lui-même, crayon et encre sur papier, Paris, BnF.
ph © Archives Charmet / Bridgeman-Giraudon
560-10 Paul Soyer (1823-1903), Pierre-Augustin Caron de Beaumarchais d'après une peinture de Jean-Baptiste Greuze, huile sur toile, Château de Versailles.
ph © Lauros / Bridgeman-Giraudon
560-11 © Harlingue / Roger-Viollet
561-12 © Lipnitzki / Roger-Viollet
561-13 ph © Hellgoth B / Rue des Archives / SVB
561-14 ph © Lalance / Archives Hatier
561-15 D'après Hyacinthe Rigaud (1659-1743), Nicolas Boileau (1704), huile sur toile, Château de Versailles / ph © Bridgeman-Giraudon
561-16 André Breton (1930), Paris, Bibliothèque Littéraire Jacques Doucet /
ph © Archives Charmet / Bridgeman-Giraudon
561-17 © Martinie / Roger-Viollet
561-18 © Lipnitzki / Roger-Viollet
561-19 ph © Louis Monier / Gamma
561-20 Anne Louis Girodet (1767-1824), Portrait de François René de Chateaubriand (1811), huile sur toile, Château de Versailles /
ph © Bridgeman-Giraudon
562-21 Enluminure pour le Roman de Perceval de Chrétien de Troyes (v.1350), Paris, BnF
ph © Akg-images
562-22 © Albin-Guillot / Roger-Viollet
562-23 © Lipnitzki / Roger-Viollet
562-24 ph © Archives Charmet / Bridgeman-Giraudon
562-25 G. Malkine (1898-1970), Robert Desnos (1921), huile sur toile, Paris, Bibl. littéraire J. Doucet /
ph © Archives Charmet / Bridgeman-Giraudon © Adagp, Paris 2006
562-26 W. P. Frith (1819-1909), Portrait de Charles Dickens, Londres, Victoria and Albert Museum /
ph © Bridgeman-Giraudon
562-27 ph © Bridgeman-Giraudon
562-28 © Harlingue / Roger-Viollet
562-29 © Martinie / Roger-Viollet
562-30 C. E. A. Carolus-Duran (1837-1917), Portrait de Georges Feydeau, huile sur toile, Collection privée / ph © Archives Charmet / Bridgeman-Giraudon

563-31 E. Giraud (1806-1881), Portrait de Gustave Flaubert (1868-1881), huile sur toile, Château de Versailles / ph © Lauros / Bridgeman-Giraudon
563-32 J. H. W. Tischbein (1751-1829), Johann Wolfgang von Goethe dans la campagne, détail (vers 1790), huile sur toile, Rome, Museo di Goethe
ph © Bridgeman-Giraudon
563-33A. Longhi (1733-1813), Carlo Goldoni, Venise, Casa Goldoni / ph © Bridgeman-Giraudon
563-34 P. Gavarni (1804-1866), Edmond de Goncourt et Jules de Goncourt dans une loge au théâtre (1853), lithographie, Collection privée / ph © Bridgeman-Giraudon
563-35 Madame Aubry (1748-1793), Olympe de Gouges (1784), Paris, Musée Carnavalet
ph © Bridgeman-Giraudon
563-36/37 ph © Louis Monier / Gamma
563-38 H. Kramer (né en 1808), Ernest Théodor Amadeus Hoffmann et Ludwig Devrient (1843), huile sur toile, Berlin, Markisches Museum.
ph © Bildarchiv Steffens / Bridgeman-Giraudon
563-39 ph © Archives Charmet / Bridgeman-Giraudon
564-40 L. J. F. Bonnat (1833-1922), Victor Hugo (1879), huile sur toile, Château de Versailles
ph © Bridgeman-Giraudon
564-41 ph © François Lochon / Gamma
564-42 F.A. Cazals (1873-1907), Alfred Jarry (1899), Collection privée.
ph © Bridgeman-Giraudon
564-43 ph © Simon Kane
564-44 ph © Andrew Ross / Gamma
564-45 ph © François Lochon / Gamma
564-46 Nicolas de Largillière (1656-1746), Jean de La Bruyère, huile sur toile, Quimper, Musée des Beaux-Arts / ph © Flammarion / Bridgeman-Giraudon
564-47 Madame de Lafayette, gravure d'après Friedrich Bouterwek (1806-1867), Collection privée / ph © Archives Charmet / Bridgeman-Giraudon
564-48 F. P. S. Gérard (1770-1837), Alphonse de Lamartine (1831), huile sur toile, Château de Versailles /
ph © Lauros / Bridgeman-Giraudon
564-49 René Magritte (1898-1967), Couverture pour Les Chants de Maldoror (1948), lithographie, Collection privée / ph © Archives Charmet / Bridgeman-Giraudon © Adagp, Paris 2006
565-50 © Lipnitzki / Roger-Viollet
565-51 Pierre Auguste Renoir (1841-1919), Stéphane Mallarmé (1892), huile sur toile, Château de Versailles / ph © Bridgeman-Giraudon
565-52 Louis Michel van Loo (1707-1771), Marivaux (1743), huile sur toile, Château de Versailles / ph © Lauros / Bridgeman-Giraudon
565-53 F. N. A. Feyen-Perrin (1826-1888), Guy de Maupassant (1876), huile sur toile, Château de Versailles / ph © Lauros / Bridgeman-Giraudon
565-54 ph © Frédéric Reglain / Gamma
565-55 Nicolas Mignard (1606-1668), Molière dans le rôle de César dans La mort de Pompée, huile sur toile, Paris, Musée Carnavalet
ph © Bridgeman-Giraudon
565-56 Charles Landelle (1821-1908), Alfred de Musset (1854), pastel sur papier, Paris, Musée d'Orsay / ph © Bridgeman-Giraudon
565-57 ph © BnF, Paris / Archives Hatier
565-58 ph © Louis Monier / Gamma
565-59 ph © Bridgeman-Giraudon
566-60 Joseph Caraud (1821-1905), L'Abbé Prévost lisant Manon Lescaut : détail (1856), Broadway, Haunes Fine Art at the Bindery Galleries / ph © Bridgeman-Giraudon
566-61 Jacques-Émile Blanche (1861-1942),

Marcel Proust (vers 1891-2), huile sur toile, Paris, Musée d'Orsay / ph © Bridgeman-Giraudon
© Adagp, Paris 2006
566-62 ph © Louis Monier / Gamma
566-63 Portrait satirique de François Rabelais (16e siècle), Paris, Musée d'Histoire de la Médecine / ph © Lauros / Bridgeman-Giraudon
566-64 D'après Pierre Mignard (1612-1695), Portrait présumé de Jean Racine, huile sur toile, Château de Versailles / ph © Lauros / Bridgeman-Giraudon
566-65 E. Carjat (1828-1906, Arthur Rimbaud (v.1870), Paris, BnF / ph © Archives Charmet / Bridgeman-Giraudon
566-66 ph © Raphaël Gaillarde / Gamma
566-67 Portrait de Pierre de Ronsard (16e siècle), huile sur toile, Blois, Musée des Beaux-Arts
ph © Lauros / Bridgeman-Giraudon
567-68 Maurice Quentin de la Tour (1704-1788), Jean-Jacques Rousseau, pastel sur papier, Saint-Quentin, Musée Antoine Lecuyer
ph © Bridgeman-Giraudon
567-69 © Martinie / Roger-Vlollet
567-70 Paul Scarron (17e siècle), huile sur toile, Le Mans, Musée de Tessé ph © Lauros / Bridgeman-Giraudon
567-71 © Collection Roger-Viollet
567-72 © Akg-images
567-73 Etienne Pivert de Senancour, gravure d'après un médaillon de David d'Angers (1833), Paris, BnF / © Collection Roger-Viollet
567-74 © Collection Roger-Viollet
567-75 Nicolas Hilliard (1547-1619), Portrait hypothétique de William Shakespeare (1588), huile sur toile, Londres, Victoria & Albert Museum
ph © Bridgeman-Giraudon
567-76 © Collection Roger-Viollet
567-77 © Martinie / Roger-Viollet
568-78 Johan Olaf Sodermark (1790-1848), Stendhal (1840), huile sur toile, Château de Versailles / ph © Lauros / Bridgeman-Giraudon
568-79 © Collection Roger-Viollet
568-80 © Collection Roger-Viollet
568-81 Eugène Carrière (1849-1906), Paul Verlaine (1890), huile sur toile, Paris, Musée d'Orsay / ph © Bridgeman-Giraudon
568-82 François Joseph Kinson (1771-1839), Alfred de Vigny, huile sur toile, Paris, Musée de la Vie Romantique / ph © Lauros / Bridgeman-Giraudon
568-83 Virgile, mosaïque romaine (3e siècle après J.-C.), Rome, Musée de la Civilisation romaine /
ph © Bridgeman-Giraudon
568-84 Voltaire jeune, huile sur toile (18e siècle), Saint-Quentin, Musée Antoine Lecuyer /
ph © Bridgeman-Giraudon
568-85 Edgar Holloway (né en 1914), Virginia Woolf, gravure, Collection privée.
ph © Bridgeman-Giraudon
568-86 ph © Gamma
568-87 Édouard Manet (1832-1883), Émile Zola : détail (1868), huile sur toile, Paris, Musée d'Orsay /
ph © Lauros / Bridgeman-Giraudon

D.R. : Malgré nos efforts, il nous a été impossible de joindre certains photographes ou leurs ayants-droit, ainsi que les éditeurs ou leurs ayants-droit de certains documents, pour solliciter l'autorisation de reproduction, mais nous avons naturellement réservé en notre comptabilité des droits usuels.

XIXᵉ SIÈCLE

1800 — 1850 — 1900

Premier empire — Restauration — Monarchie de Juillet — IIᵉ Rép. — Second Empire

HISTOIRE

2 décembre 1804
Sacre de Napoléon Iᵉʳ
(Premier Empire)
1812
Campagne de Russie
1814
Début du règne de Louis XVIII
(Première Restauration)
23 mars-8 juillet 1815
Napoléon revient au pouvoir
(les Cent-Jours)
Juillet 1815
Seconde Restauration
1824
Début du règne de Charles X
1830
Début du règne de Louis-Philippe
1848
Abolition de l'esclavage

2 décembre 1852
Louis-Napoléon devient Napoléon III
(Second Empire)
1ᵉʳ août 1870
Guerre franco-allemande :
défaite française de Sedan le 2 septembre
Début de la IIIᵉ République
18 mars-28 mai 1871
Commune de Paris
1879-1886
Grandes lois sur l'école :
gratuité, laïcité… (Jules Ferry)
1889
Exposition universe[lle]
(tour Eiffel)
1894-1906
Affaire Dre[yfus]

LITTÉRATURE ET ARTS EN FRANCE

1804
SENANCOUR, *Oberman*
1806-1807
DAVID, *Le Sacre de Napoléon*
1814
INGRES, *La Grande Odalisque*
1816
CONSTANT, *Adolphe*
1819
GÉRICAULT, *Le Radeau de la Méduse*
1820
LAMARTINE, *Méditations poétiques*
1824
DELACROIX, *Les Massacres de Scio*
1825
STENDHAL, *Racine et Shakespeare*
1827
HUGO, *Préface de Cromwell*
1830
HUGO, *Hernani*
STENDHAL, *Le Rouge et le Noir*
1831
HUGO, *Notre-Dame de Paris*
DUMAS, *Anthony*,
premier drame romantique
1833
MUSSET, *Les Caprices de Marianne*
1834
MUSSET, *Lorenzaccio*
1835
VIGNY, *Chatterton*
BALZAC, *Le Lys dans la vallée* ;
Le Père Goriot
1836
MUSSET, *La Confession d'un enfant du siècle*
1838
HUGO, *Ruy Blas*
1839
STENDHAL, *La Chartreuse de Parme*

1840
MUSSET, *Poésies complètes*
1844
DUMAS, *Les Trois Mousquetaires*
1845
MÉRIMÉE, *Carmen*
1848
CHATEAUBRIAND,
Mémoires d'outre-tombe
1850
COURBET, *Un enterrement à Ornans*
1852
LECONTE DE LISLE, *Poèmes antiques*
1853
HUGO, *Les Châtiments*
1854
NERVAL, *Chimères*
1856
HUGO, *Les Contemplations*
1857
FLAUBERT, *Madame Bovary*
BAUDELAIRE, *Les Fleurs du mal*
1858
MILLET, *L'Angélus*
1862
HUGO, *Les Misérables* ; FLAUBERT, *Salammbô*
1863
MANET, *Olympia*
1864
Les frères GONCOURT, *Renée Mauperin*
VERNE, *Voyage au centre de la Terre*
1866
VERLAINE, *Poèmes saturniens*
MALLARMÉ, *Poésies complètes*
1867
LAROUSSE, *Grand dictionnaire universel*
1869
LAUTRÉAMONT, *Chants de Maldoror* ;
BAUDELAIRE, *Le Spleen de Paris*

1870-1872
RIMBAUD, *Poésies*
1871-1893
ZOLA, *Les Rougon-Macquart* (en vingt volumes)
1872
MONET, *Impression, soleil levant*
1874
Première exposition des impressionnistes
VERLAINE, *Romances sans paroles*
1880-1906
RODIN, *Le Penseur*
1883
MAUPASSANT, *Une vie*
1884-1887
RENOIR, *Les Grandes Baign*[euses]
1885
MAUPASSANT, *Bel-Ami*
1886
LOTI, *Pêcheur d'Islande*
1887
MAUPASSANT, *Le Hor*[la]
1888
VAN GOGH, *Les Tour*[nesols]
1895
Première s[éance de cinéma]
1896
JARRY, [*Ubu roi*]
1897
GAUG[UIN,]
D'où v[enons-nous…]
1898
ROS[TAND,]
ZOL[A,]

LITTÉRATURE ET ARTS À L'ÉTRANGER

1810
FRIEDRICH, *Femme au soleil couchant* (Allemagne)
1814
GOYA, *Tres de Mayo* (Espagne)
1817
MARY SHELLEY, *Frankenstein* (Angleterre)
1819
HOFFMANN, « Une histoire de fantôme » (Allemagne)
1821
CONSTABLE, *La Charrette de foin* (Angleterre)
1832
GOETHE, *Faust* (Allemagne)
1838
DICKENS, *Oliver Twist* (Angleterre)
1839
POE, *Histoires extraordinaires* (États-Unis)

1842
GOGOL, *Les Âmes mortes* (Russie)
1844
TURNER, *Pluie, vapeur, vitesse* (Angleterre)
1851
MELVILLE, *Moby Dick* (États-Unis)
1859
DARWIN, *De l'origine des espèces* (Angleterre)
1865-1869
TOLSTOÏ, *Guerre et Paix* (Russie)
1866
DOSTOÏEVSKI, *Crime et Châtiment* (Russie)
1887
TCHEKHOV, « Polinka » (Russie)
1894
KIPLING, *Le Livre de la jung*[le]
1896
TCHEKHOV, *La Mouette*

Sont signalées en rouge les œuvres présentes dans le manuel.